U0568133

2000年
黄骅市海丰镇遗址发掘报告

冯恩学 王会民 张宝刚 主编

黄骅市博物馆 河北省文物研究所 吉林大学边疆考古研究中心 编

文物出版社

封面设计：周小玮
责任印制：苏　林
责任编辑：李　莉　崔　华

图书在版编目（CIP）数据

2000年黄骅市海丰镇遗址发掘报告 / 黄骅市博物馆，河北省文物研究所，吉林大学边疆考古研究中心编．— 北京：文物出版社，2015.10

ISBN 978-7-5010-4402-3

Ⅰ．①2…　Ⅱ．①黄…②河…③吉…　Ⅲ．①乡镇－文化遗址－发掘报告－黄骅市－2000　Ⅳ．①K878.05

中国版本图书馆CIP数据核字（2015）第230324号

2000年黄骅市海丰镇遗址发掘报告

黄　骅　市　博　物　馆
河　北　省　文　物　研　究　所　编
吉林大学边疆考古研究中心

*

文物出版社出版发行

（北京市东直门内北小街2号楼）

http：//www.wenwu.com

E-mail：web@wenwu.com

北京宝蕾元科技发展有限责任公司制版
北京盛天行健艺术印刷有限公司印刷
新　华　书　店　经　销
889×1194　1/16　印张：23.25
2015年10月第1版　2015年10月第1次印刷
ISBN 978-7-5010-4402-3　定价：300.00元

目　录

插图目录

图版目录

序一

河北省文物局局长 张立方

海丰镇遗址自1986年黄骅博物馆进行文物普查发现以来，文物部门陆续展开了相关考古勘探、发掘工作，收获可喜。2000年由河北省文物研究所进行了较为系统的考古发掘，此后，2003、2005年又进行过一些发掘工作。初步查明海丰镇遗址是一处以瓷器贸易为主的古代口岸遗址，它的发现和考古研究对于我国北方沿海口岸考古意义特殊，也是河北省继北戴河秦行宫遗址之后，发现和发掘的又一处重要滨海遗址。经过多年以来的发掘、研究、整理，由河北省文物研究所、吉林大学边疆考古研究中心和黄骅市博物馆等多家机构合作完成的这部《海丰镇2000年考古发掘报告》，汇集了海丰镇考古工作的新成果、新资料以及有关研究的新进展，对于研究河北乃至北方地区沿海历史文化具有重要史料和学术价值。

每一次考古发掘收获，都凝聚着考古工作者的辛劳，而每一份收获都将有助于我们深化对文化遗产的认识，推动保护研究成果社会共享。海丰镇遗址及相关遗址和水下遗产考古是一项需要持续进行的工作，比如：海丰镇遗址与古柳河沿岸遗址、相关水域水下遗产之间的联系等，都有待深入调查、探讨，任重道远。

向辛勤努力的文物考古工作者致敬，同时也期待这一意义深远的项目，持之以恒做下去，不断取得新收获！

序二

河北省文物局项目管理处处长 张文瑞

海丰镇遗址位于河北省沧州黄骅市东25公里，羊二庄乡海丰镇村南至杨庄村之间，面积约220余万平方米。1986年黄骅县博物馆文物普查时发现。遗址文化内涵丰富，文化层最厚可达4米。是我省环渤海金元时期重要遗址。2006年，由国务院公布为第六批全国重点文物保护单位。

海丰镇，作为沧盐的主要产地，在文献上多有记载。沧州盐业的兴起，始于春秋时期，历经两汉、西晋，至唐、宋、辽、金时期，煮盐业达到鼎盛。唐代诗人刘长卿所作“晚来潮正满，处处落帆还”的诗句正是描写当时沧州盐场矗立、商贾云集、一川白浪、帆樯如织的盐业盛景。据民国时期《盐山新志》载：沧盐之极盛启于五代辽金。金代，海丰镇一带盐业更盛。《金史·食货志》卷四十九载：“益都，滨州旧置两盐司，大定十三年（1173年）四月，并为山东盐司。大定二十一年（1180年），沧州及山东各务增羡，冒禁鬻盐，朝论虑其久或隳法，遂并为海丰盐使司。……是后惟置山东、沧、宝坻、莒、解、北京、西京七盐司。”金大定二十一年（1181年），沧州、山东两盐使司合并为海丰盐使司。海丰镇盐场成为沧州、山东一带主要产盐区。其后，海丰场率先易煎煮为滩晒，开长芦盐区滩晒制盐技术之先河。

海丰镇作为我国盐业的主要产地，是与它所处的地理位置息息相关的。它位于环渤海沿岸，柳河的入海口，煮盐或者晒盐，有着得天独厚的资源优势。同时，它更应成为盐业和其他商品的贸易集散地，成为我国北方的重要港口。这在2000年海丰镇遗址的考古发掘中已经初步得到证实。

2000年，朔黄铁路建设，为我们了解海丰镇的历史和遗址的性质，提供了契机。通过对海丰镇遗址的考古发掘，不仅发现煮盐遗迹，还发现了建筑基址；不仅发现定、钧、龙泉、耀州、磁州、井陉等窑口的精美瓷器，还发现围棋子、象棋子、骰子、骨刷、沙锅等日常生活用具；不仅发现水井、道路等生活设施，还发现了甜瓜籽、大枣、莲子等植物果核以及动物骨骼等食物原料。这些发现，无疑为判断海丰镇遗址的性质，提供了重要的依据。据此，一些专家学者根据文献资料和对考古发掘出土文物的判定：海丰镇遗址是金元时期瓷器和盐业贸易的重要港口。2015年1月，“一带一路”战略与沧州渤海新区（黄骅港）发展机遇高层研讨会上，吉林大学冯恩学教授依据考古发掘的最新研究成果，指出：海丰镇港是金元时期北方海上丝绸之路的北起点，海丰镇遗址在海上丝绸之路研究中具有重要价值。

值得庆幸的是，经过河北省文物研究所、吉林大学边疆考古研究中心、黄骅市博物馆三方的共同努力，《海丰镇遗址2000年发掘报告》终于完成了编写工作，即将由文物出版社正式出版。《报告》全面科学地记录、分析和总结了海丰镇遗址的发掘成果。这些成果将有助于人们了解金、元时期海丰镇港口形成、发展、衰落的历史过程，再现海丰镇曾经辉煌景象；有助于对海丰镇遗址科学研究的不断深入；更有助于推进金、元时期海丰镇与日本、韩国以及东亚国家海上贸易研究，将为海丰镇遗址作为海上丝绸之路一处重要文物遗存列入申报世界文化遗产名录提供支持。

第一章　绪论

一　地理环境

海丰镇遗址位于河北省沧州黄骅市羊二庄乡海丰镇村与杨庄村之间，遗址中心地理坐标为北纬38°18′04.7″、东经117°34′34.1″。

黄骅市位于河北省东南部，渤海湾西岸，地理坐标为东经117°05′~117°40′，北纬38°09′~38°39′。北邻天津市，西北和西部与青县、沧县相接，南部与西南部和海兴县、孟村回族自治县毗邻，东南海域与山东省滨州市无棣县水域相连。市域东西最大距离46公里，南北最大距离55公里，总面积2219平方公里（包括农场、盐场）。

黄骅地处河北平原东部，渤海湾西岸，主要为平原地貌和海岸地貌。现代地貌的基底为太古界的结晶片岩、花岗片麻岩和混合岩。经过了三次大的海陆变迁，形成现代地貌。内陆地貌（平原地貌）由于受河流冲积影响，造成河湖相沉积不均及海相沉积不均，出现微型起伏的小地貌，即一些相对高地和相对洼地。洼地近海，海拔1~5米，面积约700平方公里。境内南部、西南部为相对高地，海拔7米左右，面积约944平方公里。海岸地貌是海侵又转化为海退以后逐渐形成的。属于淤积型泥质海岸。其特征是海岸平坦宽阔，上有贝壳堤、沼泽堤、海滩，组成物质以淤泥、粉砂为主。

这里属暖温带半湿润大陆性季风型气候。因临渤海而略具海洋性气候特征，四季分明，夏季潮湿多雨，冬季干燥寒冷。年平均气温12.1℃，1月平均气温-4.4℃，极端最低气温-19℃。7月平均气温26.4℃，极端最高气温40.8℃。全年日平均气温≥0℃，积温4710℃。≥10℃作物生长期为203天，无霜期平均为194天。平均年降水量627毫米，年降水量的75%集中在夏季，春季占10%，秋季占13%，冬季仅占2%。

境内河流发达，由西向东流入渤海。古代黄河尾端九河流域也入黄骅境。现共有河道22条，均属海河流域南运河系，总长543.3公里，总流量2147.3立方米/秒。

黄骅市土壤可归为三个土类，七个亚类。三个土类是潮土、盐土、沼泽土类。潮土类分为滨海潮土、滨海盐化潮土、滨海沼泽化潮土三个亚类。滨海潮土分布于周青庄、吕桥、官庄、齐家务、李村北部五乡和南部古河道一带，面积近58.02万亩。滨海盐化潮土遍布全市，面积近133.19万亩。滨海沼泽化潮土，分布于周青庄和吕桥乡的低洼地带，面积7145亩。盐土类分为滨海草甸盐土和滨海盐土两个亚类。滨海草甸盐土分布于一些离海较近的边缘地带，面积82034亩。滨海盐土在海堡和杨庄乡东部较高地带，面积88158亩。沼泽土类分为滨海盐化草甸沼泽土和滨海潮土化沼泽土两个亚类。滨海盐化草甸沼泽土分布于周青庄乡、歧口镇及市办盐场，面积7940亩。滨海潮土化沼泽土，分布在周青庄乡低洼地带，面积12960亩。

黄骅地下蕴藏着丰富的石油、天然气等资源。野生动植物资源也十分丰富，主要野生植物有灌木、草木、水生类科属几十种，其中挺水水生植物芦苇、喜碱草木碱蓬、蒿草、野生灌木柳（红刺）当地多见。野生动物有梭鱼、鲐鱼、鲈鱼、鲳鱼、黄花鱼、渤海对虾、螃蟹、海蛰、贝类等①。

二　历史沿革

海丰镇遗址位于黄骅市境内东南部。两汉、西晋时期属勃海郡高城县。

汉高祖五年（公元前202年）设高成县，属幽州勃海郡。《汉书》卷二十八上地理上勃海郡："勃海郡，高帝置。莽曰迎河。属幽州……县二十六……高成，都尉治也"②。司马彪《后汉书志》第二十郡国二："勃海郡。高帝置……八城……高城，侯国"③。《晋书》卷十四地理上冀州："勃海郡，汉置。统县十……高城"④。

高城县至北魏孝文帝太和十一年（487年）改隶于瀛州浮阳郡，到孝明帝熙平二年（517年）隶于沧州浮阳郡。《魏书》卷一百六上地形志上："沧州，熙平二年分瀛、冀二州置，治饶安城。领郡三，县十二。……浮阳郡，太和十一年分渤海、章武置，属瀛州，景明初并章武，熙平二年复。……领县四……高城，二汉、晋属渤海，治高城。有平津乡。兴和中缩流民立东西河郡隰城县。武定末罢。"⑤

北齐武平二年（571年）常文贵墓志记载其为"沧州浮阳郡高城县崇仁乡修义里人"⑥，这座墓位于黄骅市旧城镇东南约1500米，证明现在的旧城镇应该就是汉魏以来的高城县治所在。在旧城镇附近还出土过大量东魏、北齐佛教造像，发愿文中屡屡提到"高城县"，这也是旧城镇为高城县治的强有力证据⑦。

隋文帝开皇十八年（598年）始将高城县改名为盐山县，隶棣州。隋炀帝大业二年（606年）将棣州改为沧州。《隋书》卷三十《地理》中渤海郡条："渤海郡，开皇六年置棣州，大业二年为沧州。统县十……盐山，旧曰高成。开皇十六年又置浮水县。十八年改高成曰盐山。大业初省浮水入焉。有盐山、峡山"⑧。

唐武德四年（621年），置东盐州领之。武德五年（622年）又将盐山县和景州的清池县合并，置浮水县，隶于东盐州。唐太宗贞观元年（627年），废东盐州和浮水县，盐山县属沧州。《旧唐书》卷

---

① 中华人民共和国民政部、中华人民共和国建设部编《中国县情大全·华北卷》，中国社会出版社，1992年，第544～545页。

② 《汉书》，中华书局，1962年，第1578、1579页。

③ 《后汉书志》，中华书局，1965年，第3437页。

④ 《晋书》，中华书局，1974年，第424页。

⑤ 《魏书》，中华书局，1974年，第2472页。

⑥ 王敏之《黄骅县北齐常文贵墓清理简报》，《文物》1984年第9期。

⑦ 刘建华、魏兰香：《河北黄骅县出土北朝白石造像》，《艺术史研究》第十辑，2008年。

⑧ 《隋书》，中华书局，1973年，第845页。

三十九《地理》二沧州条：“盐山。汉高城，古县在南。隋改为盐山。武德四年，置东盐州，领县一。五年，又割景州之清池来属，仍置浮水县。贞观元年，省东盐州及浮水县，以清池属沧州”[①]。《新唐书》卷三十九《地理》三沧州条：“盐山，紧。武德四年置东盐州，五年，以景州之清池并析盐山置浮水县以隶之。贞观元年州废，省浮水，以清池、盐山来属。”[②]

海丰镇在北宋属河北东路沧州盐山县。海丰镇得名于北宋，原叫韦家庄镇，宋仁宗景祐四年（1037 年）置，宋徽宗政和三年（1113 年）将韦家庄镇改名为海丰镇。《元丰九域志》卷二沧州条：“望，盐山。州东六十里。四乡。会宁、通商、韦家庄三镇。有盐山、浮水”[③]。《宋会要辑稿》方域一二之一三：“盐山县。韦家庄镇，景祐四年置。海丰镇，（政和）三年以韦家庄镇改”[④]。

金代海丰镇仍隶属于河北东路沧州盐山县，属四镇之首，并在大定二十一年（1181 年）设置了海丰盐使司。《金史》卷二十五《地理》中沧州条：“盐山，有盐山，浮水。镇四，海丰、海润，后增利丰、扑头二镇”[⑤]。《金史》卷四十九《食货志》四载：“益都、滨州旧置两盐司，大定十三年四月并为山东盐司。二十一年沧州及山东各务增羡，冒禁鬻盐，朝论虑其久或隳法，遂并为海丰盐使司。”[⑥]

元明清时期仍属沧州盐山县[⑦]，清代仍存海丰镇之名。康熙《盐山县志》卷一古迹：“海丰镇，在县东北九十里，瓦砾成岭，绵亘里许。今岭旁村落仍名海丰镇”[⑧]。

1935 年，析沧县东北部和盐山北部置新海设治局，驻地韩村。1938 年成立新海县。1942 年 1 月，冀鲁边区析新海、盐山、沧县三县边缘区成立青城县。次年 11 月，新海县与青城县并为新青县。

1945 年 9 月，为纪念抗战时期牺牲的黄骅烈士将新青县易名为黄骅县，属山东省渤海区一专区，驻地韩村（今黄骅城）。1949 年，黄骅县属河北省沧县专区。1958 年 6 月，属河北省天津专区。同年 12 月，划归河北省天津市。1961 年，黄骅县改属河北省沧州专区。1970 年属沧州地区。1989 年 7 月，经国务院批准黄骅县撤县设市[⑨]。

三　遗址概况与发掘整理经过

海丰镇遗址位于黄骅市东 25 公里，分布在羊二庄乡海丰镇村与杨庄村之间（图一），1986 年黄骅县博物馆进行全县文物普查时首次发现，遗址中心地理坐标为北纬 38°18′04. 7″、东经 117°34′34. 1″，遗址东西长 1000 米，南北宽 500 米，面积超过 50 万平方米。遗址所在地为一中间高四周渐低的台地，

---

① 《旧唐书》，中华书局，第 1507 页。

② 《新唐书》，中华书局，第 1017 页。

③ 【宋】王存：《元丰九域志》，中华书局，1984 年，第 64、65 页。

④ 【清】徐松辑《宋会要辑稿》方域一二之一三，中华书局，1957 年，第 7526 页。

⑤ 《金史》，中华书局，1975 年，第 602 页。

⑥ 《金史》，中华书局，1975 年，第 1094 页。

⑦ 明洪武九年（1376 年）盐山县治由今故城镇南迁到现在的盐山县。

⑧ 康熙《盐山县志》，《中国地方志集成 · 河北府县志辑》43，上海书店，2006 年，第 11 页。

⑨ 中华人民共和国民政部、中华人民共和国建设部编《中国县情大全 · 华北卷》，中国社会出版社，1992 年，第 544 页。

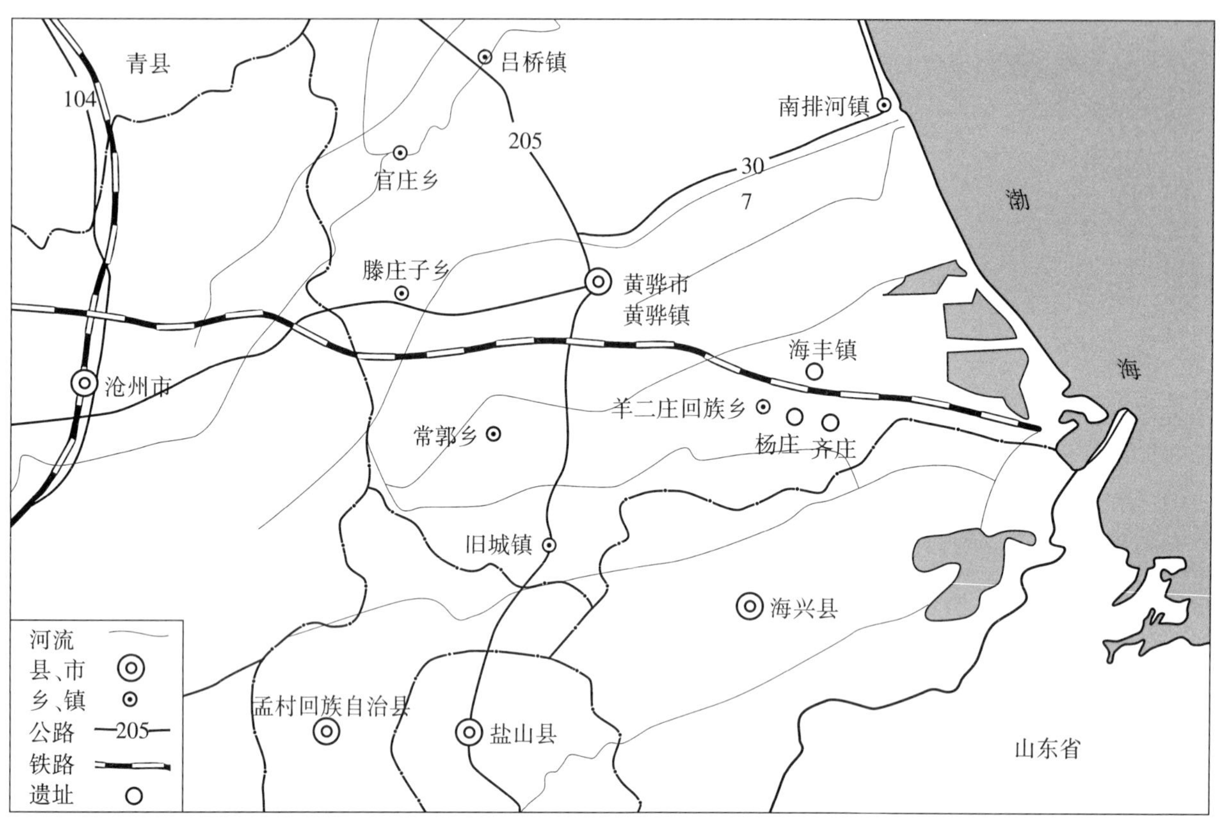

图一　黄骅市海丰镇遗址位置示意图

其中心最高处为一东西向土岗，高出周围地表约3米左右，遗址地表砖、瓦、瓷片随处可见，断崖上文化层连绵不绝，主要区域的文化层厚2～4米，是一处保存较好的古文化遗址。

为了配合朔黄铁路工程建设，2000年5～10月，河北省文物研究所、沧州市文物管理处和黄骅市博物馆对铁路经过的黄骅市海丰镇遗址进行了抢救性发掘。由河北省文物研究所王会民担任领队，参加发掘工作的人员有王会民、樊书海、徐海峰、郑志利、王建伟、张德林、赵国华等人。揭露面积超过1700平方米，清理出灰坑74座，灰沟5条，建筑基址10余座，水井1眼，灶15个，道路3条，砖筑遗迹2处以及大量的瓷片、砖瓦等各类遗物。

2003年、2005年，河北省文物研究所、黄骅市博物馆为配合铁路与公路建设，对海丰镇遗址再次进行发掘。

2006年，海丰镇遗址由国务院公布为第六批全国重点文物保护单位。为了保护该遗址，2011年启动编制该遗址保护规划工作。

2012年，保定市文物勘探队考古勘探结果是遗址面积超过约228万平方米，遗物丰富区20万平方米，位于遗址东南部。

2000年的发掘资料保存在黄骅市博物馆，2010年春河北省文物研究所和黄骅市博物馆对发掘资料进行了部分整理工作，参加整理工作的有河北省文物研究所王会民、胡强、王会锋及黄骅市博物馆人员。

为配合海丰镇遗址的保护规划的编制，河北省文物局文物保护处邀请吉林大学边疆考古研究中心与黄骅博物馆合作整理2000年发掘资料。参加此次整理工作的人员有吉林大学边疆考古研究中心的教师冯恩学、吴敬，研究生郝军军、潘晓暾、王慧、石玉兵、张梦纳、赵里萌、滕雅竹、汤习羽；黄骅市博物馆的张宝刚、戴军、晋福新、孙德昌、王树峰、王磊等人。基本资料的信息梳理与采集工作从2014年6月初到12月末结束，2015年1月开始编写报告，3月完稿。

四　编写体例

由于编制保护规划急需出版报告，编写的宗旨尽量把黄骅市博物馆保存的发掘资料的基本信息呈现出来。由于出版时间紧迫，对资料的分析研究目前还无法深入，对遗物也没有进行检测分析，这些都将在报告交稿后继续进行，另文发表。故报告主要对资料进行介绍，按照堆积单位详细介绍。

由于整理工作距遗址发掘已经过去了十四五年之久，存在不少缺憾之处，有必要向读者指出。一是遗迹记录的缺失。因为是配合铁路建设，发掘面积又大，发掘工作中有些较复杂的遗迹现象当时并没有搞清楚，在后来也没有继续分析整理。而且不少遗迹没有绘制单独的平剖面图，在保存过程中又有不少发掘记录以及拍摄的相片遗失，所以第二章的遗迹介绍无法全面反映遗迹的全貌。二是遗物出土单位部分混乱。由于原来装器物的袋子质量不好，出现了风化破损情况，导致不同单位的遗物混在了一起。受到这些情况的限制，报告中肯定会存在很多不足。

发掘时探方分布为4处，当时没有分区编号，为了方便读者理解，将其名为A区、B区、C区、D区。房子、墙、灰坑、井、灶等遗迹的编号，按照发掘时的原始记录介绍，基本保持原貌，部分灰坑和房屋建筑址没有编号的也不再另行编号。不少重要遗迹没有平剖面图，只能依靠探方平面图及遗迹照片进行了解。

第二章　地层与遗迹

一　发掘区介绍

2000年的发掘主要在四处区域布方（图二），为便于描述，按照发掘次序分别编为A、B、C、D区，其中A、B两区布方较多，遗迹遗物丰富，是主要的发掘区。

A区位于发掘区中间靠西，包括T1～T20（图版一，1）。B区在中间靠东，T37～T55，在其南面还发掘了一条探沟T56，也包括进B区。C区是最东边的T01～T04。最西边为D区，有T001～T010十个探方。实际上，T47、T48、T49并未发掘，T38为了保留探方内的遗迹现象，仅仅清理最上面两层。除了T50～T54为10×10米的大探方外，其余探方均为5×5米，T56为30×2米，加上部分探方有扩方及打掉隔梁的情况，实际发掘面积超过1700平方米。T001～T010、T01～T04、T56方向为正南北向，其余探方与铁路方向一致，北偏东30°。

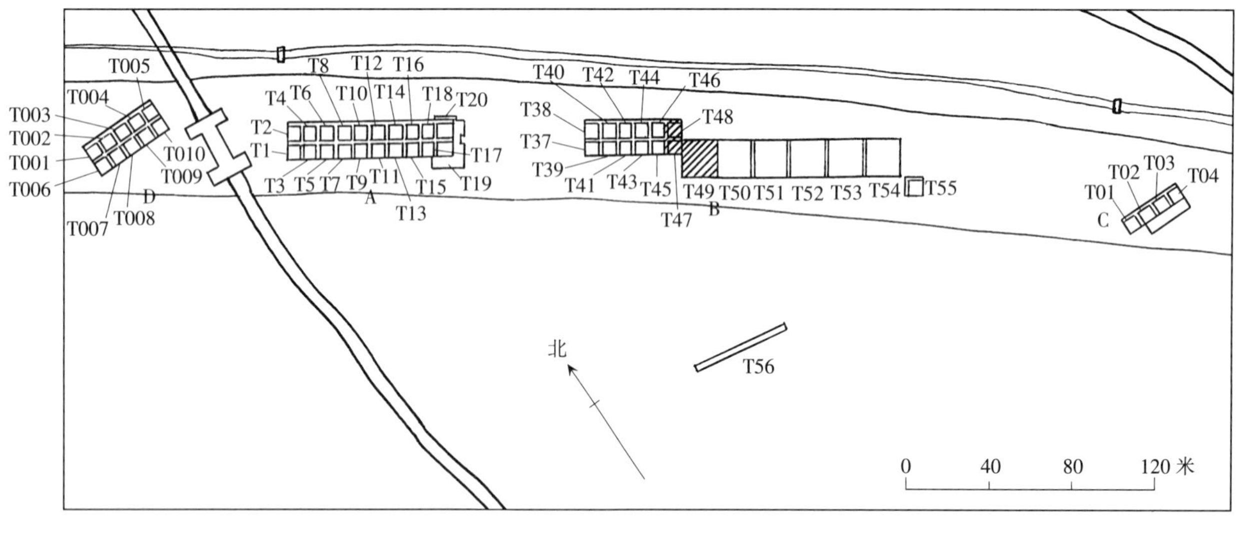

图二　探方分布图

二　地层堆积

由于各区内地层堆积并不统一，而且有的区域内堆积情况十分复杂，地层难以统一，所以我们将根据探方记录分别进行介绍，尽量将不同情况予以全面反映。

1. A 区（T1～T20）

本区内地层较为统一，中间多有一层黄色夯垫层，将地层分成上下两大部分，可大致分为 7 层（不包括夯垫层和生土层）。以 T8 东壁为例（图三；图版一，2）①：

第①层：灰褐色，土质疏松，包含物主要是现代遗物，地表暴露有金代至近现代的砖、瓦、陶、瓷等残片，厚 10～15 厘米。

第②层：浅黄色，较紧密。主要由块状颗粒性黄土组成，包含物有青灰色砖瓦碎片及较碎小的白釉、黑釉、青釉等瓷片。瓷片中有晚期的青花等，厚 25～35 厘米。

第③层：灰黄色，土质疏松。厚 50 厘米。

其下有一层路土，位于 T8 的中、东部，推断为南北向的路。

③b 层：深灰黄色，土质疏松，内含较多的灰砖瓦碎块。出土物可分陶、瓷两大类。陶器皆为泥质灰陶，可辨器型有罐、盆两种。瓷器以白瓷为主，可辨器形有碗、盆、盘、器盖等。白瓷中有印花纹饰的相对其他地层多些，纹饰的种类大致有牡丹、忍冬、回纹、盆景等。除白釉瓷外还有少量黑釉罐、碗，耀州窑青瓷碗，磁州窑白地黑花残片等。厚约 20～45 厘米。

③b 下为黄色夯垫土，在本区大部分探方内都有分布，土质较纯净。

第④层：灰绿色，土质疏松。厚 15～35 厘米。T8 探方内的④层出土了大量的遗物。这一现象在本发掘区内较罕见。出土遗物有建筑构件、陶器、瓷器、骨簪残段、料器管形残段以及未经使用的煤

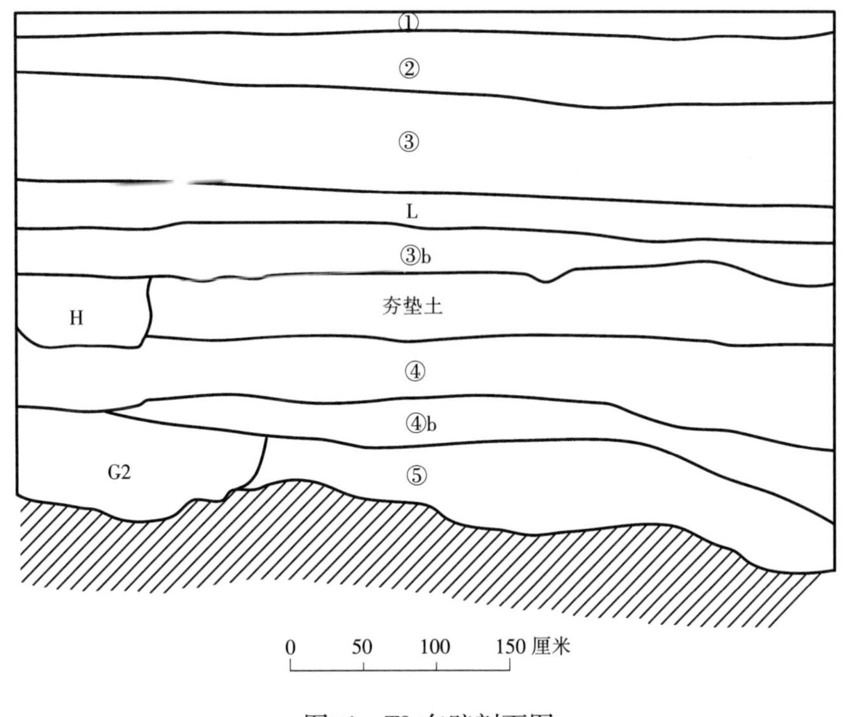

图三 T8 东壁剖面图

① 图版中的④、夯 D、⑤、⑥、⑦层分别对应正文中介绍的③b、夯垫土层、④、④b、⑤层。在 2000 年的发掘过程中可能对地层进行过重新编号，但是在我们整理时，发现无论是探方发掘记录，还是 2010 年整理时的标号，都是按照①、②、③、③b、夯垫层、④、④b、⑤来记录的，所以为了不至引起不必要的混乱，仍照其旧。

块等。另外还含有少量兽骨，可辨的有狗、羊等。

④b层：花色土，主要以黄褐土与黑灰色胶性土相杂。土质较紧密，厚15～30厘米。出土物较少，有白釉碗、盘，黑釉碗及陶盆等残片。④b层下有一灰沟G2，同时被④层叠压。

第⑤层：黑色胶性土，结实紧密，出土物较少，白瓷碗纹饰有点彩、划花两类，有芒口和涩圈两种烧制痕。另有黑釉罐、碗残片等。

2. B区（T37～T55）

B区地层不太统一，又可以分为两部分，靠西为T37～T46，靠东为T50～T55。

T37～T46地层较为统一，基本上可以分为7层，①层是耕土层。②层为明清层。③层为灰黄色（或灰褐色），各方内均含数量不等的砖瓦残块。④层是夯土层，结构紧密坚硬，有明显的夯层，土色很杂，出土遗物极少。④b层内含草木灰、木炭粒、白灰渣、砖块等，也有夯打痕迹，出土遗物也较少。⑤层、⑥层土质较松软，出土遗物稍多。再往下便是生土，有的方内在⑥层下与生土之间还有淤土层，但是没有遗物出土。整体上来看，这几个方内出土遗物不丰富。以T46南壁为例（图四）：

第①层：耕土层，厚约10厘米左右。

第②层：厚约15厘米左右，遍布整个探方。土色为浅黄色，土质坚硬。遗物较少，有砖块、瓷片，其中有青花瓷。

第③层：土质松软，土色为灰黄色，厚约30～100厘米，遍布整个探方。遗物较多，有大量砖块、瓦片，还有陶片、瓷片、铜钱等。

第④层：土质上层较软，下面微硬，有夯打部分。土色灰色，有少量黄垫土层，最薄35厘米，最厚70厘米。出有砖、瓦、陶、瓷等。

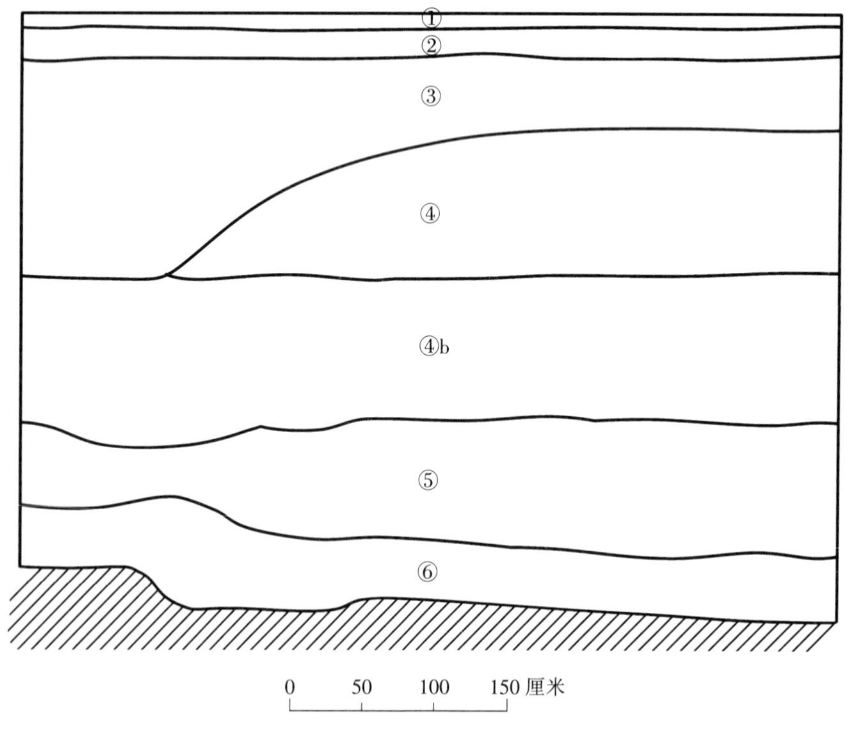

图四 T46南壁剖面图

④b 层：土质较硬，有夯打迹象，为五花土，部分上层有很薄水浸泡冲积形成的灰绿土。其他为灰色，厚 20 ~ 80 厘米，遍布整个探方。出有砖、瓦、陶、瓷等。

第⑤层：土质较软，土色灰黄，有多次冲积痕迹，厚 25 ~ 85 厘米。出土物较少，有砖、瓦、陶器、瓷器及动物骨头等。

第⑥层：土质松软，土色黑灰色，伴有木炭灰。厚 20 ~ 50 厘米。出土物有砖、陶片、瓷片及钱币等。

T50 ~ T55 地层不太统一，基本上分为 7 层，即第①、②、③、③b、④、⑤、⑥层。T51 第⑤层分为⑤a、⑤b、⑤c 三部分，T51 第⑥层分 51⑥a、51⑥b 两部分。有些方内没有第⑥层。

以 T53 北壁为例（图五）：

第①层：耕土已不存，直接进入第②层。

第②层：黄土，较细较紧密，含较多的砖瓦碎块，无遗物，厚 15 厘米。

第③层：灰褐土，较松，含较多的砖瓦碎块，并有红烧土粒、草木灰、木炭屑、白灰块等夹杂。厚约20 ~ 45 厘米，出土物不多，有陶盆、白碗、双色釉器物，纹饰有篦划花、刻花及印花，个别有涩圈，并有黑釉器物及龙泉窑、钧窑瓷片，还有铁钉、铜钱等物。此层下于探方的东部压有一片夯土遗迹及 H72。

③b 层：褐灰土，质松，含较多的砖瓦残块、草灰、木炭粒、白灰粒等，厚 30 ~ 75 厘米。出土物以白碗为主，并有双色釉及黑釉、酱釉器物及陶盆、绿釉枕、围棋子、龙泉碗片等。北壁下压 H73。

第④层：红褐土，土紧密，含较少的砖瓦残块及零星的木炭粒、草木灰，并夹杂灰绿土、淤土等。厚 30 ~ 60 厘米。出土物以白瓷为主，兼有黑瓷及陶器。白瓷以碗为大宗，个别碗内装饰有刻划花，较粗的碗底有涩圈，另有盘、枕、盆、罐等，有的盘上有印花。黑釉器有碗、盆，有的碗也有涩圈，还有鸡腿瓶、陶盆、陶罐、砺石等。此层下压路土。

第⑤层：黄褐土，大部分较细腻，含少量的瓦片及零星的砖块，并杂有木炭粒、草灰、红烧土粒等。厚 70 ~ 80 厘米。出土大量白碗和一些盘、罐，黑釉罐、碗，陶盆，酱釉碗，双色釉碗，鸡腿瓶，耀州窑青瓷碗，绞胎瓷片等。下压路土。

第⑤层下为黄色的生土。

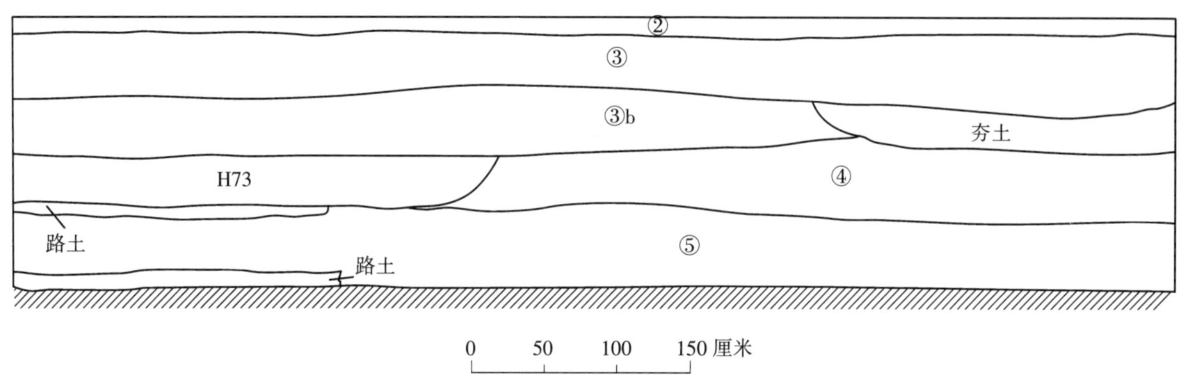

图五　T53 北壁剖面图

3. C区（T01～T04）

C区（T01～T04）的发掘过程中在T02、T03、T04以南进行了扩方，将T02、T03、T04与扩方部分合并为T02。T02，除生土外，共5大层，连续分布，总深度2.70米，以南壁为例（图六）：

第①层：耕土层，厚10～15厘米。

第②层：黄褐色，结构疏松，但因干旱而变硬，厚40～70厘米。内含大量碎砖瓦块，出有少量泥质灰陶盆残片。出土的瓷片数量不多，但釉色、窑口、器形却较丰富。有印花盘、磁州窑铁锈花碗残片等。黑釉类有罐、碗。还有钧窑、龙泉窑瓷片及双色釉碗等。第②层下有H02、H03两个灰坑。

第③层：黄灰色，疏松，厚50～70厘米。内含砖瓦残块，同第②层相似。第③层出土的残片数量虽少，种类颇丰，白釉瓷有碗、盘口沿残片，数量稀少。黑釉类稍多，器形有罐、碗。还有钧窑残片，其他有泥质红陶模、铜钱等。第③层下有夯土、垫土及建筑废弃堆积等遗迹。

第④层：灰、绿相杂的土色，以灰土居主。距地表2.20米，厚10～20厘米。灰土中含有大量鱼鳞、鱼骨及草木灰等。绿色土紧密而坚实，灰土疏松。出有白瓷盘、碗，黑釉砚等。

第⑤层：黄沙土，疏松，纯净，无包含物。厚0.2～0.7米。

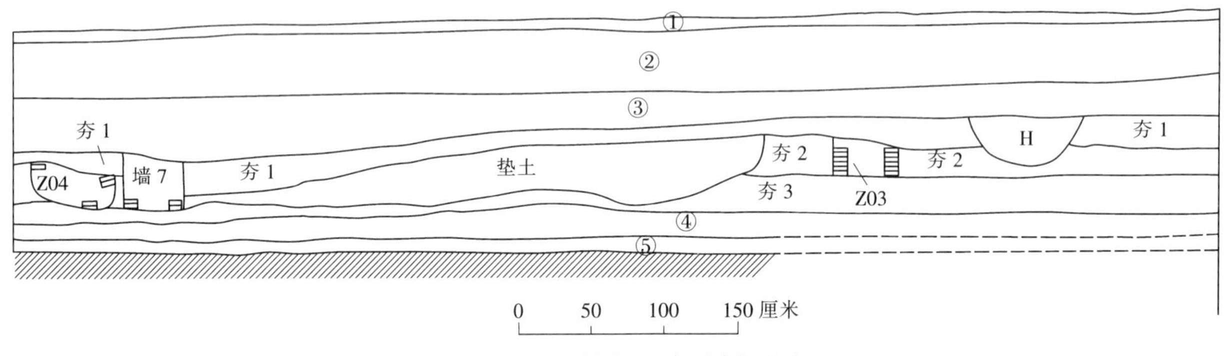

图六　T02（扩方）南壁剖面图

4. D区（T001～T010）

最初在涵洞向西约35米处布方4个，距A区20个方约70米，方向为正方向，编号自西向东为T001～T004，之后向东布方T005，向南布方T006～T010，前后共10个探方。T001～T004的③b层和T005～T010的第④层应是同一层，原来整理时未做统一，现在统一为第④层。

D区地层较薄，堆积简单，基本上为4层，以T010北壁为例（图七）：

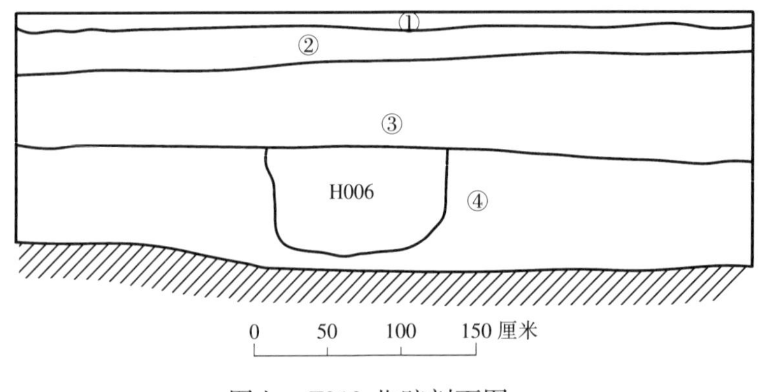

图七　T010北壁剖面图

第①层：耕土层，修路时已经被铲掉，基本不存。

第②层：黄土，较松，出清代瓷片。

第③层：灰土，松散，内含较多的砖瓦块以及零星的建筑构件及陶、瓷器和草灰、红烧土粒、蚌壳、螃蟹、鱼鳞、鱼鳃、兽骨等遗物。下压 H006。

第④层：花土，灰褐色，较细。有零星的砖瓦碎块等遗物。

④层下是生土层。

三　主要遗迹

2000 年发现的遗迹有房址、灰坑、灶址、水井等。保存下来的原始记录中有些文字记录和遗迹图缺失，特别是大部分建筑遗迹没有平、剖面图，只能从探方平面图中获得一些信息。现根据保存下来的不完整的记录，将遗迹简要介绍如下（遗迹图不完整或不准确部分，由于没有修正依据，只好保留其原貌）。

1. 建筑遗迹

（1）F1

位于 A 区 T1 南半部，被压在第④层下，其下压④b 层。残存一道南北向主墙和一道东西向砖墙，东西砖墙两端分别伸入东隔梁和西壁之下（图版二，1）。南北向墙为墙基部分，其做法是先夯一个夯土台基，底部用单砖南北砌两行，中间留一砖空隙，在空隙处填上碎砖瓦及土，待砌至地面时，主墙体用砖于中间横砌。而东西向的墙体为单砖砌成，地基部分不明显。因残破及揭露部分有限，未及扩方，形状不明。房址以黄色夯土为主。遗物包含很少。

（2）F2

位于 T3 内中部，开口于③b 层下，打破第④层。为一条南北向砖道，砖排列不太整齐，大小不一。没有完整砖，贯通探方南北，东西最宽 1.2 米，窄处不等。在探方的其他部分都是房基部分，破坏严重，布局不清（图八）。遗物有砖块、布纹瓦、铜钱、瓷器、石器等，瓷器以白釉碗为主，纹饰有划花花草纹，大部分无纹饰。另有少量鸡腿瓶、器盖等。石器为容器嘴流的残块。

（3）F3

位于 A 区（T1～T20）发掘区的东部，分布在 T17、T18、T19、T20 内，并向外进行了扩方。③b 层下开口。形状为长方形。残存砖墙砌法为在已夯过的平面上砌房周壁，宽约 70 厘米。两边顺砖平砌，中间填以夯土，再纵砖交错搭起。为加固墙体，约隔 5 个顺砌整砖有一丁砖，再通过丁砖和另一半墙体相连咬合（图九；图版二，2；图版三）。

整体房址分南北两半块。北半块室内为夯土，略高于南半块。其中北墙的北皮是下层用一侧立砖，上砌顺平砖。而南皮则减行后直接顺平砖砌起。南北两部分的东西隔墙被后期灰坑 H7 打破。H7 之南亦有不规则灰坑把铺地砖破坏。南半块墙体同北块，只室内铺地砖皆有。可分三部分：南半块为东西顺平砖，北半块东西为南北顺平砖。西面为南北侧立砖。整体可能因中间地基下陷而成东西两边高，中间下凹之形。在房址东南角的东墙之邻平面上出一方石，可能是础石或门口用石。房西墙被一南一北两灶打破。西并邻一南北通贯的可能属围墙一类的遗迹。

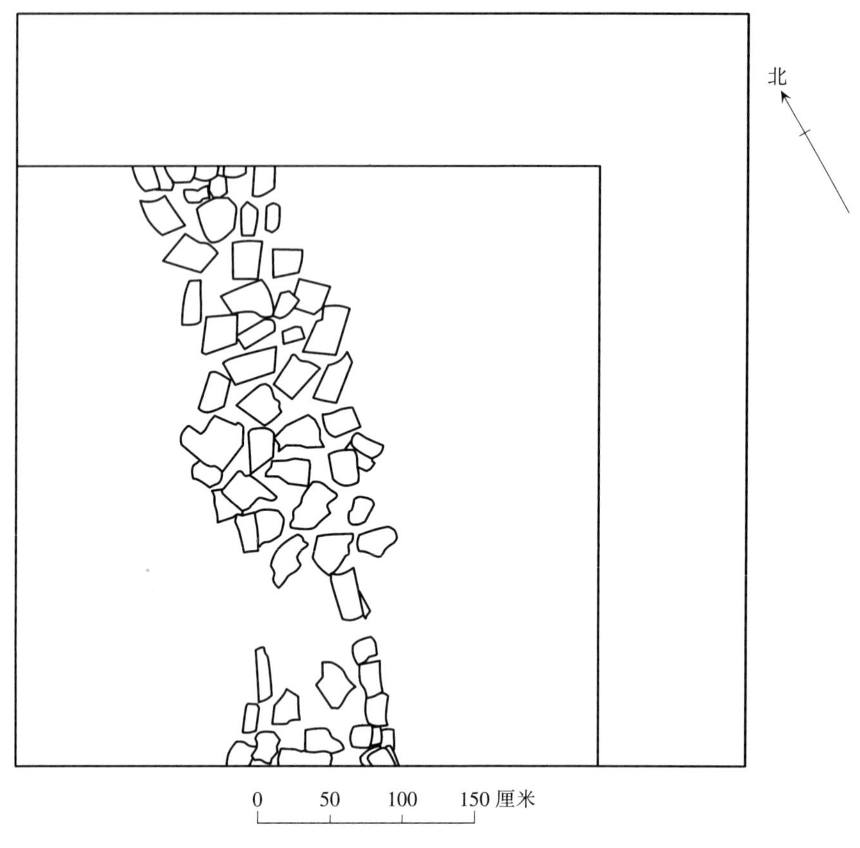

图八　T3 F2平面图

（4）T38、T40内建筑遗迹

位于B区，发现台式建筑残迹和2片铺砖地面。遗迹压在③层下，该建筑遗迹的发掘记录缺失，工作日记中有部分描述。该建筑结构比较特殊，底部用残砖或整砖顺向平铺构成东西排列的十几行道砖体单墙，两道墙为一组，之间填土，其上以完整砖东西横向对接，搭在砖墙上，保存较好的地方搭盖有两层砖。

其东北角及西部有用砖块砌成的单层铺地砖，呈长方形，平面皆凹凸不平。东北部分有铺地砖压该建筑底墙的现象（图版四）。

（5）T45内房址

位于B区，开口于第④层下（图版五，1）。

本遗迹为铺地砖面残迹，在本探方内有三处。三处各不相连，最南侧已进入探方以外。

北部东侧残存纵向平砖五行，在其东侧有不相接的残砖，相隔一砖宽度。均仅一层。紧贴平砖西侧有横向立砌的多行砖（图版五，3）。

在探方西南部分的两处，靠北一处也为横向立砌，南侧部分砖已经卧倒（图版五，2）。

西南角靠南一处为平砖垒砌，最西侧用碎砖砌边，往东依次为一行横向平砖及三行纵向平砖。

（6）T50内房址

T50内房址密集，房屋编号为F10、F11、F12、F13（图一〇；图版六）。因探方发掘记录残缺，详

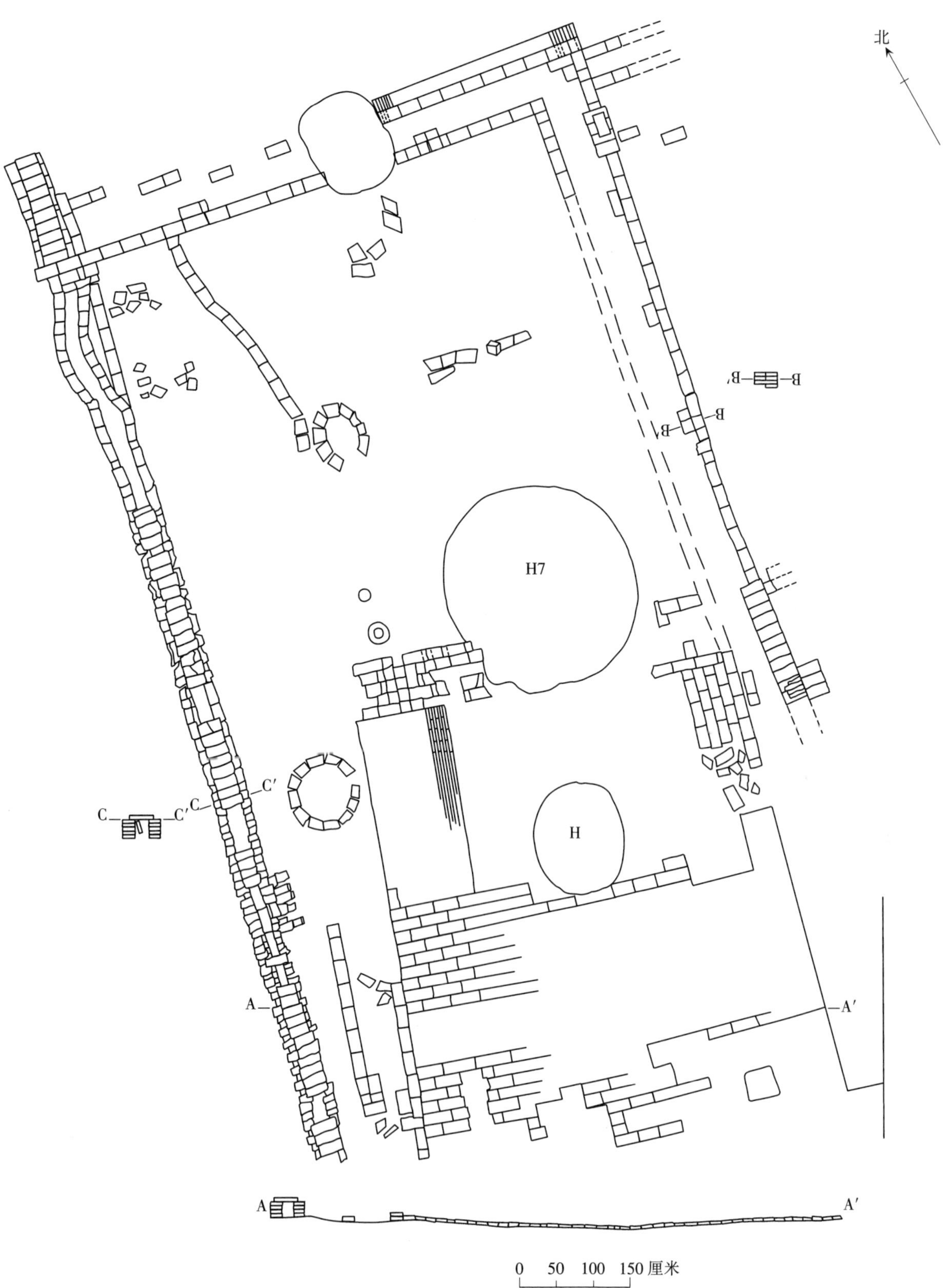

图九　F3平剖面图

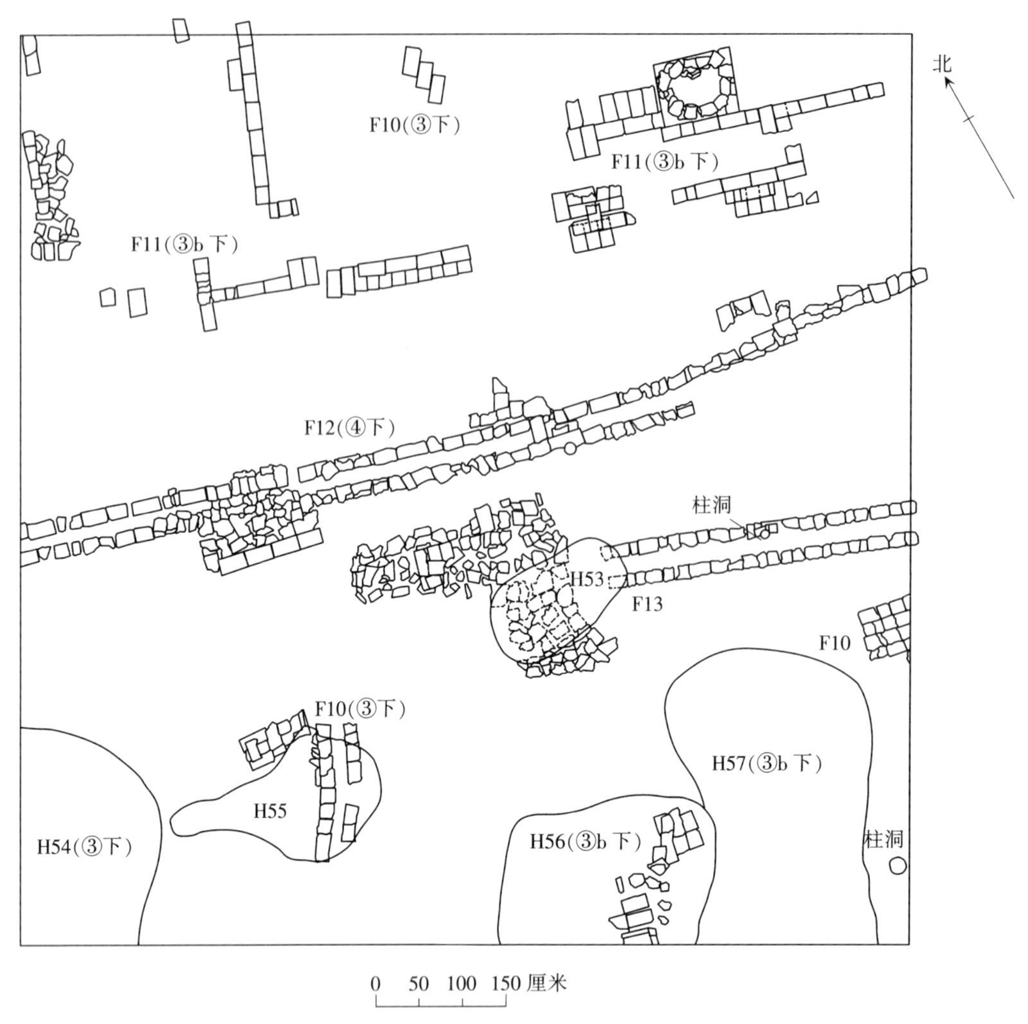

图一〇 T50内房址平面图

细情况不明。

F10：位于第③层下，残破较甚，探方北壁下保留三块铺地砖，探方南部保留很少的砖垒砌的墙基，探方东壁下保留部分铺地砖。

F11：位于③b层下，位于探方北部，保存稍好，有纵向及横向砖砌墙体，墙体垒砌多层，在东侧还有一圆形灶（图版七，1）。

F12：位于第④层下，位于探方中部，东西贯通，两侧伸入隔梁之下。保留砖垒砌的墙基等遗迹，中部靠西还砌出一长方形遗迹，底部铺砖（图版七，2）。

F13：位于F12南侧，残留部分砖墙。

（7）T51内房址

本探方内共清理出可能是房子的砖体建筑5组，依次编号为F14～F18（图一一；图版八，1）。这些建筑皆破坏严重。有的仅剩墙体的残段，有的仅剩铺地砖的残部，分述如下：

F14：坐落在第④层上，位于探方的西北部，仅有地面砖的残存。用整砖或半砖铺成。其砌法可分

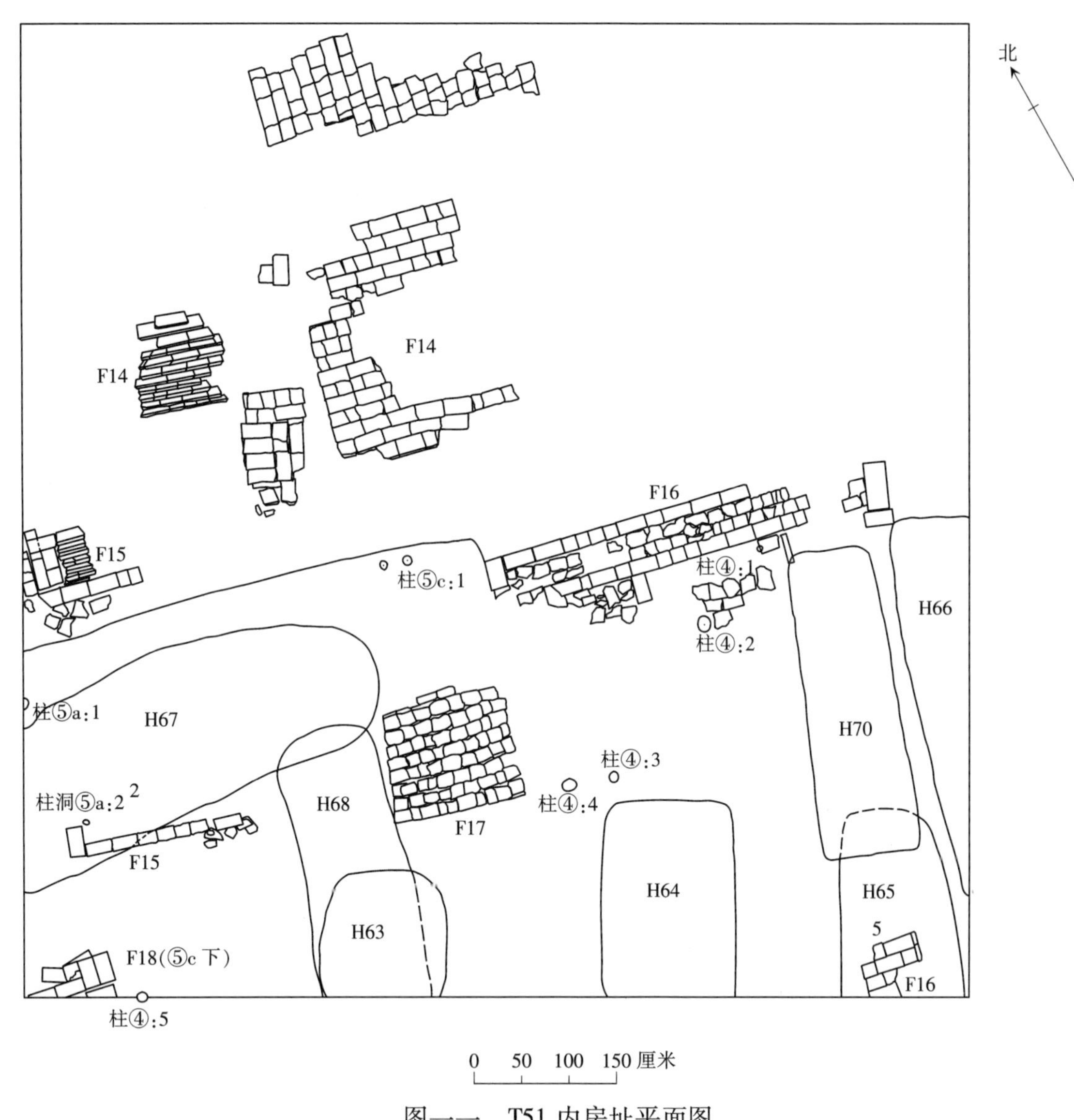

图一一　T51 内房址平面图

为三种：北部铺砖为纵向，南部铺砖为横向，西南角纵横兼之，局部并以侧立砖斜错铺成，形成一砖高于一砖的台阶状。南北长约5米、东西宽约4.3米。皆为单层砖铺成。砖下为夯垫土，夯垫土的结构坚硬，并有清晰的夯层，南部局部呈圜底形下陷，砖下土呈灰绿色（图版八，2）。

F15：坐落在探方的西部正中第④层上，为进深一间房的面积，南北长3.4米，存北墙，西墙及南墙等的残部。北墙为横向单砖墙，存四行，长2.5米，其北侧有平铺及侧立错砌砖，南侧也有可能是铺地砖的残迹存在。西墙仅有与南墙相衔接的一块砖，应是西墙的残存，根据此砖，方确认了这座房子为同一座。南墙存横铺单砖二行，残长1.5米（图版九，3、4）。

F16：位于探方的东南部，坐落在第④层上，残存两部分。其中北部所残存的一段墙体是本次发掘保存最好的一段。该段墙体东西长4.2、宽0.8米，高处存0.54米。方向东偏北10°，其结构为外包砖墙皮，内部砌砖，内部用南北并列的半砖整齐地平铺叠摞而起。从平面看形成四砖墙。北墙皮用单砖平铺横向平地叠摞而起，南墙皮则用纵横兼之的方法砌成。墙的西端是整齐的三面，显系墙的顶端，结构是一行横砖，一行纵砖。由此情况看墙皮及填砖是同步砌起，砖间互咬，起加固作用。墙体东部的一块砖长50、宽23.6、厚7.5厘米，堪称巨形，其他砖的体积则为31.5×15×5厘米的普通砖，大砖应有特殊的用途。墙体南侧有不规则的单层铺地砖，其中一砖为侧立砌法（图版九，1、2）。

南部在探方的东南角，有的还压在隔梁下，面积50×70厘米左右，为平铺转，东边有两块对接的侧立砖。从所在层位及位置分析，与上面所说的砖墙为一体，且又有侧立砖基本在一条线上为佐证，但铺砖的砌法和散乱及整齐程度不同，又似乎说明不是一体，也许跟F14的情况有类似之处。

该建筑所在的第④层为灰土，虽有夯过的痕迹，但与相邻的F14有明显差别。

F17：位于探方的中部偏南，坐落在⑤a层上，为一片铺地砖，皆为半截砖，很整齐。面积为南北1.2米，东西1.5米。砖下的土未经夯过。

F18：位于探方的西南角，坐落在⑤c层上，是本遗址中较早的建筑之一，大部分还压在隔梁中，清理范围为东西1米，南北0.5米。从清理情况看为墙体的残存，存四行砖，高20厘米，砖下的土未见夯痕。

（8）T54内遗迹

在T54内中部发现南北向夯土墙[①]和其两侧的两条沟（图版一〇）。

夯土墙叠压于第④层下，第⑤层和生土之上。夯土底部东侧直接压于原生黄沙土上。残高0.9米，顶部距地表0.7米，底部宽约3米。其断面略呈半圆形。上部的土较纯净，黄色，沙性较强，下部土质较杂，含有少量陶瓷片等杂物，为灰褐色。土经夯打，较硬。东西两侧各有一条与其走向一致的沟。两条沟开口于第④层下，打破第⑤层及生土层，可能为取土筑夯土墙所挖。东沟最宽处1.5米，斜壁，底部较窄，宽约0.4~0.8米，沟最深处1.35米，沟内填土为灰褐色，北部沟西壁有淤土层，似为夯土墙被冲刷或雨淋后淤积沟内。沟内遗物中白瓷片较多，除较多的定窑白瓷刻划花碗、盘外，还有一部分化妆白瓷碗，另外还有鸡腿瓶，红绿彩小碗，耀州窑刻花碗片，圆形铜盆，灰陶盆，碎砖块等。沟南段有一分支，走向东南，使沟呈“人”字形，沟东侧有一浅短小沟与之相连，宽0.4、长0.9、深0.13米。夯土墙西侧沟由一组相串连的小坑组成，坑开口形状不一，或长椭圆形或圆形或不规则形，深度也不一。最深者1.3米，最浅的为0.6米。坑内填土灰绿色，包含砖块、兽骨、木炭块等。还有陶瓷片、骨簪、锈蚀铜钱等。夯土墙与东沟之间有一小窄沟，其底部高低不平，宽0.15~0.25米，最深处0.25米。可能为筑夯土墙时东壁所附木桩、木板而挖成。

（9）T02内遗迹

C区的T02包括原T02、T03、T04及扩方部分。

遗迹主要有F01、墙2~墙7、夯土层1、夯土层2等（图一二）。

F01，包含墙1及其上部废弃堆积，位于T03、T04探方内北侧。其中，墙1为东西向偏南18°，墙体东部随地层下陷。砌法为底部横砖平砌一行，上部以顺砖单层错缝平砌。残长6.75米。砖多为素面，有少量粗绳纹，长30、宽15、厚5厘米，距地表1~1.4米。

---

① 发掘者对此遗迹的性质有夯土墙和海挡两种认识。

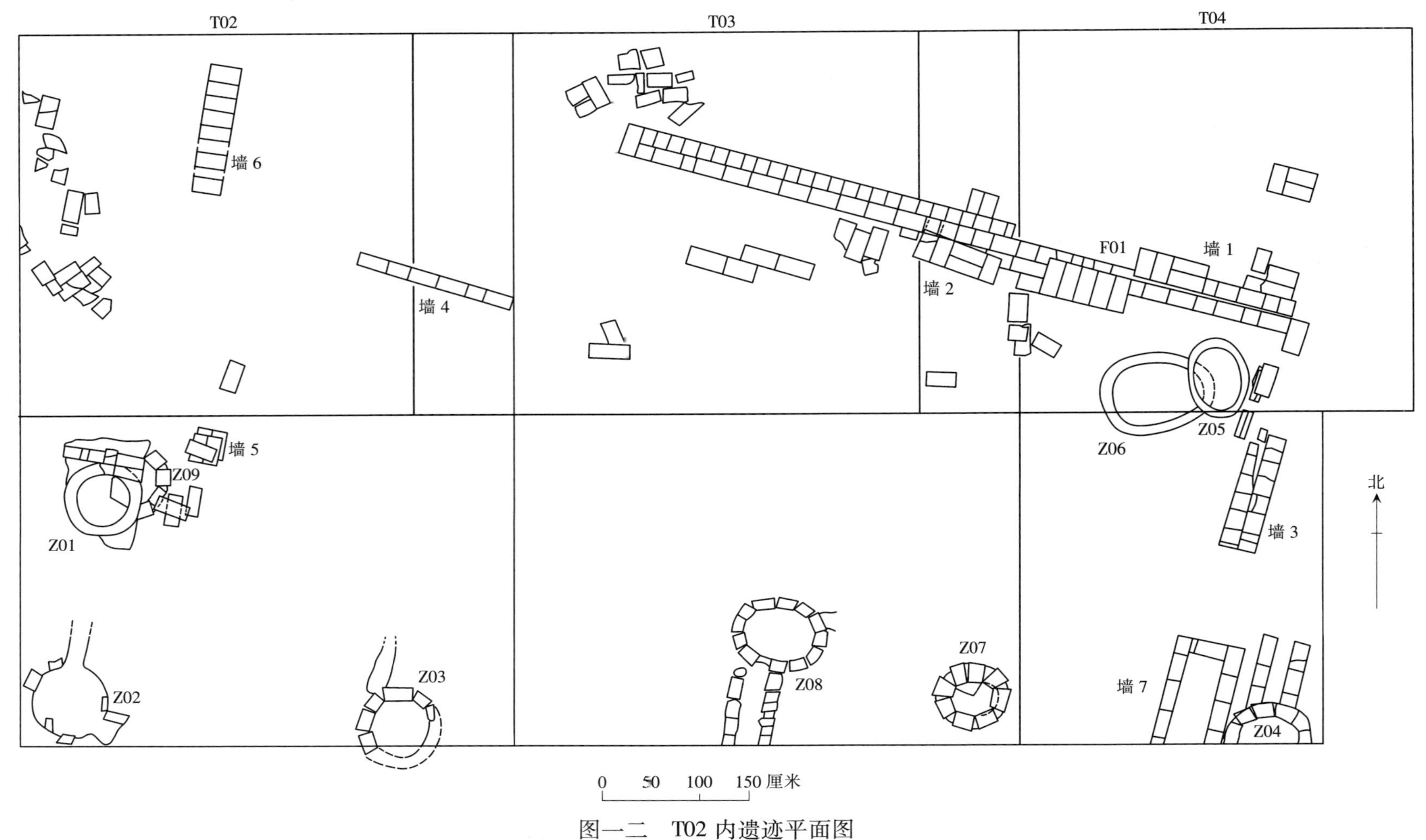

图一二　T02 内遗迹平面图

F01 废弃堆积大都集中于其东北侧，呈砖体倒塌状，极不规律，土色黄褐，较疏松，杂有灰土颗粒，掺杂有夯土层。包含物颇丰。有浅绿釉碗，白瓷碗，内壁白釉划花、外施黑釉碗，还有大量薄胎黑釉、酱釉小碗残片，“治平”、“绍圣”、“熙宁”、“皇宋”等铜钱。厚约 0.30～0.80、深约 0.55～0.70 米。

从发掘现象看：墙 1 南侧未能找到与它相匹配的墙体。而且 F01 的倒塌堆积和出土遗物皆多在墙 1 的北侧。因而 F01 的主体在墙 1 的北侧的可能性较大。另墙 1 下为含乱砖的土层。

墙 7：方向 15 度，以顺砖平砌北、东、西三角，中空填土。向南延伸进入南壁，墙基砖底至地表深 1.85 米，残高 0.70 米。探方内长 1.20、宽 0.65 米。

夯 1：除 F01 和墙 7 部分外，夯 1 土连续分布于探方内，厚 25～45 厘米。距地表深约 1.20 米。土色红褐，致密坚硬，其表面局部地区有灰土或灰绿土，应是路土或人类活动面的残迹。夯 1 少见遗物，只出有一片白瓷双系罐残片。

夯 1 下有墙 2～墙 6、Z01、Z02、Z03、Z04、Z05、Z06、Z09 和夯 2。灶皆打破夯 2。

墙 2：被墙 1 叠压，贴于墙 1 南侧，方向东偏南 15 度。残长 0.80、高 0.20 米。余砖四行。以整砖纵横交错平砌，其西侧有整、残砖纵向南向铺砌，似有与墙 7 相对应的可能。

墙 3：方向北偏东 15 度，半砖较多，砖壁不整齐，纵横平砖交错平砌，残存 9 行，高 0.45、长 1.25 米，宽为一砖长。其下为夯 3，距地表 1.35 米。

墙 4：东西向，只残一行砖，长 1.6、宽 0.15 米。下为夯 3。

墙 5：只存一砖长的墙垛子，方向同墙 3，以整砖纵横平砖交错平砌，残余 10 行，并向西倾斜，下为夯 3。距地表 0.95 米。

墙 6：南北向。横平砖只余二行，长 1.35 米，与夯 2 底层同一平面。同墙 1 相似，应开口于夯 1 土，打破夯 2。

夯 2 土层：在探方内西半部分布，花夯土，坚硬致密，断续分布。

垫土：在探方中部，叠压夯 2、夯 3。

柱洞位于探方北壁，原 T02 东隔梁处，打破夯 1、夯 2，形状不明，内为黄褐土及砖块等。上宽下窄，宽 30～60 厘米，残高 60 厘米。

夯 2 层下有夯 3。

2. 灶址

（1）Z1

位于 A 区 T1 中南部，开口于③b 层下，压在第④层之上，通长 2.55 米，最宽处 0.96 米。方向为东西向，个体较大，主体大致呈椭圆形。周壁半头砖砌起。由下往上叠涩内收。残深 0.32 米。口径最大处约 1 米，最窄径 0.72 米。烟囱在东，有地下烟道与灶相通。烟囱大致方圆形，直径 0.18 米。烟道底呈西低东高的斜坡状。西面是烧火的工作场，呈不规则形。底稍圜，大致东西 0.9、南北 1.02、深 0.2 米（图一三；图版一一，1）。遗物出土不多。

（2）Z2

位于 A 区 T2 东南，开口于③b 层下，仅余残迹，南北向，略呈曲柄瓢形，灶坑内存留大片红烧土粒，较疏松，成断续塌陷状，红烧土层下覆压草木灰层。灶坑壁、底几无存，大致成形，未发现遗留

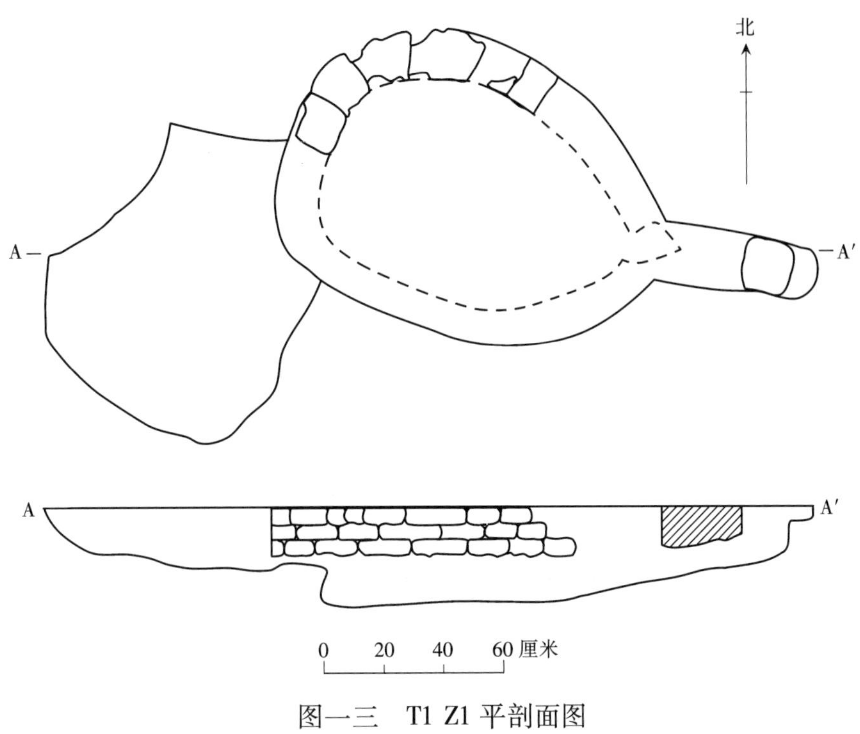

图一三　T1 Z1 平剖面图

物。长 2.90 米，宽（最大）1.60 米，深 0.34 米（图版一一，2）。

（3）Z4

位于 T3 南边，紧挨南壁，距东壁 1.4 米左右。开口于③b 层下，圆形，做法如下：先在地层向下挖半径约为 0.40 米、深约 0.15 米的圆形土坑，然后用砖在土坑周围垒灶。由于破坏严重，只剩三层砖。坑口至坑底深残 0.3 米。无完整砖块。烟囱在东边，口南北宽 0.1 米左右。其他破坏严重，只剩部分灰和红烧土块（图一四）。

（4）Z08

位于 C 区 T02 南端中部，第③层下开口，被夯 3 叠压。灶膛东西长 0.96、宽 0.82 米，灶膛内底长 0.7 米，宽 0.6 米。灶膛残存底部，以半砖平砌，呈椭圆形，存砖五行。底部无砖，残高 0.40 米。烟道位于灶膛南端偏西，砌两行砖，残高 0.11 米。长条形，近南北向，烟道南部进入南壁，底部北低南高，呈缓坡状。另外，在灶膛东北角有 0.14 米的凹槽自底部通入灶底。应是出灰口。灶内堆积以灰烬为主，杂有烧土块。没有出土遗物（图版一一，3）。

（5）Z01、Z09

Z01 位于 T02 西壁中部，第③层下开口，打破 Z09。形状外方内圆。坑口长 2.15、宽 0.8 米。坑底内径 0.5 米。坑深 0.26 米。Z01 只余灶膛部分，砖砌圆形灶坑。灶膛以半砖头错缝平砌成圆形，残余四行，残高 26 厘米，砖内侧有火烧痕。其贴着灶洞的东、北两面残存有细黄泥抹边，应为灶台的残部。其北端有半砖平铺的砖台，也应是灶台残余。Z01 口部被破坏。土层堆积上层为烧土块和草木灰，下层为草木灰。

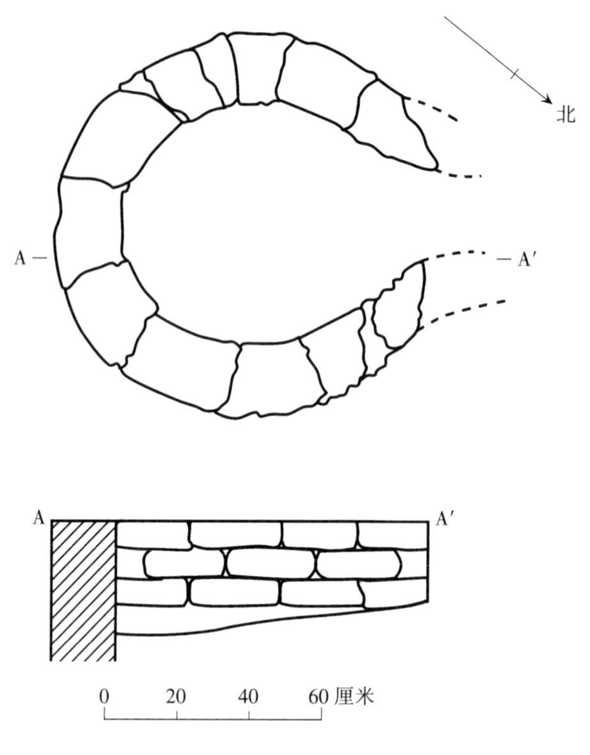

图一四　T3 Z4 平剖面图

Z09 也位于 T02 西壁中部，第③层下开口，被 Z01 打破。存砖砌灶膛部分，近圆形，以半砖平砌，残高 0.26 米，其西部被 Z01 打破，砖只余一行。外径 0.68 米，内径 0.45 米，深 0.26 米（图一五；图版一二，1、2）。灶膛内有大量灰烬，出有鱼椎骨、鱼刺、鱼鳞等，另有“开元通宝”、白瓷残片等。

（6）Z001

位于 D 区 T008 内，开口于第③层下，在其周围出有骰子、牌九、骨簪等。灶距地表约 50 厘米。在其北的 T3③层中较多砖瓦，为房子废弃堆积，灶应与房子有关，但房子范围及墙体不清。

Z001 为圆形，似有灶台，只在灶坑东北角残存几块平砖，皆半头砖，残深 40 多厘米（图一六；图版一二，3）。灶坑周边用半砖头砌筑，下大上渐内收，底无砖，亦无硬面，未见灶门、烟囱等。似灶门在南，烟囱在北。因此壁砖多已烧烂，损毁严重。往南未出现工作间等，只在灶坑东南角出有碎砖筑成的不规则形，似为房倒后经折返留下的残迹。

灶坑南地面有较多的碎砖瓦、陶片，夹杂有瓷片等。灶周出有鱼骨、鸡骨等，坑底有少量草灰。

3. 灰坑

（1）H15

位于 A 区 T5 中部，开口于第④层下，形状不规则，坑壁只有北壁中段较规整，其余不规则，推测为坑壁陷落所致。长 3、宽 1.4、深 0.5 米（图一七）。坑内堆积为灰黑色土，较疏松。出土遗物较多，有兽骨，可辨有马、狗的头骨部分及马、牛等大型畜类的肩胛骨、肋骨、腿骨等。陶器有泥质灰陶盆、罐，绿釉陶枕片残片。瓷器以白釉为主，黑酱釉次之。

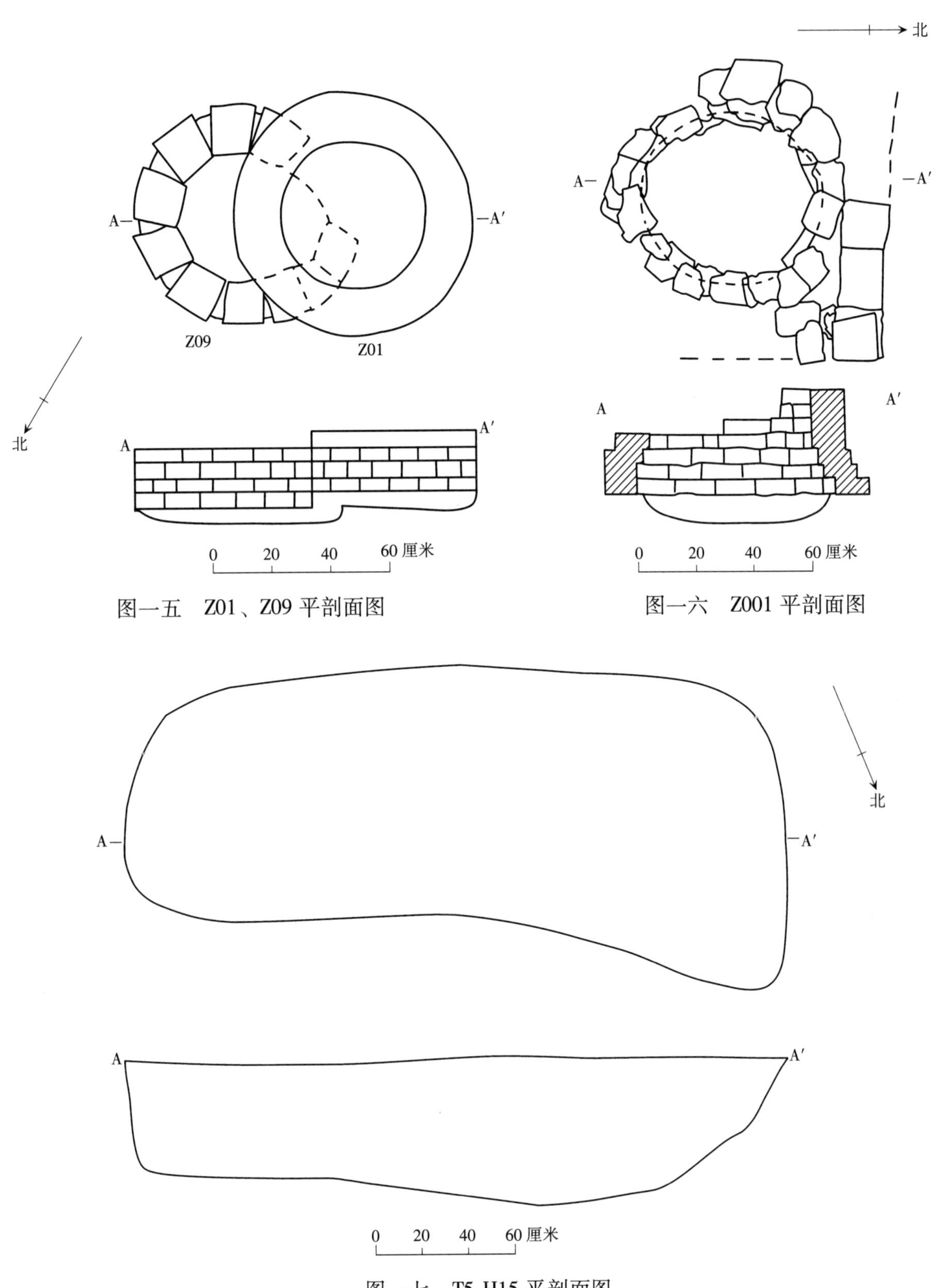

图一五　Z01、Z09 平剖面图

图一六　Z001 平剖面图

图一七　T5 H15 平剖面图

（2）H19、H20

位于T7北中部，第④层下开口，打破H20、H22，形状大致为圆形，圜底。直径1米，深0.9米。填土为灰土、灰绿土及灰褐土。出土有陶器、瓷器、骨簪。

H20位于T7北中部，第④层下开口，被H19打破，打破H22，形状近圆形，壁、底亦皆不规整，直径约0.85米，深0.86米（图一八）。出土物与H19差不多，数量少。

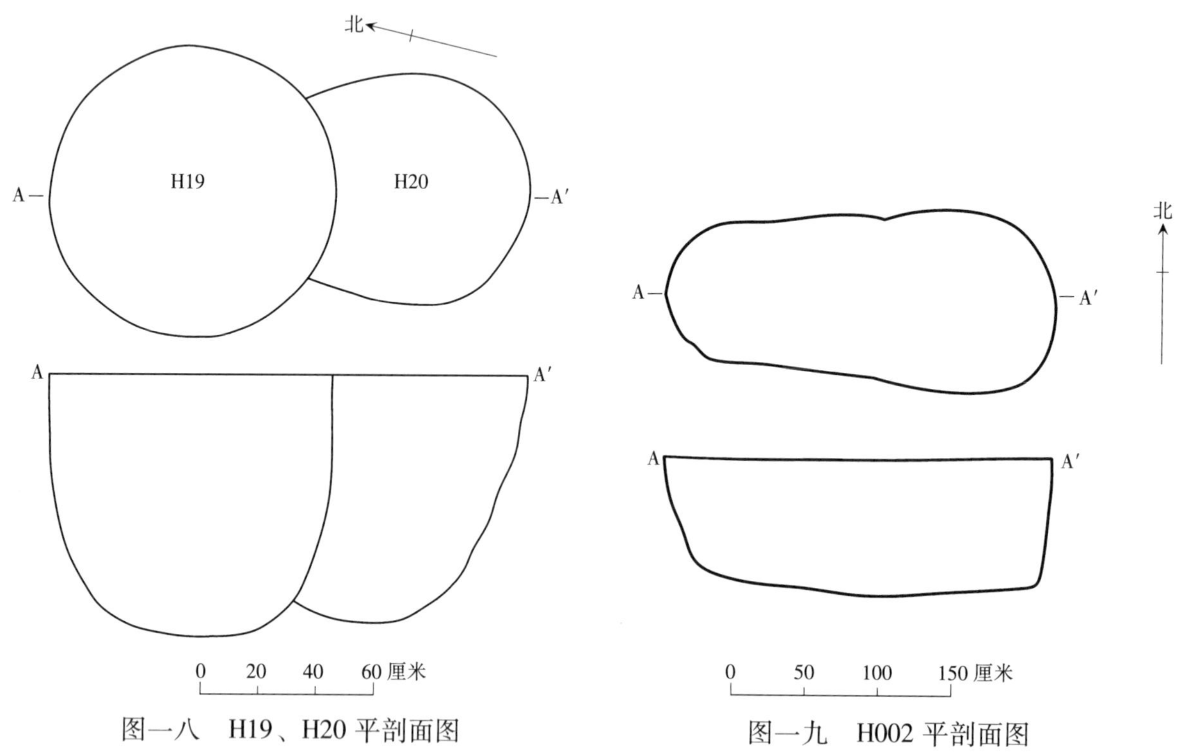

图一八　H19、H20平剖面图

图一九　H002平剖面图

（3）H002

位于D区T004中部偏西南，开口于第③层下，呈长椭圆形，直壁，平底（图一九）。坑内填灰褐色土，含红烧土块。遗物有白釉印花盘，划花器盖，篦划花小碗，棋子一枚。磁州窑划花篦划花碗，灰陶大盆底，白釉撇口碗，双色釉碗残片，鸡腿瓶腹部残片等。另有蟹夹、兽骨。

4. 水井

J1位于T12西北，井面叠压于④b层下，打破第⑤层、生土层。井面距地表1.7米，挖至距井面3.3米处暂停，未至底。形状为圆形（图二〇）。水井用青砖砌成，砖为素面，尺寸为长30~31.5厘米，宽15厘米，厚5厘米。砌法为转角平铺，井内呈袋状。井口部已被破坏，残留部分内径约0.9米，外径约1.2米，井口以下直径渐大。深3.3米处，内径约为1.2米，外径约1.5米。井口外有一层井面土（或为井台），土色为黄褐色，土质较硬，包含有碎小杂物。井面土四周还有一小薄层灰褐色土，含较多碎砖瓦，土质也较硬。砌井时所挖井圈较大，虽未能完全揭露，但可推断井圈不甚圆，最大直径约3.6米，井圈内填土为花土。井内填土为黑灰黏土，包含有砖瓦块及一些陶瓷片。瓷片有白釉瓜棱小罐，白釉碗口沿，白釉点褐彩小盂，酱釉缸片等。井面四周灰褐色砖瓦层内遗物有灰陶罐，锈蚀铜钱等。

5. 水池

位于T14东南部，开口于④b层下，基址打破生土层。形状为长方形，外长1.8、宽1.2米，内长

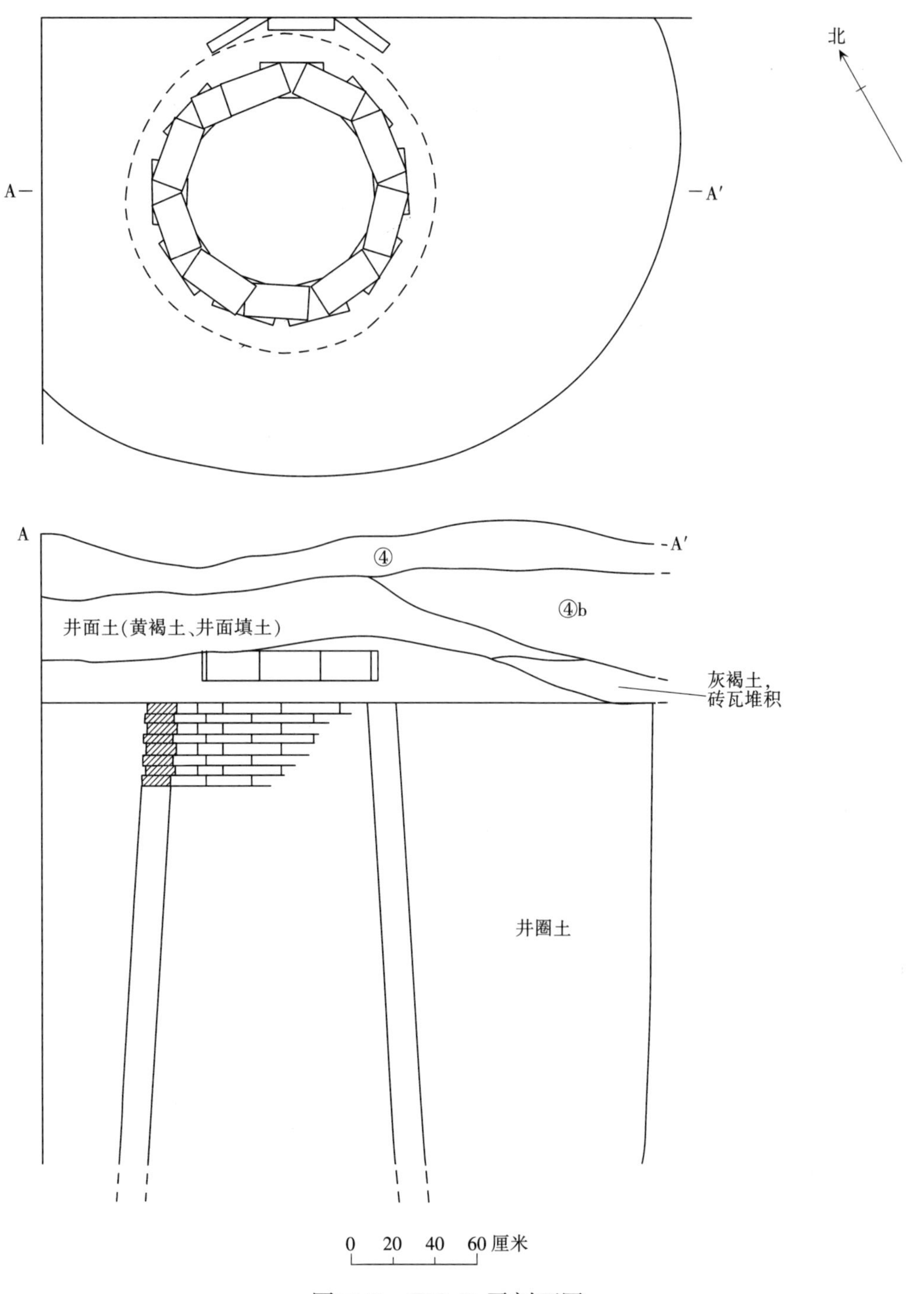

图二〇　T12 J1 平剖面图

1.5、宽0.9米，深0.95米，池体用素面青砖砌成，青砖尺寸长为30～31.5厘米，宽15厘米，厚5厘米。池上部已被破坏。保留池墙体有18层，墙体用单砖错缝平铺直起，池底有铺地砖，较平整，池北墙体保留较少，最少处仅余3层，正对北墙外有一浅沟，沟壁较直，沟口呈长方形，另一端通向第⑤层与生土层交接处。长1.1米，宽0.6米，深0.3米。沟底呈坡状，南高北低。池内及沟内填土为黄褐色花土，包含物较少，池内下部有一层厚约0.25米的灰绿色土层。

6. 灰沟

G2位于T8中部北侧，西南—东北向横贯探方西壁南侧和东北角（图二一）。开口于第④、④b层下，打破第⑤层，形状为长条形。G2的开口宽度较均匀，但沟壁极不规整，且向下斜壁内收较多。沟底深度不一，但基本上呈东北浅、西南深的趋势，但坡度极不均匀。在沟的中部偏东有一个较急的坡度。坑口长4.5米，宽1.3米。坑底长4.5米，宽0.6~0.7米。填土为灰绿色，土质疏松，近底部有水浸痕迹。出土遗物较多，有兽骨、陶器、瓷器等。兽骨主要有马、牛、羊的头骨、腿骨、肩胛骨、肋骨及羊角等，大致集中出于G2的西侧。陶器皆为泥质灰陶，器形皆为盆。瓷器有白釉瓷碗、盘，其中有少量篦划花碗残片，大都有芒口、涩圈或支钉痕。还有黑釉瓶、碗、盘等。其中在沟底出有一完整的黑釉盘，盘为敞口，尖圆唇部釉色呈金黄色，圈足不施釉，白胎略有杂质。

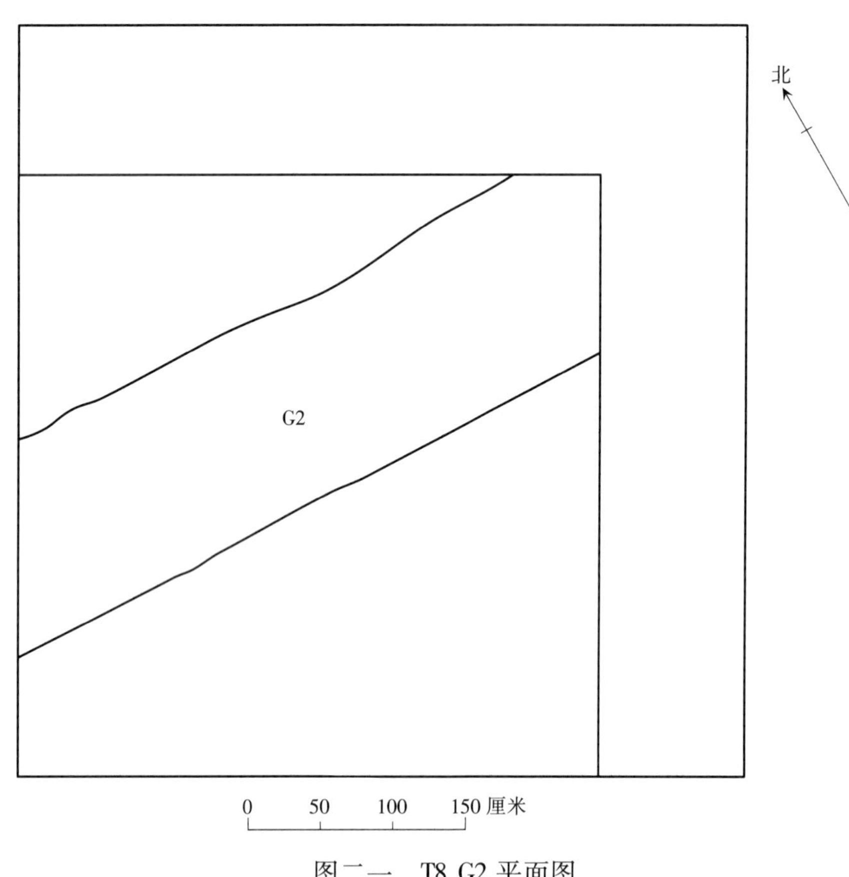

图二一 T8 G2平面图

第三章　遗物

一　A 区出土遗物

A 区（T1～T20）出土遗物以瓷片为主，还有少量的陶器、骨器、建筑构件等。因为本区内各方地层较为统一，所以将按照层位从早到晚的顺序把主要标本进行介绍，每一层内以探方为单位介绍。A 区还有一些遗迹单位，但出土器物较少，放在地层出土遗物后介绍。

1. 第⑤层出土遗物

（1）T1⑤

白瓷刻花盏，T1⑤:2，残，足径 2.5、残高 2.6 厘米。白胎，胎质细腻坚硬。内外满釉，圈足着地处部分刮釉，釉面光滑，釉色白中泛灰。弧腹，小圈足，内壁刻荷花纹，外壁有红色摩擦痕。

白瓷刻花盘，T1⑤:3，器底残片，足径约 8、残高 1.5 厘米。白胎，胎质细腻坚硬。内外满釉，芒口，釉面光润，釉色洁白，微泛黄。弧腹，下腹急收，内底较宽，大圈足。内底有刻划的水波游鱼纹。

白瓷碟，T1⑤:1，可复原，口径约 10.8、底径 6、高 1.8 厘米。灰胎，胎体坚致。内外满釉，釉色白中泛灰黄，釉面较光润，内底残留三枚长条支钉痕。敞口，尖圆唇，斜直腹，平底内凹（图二二）。

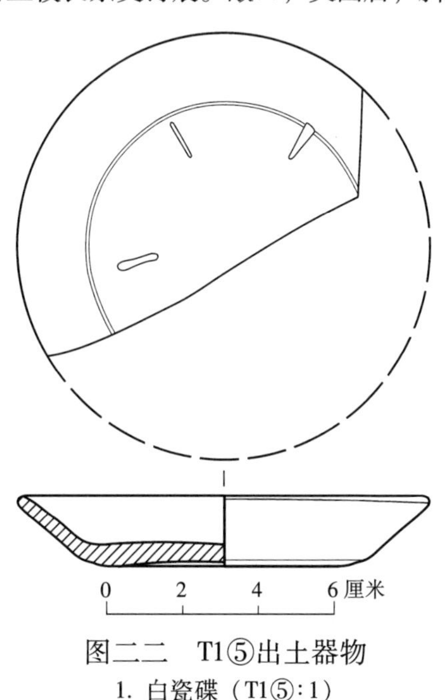

图二二　T1⑤出土器物

1. 白瓷碟（T1⑤:1）

粗白瓷碟，T1⑤:4，残，底径约7、高1.6厘米。灰褐色胎，胎质较粗。器表施白色化妆土，内外满釉，釉色乳白，芒口，釉面较光滑，有很多杂质。敞口，圆唇，浅弧腹，平底微内凹。花口，内壁有白色出筋。

白地黑花残片，T1⑤:5，残长4.6、残宽4.5厘米。黄褐色胎，胎质较粗，器表施白色化妆土，内壁以黑彩绘花草纹，釉面光洁，釉色直白。

陶盆，T1⑤:6，口沿残片，残长46.5、残高10厘米。泥质灰陶，卷沿，方唇，弧腹。口沿上有绳索纹。

（2）T2⑤

白瓷盘，T2⑤:2，可复原，口径18.4、足径5.5、高3.7～3.8厘米。白胎泛灰，胎质较细，坚硬。内外满釉，内底有涩圈，圈足不施釉，有砂粒。侈口，尖圆唇，折腹，圈足（图二三，1；图版一三，1）。

粗白瓷瓶，T2⑤:1，残，足径7.6、残高11.4厘米。黄褐色胎，胎质较粗，坚硬。器表施白色化妆土，釉面光亮，釉色白中泛黄，有细碎开片。内壁及圈足不施釉。深弧腹，下接喇叭形圈足，圈足与腹之间有一周凸棱，内壁有轮旋痕（图二三，2；图版一三，4）。

粗白瓷篦划花碗，T2⑤:4，可复原，制作不甚规整，口径17.3、足径6.2、高6.5～7.1厘米。灰

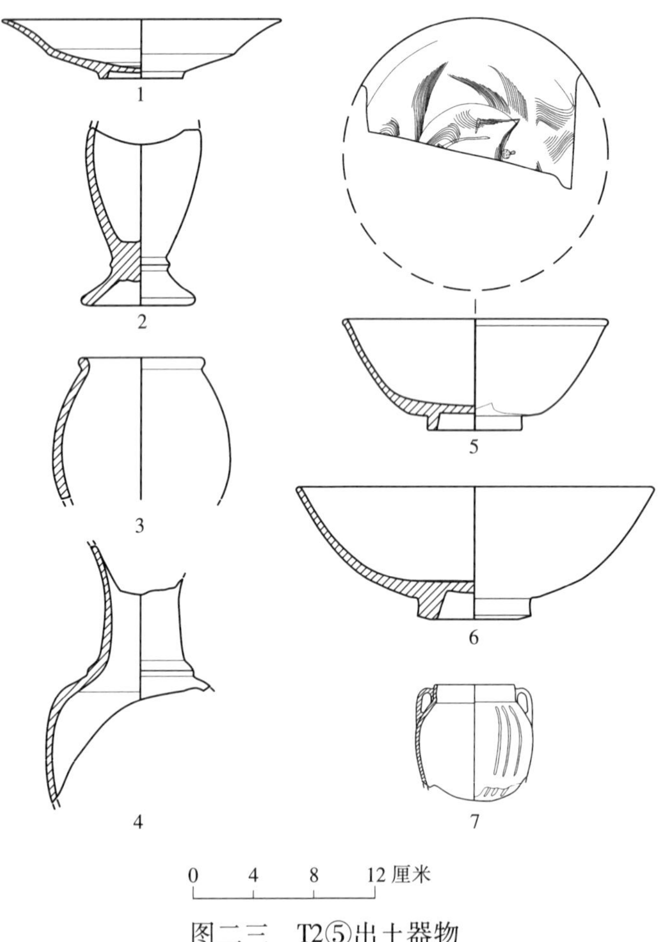

图二三　T2⑤出土器物

1. 白瓷盘（T2⑤:2）　2. 粗白瓷瓶（T2⑤:1）　3. 双色釉瓷罐（T2⑤:3）　4. 黑釉瓶（T2⑤:7）
5. 粗白瓷篦划花碗（T2⑤:4）　6. 粗白瓷碗（T2⑤:6）　7. 黑釉小罐（T2⑤:5）

白胎，胎质较粗。器表施白色化妆土，内壁满釉，底部有长条支钉痕，外壁釉不及底，釉色泛灰黄。敞口，圆唇，弧腹，圈足，挖足过肩。器内壁有篦划纹（图二三，5；图版一三，3）。

粗白瓷碗，T2⑤:6，可复原，口径约23.2、足径7.4、高8.4厘米。黄白胎，胎质较粗疏。器表施白色化妆土，内壁满釉，底部有涩圈，外壁釉不及底。釉面光润，有细碎开片，釉色泛黄。敞口，圆唇，弧腹较深，高圈足，挖足过肩（图二三，6；图版一三，7）。

双色釉瓷罐，T2⑤:3，残，口径约8.4、残高9厘米。黄白胎，胎质较粗。外壁施白色化妆土，再施透明釉，釉面光润，釉色白中泛黄，有细碎开片，器内施酱红色釉。敞口，圆唇，溜肩，鼓腹（图二三，3；图版一三，6）。

黑釉小罐，T2⑤:5，残，口径5.2、残高7.4厘米。白胎泛灰，胎质较粗。器表施四组对称的白色凸线，每组三条，内外施黑釉，釉层较厚，釉色乌黑光亮，外壁釉不及底，下部积釉，将部分凸线盖住。直口，尖圆唇，溜肩，鼓腹，肩上附双耳（图二三，7；图版一三，2）。

黑釉瓶，T2⑤:7，残，残高16.4厘米。白胎，胎质较细。器表施黑釉，釉色乌黑发亮。口部残缺，敞口，长颈，折肩，弧腹略内收，壁上有瓜棱（图二三，4；图版一三，5）。

（3）T3⑤

白瓷刻花盏，T3⑤:1，可复原，口径约13.1、足径2.9、高4.4厘米。白胎，胎体坚致。内外满釉，芒口，釉面较光润，釉色洁白。敞口，圆唇，斜直腹，小圈足，内壁刻荷花纹（图二四，1）。

白瓷刻花器盖，T3⑤:3，残，口径约11、残高2.9厘米。白胎，胎体坚致厚重。子母口，直口，方唇，平沿，盖面拱起。外壁满釉，口部及平沿内壁不施釉，釉面光润，釉色泛黄，盖顶刻萱草纹（图二四，2）。

白瓷碗，T3⑤:2，可复原，口径约16.5、足径5.4、高4.4厘米。白胎泛灰，胎质较细。内外满釉，芒口，外壁口沿下一周部分刮釉，釉面光润，釉色泛灰黄。敞口外撇，尖唇，弧腹较浅，圈足（图二四，3）。

粗白瓷碗，T3⑤:9，可复原，口径约23.5、足径8.4、高8.1厘米。黄褐色胎，胎质较粗。器表施白色化妆土，内壁满釉，底部有支钉痕，外壁半釉，釉面较润，釉色泛黄，有细碎开片。敞口，圆唇，弧腹，圈足（图二四，5）。

粗白瓷瓜棱罐，T3⑤:10，残，口径约8.7、残高8.2厘米。灰胎，胎质较粗，坚硬。外壁及内壁口沿下施白色化妆土，釉面光润，釉色直白，有开片。敞口外翻，圆唇，矮直领，圆肩，鼓腹，腹部有对称分布的六道瓜棱（图二四，6）。

粗白瓷瓶，T3⑤:11，底部残片，足径7.6、残高5.4厘米。黄褐色胎，胎质较粗。器表施白色化妆土，釉色乳白，釉不及底。隐圈足，圈足底墨书“吴”，足根上亦有墨书文字，残破难识。

粗白瓷刻划花盆，T3⑤:18，口沿残片，残宽13.5、残高8.5厘米。黄褐色胎，胎质较粗。内壁及唇部施白色化妆土，内壁有刻划纹饰，再罩透明釉，釉面光亮，有细碎开片，芒口，外壁上部施护胎酱釉。敞口，卷沿，圆唇，弧腹（图版一四，8）。

白地黑花罐，T3⑤:4，口沿残片，口径约15、残高4.5厘米。褐胎，胎质较粗。外壁及内壁口沿下施白色化妆土，外壁肩部以黑彩绘纹饰，釉色较白，局部化妆土和釉脱落。直口，圆唇，折沿下斜，短束颈，鼓肩（图二四，4）。

白地黑花残片，T3⑤:5、T3⑤:7，可能是同一件器物。褐色胎，胎质较粗。内外壁均施白色化妆土，外壁以黑彩绘纹饰，外壁釉不及底，内壁下部不施釉，有流釉，釉色白中泛黄。和T3⑤:4应是同一件器物。

白地黑花残片，T3⑤:6，残，残长6.3、残高约3.9厘米，黄白胎，胎质较粗疏。外壁施白色化妆土，以黑彩绘纹饰，釉面光润，釉色洁白，有开片。

白瓷盘，T3⑤:8，可复原，口径约21.2、足径7.6、高3.7～4.2厘米。浅灰白胎，胎质较粗，局部结合不紧密。内壁施白色化妆土，满釉，釉色泛青灰，内底有涩圈，外壁釉不及底，釉色灰褐，圈足处有砂粒。侈口，圆唇，折腹，圈足（图二四，7；图版一四，1）。

白瓷点彩碗，T3⑤:12，可复原，口径24.8、足径8.4、高8.1～8.7厘米。灰胎，胎质较粗，局部结合不紧密。敞口，圆唇，弧腹，圈足。内壁及外壁唇部施白色化妆土，内壁满釉，底部有涩圈，外釉不及底，内壁有褐色点彩花朵装饰（图二四，8；图版一四，2）。

黑釉盏，T3⑤:15，口沿残片，口径约11.6、残高2.8厘米。白胎泛灰，胎质较细，坚硬。内外

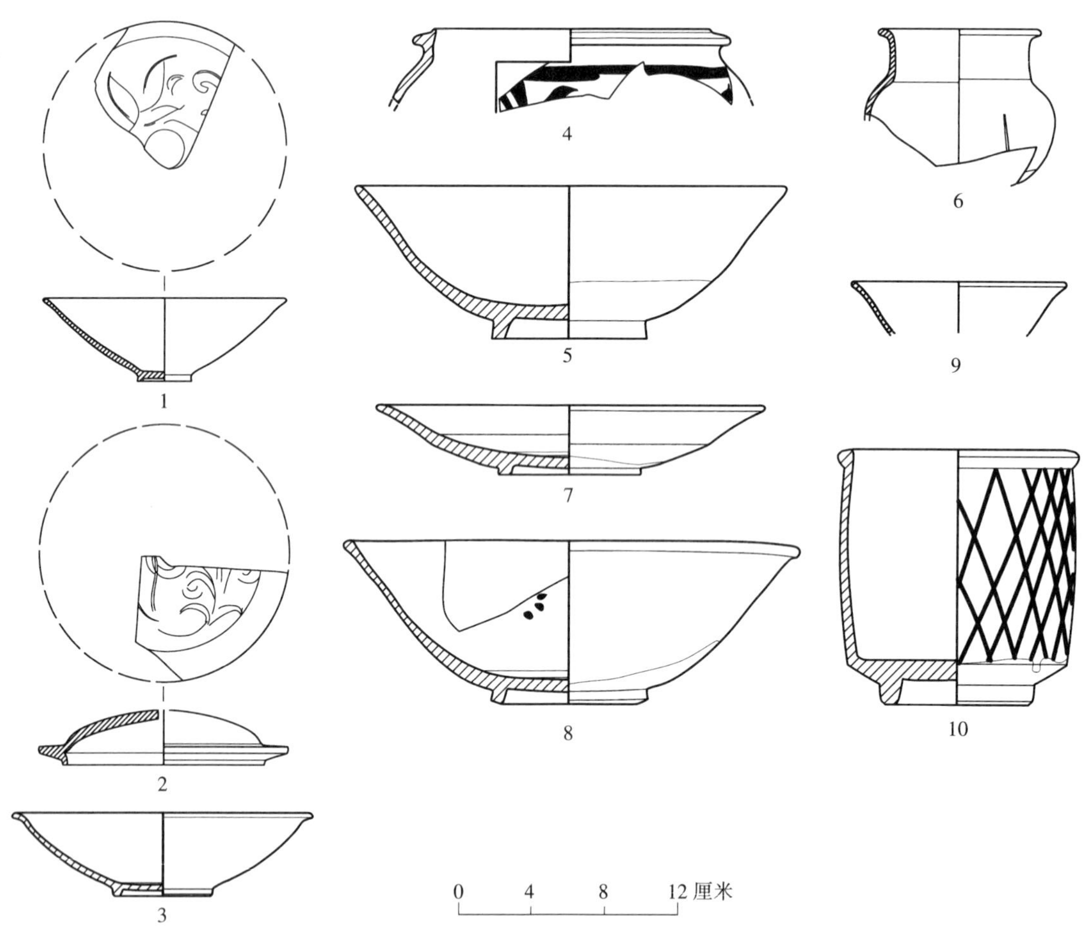

图二四　T3⑤出土器物

1. 白瓷刻花盏（T3⑤:1）　2. 白瓷刻花器盖（T3⑤:3）　3. 白瓷碗（T3⑤:2）　4. 白地黑花罐（T3⑤:4）　5. 粗白瓷碗（T3⑤:9）　6. 粗白瓷瓜棱罐（T3⑤:10）　7. 白瓷盘（T3⑤:8）　8. 白瓷点彩碗（T3⑤:12）　9. 黑釉盏（T3⑤:15）　10. 黑釉筒状罐（T3⑤:16）

施黑釉，釉面有大量褐色斑点，外壁还有较大的酱红色斑块，釉面光润，外壁釉不及底。敞口外撇，弧腹（图二四，9；图版一四，5）。

黑釉筒状罐，T3⑤:16，可复原，口径13.3、足径8.4、高13.5厘米。灰白胎，胎体坚致。直口，方唇，筒形腹，圈足，挖足过肩。外壁以白色凸线进行装饰，形成交错的网格纹，再施一层黑釉，釉不及底，釉薄处发黄褐色，内壁釉呈黄褐色，内底有很宽的涩圈（图二四，10；图版一四，6）。

酱釉鸡腿瓶，T3⑤:17，底部残片，足径9.6、残高14.5厘米。灰褐色胎，体质较粗，厚重。内外施酱釉，釉面较粗糙，底部粘连有砂粒和白灰。深弧腹，平底（图版一四，7）。

耀州窑青瓷盏，T3⑤:13，底部残片，足径约3.3、残高2.5厘米。灰胎，胎体坚致。内外施青釉，釉面光亮莹润，有开片。圈足无釉，有垫砂。弧腹，圈足，内壁有印花花卉纹饰（图版一四，3）。

耀州窑青瓷残片，T3⑤:14，残宽5.5、残高约2.4厘米。灰白胎，胎体坚致。内外施青釉，釉面较光润，有开片。内壁有印花花卉纹饰（图版一四，4）。

（4）T5⑤

白瓷刻花钵，T5⑤:1，残，残宽8、残高6.5厘米。白胎，质地细腻坚硬。内外满釉，釉面莹润，釉色洁白，外壁有刻花纹饰。

白瓷碗，T5⑤:11，残，足径4.4、残高5.3厘米。白胎，质地细腻坚硬。内外满釉，釉面莹润，釉色白中泛灰。敞口外撇，弧腹较深，圈足。

白瓷盘，T5⑤:2，残，口径约17.2、足径约5.5、高3.8～4厘米。白胎泛灰，胎质较细，坚硬。内外满釉，釉色泛青灰，内底有涩圈，圈足不施釉，有砂粒。敞口，尖圆唇，折腹，圈足（图二五，1）。

白瓷点彩小罐，T5⑤:4，残，残宽4.5、残高2.3厘米。灰胎，胎质较粗，坚硬。器表施白色化妆土，外壁有黑色点彩装饰，外壁釉不及底。直口，圆唇，矮直领，鼓腹（图二五，3）。

白瓷绿彩小瓶，T5⑤:6，口部残片，口径3.5、残高2厘米。黄褐色胎，胎质较粗。器表施白色化妆土，再施透明釉，釉色直白，内壁及口沿处又施绿釉，脱落较多。敞口，卷沿，圆唇，束颈（图二五，4）。

粗白瓷碗，T5⑤:3，残，口径约24、高7.2厘米。灰胎，胎质较粗，坚硬。器表施白色化妆土，内壁满釉，釉色白中泛青灰，底部有涩圈，外壁釉不及底。敞口，圆唇，弧腹，圈足（图二五，2）。

双色釉碗，T5⑤:5，残，口径约22、足径8、高7.2厘米。灰褐色胎，胎质较粗，坚硬。内壁及外壁口沿处施白色化妆土，内满釉，釉色泛灰黄，底部有涩圈，外壁口沿处施透明釉，口沿以下施黑釉，圈足着地处无釉。透明釉有流釉现象，覆盖到黑釉上。敞口，圆唇，弧腹，圈足。

红绿彩小罐，T5⑤:7，底部残片，足径3.3、残高2.1厘米。黄白胎，胎质较粗。弧腹，圈足。外壁施白色化妆土，外壁釉不及底，釉色洁白，釉上以红、绿彩绘纹饰，内壁无釉。

黑釉盆，T5⑤:8，底径约18、高12.1厘米。灰胎，胎质较粗，坚硬。圆唇，平折沿，方唇，弧腹，平底内凹。内壁折沿处及外壁底部无釉，其余满釉，釉色光亮（图二五，5）。

绿釉瓷器残片，T5⑤:9，形制不明，残长3.4、残宽2.2厘米。黄白胎，胎质较粗，坚硬。器表满施绿釉，釉面有细碎开片。

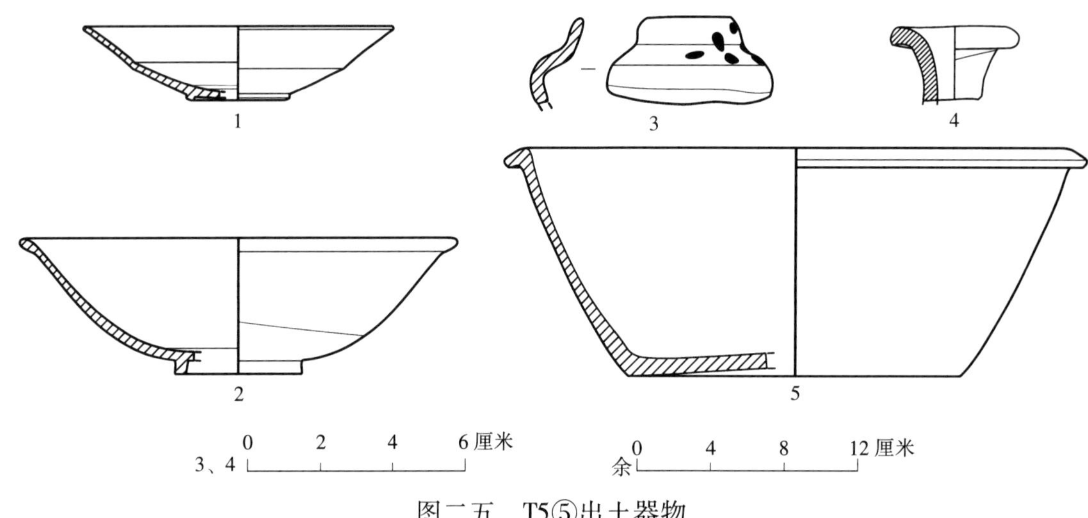

图二五　T5⑤出土器物

1. 白瓷盘（T5⑤∶2）　2. 粗白瓷碗（T5⑤∶3）　3. 白瓷点彩小罐（T5⑤∶4）　4. 白瓷绿彩小瓶（T5⑤∶6）　5. 黑釉盆（T5⑤∶8）

绿釉陶残片，T5⑤∶10，可能是建筑材料，残长9.2、残宽5.7厘米。红陶胎，胎质较粗，坚硬，火候较高。保存较好的一侧面涂白灰，正面施绿釉。

（5）T6⑤

白瓷器盖，T6⑤∶1，可复原，口径7.1、边径9.4、高2.3厘米。白胎，胎质细腻坚硬。子母口，子口微敛，圆唇，平沿上翘，盖面拱起，顶部有钮。平沿内壁及子口不施釉，余满釉，釉面光润，釉色泛黄。

白瓷瓶，T6⑤∶4，残，口径约6、外径约8、残高9.1厘米。白胎，胎质细腻坚硬。内外满釉，釉面光润，釉色洁白，积釉处泛黄。从断面可看到颈部与肩部有明显的接痕。直口，折沿，方唇，直颈，鼓肩，颈部有两周凹弦纹（图二六，4）。

白瓷碗，T6⑤∶15，残，口径约22、高5.5厘米。白胎，胎质细腻坚硬。内外满釉，芒口，外壁施釉不均，釉色洁白。敞口，尖圆唇，弧腹较浅，内底较平，圈足。

白瓷刻花器盖，T6⑤∶2，残，口径约11、边径14、高3.2厘米。白胎，胎质细腻坚硬。子母口，子口内敛，尖唇，平沿微上翘，盖面拱起，顶部有钮。盖面上刻轮菊纹，模糊不清。平沿内壁及子口不施釉，余满釉，釉面光润，釉色白中泛黄（图二六，1）。

白瓷刻花盘，T6⑤∶3，残，口径约19.2、足径约6、高4.6厘米。白胎，胎质细腻坚硬。内外满釉，芒口，釉面光润，釉色白中泛黄。敞口，圆尖唇，折腹，圈足。内壁刻萱草纹，器壁上有红色摩擦痕（图二六，2）。

白瓷刻花小盏，T6⑤∶16，残，高3.8、厚0.2～0.3厘米。白胎，胎质细腻坚硬，胎体轻薄。内外满釉，芒口，釉面光润，釉色洁白。敞口，尖唇，弧腹，圈足，内壁有刻花纹饰。

白瓷盘，T6⑤∶5，可复原，口径约18.4、足径6.1、高3.7～3.8厘米。白胎泛灰，胎质较细，坚硬。内壁满釉，釉色泛灰，内底有涩圈，外壁釉不及底。敞口，尖圆唇，折腹，圈足（图二六，3）。

粗白瓷划花碗，T6⑤∶11，残，口径约22.5、足径约7.5、高7.8～8.3厘米。黄褐色胎，胎质较粗，坚硬。器表施白色化妆土，内壁满釉，底部有细长条支钉痕，外壁半釉。敞口，圆唇，弧腹，圈足，挖足过肩，内壁有篦划花纹饰。

白地黑花瓶，T6⑤:8，残，口径12、残高10.3厘米。黄白胎，胎质较粗。器表施白色化妆土，再施透明釉，外壁有黑彩所绘的纹饰。化妆土与胎结合不好，脱落严重。侈口，圆唇。长束颈（图二六，5）。

白地黑花瓷枕，T6⑤:9，枕面残片，残长5.2、残宽6.9厘米。黄白胎，胎质较粗，坚硬。器表施白色化妆土，以黑彩书写文字，残存一“霞”字，然后施透明釉，釉面有开片，釉色粉白。

白地黑花筒状罐，T6⑤:10，残，足径约21、残高15.4厘米。褐色胎，胎体坚致。深直腹，内壁有轮旋痕，隐圈足，底部又有一圆形凹圈。器表施白色化妆土，以黑彩绘缠枝花草纹，细部用篦划花表示，釉色洁白，内壁满釉，圈足无釉（图二六，7）。

粗白瓷瓶，T6⑤:17，器底残片，足径约7、残高10.6厘米。灰胎，胎体坚致。外壁施白色化妆土，釉面发涩，釉色白中泛黄。下腹曲收，隐圈足。

白瓷点彩碗，T6⑤:6，残，口径约11、足径4.6、高3.2~3.3厘米。灰褐色胎，胎质较粗，坚硬。内壁及唇部施白色化妆土，内壁满釉，釉色泛青灰，壁上有点彩花朵纹，底部有涩圈，外壁釉不及底，釉色灰褐，有大量黑点。敞口，圆唇，浅弧腹，圈足。

白瓷点彩碗，T6⑤:18，可复原，器形不规整，口径约13、足径4.5、高3.5~3.8厘米。褐胎，胎质较粗，坚硬。内壁及外壁唇部以下施白色化妆土，内壁满釉，釉色泛青灰，底部有涩圈，底部中心有点彩花朵纹饰，外壁半釉。敞口，圆唇，弧腹较浅，圈足。

双色釉点彩碗，T6⑤:14，可复原，器形不太规整，口径约21、足径7.6、高7~7.5厘米。灰白胎，胎质较细，坚硬。侈口，圆唇，弧腹，圈足。内壁及外壁唇部施白色化妆土，内壁满釉，釉色泛灰黄，壁上有三组点彩花朵纹，底部有涩圈，外壁上腹部施透明釉，下部施黑釉，圈足着地处无釉（图二六，6）。

腰圆形绿釉枕，T6⑤:7，残长18.4、残宽5、残高3.2厘米。红褐色陶胎，胎质较粗。器表施白色化妆土，枕面及枕墙上剔刻出纹饰，然后施绿釉。

虎形枕，T6⑤:19，三片，无法拼合，最大的一片残长12.7厘米。浅灰色胎，胎体坚致。器表施白色化妆土，虎身上局部又施黄褐色化妆土，然后以黑彩绘出纹饰，枕面上残留有竹纹。

坩埚，T6⑤:12，完整，砂质，胎质较粗。口径3.2、高6.1厘米。多边形，圜底。

陶盆，T6⑤:13，残，口径约28、高12.6厘米。泥质灰陶，敞口，卷沿，尖唇，斜直腹，平底。

陶钱，T6⑤:20，残，直径2.2、厚0.5~0.6厘米。泥质黄褐陶，火候较高。圆饼状，中间有一孔，正面有压印的钱纹，文字反转，较为模糊，仅“寶”字较清楚。

（6）T7⑤

白瓷刻划花碗，T7⑤:1，残，口径24、残高4.6厘米。白胎，胎质细腻坚硬。内外皆施釉，芒口，外壁唇下一周刮釉。釉面光润，白中泛黄。敞口外撇，尖圆唇，弧腹。内壁刻划波浪纹，内壁有红色摩擦痕（图二七，1）。

白瓷盘，T7⑤:2，残，足径约5.6、高3.3厘米。白胎泛灰，胎质细腻坚硬。内外满釉，釉色白中泛灰，芒口，圈足着地处有砂粒。敞口外撇，方唇，折腹，圈足。

图二六　T6⑤出土器物

1. 白瓷刻花器盖（T6⑤:2）　2. 白瓷刻花盘（T6⑤:3）　3. 白瓷盘（T6⑤:5）　4. 白瓷瓶（T6⑤:4）
5. 白地黑花瓶（T6⑤:8）　6. 双色釉点彩碗（T6⑤:14）　7. 白地黑花筒状罐（T6⑤:10）

粗白瓷碗，T7⑤:3，可复原，口径16.7、足径6.7、高5.9厘米。灰白胎，胎质较细，坚硬。内满釉，外壁釉不及底，釉色发灰。内底有支钉痕。敞口，尖唇，弧腹，圈足，挖足过肩（图二七，2）。

粗白瓷碗，T7⑤:6，可复原，口径约20.6、足径7.3、高6.6厘米。黄白胎，胎质较粗疏，局部胎体结合不紧密。器表施白色化妆土，内壁满釉，内底残留三个长条支钉痕，外壁施釉仅及口沿，釉色发黄。敞口，圆唇，弧腹，圈足（图二七，4）。

白瓷盘，T7⑤:4，可复原，口径20.3、足径8.5、高4~4.2厘米。灰胎，胎质较粗，坚硬。内壁施白色化妆土，满釉，釉色发青，底部有涩圈，外壁釉不及底，釉色发灰。侈口，圆唇，折腹，圈足。底部有墨书文字，模糊难识（图二七，3）。

酱釉瓶，T7⑤:5，残，残高16.2厘米。黄褐色胎，胎质较粗，坚硬。器内外皆施酱釉，芒口，外壁釉不及底。直口，圆唇，长颈，溜肩，颈部与肩部交接处有一耳（图二七，6）。

黑釉盏，T7⑤:7，残，口径约13、残高3.4厘米。灰胎，胎质坚硬。内壁施黑釉，釉色光润，外壁施酱釉。侈口，圆唇，弧腹（图二七，5）。

黄釉碗，T7⑤:8，底部残片，残高约2.3厘米。黄褐色胎，胎质较粗。内外皆施黄釉，外壁釉不及底，内底有涩圈。弧腹，圈足，挖足过肩，造成底部很薄。

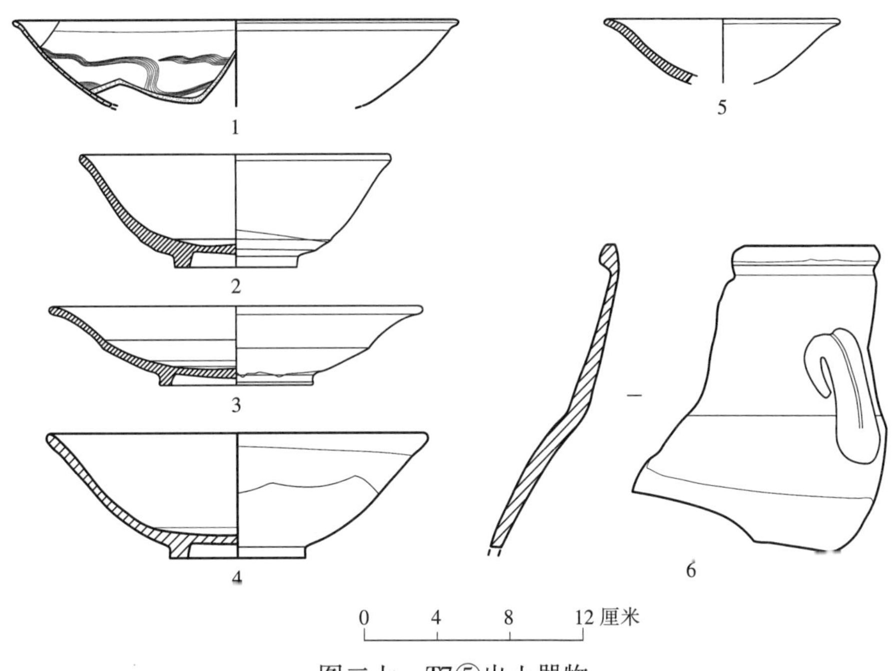

图二七　T7⑤出土器物

1. 白瓷刻划花碗（T7⑤:1）　2. 粗白瓷碗（T7⑤:3）　3. 白瓷盘（T7⑤:4）　4. 粗白瓷碗（T7⑤:6）　5. 黑釉盏（T7⑤:7）　6. 酱釉瓶（T7⑤:5）

（7）T8⑤

白地褐花枕，T8⑤:1，残，残长18.5、残宽19.5、高9.5~12.8厘米。白胎微泛灰，胎质细腻坚硬。腰圆形，枕面前低后高，微曲凹，平底。前墙内凹，内壁枕墙与枕面及枕底之间均有泥条加固，底部有一小圆孔。器表先施一层褐色化妆土，然后剔掉一部分，露出胎体，形成纹饰轮廓，细部用篦划花装饰，然后施釉，产生白地褐彩的效果，枕墙纹饰为卷草纹，枕面有卷草、花卉等。外壁底部无釉，其余满釉，釉色泛黄、发暗（图二八，1）。

粗白瓷碗，T8⑤:2，可复原，口径约18.5、足径约7、高6.6~6.9厘米。褐色胎，胎质较粗。器表满施白色化妆土，内施满釉，底部可见两个很小的支钉痕迹，外壁釉不及底，釉色发黄，有细碎开片。敞口，圆唇，弧腹，圈足（图二八，2）。

白瓷点彩碗，T8⑤:3，器底残片，足径7.6、残高1.7厘米。黄白胎，胎质较粗。器表施白色化妆土，内底有涩圈，中心有褐色点彩花朵。圈足底部墨书“郭”字。

黑釉残片，T8⑤:4，残长8、残宽7.9厘米。褐色胎，胎质较粗，坚硬。内壁施黑釉，釉面光亮，外壁无釉。内壁有轮旋痕迹，外壁有墨书文字，残存三字，第一字不可辨，中间一字为“置”，最后一字似为“刘”。

黑釉盏，T8⑤:5，残，足径4.4、残高4.1厘米。白胎泛灰，胎体坚致。内外均施黑釉，外壁釉不及底，釉层较厚，釉色乌黑发亮，釉面有很多棕眼。弧腹，圈足近饼足（图二八，3）。

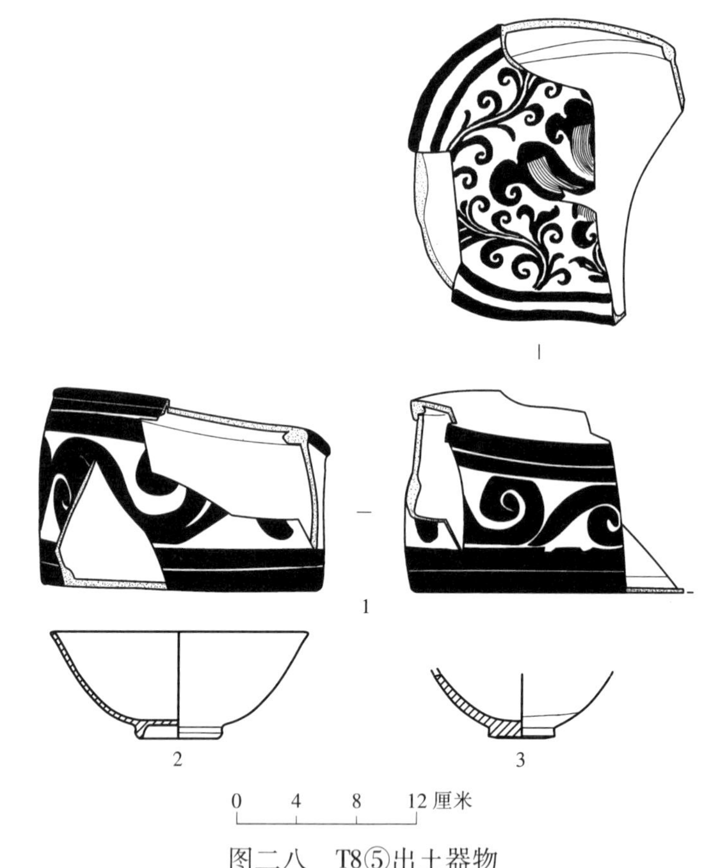

图二八　T8⑤出土器物

1. 白地褐花枕（T8⑤:1）　2. 粗白瓷碗（T8⑤:2）　3. 黑釉盏（T8⑤:5）

（8）T9⑤

白瓷刻花碟，T9⑤:1，可复原，口径约12、底径8、高1.7厘米。白胎，胎质细腻坚硬。内外满釉，芒口，釉面光润，釉色洁白。敞口，尖圆唇，浅弧腹，平底内凹，内底刻荷花纹（图二九，1；图版一五，1）。

白瓷小杯，T9⑤:2，残，残高1.9厘米。白胎，胎质细腻坚硬。内外满釉，圈足着地处不施釉，釉面光润，釉色洁白。弧腹，圈足，挖足过肩，外壁有刻花纹饰（图版一五，3）。

白瓷碗，T9⑤:3，残，残高4.9厘米。白胎微泛灰，胎质较细，坚硬。内外满釉，釉面较光滑，釉色白中泛黄。弧腹，圈足较高，挖足过肩（图版一五，4）。

白瓷碗，T9⑤:4，可复原，口径约11.5、足径3.9、高3.7厘米。白胎微泛灰，胎质较细，坚硬。内满釉，底部有涩圈，外壁釉不及底，圈足处有砂粒，釉面略发涩，釉色白中泛灰。敞口外撇，尖圆唇，弧腹，圈足，挖足过肩（图二九，2；图版一五，5）。

白瓷盘，T9⑤:5，残，口径约18、足径约5.8、高4.1～4.4厘米。白胎微泛灰，胎质较细，坚硬。内外满釉，内底有涩圈，涩圈上有两处红色痕迹。外壁圈足着地处无釉，圈足处有较多砂粒。釉面较光滑，釉色泛青灰。敞口，圆唇，折腹，圈足（图二九，3；图版一五，2）。

黑釉盏，T9⑤:6，残，口径约12.4、足径约4、高4.5厘米。灰白胎，胎质稍粗，坚硬。内壁施黑釉，底部积釉厚达0.2厘米，釉面光亮，有大量褐色斑点，外壁上部施酱红色釉，下部施酱色护胎釉，足部有砂粒。侈口，圆唇，弧腹，饼足微内凹（图二九，4；图版一五，6）。

绿釉武士，T9⑤:7，只残存头部，宽9、高10厘米。模制，从颈部断面看有孔。褐色陶胎，胎质较粗。面部已经模糊不清，头戴圆盔。器表施绿釉，面部脱釉严重（图版一五，7）。

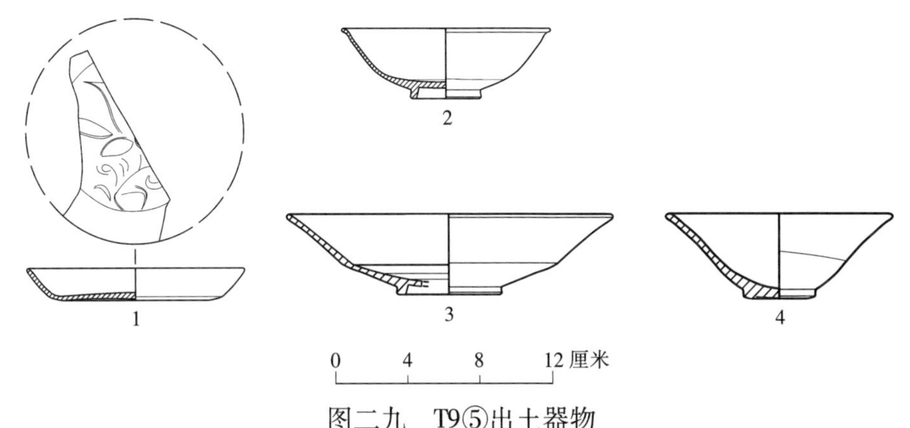

图二九　T9⑤出土器物

1. 白瓷刻花碟（T9⑤:1）　2. 白瓷碗（T9⑤:4）　3. 白瓷盘（T9⑤:5）　4. 黑釉盏（T9⑤:6）

（9）T10⑤

白瓷花口碗，T10⑤:4，残，口径约12、底径4.5、高5.6厘米。白胎，胎质细腻坚硬。内外满釉，圈足内无釉。釉色发灰。敞口微外撇，尖圆唇，弧腹较深，圈足。挖足过肩，底部较薄。口部为花口，对应的内壁有白色出筋。

白瓷大碗，T10⑤:5，口沿残片，残高5厘米。胎色白中泛黄，胎质较细，局部结合不紧密，内外皆施釉，芒口，釉色发黄，有细碎的开片。直口，圆尖唇，唇部加厚，斜直腹。

白瓷刻花碗，T10⑤:6，残，残高2.9厘米。白胎，胎质细腻坚硬。内外满釉，应为芒口。釉色白中泛黄。斜直腹，圈足，挖足过肩，内壁有较细的刻花纹饰。

粗白瓷点彩罐，T10⑤:1，残，残高5.1厘米。白胎泛黄，胎质较粗。外壁施白色化妆土，釉色白中泛黄，有细小开片。内壁施黑釉，口沿上无釉。局部有剥釉现象，胎釉结合不好。直口，方唇，鼓肩，肩上附双条耳，肩部有褐色点彩纹饰。

粗白瓷双耳罐，T10⑤:3，残，口径9.1、残高11.4厘米。黄白胎，胎质粗疏。器外壁及口沿施白色化妆土，再施透明釉，釉色洁白泛黄，内壁口沿下釉色呈灰褐色，釉面有细碎的开片，外壁釉不及底。敛口，圆唇，短束颈，溜肩，鼓腹，肩部有对称的双耳（图三〇，1）。

黑剔花罐，T10⑤:2，口沿残片，残高约5.6厘米。灰胎，胎质较粗，坚硬。敛口，尖唇，微鼓肩。器表先施白色化妆土，再施黑色化妆土，剔去部分黑色化妆土，形成纹饰，然后罩一层透明釉。

黑釉大罐，T10⑤:7，残，口径18、残高14.4厘米。白胎泛灰，胎质较粗，内含细小颗粒，坚硬。外壁施黑釉，内壁釉颜色较浅，口沿顶部无釉。直口，圆唇，鼓肩（图三〇，2）。

黑釉碗，T10⑤:8，残，残高5.6厘米，灰白胎，胎质较粗，坚硬。内外均施黑釉，外壁釉不及底。釉面光亮，有大量棕眼。敞口，圆唇，弧腹，圈足。

绿釉陶，T10⑤:9，残，残高2.5厘米，红色陶胎，胎质较粗疏。内外均施白色化妆土，外壁罩一层绿釉。

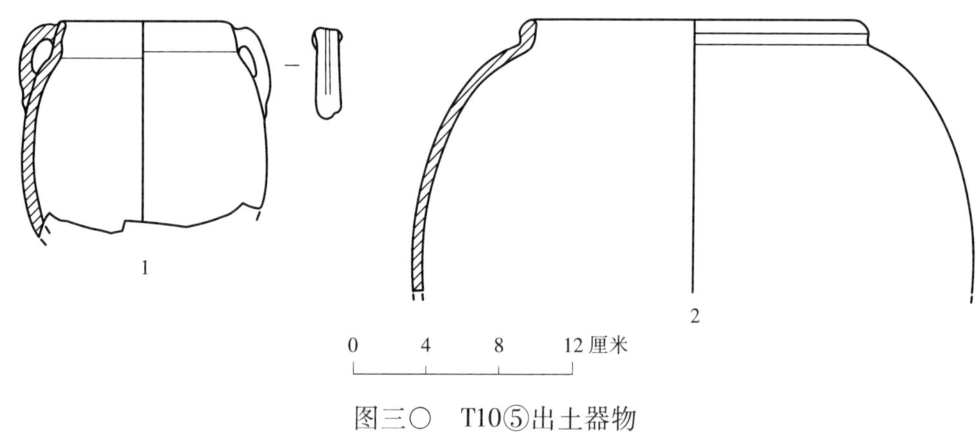

图三〇 T10⑤出土器物

1. 粗白瓷双耳罐（T10⑤:3） 2. 黑釉大罐（T10⑤:7）

（10）T14⑤

白瓷花口碗，T14⑤:1，残，口径约22、残高6.4厘米。白胎泛灰，胎质细腻坚硬。内外满釉，芒口，釉面光润，釉色泛灰，外壁积釉处发蓝。敞口，圆尖唇，弧腹，花瓣形口，外壁凹进去，相应的内壁凸起，形成白色出筋，底部只剩很少一部分，有刻花纹饰（图三一，1）。

白瓷花口小碗，T14⑤:2，残，残长7.8、残高3厘米。白胎，胎质细腻坚硬。内外满釉，芒口，釉色洁白。敞口，圆尖唇，弧腹，花瓣形口，外壁压进去，内壁突出（图三一，2）。

白瓷刻花器盖，T14⑤:4，残，口径约12、残高2.4厘米。白胎泛灰，胎质较细，坚硬。盖面满釉，釉面光润，釉色发黄，平沿内壁及子口处无釉，盖面内壁刷一层薄釉，釉面较涩。子母口，圆唇，平沿微上翘，拱形盖面，上刻萱草纹。

白瓷小盏，T14⑤:3，残，口径6.2、足径约3.2、高2.4厘米。白胎，胎质较细。内施满釉，底部有涩圈，外壁圈足处无釉。釉色泛灰黄。敞口，圆尖唇，弧腹，圈足较高（图三一，3）。

粗白瓷篦划花碗，T14⑤:5，可复原，口径约21.5、足径7、高7.2厘米。灰胎，胎质较粗。坚硬。器表施白色化妆土，内满釉，有篦划花纹饰，底部有三个支钉痕，外壁釉不及底。敞口，圆尖唇，弧腹，圈足，挖足过肩（图三一，4）。

粗白瓷炉，T14⑤:6，残，残高1.6厘米。黄白胎，胎质较粗，坚硬。器表施白色化妆土，然后施釉。因被火烧过，表面较黑。直口，圆唇，宽沿，沿上刻出简单的一周放射状竖线及三角纹。

红绿彩人物，T14⑤:8，残宽2.5、残高3.6厘米。模制，黄白胎，胎质较粗。器表施白色化妆土，釉色较白，釉上以黑彩画出人物的头发、眉、眼等，以红彩点唇。

耀州窑青瓷盏，T14⑤:7，残，口径约15、高4.6厘米。灰胎，胎质较细，坚硬。内外满釉，圈足处不施釉，有垫砂。釉面光润，釉色青中闪黄，有小块开片，有白色细小斑点。侈口，圆唇，直腹微曲，矮圈足，内壁有印花花卉纹饰。

铜饰件，T14⑤:11，完整，长6.5、宽2.7、钮高1.1、厚0.5厘米。表面有纹饰，后有两钉，顶部有钮，铜锈严重。

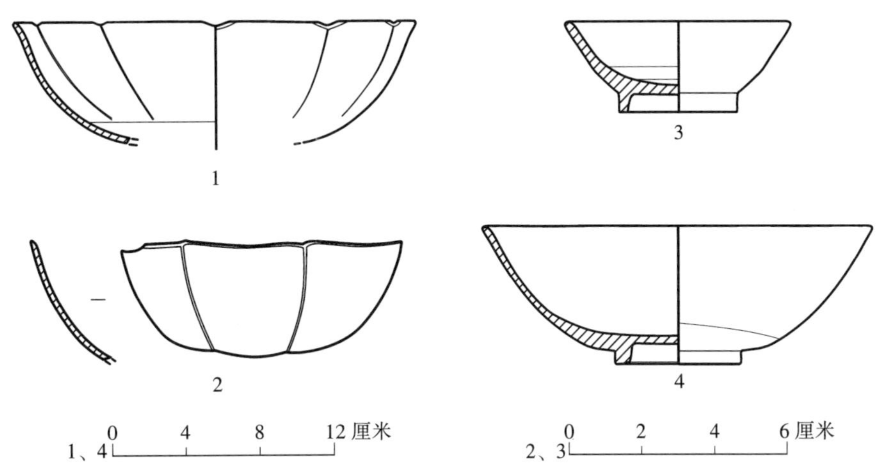

图三一　T14⑤出土器物

1. 白瓷花口碗（T14⑤:1）　2. 白瓷花口小碗（T14⑤:2）　3. 白瓷小盏（T14⑤:3）　4. 粗白瓷篦划花碗（T14⑤:5）

（11）T15⑤

青瓷碗，T15⑤:1，残，足径约6、残高3.9厘米。深灰色胎，胎质较细，坚致。内外满施淡青色釉，仅圈足着地处无釉，足内有砂粒。釉面光亮，有大量气泡。斜直腹，圈足，内壁有印花花卉纹饰，外壁刻折扇纹。

石匜，T15⑤:2，残剩部分器壁及流，残长5.2、残高2厘米。灰色滑石质，浅盘口，弧腹。

（12）T16⑤

白瓷刻花碟，T16⑤:1，可复原，口径12、足径8.3、高1.8厘米。白胎，胎质细腻，坚硬。内外满釉，芒口。釉面光润，釉色白中泛黄。敞口，近方唇，斜直壁，平底内凹，内底刻有萱草纹（图三二，1）。

白瓷刻花盏，T16⑤:2，可复原，口径约9、足径2.6、高4厘米。白胎，胎质细腻，坚硬。内外满釉，芒口。釉面光润，釉色白中泛黄。敞口，尖圆唇，弧腹，小圈足，内底刻萱草纹（图三二，2）。

白瓷瓜棱注壶，T16⑤:3，残，壶身与口无法拼接，壶身残高约8.5厘米。白胎，胎质细腻，坚硬。外壁及内壁口下部分施釉，釉面光润，釉色洁白。小口，折肩，长圆腹，腹上部置短流，腹部有八道浅瓜棱。

白瓷刻划花盘，T16⑤:4，口沿残片，口径约21、残高3.1厘米。白胎，胎质细腻，坚硬。内外满釉，芒口，釉面光润，釉色洁白，积釉处泛黄。花朵式敞口，圆唇，弧腹。内壁和外壁均有刻花花卉纹饰，细部用篦划装饰（图三二，3）。

白瓷刻花钵，T16⑤:10，残，足径8.6、残高10.3厘米。灰白胎，胎质较细，坚硬。外壁施釉至圈足，内壁满釉，底部有较宽的涩圈。釉面较光亮，釉色泛灰黄。深弧腹，近底急收，高圈足，外壁有刻划花纹饰，足底部有朱书文字（或符号），模糊难识（图三三，2）。

白瓷盏，T16⑤:5，残，口径约12、足径约3.6、高3.9厘米。白胎泛灰，胎质较细，局部结合不紧密。内壁满釉，底部有涩圈，粘有大量砂粒，外壁施釉不及底。釉面光润，釉色白中泛灰。敞口外撇，尖圆唇，弧腹，圈足，挖足过肩（图三二，4）。

白瓷盘，T16⑤:6，残，足径6、高3.8厘米。白胎泛灰，胎质较细，坚硬。内壁满釉，底部有涩圈，涩圈上有红色，外壁仅圈足着地处不施釉，有砂粒，足底中间有大量砂粒，亦有红色。敞口，圆唇，折腹，圈足（图版一六，1）。

粗白瓷刻花钵，T16⑤:7，可修复，口径17、足径9.1、高15.5~15.8厘米。灰胎，胎质较粗，坚硬。外壁及内壁口沿施白色化妆土，内壁满釉，外壁施釉不及底。直口微敛，圆唇，深直腹微鼓，圈足。外壁刻有密集的莲瓣纹装饰。器壁有大量锔孔，有的地方还保存着铁质锔钉（图三三，1；图版一六，2）。

白瓷小瓶，T16⑤:8，残，口径2.3、残高2.3厘米。白胎，胎质较细。外壁及口沿上施釉，口沿

图三二　T16⑤出土器物

1. 白瓷刻花碟（T16⑤:1）　2. 白瓷刻花盏（T16⑤:2）　3. 白瓷刻划花盘（T16⑤:4）　4. 白瓷盏（T16⑤:5）

顶部刮釉，釉面光润，釉色洁白，有细小开片。平沿，圆唇，细长颈，鼓肩。

白瓷盆，T16⑤:9，残，口径约43、足径约25.8、高12厘米。黄褐色胎，胎质较粗，坚硬。器表施白色化妆土，内壁满釉，外壁半釉。釉色白中泛黄，有细碎开片。敞口，平沿，圆唇，直壁，弧腹，隐圈足（图版一六，3）。

黑釉钵，T16⑤:13，残，口径约9.4、足径约4.6、高5.5～5.7厘米。灰黑色胎，胎质较粗，坚硬。内外壁均施釉不到底，釉色乌黑光亮。敞口，圆唇，深直腹，圈足（图三三，3）。

黑瓷盏，T16⑤:14，可复原，口径约10.5、足径4.6、高3.5～3.7厘米。黄褐色胎，胎质较粗，坚硬。内壁满釉，外壁半釉，釉面光亮，有明显流釉现象，内底和足部均可见四个支钉垫痕。敞口，突唇，浅弧腹，内底平，饼足内凹（图三三，4）。

褐釉卧狮，T16⑤:16，完整，长7、宽4.5、高1.7厘米。灰白胎，胎质稍粗，坚硬。模制，作卧狮状，四肢伏地，鬃毛卷曲，尾巴卷起。底部内凹，有布纹。狮身施褐色釉，釉面光亮。底部无釉。

耀州窑青瓷碗，T16⑤:11，口沿残片，直径约14、残高4厘米。灰胎，胎质较细，坚硬。内外均施釉，釉面光润，釉色青中闪黄，有开片。侈口，圆唇，弧腹，内壁有印花花卉纹。

耀州窑青瓷碗，T16⑤:12，残，足径3.6、残高4.2厘米。灰胎，胎质较细，坚硬。内外均施釉，釉色较深，釉内有大量气泡。圈足无釉，内有大量垫砂。弧腹，矮圈足，内壁有印花花卉纹。

黄釉碗，T16⑤:15，底部残片，足径6.2、残高4.7厘米。黄褐色胎，胎质较粗。器表施黄釉，内壁满釉，底部有涩圈，外壁半釉。弧腹，圈足，挖足过肩，圈足内有鸡心突（图版一六，4）。

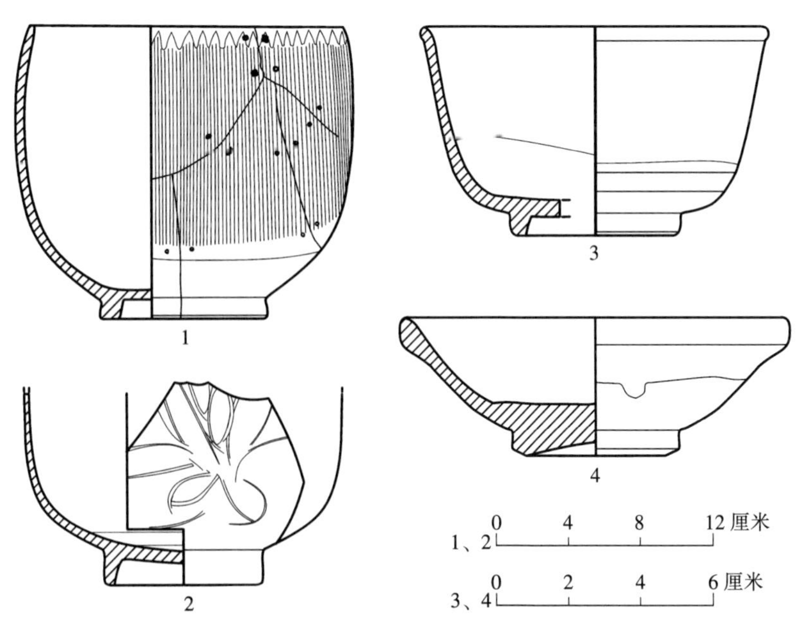

图三三 T16⑤出土器物

1. 粗白瓷刻花钵（T16⑤:7） 2. 白瓷刻花钵（T16⑤:10） 3. 黑釉钵（T16⑤:13） 4. 黑瓷盏（T16⑤:14）

2. 第④b层出土遗物

（1）T4④b

白瓷点彩小杯，T4④b:9，完整，口径5、底径2.4、高2厘米。白色，胎质较细。敛口，圆唇，鼓腹，平底。内壁满釉，底部有黑色点彩花朵纹。外壁施釉不均，唇部以下多无釉（图版一七，6）。

白瓷点彩碗，T4④b:5，可复原，口径约22、足径7.9、高6.6厘米。灰褐色胎，胎质较粗，坚硬。内壁及唇部施白色化妆土，内壁满釉，壁上有点彩花朵纹，底部有涩圈，外壁釉不及底。釉色泛青灰，外壁釉色灰褐，有大量黑点。敞口，圆唇，弧腹，圈足，挖足过肩（图三四，1；图版一七，3左）。

白瓷碗，T4④b:6，可复原，口径约22、足径7.9、高6～6.3厘米。灰褐色胎，胎质较粗，坚硬。内壁及唇部施白色化妆土，内壁满釉，底部有涩圈，外壁釉不及底。釉色泛青灰，外壁釉色灰褐，有大量黑点。敞口，圆唇，弧腹，圈足（图三四，2；图版一七，3右）。

白地黑花瓶，T4④b:4，残，足径4.6、残高15.7厘米。灰褐色胎，胎质较粗，坚硬。外壁施白色化妆土，再涂一层黑彩，用细线划出莲瓣纹，最后罩透明釉，内壁无釉。斜直腹较深，隐圈足，腹部有白地黑花纹饰，有开光，内有鹿纹和兔纹（图版一八，1）。

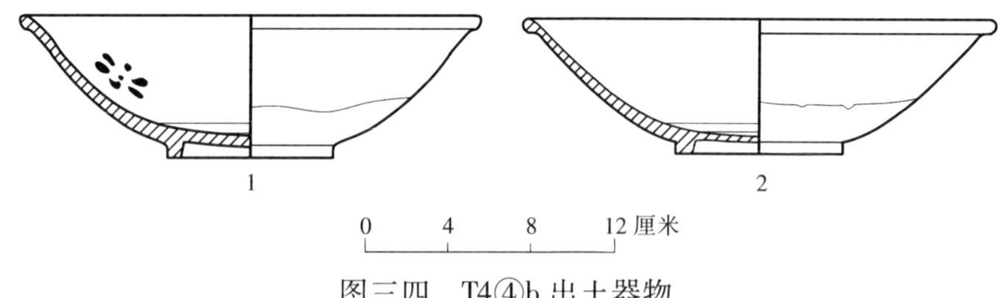

图三四　T4④b出土器物

1. 白瓷点彩碗（T4④b:5）　2. 白瓷碗（T4④b:6）

黄釉三足盏，T4④b:8，可复原，口径5.5、高2.8厘米。黄褐色胎，胎质较粗疏。器表施黄釉，剥釉严重。敞口，圆唇，浅腹，平底，下附三足（图版一七，5）。

红绿彩人物，T4④b:1，残，残宽8.8、残高7.5厘米。模制，黄白胎，胎质较粗疏。器表施一层白色化妆土，以红、绿、黑彩绘出衣纹，下部露出腰带。器身上部有三个锔孔（图版一七，1）。

红绿彩人物，T4④b:2，残，残长2.5、残宽1.3厘米。模制，黄白胎，胎质粗疏。器表施白色化妆土，以红、绿、黄、黑彩进行装饰，可见一手，手中持物（图版一七，4）。

红绿彩人物，T4④b:7，残，残宽3.5、残高6.5厘米。模制，黄白胎，胎质较粗。器表施白色化妆土，以红、绿、黄、黑彩进行装饰。面相丰满（图版一七，2）。

（2）T5④b

白瓷碗，T5④b:1，口沿残片，口径23、残高6.4厘米。白胎，胎质洁白细腻，胎体轻薄。内外皆施釉，芒口，口沿外刮釉一周。釉色白中泛灰。敞口外撇，尖圆唇，弧腹（图三五，1；图版一八，2）。

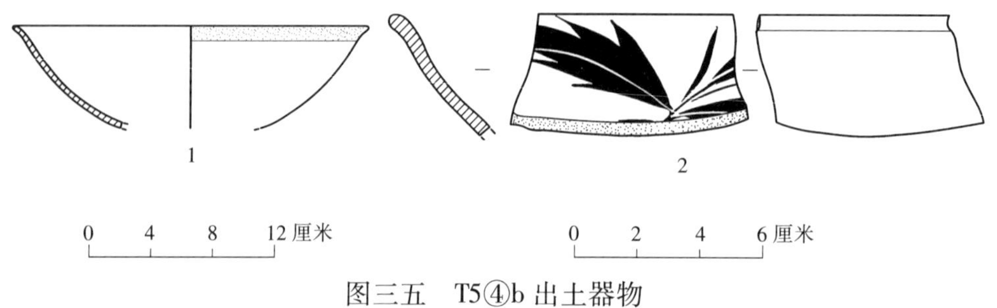

图三五　T5④b出土器物

1. 白瓷碗（T5④b:1）　2. 白地黑花碗（T5④b:2）

白地黑花碗，T5④b∶2，口沿残片，残长7.2、残高3.8厘米。黄褐胎，胎质较粗。敞口外撇，圆唇，弧腹。器表施白色化妆土，内壁以黑彩绘花叶，再罩以透明釉，釉面光润，釉色洁白，黑白对比强烈（图三五，2；图版一八，3）。

红绿彩小碗，T5④b∶3，残，残高约3厘米。黄白胎，胎质较粗疏。敞口，弧腹。器表施白色化妆土，再罩以透明釉，釉面有细碎开片，内壁以红、绿、黄三种颜色绘纹饰（图版一八，4）。

（3）T7④b

粗白瓷盏，T7④b∶1，可复原，口径10.2、足径4.6、高2.9～3.3厘米。黄白胎，胎质稍粗。内壁及口沿施白色化妆土，再罩以透明釉，釉色泛黄，有大量开片。敞口，尖圆唇，唇部加厚，斜直腹，圈足。制作不规整，口沿高低不平（图三六，1）。

粗白瓷篦划花盘，T7④b∶2，残，口径20.4、足径6.7、高4～4.4厘米。灰白胎，胎质较粗，坚硬。器表施白色化妆土，内壁满釉，内底有长条支钉痕，外壁釉不及底，釉色发青灰。侈口，圆唇，浅弧腹，圈足。内壁有篦划花纹饰（图三六，2）。

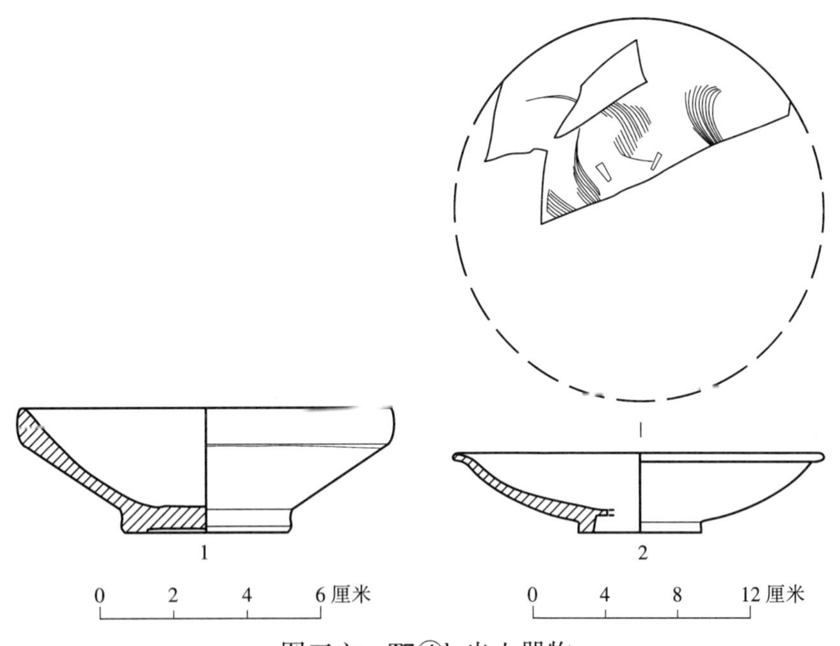

图三六 T7④b出土器物

1. 粗白瓷盏（T7④b∶1） 2. 粗白瓷篦划花盘（T7④b∶2）

绞胎瓷片，T7④b∶3，器底残片，厚0.6厘米。绞胎，以白、褐两种胎料组成，胎质较细，坚硬。器表施透明釉。

红绿彩小碗，T7④b∶4，残，残高约3厘米。黄白胎，胎质较粗。敞口，尖唇，弧腹。器表施白色化妆土，再罩以透明釉，釉面光亮，有细碎开片，釉上以红、绿彩绘花卉纹饰。

（4）T8④b

白瓷刻花碗，T8④b∶1，口沿残片，残宽8.5、残高4.4厘米。白胎，胎质细腻坚硬。内外满釉，芒口，釉面光润，釉色白中泛黄。敞口，圆唇，弧腹，口部为花口，内壁有刻花萱草纹。

黑釉瓶，T8④b∶2，残，残高6.5厘米。灰白胎，胎质较粗，坚硬。内外满施黑釉，釉面乌黑光亮。

耀州窑青瓷盏，T8④b∶3，残，足径3.6、残高3.8厘米。灰胎，胎质较粗。内外满施青釉，釉面光亮，有开片。圈足着地处无釉。弧腹，圈足，内壁有印花纹饰。

绿釉枕，T8④b∶4，枕面残片，残长9、残宽5.7厘米。器表施白色化妆土，然后剔刻出纹饰，再罩一层绿釉，剔刻处呈黑色。

（5）T9④b

白瓷瓜棱壶，T9④b∶1，残，口径7、足径约10、高24厘米。黄白胎，胎质稍粗，坚硬。外壁满釉，内壁仅颈部上半施釉，釉面光亮，釉色发灰。直口，圆唇，直颈，颈部上、下各有两周凹弦纹。球状瓜棱腹，肩部有细长流，矮圈足（图版一九，1）。可以和T13④b内残片拼对。

白瓷执壶，T9④b∶2，残，足径约5.3、残高10.4厘米。白胎，胎质细腻坚硬。外壁满釉，圈足着地处无釉，器内不施釉。口部残，溜肩，鼓腹下垂，圈足，短流，提梁已残，提梁一端有三枚乳丁，腹部有较浅的瓜棱（图版一九，2）。

白瓷器盖，T9④b∶3，残，口径约12、高2.8厘米。黄白胎，胎质较粗。平沿内壁和口部不施釉，其余满釉。子母口，直口，尖圆唇，平沿，盖身上隆（图版一九，3）。

白瓷刻花小碗，T9④b∶4，残，口径约9.4、高3.7厘米。白胎，胎质细腻坚硬。内外满釉，芒口，釉色洁白。敞口，尖唇，弧腹，小圈足，器内壁有刻划花卉纹饰（图三七，1；图版一九，4）。

白瓷碗，T9④b∶6，可复原，口径约22.5、足径6.8、高7.4厘米。黄褐色胎，胎质较粗。内壁满

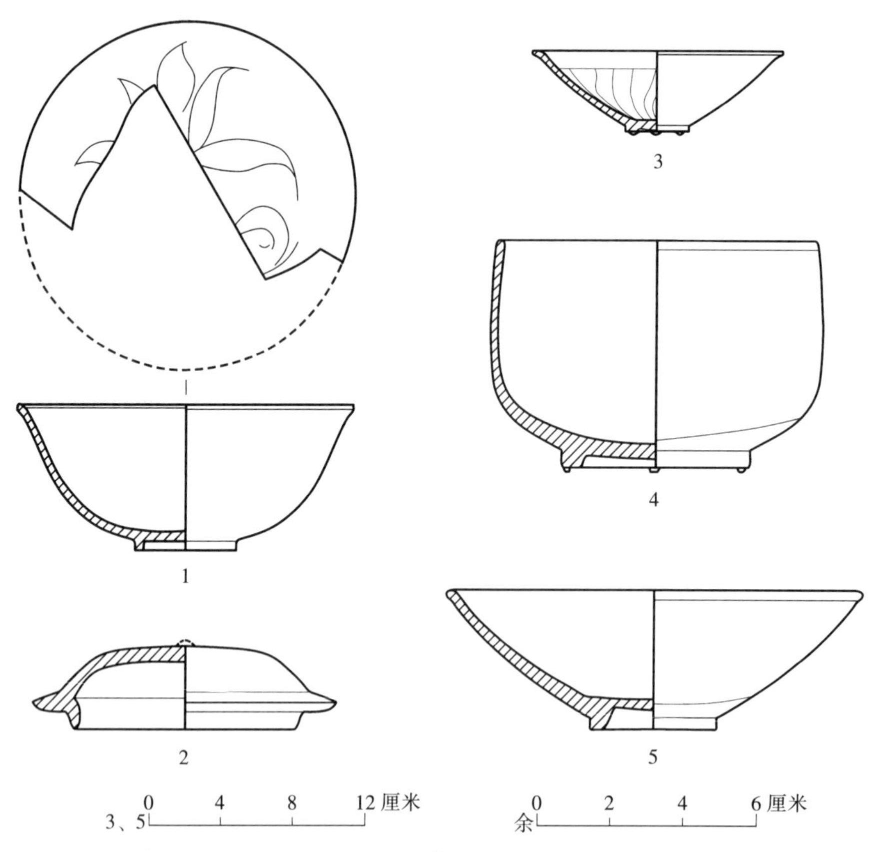

图三七　T9④b出土器物

1. 白瓷刻花小碗（T9④b∶4）　2. 粗白瓷器盖（T9④b∶8）　3. 白瓷刻花盏（T9④b∶7）　4. 白瓷钵（T9④b∶9）　5. 白瓷碗（T9④b∶6）

釉，外壁釉不及底，内底有支钉痕，釉色泛灰黄。敞口，圆唇，弧腹，圈足，挖足过肩，底部有墨书标记（图三七，5；图版一九，6）。

白瓷刻花盏，T9④b∶7，可复原，口径约13.7、足径3.5、高4.3厘米。白胎泛黄，胎质细腻，胎体结合不紧密。内外满釉，内底及圈足上各有三枚支钉，釉色发黄，有细碎开片。侈口，近方唇，斜直腹，小圈足，内壁刻轮菊纹（图三七，3；图版一九，5）。

白瓷钵，T9④b∶9，可复原，口径约8.7、足径5.3、高6.1厘米。灰白胎，胎质细腻坚硬。内壁满釉，外壁釉不及底，釉色白中泛灰，内底有三枚支钉，圈足上有四枚支钉。直口，方唇，深直腹，圈足（图三七，4；图版二〇，3）。

粗白瓷器盖，T9④b∶8，残，口径6.2、残高2.2厘米。灰胎，胎质较粗，坚硬。外壁施白色化妆土，外壁满釉，釉色白中泛灰，内壁平沿下和口部无釉。子母口，尖圆唇，平沿，盖身上隆，钮残缺（图三七，2；图版二〇，1）。

黑釉花口瓶，T9④b∶11，口部残片，口径7.2、残高6厘米。黄白胎，胎质较粗，坚硬。器表施黑釉，器内仅口部以下施釉，釉面光亮。喇叭形口，五瓣花口，尖圆唇（图版二〇，5）。

耀州窑青瓷盏，T9④b∶12，底部残片，足径3.4、残高2厘米。灰胎，胎质较细，坚硬。器表施青釉，圈足底部不施釉，有大量垫砂。弧腹，小圈足，器内壁有印花纹饰（图版二〇，4）。

青白瓷残片，T9④b∶13，器底残片，隐圈足，足径约5厘米。白胎，胎质细腻坚硬。器表施青白釉，底部不施釉，有垫烧痕迹，器内底有积釉，呈蓝色（图版二〇，6）。

绞胎碗，T9④b∶10，口沿残片，残宽6.4、残高6.7、厚0.4～0.7厘米。胎体是以白、褐两色泥绞在一起，以白色为地，褐色形成花纹，白胎发黄，口部只有白胎，胎体较粗。再施透明釉，直口，方唇，深腹（图版二〇，2）。

骨簪，T9④b∶14，残，残长5.4、宽0.8、厚0.2厘米。扁长状，一端翘起，通体打磨（图版二〇，7）。

（6）T10④b

白瓷碗，T10④b∶1，可复原，口径约14.8、足径6.3、高5.8厘米。灰白胎，胎质较细。内壁满釉，芒口，外壁釉不及底，釉面光亮，釉色泛灰。侈口，尖唇，弧腹，圈足，底部有墨书文字两个，模糊不清，第一字似为“常”（图三八，1）。

白瓷碗，T10④b∶2，可复原，口径约12、足径4.5、高3.6厘米。灰白胎，胎质较细，局部结合不紧密。内壁满釉，底部有涩圈，外壁半釉，釉色泛青灰。敞口外撇，尖圆唇，弧腹较浅，圈足，挖足过肩（图三八，5）。

白瓷碗，T10④b∶3，残，足径4.1、残高2.2厘米。灰白胎，胎质较细，坚硬。内壁满釉，底部有涩圈，外壁釉不及底，釉色泛青灰。弧腹，圈足，挖足过肩。涩圈上有墨书文字，第一字为“馬”，第二字残破。外底亦有墨书文字，第一字为“馬”，第二字为花押。

粗白瓷碗，T10④b∶4，口径约30.6、足径8.4、高10.6厘米。灰白胎，胎质较粗，坚硬。器表施白色化妆土，内壁满釉，内底有支钉痕，外壁釉不及底，釉面有细碎开片，釉色乳白。敞口，圆唇，弧腹，圈足，挖足过肩，口部为花口，相应的内壁有白色出筋（图三八，2）。

白瓷点彩碗，T10④b∶5，残，口径约23、足径约8、高7厘米。灰胎，胎质较粗，坚硬。内壁及外壁口沿下施白色化妆土，内壁满釉，釉色泛青灰，底部有涩圈，外壁半釉，露出胎色。敞口，圆唇，弧腹，圈足，内壁有点彩花朵纹饰，纹饰突出于器表（图三八，4）。

白瓷点彩大碗，T10④b∶6，残，器形很不规整，口径约32、足径约12、高12.2～14厘米。灰白胎，胎体坚致。器表施白色化妆土，内壁满釉，釉面光润，釉色泛青灰，底部有涩圈，芒口，外壁仅上部施釉。敞口，圆唇，弧腹，圈足，内壁有点彩花朵纹饰，外壁刻莲瓣纹。

黑釉盏，T10④b∶7，可复原，口径约10、足径4.8、高3厘米。黄褐色胎，胎质较粗。内壁满釉，底部有涩圈，外壁仅口沿下施釉，釉面粗糙。敞口，圆唇，浅弧腹，内底较平，圈足较高（图三八，3）。

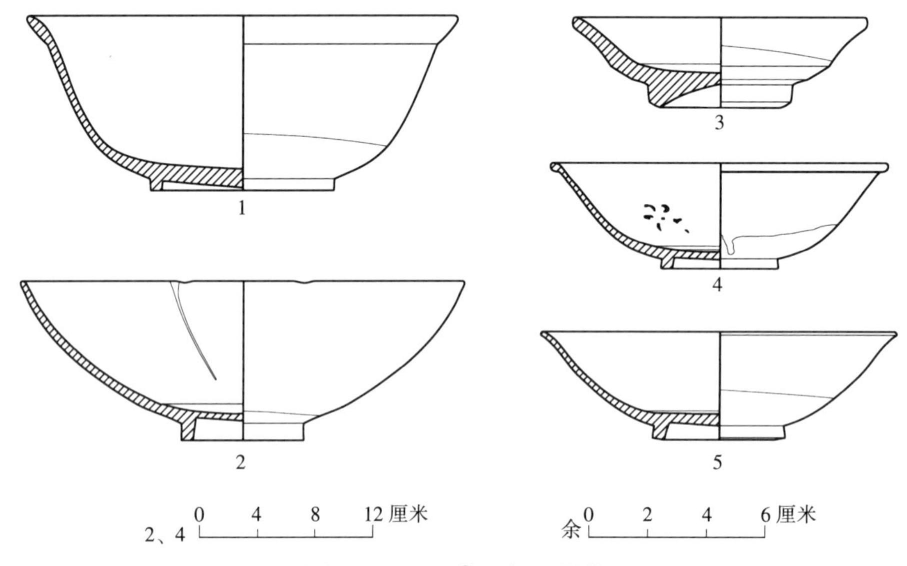

图三八　T10④b出土器物

1. 白瓷碗（T10④b∶1）　2. 粗白瓷碗（T10④b∶4）　3. 黑釉盏（T10④b∶7）　4. 白瓷点彩碗（T10④b∶5）　5. 白瓷碗（T10④b∶2）

（7）T11④b

白瓷钵，T11④b∶1，可复原，口径约13.6、足径8、高10.6厘米。白胎泛黄，胎质稍粗。内壁满釉，底部有涩圈，外壁圈足处无釉。釉色泛青黄，不甚光润。直口，圆唇，深直腹，圈足（图三九，1）。

粗白瓷炉，T11④b∶2，残，口径4.4、残高6.1厘米。黄白胎，胎质较粗，坚硬。器表施白色化妆土，外壁施釉，釉色泛黄，釉面光亮，有细小开片。直口，圆唇，宽折沿下斜，长筒形腹，腹中空，有孔，足部残断（图三九，2）。

粗白瓷钵，T11④b∶6，残，口径16、残高11.6厘米。灰白胎，胎质稍粗，坚硬。器表施白色化妆土，内壁满釉，芒口，外壁釉不及底，敛口，尖圆唇，深直腹（图三九，3）。

双色釉点彩碗，T11④b∶7，残，残高4.4厘米。白胎泛黄，胎质较细，坚硬。内壁施透明釉，釉面有细碎开片，底部有涩圈，外壁施黑釉，釉面乌黑光亮，圈足着地处及圈足底部无釉。弧腹，圈足，挖足过肩，内壁有戳印点彩花朵纹饰，圈足底有墨书文字。

绿釉枕，T11④b∶3，残存枕的前墙和枕面，枕面残长15、残宽7、枕墙残高3.6、厚0.5厘米。红褐色胎，胎质较粗，坚硬。从断面可见枕面和枕墙之间的接痕。器表施白色化妆土，然后刻出边框和花卉纹饰，再罩一层绿釉，刻花处呈黑色，釉面发暗。

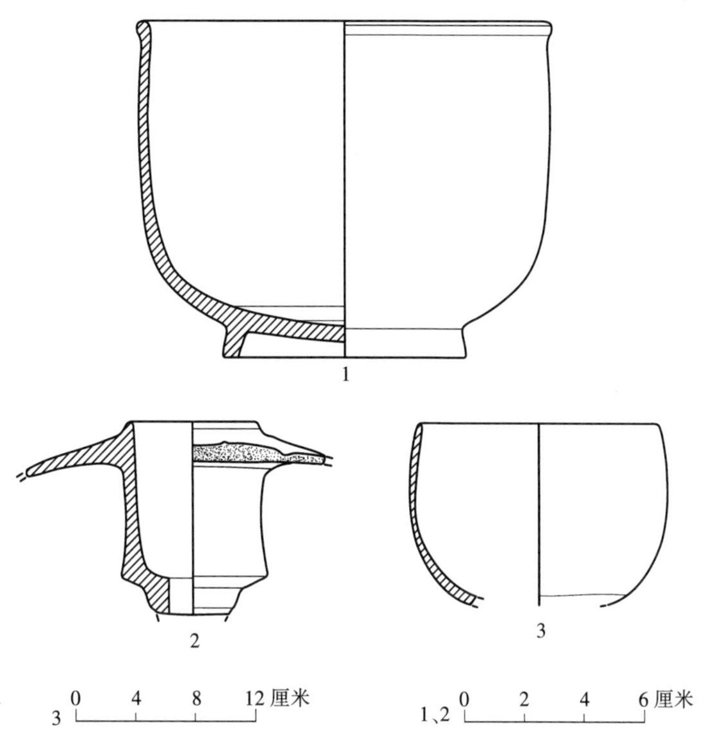

图三九　T11④b出土器物

1. 白瓷钵（T11④b∶1）　2. 粗白瓷炉（T11④b∶2）　3. 粗白瓷钵（T11④b∶6）

绿釉枕，T11④b∶4，残，枕面残长6.7、残宽7.6、厚0.3～0.5厘米。胎色白中泛黄，胎质较细，坚硬，火候较高。器表施白色化妆土，然后刻出边框和纹饰，再罩一层绿釉，刻花处呈黑色，釉面光亮润泽，有细小开片。器表残留一支钉痕。

三彩片，T11④b∶5，口沿残片，残宽2.4、残高约3.4厘米。红褐色胎，胎质较粗。器表施白色化妆土，然后剔刻出纹饰，在口沿及花纹上施绿彩，然后罩一层透明釉。被剔去化妆土的地方露出胎，形成褐色、白色、绿色“三彩”装饰。器内壁亦施白色化妆土。

铜钱，4枚，T11④b∶8，“淳化元宝”，直径2.4、孔长0.6厘米。T11④b∶9，“天圣元宝”，直径2.4、孔长0.6厘米。T11④b∶10，“元丰通宝”，直径2.4、孔长0.7厘米。T11④b∶11，“政和通宝”，直径2.4、孔长0.7厘米。

（8）T12④b

白瓷刻花盘，T12④b∶1，残，足径6.8、高4.6厘米。白胎，质地细腻坚硬。内外满釉，芒口，釉面光润洁白。口微侈，尖唇，折腹，矮圈足，内壁刻荷花纹。

白瓷刻花盘，T12④b∶2，残，口径约18、足径7.8、高3.5厘米。白胎泛灰，质地较细，局部结合不紧密，胎体轻薄。内外满釉，芒口，釉面光润，釉色发暗。敞口外撇，圆尖唇，浅弧腹，圈足。内底有刻花纹饰。

白瓷瓶，T12④b∶3，颈部残片，上部直径3.2、下部直径3.4、残高4.2厘米。白胎，质地细腻坚硬。外部施釉，釉面光润，白中泛黄。直颈，颈部有细弦纹数周。

白瓷刻花器盖，T12④b∶17，残，残高约2.3厘米。白胎泛灰，胎质细腻坚硬。内外满釉，釉色泛灰黄。口沿已残，盖面隆起，顶部有钮，盖上有刻花纹饰。

白瓷刻花小盏，T12④b∶18，残，口径9、高3.7厘米。白胎，质地细腻坚硬，胎体轻薄。内外满釉，芒口，釉面光润洁白。敞口，尖唇，弧腹，小圈足。内壁有刻花纹饰。

白瓷小杯，T12④b∶4，可复原，口径2.6、底径1.7、高1.3厘米。胎质洁白细腻，坚硬。内壁满釉，外壁施釉不均。釉面不光滑。敛口，方唇，弧腹，平底。

白瓷小碗，T12④b∶7，可复原，口径11.2、足径4.1、高3.5厘米。黄白胎，胎质稍粗，胎体结合不紧密。内壁满釉，底部有涩圈，外壁釉不及底，釉色泛黄，有大量开片。敞口，圆唇，弧腹，圈足，挖足过肩，底部有墨书文字，模糊不识（图四〇，1）。

黑釉小梅瓶，T12④b∶14，可复原，口径1.8、足径3.7、高10.6厘米。灰褐色胎，胎质较粗，坚硬。内壁仅口沿处施釉，外壁釉施至下腹部。釉色较光润。圆唇，短束颈，圆肩，瘦长腹，隐圈足。瓶身上布满了弦纹（图四〇，2）。

耀州窑青瓷碗，3件，灰胎，胎质稍细，坚硬。内外皆施青釉，内壁有印花装饰。T12④b∶8，侈口，圆唇，弧腹。釉面光润，有大量开片。T12④b∶9，碗底，圈足不施釉，底部有大量垫砂。釉面光滑，有大量开片。T12④b∶10，碗底，圈足不施釉，釉色发白，无开片。器底极薄。

红绿彩人物，T12④b∶11，头部残片，残宽2.8、残高4厘米。模制，前后拼接痕迹明显。黄褐色胎，胎质较粗。器表施白色化妆土，釉色洁白。头部施绿彩，头发、眉毛及眼部施黑彩，唇部及衣领施红彩。釉面较光，制作规整，施彩均匀。

红绿彩残片，T12④b∶12，残长4、残宽2.7厘米。黄褐色胎，胎质较粗。器表施白色化妆土，釉上以红、绿、黄彩绘纹饰。

黄绿釉陶，T12④b∶16，残高9厘米。红褐色胎，胎质较粗。器表施黄绿釉，可能是武士俑身体的一部分。

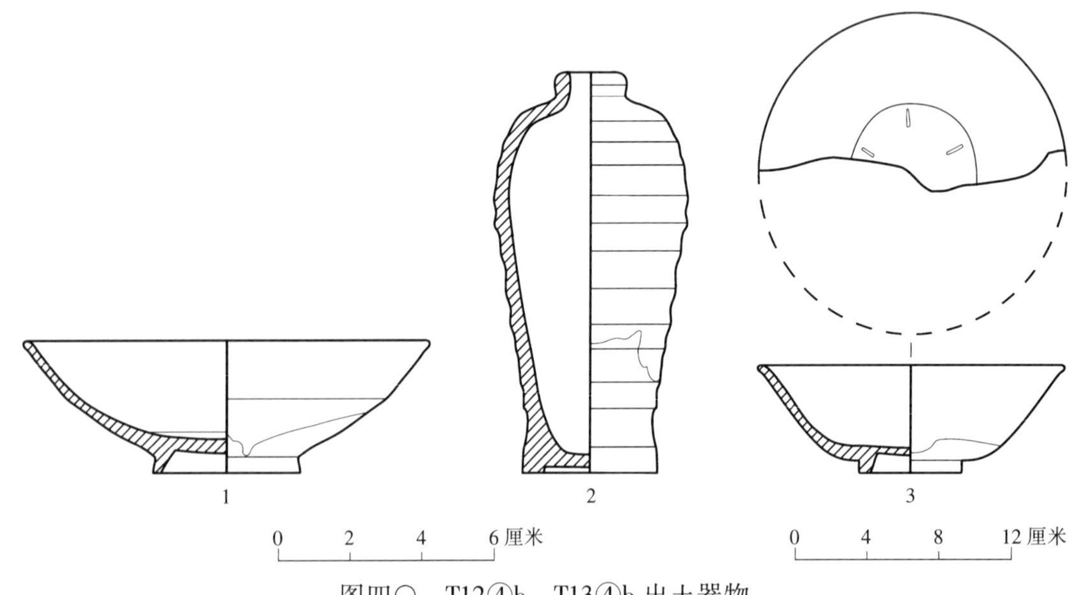

图四〇　T12④b、T13④b出土器物

1. 白瓷小碗（T12④b∶7）　2. 黑釉小梅瓶（T12④b∶14）　3. 白瓷碗（T13④b∶3）

铜器，T12④b∶15，口径3.8、高2.6厘米。敞口，圆唇，弧腹，假圈足。下腹部有一圆孔，底部有一长方形孔。

（9）T13④b

白瓷盘，T13④b∶1，残，口径约17、高3厘米。白胎，胎质细腻坚硬。内外满釉，芒口，釉面光润，釉色白中泛黄。敞口，圆尖唇，浅弧腹，圈足。

白瓷刻花盏，T13④b∶2，残，足径3.2、残高2.2厘米。黄白胎，胎质稍粗，坚硬。内外满釉，仅圈足着地处无釉，釉色发黄。斜直腹，小圈足，内壁刻轮菊纹，圈足上残留两处支钉，呈扁圆锥状突起，内底亦残留两处支钉痕。

白瓷碗，T13④b∶3，可复原，口径16.8、足径5.6、高5.4～5.6厘米。黄白胎，胎体坚硬。内壁满釉，内底残留三个长条支钉痕，外壁施釉不及底，釉色白中泛灰黄。敞口，尖圆唇，弧腹，下腹急收，圈足，挖足过肩（图四〇，3）。

粗白瓷篦划花碗，T13④b∶4，口径约17、高6.2厘米。灰白色胎，胎质较粗坚硬。器表施白色化妆土，内壁满釉，内底残留一个支钉痕，外壁半釉，有流釉。釉色白中泛灰。敞口，圆唇，弧腹，下腹急收，圈足，挖足过肩，内壁有篦划花装饰。

黑釉盏，T13④b∶6，残，足径3.3、残高3厘米。白胎，胎质较细，坚硬。内壁满釉，外壁施釉不及底，施釉均匀，釉色乌黑光亮。斜直壁，矮圈足近饼足。

（10）T14④b

白瓷刻花盘，T14④b∶1，残，口径约15.3、足径5.2、高2.3厘米。白胎，胎质细腻。内外满釉，芒口，釉面光润，釉色白中泛黄。敞口，尖圆唇，浅弧腹，圈足，挖足过肩，内底刻萱草纹（图四一，1）。

白瓷刻花盘，T14④b∶2，残，残宽10、残高4.3厘米。白胎，胎质细腻坚硬。内外满釉，芒口，釉色洁白。敞口，尖圆唇，弧腹，内壁有刻花纹饰。

白瓷人物残片，T14④b∶3，残，底宽3.5、残高2.3厘米。白胎，胎质细腻坚硬。器表施釉，釉面光亮，微泛灰。人物为坐姿，残破严重。

白瓷碗，T14④b∶15，残，口径约17、足径约7.9、高7.7厘米。白胎泛灰，胎质较细，坚硬。内外满釉，芒口，圈足着地处有垫烧痕，釉面光润，釉色白中泛灰。侈口，圆唇，弧腹较深，圈足（图四一，2）。

白瓷盘，T14④b∶16，可复原，口径约17.6、足径5.4、高3.8～4厘米。白胎泛灰，胎质较细，局部结合不紧密。内壁满釉，底部有涩圈，外壁圈足处不施釉，圈足外有砂粒，釉面光润，釉色白中泛灰。敞口，圆唇，折腹，圈足（图四一，3）。

粗白瓷刻划花碗，T14④b∶4，残，口径约21、足径6.9、高6.6厘米。灰胎，胎质较粗，坚硬。器表施白色化妆土，内壁满釉，底部有支钉痕，外壁半釉。敞口，尖圆唇，弧腹，圈足，挖足过肩，内壁有刻划花纹饰（图四一，4）。

粗白瓷刻划花碗，T14④b∶5，残，残高4.8厘米。黄褐色胎，胎质较粗。器表施白色化妆土，内壁满釉，底部有支钉痕，外壁釉不及底。弧腹，圈足，挖足过肩，底部很薄，器内壁有刻花纹饰，以篦纹为地。

粗白瓷刻划花碗，T14④b∶19，残，口径约22、残高6.3厘米。灰褐色胎，胎质较粗，坚硬。器表施白色化妆土，内壁满釉，外壁仅至口沿下，釉面光亮，釉色白中泛灰。敞口，圆唇，弧腹，内壁有刻划花纹饰。

粗白瓷双腹碗，T14④b:7，残宽10、残高5.8厘米。黄白胎，胎质较粗。器表施白色化妆土，釉面光亮，有细碎开片，釉色洁白。敞口，圆唇，弧腹，腹中部外鼓，形成双腹（图四一，7）。

粗白瓷双耳罐，T14④b:8，残宽5.8、残高6.8厘米。黄褐色胎，胎质较粗疏。器表施白色化妆土，釉面光亮，有细碎开片，釉色白中泛黄。敛口，圆唇，束颈，溜肩，肩上附耳（图四一，6）。

粗白瓷碗，T14④b:9，底部残片，足径3.9、残高1.9厘米。黄褐色胎，胎质较粗。器表施白色化妆土，内壁满釉，底部有支钉痕，外壁釉不及底。弧腹，圈足，圈足内墨书“董”字。

粗白瓷炉，T14④b:10，残高4.9厘米。黄褐色胎，胎质较粗。器表施白色化妆土，外壁釉不及底。

白地黑花炉，T14④b:6，残，残高5.6厘米。黄褐色胎，胎质较粗。直口，尖圆唇，宽出沿，深直腹，器外壁及内壁唇部施白色化妆土，外壁以黑彩绘花草纹，内壁施釉仅及唇部，釉色泛黄。

黑釉碗，T14④b:11，残，口径约21、残高5厘米。黄褐色胎，胎质较粗疏。器表施黑釉，外壁釉不及底，釉面光亮。敞口，圆唇，弧腹（图四一，5）。

黑釉盏，T14④b:17，可复原，口径约12、足径4.4、高5.7~5.8厘米。黄白胎，胎质较粗，结合不紧密。内壁满釉，外壁半釉，釉色乌黑发亮。敞口，圆唇，弧腹，圈足近饼足（图四一，8）。

绿釉枕，T14④b:12，枕面残片，残长6.3、残宽5.6厘米。红褐色陶胎，胎质较粗，坚硬。器表施白色化妆土，然后刻出花草纹，纹饰以外部分剔去化妆土，再施一层绿釉，无化妆土处釉色发黑，

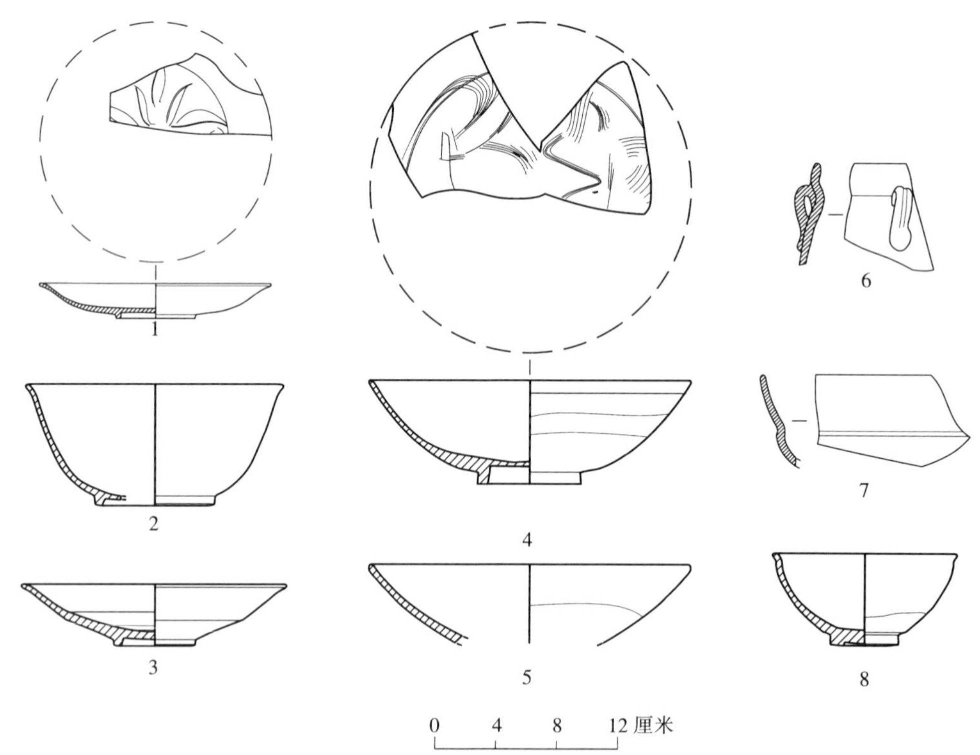

图四一　T14④b出土器物

1. 白瓷刻花盘（T14④b:1）　2. 白瓷碗（T14④b:15）　3. 白瓷盘（T14④b:16）　4. 粗白瓷刻划花碗（T14④b:4）　5. 黑釉碗（T14④b:11）　6. 粗白瓷双耳罐（T14④b:8）　7. 粗白瓷双腹碗（T14④b:7）　8. 黑釉盏（T14④b:17）

形成黑地绿彩的效果。

陶罐，T14④b∶13，残，口径约24、底径约24、高23.2厘米。泥质灰陶。敞口外撇，圆唇，束颈，溜肩，鼓腹，平底（图四二，1）。

陶盆，T14④b∶18，残，口径约43、底径约28、高10.2厘米。泥质灰胎，内壁有黑陶衣。卷沿，圆唇，弧腹，平底内凹，内底印一周卷草纹（图四二，2）。

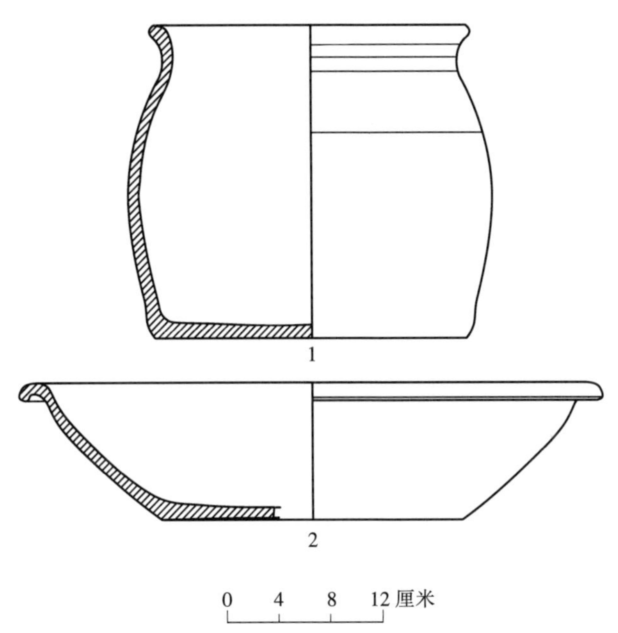

图四二 T14④b出土器物
1. 陶罐（T14④b∶13） 2. 陶盆（T14④b∶18）

3. 第④层出土遗物

（1）T1④

白瓷印花盘，T1④∶3，残，口径约21、残高2.7厘米。白胎，胎质细腻坚硬。内外满釉，芒口，釉面光润，釉色洁白。敞口，圆唇，浅弧腹，口部为花口，内壁印禽鸟花卉（图四三，1）。

白瓷印花碗，T1④∶11，残，残宽6、残高3.9厘米。白胎，胎质细腻坚硬，胎体轻薄。内外满釉，芒口，釉面光润，釉色洁白。敞口，尖圆唇，弧腹较深。内壁印花卉纹。

白瓷刻花碗，T1④∶4，底部残片，足径5.6、残高1.3厘米。白胎，胎质细腻坚硬。内外满釉，应是芒口，釉面光亮，釉色白中泛黄。圈足，内底刻团花。

白瓷罐，T1④∶7，口部残片，口径约8、残高2厘米。白胎，胎质细腻坚硬。内外均施釉，芒口。直口，方唇，折肩（图四三，3）。

瓷器，T1④∶8，残，残长5.3、残高2.8厘米。灰胎，胎质较粗，坚硬。残存两足。器表部分施白色化妆土，再施透明釉。

粗白瓷刻划花碗，T1④∶1，可复原，口径约17、足径5.8、高6.6厘米。灰胎，胎质较粗，坚硬。器表施白色化妆土，内壁满釉，内底有五个长条支钉痕，外壁釉不及底，釉面光亮，釉色泛灰。敞口，圆唇，弧腹，圈足，挖足过肩，内壁有刻划花纹饰。

白地黑花碗，T1④：5，腹部残片，残长10、残宽4.9厘米。褐胎，胎质较粗。器表施白色化妆土，内壁以黑彩绘花叶，再罩以透明釉，釉色洁白，釉面较光润，黑白对比强烈，外壁釉不及底。

黑釉罐，T1④：6，残，残宽6.5、残高9厘米。灰白胎，胎质较粗，坚硬。外壁施斜向的白色突线纹，再罩一层黑釉，釉色乌黑，子口内外无釉。子母口，直口，束颈，弧腹（图四三，2）。

酱釉鸡腿瓶，T1④：2，底部残片，底径9.2、残高18厘米。褐色胎，胎质粗疏。内外满施酱釉。细长腹，平底。内外有凸弦纹。

陶双耳罐，T1④：9，残，口径约18、残高7.4厘米。泥质灰陶，外壁施黑陶衣。直口，圆唇，短束颈，溜肩，肩上有器耳，已残。

动物角，T1④：10，残高10厘米。

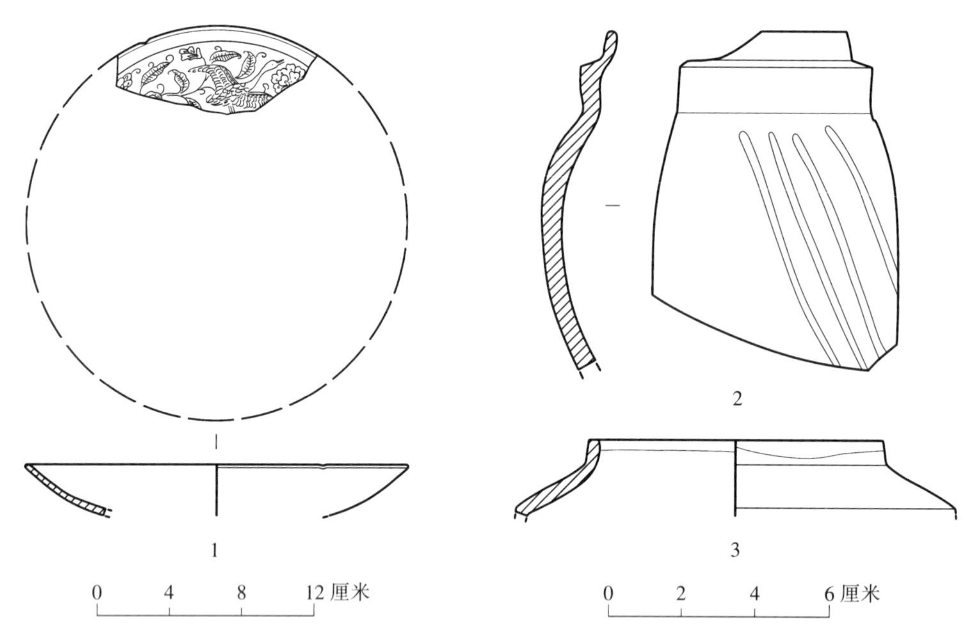

图四三 T1④出土器物
1. 白瓷印花盘（T1④：3） 2. 黑釉罐（T1④：6） 3. 白瓷罐（T1④：7）

（2）T2④

印花白瓷盘，T2④：5，残，足径约6.5、残高2.1厘米。白胎，胎质细腻坚硬。内外满釉，应是芒口，釉面光润，釉色白中泛黄。弧腹，圈足较高。内壁有印花纹饰。

白瓷印花盘，T2④：6，底部残片，足径约7、残高2.4厘米。白胎，胎质细腻坚硬。内外满釉，应是芒口，釉面光润，釉色白中泛黄。浅弧腹，圈足。内壁印凤鸟荷花等，底部亦有花卉纹饰。

白瓷刻花盏，T2④：7，可复原，口径约12.6、足径2.8、高3.7厘米。白胎，胎质细腻坚硬。内外满釉，芒口，釉面光润，釉色洁白。敞口，尖唇，斜直腹，小圈足，内壁刻轮菊纹（图四四，1）。

白瓷盘，T2④：8，可复原，口径约18、足径约5.6、高4.1厘米。白胎，胎质细腻坚硬。内壁满釉，底部有涩圈，外壁釉不及底，釉面光润，釉色白中泛灰。敞口，尖唇，折腹，圈足，挖足过肩（图四五，2）。

白瓷碗，T2④：10，可复原，口径约10、足径3.8、高2.4～2.6厘米。灰白胎，胎质较细，坚硬。内壁满釉，底部有涩圈，外壁仅上部施釉，釉面光润，釉色白中泛灰。敞口，圆唇加厚，浅弧腹，圈

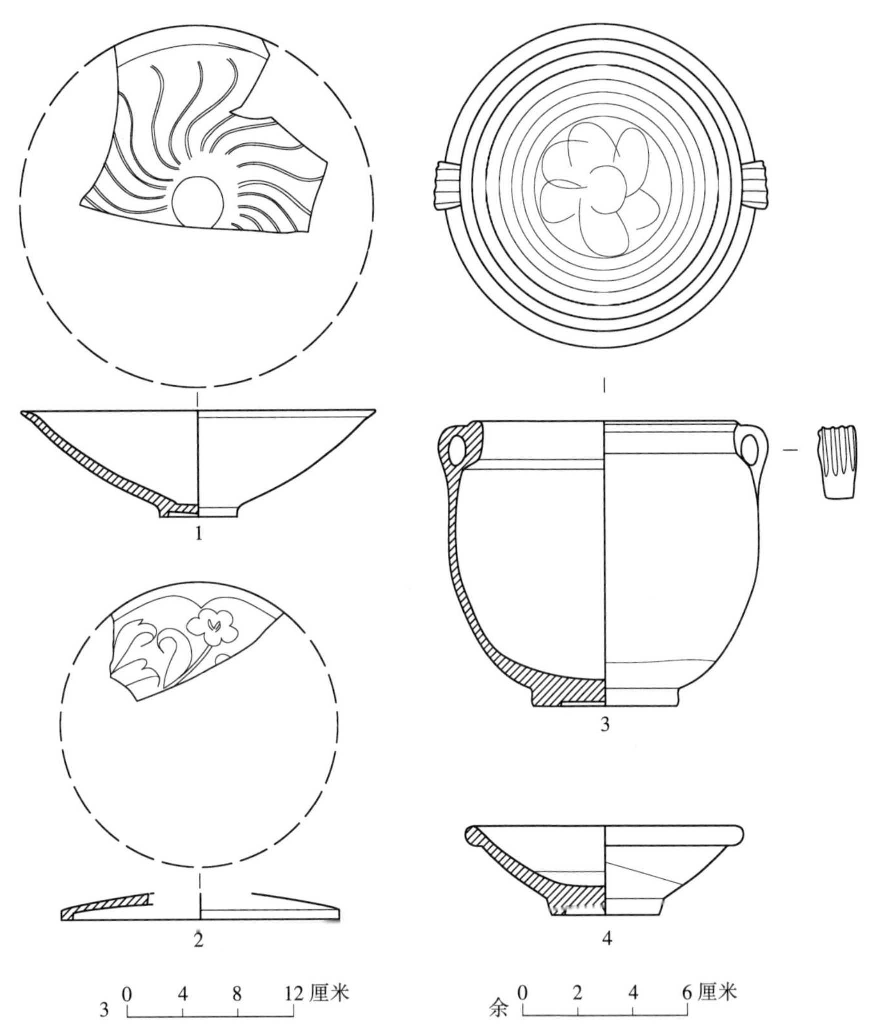

图四四　T2④出土器物

1. 白瓷刻花盏（T2④：7）　2. 石器盖（T2④：24）　3. 黑釉双耳罐（T2④：15）　4. 黑釉盏（T2④：16）

足（图四五，4）。

粗白瓷刻划花碗，T2④：11，可复原，口径约 21、足径 6. 2、高 7. 1 ~7. 3 厘米。灰白胎，胎质较粗，坚硬。器表施白色化妆土，内壁满釉，底部有支钉痕，外壁釉不及底，釉面光润，釉色粉白。敞口，圆唇，浅弧腹，圈足，挖足过肩，内壁有篦划花纹饰及红色摩擦痕（图四五，1）。

粗白瓷碗，T2④：12，可复原，口径约 18. 5、足径 5、高 7 ~7. 5 厘米。灰白胎，胎质较粗，坚硬。器表施白色化妆土，内壁满釉，内底有支钉痕，外壁釉不及底，釉面光亮。敞口，圆唇，弧腹，圈足，挖足过肩（图四五，5）。

白瓷盘，T2④：9，残，口径约 21、足径约 7、高 4 厘米。灰褐色胎，胎质较粗，坚硬。内壁及外壁唇部施白色化妆土，内壁满釉，底部有涩圈，釉色泛青灰，外壁半釉，呈胎色。敞口，圆唇，浅弧腹微折，圈足（图四五，3）。

陶砖，T2④：1，残，底部残长 9. 3、残宽 9、高 7 厘米。泥质灰陶。

陶器座，T2④：2，残，残宽22.5、高5厘米。泥质灰陶，圆形，平底，外底有一圈同心圆状弦纹。内底边缘稍凸起，压出一圈高低起伏的波浪状纹饰，正面有绳纹装饰，内底近边处有一周矮墙，直壁，方唇。

陶扑满，T2④：3，残，底径4.2、残高5.7厘米。泥质红陶，鼓腹，平底，器身近底至少有四个孔，器身中部也至少有一孔。

塔状陶器，T2④：4，残高5.8厘米。泥质红陶，器身中部有两道凸棱，凸棱之间有一小圆孔，器身中空。

黑釉双耳罐，T2④：15，口径20、足径10.7、高19.6厘米。白胎，胎质较细，坚硬。外壁及内壁颈部施黑釉，釉层较厚，有褐色斑点，外壁釉不及底，内壁颈部以下刷一层较薄的褐釉。直口微敞，圆唇，短颈，圆肩，鼓腹，玉环形圈足，肩、颈上附对称双耳，内底刻花朵纹饰，外壁下部及外底有墨书文字，模糊不清（图四四，3；图版二一，1）。

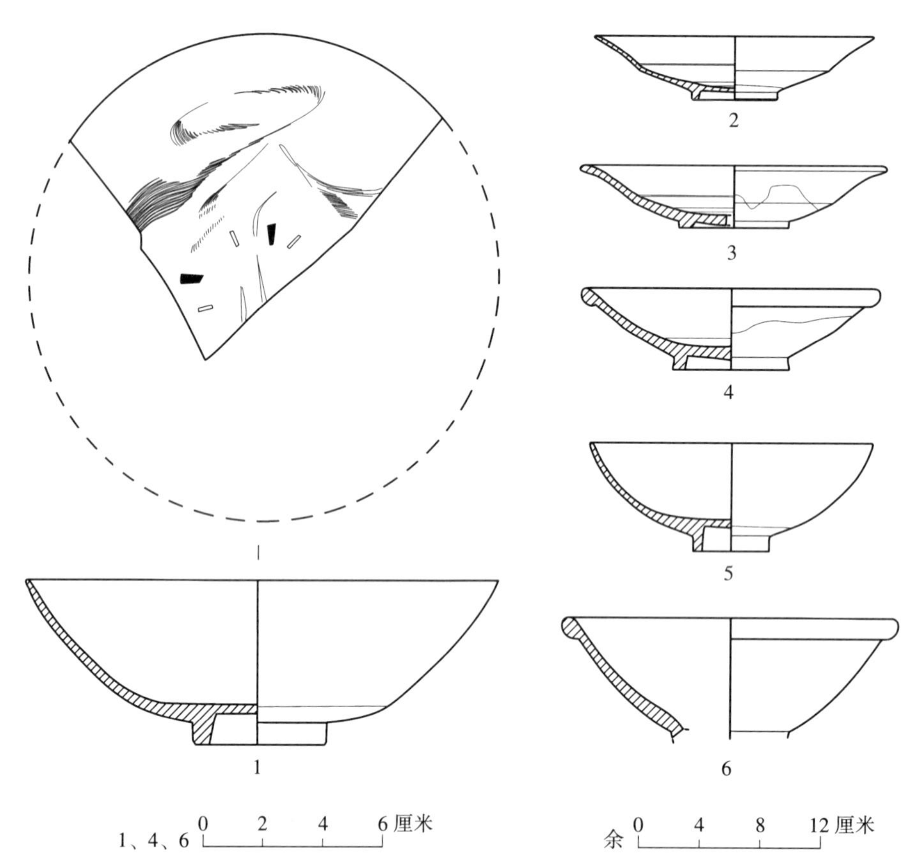

图四五　T2④出土器物

1. 粗白瓷刻划花碗（T2④：11）　2. 白瓷盘（T2④：8）　3. 白瓷盘（T2④：9）
4. 白瓷碗（T2④：10）　5. 粗白瓷碗（T2④：12）　6. 青釉碗（T2④：14）

黑釉盏，T2④：16，可复原，口径约10、足径4、高3~3.2厘米。褐胎，胎质较粗。内外施黑釉，内底有涩圈，外壁半釉，釉面较粗糙。敞口，厚圆唇，浅腹，圈足（图四四，4；图版二一，3）。

黑釉突线纹罐，T2④：25，残，残高4.3厘米。黄褐色胎，胎质较粗，坚硬。外壁施白色突线纹，再罩一层黑釉，釉色亮黑乌光。颈部以上残，圆肩，鼓腹（图版二一，2）。

青瓷碗，T2④:14，残，口径约11、残高3.9厘米。灰胎，胎质较细，坚硬。内外施青釉，釉色泛白。敞口，圆唇加厚，斜弧腹（图四五，6）。

绿釉枕，T2④:17，残，枕面残长9、残宽6、枕墙残高3.3厘米。红色陶胎，胎质较粗，坚硬。器表施白色化妆土，枕面刻出纹饰，然后施绿釉。

腰圆形三彩枕，T2④:18，残，残宽11、残高5.3厘米。粉红色陶胎，胎质较粗疏。器表施白色化妆土，枕面刻出纹饰，再施绿釉、透明釉等，绿釉脱釉较多。枕面前低后高，后枕墙外弧。

腰圆形三彩枕，T2④:20，残，残长23、宽21、残高3厘米。粉红色陶胎，胎质较粗。器表施白色化妆土，周围刻卷草纹，施绿釉，枕面中心有半圆形开光，其内刻出一束莲，花朵部分施黄釉，茎叶施绿釉，背景部分施透明釉。枕面前低后高，后枕墙上部有一圆孔。

红绿彩骑马人物，T2④:22，残，残宽3.5、残高5厘米。褐色胎，胎质较粗，坚硬。器表施白色化妆土，釉上以红、绿、黄彩进行装饰。残存马鞍等部分。

红绿彩碗，T2④:23，口沿残片，残宽4.7、残高3.2厘米。灰胎，胎质较粗，坚硬。器表施白色化妆土，釉上以红、绿彩进行装饰。敞口，圆唇，弧腹。

石器盖，T2④:24，残，直径约10、残高0.9厘米。滑石质，直口，方唇，短直壁，弧形盖面，上刻花卉纹饰（图四四，2；图版二一，4）。

（3）T4④

白瓷刻花碟，T4④:1，残，口径约12、足径约8.6、高2厘米。白胎，胎质细腻坚硬。内外满釉，芒口，釉面光润，釉色白中泛黄。敞口，圆唇，浅弧腹，卧足，内底有刻花纹饰（图四六，1）。

白瓷刻花碗，T4④:18，可复原，口径约22.6、足径6.9、高6.2~6.3厘米。灰白胎，胎质较细，坚硬。内外满釉，芒口，圈足着地处有垫烧痕迹，釉面光亮，釉色泛灰。敞口，圆唇，弧腹，圈足，内壁刻萱草纹。

白瓷碗，T4④:6，可复原，口径约13.7、足径6.1、高5.4厘米。白胎，胎质细腻坚硬。内壁满釉，芒口，外壁釉不及底，釉面光润，釉色白中泛灰。侈口，尖圆唇，弧腹，圈足（图四六，2）。

白瓷盘，T4④:12，可复原，口径约18、足径5.7、高3.9厘米。白胎，胎质较细。内壁满釉，底部有涩圈，外壁圈足着地处不施釉，有砂粒，釉面光亮，釉色白中泛青灰。敞口，尖唇，折腹，圈足，挖足过肩（图四六，3）。

粗白瓷盏，T4④:13，可复原，口径约11、足径4.2、高3.2厘米。灰胎，胎质较粗，坚硬。器表施白色化妆土，内壁满釉，壁上有支钉痕，外壁半釉。直口，厚唇，浅弧腹，圈足（图四七，4）。

粗白瓷碗，T4④:17，可复原，口径约21、足径6.3~6.4、高6.6~6.7厘米。灰褐色胎，胎质较粗，坚硬。器表施白色化妆土，内壁满釉，内底有支钉痕，外壁釉不及底，釉面光亮，釉色粉白。敞口，圆唇，弧腹，圈足，挖足过肩（图四七，5）。

粗白瓷碗，T4④:34，可复原，口径约20.6、足径6.7、高6厘米。灰白胎，胎质较粗，坚硬。器表施白色化妆土，内壁满釉，内底有支钉痕，外壁半釉，釉面光亮，釉色泛灰。敞口，圆唇，弧腹，圈足，挖足过肩（图四七，6）。

腰圆形白瓷枕，T4④:23，残，残长14.5、残高10.4～11.8厘米。黄白胎，胎质较细，坚致。枕面上刻出纹饰，然后施透明釉，底部无釉。平底，枕墙外弧，枕面前低后高，内壁枕墙与枕面及枕底之间均有泥条加固，枕墙中部加厚。

粗白瓷盆，T4④:31，残，口径约30、残高8.5厘米。灰褐色胎，胎质较粗，坚硬。内壁及唇部施白色化妆土，内壁满釉，釉面光润，有细碎开片，釉色白中闪黄，芒口，外壁上部施釉，呈胎色。直口微敛，斜折沿，弧腹（图四七，7）。

粗白瓷刻划花碗，T4④:32，残，足径6.8、残高4.5厘米。灰白胎，胎质较粗，坚硬。器表施白色化妆土，内壁满釉，内底有支钉痕，外壁釉不及底，釉面光亮，釉色白中泛灰。弧腹，圈足，挖足

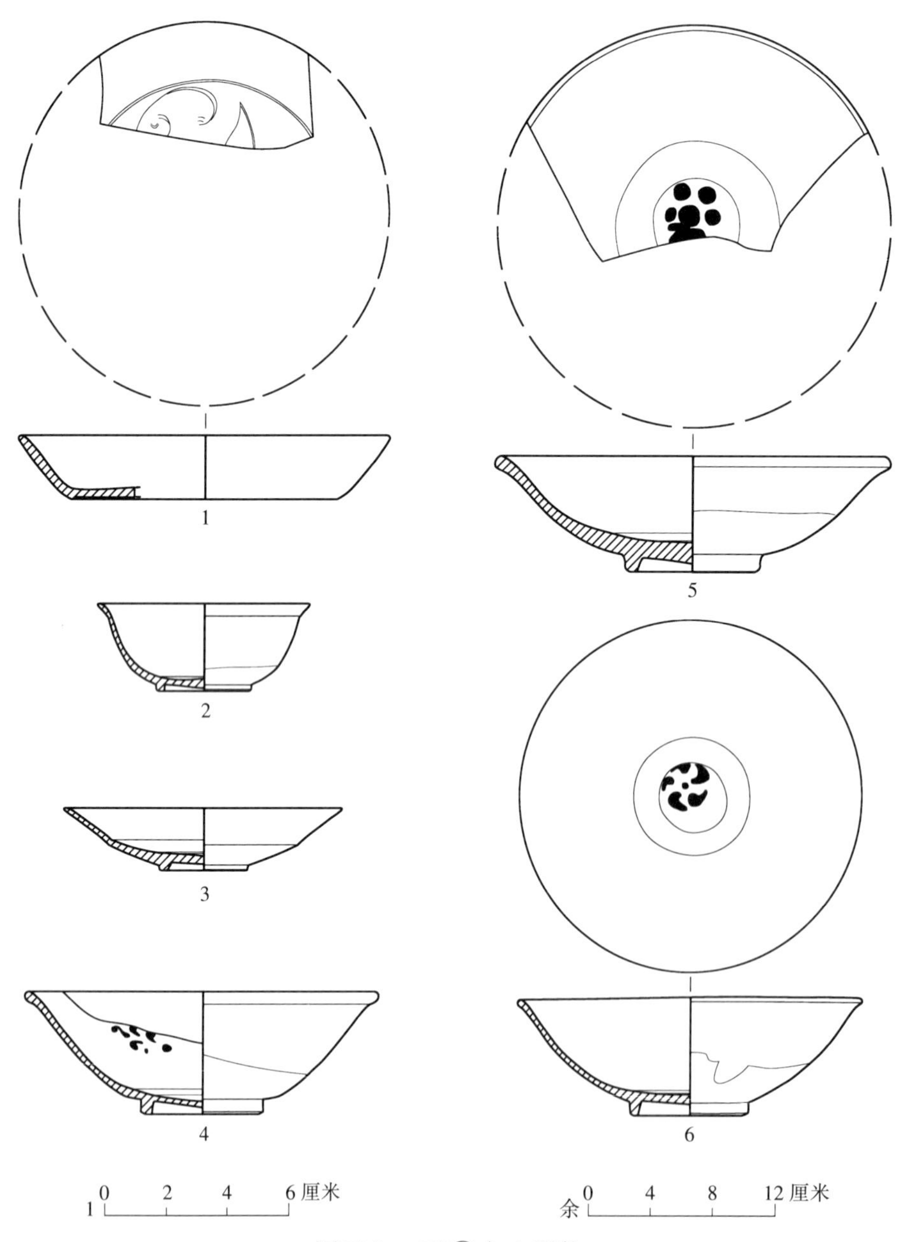

图四六　T4④出土器物

1. 白瓷刻花碟（T4④:1）　2. 白瓷碗（T4④:6）　3. 白瓷盘（T4④:12）　4. 白瓷点彩碗（T4④:15）　5. 白瓷点彩碗（T4④:14）　6. 白瓷点彩碗（T4④:16）

过肩，内壁有刻划花纹饰。

八边形白地黑花枕，T4④:24，残，残长14、残宽11.7、残高7.8厘米。黄褐色胎，胎质较粗，坚硬。器表施白色化妆土，以黑彩绘纹饰，釉色粉白，底部不施釉。枕底超出枕墙部分，内壁枕墙与枕底之间有泥条加固。

白瓷点彩碗，T4④:14，可复原，口径约12.4、足径4.3、高3.6厘米。灰胎，胎质较粗，坚硬。内壁及外壁唇部施白色化妆土，内壁满釉，底部有涩圈，内底有褐色点彩花朵，外壁半釉，釉色泛青灰。敞口，圆唇，弧腹，圈足（图四六，5）。

白瓷点彩碗，T4④:15，可复原，口径约22.8、足径8、高7.6厘米。黄白胎，胎质较粗。内壁及外壁唇部施白色化妆土，内壁满釉，底部有涩圈，内底有褐色点彩花朵，外壁半釉，釉色泛灰黄。敞口，圆唇，弧腹，圈足（图四六，4）。

白瓷点彩碗，T4④:16，可复原，口径22、足径7.6、高7.1~7.3厘米。灰胎，胎质较粗，坚硬。内壁及外壁唇部施白色化妆土，内壁满釉，底部有涩圈，内底有褐色点彩花朵，外壁半釉，釉色泛青灰。敞口，圆唇，弧腹，圈足。外壁有两处墨书文字，均为“劉光（?）”，外底亦有一墨书文字，似为“光”（图四六，6）。

黑釉碗，T4④:3，残，口径约13、残高4.4厘米。黄白胎，胎质较粗，坚硬。内壁满釉，外壁釉不及底，釉色漆黑发亮。敞口，圆唇，弧腹（图四七，2）。

黑釉盆，T4④:4，残，口径约30、残高4.7厘米。灰黑色胎，胎质较粗，坚硬。内壁施黑釉，内壁上部与口沿相接处无釉，外壁上部亦无釉，余施褐釉。敞口，窄沿，圆唇，斜直腹。

褐釉鸡腿瓶，T4④:5，残，底径6~6.2、残高13.3厘米。红褐色胎，胎质较粗，坚硬。内壁施褐釉，外壁残留部分无釉。腹瘦长，近底部外撇，平底内凹（图四七，3）。

耀州窑青瓷盏，T4④:53，腹部残片，残宽5.6、残高4.6厘米。灰胎，胎质较粗，坚硬。内外施青釉，釉面光润。弧腹，内壁有印花纹饰。

红绿彩盏，T4④:50，残，残宽3.5、残高1.7厘米。黄褐色胎，胎质较粗，器表施白色化妆土，内外均施釉，内壁釉上以红、黄、绿彩绘花卉纹。

砂质双耳罐，T4④:2，残，口径约14、残高5厘米。黑色砂胎，胎质粗疏。直口，方唇，鼓肩，肩部残留一竖耳（图四七，1）。

石匜，T4④:7，残留部分器身及流，残长9、残宽7.7、残高4.5厘米。滑石质，打磨光滑。盘口，弧腹。

鸱吻，T4④:8，残，残长8.8、残宽6.8厘米。泥质灰陶。

（4）T5④

白瓷刻花碗，T5④:1，可复原，口径约21.5、足径约7、高4.6~5厘米。白胎，胎质细腻坚硬。内外满釉，芒口，釉面光润，釉色泛灰。敞口，方唇，浅弧腹，圈足，内底刻萱草纹（图四八，1）。

白瓷刻花小钵，T5④:6，残，足径3.7、残高2.8厘米。白胎，胎质细腻，胎体极轻薄，最薄处不足0.1厘米，薄可透光。内外满釉，仅圈足着地处无釉，粘有砂粒，釉面光润，釉色洁白，积釉处微泛蓝。直腹，下腹急收，圈足，外壁刻莲瓣纹。

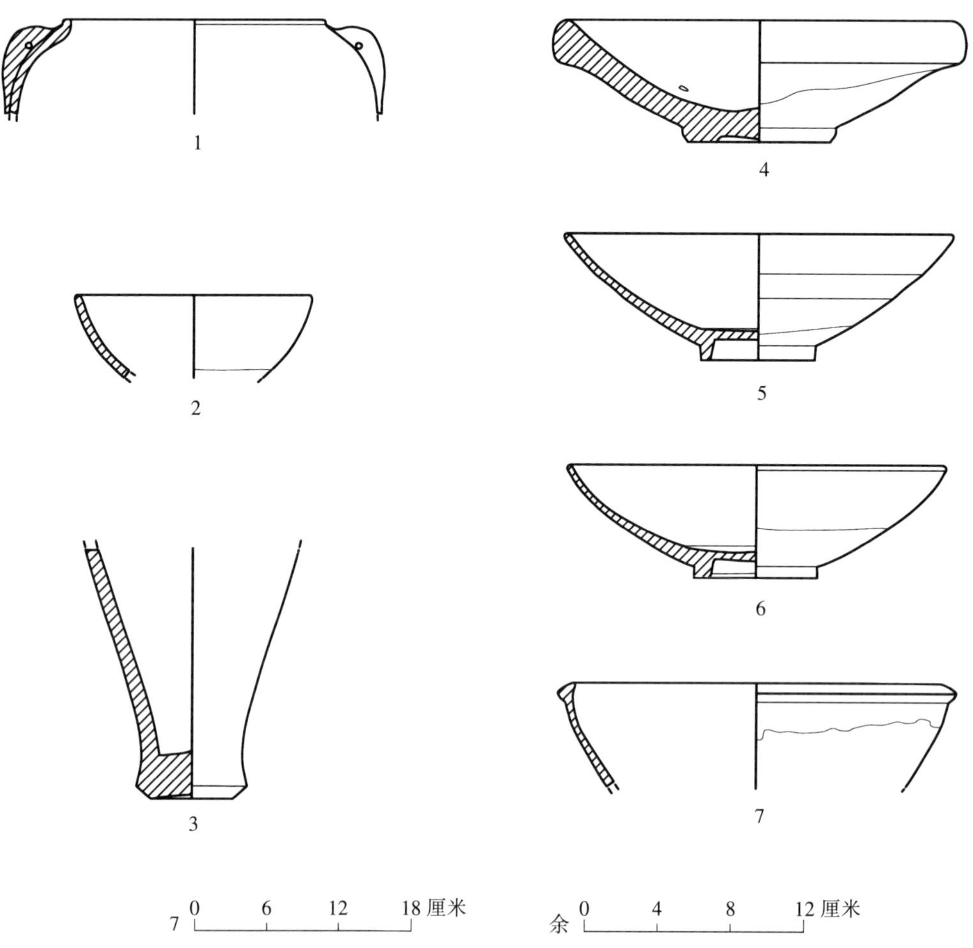

图四七 T4④出土器物

1. 砂质双耳罐（T4④:2） 2. 黑釉碗（T4④:3） 3. 褐釉鸡腿瓶（T4④:5） 4. 粗白瓷盏（T4④:13） 5. 粗白瓷碗（T4④:17） 6. 粗白瓷碗（T4④:34） 7. 粗白瓷盆（T4④:31）

白瓷小杯，T5④:5，可复原，口径约4.6、底径约2.8、高1.7~1.8厘米。白胎，胎质较细，坚硬。内壁满釉，外壁半釉，釉色白中泛黄。直口微敛，尖圆唇，上腹较直，平底（图四八，2）。

粗白瓷碗，T5④:2，可复原，口径约20.4、足径6.1、高6.2厘米。黄褐色胎，胎质较粗，坚硬。内壁及外壁上部施白色化妆土，再罩一层透明釉，内底有涩圈，釉面光亮，有细碎开片，釉色白中闪黄。敞口，圆唇，弧腹，圈足，挖足过肩（图四八，4）。

粗白瓷盏，T5④:3，可复原，口径约10、足径4.3、高2.7~3厘米。灰褐色胎，胎质较粗，坚硬。内壁及外壁上部施白色化妆土，再罩一层透明釉，内壁有支钉痕，釉面光亮。直口，尖圆唇，浅弧腹，圈足，底部有鸡心突（图四八，3）。

粗白瓷罐，T5④:4，残，口径约10、残高6厘米。红褐色胎，胎质较粗。外壁及内壁唇部施白色化妆土，内外施透明釉，釉面光亮，有细碎开片。直口，圆唇，直颈，溜肩（图四八，5）。

灰砖，T5④:7，残，残长17.9、宽15、厚5厘米，泥质灰陶，长方形，一面中间下凹，凹面宽10厘米。

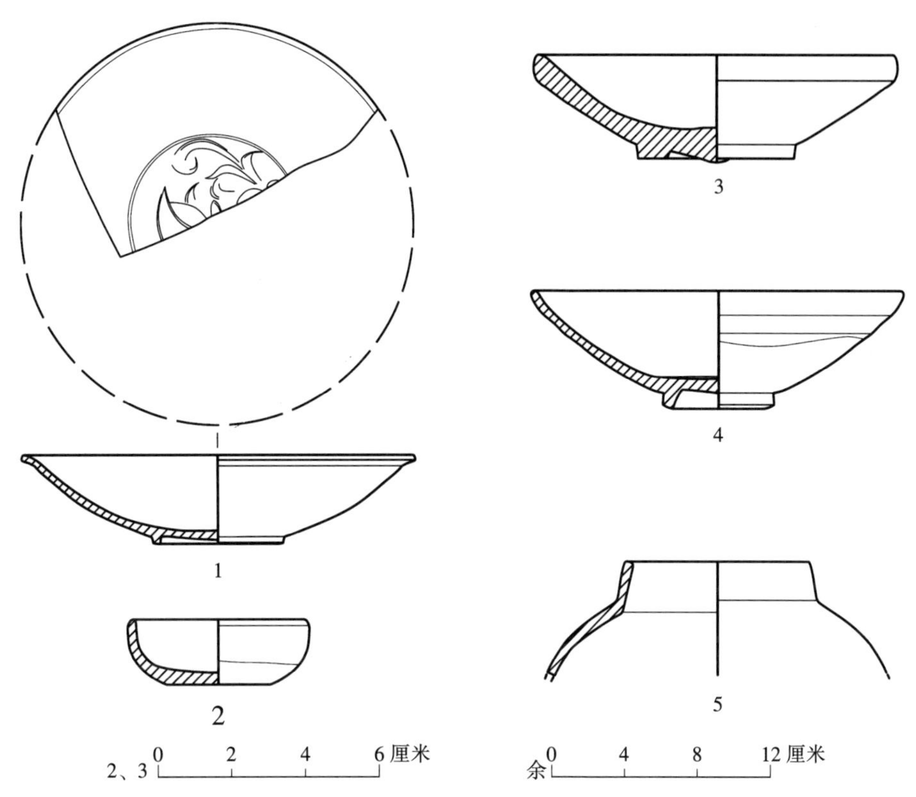

图四八　T5④出土器物

1. 白瓷刻花碗（T5④:1）　2. 白瓷小杯（T5④:5）　3. 粗白瓷盏（T5④:3）　4. 粗白瓷碗（T5④:2）　5. 粗白瓷罐（T5④:4）

（5）T6④

白瓷器盖，T6④:3，残，口径约9.6、残高2.7厘米。白胎，胎质细腻坚硬。沿内壁及子口唇部无釉，余满釉，釉面光润，釉色白中泛灰，积釉处发蓝。子母口，子口内敛，方唇，沿上翘，盖面拱起（图四九，2）。

白瓷盘，T6④:1，可复原，口径约19、底径5.6、高3.8厘米。灰白胎，胎质较细，局部结合不紧密。内壁满釉，底部有涩圈，外壁仅圈足处不施釉，釉面光亮，有开片，釉色白中泛灰。敞口，圆唇，折腹，圈足（图四九，1）。

白瓷出筋小碗，T6④:2，可复原，口径12、底径约5.2、高3.2～3.6厘米。白胎泛灰，胎质细腻坚硬。内壁满釉，底部残留两个支钉痕，外壁半釉，圈足着地处残留一个支钉，釉面光润，釉色白中泛灰。侈口，尖圆唇，弧腹较浅，圈足，内壁有白色出筋（图四九，3）。

粗白瓷刻花碗，T6④:4，可复原，口径22、足径7.2、高8～8.5厘米。黑褐色胎，胎质较粗，坚硬。器表满施白色化妆土，内壁满釉，内底残留三个较小的圆形支钉痕，外壁釉不及底，釉面光润，釉色乳白。敞口，圆唇，折腹，圈足，内壁有刻划花纹饰，纹饰较模糊。

（6）T7④

白瓷刻花钵，T7④:1，残，口径约9、残高5.4厘米。白胎，胎质细腻坚硬，胎体轻薄。内外满

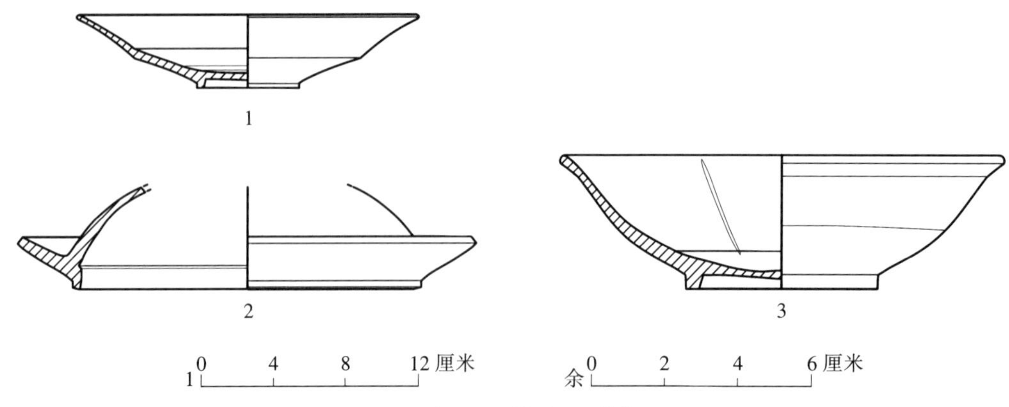

图四九　T6④出土器物

1. 白瓷盘（T6④:1）　2. 白瓷器盖（T6④:3）　3. 白瓷出筋小碗（T6④:2）

釉，芒口，釉面光润，釉色白中泛黄。直口，尖唇，深腹微鼓，外壁刻莲瓣纹（图五〇，1）。

白瓷刻花盏，T7④:2，可复原，口径约9、足径2.9、高3.5厘米。白胎，胎质细腻坚硬，胎体轻薄。内外满釉，芒口，釉面光润，釉色白中泛黄。敞口，尖唇，弧腹，小圈足，内壁刻萱草纹（图五〇，2）。

白瓷刻花碟，T7④:3，可复原，口径约11.2、足径7.3、高2厘米。白胎，胎质较细。内外满釉，芒口，釉面略发涩，釉色白中泛灰。敞口，圆唇，浅斜直腹，卧足，内底有刻花纹饰，较模糊（图五〇，5）。

白瓷碗，T7④:4，残，口径约9.6、足径约5、高5厘米。白胎泛灰，胎质细腻坚硬。内壁满釉，底部有涩圈，芒口，外壁釉不及底，釉面光润，釉色白中泛灰。直口，圆唇，直腹，下腹内收，圈足（图五〇，4）。

白瓷盘，T7④:5，可复原，口径约19、足径6.2、高3.8～3.9厘米。白胎泛灰，胎质细腻坚硬。内壁满釉，底部有涩圈，外壁半釉，圈足处有砂粒，釉面光润，釉色白中泛灰。敞口，圆唇，折腹，圈足（图五〇，3）。

粗白瓷划花碗，T7④:6，残，口径约17.4、足径6、高5.5～5.7厘米。黄褐色胎，胎质较粗，坚硬。器表施白色化妆土，内壁满釉，内底有支钉痕，外壁釉不及底，釉面光亮，釉色泛灰。敞口，圆唇，弧腹，圈足，挖足过肩，内壁有篦划花纹饰（图五〇，6）。

粗白瓷壶，T7④:7，残剩流部，长4.6厘米。灰白胎，胎质较粗，坚硬。器表施白色化妆土，釉面光润。流部上翘。

酱釉小罐，T7④:8，残，口径约8、残宽9.5、残高6.5厘米。灰褐色胎，胎质较粗，坚硬。内壁施褐釉，外壁颈部施护胎酱釉，其后在外壁施一层白色化妆土，外壁下部先施一层酱釉，以跳刀刻出一行行麦粒状，露出白色化妆土，然后施透明釉。直口，方唇，短直颈，鼓肩，弧腹。唇部脱釉严重，露出白色化妆土及下面的酱釉。

酱釉小瓶，T7④:10，残，足径2、残高3.8厘米。灰胎，胎质较粗，坚硬。施酱釉至肩部。颈部以上残，溜肩，弧腹，饼状足。

红绿彩小碗，T7④:11，可复原，口径约8.5、足径3.2、高4.1厘米。黄褐色胎，胎质较粗。敞口，圆唇，弧腹，圈足。器表施白色化妆土，内壁满釉，外壁仅圈足处无釉，釉面光亮，有细碎开片，釉色白中闪黄。内壁釉上以红、绿、黄彩绘花卉纹饰（图五〇，7）。

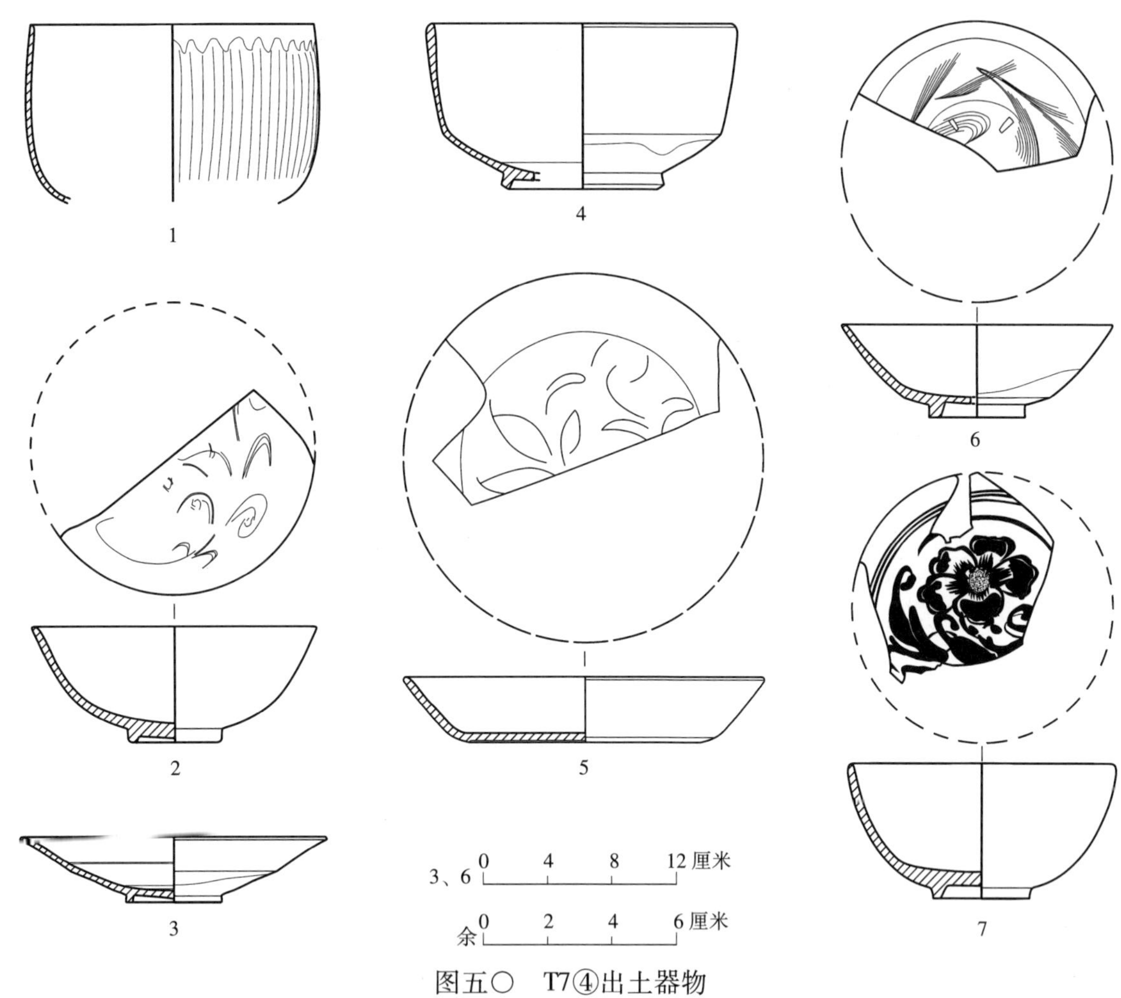

图五〇　T7④出土器物

1. 白瓷刻花钵（T7④:1）　2. 白瓷刻花盏（T7④:2）　3. 白瓷盘（T7④:5）　4. 白瓷碗（T7④:4）　5. 白瓷刻花碟（T7④:3）　6. 粗白瓷划花碗（T7④:6）　7. 红绿彩小碗（T7④:11）

（7）T8④

白瓷花口碗，T8④:1，可复原，口径22.3、足径7.2～7.4、高7.4～7.6厘米。白胎泛黄，胎质较细。内壁满釉，芒口，外壁釉不及底，釉色白中泛灰黄。敞口，圆唇，弧腹，圈足，口部为花口，对应的内壁有白色出筋（图五一，2）。

白瓷碗，T8④:48，可复原，口径18.2、足径6、高8.4～8.6厘米。白胎，胎质细腻。内外满釉，芒口。釉面光润，釉色白中微泛灰。敞口，尖圆唇，弧腹，圈足，内底有一周凹弦纹（图五一，1）。

白瓷盘，T8④:49，残，口径约21、足径约6.7、高3.8～4厘米。白胎，胎质细腻坚硬。内外满釉，芒口，釉面光润，釉色洁白。敞口，尖圆唇，浅弧腹，圈足（图五一，3）。

白瓷刻花器盖，T8④:7，可复原，口径12.6、边径15.3、高3.2厘米。白胎，胎质细腻坚硬。沿内壁及子口唇部无釉，余满釉，釉面光润，釉色洁白。子母口，子口内敛，方唇，沿上翘，盖面拱起，顶部有钮，盖面上刻轮菊纹（图五一，8）。

定窑白瓷刻花盘，T8④∶15，残，足径6、高4.2厘米。白胎，胎质细腻坚硬。内外满釉，芒口，釉面光润，釉色洁白。敞口，尖圆唇，折腹，圈足，内底刻萱草纹。

白瓷刻花大碗，T8④∶24，足径8.3、残高4.3厘米。灰白胎，坚硬。圈足无釉，釉色白中泛灰。腹部有瓜棱，弧腹，圈足。

白瓷刻花小盏，T8④∶34，残，口径约9、高3.9厘米。白胎，胎质细腻坚硬。内外满釉，芒口，釉面光润，釉色白中微泛灰。敞口，圆唇，弧腹，小圈足，内壁刻萱草纹。

白瓷刻花碗，T8④∶35，可复原，口径约17.5、足径约7、高7.8～7.9厘米。白胎，胎质细腻坚硬。内外满釉，芒口，釉面光润，釉色白中微泛灰。敞口，尖圆唇，弧腹较深，圈足外壁刻萱草纹（图五一，5）。

白瓷刻花钵，T8④∶41，可复原，口径10、足径约6、高8.3厘米。白胎，胎质细腻坚硬。内壁满釉，底部有涩圈，芒口，外壁仅圈足着地处无釉。釉面光润，釉色洁白，积釉处泛黄。直口，尖圆唇，深腹，圈足，外壁刻莲瓣纹（图五一，7）。

白瓷刻花碗，T8④∶44，可复原，口径约17.8、足径5.9、高6.3厘米。白胎，胎质细腻。内外满釉，芒口，釉面光亮，釉色白中泛黄。敞口，尖唇，弧腹，圈足，口部为花口，对应的内壁有白色出筋，内底刻萱草纹（图五一，6）。

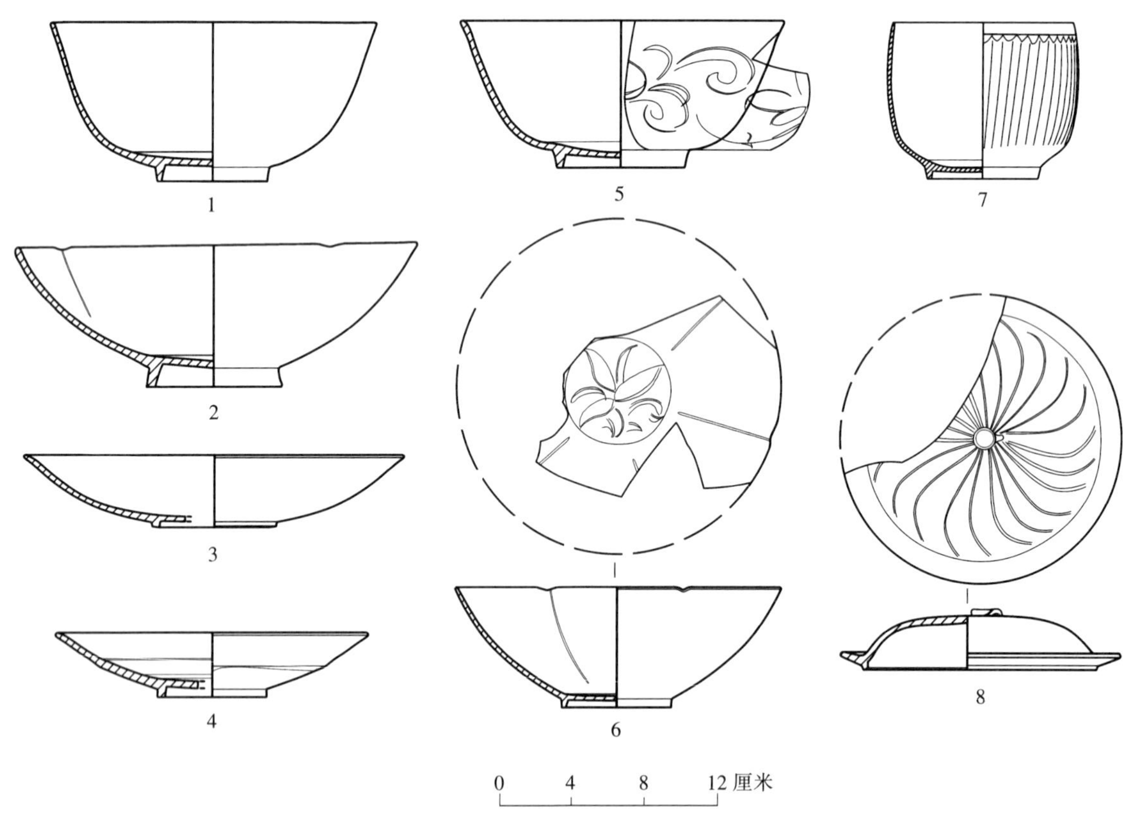

图五一　T8④出土器物

1. 白瓷碗（T8④∶48）　2. 白瓷花口碗（T8④∶1）　3. 白瓷盘（T8④∶49）　4. 白瓷盘（T8④∶11）　5. 白瓷刻花碗（T8④∶35）　6. 白瓷刻花碗（T8④∶44）　7. 白瓷刻花钵（T8④∶41）　8. 白瓷刻花器盖（T8④∶7）

白瓷印花盘，T8④:42，残长7、残高2厘米。胎质洁白细腻，内外满釉，釉色洁白。浅弧腹，卧足。内壁出筋内印相同的花卉纹，底部亦有纹饰。

白瓷印花碗，T8④:43，残，残高约3.5厘米。灰白色胎，胎质细腻，坚硬，釉色泛灰黄。弧腹，圈足。内壁印牡丹纹。

白瓷印花盘，T8④:47，可复原，口径17.3、底径12、高2.8厘米。胎质洁白细腻，内外满釉，芒口。釉色洁白。敞口，尖唇，浅弧壁，下腹急收，卧足。内壁印有回纹及缠枝花卉，底部印花卉和麒麟（图五二；图版二二）。

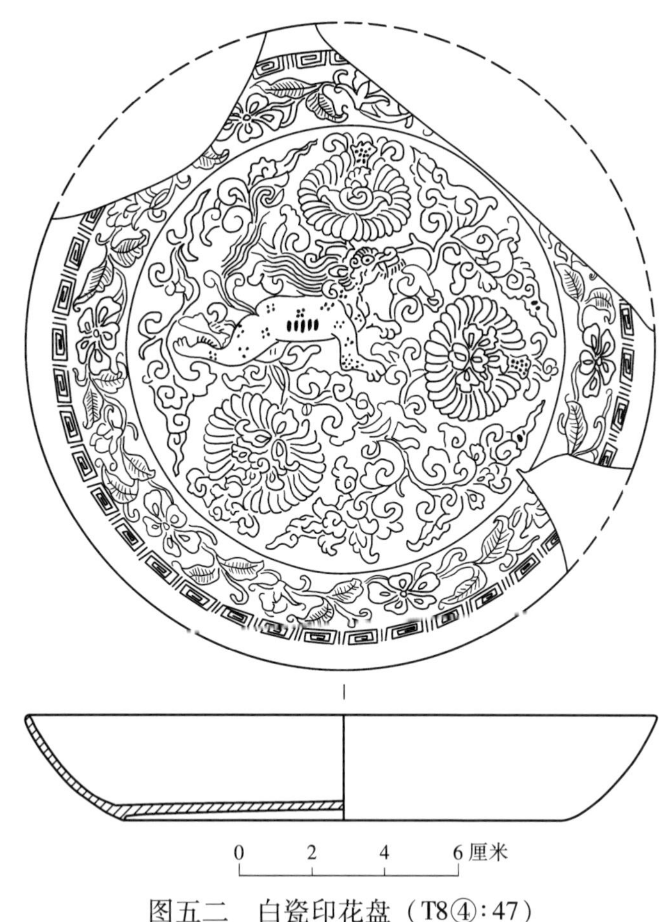

图五二　白瓷印花盘（T8④:47）

白瓷狮子，T8④:45，残长4.5、高4.3厘米。胎质洁白细腻，透明釉，无化妆土。外壁满釉。模制，站姿，昂首。

白瓷壶，T8④:46，残，口径3、残高5.3厘米。灰白色胎，细腻坚致。直口，直方唇，直颈，口沿下残留一截把手，把手上有印花纹饰，贴塑在器身上。釉色白中泛青灰，外壁满釉，内壁口、颈施釉。

白瓷盘，T8④:11，残，口径约17、足径约6、高3.1～3.4厘米。白胎，胎质较细。内壁满釉，底部有涩圈，外壁半釉，釉面光润，有开片，釉色白中泛灰。敞口，尖圆唇，折腹，圈足（图五一，4）。

白瓷刻花碗，T8④:16，可复原，口径10.7、足径4.4、高4.5厘米。灰白胎，胎质较细。内壁满釉，芒口，外壁釉不及底，釉色白中泛灰。侈口，方唇，弧腹，圈足，外壁有刻花纹饰（图五三，1）。

白瓷刻花碗，T8④:50，可复原，口径约11、足径4.4，高4.8～5厘米。灰白胎，胎质较细，局部结合不紧密。敞口，圆唇，弧腹，圈足，挖足过肩。芒口，内壁满釉，外壁施釉不及底，白中泛灰。刻菊瓣纹（图五三，3）。

白瓷小碗，T8④:29，可复原，口径约11.7、足径4、高3.5厘米。灰白胎，胎质较细。内壁满釉，底部有涩圈，外壁釉不及底，釉色白中泛灰。侈口，尖圆唇，浅弧腹，圈足（图五三，2）。

白瓷盏，T8④:30，可复原，口径10.7、足径3.9、高2.9厘米。灰白胎，胎质较细。内壁满釉，底部有涩圈，外壁仅唇部施釉。釉面光亮，釉色白中泛灰黄。敞口，圆唇加厚，浅弧腹，圈足（图五三，4）。

粗白瓷刻划花碗，T8④:3，可复原，口径约21、足径6.5、高7.3厘米。灰褐色胎，胎质较粗，

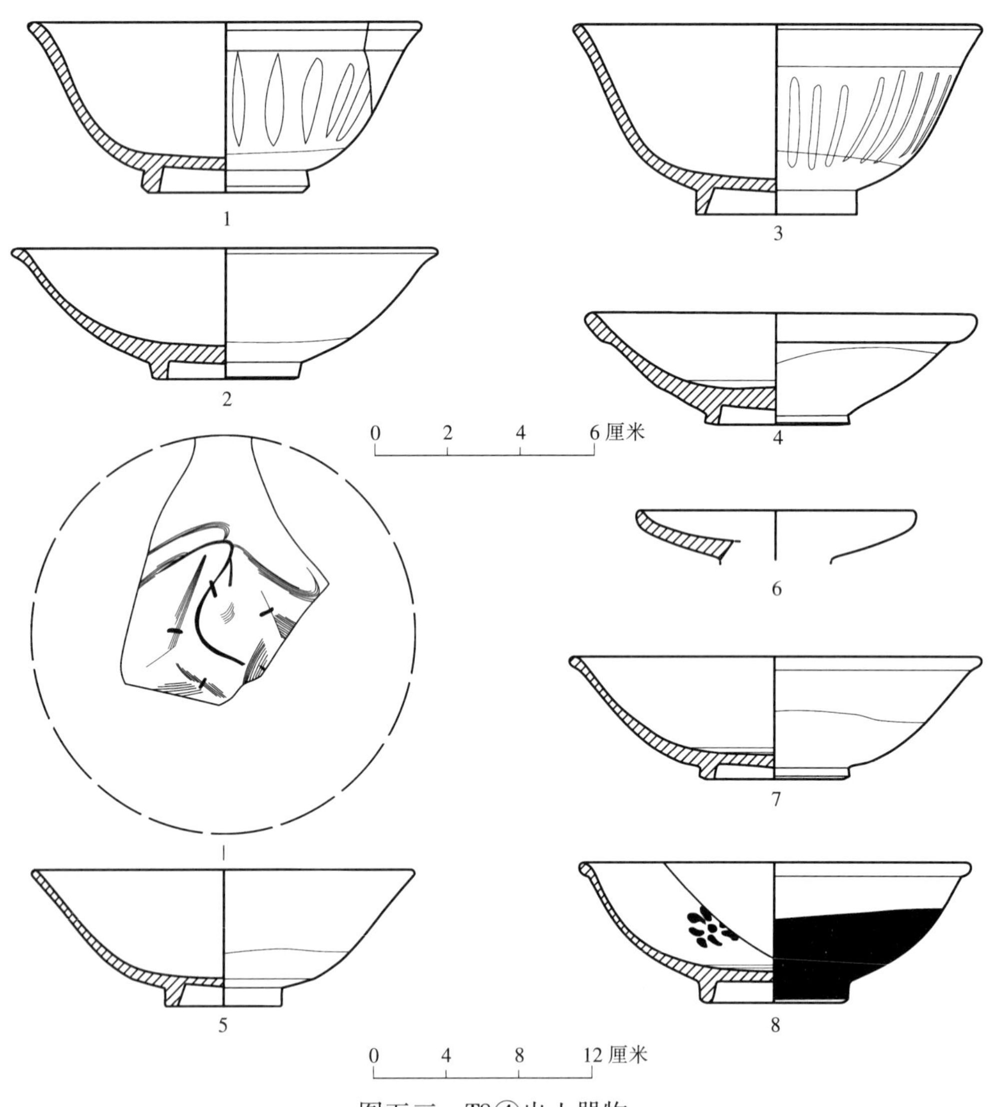

图五三　T8④出土器物

1. 白瓷刻花碗（T8④:16）　2. 白瓷小碗（T8④:29）　3. 白瓷刻花碗（T8④:50）　4. 白瓷盏（T8④:30）　5. 粗白瓷刻划花碗（T8④:3）　6. 钧瓷碟（T8④:37）　7. 粗白瓷碗（T8④:20）　8. 双色釉点彩碗（T8④:27）

坚硬。器表施白色化妆土，内壁满釉，内底有支钉痕，外壁半釉，釉面发涩。敞口，圆唇，弧腹，圈足，挖足过肩，内底有刻划花纹饰（图五三，5）。

粗白瓷刻划花碗，T8④:14，残，足径7.5、残高5.5厘米。黄白胎，胎质较粗。器表施白色化妆土，内壁满釉，内底有支钉痕，外壁釉不及底，釉面光亮，开片，釉色乳白。圆唇，弧腹，圈足，内底有纹饰，模糊不清。

粗白瓷盆，T8④:6，可复原，口径约33、底径20、高14～14.3厘米。黄褐色胎，胎质较粗。内壁及口沿施白色化妆土，内壁满釉，芒口，釉面光亮，有开片，釉色白中泛黄，外壁上部施护胎酱釉。敞口、卷沿、方唇、弧腹，平底内凹（图五四，1）。

粗白瓷盆，T8④:26，可复原，口径约42、底径25.3、高12.7～13厘米。黄褐色胎，胎质较粗。内壁及唇部施白色化妆土，内壁满釉，芒口，釉面光亮，有开片，釉色白中泛黄，外壁上部施护胎酱釉。敞口、卷沿、方唇、弧腹，平底内凹（图五四，2）。

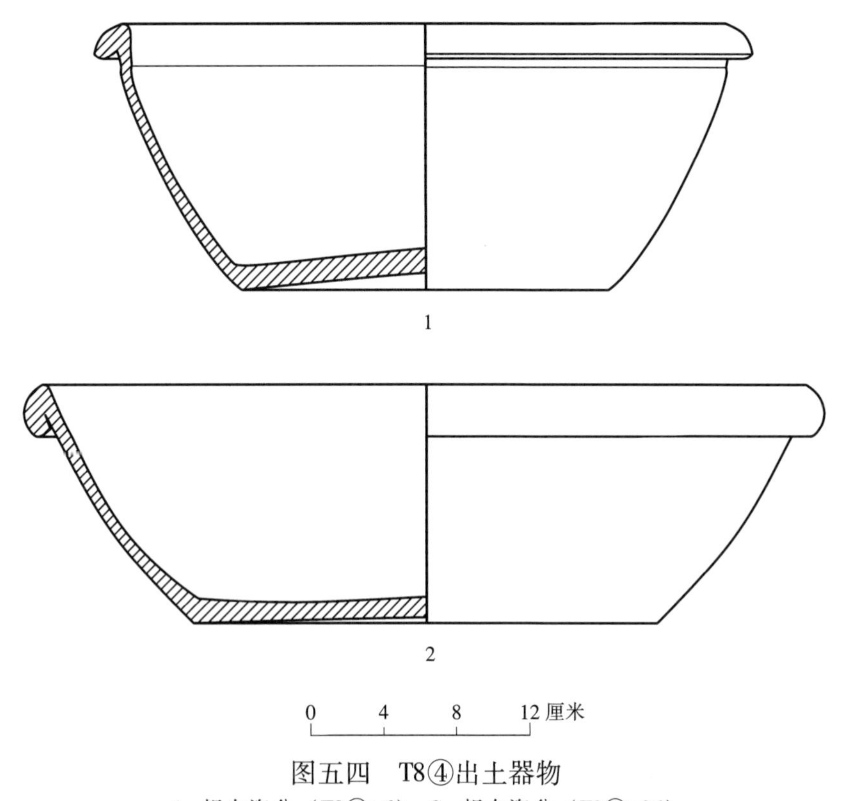

图五四　T8④出土器物

1. 粗白瓷盆（T8④:6）　2. 粗白瓷盆（T8④:26）

粗白瓷盆，T8④:8，残长20.5、残高7.6。黄褐色胎，坚硬敞口，平沿，圆唇，弧腹。

粗白瓷双耳罐，T8④:25，残长12、残高7.7厘米，黄褐色胎，胎质坚硬。器表施白色化妆土，然后施透明釉，釉面有较多开片。直口微敛，圆唇，直径，溜肩，肩部残留一耳。

白瓷枕，T8④:59，枕面残片，残长4.4、残宽7.2厘米。黄白色胎，胎质较粗。器表施白色化妆土，釉色粉白，有细碎开片。枕面化妆土上以黑彩书写文字，残存“散”字的左边。

粗白瓷碗，T8④:20，可复原，口径约22、足径8.2、高6.5～7厘米。器形不甚规整，灰黑色胎，胎质较粗。内壁及外壁唇部施白色化妆土，内壁满釉，底部有涩圈，釉色泛青灰，外壁半釉，釉色灰褐，有大量黑点。敞口，圆唇，弧腹，圈足（图五三，7）。

双色釉点彩碗，T8④:27，可复原，口径约21、足径8.1、高7.1~7.4厘米。灰白胎，胎质较细。内壁及外壁上部施白色化妆土，内壁满釉，壁上有褐色点彩花朵纹，底部有涩圈，釉色泛黄，外壁上部施透明釉，下部施黑釉，仅圈足着地处无釉。敞口，圆唇，弧腹，圈足（图五三，8）。

黑釉突线纹瓶，T8④:2，残，足径8.8、残高17.4厘米。白胎泛灰，胎质较粗。外壁满施黑釉，釉色乌黑光亮，腹部有竖向白色突线纹，内壁及外底无釉。颈部以上残，鼓肩，瘦长腹，喇叭形圈足，腹与圈足之间有一周凸棱（图五五，3）。

酱釉花口瓶，T8④:4，残，口径7.4、残高6.4厘米。黄白胎，胎质坚硬。花口，束颈，器表施酱釉。

黑釉瓶，T8④:12，残，隐圈足，足径3.5、残高5.3厘米，灰褐色胎，胎质坚硬。外壁施黑釉，釉不及底，腹部逐渐变细。

黑釉碗，T8④:13，可复原，口径约13、足径4.5、高5.8厘米。灰白胎，胎质较粗。内壁满施黑釉，外壁釉不及底，釉层较厚，内底积釉达0.4厘米。敞口，尖唇，束颈，弧腹，圈足（图五五，1）。

黑釉碗，T8④:58，残，口径约14、足径3.8、高5厘米。灰白色胎，胎质较细。唇部施透明釉，内壁满施黑釉，外壁釉不及底，釉色乌黑光亮，敞口，尖唇，弧腹，圈足（图五五，2）。

黑釉盏，T8④:5，可复原，口径9.7、足径3.7、高3~3.1厘米。灰胎，胎质较粗。内外施黑釉，内壁满釉，底部有涩圈，外壁半釉。直口，尖圆唇，斜直腹，圈足内凹（图五五，7）。

褐釉盏，T8④:23，可复原，口径约10.4、足径4.3、高2.8~2.9厘米。灰褐色胎，胎质较粗。内外施黑釉，内壁满釉，底部有涩圈，外壁半釉，釉面较粗糙。敞口，圆唇加厚，浅弧腹，圈足（图五五，6）。

黑釉钵，T8④:17，可复原，口径约13.2、足径约6.6、高7厘米。灰褐色胎，胎质较粗。内壁满施黑釉，底部有涩圈，外壁半釉，釉色乌黑光亮。直口，厚圆唇，直腹，下腹内收，圈足（图五五，5）。

黑釉小钵，T8④:21，可复原，口径9.4、足径5.2、高4.6~5厘米。灰褐色胎，胎质较粗。内外壁均只上壁施黑釉。直口微侈，圆唇，腹弧，圈足（图五五，4）。

黑釉剔花器盖，T8④:9，残，残高3.5厘米。灰白胎，胎质稍粗，坚硬。直壁，方唇，盖面隆起。外壁施黑釉，盖面上剔掉部分釉，露出胎体。

黑釉器盖，T8④:18，可复原，口径约11、高3.7厘米。灰褐色胎，胎质较粗，坚硬。外壁施黑釉，有大块酱斑，釉色光亮。子母口，子口内敛，尖圆唇，平沿，盖面拱起，顶部有钮（图五五，8）。

钧瓷碟，T8④:37，残，口径约15、残高2.6厘米。灰胎，胎质较粗，坚硬。内外施淡青色釉，釉面有开片。直口，圆唇，浅弧腹（图五三，6）。

青白瓷碗，T8④:51，器底残件，残长7、残高2.3厘米。胎质洁白细腻。圈足残，施青白釉，釉色青中泛白。外底无釉。

绿釉舟形器，T8④:28，残，底部残长7.8、残宽5.7、高3厘米。红褐色胎，坚硬。外壁及内壁唇部施白色化妆土，再施绿釉，内壁施黑釉。外壁有压印卷草纹。呈舟形。直口，圆唇，直腹，平底内凹。

翠蓝釉盘，T8④∶52，口沿残片，残长5.7、残宽5.1厘米。红色陶胎，胎质较粗。敞口，圆唇。内外均施白色化妆土，然后罩翠蓝釉，剥釉严重。

翠蓝釉黑花残片，T8④∶53，残宽4.1、残高6.8厘米。褐色胎，胎质较粗疏。内外施白色化妆土，外壁用黑彩绘花卉纹，内外均施孔雀蓝釉，剥釉严重。

翠蓝釉绞化妆土瓶，T8④∶54，腹部残片，残长6.2、残宽5厘米。灰白胎，胎质较粗疏。器表施白色化妆土，外壁再施黑、褐色绞化妆土，然后罩一层孔雀蓝，剥落极为严重，几乎不存，仅剩少量蓝色斑点。

三彩枕，T8④∶55，红褐色陶胎，胎质较粗疏。残长14.9、残高6.4厘米。器表施白色化妆土，

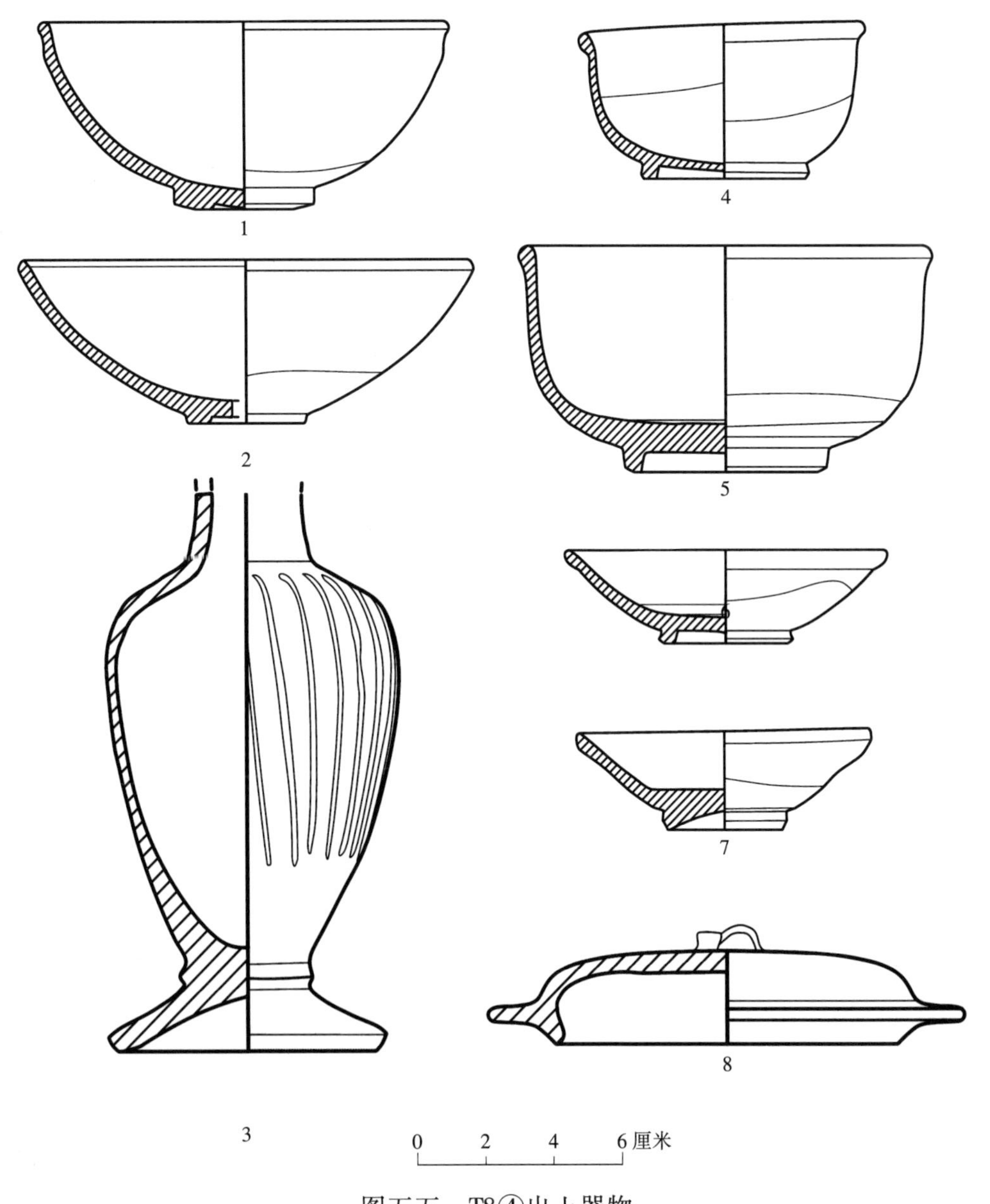

图五五　T8④出土器物

1. 黑釉碗（T8④∶13）　2. 黑釉碗（T8④∶58）　3. 黑釉突线纹瓶（T8④∶2）　4. 黑釉小钵（T8④∶21）
5. 黑釉钵（T8④∶17）　6. 褐釉盏（T8④∶23）　7. 黑釉盏（T8④∶5）　8. 黑釉器盖（T8④∶18）

枕面刻边饰，内有开光，开光内外均刻花卉纹，然后施黄釉、绿釉和透明釉，枕墙上也有刻花纹饰。

绿釉小罐，T8④:56，残，底径2.9、残高2.3厘米。红色陶胎，胎质较粗疏。折肩，鼓腹，平底。内壁施酱釉，外壁上部施绿釉。

绿釉枕，T8④:60，残，黄白胎，胎质较粗，坚硬。枕面刻出卷草纹，后施一层绿釉，釉面光润，有细碎开片。

建筑构件，T8④:57，残长18.4、残宽5.3厘米。泥质灰陶。

（8）T9④

白地褐花枕，T9④:6，枕墙残片，残长14、残高10厘米。白胎泛灰，细腻坚致。外施淡褐色化妆土，剔刻掉部分化妆土，露出胎体，形成卷草纹饰，再施透明釉，造成白地褐花的装饰效果，釉面光亮，釉色白中泛灰。外底无釉。枕墙与枕面、枕底之间均有泥条加固，枕墙中部抹泥加厚（图版二三，5左）。

白地褐花枕，T9④:7，枕面残片，残长6.8、残宽6.2厘米。白胎泛灰，细腻坚致。外施淡褐色化妆土，剔刻掉部分化妆土，露出胎体，形成纹饰，再施透明釉，造成白地褐花的装饰效果，釉面光亮，釉色白中泛灰。枕面与枕墙之间有泥条加固（图版二三，5右）。和T9④:6应是同一件器物。

双色釉碗，T9④:15，可复原，口径约24、足径7.6、高6.1～6.8厘米。灰褐色胎，胎质较粗，坚硬。内壁及外壁唇部施白色化妆土，内壁满釉，釉色泛灰黄，壁上有褐色点彩花朵，底部有涩圈，外壁口沿下施透明釉，下部施黑釉，仅圈足着地处无釉，粘有砂粒。敞口，圆唇，弧腹，圈足（图五六；图版二三，6）。

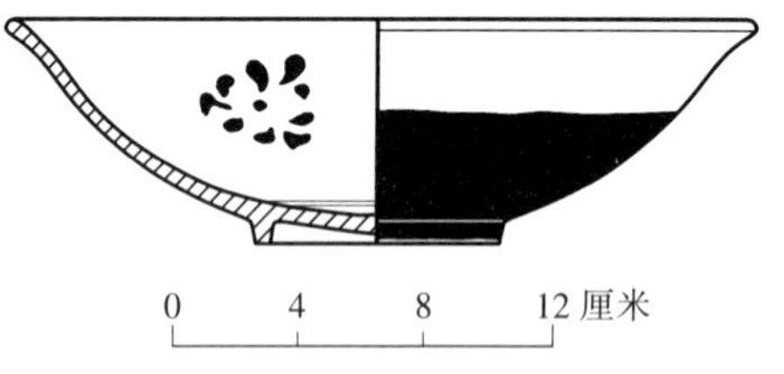

图五六　双色釉碗（T9④:15）

黑釉大瓮，T9④:8，可复原，口径63、高84.5厘米。褐色缸胎，胎质较粗，坚硬。敞口，厚圆唇，鼓腹，平底。下腹部有密集的弦纹。器表施黑釉，釉色光亮，唇部及外底无釉（图版五四，1）。

红绿彩片，T9④:14，残，残长4.3、残宽3厘米。模制，黄白胎，胎质较粗，坚硬。器表施白色化妆土，以红、绿彩进行装饰（图版二三，4）。

黑色围棋子，T9④:13，圆形，直径1.8、厚0.7厘米。白胎，胎质细腻坚硬，顶部施黑釉，釉层较厚（图版二三，3）。

素胎狮形熏盖，T9④:2，残，底座直径约6.6、高8.2厘米。泥质红陶，胎质较粗疏。盖呈圆形，直口，方唇，上立一蹲狮，中空，烟可从狮子口部散出（图版二三，2）。

兽面瓦当，T9④:1，残，直径13.8、边厚1.3厘米。泥质灰陶，兽面纹突出，背面接筒瓦，大部分已残（图版二三，1）。

（9）T10④

白瓷杯，T10④:3，残，口径约9、足径约3.2、高4.4厘米。白胎，胎质细腻坚硬。内外皆满釉，芒口，釉面光润，釉色较白。敞口，尖圆唇，腹较深，圈足（图五七，2）。

白瓷花口碗，T10④:4，可复原，口径12.5、足径4.2、高5.3厘米。白胎，胎质细腻坚硬。内外皆满釉，芒口，釉面光润。侈口，圆尖唇，深弧腹，圈足，口部为花口（图五七，6）。

白瓷碗，T10④:6，可复原，口径18、足径6.1、高6.7厘米。白胎，胎质细腻。内外皆满釉，芒口，圈足施釉不均，局部无釉，釉色泛灰黄色。敞口，圆唇，腹弧，圈足（图五七，3）。

白瓷刻花杯，T10④:1，残，口径约9、足径约3.4、高3.9厘米。白胎，胎质细腻。内外皆满釉，芒口，釉面光润，釉色洁白。敞口，尖圆唇，腹较深，圈足，内壁有刻花纹饰（图五七，1）。

白瓷刻花盏，T10④:2，残，足径2.9、高4厘米。白胎，胎质细腻坚硬。内外皆满釉，芒口，釉色洁白。敞口，尖圆唇，斜直腹，小圈足，内壁有刻花纹饰。

白瓷刻花碗，T10④:5，基本完整，口径22.2、足径7.4、高6.5厘米。白胎泛灰，胎质较细。内外皆满釉，芒口，外壁口沿下一周无釉，圈足着地处有垫砂，釉色泛灰黄色。敞口外撇，圆唇，腹弧，圈足。器内壁刻萱草纹（图五七，5）。

白瓷刻花碗，T10④:7，残，口径约23、高6.4厘米。灰白胎，胎质较细。局部结合不紧密。内外皆满釉，芒口，外壁口沿下一周无釉，圈足着地处有垫砂，釉色泛灰黄色。敞口外撇，圆唇，腹弧，圈足。器内壁刻有荷花纹。

白瓷盘，T10④:8，可复原，口径17.6、底径6.1、高3.7厘米。白胎泛灰，胎质细腻。内外皆施釉，内底有涩圈，外壁釉不及底，釉色灰黄，釉面有大量开片。敞口，尖圆唇，折腹，圈足（图五七，7）。

白釉褐花枕，T10④:9，枕面残片，残长6.3、残宽4、厚0.4厘米。白胎泛灰，胎体坚致。器表施褐色化妆土，然后剔去化妆土，形成白地褐彩的装饰效果，纹饰细部为篦划花手法做出，再罩一层透明釉，釉面光润。内壁还残留有枕面与枕墙之间起加固作用的泥条。

粗白瓷盏，T10④:11，可复原，口径约9.8、足径3.3、高4.1厘米。灰胎，胎质较粗，坚硬。器表施白色化妆土，内壁满釉，外壁半釉，釉色直白。敞口，圆唇，腹弧，器内底下凹，圈足接近饼足。底部有一墨书文字，模糊不识（图五七，4）。

粗白瓷盘，T10④:12，残，直径约17、底径约6.1、高4厘米。浅灰褐色胎，胎质较粗，坚硬。器表施白色化妆土，内壁满釉，外壁半釉，器底有长条支钉痕，釉色青灰，较光润。敞口，圆唇，浅弧腹，圈足，挖足过肩（图五七，10）。

白地黑花罐，T10④:10，腹部残片，残长13、残高12.5厘米。黄褐色胎，胎质较粗。外壁施白色化妆土，以黑彩绘纹饰，再罩透明釉，内壁施黑釉。腹较直，微外鼓。

粗白瓷小碗，T10④:13，可复原，口径约11.3、足径4.4、高3.6厘米。灰胎，胎质较粗，坚硬。内壁及唇部施白色化妆土，内壁满釉，釉色泛青灰，内底有涩圈。外壁釉不及底，露出胎色，有很多黑色斑点。敞口外撇，圆唇，弧腹，圈足（图五七，8）。

黑釉罐，T10④:15，残，直径约20、残高5厘米。白胎泛灰，胎质较细。外壁及内壁口沿施黑釉，釉层较厚，釉色乌黑光亮。内壁口沿下施酱釉，釉较薄。口沿外翻，圆唇，短颈，鼓肩（图五七，11）。

黑釉盆T10④:16，残，高12.4厘米。灰白胎，胎质较粗，坚硬。内外皆施黑釉，口沿内侧及内壁上部无釉，器底亦不施釉，内壁釉色乌黑光亮，外壁则发暗，有大量褐色斑点。直口，折沿，方唇，斜直腹较深，平底内凹。

黑釉器盖，T10④:17，可复原，口径11、边径13.2、高3.4厘米。白胎泛灰，胎质较粗。外壁施黑釉，有大块的酱紫色斑，内壁盖面下施护胎褐釉。其余部位不施釉。子母口，子口微敛，圆唇，平沿，盖面拱起，顶部较平，有一椭圆形钮（图五七，9）。

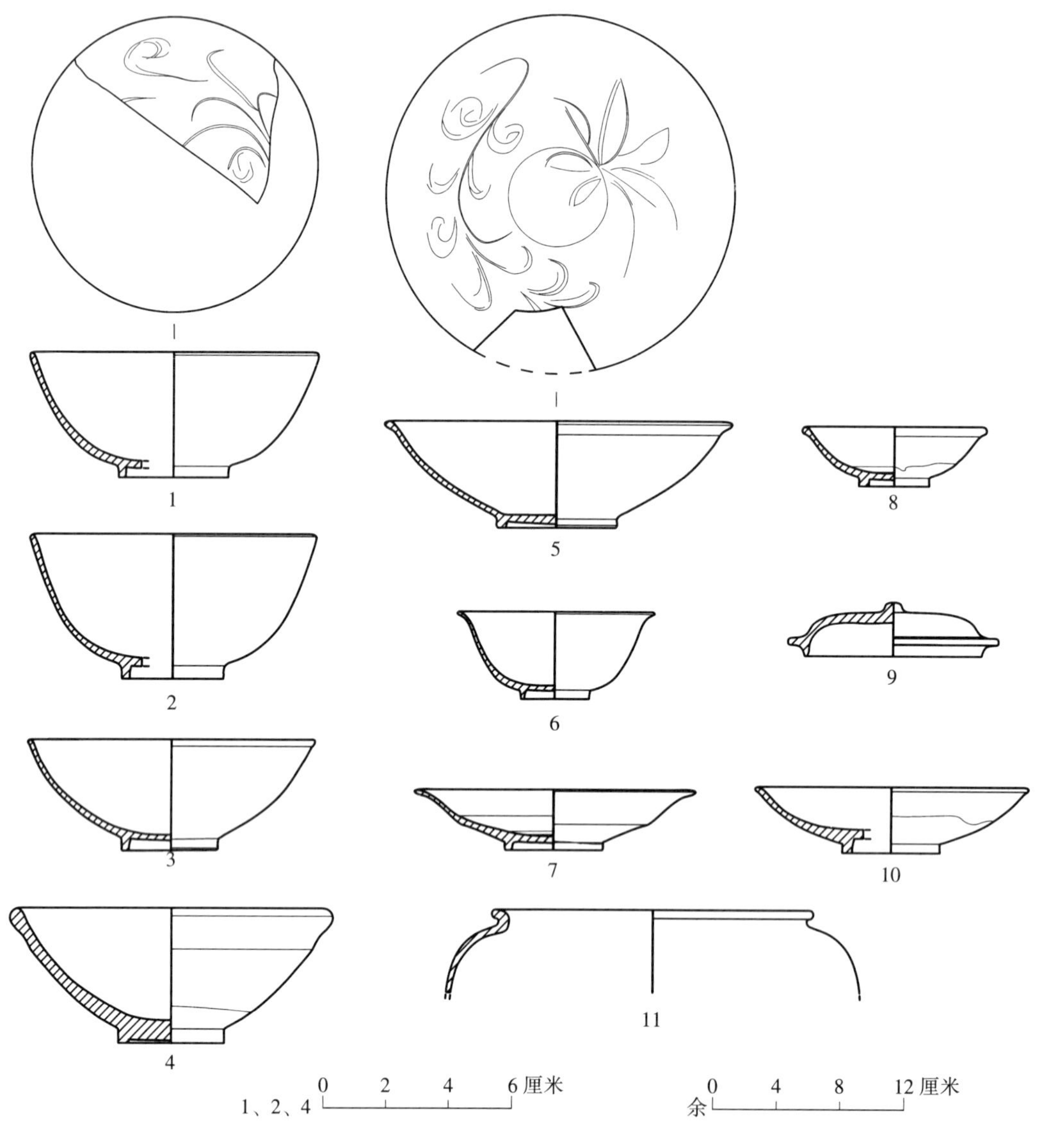

图五七　T10④出土器物

1. 白瓷刻花杯（T10④:1）　2. 白瓷杯（T10④:3）　3. 白瓷碗（T10④:6）　4. 粗白瓷盏（T10④:11）　5. 白瓷刻花碗（T10④:5）　6. 白瓷花口碗（T10④:4）　7. 白瓷盘（T10④:8）　8. 粗白瓷小碗（T10④:13）　9. 黑釉器盖（T10④:17）　10. 粗白瓷盘（T10④:12）　11. 黑釉罐（T10④:15）

（10）T12④

白瓷器盖，T12④:1，可复原，口径约14、高2.4厘米。白胎泛灰，胎质细腻坚致。平沿内壁及子口唇部无釉，余满釉，釉面光润，釉色白中泛灰。子母口，子口较直，方唇，平沿，盖面拱起，顶部有钮（图五八，1）。

白地褐花枕，T12④:2，枕面下凹，前低后高，残长13、残宽8.7厘米，枕墙为弧形，残高15.2厘米。白胎泛灰，胎体坚致。枕面剔刻花填黄彩。外壁施褐色化妆土，然后剔掉一部分，露出胎体，形成白地褐彩的装饰效果，细部用细线划出，最后罩一层透明釉。釉面光亮，釉色泛灰。枕墙纹饰为缠枝花草，枕面为花卉纹，有荷叶。

粗白瓷小罐，T12④:4，可复原，口径3.4、足径2.8、高3.6厘米。灰白胎，胎质较粗。器表施白色化妆土，外壁半釉，有明显流釉现象，内壁仅口沿处施釉，釉面较粗糙。矮领，圆唇，鼓腹，平底内凹，器表有多道弦纹（图五八，2）。

白瓷器耳，T12④:5，残高7、宽2.8厘米。灰胎，胎质粗疏。器表施白色化妆土，釉色直白。

白瓷点彩碗，T12④:3，可复原，器形不太规整，口径约21、足径8、高5.9~6.2厘米。灰胎，胎质较粗，坚硬。敞口，圆唇，弧腹，圈足。内壁及唇部施白色化妆土，内壁满釉，釉色白中泛青灰，底部有涩圈，壁上有六瓣点彩花朵。外壁半釉，无化妆土处釉色呈黄褐色，有大量黑点。圈足处有大量砂粒（图五八，3）。

黑釉双耳壶，T12④:6，可复原，口径5.3、足径5.5、高14.4厘米。黄褐色胎，胎质较粗，坚硬。内壁仅口沿处施釉，外壁施釉不及底，釉色乌黑。盘口，方唇，溜肩，卵形腹，圈足，肩部残留一器耳（图五八，4）。

黑釉罐，T12④:7，腹部残片，残长10.7、残宽6.7厘米。灰白胎，胎质较粗。外壁黑釉下有白色突线纹，釉层较厚，乌黑光亮，内壁施较薄的褐色釉。

封泥，T12④:8，残，残长4、残宽2.8、厚1.5厘米。石灰质，粗疏。圆形，顶部较平，中部稍厚，侧壁残，顶部及侧壁有红色戳印痕迹。

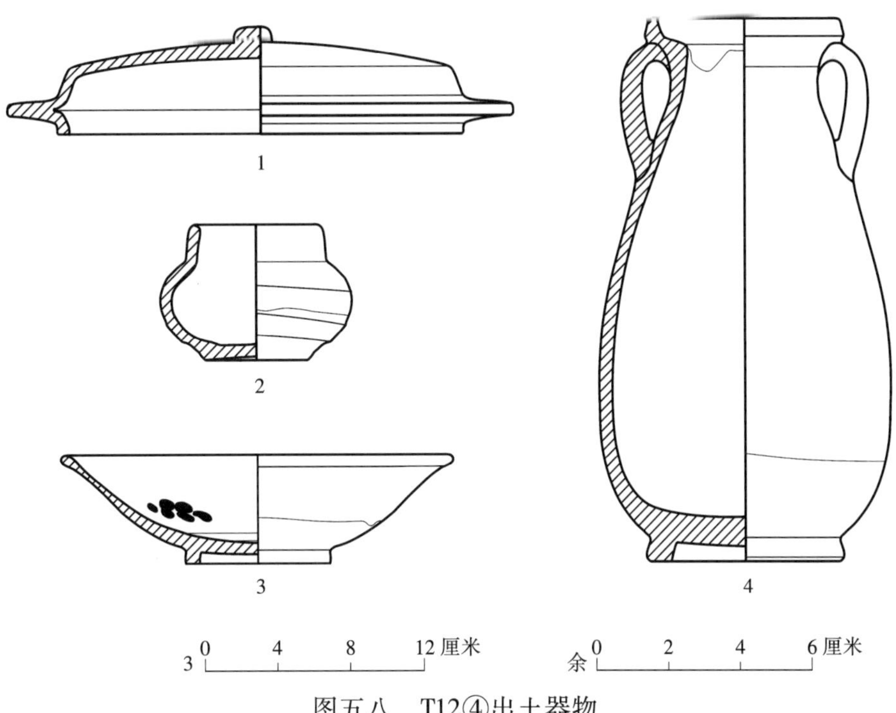

图五八　T12④出土器物

1. 白瓷器盖（T12④:1）　2. 粗白瓷小罐（T12④:4）　3. 白瓷点彩碗（T12④:3）　4. 黑釉双耳壶（T12④:6）

（11）T14④

白瓷印花盘，T14④:1，口沿残片，残宽7、残高4.7厘米。白胎泛黄，胎质较细，胎体轻薄，部分地方胎体结合不紧密，内外满釉，芒口，釉色发黄，有大量开片。敞口，圆唇。内壁有印花纹饰，口沿下为一周回纹，其下为缠枝花卉纹，纹饰较模糊。

白瓷印花盘，T14④:2，残，残宽4.2、残高约2厘米。白胎，胎质较细，结合不紧密。内外皆施釉，芒口，釉色泛黄。内壁有印花纹饰，口沿下为一周回纹，其下为水波游鱼。

定窑印花白瓷碗，T14④:3，口径约20、残高5.8厘米。白胎，胎质细腻坚硬。内外施满釉，芒口。釉面光润，釉色洁白。敞口外撇，圆尖唇，弧腹。口部为花口，器内壁有印花纹饰，口沿下为一周回纹，花口下有白色出筋分隔，每一格内似乎都是相同的禽鸟穿花纹饰。

白瓷印花残片，T14④:4，无论是胎质胎色、还是器形、纹饰都与T14④:3极为相似，也是禽鸟穿花。

白瓷刻花钵，T14④:7，直径约11、残高4.4厘米。白胎，胎质细腻坚硬。内外皆施釉，芒口。直口，圆尖唇，深直腹。器外壁有刻花纹饰。

白瓷刻花器盖，T14④:12，可复原，口径8.5、边径11.2、高3.2厘米。白胎，胎质细腻，胎体轻薄。外壁满釉，内壁仅口沿及边沿处无釉，釉面光润，釉色洁白。子母口，子口内敛，尖唇，折沿上翘，弧形盖面，圆钮。盖面刻划轮菊纹饰，刻划纹饰处下凹，纹饰之间部分鼓起，整个器盖表面凹凸相间，极为精致。

白瓷花口碗，T14④:13，残，口径13、足径约5.3、高5.5厘米。白胎，胎质细腻坚硬。内外施满釉，芒口。侈口，圆唇，弧腹较深，圈足，挖足过肩。口部为花口，内壁底部有两周凹弦纹（图五九，1）。

白瓷碗，T14④:14，残，口径22、足径约7.2、高7.6厘米。白胎，胎质细腻坚硬。内外满釉，芒口，外壁口沿下一周无釉，釉色洁白，光润。侈口，圆尖唇，弧腹，圈足（图五九，3）。

白瓷盘，T14④:23，残，口径约21、足径约7、高4.7厘米。白胎，胎质细腻坚硬。内外施满釉，芒口。釉面光润，釉色洁白。侈口，方唇，浅弧腹，圈足。

白瓷小碗，T14④:15，可复原，口径13、足径3.4、高3.8厘米。白胎泛灰，胎质较细，局部结合不紧密。内施满釉，芒口，外壁圈足处无釉，釉面较光润，釉色泛灰黄。侈口，尖唇，弧腹，圈足，底部有鸡心突，内底亦突起（图五九，2）。

白瓷点彩小杯，T14④:16，可复原，口径约5、底径1.8、高1.8厘米。白胎，胎质较细，坚硬。内施满釉，底部有点彩纹饰，外壁施半釉。直口微敛，方唇，上腹部较直，下腹斜收，平底（图五九，7）。

白瓷枕，T14④:9，残，残高9.6～11.4厘米。灰白胎，胎体坚致。器表施白色化妆土，枕面刻出纹饰，底部不施釉，釉色为黄白色。前低后高，枕墙转角为弧形。枕墙和枕面及枕底之间均有泥条加固。和T16④:7可能是同一件器物。

粗白瓷碗，T14④:17，可复原，口径22.2、足径6.5、高9.6厘米。黄白胎，胎质较粗。器表施白色化妆土，内施满釉，底部有六枚长条支钉痕，外壁釉不及底，有流釉，釉色直白。敞口，圆唇，弧腹，高圈足，挖足过肩（图五九，4）。

粗白瓷盆，T14④:18，口沿残片，宽 17.7、残高 7.3 厘米。黄白胎，胎体坚致。器表施白色化妆土，内外均施釉，釉色较白，有大量开片。侈口，圆唇，宽折沿上翘，腹壁有瓜棱（图五九，5）。

白瓷褐彩盆，T14④:19，可复原，口径 44、底径 24.6、高 13 厘米。黄褐色，胎质较粗。敞口，卷沿，弧腹，平底。内壁及唇部施白色化妆土，然后罩一层透明釉，口沿顶部无釉，釉色白中泛黄，有细碎开片，内壁及底部共四组点彩花草纹，壁上一组点彩因烧制原因晕染，纹饰模糊，外壁腹中部施酱釉，器部墨书“劉”字（图五九，8）。

白地黑彩人物，T14④:11，残剩四片，面部残片宽 8.2、高 10.3 厘米，左耳残片宽 5、高 4.4 厘米，头部残片宽 12.3、高 6.8 厘米，底座残片宽 6.5、高 7.5 厘米。黄白胎，胎质较粗，坚硬。模制，器表施白色化妆土，以黑彩绘出眼睛、眉毛、头发、衣服等。人物面部圆润。整体较大。

双色釉点彩碗，T14④:24，残，口径约 23、高 7.1 厘米。灰白胎，胎质较细，局部结合不紧密。敞口，圆唇，弧腹，圈足，挖足过肩。内壁及外壁口沿下施白色化妆土，再罩一层透明釉，内底有涩圈，釉色泛青灰，内壁有点彩褐色花朵纹饰，外壁下部及圈足里面施黑釉，圈足着地处不施釉。

黑釉罐，T14④:21，口沿残片，残宽 8.5、残高 6.2 厘米。灰黑色胎，胎质较粗，坚硬。内外皆施黑釉。直口，方唇，矮领，鼓肩（图五九，6）。

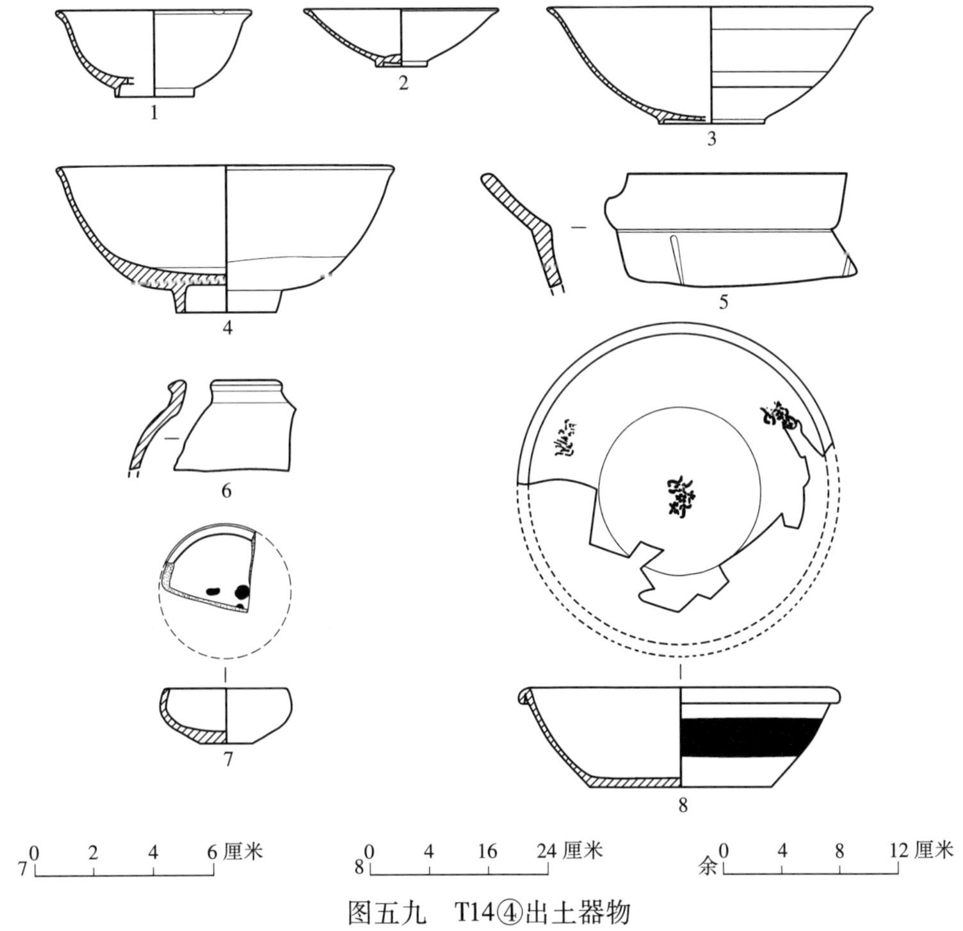

图五九　T14④出土器物

1. 白瓷花口碗（T14④:13）　2. 白瓷小碗（T14④:15）　3. 白瓷碗（T14④:14）　4. 粗白瓷碗（T14④:17）　5. 粗白瓷盆（T14④:18）　6. 黑釉罐（T14④:21）　7. 白瓷点彩小杯（T14④:16）　8. 白瓷褐彩盆（T14④:19）

黄釉盆，T14④:20，残，高11.2厘米。褐胎，胎质粗疏。敞口，宽沿微上翘，方唇，斜直腹，平底内凹。内壁及唇部施白色化妆土，唇部及内壁、内底施黄釉，釉面光亮，有细碎开片，内壁、内底有刻划纹饰，折沿上无釉，外壁施茶叶末釉，釉面粗糙，釉不及底。

黄绿釉陶，T14④:10，残长9、残宽8厘米。器形不明，可能是建筑构件的一部分，或是建筑构件上的武士俑身体的一部分。红胎，胎质较粗，坚硬。器表施黄绿釉。脱釉严重。

兽面瓦当，T14④:22，残，直径12.2、边厚1.6、最高3.3厘米。泥制灰陶，圆形，正面印兽面纹，背面上部有接筒瓦的痕迹，中部内凹。

（12）T15④

粗白瓷盆，T15④:1，残，残宽33、残高12厘米。黄褐胎，胎质较粗，坚硬。内壁及外壁口沿上部施白色化妆土，然后施透明釉，釉色洁白，有细碎开片，口沿顶部无釉。外壁施护胎酱釉，釉面薄，十分粗糙。敞口，卷沿，尖唇，弧腹。

黑釉炉，T15④:2，残，足径8.5、残高10厘米。灰褐色胎，胎质较粗，坚硬。外壁施黑釉，釉不及底，釉面光亮。直腹，束腰，喇叭状足。

黑釉枕，T15④:3，残，枕面残长5、残高4.3厘米。黄褐色胎，胎质较粗，坚致。器表施黑釉。枕面残剩较少，但可以看出有剔釉，枕墙下部外折，内壁枕面与枕墙之间有泥条加固。

三彩炉，T15④:4，残剩多片，但无法拼合，直径13.5厘米。红色陶胎，胎质粗疏。直口，圆唇，平沿，沿上剔刻出纹饰，弧腹，束腰，腰部有一周凸棱，喇叭状圈足。内壁、外壁沿上及足部施白色化妆土，沿上施黄釉、绿釉及透明釉，沿以下施绿釉，无化妆土处釉色呈酱褐色。

青白瓷碗，T15④:5，底部残片，足径3.5、残高18厘米。白胎，胎质较细。器表施清白釉，足部无釉，釉面有细碎开片。弧腹，圈足。

铜钱，T15④:6，多黏结成块，最大的一块高2厘米。

（13）T16④

白瓷碗，T16④:3，残，口径21、足径约9、高8厘米。白胎，胎质细腻坚硬。器内外皆施釉，外壁釉不及底，芒口。釉色泛青灰。侈口，圆唇，深弧腹，圈足（图六〇，2）。

白瓷碗，T16④:4，口径约12.8、足径6、高5.6厘米。白胎泛灰，胎质细腻坚硬。内外皆施釉，外壁釉不及底，芒口，釉面较光亮，釉色泛青灰。敞口微外撇，圆唇，弧腹较深，圈足（图六〇，1）。

白瓷刻花器盖，T16④:1，残，残高1.6厘米。白胎，胎质细腻坚硬，胎体轻薄。器内外皆施釉，芒口，平沿内壁亦不施釉，釉面光润，釉色白中泛黄。子母口，子口内敛，平沿，拱形盖面。盖面饰轮菊纹。

白瓷印花片，T16④:2，残长5.7、残宽4.2厘米。白胎，胎质细腻坚硬。器内外皆施釉，釉面光润，釉色洁白。内壁印禽鸟花卉。

粗白瓷刻划花大碗，T16④:5，残，足径8.5、残高7厘米。灰白胎，胎体坚致。弧腹，圈足，挖足过肩，底部很薄。内壁在胎上剔刻出花卉纹饰，然后在器内外皆施一层白色化妆土，再罩一层透明釉，圈足不施釉。釉面较光润，有细碎开片，釉色乳白，纹饰模糊。

粗白瓷盏，T16④:6，口径9.5、足径4、高3厘米。黄白胎，胎质较粗，坚硬。内壁及口沿施白色化妆土，再罩一层透明釉，外壁釉不及底，釉色白中泛黄。直口，厚唇，浅弧腹，实心足微内凹，内底突起，内壁有支钉痕（图六〇，3）。

白瓷枕，T16④:7，残，残高10厘米。灰胎，胎体坚致。器表施白色化妆土，枕面刻出纹饰，釉色为黄白色。枕面和枕墙之间有泥条加固。

白地黑花器盖，T16④:8，残，残高约2.6厘米。白胎泛黄，胎质较粗。子母口，子口微敛，平沿，拱形盖面。器内外均施白色化妆土，内壁不施釉，外壁以黑彩绘纹饰，釉色洁白。

白地黑花残片，T16④:9，残宽5.3、残高5.8厘米。白胎泛黄，胎质较粗，坚硬。内外均施白色化妆土，外壁以黑彩进行装饰，釉色较白。

双色釉碗，T16④:10，残，底径约7.6、高7.1厘米。白胎泛灰，胎质较细，坚硬。内壁施透明釉，底部有涩圈，釉色泛青灰。外壁上部施透明釉，其下一周无釉，再下施黑釉，黑釉稍厚，光亮。圈足着地处无釉。敞口，圆唇，弧腹，圈足，挖足过肩。

黑釉双耳小罐，T16④:12，残，口径5.3、残高6.3厘米。黄白胎，胎质较粗。器内外皆施黑釉，釉色乌黑光亮，釉薄处发黄。直口，圆唇，短直颈，溜肩，鼓腹，颈部与肩部交接处有对称的双耳（图六〇，4）。

酱釉鸡腿瓶，T16④:11，残，口径约5.6、残高13.2厘米。黄褐色胎，胎质粗疏。器内壁及外壁肩部以下施酱釉。敞口，圆突唇，短束颈，鼓肩，肩部有一墨书文字，残破不识。

耀州窑青瓷碗，T16④:13，残，残高4.2厘米。灰胎，胎体坚致。弧腹，圈足。器内外皆施青釉，釉面光润，有大量开片。圈足着地处不施釉，有垫砂。器内壁印有花卉纹饰。

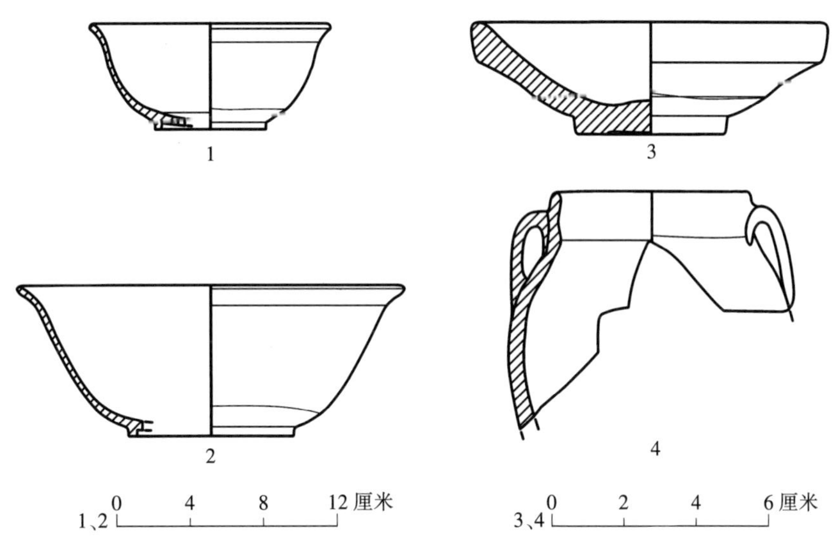

图六〇　T16④出土器物

1. 白瓷碗（T16④:4）　2. 白瓷碗（T16④:3）　3. 粗白瓷盏（T16④:6）　4. 黑釉双耳小罐（T16④:12）

4. 第③b层出土遗物

（1）T4③b

白瓷印花盘，T4③b:1，底部残片，残高2.3厘米。灰白胎，胎质较细，坚硬。内外满釉，应为芒口，釉色白中泛灰。弧腹，圈足。内壁有印花纹饰。

白瓷印花盘，T4③b:2，口沿残片，残宽5.2、残高3.5厘米。灰白胎，胎质较细，胎体轻薄。内外满釉，芒口，釉色白中泛黄。敞口，尖圆唇，浅弧腹，内壁有印花纹饰，口沿下为一周回纹，其下为花卉纹。

粗白瓷刻花钵，T4③b:3，残宽10、残高7.2厘米。灰褐色胎，胎质较粗，坚致。外壁及内壁唇部以下施白色化妆土，然后施釉，芒口。釉色白中泛灰，内壁下部无化妆土处釉色呈胎色。直口，圆唇，深腹微鼓，外壁刻莲瓣纹。

粗白瓷碗，T4③b:4，残，足径约9、残高7.2厘米。灰褐色胎，胎质较粗，坚致。器表施白色化妆土，内壁满釉，内底有支钉痕，外壁施釉至圈足，釉面较光润，釉色泛灰。弧腹，下腹内收，高圈足，挖足过肩（图六一，1）。

白瓷黑边碗，T4③b:7，残，残宽8.4、残高5.2厘米。褐胎，胎质较粗。口部施黑釉，口部以下内外皆施白色化妆土，然后施透明釉。敞口，圆唇，弧腹。

红绿彩花口碗，T4③b:5，残，口径5.9、残高4厘米。黄褐色胎，胎质较粗。外壁及内壁口部以下施白色化妆土，再施透明釉，釉上以红、绿彩绘莲瓣纹。直口，尖唇，直腹，下腹内收，口部为花口（图六一，2）。

三彩枕，T4③b:8，枕面残片，残长4.4、残宽4厘米。红胎，胎质较粗，坚硬。器表施白色化妆土，剔刻出纹饰，施黄、绿釉及透明釉。

绿釉炉，T4③b:9，残，残高4.1厘米。红褐色胎，胎质较粗，器表施白色化妆土，后施绿釉。

腰圆形绿釉枕，T4③b:10，残，残高10.7厘米。红色陶胎，胎质较粗。器表施白色化妆土，枕面剔刻出纹饰，然后施一层绿釉，脱釉严重。

腰圆形绿釉枕，T4③b:11，残，残高7.5厘米。红色陶胎，胎质较粗，器表施白色化妆土，枕墙上施绿釉。

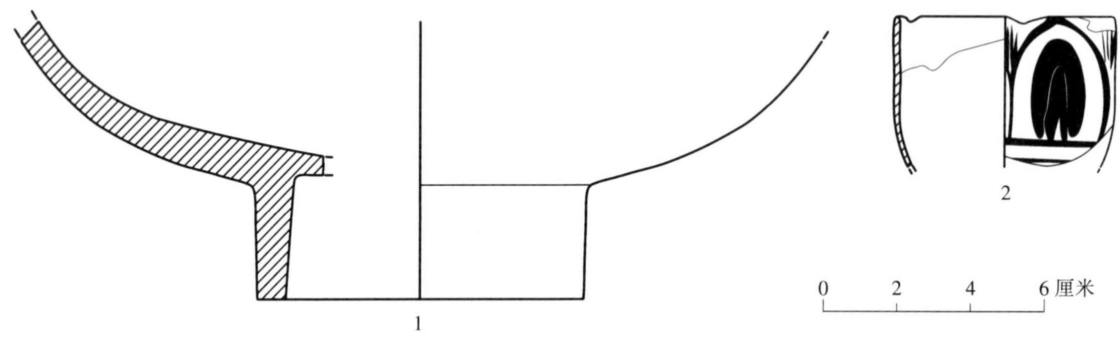

图六一　T4③b出土器物

1. 粗白瓷碗（T4③b:4）　2. 红绿彩花口碗（T4③b:5）

（2）T5③b

白瓷罐，T5③b:1，口部残片，口径约10、残高1.6厘米。白胎，胎质细腻坚硬。内外满釉，釉面光润，釉色洁白，微泛黄。直口，圆唇，短直径，溜肩。

白瓷小罐，T5③b:2，残，口径约3.2、残高2.2厘米。白胎，胎质细腻坚硬。内外满釉，芒口。直口，圆唇，短直径，圆肩（图六二，1）。

黄釉碗，T5③b∶3，残，残宽7.5、残高约5厘米。黄褐色胎，胎质较粗，坚硬。内外满施黄釉，外壁半釉，釉面光亮。侈口，圆唇，弧腹（图六二，2）。

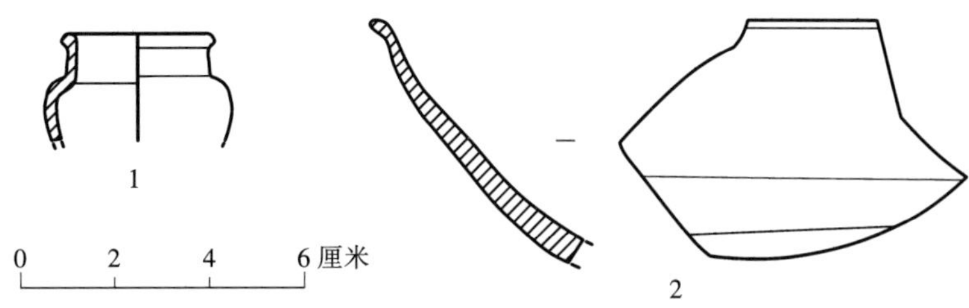

图六二　T5③b出土器物

1. 白瓷小罐（T5③b∶2）　2. 黄釉碗（T5③b∶3）

（3）T6③下黄土及灰土

白瓷刻花大碗，T6③下黄土及灰土∶1，可复原，口径24、足径10.3、高8.8～9.1厘米。白胎泛灰，胎质较细，坚硬。内外满釉，芒口，釉色白中泛灰。敞口，尖圆唇，斜直腹，下腹内收，大圈足，内壁有刻花萱草纹（图六三，1）。

白瓷盘，T6③下黄土及灰土∶2，可复原，口径约18.2、足径6.2、高4～4.2厘米。白胎泛灰，胎质细腻坚硬。内壁满釉，底部有涩圈，外壁仅圈足处不施釉，釉面光润，釉色白中泛青灰。敞口，圆唇，折腹，圈足，挖足过肩（图六三，2）。

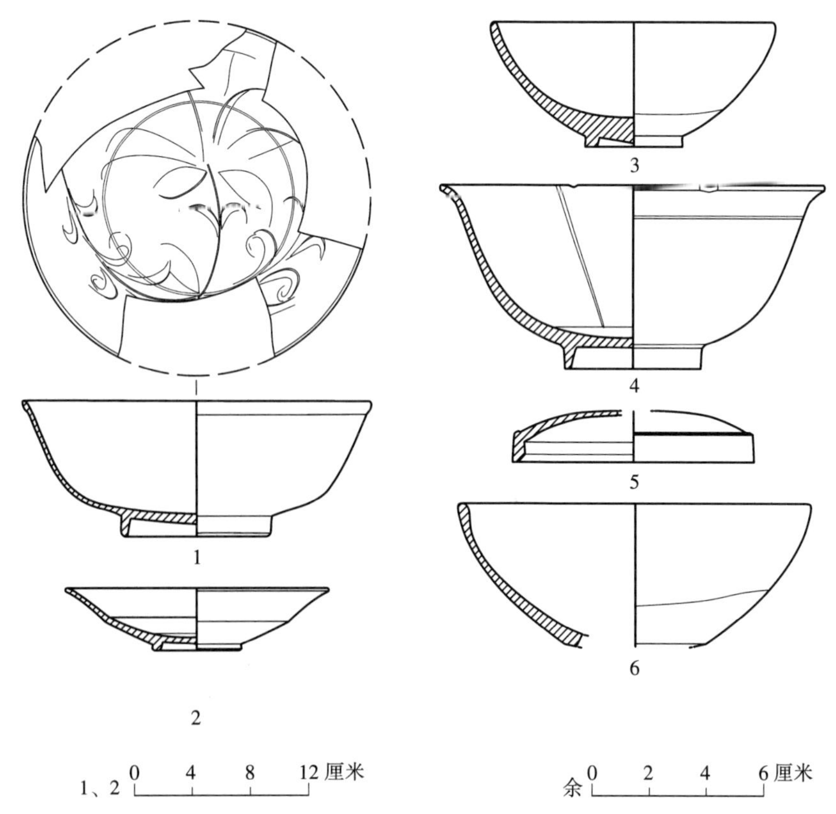

图六三　T6③下黄土及灰土出土器物

1. 白瓷刻花大碗（T6③下黄土及灰土∶1）　2. 白瓷盘（T6③下黄土及灰土∶2）　3. 粗白瓷碗（T6③下黄土及灰土∶3）　4. 白瓷花口碗（T6③下黄土及灰土∶5）　5. 白瓷器盖（T6③下黄土及灰土∶6）　6. 黑釉碗（T6③下黄土及灰土∶7）

白瓷花口碗，T6③下黄土及灰土∶5，可复原，口径约13.5、足径4.7、高6.1～6.3厘米。白胎，胎质细腻坚硬。内外满釉，芒口，釉面光润，釉色洁白。侈口，尖圆唇，弧腹，圈足，口部为花口，内壁有白色出筋（图六三，4）。

白瓷器盖，T6③下黄土及灰土∶6，口径8.4、残高1.7厘米。白胎，胎质细腻坚硬。内外满釉，芒口，釉面光润，釉色白中泛灰。直口，方唇，直壁，盖面拱起（图六三，5）。

白瓷人物，T6③下黄土及灰土∶8，头部残段，宽1.8、残高2.5厘米。模制，白胎，胎质细腻坚硬。满釉，釉色白中泛灰。

粗白瓷碗，T6③下黄土及灰土∶3，可复原，口径约10、足径3.4、高4.2厘米。黄褐色胎，胎质较粗。器表施白色化妆土，内壁满釉，内底有支钉痕，外壁半釉，釉面较粗糙。敞口，圆唇，弧腹，圈足（图六三，3）。

黑釉碗，T6③下黄土及灰土∶7，残，口径约12.5、残高4.8厘米。白胎，胎质较细，局部结合不紧密。唇部施透明釉，内壁和外壁上部施黑釉，釉层较厚，釉色乌黑发亮。敞口，圆唇，弧腹（图六三，6）。

陶研磨器，T6③下黄土及灰土∶4，残，足径4.5、残高3厘米。泥质红陶，弧腹，饼足，内壁有密集的网格状小坑。

（4）T8③b

白瓷刻花器盖，T8③b∶1，残，残宽8.6、残高2.8厘米。白胎，胎质细腻坚硬。内外满釉，芒口，内壁口沿处一周刮釉，釉面光润，釉色白中泛黄。直口，方唇，斜直壁，盖面拱起，其上有刻花装饰（图六四，1）。

白瓷器盖，T8③b∶2，残，口径约5.8、残高3.2厘米。白胎，胎质细腻坚硬，胎体轻薄。外壁满釉，釉面光润，釉色洁白，积釉处泛黄。盖呈覆钟式，子母口，子口内敛，口沿下折，拱形盖面，顶部钮残（图六四，2）。

白瓷碗，T8③b∶3，残，口径约18厘米。白胎，胎质细腻坚硬。内外满釉，芒口。敞口，尖圆唇，弧腹。

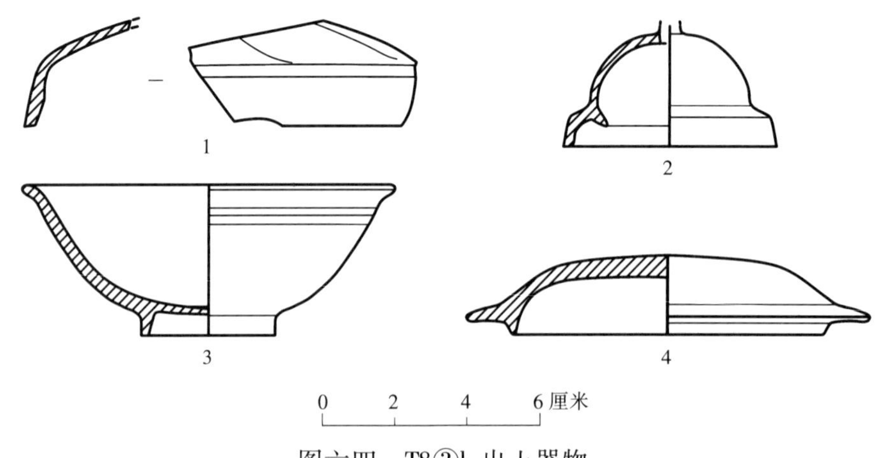

图六四　T8③b出土器物

1. 白瓷刻花器盖（T8③b∶1）　2. 白瓷器盖（T8③b∶2）　3. 白瓷小碗（T8③b∶4）　4. 粗白瓷器盖（T8③b∶5）

白瓷小碗，T8③b∶4，可复原，口径约10.4、足径3.7、高4厘米。灰白胎，胎质细腻坚硬。内壁满釉，芒口，外壁釉不及底，釉面光亮，釉色泛灰。敞口，尖唇，弧腹，圈足，底壁釉薄，厚仅0.1厘米。外底有墨书文字，残破不可辨（图六四，3）。

粗白瓷器盖，T8③b∶5，可复原，口径8.3、边径11、高2.1厘米。灰褐色胎，胎质较粗，坚硬。外壁施白色化妆土，满釉，内壁无釉。子母口，子口内敛，尖唇，平沿，盖面拱起，顶部较平（图六四，4）。

粗白瓷盏，T8③b∶13，残，口径约9.8、高3厘米。黄白胎，胎质较粗，坚致。器表施白色化妆土，内壁满釉，外壁仅唇部施釉，釉色粉白。直口，厚唇，浅斜直腹，圈足。

粗白瓷枕，T8③b∶7，残，残高10.2厘米。灰胎，胎质较粗，坚致。器表施白色化妆土，釉色青灰。枕墙较直，微内凹，内壁各面之间均有泥条加固。

白地黑花枕，T8③b∶6，残长9、残宽8.2厘米。褐色胎，胎质较细，坚致。器表施白色化妆土，以黑彩进行装饰，外有边框，内有牡丹纹，枕墙上绘卷草纹。

霍州窑白瓷印花碗，T8③b∶12，腹部残片，残宽2.4、残高约2、厚0.2厘米。白胎，细密坚致。内外满釉，底部有涩圈，釉面光润，釉色洁白。外壁弧腹，内壁腹与底之间有折棱，内壁有较细的印花纹饰。

黑釉罐，T8③b∶9，黑釉罐，残，足径6.9、残高6.9厘米。灰白胎，胎质较粗，坚硬。内外施黑釉，内壁满釉，底部有很宽的涩圈，外壁釉不及底，釉色乌黑发亮。弧腹，圈足。

红绿彩人物，T8③b∶8，头部残片，残宽2.5、残高2.4厘米。模制，黄褐色胎，胎质较粗。器表施白色化妆土，唇部涂红彩，眼部用黑彩表示。

陶盆，T8③b∶10，残，底径约14、高13.6厘米。泥质灰陶，轮制，内壁有黑色陶衣。敞口，卷沿，方唇，深弧腹，平底。

大陶盆，T8③b∶11，口沿残片，残宽40、残高12厘米。泥质灰陶，轮制，敞口，卷沿，方唇，斜弧腹，内壁有密集的网格纹，口沿及外壁均有绳纹。

（5）T9③b

白瓷双耳罐，T9③b∶1，口径约11、残高3厘米。白胎，细腻坚致。内外满釉，釉面光润，釉色洁白，积釉处泛黄。直口，方唇，短直径，鼓肩，肩部附对称双耳（图六五，1）。

白瓷碗，T9③b∶4，残，口径约10.5、高4.8厘米。灰白胎，胎质细腻坚硬。内外满釉，芒口，釉面光亮，釉色泛灰。侈口，尖唇，弧腹，圈足。

白瓷刻花碟，T9③b∶2，足径约9、高2.1厘米。白胎，胎质细腻坚硬。内外满釉，芒口，釉面光润，釉色洁白。敞口，尖圆唇，浅弧腹，卧足，内底有刻花纹饰。

白瓷印花盘，T9③b∶3，残，口径约18、残高2.8厘米。白胎泛灰，胎质细腻坚硬。内外满釉，芒口，釉面光润，釉色白中泛黄。敞口，尖圆唇，浅弧腹。内壁有印花纹饰，口沿下为一周卷草纹，其下印花卉纹（图六五，3）。

白瓷印花盘，T9③b∶5，腹部残片，残长5.6、残宽4.4厘米。白胎，胎质细腻坚硬。内外满釉，釉面光润，釉色白中泛黄。内壁印凤鸟花卉等。

粗白瓷刻划花碗，T9③b∶6，残，残宽9、残高3.8厘米。灰胎，胎质较粗，坚硬。器表施白色化妆土，内外均施釉，釉面光亮，釉色白中微泛灰。敞口，圆唇，弧腹，内壁有刻花纹饰，以篦纹为地。

白瓷点彩碗，T9③b∶8，可复原，口径约23、足径7.9、高6.2～7厘米。灰褐色胎，胎质较粗，坚硬。内壁及外壁唇部施白色化妆土，内壁满釉，釉面光润，釉色泛青灰，壁上有褐色点彩花朵，底部有涩圈，外壁半釉，呈胎色。敞口，圆唇，弧腹，圈足，挖足过肩（图六五，2）。

黑釉壶，T9③b∶9，颈部残片，白胎泛黄，胎质较细，坚硬。残高5.1厘米。外壁施黑釉，釉色乌黑光亮。葫芦形，有把手残段。

黑釉盏，T9③b∶10，底部残片，足径4.1、残高3厘米。灰白胎，胎质较粗，坚致。内壁满釉，黑釉中带酱色彩斑，外壁釉不及底，底部施护胎釉，足上残留砂粒。弧腹，饼状圈足。

翠蓝釉印花盘，T9③b∶7，残，残宽5.7、残高1.4厘米。灰褐色胎，胎质较粗，器表施白色化妆土，然后施一层翠蓝釉，脱釉严重，敞口，折沿，浅弧腹，沿上印卷云纹，壁上压印出竖向凸棱。

素胎球，T9③b∶12，基本完整，直径2.2厘米。棕褐色胎，胎质较粗，外施一层白色化妆土，素烧。

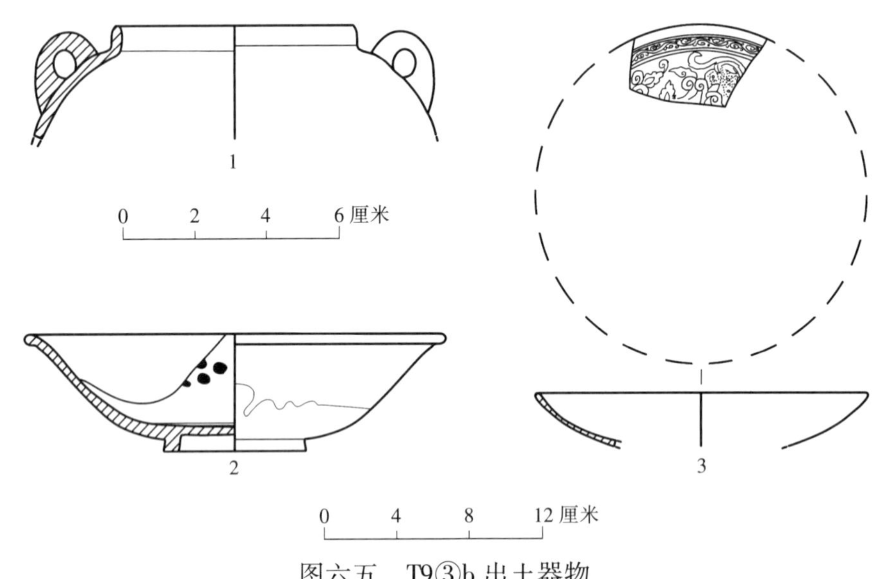

图六五　T9③b出土器物

1. 白瓷双耳罐（T9③b∶1）　2. 白瓷点彩碗（T9③b∶8）　3. 白瓷印花盘（T9③b∶3）

（6）T10③b

白瓷刻花器盖，T10③b∶1，可复原，口径约7、高2.2厘米。白胎，胎质细腻坚硬。平沿内壁及子口唇部无釉，余满釉。釉面光润，釉色洁白，积釉处泛黄。子母口，子口内敛，尖唇，平沿，盖面拱起，顶部有圆钮，盖面上刻轮菊纹。

白瓷刻花碗，T10③b∶2，残，足径约7、残高3厘米。白胎，细腻坚致。内外满釉，应为芒口，釉色白中泛黄。斜直腹，圈足，内壁有刻花纹饰。

粗白瓷大碗，T10③b∶5，残，口径约32、残高8.5厘米。灰胎，胎体坚致。器表施白色化妆土，内壁满釉，釉面光润，釉色泛青灰，芒口，外壁仅上部施釉。敞口，圆唇，弧腹，外壁刻莲瓣纹。

白瓷点彩碗，T10③b∶3，残，足径约8、高6.5厘米。灰褐色胎，胎质较粗，坚硬。内壁及外壁唇部以下施白色化妆土，内壁满釉，釉面光润，釉色泛青灰，底部有涩圈，内壁残留两组点彩花朵，外壁半釉，呈胎色。敞口，圆唇，弧腹，圈足，挖足过肩。

双色釉点彩碗，T10③b∶4，残，足径7.4、残高7.4厘米。灰胎，胎质较粗，坚硬。内壁及外壁唇部以下施白色化妆土，内壁满釉，釉色泛灰黄，底部有涩圈，壁上残留两组点彩花朵，外壁口沿下施透明釉，下部施黑釉至圈足，圈足处仅足墙内壁下部施釉，敞口，弧腹，圈足。

黑釉盆，T10③b∶6，残，口径约30、底径约20、残高10.2～10.5厘米。灰白胎，胎质较细，坚硬。内外均施黑釉，芒口，外底无釉。敞口，折沿，圆唇，斜直腹微弧，平底内凹（图六六）。

酱釉鸡腿瓶，T10③b∶7，残，底径8.1、残高13.7厘米。褐色缸胎，胎质较粗，坚硬。内外均施酱釉，底部无釉。瘦长腹，平底。

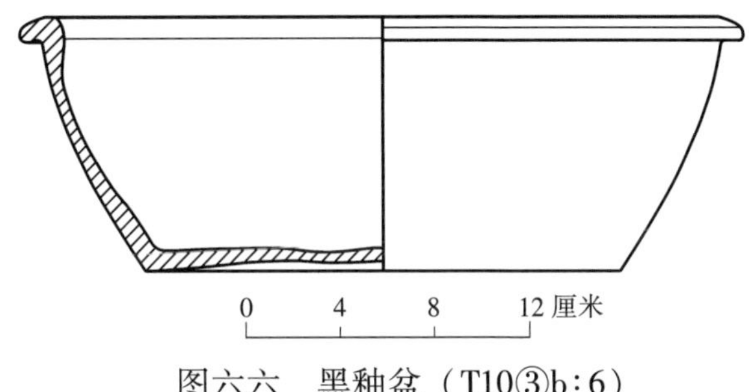

图六六　黑釉盆（T10③b∶6）

（7）T11③b

白瓷器盖，T11③b∶2，残，口径约8、边径约10.2、残高1.6厘米。灰白胎，胎质细腻坚硬。外壁满釉，内壁无釉。釉面光润，有开片，釉色白中泛灰。子母口，矮子口内敛，圆唇，平沿上翘，盖面拱起（图六七，1）。

白瓷盏，T11③b∶3，可复原，口径10、足径4.1、高3.6～3.7厘米。灰白胎，胎质稍粗，局部结合不紧密。内壁满釉，外壁釉不及底，釉面光亮，釉色泛灰。敞口，尖圆唇，弧腹，圈足，内壁有白色出筋，圈足底部残留两枚三角形支钉（图六七，2）。

白瓷罐，T11③b∶29，残，口径约7、残高3.3厘米。白胎泛灰，胎质细腻坚硬。内外满釉，芒口，釉色白中泛灰。直口，方唇，折肩，弧腹（图六七，10）。

白瓷印花盘，T11③b∶4，底部残片，足径约7、残高1.9厘米。灰白胎，胎质细腻坚致。内外满釉，应是芒口，釉面光润，釉色白中泛黄。浅弧腹，圈足。内壁印花卉纹。

白瓷印花盘，T11③b∶5，底部残片，足径约6、残高1.1厘米。白胎，胎质细腻坚硬。内外满釉，应是芒口，釉面光润，釉色洁白。浅弧腹，圈足。内壁有印花纹饰。

白瓷印花盘，T11③b∶6，底部残片，足径约7、残高1厘米。白胎泛灰，胎质较细，局部结合不紧密。内外满釉，应是芒口，釉面光润，釉色白中泛灰。浅弧腹，内底较宽，圈足。内壁有印花纹饰，底部从外到内依次为一周较窄的回纹、双重莲瓣纹、较窄的回纹，中心纹饰残破严重，有花卉及菱形开光。

白瓷印花碗，T11③b∶7，口沿残片，残宽5、残高3.7厘米。灰白胎，胎质较细，坚硬，胎体轻薄。内外满釉，芒口，釉色白中泛灰。敞口，尖圆唇，弧腹，内壁有印花纹饰，壁上以白色出筋分隔，内有花卉纹。

白瓷印花盏，T11③b∶28，残，残宽5.2、残高3厘米。白胎泛灰，胎质细腻坚硬。内外满釉，芒口，釉面光润，釉色白中泛灰。敞口，尖唇，弧腹，内底印蕉叶纹。

白瓷刻花碗，T11③b∶25，残，足径约6.5、残高2.5厘米。白胎泛灰，胎质细腻坚硬。内外满釉，釉色白中泛灰。斜直腹，圈足，内底刻水波游鱼纹。

白瓷枕，T11③b∶18，枕墙及部分枕面残片，残长10、残高5.8厘米。灰褐色胎，胎质较粗，坚致。枕墙有模印纹饰，较模糊，枕面有刻划纹饰，釉面光润，釉色泛灰黄。枕墙与枕面之间有泥条加固。

粗白瓷碗，T11③b∶8，可复原，口径26.2、足径9、高10.1厘米。黄褐色胎，胎质较粗。内壁施白色化妆土，内壁满釉，有细碎开片，釉色泛黄，底部有四枚支钉痕，唇部刮釉，外壁仅唇部以下施釉，釉色青灰。敞口，厚方唇斜折，弧腹，圈足（图六七，3）。

粗白瓷碗，T11③b∶9，残，口径约23、足径约6、高9厘米。灰胎，胎质较粗，坚硬。器表施白色化妆土，内壁满釉，底部有支钉痕，外壁釉不及底，釉面光润，釉色粉白。敞口，圆唇，弧腹，圈足较高（图六七，4）。

粗白瓷碗，T11③b∶17，残，口径约19、足径约6.5、高8.1厘米。灰胎，胎质较粗，坚硬。器表施白色化妆土，内壁满釉，底部有支钉痕，外壁釉不及底，釉面光润，有开片，釉色粉白。敞口，圆唇，弧腹，圈足，内底有红色摩擦痕，局部脱釉（图六七，9）。

粗白瓷盘，T11③b∶10，残，口径约20.5、足径约7、高5.6厘米。灰褐色胎，胎质较粗，坚硬。器表施白色化妆土，内壁满釉，底部有支钉痕，外壁釉不及底，釉面光润，釉色泛灰。敞口，圆唇，浅弧腹，圈足，挖足过肩（图六七，5）。

粗白瓷盏，T11③b∶11，可复原，口径约10、足径4.5、高3.4～3.5厘米。灰胎，胎质较粗，坚致厚重。内壁及外壁唇部施白色化妆土，内外均满釉，圈足着地处有垫烧痕迹，施化妆土处釉色乳白，不施化妆土处釉色发灰。直口，厚唇，浅斜直腹，饼状圈足（图六七，6）。

粗白瓷小罐，T11③b∶12，可复原，口径5.3、足径3.8、高4.6～4.9厘米。黄褐色胎，胎质较粗，坚硬。外壁上部及内壁口沿下施白色化妆土，内壁满釉，外壁半釉，唇部刮釉，施化妆土处釉色白中泛灰，内壁不施化妆土处釉色灰褐，外壁下部有护胎酱釉。直口，圆唇，鼓肩，圆腹，圈足（图六七，7）。

粗白瓷刻花碗，T11③b∶13，腹部残片，残宽13、残高4.5厘米。黄褐色胎，胎质较粗，坚硬。器表施白色化妆土，内外均施釉，釉面光亮，有细碎开片，釉色白中闪黄，内壁有刻花纹饰。

白地黑花枕，T11③b∶14，枕面残片，残长8.5、残宽7.3厘米。黄褐色胎，胎质较粗，坚硬。器表施白色化妆土，以黑彩绘边框，内残留“秦女笑”三字，釉面有开片，釉色粉白。

白地黑花盆，T11③b∶15，腹部残片，残宽9.1、残高8.5厘米。褐色胎，胎质较粗，坚硬，胎体较薄。内壁施白色化妆土，以黑彩绘纹饰，釉面光亮，有细碎开片，釉色白中泛黄，外壁中部有一周酱釉。

白地黑花器盖，T11③b∶16，残，口径约14、残高2.1厘米。黄白胎，胎质较粗，坚硬。器表满施白色化妆土，外壁以黑彩绘纹饰，然后施透明釉，釉色洁白，内壁无釉。子母口，子口内敛，尖圆唇，平沿，盖面拱起。

双色釉碗，T11③b∶19，残，足径约6.5、残高4.2厘米。灰褐色胎，胎质较粗，坚硬。内壁施白色化妆土，内壁满釉，釉色乳白，外壁满施黑釉，釉色乌黑发亮，有棕眼。弧腹，圈足，足墙较窄。

青白瓷炉，T11③b∶20，腹部残片，残宽3、残高3.8厘米。白胎，胎质细腻坚硬。内外满釉，釉面光润，有开片。腹较直，腹壁有压出的纹饰。

青白瓷小碗，T11③b∶21，口沿残片，残宽4.4、残高2.3厘米。白胎，胎质细腻坚硬，胎体轻薄。内外满釉，釉面光润，芒口，唇部内外均刮釉一周。敞口，尖唇，弧腹（图六七，8）。

黑釉瓮，T11③b∶32，残，残宽38、残高19厘米。黑褐色缸胎，胎质粗疏，坚硬。内外施黑釉，夹杂着酱釉。直口，厚圆唇，溜肩。

红陶器盖，T11③b∶22，残，口径约7.6、残高2.9厘米。泥质红陶，直口，方唇，直壁，盖面拱起，顶部纹饰残存人物的左手及衣裙。

兽面瓦当，T11③b∶23，残，直径15厘米。泥质灰陶。正面为兽面纹，背面有和筒瓦相接的痕迹，中部内凹，中心有手指按压的凹坑，凹坑内留有较清楚的指纹。

陶罐，T11③b∶31，残，口径约21、残高8厘米。泥质灰陶，敞口，圆唇，短束颈，溜肩（图六七，11）。

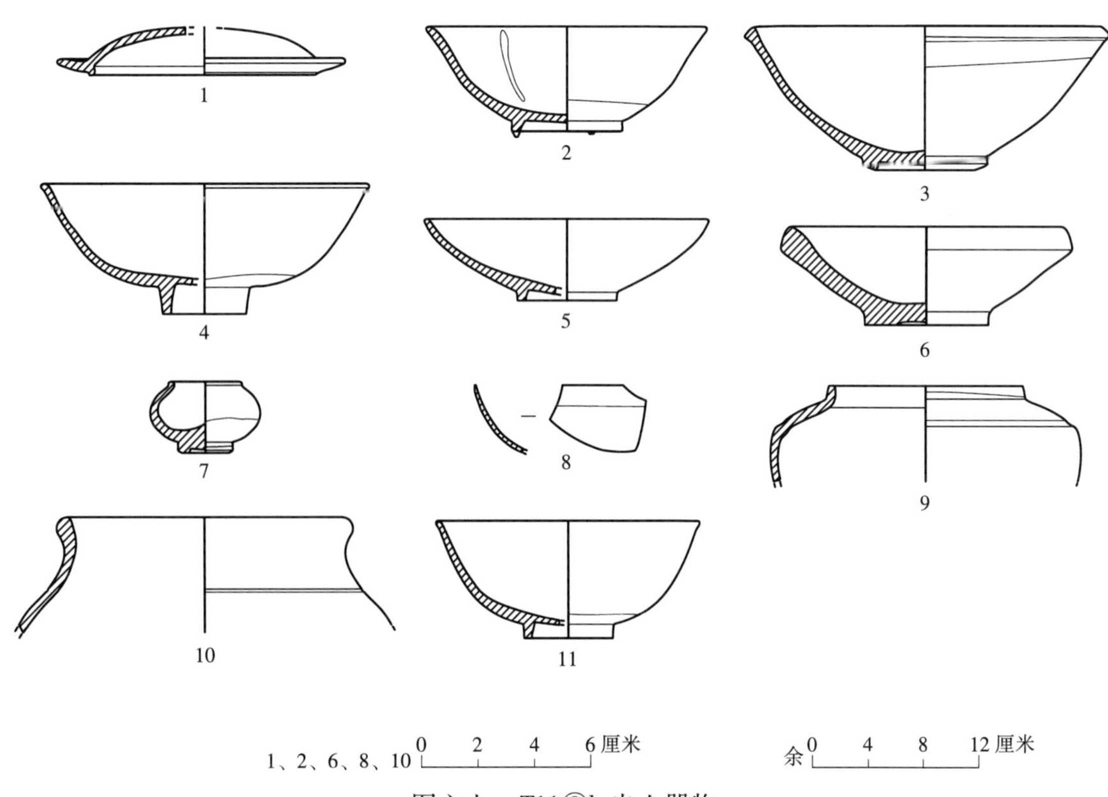

图六七　T11③b出土器物

1. 白瓷器盖（T11③b∶2）　2. 白瓷盏（T11③b∶3）　3. 粗白瓷碗（T11③b∶8）　4. 粗白瓷碗（T11③b∶9）　5. 粗白瓷盘（T11③b∶10）　6. 粗白瓷盏（T11③b∶11）　7. 粗白瓷小罐（T11③b∶12）　8. 青白瓷小碗（T11③b∶21）　9. 粗白瓷碗（T11③b∶17）　10. 白瓷罐（T11③b∶29）　11. 陶罐（T11③b∶31）

（8）T12③b

白瓷器盖，T12③b∶1，可复原，口径11.3、边径14.7、高2.7厘米。白胎，胎质细腻坚硬。外壁满釉，釉面光润，釉色白中泛灰，内壁盖面下刷一层薄釉。子母口，矮子口内敛，尖圆唇，平沿，盖面拱起，顶部有钮（图六八，1）。

粗白瓷刻划花盘，T12③b∶2，可复原，口径约19.2、足径约6.7、高4.2～4.5厘米。灰褐色胎，胎质较粗，坚硬。器表施白色化妆土，内壁满釉，底部有支钉痕，外壁半釉，釉面光润，釉色泛灰。敞口，圆唇，浅弧腹，圈足，挖足过肩，内壁有刻花纹饰，以篦纹为地（图六八，2）。

粗白瓷刻划花碗，T12③b∶3，残，足径6.9、残高5.2厘米。灰胎，胎质较粗，坚致厚重。器表施白色化妆土，内壁满釉，底部有支钉痕，外壁半釉，内壁上半部化妆土较薄，釉色泛灰，下半部较厚，釉色较白。弧腹，圈足，挖足过肩，内壁有刻划花纹饰，外底有墨书，似为“董”字。

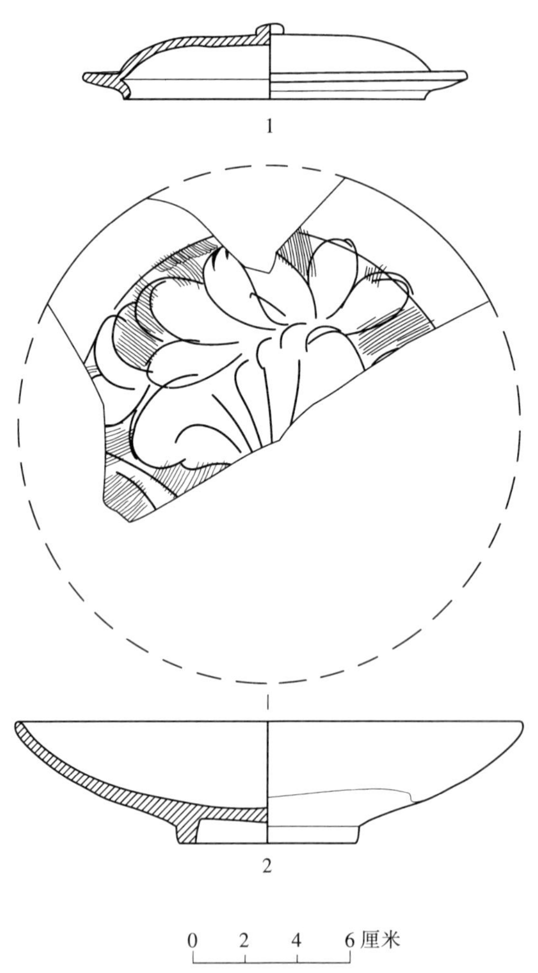

图六八　T12③b出土器物

1. 白瓷器盖（T12③b∶1）　2. 粗白瓷刻划花盘（T12③b∶2）

（9）T13③b

白瓷器盖，T13③b∶7，可复原，口径8、边径10.2、高1.9厘米。白胎，胎质细腻。外壁施釉，内壁无釉，釉面光亮，釉色白中泛灰。子母口，子口内敛，方唇，平沿上翘，盖面拱起，顶部有圈钮（图六九，6）。

白瓷碗，T13③b∶10，可复原，口径约24.8、足径7.6、残高9.3～9.5厘米。白胎泛灰，胎质较细。内外满釉，芒口，釉面光亮，釉色泛灰黄。敞口，尖圆唇，弧腹，圈足。外壁下腹部刻数周凹弦纹（图六九，2）。

白瓷碟，T13③b∶12，可复原，口径12.2、底径7.3、高2厘米。白胎泛灰，胎质较细，胎体结合不紧密。内外满釉，芒口，底部局部无釉，釉面光亮，釉色白中泛灰。敞口，方唇，浅弧腹，平底（图六九，8）。

白瓷碟，T13③b∶13，可复原，口径12.1、底径7.8、高1.8厘米。白胎泛灰，胎质较细。内外满釉，芒口，釉面光亮，釉色白中泛灰。敞口，圆唇，浅弧腹，平底微下凸（图六九，7）。

白瓷刻花器盖，T13③b∶4，残，残高3厘米。白胎，胎质细腻坚硬。内外满釉，芒口，釉面光润，釉色洁白，微泛蓝。直口，方唇，直壁，盖面隆起，盖面刻莲瓣纹，直壁上部有一周凹弦纹，凹弦纹下贴一圆乳丁。

白瓷刻花碗，T13③b∶5，可复原，口径约23、足径约10、高10.8～11.2厘米。白胎泛灰，胎质较细。内壁满釉，芒口，外壁釉不及底，釉色泛灰黄。敞口，圆唇，弧腹，圈足，足部不太规整。外壁刻莲瓣纹（图六九，1）。

白瓷刻划花大碗，T13③b∶14，残，口径约24、足径约13、高10.5厘米。白胎，胎质细腻坚硬。内外满釉，芒口。釉面光润，釉色白中泛黄。敞口外撇，圆唇，弧腹较深，下腹内折，隐圈足。外壁有瓜棱，内壁及底部有刻划花纹饰，外底有红色摩擦痕（图六九，3）。

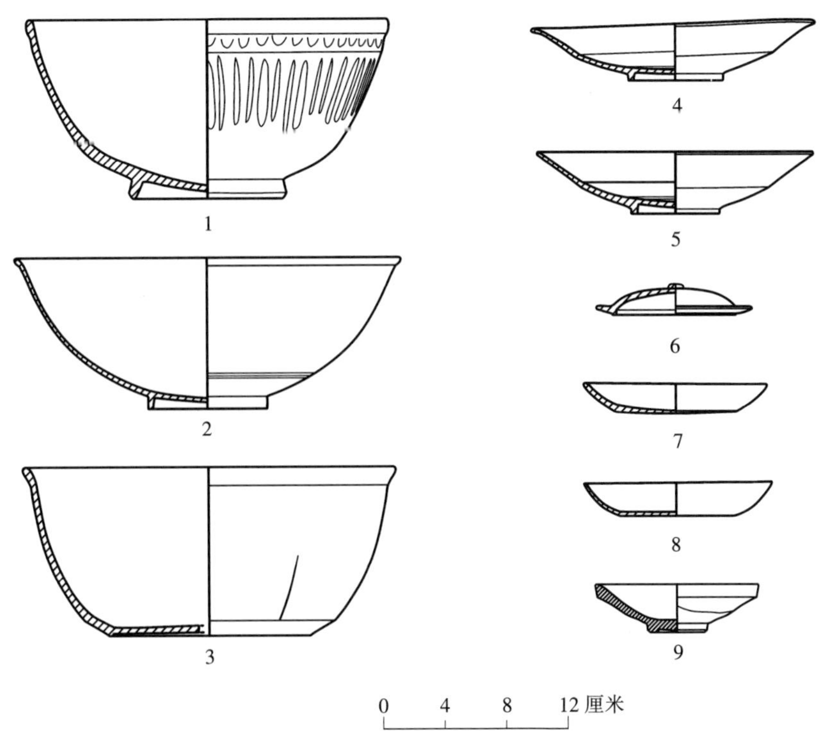

图六九　T13③b出土器物

1. 白瓷刻花碗（T13③b∶5）　2. 白瓷碗（T13③b∶10）　3. 白瓷刻划花大碗（T13③b∶14）　4. 白瓷盘（T13③b∶6）　5. 白瓷盘（T13③b∶9）　6. 白瓷器盖（T13③b∶7）　7. 白瓷碟（T13③b∶13）　8. 白瓷碟（T13③b∶12）　9. 粗白瓷盏（T13③b∶15）

白瓷盘，T13③b∶6，可复原，口径18.7、足径6.1、高3.2～3.6厘米。白胎泛灰，胎质较细。内壁满釉，底部有涩圈，外壁圈足无釉。釉色白中泛灰。敞口，圆唇，折腹，圈足（图六九，4）。

白瓷盘，T13③b∶9，可复原，口径约18、足径5.7、高3.7～3.8厘米。白胎，胎质较细，局部结合不紧密。内壁满釉，底部有涩圈，外壁圈足无釉，釉面光亮，釉色白中泛灰。敞口，方唇，折腹，圈足，外底有一墨书文字，模糊不识，似乎为“王”字（图六九，5）。

粗白瓷盏，T13③b∶15，可复原，口径约11、足径3.9、高3厘米。灰胎，胎质较粗，坚硬。器表施白色化妆土，内壁满釉，内壁有三个支钉痕，外壁釉不及底，釉色较白，局部因过火而呈灰黑色。直口，浅弧腹，圈足（图六九，9）。

粗白瓷篦划花小碗，T13③b∶19，残，足径3、高3.8厘米。灰胎，胎质较粗。器表施白色化妆土，内壁满釉，底部有五个支钉痕，外壁圈足处无釉。敞口，圆唇，鼓腹，小圈足，内底有篦划花纹饰。

白瓷枕，T13③b∶18，残，枕墙残片，残长10.5、残高8.4厘米。灰胎，胎质较粗，坚硬。器表施白色化妆土，剔刻出纹饰后，再罩一层透明釉，釉面光亮。枕墙与枕底之间有泥条加固。

双色釉点彩碗，T13③b∶22，残，足径8、残高5.8厘米。灰胎，胎质较细，坚硬。外壁下部施酱釉，釉面光亮，内壁及外壁上部施白色化妆土，然后施透明釉，内壁有点彩花朵。弧腹，圈足。可以和T13③∶4相拼。

黑釉双耳壶，T13③b∶3，残，口径4.8、残高7.1厘米。褐色胎，胎质较粗。器表施黑釉，釉面乌黑光亮。盘口，圆唇，束颈，溜肩，肩部有对称双耳。

黑釉器盖，T13③b∶16，残，边径约19、残高2.4厘米。棕褐色胎，胎质坚硬。外壁施黑釉，釉面光亮。敞口，宽沿，圆唇，弧腹。

耀州窑青瓷碗，T13③b∶2，残，口径约13、残高4.1厘米。灰胎，胎质较粗。内外施青釉，釉面光亮，有开片。侈口，折沿，圆唇，弧腹，内壁有印花纹饰。

钧瓷碗，T13③b∶23。残宽4.7、残高4.4厘米。灰褐色胎，坚硬。蓝釉，光亮，细碎开片。敞口，圆唇，弧腹。

红绿彩盏，T13③b∶17，残宽3.7、残高2.8厘米。黄褐色胎，胎质较粗。器表施白色化妆土，内壁釉上绘红绿彩纹饰。敞口，圆唇，弧腹。

翠蓝釉炉，T13③b∶21，残，口径约11、残高2.9厘米。砖红胎，胎质较粗，坚硬，器表施白色化妆土，然后施翠蓝釉，脱釉严重。盘口，方唇，炉上的耳已残。

三彩枕，T13③b∶24，残长17、残宽16.5、高10.2～13.1厘米。可与T14③内出土的残片相拼。

黄釉蟾蜍形砚滴，T13③b∶25，长5.4、高4厘米。棕褐色胎，胎质较粗，坚硬。蟾蜍形，嘴部有一圆孔，眼球圆突，前肢收起贴于背上，后肢着地，一肢残，背中部有一桥状钮，已残，背上密布小凸点，底部平。器表施黄釉，底部无釉。

青铜钹，T13③b∶1，两个，平沿微上翘，顶部有小孔。直径10、高2.8厘米。锈蚀较严重。

滴水，T13③b∶20，宽18、高5.3、板瓦残长9.7厘米。

（10）T14③b

白瓷器盖，T14③b∶1，可复原，口径8.6、高2.6厘米。白胎泛灰，胎质细腻，坚硬。外壁满釉，内壁不施釉。子母口，直口，尖圆唇，平沿微上翘，盖身拱起，顶部有小钮，钮侧粘有砂粒（图七〇，2）。

白瓷印花碗，T14③b∶2，可复原，口径约20.6、足径6.4、高7.2厘米。白胎泛黄，胎质较细。内外满釉，芒口，釉面略发涩，釉色泛灰黄。敞口，尖唇，弧腹，矮圈足。器内壁有印花纹饰，口沿下为一周回纹，壁上有荷花等花卉纹，底部亦有花卉纹（图七〇，4）。

白瓷印花盘，T14③b∶3，残，残长5.1、残宽4.3厘米。白胎，胎质细腻，坚硬。内外满釉，釉面光润，釉色洁白。器内壁有印花纹饰，以出筋分隔，从残存部分看，可见有禽鸟的翅膀。

白瓷印花盏，T14③b∶5，可复原，口径9.8、底径2.9、高3.3厘米。白胎泛灰，胎质较细，局部结合不紧密。内外满釉，芒口，釉面光亮，釉色泛灰黄。敞口，尖圆唇，弧腹，小圈足。器内壁有印花纹饰，口沿下为一周流云，内底为轮菊，其间为三层莲瓣纹（图七〇，1）。

白瓷印花盘，T14③b∶11，口沿残片，残宽7.1、残高2.6厘米。白胎泛灰，胎质较细。内外满釉，芒口，釉色泛灰黄。敞口，尖圆唇，浅弧腹。器内壁有印花纹饰，口沿下为一周回纹，壁上为禽鸟穿花纹。

白瓷盘，T14③b∶4，可复原，口径约19、足径6、高3.6厘米。灰白胎，胎质细腻，坚硬。内壁满釉，底部有涩圈，外壁仅圈足着地处无釉，圈足内外有大量砂粒。釉面光亮，釉色泛青灰。敞口，尖圆唇，折腹，矮圈足（图七〇，3）。

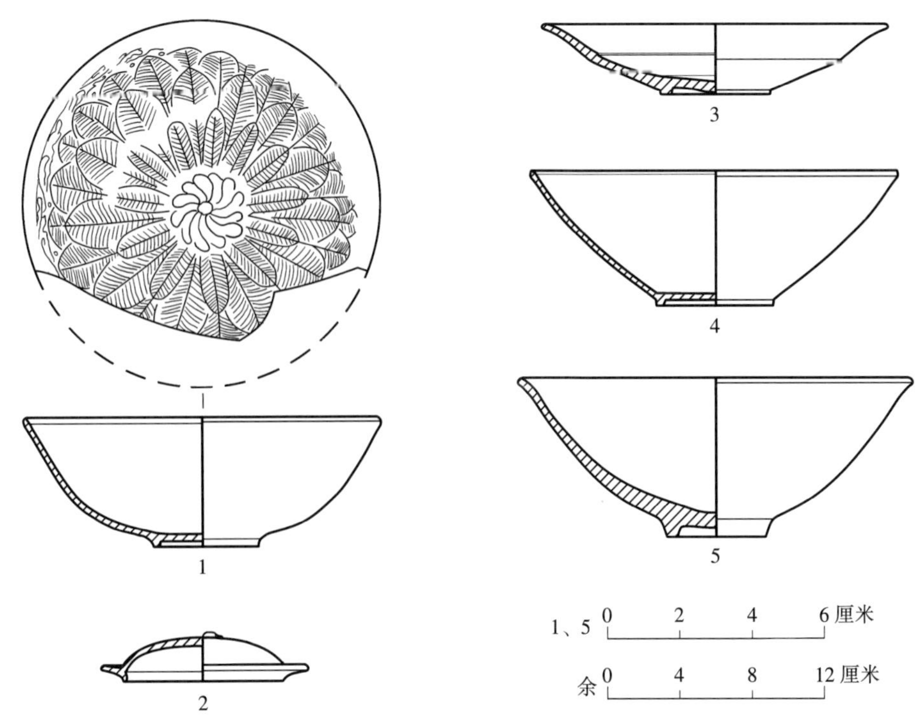

图七〇　T14③b出土器物

1. 白瓷印花盏（T14③b∶5）　2. 白瓷器盖（T14③b∶1）　3. 白瓷盘（T14③b∶4）　4. 白瓷印花碗（T14③b∶2）　5. 黑釉盏（T14③b∶8）

粗白瓷盆，T14③b∶7，腹部残片，残长6.4、残高5.9厘米。灰白胎，胎质较粗。器内壁施白色化妆土，有刻划花纹饰，再施透明釉，釉面光亮，有细碎开片，釉色洁白，外壁施酱色护胎釉，釉面极为粗糙。

黑釉盏，T14③b∶8，可复原，口径约11、足径2.7、高4.2厘米。白胎，胎质细腻坚硬。内壁满釉，芒口，釉色乌黑光亮。敞口，方唇，弧腹，小圈足（图七〇，5）。

黑釉盏，T14③b∶9，残，口径约12、高5.3厘米。白胎泛灰，胎质细腻坚硬。内壁满釉，外壁釉不及底，釉色乌黑光亮。侈口，尖圆唇，弧腹，圈足。

绿釉枕，T14③b∶10，残，残长16、残宽6、残高3.6厘米。红褐色陶胎，胎质粗疏。器表施白色化妆土，枕墙上有刻花纹饰，釉不及底，底部不施釉。

（11）T15③b

白瓷刻花器盖，T15③b∶2，可复原，口径7.9、边径10、高2.3厘米。白胎，胎质细腻坚硬，胎体轻薄。平沿内壁及子口唇部无釉，余满釉，釉面光润，釉色洁白。子母口，子口内敛，尖唇，平沿，盖面拱起，顶部有钮，盖面上有刻花轮菊纹。

白瓷刻花器盖，T15③b∶5，可复原，口径约12.6、边径约15.4厘米。胎呈白色，胎质较细。外壁满釉，釉色泛黄。子母口，子口内敛，圆唇，平沿微上翘，盖面拱起，顶部较平，盖面自上而下饰凸弦纹两周及放射状条纹。

白瓷钵，T15③b∶1，残，足径5.2、残高5.5厘米。白胎，胎质细腻坚硬，胎体轻薄。内壁满釉，底部有涩圈，外壁仅圈足着地处无釉。釉面光润，釉色洁白。深直腹，圈足（图七一，1）。

白瓷盘，T15③b∶3，可复原，口径18.2、足径6.1、高3.1～3.2厘米。白胎泛灰，胎质较细，坚硬。内壁满釉，底部有涩圈，外壁圈足处不施釉，涩圈及外底均有较多砂粒，釉面光润，釉色白中泛灰。敞口，圆唇，折腹，圈足（图七一，3）。

白瓷小碗，T15③b∶4，可复原，口径11、足径3.9、高3.4～3.5厘米。灰白胎，胎质较细，坚硬。内壁满釉，底部有涩圈，外壁釉不及底，釉面光润，釉色泛灰。敞口，尖圆唇，弧腹，圈足，挖足过肩，圈足着地处有支钉（图七一，4）。

粗白瓷盏，T15③b∶6，可复原，口径约11、足径4.6、高3～3.1厘米。黄褐色胎，胎质较粗。内壁及外壁唇部施白色化妆土，再罩一层透明釉，内壁有支钉痕，内底有红色摩擦痕。直口，厚唇，浅弧腹，圈足（图七一，5）。

粗白瓷碗，T15③b∶19，可复原，口径21、底径6.5、高7.8～8.2厘米。灰胎，胎质较粗，坚硬。器表施白色化妆土，内壁满釉，内底有支钉痕，外壁半釉，釉面光亮，釉色白中泛灰。敞口，圆唇，弧腹，圈足，挖足过肩（图七一，2）。

酱釉鸡腿瓶，T15③b∶7，残，残高32.2、底径7.6厘米。褐色胎，胎质较粗。瘦长腹，平底。器表饰弦纹数周。器内外皆施酱釉。

红绿彩瓶，T15③b∶9，颈部残片，残高4.5厘米。黄褐色胎，胎质较粗。外壁施白色化妆土，再罩一层透明釉，釉上以红、绿彩绘出莲瓣纹。

白瓷点彩人物，T15③b∶10，残，残长3.6厘米。灰褐色胎，胎质较粗，坚硬。外壁施白色化妆土，再罩一层透明釉，釉面光润，有细碎开片，釉色洁白。以黑彩点出头发。

老虎枕残片，T15③b∶11，残宽 7.6、残高 8.7 厘米。灰胎，胎质较细，坚致。外壁施白色化妆土，先加一层褐彩，细部以黑彩绘出，再施一层透明釉①。

绿釉瓶，T15③b∶14，残，足径约 8、残高 14 厘米。黄褐色胎，胎质较粗，坚硬。外壁满施绿釉，圈足着地处亦有釉，外底无釉，圈足着地处有支烧痕，内壁施白色化妆土，似刷一层很薄的透明釉，底部有大量砂粒。颈部以上残，梨形腹，圈足。

绿釉枕，T15③b∶15，枕面残片，残长 18、残宽 14 厘米。红褐色陶胎，胎质较粗。器表施白色化妆土，刻出纹饰后，罩上一层绿釉。

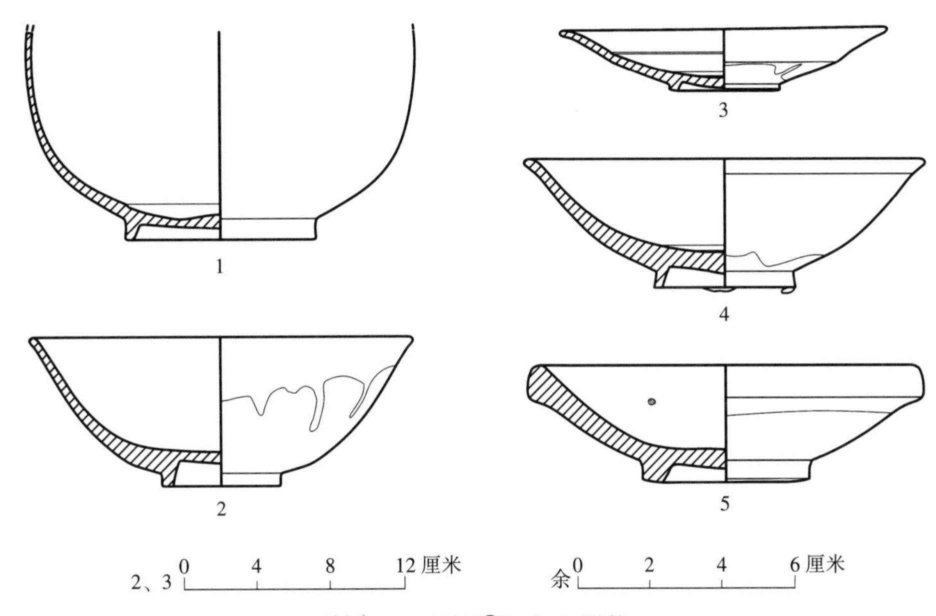

图七一　T15③b 出土器物

1. 白瓷钵（T15③b∶1）　2. 粗白瓷碗（T15③b∶19）　3. 白瓷盘（T15③b∶3）
4. 白瓷小碗（T15③b∶4）　5. 粗白瓷盏（T15③b∶6）

绿釉枕，T15③b∶16，枕面残片，残长 8.7、残宽 7.5 厘米。红褐色陶胎，胎质较粗，坚硬。器表施白色化妆土，剔刻出纹饰后，罩上一层绿釉。

腰圆形绿釉枕，T15③b∶17，残，残长 12.6、残高 2.8 厘米。红褐色陶胎，胎质较粗疏。器表施白色化妆土，刻出纹饰后，施绿釉、透明釉等，脱釉严重。枕面外弧。

砂匜，T15③b∶12，残，残长 8.6、残高 5.5 厘米。黑褐色胎，胎质较粗、较硬。器内外皆施茶叶末釉，器身为直口微敛，圆唇，弧腹，沿上出流。

陶环，T15③b∶13，完整，直径 7.2～7.5、高 1.3 厘米。泥质红陶，圆环状。

骨管，T15③b∶18，完整，直径 0.9～1.3、高 7 厘米。磨制，周身有弦纹，上部有一对圆孔。

（12）T16③b

白瓷大碗，T16③b∶7，残，口径约 16、高 6.6 厘米。白胎，胎质细腻，坚硬。内外满釉，芒口，釉色发灰黄。敞口，圆唇，弧腹较深，下弧内收，隐圈足。

---

① 可以和 T6 H9∶2 拼合，应是存放过程中发生了混乱，原始单位已不可知。

白瓷器盖，T16③b:17，完整，口径7.4、边径9.6、高1.8厘米。白胎，胎质细腻坚硬。内外满釉，仅口沿内侧和唇部无釉，釉面光润。子母口，直口，圆唇，平沿，盖面隆起，顶部有钮（图版二四，4）。

白瓷瓶，T16③b:18，颈部残片，残高3.4厘米。白胎，胎质细腻坚硬。外壁施釉，内壁无釉，釉色泛灰。

白瓷瓶，T16③b:19，口沿残片，残高3、厚0.2厘米。白胎，胎质细腻坚硬。内外皆施釉，釉面莹润，微泛黄。敞口，圆唇较突，直颈（图版二四，2）。

白瓷印花碟，T16③b:1，残，口径约11.5、底径约8、高1.9厘米。内外满釉，芒口。敞口，尖唇，浅弧腹，平底。内壁有出筋，底部有印花纹饰。

白瓷印花杯，T16③b:16，残，足径4、残高3.4厘米。白胎，胎质细腻坚硬。内外皆满釉，应为芒口。釉色光润，白中微泛黄。浅弧腹，喇叭形圈足。器内部有印花纹饰，内壁以白色出筋分为八部分，各有一朵花卉。内底为一朵团菊（图七二，3；图版二四，1）。

白瓷刻花器盖，T16③b:3，残，残高4.3厘米。内外满釉，芒口，内壁口沿上一周无釉。外壁釉面较粗糙，釉色发青灰。尖圆唇，直口，直壁，盖面隆起。盖面上有刻花装饰。

白瓷碗，T16③b:20，可复原，口径约11、足径3.7、高3.4厘米。白胎泛灰，胎质较细，有的地方结合不紧密。内满釉，底部有涩圈，外壁半釉。釉色发青灰。撇口，尖唇，浅弧腹，圈足（图版二四，5）。

粗白瓷罐，T16③b:9，残，足径10.8、残高12.7厘米。黄白胎，胎质较粗，坚硬，胎体厚重。器表施白色化妆土，内施满釉，底部等距离分布四个大支钉痕，外壁釉不及底。内壁下部釉面较粗糙，外壁较光滑，釉色发黄，有细碎的开片。鼓腹，圈足外撇，足跟斜削，底部较平。

粗白瓷篦划花碗，T16③b:22，可复原，口径约22.7、足径7.5、高7.5厘米。黄褐色胎，胎质较粗。器表施白色化妆土，内施满釉，底部有长条支钉痕，外壁半釉。敞口，圆唇，弧腹，圈足。内壁有篦划花装饰（图七二，2）。

粗白瓷碗，T16③b:8，残，口径19、足径7.5、高7.6厘米。灰胎，胎质较粗，坚硬。器表施白色化妆土，内施满釉，底部有涩圈，外壁施半釉。敞口，圆唇，弧腹，圈足（图七二，1）。

白瓷点彩碗，T16③b:21，可复原，口径22、足径6.8、高7厘米。灰胎，胎质较粗。内壁及唇部施白色化妆土，内施满釉，釉色发青灰，内底有涩圈，外壁施半釉。敞口，圆唇，弧腹，圈足。内壁有戳印点彩花朵纹（图七二，6）。

黑釉盏，T16③b:11，残，口径12.6、足径3.6、高5.2厘米。白胎，胎质较粗，坚硬。内满釉，口沿处釉薄呈褐色，外壁半釉，釉面光亮润泽，外壁下部露护胎釉。侈口，圆唇，短束颈，折沿，斜直腹，饼足微凹（图七二，4）。

黑釉碗，T16③b:23，可复原，口径14.5、足径6.2、高4.5厘米。灰胎，胎质较粗，坚硬。内施满釉，底部有涩圈，外壁釉不及底，釉色乌黑发亮。敞口，圆尖唇，斜直腹，圈足，挖足过肩（图七二，5）。

黄釉罐，T16③b:12，残，残高5.1厘米。灰胎，胎质稍粗，坚硬。外壁施黄釉，釉面光润，有开片，内壁施白色化妆土，无釉。鼓肩，肩部有跳刀纹装饰（图版二四，3）。

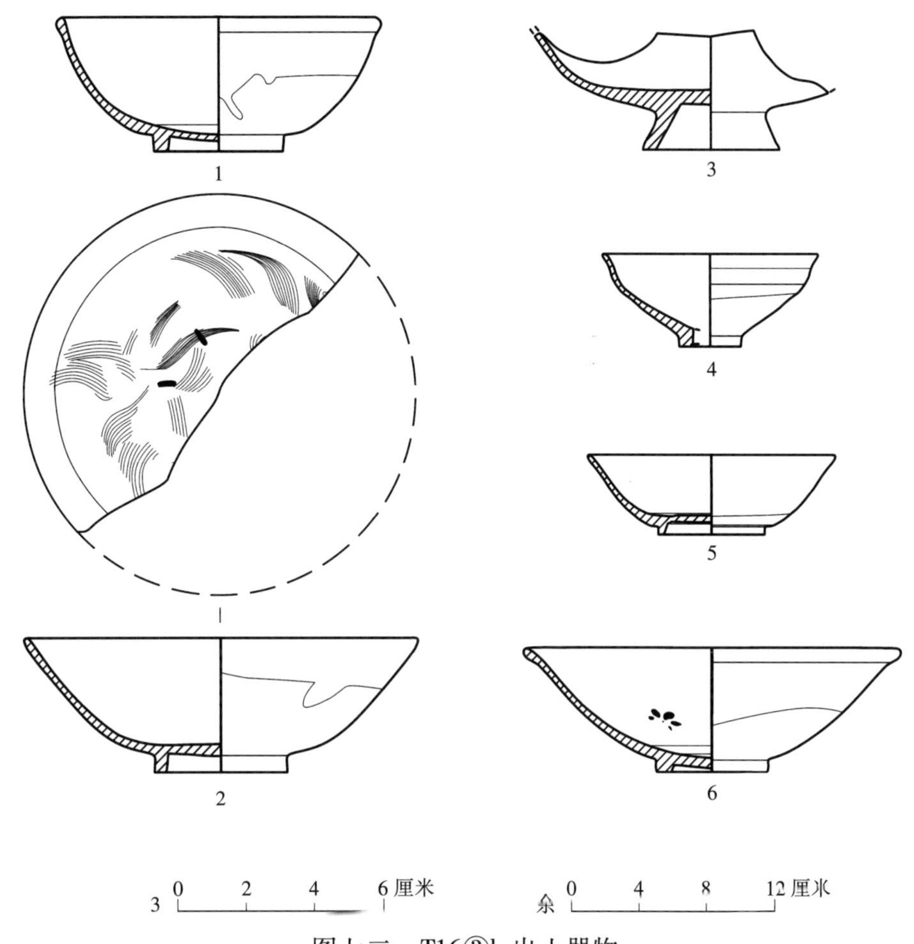

图七二　T16③b 出土器物

1. 粗白瓷碗（T16③b:8）　2. 粗白瓷篦划花碗（T16③b:22）　3. 白瓷印花杯（T16③b:16）
4. 黑釉盏（T16③b:11）　5. 黑釉碗（T16③b:23）　6. 白瓷点彩碗（T16③b:21）

黄绿釉束腰座，T16③b:27，残，长 23.5、残宽 10.5（实际宽 15）、高 15 厘米。黄白胎，胎质较粗，坚硬，火候较高。长方形，平顶，顶部已残，边部有一圈方凸棱，束腰部垂直，镂孔。较宽的一面有如意头形开光，内为奔狮和云气，四角贴塑力士，作支撑状，底部残存三个三角形云状足。较窄的一面残片，仅可见底部的镂孔。外壁奔狮、云气、力士和云状足施黄釉，其余部位施绿釉，胎釉结合紧密。内壁在奔狮、云气处亦施黄釉（图版二五，1）。

黄釉支架，残，只剩三个足，T16③b:28，残高 8.4 厘米；T16③b:29，残高 6.8 厘米；T16③b:30，残高 7 厘米。黄白胎，胎质较粗，坚硬。器表施黄釉，釉色光亮，胎釉结合较好。足耸肩内曲，至底部外翻成靴形，足间有镂空装饰，足下部以两道牙板相连，已残。

翠蓝釉花口碗，T16③b:10，残，口径 13、残高 4.2 厘米。黄白胎，胎质较粗。器表施白色化妆土，剥釉严重，只在部分地方可见有翠蓝釉残留。侈口，圆唇，弧腹。口部位花口，内壁有出筋，二者不对应。内底有一圈凹弦纹。

翠蓝釉碗，T16③b:31，口沿残片，残高 3.2 厘米。黄白胎，胎质较粗。器表施白色化妆土，翠蓝釉剥蚀严重，内壁局部在白色化妆土下有黑彩。沿外翻，圆唇，斜直腹。

陶盆，T16③b:13，口沿残片，残高5.6厘米。泥质灰陶。敞口，平折沿，方唇，斜直腹。

陶盆，T16③b:14，口沿残片，口径约48、残高5.8厘米。泥质灰陶，内壁有黑陶衣。敞口，卷沿，方唇。

陶双耳罐，T16③b:35，残高10厘米。泥质灰陶。直口，圆唇，鼓肩，肩部有较密的弦纹，肩部附一竖耳（图版二五，3）。

建筑构件，T16③b:32，残，残长14.5、残宽10、厚2.5厘米。泥质灰陶，一面较平，另一面鼓起，上残留白灰。

铁器，T16③b:33，铁锈严重，器形不辨。长11、宽5.5厘米（图版二五，2）。

（13）T17③b

白瓷盘，T17③b:1，残，口径约22、足径约7、高4厘米。白胎，胎质细腻坚硬。内外满釉，芒口，釉面光润，釉色洁白。敞口，方唇，浅弧腹，圈足（图七三，1）。

白瓷印花碗，T17③b:2，残，足径约5.2、残高2.4厘米。白胎，胎质细腻坚硬。内外满釉，应为芒口。浅弧腹，圈足。内壁有印花纹饰，器壁以出筋分隔，印禽鸟纹和花卉纹（图七三，7）。

定窑白瓷印花盘，T17③b:3，口沿残片，残宽5.3、高2.7厘米。白胎，胎质细腻坚硬。内外满釉，芒口，釉色洁白。敞口，圆唇，浅弧腹，内壁口沿下印一周回纹，其下印花卉纹。

定窑白瓷印花盘，T17③b:4，口沿残片，残宽4.8、残高2.2厘米。和T17③b:3是同一件器物。

定窑白瓷印花盘，T17③b:5，底部残片，残宽5、残高1.1厘米。白胎，胎质细腻坚硬。内外满釉，应是芒口，釉色洁白。浅弧腹，卧足，内壁印花卉纹，底部亦有纹饰。和T17③b:3、T17③b:4应是同一件器物。

白瓷印花盘，T17③b:7，口沿残片，口径约19、残高1.8厘米。白胎，胎质细腻坚硬。内外满釉，芒口，釉面光润，釉色白中泛黄。敞口，尖圆唇，浅弧腹。内壁口沿印一周回纹，其下印水波游鱼纹。

白瓷刻花钵，T17③b:6，残，口径约13、残高8厘米。白胎泛灰，胎质细腻坚硬。内外满釉，芒口，釉色泛灰黄。直口，尖圆唇，深直腹，下腹内收，外壁刻莲瓣纹（图七三，8）。

白瓷刻花器盖，T17③b:20，残，口径约20、高4.8厘米。白胎，胎质细腻坚硬。内外满釉，芒口，釉面光润，釉色洁白，积釉处泛蓝。直口，方唇，斜直壁，盖面拱起，顶部有圈足形钮，盖面上刻莲瓣纹（图七三，6）。

白瓷瓜棱小罐，T17③b:13，残，口径约2、残高2.6厘米。白胎，胎质细腻坚硬。内外满釉，釉色洁白，肩部有点彩。直口，圆唇，鼓肩，瓜棱状腹。

白瓷小碟，T17③b:14，残，底径约3.6、高0.9厘米。白胎，胎质细腻坚硬。内壁满釉，外壁不施釉，釉色洁白，有细碎开片。敞口，圆唇，浅弧腹，平底。

粗白瓷碗，T17③b:9，可复原，口径约20，足径6.4~6.6、高5.9厘米。灰褐色胎，胎质较粗疏。器表施白色化妆土，内壁满釉，底部有涩圈，外壁上部施釉，釉面光亮，有细碎开片，釉色白中闪黄。敞口，圆唇，弧腹，圈足，外底有鸡心突（图七三，2）。

粗白瓷盏，T17③b:11，可复原，口径约10.6、足径3.8、高2.4~2.7厘米。灰褐色胎，胎质较粗，坚硬。器表施白色化妆土，内壁满釉，外壁半釉，釉面光润。直口，厚唇，浅弧腹，圈足（图七三，4）。

白釉剔花枕，T17③b：15，枕面残片，残长 11.5、残宽 7.5 厘米。灰褐色胎，胎质较粗，坚硬。器表施白色化妆土，枕面剔刻出纹饰，再罩一层透明釉。内壁枕面与枕墙之间有泥条加固。

白釉剔花枕，T17③b：16，残，残宽 9.1、残高 11.9 厘米。灰褐色胎，胎质较粗，坚硬。器表施白色化妆土，枕墙剔刻出纹饰，再罩一层透明釉。内壁枕底与枕墙之间有泥条加固，枕墙中部加厚和 T17③b：15 应是同一件器物。

白釉剔花枕，T17③b：17，残，残长 7.6 厘米。灰褐色胎，胎质较粗，坚硬。器表施白色化妆土，枕墙与枕面均剔刻出纹饰，再罩一层透明釉。内壁枕面与枕墙之间有泥条加固。

腰圆形白瓷刻划花枕，T17③b：18，枕面残片，残长 7.3、残宽 3.8 厘米。灰白胎，胎质较细，坚硬。器表施白色化妆土，枕面刻划出纹饰，罩透明釉，釉面光亮，釉色白中泛黄。枕面外弧，内壁枕面与枕墙之间有泥条加固。

白地黑花罐，T17③b：12，残，口径约 11、残高 3.7 厘米。口沿处胎呈灰黑色，以下为黄褐色，胎质较粗，坚硬。器表施白色化妆土，外壁以黑彩绘花卉纹，再施透明釉，釉色白中泛灰。子母口，

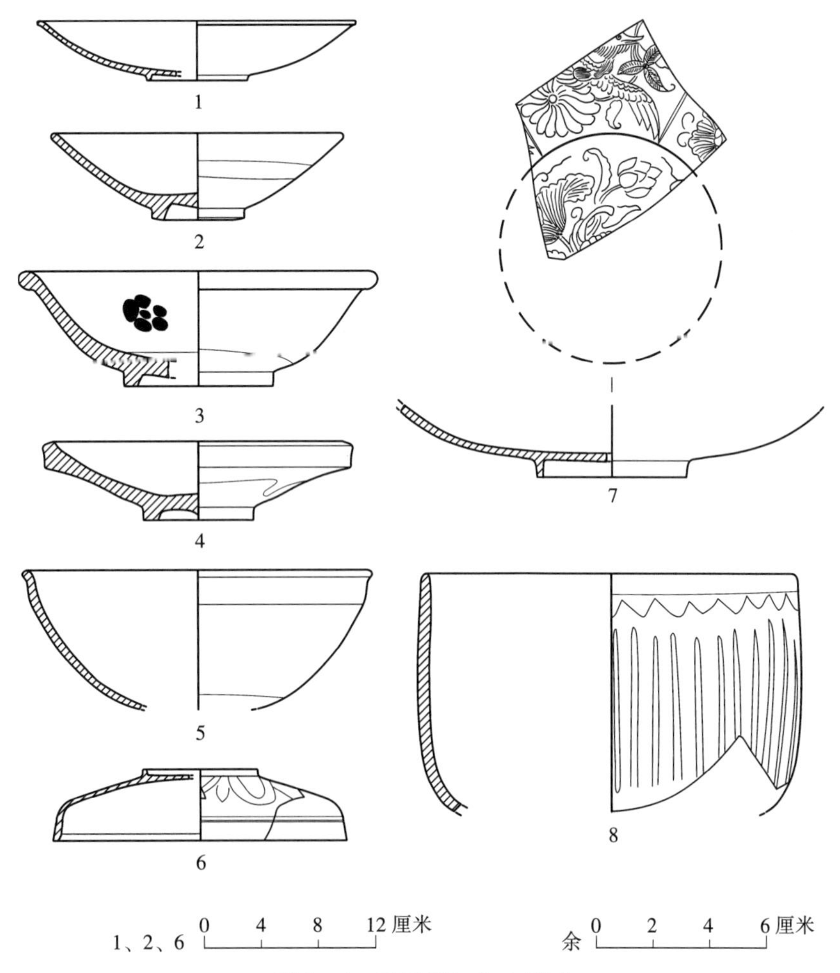

图七三　T17③b 出土器物

1. 白瓷盘（T17③b：1）　2. 粗白瓷碗（T17③b：9）　3. 白瓷点彩小碗（T17③b：10）　4. 粗白瓷盏（T17③b：11）　5. 黑釉盏（T17③b：19）　6. 白瓷刻花器盖（T17③b：20）　7. 白瓷印花碗（T17③b：2）　8. 白瓷刻花钵（T17③b：6）

直口，厚唇，深直腹。

白瓷点彩小碗，T17③b∶10，残，口径约12.5、足径约5、高3.7厘米。灰褐色胎，胎质较粗，坚硬。内壁及外壁唇部施白色化妆土，内壁满釉，底部有涩圈，外壁釉不及底，釉色泛青灰，内壁有褐色点彩花朵，外壁下部及圈足处有大量砂粒。敞口，厚圆唇，弧腹，圈足（图七三，3）。

黑釉盏，T17③b∶19，残，口径约12、残高4.7厘米。灰褐色胎，胎质较粗疏。敞口，圆唇，束颈，弧腹。外壁施黑釉，釉色漆黑光亮，内壁上部及唇部施酱釉，内壁下部为兔毫，外壁釉不及底（图七三，5）。

三彩枕，T17③b∶22，枕面残片，残长9.1、残宽8.2厘米。红色陶胎，陶质较粗。器表施白色化妆土，剔刻出纹饰后，施绿釉、黄釉及透明釉，形成三彩效果。

素胎球，T17③b∶23，直径2.1厘米。褐色胎。

陶器座，T17③b∶24，残，口径约40、足径约32、高11.4厘米。泥质灰陶。敛口，平折沿，圆尖唇，直壁，平底。

陶建筑构件，T17③b∶25，残，残长17、残宽12厘米。泥质灰陶。

石器底，T17③b∶26，只残存底部，直径7.7厘米。滑石质，灰胎，器表呈黑色，内底稍鼓，有明显的刻划痕。

骨簪，T17③b∶27，残长12.3、残宽0.8厘米。

骨簪，T17③b∶28，残长8.1、残宽0.9厘米。

（14）T19③b

白瓷刻花器盖，T19③b∶1，残，残长5.4、宽3.5、残高1.5厘米。白胎，胎质细腻坚硬。内外施釉，釉面光亮，釉色泛黄。盖沿已残，盖面拱起，顶部较平，顶部有钮，盖面有刻花纹饰。

白瓷人物，T19③b∶2，残，宽1.9、高2.9厘米。白胎，胎质细腻坚硬。釉面光亮，白中泛灰。模制，手中抱一物，上有纹饰，手上套环。

粗白瓷罐，T19③b∶5，残宽8.4、残高7.4厘米。深褐色胎，胎质坚硬。器表施白色化妆土，内壁满釉，外壁施釉不均，唇部无釉。直口，窄平沿，方唇，直腹，上部有一周凸棱。

白地黑花炉，T19③b∶3，残，器形不甚规整，残宽8.7、残高3.9厘米。灰胎，胎质坚硬。直口，圆唇，沿下弧。直腹。外壁及内壁唇部施白色化妆土，宽沿上以黑彩绘草叶纹，腹部也有纹饰。

白地黑花枕，T19③b∶4，残长9.3、宽5.7、高2.2厘米。灰褐色胎，胎质较粗。腰圆形，内壁枕墙与枕面间有泥条加固。器表施白色化妆土，以黑彩装饰。

白瓷点绿彩玉壶春瓶，T19③b∶6，颈部残片，残宽4.3、残高5厘米。黄褐色胎，胎质较粗，器表施白色化妆土，釉色较白，有开片，颈部点绿彩。

酱釉瓶，T19③b∶11，残宽6、高3.1厘米，灰黑色胎，胎质较粗，坚硬。直口，方唇，口沿外有一周凸棱。器表施酱釉（图版二六，5）。

绿釉器，T19③b∶8，器形不明，长7.4、高7.2厘米。黄白胎，较粗疏。器表施绿釉（图版二六，3）。

红绿彩瓷片，T19③b∶7，底部残片，长2.7、宽2.5厘米。黄褐色胎，器壁施化妆土，在透明釉上以红、绿、黄彩装饰（图版二六，1）。

砂器，T19③b∶9，残，长4、宽3厘米。灰色砂胎，器表施茶叶末釉。敛口，圆唇，弧腹，柄上翘（图版二六，2）。

半环状玻璃器，T19③b∶10，长3.1、高1.5、厚0.3厘米。玻璃纸，外包一层黄色物质（图版二六，4）。

莲子，T19③b∶12，长1.7、宽0.8厘米。黑色（图版二六，6）。

5. 第③层出土遗物

（1）T2③

定窑白瓷印花花口盘，T2③∶1，残，残宽7.2、高2.3厘米。白胎，胎质细腻坚硬。内外满釉，芒口，釉面光润，釉色白中闪黄。敞口，折沿，浅弧腹，卧足。花口，沿上印莲瓣纹，内底亦有印花纹饰，内壁压成凸棱状。

白瓷印花碗，T2③∶3，残，足径6.8、残高2.3厘米。白胎，胎质细腻坚硬。内外满釉，应是芒口，釉面光润，釉色泛黄。弧腹，圈足，内壁有印花纹饰，底部印禽鸟花卉。

白瓷印花盘，T2③∶4，残，残宽6.7、残高3.1厘米。白胎，胎质细腻坚硬。内外满釉，芒口，釉面光润，釉色白中泛黄。敞口，尖唇，浅弧腹，内壁口沿下印一周回纹，其下印花卉纹等。

白瓷瓶，T2③∶2，颈部残片，直径约3.3、残高4.2厘米。白胎，胎质细腻坚硬。外壁施釉，釉面光润，洁白。束颈，溜肩。

粗白瓷盏，T2③∶6，可复原，口径10、足径4、高2.9～3.3厘米。灰褐色胎，胎质较粗，坚硬。内壁及外壁唇部施白色化妆土，内壁满釉，外壁半釉，釉面光润，有细碎开片，釉色粉白。直口，厚唇，浅弧腹，圈足（图七四，2）。

粗白瓷器盖，T2③∶7，残，口径约16、高4厘米。外壁及平沿内壁施白色化妆土，内壁满釉，釉面光润，有开片，釉色白中泛黄，内壁仅盖面下施釉，呈胎色。子母口，子口较直，圆唇，平沿，盖面拱起，顶部圈足形钮已残，盖面中部有一周突弦纹（图七四，3）。

粗白瓷碗，T2③∶13，残，口径约22、足径约6、高7厘米。黄褐色胎，胎质较粗。器表施白色化妆土，内壁满釉，外壁釉不及底，釉色白中泛灰。敞口，圆唇，弧腹，圈足，外壁有锔孔和残留的锔钉痕（图七四，1）。

白地黑花盆，T2③∶8，残，口径约34、足径约18、高18.2厘米。灰胎，胎质较粗，坚致。内壁及外壁唇部施白色化妆土，内壁以黑彩绘纹饰，再施透明釉，釉面发木光，有开片。敞口，方唇加厚，斜直腹，平底内凹（图七四，4）。

黑釉罐，T2③∶11，残，口径13.4、残高7.7厘米。褐色缸胎，胎质粗疏。内外施黑釉，口部外侧一周无釉。直口，圆唇，矮领，圆肩，颈肩之间有一周凸棱（图七四，6）。

黑釉罐，T2③∶12，残，口径约8.2、残高7.9厘米。灰褐色胎，胎质较粗疏。外壁及内壁颈部施黑釉，釉色光亮，内壁口沿下施釉较薄，釉色发褐。直口，圆唇，矮领，溜肩，鼓腹（图七四，5）。

钧瓷碗，T2③∶9，残，口径约16.5、残高5.7厘米。深灰色胎，胎质较粗，坚硬。内外施蓝釉，釉层均匀，釉面光润，口沿釉层较薄，釉色发褐。直口，圆唇，弧腹（图七四，8）。

绞胎小瓷碗，T2③∶10，口径约9、残高3.6厘米。白色、褐色胎相间，口沿处为白胎，胎质较粗，内外施透明釉。直口，圆唇，弧腹（图七四，7）。

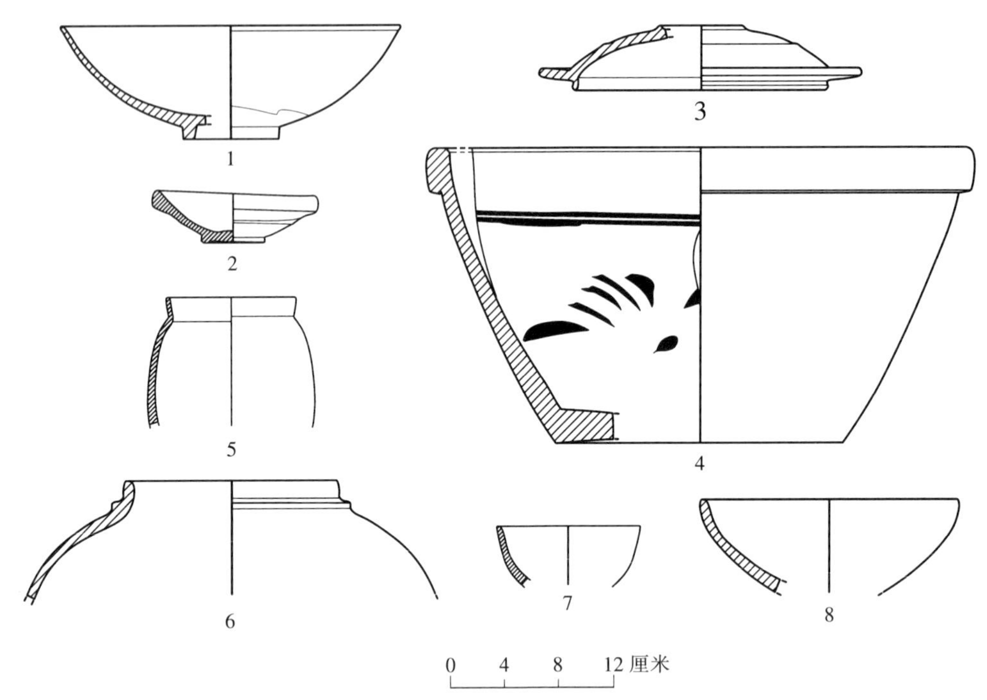

图七四　T2③出土器物

1. 粗白瓷碗（T2③:13）　2. 粗白瓷盏（T2③:6）　3. 粗白瓷器盖（T2③:7）　4. 白地黑花盆（T2③:8）　5. 黑釉罐（T2③:12）　6. 黑釉罐（T2③:11）　7. 绞胎小瓷碗（T2③:10）　8. 钧瓷碗（T2③:9）

（2）T3③

白瓷盘，T3③:1，可复原，口径约21.5、足径6.2、高4.5厘米。白胎，胎质细腻坚硬。内外满釉，芒口，釉面光亮，釉色洁白。敞口，方唇，浅弧腹，圈足（图七五，1）。

白瓷花口碗，T3③:6，可复原，口径13.2、足径5、高5.8厘米。白胎泛灰，胎质较细。内外满釉，芒口，釉面光亮，釉色白中泛灰。侈口，尖唇，弧腹，圈足，口部为花口，对应的内壁有白色出筋，外底有红色摩擦痕（图七五，4）。

白瓷刻花盘，T3③:2，残，足径约5.6、残高1.9厘米。白胎，胎质细腻坚硬。内外满釉，应是芒口，釉色较白。浅弧腹，圈足，内底有刻花纹饰及红色摩擦痕。

白瓷印花盏，T3③:8，可复原，口径约11、足径3、高4.6厘米。白胎，胎质细腻坚硬。内外满釉，应是芒口，釉面光润，釉色白中泛黄。弧腹，小圈足。内壁口沿下印一周回纹，其下印缠枝花卉纹，底部印一朵团花（图七五，2）。

白瓷印花盘，T3③:9，残，足径6.3、残高1.8厘米。白胎，胎质细腻。内外满釉，釉面光润，釉色白中泛黄。浅弧腹，圈足。内壁及底部均印花卉纹。

白瓷印花小碗，T3③:10，可复原，口径约9、足径2.9、高3.1厘米。白胎泛灰，胎质较细。内外满釉，芒口，釉色泛灰。敞口，方唇，弧腹，矮圈足。内壁印多重莲瓣纹（图七五，3）。

白瓷印花盘，T3③:11，底部残片，残高1.2厘米。白胎，胎质细腻坚硬。内外满釉，应是芒口，釉色白中泛灰。浅弧腹，圈足。内底印菱形开光，内有窗格纹，开光外有花草纹。

粗白瓷刻划花碗，T3③:12，残，足径7.2、残高3.5厘米。灰褐色胎，胎质较粗，坚致厚重。器表施白色化妆土，内壁满釉，内底有支钉痕，外壁釉不及底，釉面光亮，有开片。弧腹，圈足，挖足过肩，内底刻荷花纹，以篦纹为地。

白地黑花罐，T3③:13，残宽5.3、残高5.2厘米。褐色胎，胎质较粗，坚硬。外壁及内壁上部施白色化妆土，外壁以黑彩绘花卉纹，再施透明釉，釉面发涩。直口，厚唇，深直腹。

黑釉器盖，T3③:14，残，边径约15、残高2.6厘米。灰褐色胎，胎质较粗。平沿内壁及子口唇部无釉，余满釉，釉面乌黑光亮。子母口，子口较直，圆唇，平沿，盖身斜折，顶部上隆（图七五，5）。

钧窑碗，T3③:16，残，残长6.3、残宽4.8厘米。褐色胎，胎质较粗，坚致。器表施天蓝乳白釉，釉层较厚，釉内有较多气孔，外壁釉不及底。

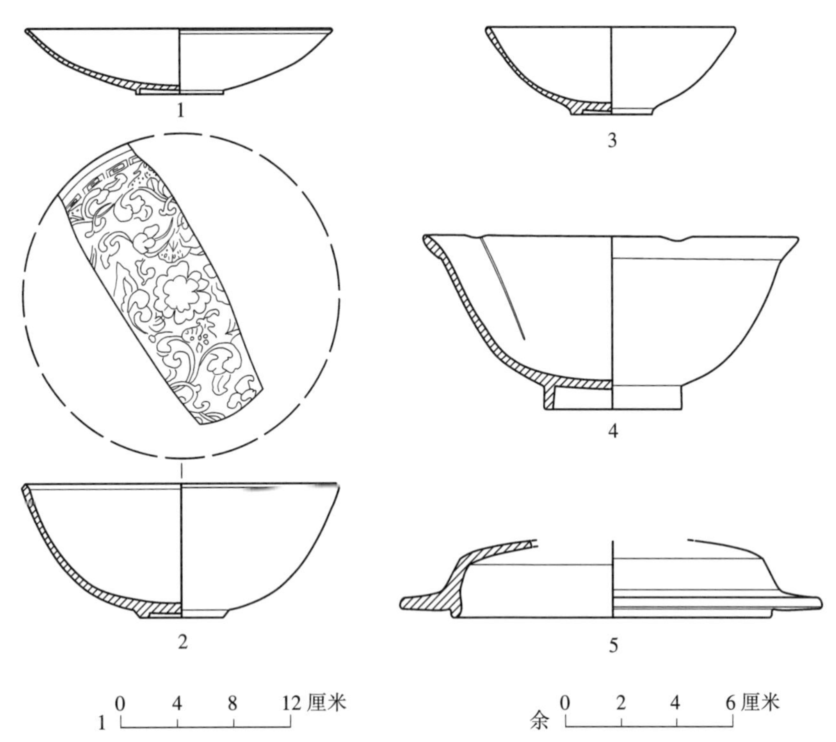

图七五　T3③出土器物

1. 白瓷盘（T3③:1）　2. 白瓷印花盏（T3③:8）　3. 白瓷印花小碗（T3③:10）
4. 白瓷花口碗（T3③:6）　5. 黑釉器盖（T3③:14）

（3）T4③

白瓷印花盏，T4③:1，残，口径约8.5、足径2.7、高4、厚0.2厘米。白胎，胎质细腻坚硬，胎体轻薄。内外满釉，芒口，釉面光润，釉色洁白。敞口，尖唇，弧腹，小圈足。内壁口沿下印一周回纹，其下印花卉纹，底部印轮菊纹。

白瓷盘，T4③:2，残，足径约6.5、高3.4厘米。白胎泛灰，胎质细腻坚硬。内外满釉，芒口，釉面光亮，釉色白中泛黄。侈口，圆唇，弧腹，圈足，内壁有白色出筋（图七六，1）。

白瓷刻花钵，T4③:5，残，口径约16、残高9.7厘米。白胎泛灰，胎质细腻坚硬。内外满釉，芒口，釉面光润，釉色泛灰黄。直口，圆唇较突，深直腹外鼓，外壁有刻花纹饰（图七六，2）。

粗白瓷器盖，T4③:6，残，口径约14.8、钮径约8、高3.6厘米。灰胎，胎质较粗，坚硬。外壁施白色化妆土，然后施透明釉，釉色白中泛黄，内壁仅盖面下刷一层薄釉。子母口，子口内敛，圆唇，平沿，盖面拱起，顶部有圈足状钮（图七六，3）。

双色釉碗，T4③:7，残，口径约19、残高7厘米。黄褐色胎，胎质较粗，坚硬。内壁施白色化妆土，然后施透明釉，釉面光润，有细碎开片，釉色粉白。外壁施黑釉，乌黑光亮，器表有较多摩擦痕。敞口，圆唇，弧腹（图七六，4）。

陶器座（?），T4③:16，可复原，足径30、高4.8厘米。泥质灰陶，平底。边缘卷起，近边缘处突起一周。

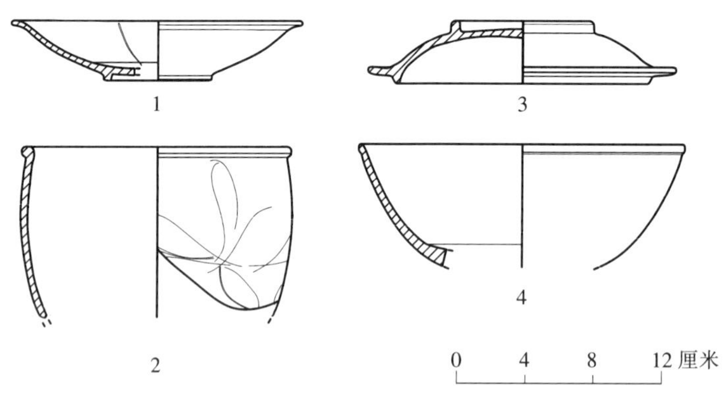

图七六 T4③出土器物
1. 白瓷盘（T4③:2） 2. 白瓷刻花钵（T4③:5） 3. 粗白瓷器盖（T4③:6） 4. 双色釉碗（T4③:7）

（4）T5③

白瓷印花盏，T5③:1，残，足径3.2、残高2.1厘米。白胎，胎质细腻坚硬。内外满釉，釉色洁白。斜直腹，小圈足。内壁及底部印花卉纹。

白瓷印花盘，T5③:2，腹部残片，残长6.4、残宽5.6厘米。白胎，胎质细腻坚硬。内外满釉，釉色白中泛灰。内壁口沿下有一周卷草纹，其下印凤鸟花卉纹。

粗白瓷刻花碗，T5③:3，残，足径7.8、残高8.2厘米。灰白胎，胎质较粗，坚硬。器表施白色化妆土，内壁满釉，内底有支钉痕，外壁釉不及底，釉面光亮，釉色乳白。敞口，弧腹，圈足，挖足过肩，内壁刻花卉纹。

粗白瓷盏，T5③:4，可复原，口径约10、足径4.4、高3厘米。黄褐色胎，胎质较粗。内壁及外壁唇部施白色化妆土，内壁满釉，底部有支钉痕，外壁半釉。直口，厚唇，浅弧腹，饼状圈足（图七七，1）。

白地褐花盆，T5③:7，残，足径约22、残高10.3厘米。黄褐色胎，胎质较粗。内壁施白色化妆土，以褐彩绘纹饰，再施透明釉。斜直腹，平底，卧足。

黑釉瓶，T5③:5，残，足径4.2、残高7.6厘米。灰褐色胎，胎质较粗，坚硬。器表施黑釉，外壁釉不及底，内壁局部无釉。鼓腹，下腹弧收，足内凹（图七七，2）。

灰陶盆，T5③:6，残，残宽18、残高14.2厘米。泥质灰陶，敞口，卷沿，方唇，斜弧腹。外壁及唇部有绳纹，内壁有密集的网格纹。沿上有一锔孔，内有铁锈痕迹。

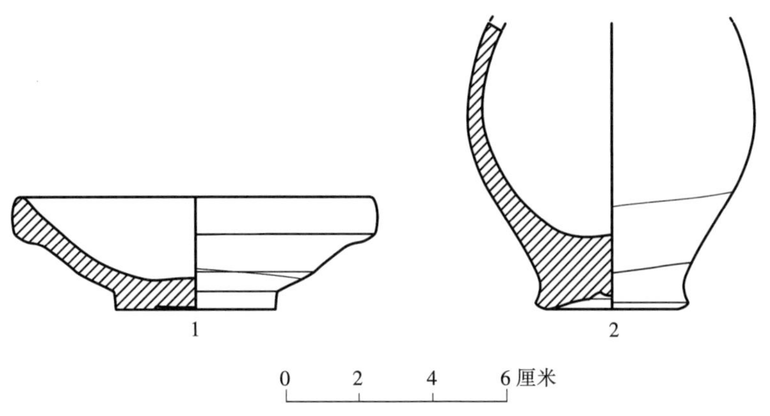

图七七　T5③出土器物

1. 粗白瓷盏（T5③:4）　2. 黑釉瓶（T5③:5）

（5）T6③

白瓷碗，T6③:3，可复原，口径13.1、足径4.3、高5.3厘米。白胎，胎质细腻坚硬。内外满釉，芒口，釉面光润，釉色洁白。侈口，尖圆唇，弧腹，圈足，口部为花口（图七八，3）。

白瓷碗，T6③:4，可复原，口径约8.8、足径4.1、高5.3厘米。白胎，胎质细腻坚硬，胎体轻薄。内壁底部中心无釉，芒口，外壁圈足着地处无釉，圈足处有较多砂粒，釉面光润，釉色洁白，积釉处泛黄。直口，方唇，深腹，圈足（图七八，4）。

白瓷刻花盏，T6③:1，可复原，口径约9.5、足径3、高4.2厘米。白胎，胎质细腻坚硬，胎体轻薄。内外满釉，芒口，釉面光润，釉色洁白。敞口，尖圆唇，弧腹，小圈足，内壁有刻花纹饰（图七八，1）。

白瓷刻花碗，T6③:5，可复原，口径约22、足径6.6、高6.4厘米。白胎，胎质细腻坚硬。内外满釉，芒口，釉面光润，釉色洁白。敞口，尖圆唇，弧腹，圈足，内壁有刻花萱草纹（图七九，1）。

白瓷刻花盘，T6③:6，残，口径约15.5、足径5.4、高2.3厘米。白胎，胎质细腻坚硬。内外满釉，芒口，釉面光润，釉色白中泛黄。侈口，方唇，浅弧腹，圈足，内底有刻花纹饰（图七九，2）。

白瓷刻花碟，T6③:8，可复原，口径约12.8、足径约9、高2.3厘米。白胎，胎质细腻坚硬。内外满釉，芒口，釉面光润，釉色洁白。敞口，方唇，浅弧腹，卧足，内底刻荷花纹（图七八，2）。

白瓷印花花口盘，T6③:2，残，足径约14、高2.5厘米。白胎，胎质细腻坚硬。内外满釉，芒口，釉面光润，釉色洁白，积釉处泛黄。花瓣形口沿，口沿外撇，圆唇，浅弧腹，平底，卧足。器内口沿上印莲瓣纹，腹壁压出竖向凸棱，底部印花卉纹。

白瓷印花盘，T6③:21，残，足径约6、残高1.2厘米。白胎泛灰，胎质细腻坚硬。内外满釉，釉面光润，釉色白中泛灰黄。浅弧腹，内底较宽，圈足。内底印栏杆纹。

白瓷瓶塞，T6③:18，可复原，上部直径3.2、下部孔径0.9~1、高1.9厘米。白胎，胎质细腻坚硬。只上面施釉，釉色洁白，积釉处泛黄。花瓣形口沿，近边缘处有一孔，顶部有钮，下部有中空的短柄。

白瓷提梁壶，T6③:20，只剩提梁一端的贴花及部分器壁，宽2.3、高3.2厘米。白胎，胎质细腻坚硬。釉色白中泛灰。花叶贴附于口沿部位，花叶上的梁已断。

白瓷盘，T6③:10，可复原，口径约17.5、足径6.2、高3.8～4厘米。灰白胎，胎质较细。内壁满釉，底部有涩圈，外壁圈足处不施釉，外底有砂粒，釉色白中泛灰。敞口，圆唇，折腹，圈足（图七九，3）。

粗白瓷盏，T6③:22，可复原，口径10.2、足径3.7～3.9、高3.3～3.4厘米。黄褐色胎，胎质较粗，坚硬。内壁及外壁唇部施白色化妆土，然后罩一层透明釉，釉面光润，有细碎开片，釉色粉白。直口，厚唇，浅弧腹，饼状圈足（图七八，5）。

粗白瓷盘，T6③:24，残，口径约20、残高3.6厘米。灰褐色胎，胎质较粗。器表施白色化妆土，内壁满釉，外壁釉不及底，釉面光亮，釉色较白。敞口，圆唇，浅弧腹（图七九，5）。

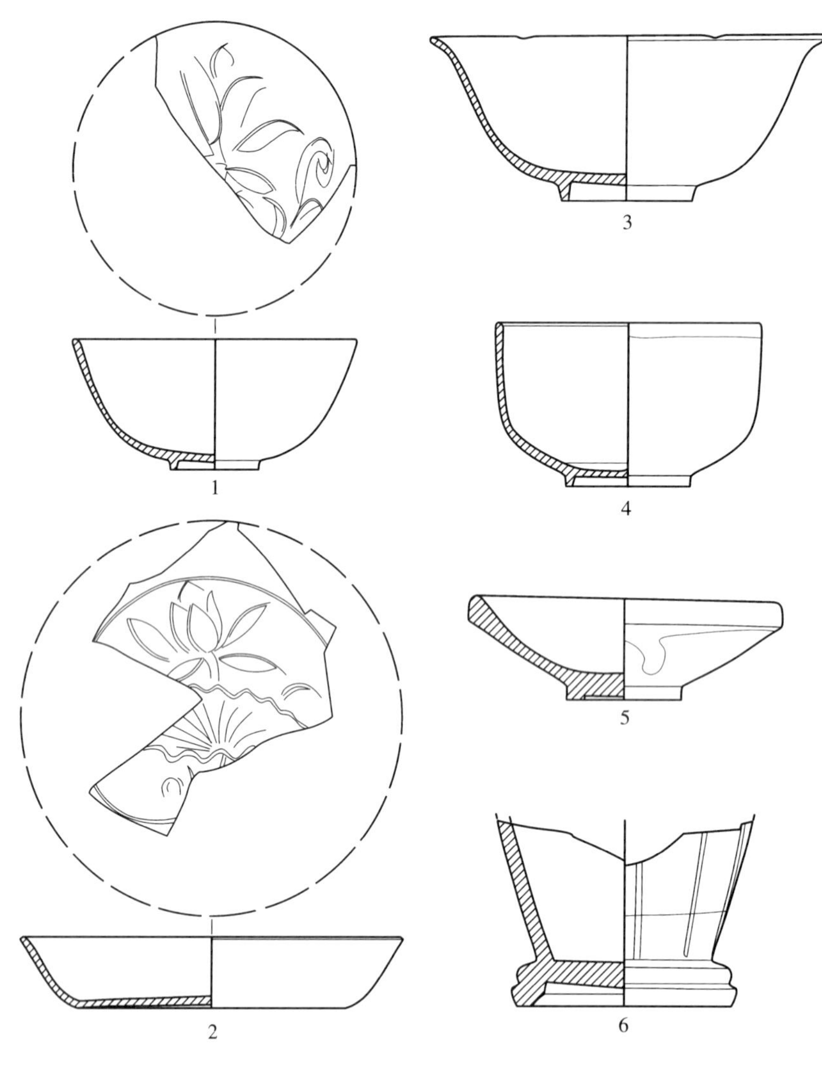

图七八　T6③出土器物

1. 白瓷刻花盏（T6③:1） 2. 白瓷刻花碟（T6③:8） 3. 白瓷碗（T6③:3） 4. 白瓷碗（T6③:4） 5. 粗白瓷盏（T6③:22） 6. 白瓷瓶（T6③:25）

白瓷瓶，T6③:25，残，足径7.2、残高6厘米。黄白胎，胎质较粗。外壁施白色化妆土，再施透明釉，外壁釉不及底，釉面光亮，白中泛黄，内壁无釉。斜直腹呈瓜棱状，圈足（图七八，6）。

粗白瓷刻花碗，T6③:26，残，足径8.5、残高5.8厘米。灰胎，胎质较粗，坚硬。器表满施白色化妆土，内壁满釉，内底有支钉痕，外壁仅圈足处无釉，釉面光亮，釉色乳白。弧腹，圈足，挖足过肩，内壁有刻花纹饰，较模糊。

粗白瓷碗，T6③:23，可复原，口径约23.5、足径约8、高6.8～7厘米。灰褐色胎，胎质较粗，坚硬。内壁及外壁唇部施白色化妆土，内壁满釉，底部有涩圈，釉色泛青灰，外壁釉不及底，呈胎色。敞口，圆唇，弧腹，圈足（图七九，4）。

黑釉双耳罐，T6③:32，残，口径约13、足径8、高14.2～14.4厘米。灰褐色胎，胎质较粗，坚硬。外壁及内壁颈部施黑釉，外壁釉不及底，釉层较厚，釉色乌黑光亮。内壁颈部以下施一层较薄的褐釉，内底有支钉痕。直口，圆唇，短颈，圆鼓腹，圈足，肩部有双耳，已残（图七九，6；图版二七，1）。

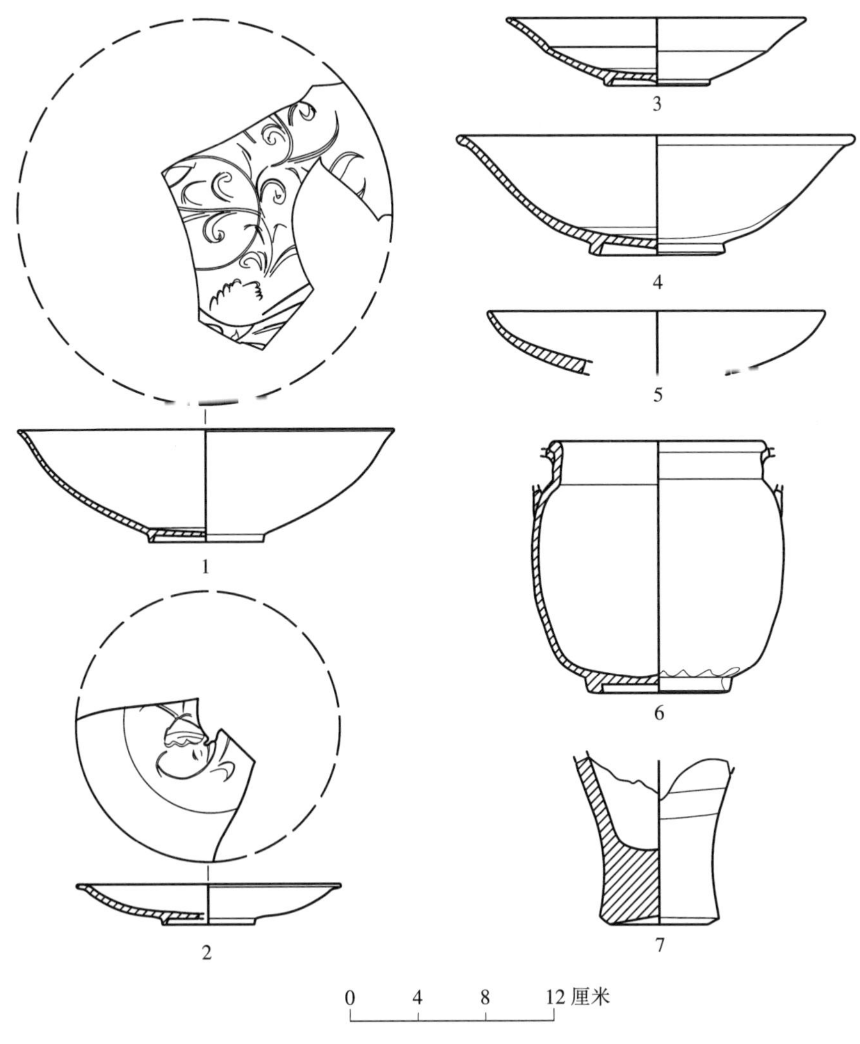

图七九　T6③出土器物

1. 白瓷刻花碗（T6③:5）　2. 白瓷刻花盘（T6③:6）　3. 白瓷盘（T6③:10）　4. 粗白瓷碗（T6③:23）　5. 粗白瓷盘（T6③:24）　6. 黑釉双耳罐（T6③:32）　7. 酱釉鸡腿瓶（T6③:35）

酱釉鸡腿瓶，T6③:35，残，底径7、残高9.5厘米。黄褐色胎，胎质较粗，坚致厚重。内外施酱釉，外壁下部无釉。细长腹，近底呈束腰状，平底内凹（图七九，7）。

虎形枕残片，T6③:36，残长5.6、残宽3.4厘米。灰胎，胎质较细，坚致。器表施白色化妆土，局部施一层褐色化妆土，然后以黑彩绘出纹饰，再罩透明釉。

红绿彩人物，T6③:38，残，底座直径3.5、残高6.3厘米。模制，黄褐色胎，胎质较粗。残留部分背部和底部，背部外弧，底座上隆，中部有孔。器表施白色化妆土，釉上以红彩绘出服饰（图版二七，4）。

红绿彩人物，T6③:39，残留下半部分，底座长4、宽3、残高3.7厘米。模制，黄褐色胎，胎质较粗。器表施白色化妆土，釉上以红、绿彩进行装饰。人物为坐姿，手抱一物（图版二七，5）。

红绿彩人物残片，T6③:40，残长4.7、残宽2.8厘米。模制，黄褐色胎，胎质较粗。器表施白色化妆土，釉上以黑、黄、红色进行装饰（图版二七，2）。

绿釉枕，T6③:42，枕面残片，残长10.5、残宽8.3、厚0.9厘米。红色陶胎，胎质较粗。器表施白色化妆土，刻出纹饰后，施一层绿釉，露胎处釉呈黑色（图版二七，7）。

绿釉枕残片，T6③:45，残留部分枕面与枕墙，残长5.9、残高4.2厘米。红色陶胎，胎质较粗疏。器表施白色化妆土，枕面刻有纹饰，再罩一层绿釉（图版二七，3）。

翠蓝釉瓶，T6③:37，口部残片，口径约7、残高3.7。灰褐色胎，胎质较粗。器表施白色化妆土，再施翠蓝釉，脱釉十分严重。直口，口沿外翻，尖圆唇，直径（图版二七，6）。

泥钱，T6③:47，泥质红褐色陶，圆形，中间有圆孔。直径2.3、厚0.5、孔径0.5厘米（图版二七，8）。

（6）T7③

白瓷印花盘，T7③:1，残，足径约6、残高1.1厘米。白胎微泛灰，胎质较细。内外满釉，应是芒口，釉面光润，釉色白中泛灰。浅弧腹，下腹内收，内底较宽，圈足较大。内底有印花纹饰，从外到内依次为回纹、莲瓣纹、花卉纹、菱形开光及开光内的花卉纹饰（图八〇，1；图版二八，1）。

白瓷印花盘，T7③:2，残，残高1.5厘米。白胎，胎质细腻坚硬。内外满釉，应是芒口，釉面光润，釉色洁白。浅弧腹，圈足。内壁印禽鸟花卉，底部印花卉，较模糊（图版二八，2）。

白瓷印花碟，T7③:3，残，残长5.3、残宽3.5、厚0.3～0.5厘米。白胎泛灰，胎质细腻，局部结合不紧密。内外满釉，应是芒口，釉面光亮，釉色白中泛黄。平底卧足。内底有印花纹饰，外底有红色摩擦痕（图版二八，4）。

白瓷印花盘，T7③:4，口沿残片，残长5.2、残宽2.3厘米。白胎泛灰，胎质较细，局部结合不紧密。内外满釉，芒口，釉色白中泛黄。花口，平折沿，弧腹，腹壁随口沿压印出竖向凸棱，沿上及内壁均有印花纹饰（图版二八，3）。

白瓷印花碗，T7③:7，残，足径约7、残高4.4厘米。白胎泛灰，胎质细腻坚硬。内外满釉，应是芒口，釉面光润，釉色泛灰黄。弧腹，圈足，内壁印缠枝花卉纹，底部印纹模糊不清。

白瓷刻花盘，T7③:6，残，足径约6、残高2.3厘米。白胎泛灰，胎质细腻坚硬。内外满釉，釉面光润，釉色泛灰黄。浅弧腹，圈足。内壁有白色出筋，底部有刻花纹饰。

霍州窑白瓷印花碗，T7③:5，底部残片，足径3.5、残高1.3厘米。白胎，胎质细腻坚硬。腹以上残，圈足，内壁有印花纹饰。内壁满釉，底部有涩圈，外壁圈足处不施釉，釉面光亮，釉色洁白（图八〇，2；图版二八，5）。

粗白瓷盘，T7③:8，可复原，口径约17、足径6.3、高3.7~3.9厘米。灰白胎，胎质较粗，坚硬。器表施白色化妆土，内壁满釉，内底有支钉痕，外壁釉不及底，釉面光亮，釉色白中泛灰。敞口，圆唇，浅弧腹，圈足，挖足过肩（图八〇，3）。

粗白瓷碗，T7③:9，残，足径6.9、高8厘米。黄褐色胎，胎质较粗。器表施白色化妆土，内壁满釉，内底有支钉痕，外壁釉不及底，釉色白中泛灰。敞口，圆唇，浅弧腹，圈足（图八〇，4）。

粗白瓷小碗，T7③:11，可复原，口径约9、足径约3、高3.7~3.9厘米。黄白胎，胎质较粗。器表施白色化妆土，内壁满釉，内底有支钉痕，外壁圈足着地处无釉，釉面光亮，釉色洁白。敞口，圆唇，弧腹，圈足。

粗白瓷盆，T7③:14，可复原，底径25、高16.5厘米。胎色泛黄，胎质较粗。敞口，卷沿，斜直腹，平底内凹。内壁及唇部施化妆土，盖施透明釉，外壁施酱釉。口沿上有锔孔和锔钉痕。

粗白瓷点彩小罐，T7③:12，残，口径4、高3.2厘米。灰褐色胎，胎质较粗。外壁上部及内壁唇部施白色化妆土，内壁满釉，外壁釉不及底，口沿上点褐彩。敛口，圆唇，圆腹，平底，外壁有四周凸弦纹（图八〇，5）。

白地黑花罐，T7③:13，残，口径约15、残高8厘米。黄褐色胎，胎质较粗。器表施白色化妆土，外壁以黑彩绘纹饰，再罩透明釉，釉面光亮，有细碎开片，釉色粉白。直口，圆唇，深直腹。

黑釉器盖，T7③:15，残，口径约7.5、残高2.4厘米。黄褐色胎，胎质较粗，坚硬。外壁施黑

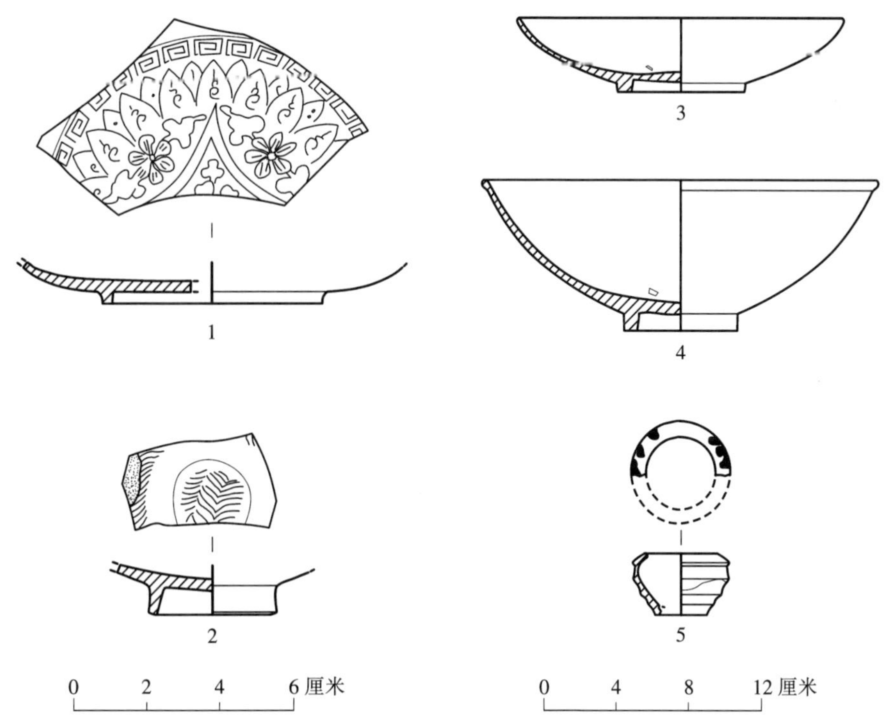

图八〇　T7③出土器物

1. 白瓷印花盘（T7③:1）　2. 霍州窑白瓷印花碗（T7③:5）　3. 粗白瓷盘（T7③:8）
4. 粗白瓷碗（T7③:9）　5. 粗白瓷点彩小罐（T7③:12）

釉，釉面乌黑光亮，内壁无釉。子母口，子口内敛，尖圆唇，平沿，盖面拱起。

钧瓷碗，T7③:16，残，足径约8、残高5.5厘米。灰黑色胎，胎质较粗，坚硬厚重。内外施天蓝色釉，施釉不均，内壁底部无釉，外壁釉不及底，下部积釉，釉质乳浊。弧腹，圈足。

绿釉花瓶，T7③:18，腹部残片，残宽10.7、残高7.6厘米。模制，粉白色胎，胎质较粗疏。外壁遍施绿釉。腹部为多面，一面内有花边菱形开光，开光内为瑞兽祥云纹，开光外以回纹为地。

绿釉瓶残片，T7③:21，残宽3、残高3.2厘米。黄白胎，胎质较粗，坚硬。器表施白色化妆土，再施一层绿釉，外壁釉上以黑彩绘纹饰，应是瓶的颈部。

黄绿釉建筑构件，T7③:22，红褐色胎，胎质较粗。器表施黄绿釉，脱釉较多。

老虎枕残片，T7③:23，残长3.5、残宽3厘米。灰胎，胎质较粗，坚硬。器表满施白色化妆土，局部再施褐色化妆土，然后以黑彩进行装饰，最后罩一层透明釉，残存一眼睛。内壁有布纹。

白瓷围棋子，T7③:24，圆形，直径1.5、厚0.6厘米。白胎，胎质细腻坚硬，顶部施透明釉。

熙宁元宝，T7③:25，直径2.4、孔长0.7厘米。

（7）T8③

白瓷刻花底器，T8③:1，只剩圈足，足径7.6、残高1.2厘米。白胎，胎质较细。内外满釉，釉色白中泛灰。内底刻水波游鱼纹。

白瓷提梁壶，T8③:2，只剩部分贴花，残宽2.3、残高3厘米。白胎，胎质细腻坚硬。器身贴附一叶状耳，为提梁残留部分。

白瓷印花杯，T8③:3，残，足径4.7、残高1.7厘米。白胎，胎质细腻坚硬。内外满釉，釉面光润，釉色白中泛黄。喇叭形圈足。器内底有印花轮菊纹（图八一，1）。

白瓷印花盘，T8③:4，残，足径约5.7、残高1.1厘米。白胎泛灰，胎质细腻坚硬。内外满釉，釉色泛灰黄。浅弧腹，内底较宽，矮圈足。内壁有印花纹饰，主体为花边菱形开光，开光内有花卉纹，较模糊。

粗白瓷碗，T8③:5，可复原，口径约22.7、足径约7、高7.6～8厘米。灰白胎，胎质较粗，坚硬。器表施白色化妆土，内壁满釉，内底有支钉痕，外壁釉不及底，釉色白中泛灰。敞口，圆唇，弧腹，圈足，挖足过肩（图八一，2）。

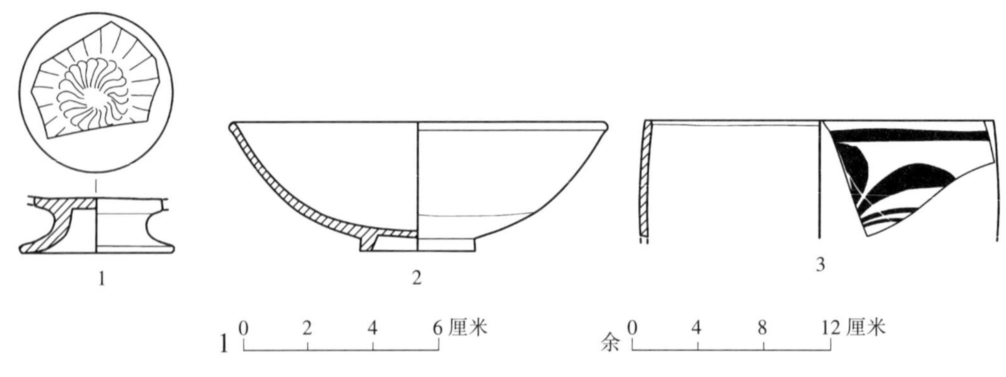

图八一　T8③出土器物

1. 白瓷印花杯（T8③:3）　2. 粗白瓷碗（T8③:5）　3. 白地黑花罐（T8③:6）

粗白瓷碗，T8③:7，残，足径6.3、残高3.3厘米。灰褐色胎，胎质较粗，坚硬。器表施白色化妆土，内壁满釉，内底有支钉痕，外壁釉不及底，釉色白中泛灰。弧腹，圈足，挖足过肩，内底有红色摩擦痕，呈交叉状。

白地黑花罐，T8③:6，残，口径约21、残高6.9厘米。灰褐色胎，胎质较粗，坚硬。外壁施白色化妆土，以黑彩绘花卉纹，再施透明釉，内壁施酱釉，芒口。直口，方唇，直腹（图八一，3）。

红绿彩碗，T8③:8，残，残宽3.5、残高约3.5厘米。褐色胎，胎质较粗。器表施白色化妆土，再罩以透明釉，釉上以红、绿彩绘纹饰。敞口，圆唇，弧腹。

绿釉花瓶，T8③:9，颈部残片，残宽4、残高6.6厘米。粉白色胎，胎质较粗，坚硬。器表施绿釉。器身为多边形，颈部有兽耳及回纹。T8③:10、T8③:11和T8③:9为同一件器物，T8③:10器身上附兽鼻形耳。

素胎球，T8③:12，直径4.5厘米。砖红胎，胎质较粗，坚硬。

（8）T9③

白瓷印花盘，T9③:1，底部残片，残高1.2厘米。白胎，胎质细腻坚硬。内外满釉，应是芒口，釉面光润，釉色洁白。浅弧腹，圈足，足墙较窄。内底印荷花纹等。

粗白瓷刻花盘，T9③:3，残，口径约28.5、足径约11.5、高5.7～6厘米。灰胎，胎质较粗。器表施白色化妆土，内壁满釉，内底有支钉痕，外壁釉不及底，釉面有细碎开片，釉色粉白。敞口，圆唇，浅弧腹，圈足，内壁有刻花纹饰，纹饰较模糊（图八二，1）。

粗白瓷盏，T9③:4，可复原，口径约9、足径4.2、高3.1厘米。黄褐色胎，胎质较粗，坚硬厚重。内壁及外壁唇部施白色化妆土，内壁满釉，釉面光亮，有细碎开片，釉色粉白，外壁釉不及底，釉色呈胎色。直口微敛，厚唇，浅弧腹，饼状圈足，外底有鸡心凸（图八二，2）。

粗白瓷器盖，T9③:5，残，口径约5.6、残高2厘米。灰胎，胎质细腻坚硬。外壁施白色化妆土，再施透明釉，釉色泛灰，内壁无釉。子母口，子口内敛，尖唇，平沿上翘，盖面拱起。

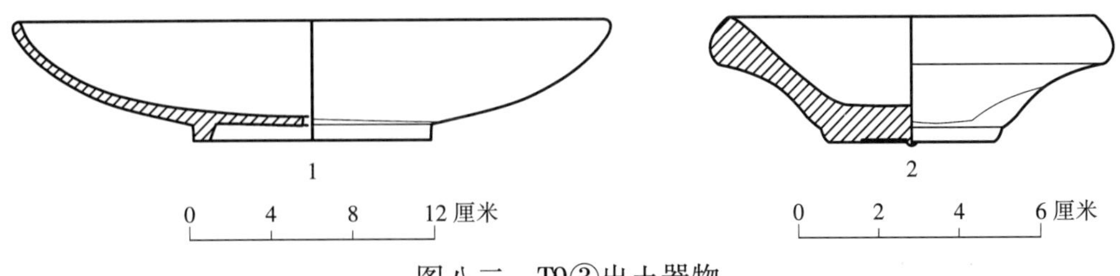

图八二　T9③出土器物

1. 粗白瓷刻花盘（T9③:3）　2. 粗白瓷盏（T9③:4）

陶釜，T9③:10，残，口径约5、底径约3、高3厘米。泥质红陶，敛口，方唇，圆腹，平底内凹。腹上部有一周凸棱，局部呈锯齿状。

陶网坠，T9③:11，长15、宽7、高5厘米。泥质灰陶，呈哑铃状。

（9）T10③

白瓷印花盘，T10③:2，残，口径约17.5厘米。白胎，胎质细腻坚硬。内外满釉，芒口，釉色白中泛灰。敞口，尖圆唇，浅弧腹。内壁口沿下印一周回纹，壁上印荷花纹等。

白瓷印花碗，T10③:3，残，残宽5.6、残高3.7厘米。白胎泛灰，胎质较细。内外满釉，芒口，釉色白中泛灰。敞口，尖圆唇，弧腹较深，内壁有印花纹饰，口沿下为一周回纹，壁上印荷花纹等。

白瓷印花盘，T10③:4，腹部残片，残长5.6、残宽5.3厘米。白胎，胎质细腻。内外满釉，釉色白中泛黄。内壁印禽鸟花卉，纹饰较突出。

白瓷盘，T10③:5，可复原，口径约18、足径5.6、高4.1厘米。白胎泛灰，胎质细腻坚硬。内壁满釉，底部有涩圈，外壁圈足着地处不施釉，圈足处有较多砂粒，釉面光亮，釉色白中泛灰。敞口，尖圆唇，折腹，圈足（图八三，1）。

白地黑花罐，T10③:7，残，残宽5.7、残高7.8厘米。黄褐色胎，胎质较粗，坚硬。器表施白色化妆土，外壁以黑彩绘纹饰，再施透明釉，釉面发涩。直口，尖圆唇，斜直壁。

粗白瓷褐花碗，T10③:9，残，口径约18.5、残高3.9厘米。灰褐色胎，胎质较粗，坚硬。器表施白色化妆土，外壁半釉，内壁有褐花纹饰，釉面较粗糙。敞口，圆唇，斜直腹。

白瓷枕，T10③:8，残存部分面及枕墙，残长8.6、残高5.6厘米。黄褐色胎，胎质较粗，坚硬。器表施白色化妆土，枕面有刻划花纹饰，再罩透明釉，釉面光润，釉色白中泛灰。

黑釉瓶，T10③:10，残，口径1.7、残高7.1厘米。白胎泛灰，胎质较细。内外均施黑釉，釉色乌黑发亮。直口，圆唇，葫芦形长颈（图八三，2）。

黑釉碗，T10③:15，口沿残片，残宽6.3、残高5.4厘米。灰胎，胎质较粗，坚硬。内外均施黑釉，内壁有酱色竖向条斑。直口微敞，圆唇，弧腹（图八三，4）。

龙泉窑青瓷碗，T10③:11，残，残长9.5、残高4.3厘米。白胎泛灰，胎质细腻坚硬。器表满施青釉，釉面光润，有开片。弧腹，圈足残。

龙泉窑青瓷高足杯，T10③:12，残，足径3.8、残高4.7厘米。白胎泛灰，胎质细腻，坚致厚重。器表满施青釉，圈足着地处露胎呈火石红。杯部已残，杯底较平，有印花纹饰，较模糊，高圈足。

钧瓷碟，T10③:13，残，口径约11、残高4.5厘米。灰胎，胎质较粗，坚硬。直口，圆唇，直壁，下腹急收。器壁施天蓝釉，内壁有一块紫红斑，内壁底部无釉，外壁釉不及底（图八三，3）。

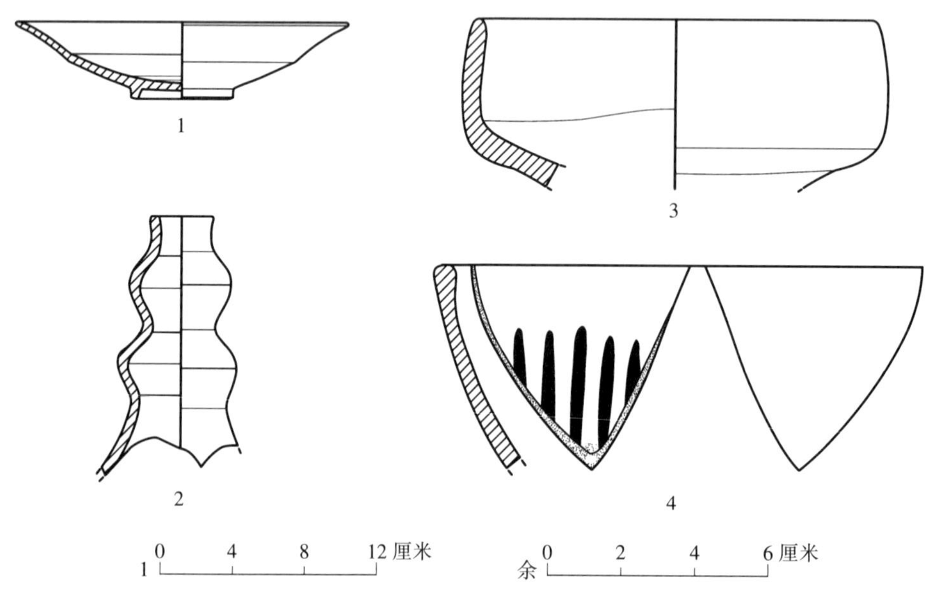

图八三　T10③出土器物

1. 白瓷盘（T10③:5）　2. 黑釉瓶（T10③:10）　3. 钧瓷碟（T10③:13）　4. 黑釉碗（T10③:15）

黄釉器盖，T10③:16，残，残宽3.4、残高1.9厘米。红褐色胎，胎质较粗，坚硬。外壁施黄釉，釉面光亮。子母口，子口内敛，尖圆唇，窄沿，盖面拱起。

黄釉碗，T10③:17，口沿残片，残宽5、残高2.3厘米。黄褐色胎，胎质较粗，坚硬。直口，突唇，直腹。内外均施黄釉。

绞釉残片，T10③:19、20，均为腹部残片，红褐色陶胎，胎质较粗。器表施黄、褐二色绞釉。T10③:19，残长5.7、残宽5厘米。T10③:20，残长4.8、残宽4厘米。

素胎白色围棋子，T10③:22、23、24，圆饼形，白胎，素烧。T10③:22，直径1.9、厚0.5厘米。T10③:23，直径1.8、厚0.5厘米。T10③:24，直径1.8、厚0.4厘米。

陶盘，T10③:21，残，底径约15、高3.1厘米。泥质灰陶。直口，方唇，斜直壁，平底。口沿下有一周凹弦纹。

骨簪，均残，一面较平，一面鼓起，T10③:25，残长5.9、残宽0.6厘米。T10③:26　残长6.8、残宽0.9厘米。

（10）T11③

白瓷器盖，T11③:1，残，口径约9、高2.2厘米。白胎，胎质细腻坚硬。平沿内壁及子口唇部无釉，余满釉，釉面光润，釉色白中闪黄。子母口，子口内敛，圆唇，平沿上翘，盖面拱起，顶部钮残。

白瓷刻花器盖，T11③:2，残，口径约10、残高2.6厘米。白胎，胎质细腻坚硬。平沿内壁及子口唇部无釉，余满釉，釉面光润，釉色洁白。子母口，子口内敛，尖唇，平沿上翘，盖面拱起，上刻轮菊纹，顶部钮残。

白瓷印花盘，T11③:6，残，残宽6、残高4.5厘米。白胎泛灰，胎质较细，胎体轻薄。内外满釉，芒口，釉面光亮，釉色白中泛黄。敞口，圆唇，弧腹。内壁有印花纹饰，口沿下为 周回纹，具下印花卉纹。

白瓷印花盏，T11③:7，残，残宽4.5、残高2.1厘米。白胎泛灰，胎质较细，结合不紧密。内外满釉，芒口，釉面光润，釉色白中泛黄。敞口，圆唇，弧腹。内壁印三重蕉叶纹。

白地黑花盆，T11③:8，口沿残片，残宽11.5、残高4.8厘米。黄褐色胎，胎质较粗，坚硬。内壁及口沿施白色化妆土，内壁以黑彩绘纹饰，然后施透明釉，平沿上刮釉，釉面光亮，有细碎开片，釉色白中泛黄，外壁施褐色护胎釉。敞口，平沿，方圆唇，弧腹。

黑釉双耳罐，T11③:9，残，口径约10、残高6厘米。灰白胎，胎质较粗，坚硬。内外施黑釉，釉色乌黑发亮，内壁下部施釉较薄，釉色为褐色。直口，圆唇，短颈，溜肩，肩部残留一耳。

三彩枕，T11③:5，枕面残片，残长7.5、残宽5.8厘米。粉红色陶胎，胎质较粗。器表施白色化妆土，刻出纹饰，再施绿釉、黄釉等。

钧瓷残片，T11③:10，残长6.3、残宽3.4厘米。灰胎，胎质较粗，坚致。内外施青釉，施釉均匀，釉层较厚。

（11）T12③

白瓷瓶，T12③:3，残，口径5.4、残高5.4厘米。白胎，胎质细腻坚硬，胎体轻薄。内外均施釉，釉面莹润，釉色白中泛黄。敞口，圆唇，长直颈（图八四，3）。

白瓷瓶，T12③:4，颈部残片，直颈约3.5、残高7厘米。白胎，细腻坚致。内外均施釉，内壁施釉不均，釉面莹润，釉色白中微泛灰。长直颈。

白瓷碗，T12③:11，残，口径约24、残高6.6厘米。白胎，胎质细腻坚硬。内外满釉，芒口，外壁口沿下刮釉一周，釉面光润，釉色白中泛灰。侈口，尖圆唇，弧腹（图八四，5）。

白瓷刻花器盖，T12③:2，残，口径约6、残高1.9厘米。白胎，胎质细腻坚硬，胎体轻薄。平沿，内壁及子口唇部无釉，余满釉。釉面光润，釉色洁白，积釉处闪黄。子母口，子口内敛，尖唇，平沿，盖面拱起，刻轮菊纹，顶部钮残缺（图八四，1）。

白瓷刻花盘，T12③:5，残，残宽6.2、残高约4厘米。白胎，胎质细腻坚硬。内外满釉，芒口，釉色洁白。敞口，折腹，内壁有刻花纹饰。

白瓷印花盘，T12③:6，残，足径约7、残高1.3厘米。白胎泛灰，细腻坚致。内外满釉，应是芒口，釉面光润，釉色白中泛黄。浅弧腹，圈足。内壁印花卉纹等。

白瓷刻花器盖，T12③:7，残，口径约12、残高2.9厘米。灰白胎，胎质较细，坚硬。外壁满釉，釉色泛青黄，内壁盖面下中部施一层薄釉。子母口，子口内敛，尖圆唇，沿上翘，盖面拱起，刻轮菊纹，顶部钮残缺。

白瓷刻花碗，T12③:10，残，足径约4、高4.5厘米。灰白胎，胎质细腻坚硬。内壁满釉，芒口，外壁施釉至圈足着地处，釉面光亮，釉色白中泛灰。侈口，圆唇，弧腹，圈足，外壁刻莲瓣纹。

粗白瓷器盖，T12③:1，残，口径约22、高5.7厘米。褐色胎，胎质较粗，坚硬。器表满施白色化妆土，平沿内壁及子口唇部无釉，余满釉，釉面光润，釉色白中泛黄。子母口，子口微敛，尖圆唇，平沿，盖面拱起，上刻轮菊纹，顶部有圈足形钮。

粗白瓷器盖，T12③:9，残，口径约12、高3.3厘米。灰胎，胎质较细，坚硬。外壁满釉，釉色泛灰，内壁无釉。子母口，子口内敛，尖圆唇，平沿，盖面拱起（图八四，2）。

粗白瓷盏，T12③:13，可复原，口径10、足径4.1、高3厘米。灰胎，胎质较粗，坚硬。器表施白色化妆土，内壁满釉，内壁有支钉痕，外壁半釉，釉不及底，釉面光润，釉色泛灰。直口，厚唇，

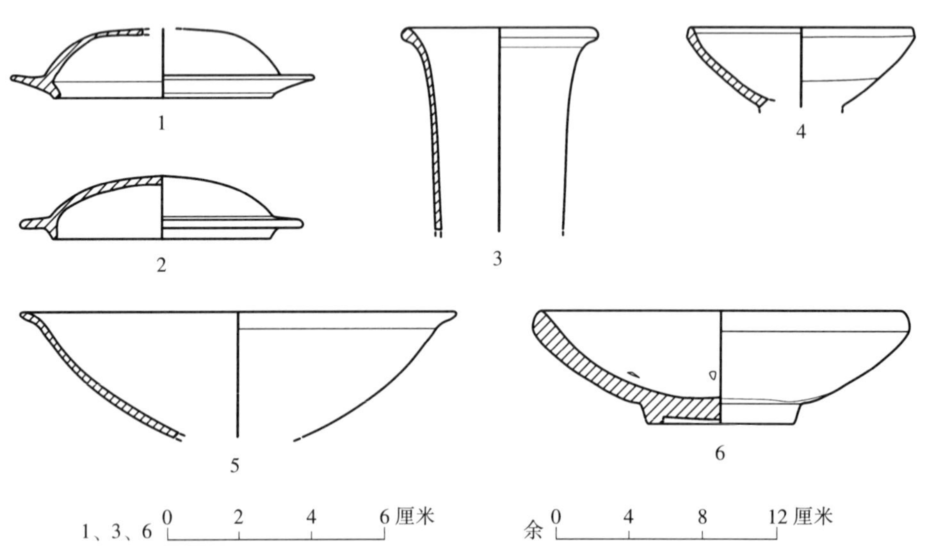

图八四　T12③出土器物

1. 白瓷刻花器盖（T12③:2） 2. 粗白瓷器盖（T12③:9） 3. 白瓷瓶（T12③:3） 4. 黑釉盏（T12③:14） 5. 白瓷碗（T12③:11） 6. 粗白瓷盏（T12③:13）

浅弧腹，圈足（图八四，6）。

白地黑花盆，T12③:12，底部残片，残长5.6、残宽5.4、厚0.9~1厘米。黄褐色胎，胎质较粗，坚硬。内底施白色化妆土，以黑彩绘纹饰，再施透明釉，釉色洁白。

白地黑花盆，T12③:16，残，黄褐色胎，胎质较粗，坚硬。内壁施白色化妆土，以黑彩绘纹饰，再施透明釉，外壁罩黑釉。

黑釉盏，T12③:14，残，口径约12、残高4.2厘米。灰白胎，胎质较细，坚硬。内壁满釉，外壁半釉，芒口，唇部内外皆刮釉一周，釉面乌黑光亮。直口，尖唇，弧腹（图八四，4）。

黑釉腰鼓，T12③:15，残，褐色胎，胎质较粗，坚硬。敛口，圆唇，束腰。外壁施黑釉，器身上刻出凹弦纹。

（12）T13③

白釉提梁壶，T13③:2，残，口径3.2、残高4.2厘米。白胎，胎质细腻坚硬。外壁满釉，内壁仅及口部，釉面光润，釉色白中泛黄。尖唇，口内敛，提梁贴花侧仅剩一片贴塑草叶，另端已残。

白瓷盘，T13③:14，底部残片，底径约7、残高1.7厘米。白胎泛灰，胎质细腻坚致。内外满釉，应为芒口，釉色白中泛灰。弧腹，圈足，内底有红色摩擦痕。

白瓷刻花盘，T13③:17，残，残宽5、残高3.5厘米。白胎，胎质细腻坚致。内外满釉，芒口，外壁口部以下一周刮釉，釉色洁白。侈口，方唇，折腹，内壁有刻花纹饰。

白瓷印花盘，T13③:13，残，足径5.5、残高1.3厘米。灰白胎，胎质细腻坚致。内外满釉，应为芒口，釉面光润，釉色泛灰黄。浅弧腹，矮圈足，内壁及底部有印花纹饰，底部为水波游鱼纹。

白瓷印花碗，T13③:19，残，足径约6、残高3厘米。灰白胎，胎质细腻坚致。内外满釉，应为芒口，釉面光润，釉色白中泛灰。斜直腹，矮圈足，内壁及底部有印花纹饰。

白瓷印花盘，T13③:25，残，残宽3.5、残高2.5厘米。白胎泛灰，胎质较细，局部结合不紧密。内外满釉，芒口，釉面光润，釉色白中泛灰。敞口，尖圆唇，浅弧腹，内壁有印花纹饰，口沿下为一周卷云纹，其下印花卉纹，纹饰较突出。

粗白瓷注壶，T13③:8，残，口径3.8、残高5.8厘米。灰胎，胎质稍粗，坚致。外壁及内壁颈部施白色化妆土，再施透明釉，釉面光润，釉色白中泛灰。直口，方唇，直颈，折肩，肩部与颈部上有一把手。

粗白釉瓶，T13③:20，残，足径4.9、残高12.2厘米。黄褐色胎，胎质较粗。外壁施白色化妆土，半釉，内壁满釉，施釉不均，局部无釉。口部残，圆肩，喇叭状圈足。

粗白瓷刻划花碗，T13③:6，残，残宽6.6、残高4.3厘米。灰胎，胎质较粗，坚硬。器表施白色化妆土，内外均施釉，釉面光润，釉色泛灰。敞口，圆唇，弧腹，内壁有刻划花纹饰。

粗白釉刻花钵，T13③:15，口部残片，残宽7.8、残高5.7厘米。灰胎，胎质较粗，坚硬。内外满釉，口部顶端刮釉，釉色泛黄。直口，方唇，深直腹，外壁刻莲瓣纹。

双色釉点彩碗，T13③:4，可以和T13③b:22相拼。

黑釉罐，T13③:1，底部残片，足径约7.5、残高7.1厘米。褐色胎，胎质较粗，坚致。外壁施白色突线纹，再罩一层黑釉，内壁满釉，底部有涩圈，外壁釉不及底。弧腹，圈足，挖足过肩。

黑釉器盖，T13③:9，可复原，口径7.8、边径11.8、高3.5厘米。褐色胎，胎质较粗，坚硬。外壁满施黑釉，釉面光亮。子母口，子口内敛，尖唇，平沿，盖面拱起，顶部有圆钮。内壁盖面下涂成红色（图八五）。

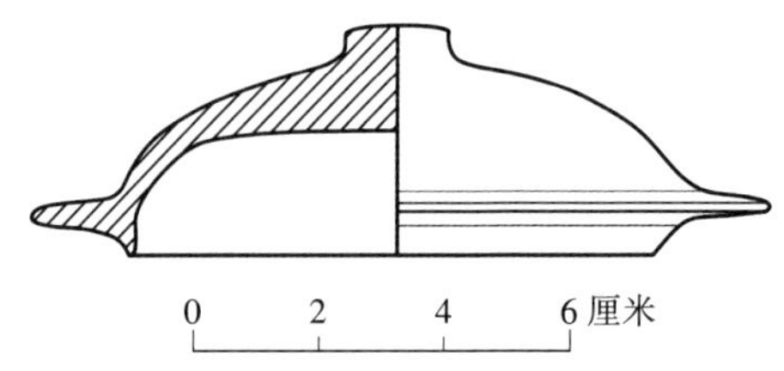

图八五　黑釉器盖（T13③:9）

耀州窑青瓷碗，T13③:23，残，足径约4、残高4.6厘米。灰胎，胎体较细，坚硬。内外满施青釉，圈足处无釉，釉面光润，有较大开片。弧腹，圈足，内壁有印花纹饰。

绿釉小罐，T13③:3，残，残高2.4厘米。红色陶胎，胎质较粗。内外均施白色化妆土，外壁上部及内壁口部施绿釉。直口，圆唇，溜肩，鼓腹。

腰圆形绿釉枕，T13③:7，残长16.6厘米。红色陶胎，胎质较粗，器表施白色化妆土，枕面和枕墙上均刻出纹饰，然后施一层绿釉，前枕墙中部向内弧。

红绿彩人物，T13③:27，残，残长4.8、残高3.5厘米。模制，黄白胎，胎质较粗。器表施白色化妆土，釉上以红、绿、黄彩装饰。

红绿彩人物，T13③:28，残，底径5、残高2.1厘米。模制，黄褐色胎，胎质较粗。器表施白色化妆土，釉上以红、绿彩装饰。圆形底座，中部有小孔，人物为坐姿，足残。

素胎炉，T13③:21，残，残高7.6厘米。泥质红陶，模制，兽首状足，腹壁印三层纹饰。

（13）T14③

白瓷碗，T14③:1，可复原，口径约21、足径6.4、高8厘米。灰白胎，胎质较细，胎体轻薄。内外满釉，芒口，釉面光润，有开片，釉色泛灰黄。敞口，圆唇，弧腹，圈足（图八六，1）。

白瓷碗，T14③:3，可复原，口径20.5、足径6.3、高7.3~7.4厘米。灰白胎，胎质较细，坚硬。内外满釉，芒口，釉色泛灰黄。敞口，尖圆唇，弧腹，圈足（图八六，3）。

白瓷刻花钵，T14③:2，可复原，口径约13、足径7、高10.2~10.4厘米。白胎泛灰，胎质较细，坚硬。内壁满釉，底部有涩圈，芒口，外壁施釉至圈足，釉色泛灰黄。直口，尖圆唇，深直腹，下腹斜收，圈足，外壁有刻花莲瓣纹（图八六，2）。

白瓷印花碟，T14③:4，残，足径约6、高2.1厘米。灰白胎，胎质较细。内外满釉，芒口，釉色泛灰黄。敞口，圆唇，浅弧腹，圈足。内壁印一周莲瓣纹，底部印菱形开光，框外四边为卷草纹，开光内纹饰残破严重（图八六，5）。

白瓷印花盘，T14③:5，残，足径约6、高3.6厘米。灰白胎，胎质细腻坚硬。内外满釉，芒口，釉面较光润，釉色泛灰黄。敞口，尖圆唇，浅弧腹，矮圈足。内壁有印花纹饰，口沿下为一周回纹，其下为花卉纹。

白瓷印花盘，T14③:6，残，残宽8.5、残高3.5厘米。灰白胎，胎质细腻坚硬。内外满釉，芒口，釉面光润，釉色白中泛灰。敞口，尖圆唇，浅弧腹。内壁有印花纹饰，口沿下为一周回纹，其下有牡丹纹等。

白瓷印花盘，T14③:7，残，残宽 5.1、高 3.5 厘米。白胎泛灰，胎质细腻坚硬。内外满釉，芒口，釉面光润，釉色泛灰黄。敞口，圆唇，浅弧腹。内壁有印花纹饰，口沿下为一周回纹，其下印凤鸟、花卉纹等。

粗白瓷盘，T14③:8，可复原，口径约 16.6、足径 5.6、高 4.2 厘米。灰胎，胎质较粗，坚硬。器表施白色化妆土，内壁满釉，内底有较细的支钉痕，外壁釉不及底，釉面发木光，釉色白中泛灰。直口，尖圆唇，浅弧腹，圈足，挖足过肩（图八六，6）。

粗白瓷碗，T14③:9，残，口径约 21.5、足径约 6.4、高 8.6 厘米。黄白胎，胎质较粗，坚硬。器表施白色化妆土，内壁满釉，内底有支钉痕，外壁釉不及底，釉面发木光，釉色乳白。敞口，圆唇，弧腹，圈足（图八六，4）。

粗白瓷盏，T14③:12，可复原，口径约 9.4、足径 4.7、高 2.7 ~ 2.8 厘米。黄褐色胎，胎质较粗，坚硬。器表施白色化妆土，内壁满釉，内壁有支钉痕，外壁仅唇部施釉，有流釉，釉面发涩。敞口，厚唇，浅斜直腹，饼状圈足（图八六，7）。

粗白瓷器盖，T14③:13，残，口径 7.6、边径 11、残高 2.3 厘米。灰褐色胎，胎质较粗，坚硬。外壁施白色化妆土，满釉，内壁无釉，釉面光润，釉色泛灰。子母口，子口内敛，尖圆唇，平沿，盖

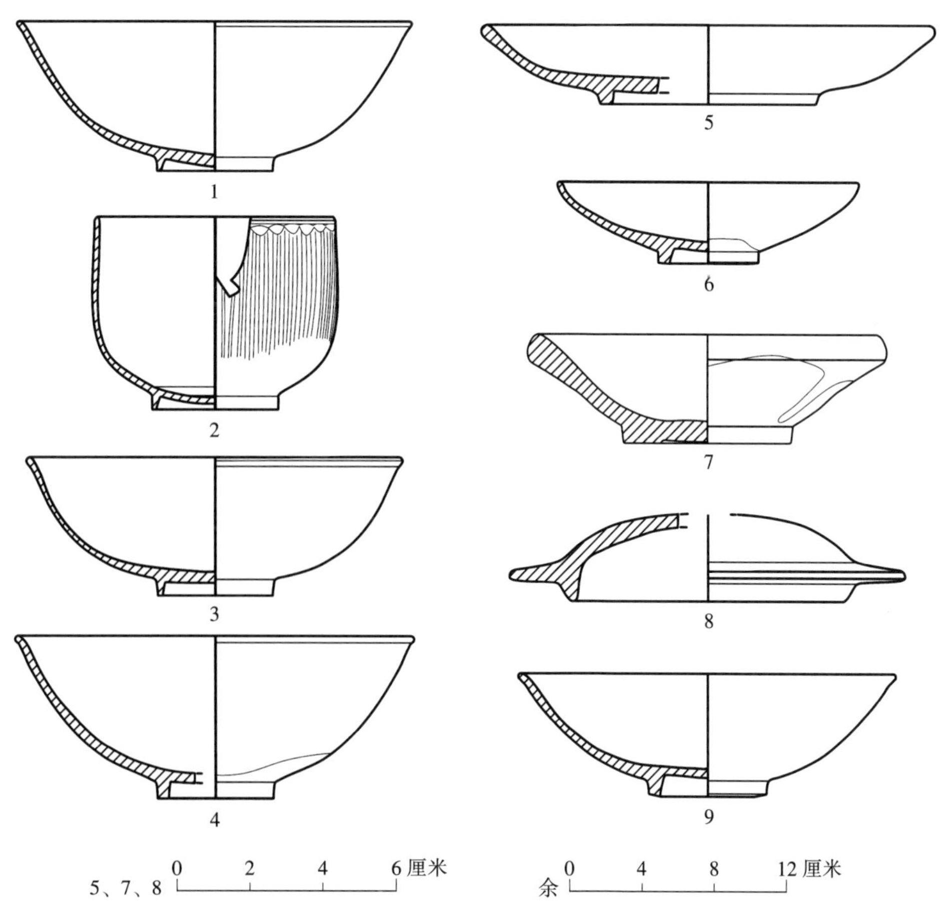

图八六　T14③出土器物

1. 白瓷碗（T14③:1） 2. 白瓷刻花钵（T14③:2） 3. 白瓷碗（T14③:3） 4. 粗白瓷碗（T14③:9） 5. 白瓷印花碟（T14③:4） 6. 粗白瓷盘（T14③:8） 7. 粗白瓷盏（T14③:12） 8. 粗白瓷器盖（T14③:13） 9. 双色釉碗（T14③:15）

面拱起（图八六，8）。

粗白瓷器盖，T14③:14，残，高3厘米。灰褐色胎，胎质较粗，坚致。器外壁施白色化妆土，再罩以透明釉，釉色泛黄，内壁不施釉。子母口，子口微敛，尖圆唇，平沿，盖面拱起，顶部为圈足形钮。

粗白瓷刻划花碗，T14③:10，口径约21、残高8.4厘米。灰褐色胎，胎质较粗，坚硬。器表施白色化妆土，内外均施釉，釉面光亮，有细碎开片，釉色白中泛灰。敞口，圆唇，弧腹，内壁有刻花纹饰，以篦纹为地。

白地黑花盆，T14③:11，底部残片，残长14、残宽11、残高2.7、底厚1～1.6厘米。黄褐色胎，胎质较粗，坚致厚重。内壁施白色化妆土，以黑彩绘花草纹，内壁满釉，釉色洁白，有细碎开片，黑白对比强烈，外壁下腹部有护胎酱釉，十分粗糙。弧腹，平底内凹。

双色釉碗，T14③:15，可复原，口径约20.8、足径6.5、高6.5～6.7厘米。灰褐色胎，胎质较粗，坚硬。内壁满白色化妆土，釉色白中泛灰，底部有支钉痕，外壁施黑釉，圈足处无釉。敞口，圆唇，弧腹，圈足，挖足过肩，内底有多道红色摩擦痕（图八六，9）。

三彩枕，T14③:16，枕面残片，残长7.4、残宽6.7厘米。红胎，胎质较粗，坚硬。器表施白色化妆土，刻出纹饰后，施绿釉、黄釉、透明釉。

陶盆，T14③:17，口沿残片，口径约29、残高5.8厘米。泥质红陶，敞口，卷沿，方唇，弧腹外鼓。

（14）T15③

白瓷刻花器盖，T15③:1，残，残宽7.5、高4.8厘米。白胎，细腻坚致。外壁满釉，内壁盖面以下施釉，釉色白中泛黄。盖面有刻花纹饰，顶部为圈足形钮。

粗白瓷器盖，T15③:3，可复原，口径9.1、边径13、高2.8厘米。深灰褐色胎，胎质较粗，坚硬。外壁施白色化妆土，然后施透明釉，釉面较粗糙，釉色泛黄，内壁无釉。子母口，子口内敛，圆唇，平沿，盖面拱起（图八七，1）。

粗白瓷器盖，T15③:4，可以和T16③:10相拼。

粗白瓷盏，T15③:5，可复原，口径10、足径4.3、高3.2～3.5厘米。灰胎，胎质较粗，坚致。内壁及外壁唇部施白色化妆土，然后在化妆土上罩一层透明釉，内壁有较小的圆形支钉痕，釉色泛灰。直口，厚唇，浅弧腹，圈足（图八七，2）。

粗白瓷碗，T15③:6，可复原，口径约23.2、足径6.7、高8.5厘米。灰胎，胎质较粗，坚硬。器表施白色化妆土，内壁满釉，内底等距离分布五枚长条支钉痕，外壁施釉至圈足，釉色泛灰。敞口，圆唇，弧腹，圈足，挖足过肩（图八七，3）。

粗白瓷小罐，T15③:7，残，口径约6.3、足径4.5、高4.6厘米。黄褐色胎，胎质较粗疏。内壁及外壁上部施白色化妆土，内壁满釉，外壁半釉，釉面发涩。直口，圆唇，束颈，鼓肩，扁鼓腹，下腹急收，圈足，内底中部下凹（图八七，4）。

粗白瓷双耳罐，T15③:9，残，残宽10、残高6.6厘米。黄褐色胎，胎质较粗。外壁及内壁口沿下施白色化妆土，然后在化妆土上罩一层透明釉，芒口，釉面有细碎开片，釉色白中泛黄。敛口，圆唇，斜直颈，鼓肩，肩上附耳。

粗白瓷执壶，T15③:10，口部残片，口径4、残高4.1厘米。灰褐色胎，胎质较粗。外壁及内壁颈部施白色化妆土，然后施透明釉，釉色泛黄，外壁脱釉较多。直口，圆唇，直颈。溜肩，颈部附把手，已残破。

酱釉器盖，T15③:12，残，口径约10、残高2.2厘米。灰白胎，胎质较粗。外壁施酱釉，内壁无釉。子母口，子口内敛，圆唇，平沿，盖面拱起。

青白瓷盏，T15③:13，残，足径3.3、残高2.1厘米。白胎，细腻坚致，胎体轻薄。内外满施青白釉，应是芒口，釉面莹润。弧腹，圈足。器内底刻花卉纹（图八七，5）。

耀州窑青瓷碗，T15③:22，残，足径约4.5、残高2.5厘米。灰白胎，胎质较细，坚硬。内外满施青釉，圈足处无釉，釉面光润，有开片。弧腹，圈足，内壁有印花纹饰。

三彩枕，T15③:14，残高3.2厘米。红褐色胎，胎质较粗，坚硬。器表施白色化妆土，施黄釉、绿釉、透明釉。

黄绿釉鸱吻，T15③:19，残长9、残高6.5厘米。器表施黄绿釉。

陶盘，T15③:16，残，口径约30、底径约26、高2.8厘米。泥质灰陶。敞口，折沿，圆唇，浅

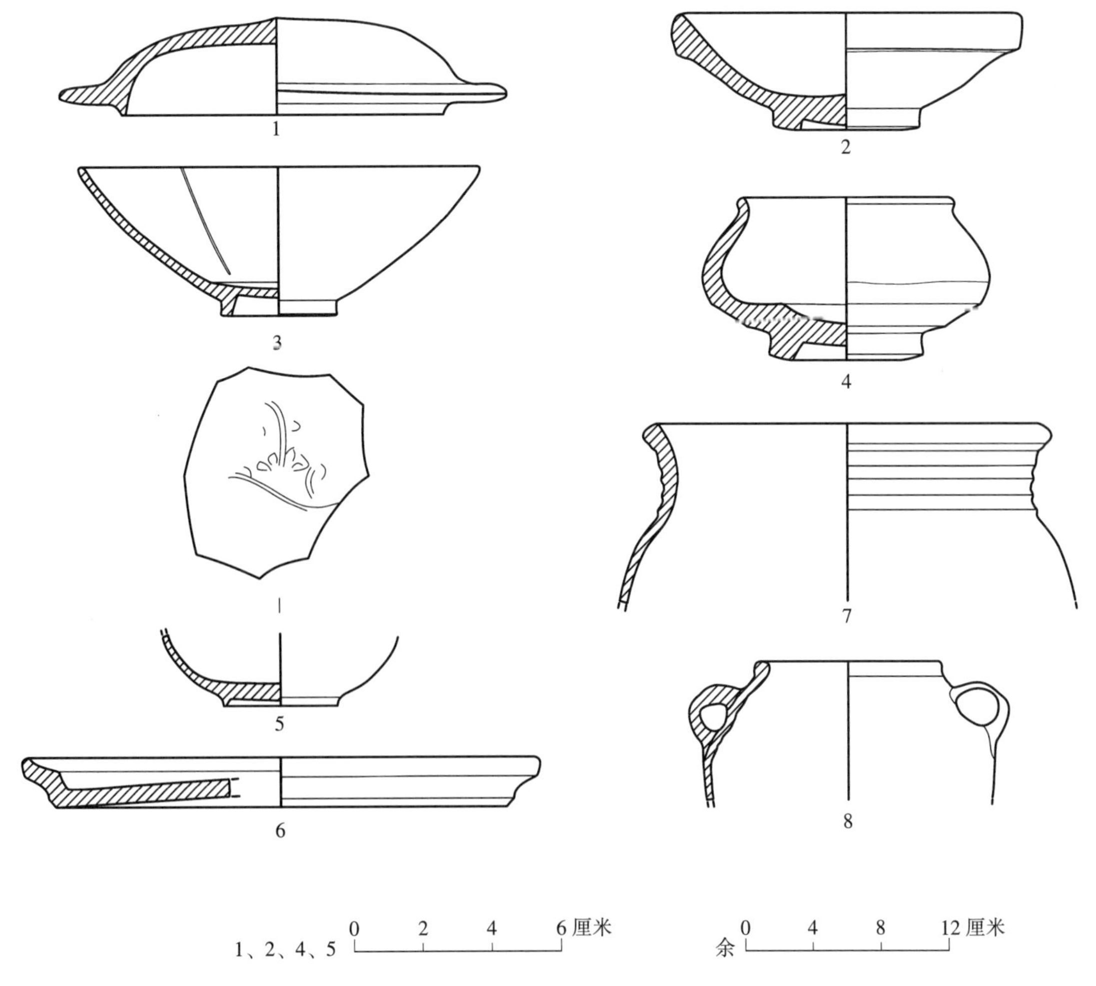

图八七　T15③出土器物

1. 粗白瓷器盖（T15③:3）　2. 粗白瓷盏（T15③:5）　3. 粗白瓷碗（T15③:6）　4. 粗白瓷小罐（T15③:7）
5. 青白瓷盏（T15③:13）　6. 陶盘（T15③:16）　7. 陶罐（T15③:17）　8. 陶双耳罐（T15③:18）

腹，平底内凹（图八七，6）。

陶罐，T15③:17，口部残片，口径约24、残高10厘米。泥质灰陶，敞口，方唇，短束颈，颈部四周凸棱，溜肩，弧腹（图八七，7）。

陶双耳罐，T15③:18，口部残片，口径约11、残高7.8厘米。泥质灰陶，直口，圆唇，鼓肩，肩部残留一耳（图八七，8）。

砂器，T15③:20，残存一柄及部分器壁，残宽13、残高10厘米。胎呈黑色，胎质较粗。从残留的器壁看，器身为直口，方唇，弧腹，柄上翘，截面为椭圆形，柄端直径3.3～4.5厘米。

（15）T16③

白瓷印花盘，T16③:1，残，口径约18.2、足径6.5、高3.5～3.8厘米。白胎泛灰，胎质细腻。内外满釉，芒口，釉面光润，釉色泛灰黄。敞口，尖圆唇，浅弧腹，圈足。内壁有印花纹饰，口沿下为一周回纹，其下以白色出筋分隔成六部分，每部分内均印相同的花卉纹，底部亦印花卉纹，纹饰较为模糊（图八八，1）。

白瓷器盖，T16③:2，可复原，口径8.4、足径3.6、高1.7厘米。白胎，胎质细腻坚硬。内壁满釉，外壁无釉，釉面光润，釉色白中泛黄。盖呈盘形，侈口，卷沿，方唇，浅弧腹，下附圈足，内底有钮（图八八，2）。

白瓷器盖，T16③:4，可复原，口径7.7、边径10.4、高2.5厘米。黄白胎，胎质细腻坚致。外壁施满釉，釉面有细碎开片，釉色发黄。子母口，子口内敛，圆唇，平沿，盖面拱起，顶部有圆钮（图八八，3）。

白瓷小瓶，T16③:6，残，残高4.8厘米。白胎泛灰，胎质较细，坚致。外壁釉不及底，内壁无釉，釉色泛灰黄。口部残，广肩，瘦长腹，隐圈足。

粗白瓷碗，T16③:7，可复原，口径约24、足径约7.6、高10.4～11厘米。灰胎，胎质较粗，器表施白色化妆土，内壁满釉，内底有支钉痕，外壁釉不及底，釉色粉白。敞口，圆唇，弧腹，圈足，挖足过肩（图八八，5）。

粗白瓷盘，T16③:8，可复原，口径约20、足径7.4、高4～4.3厘米。灰胎，胎质较粗，坚硬。器表施白色化妆土，内壁满釉，内底有支钉痕，外壁釉不及底，釉色白中泛灰。直口微敞，圆唇，浅弧腹，圈足（图八八，10）。

粗白瓷器盖，T16③:10，可复原，口径11.6、边径15.2、高3厘米。黄褐色胎，胎质较粗，坚硬。器表满施白色化妆土，外壁满釉，内壁盖面下施釉，釉面有细碎开片，釉色粉白，内壁中部有缩釉现象。子母口，子口内敛，圆唇，平沿，盖面拱起，顶部有圆形凹圈（图八八，9）。可以和T15③:4拼合。

粗白瓷高足盏，T16③:11，可复原，口径约11.9、足径5、高4.6厘米。灰胎，胎质较粗，坚致。器表施白色化妆土，内壁满釉，内底有较小的圆形支钉痕，外壁釉不及底，釉面光亮，釉色白中泛灰。侈口，尖圆唇，浅弧腹，高圈足，挖足过肩（图八八，11）。

粗白瓷篦划花碗，T16③:12，残，口径约16.2、足径6.5、高6.3厘米。灰胎，胎质较粗，坚硬。器表施白色化妆土，内壁满釉，内底有支钉痕，外壁釉不及底，釉色泛灰。敞口，圆唇，弧腹，下腹急收，圈足，挖足过肩，内壁有篦划花装饰。

腰圆形白瓷枕，T16③∶17，枕面残片，残长 10、残宽 8、残高 2.5 厘米。红褐色胎，胎质较粗，坚硬。外壁施化妆土，枕面外缘刻几周弦纹，釉色白中泛黄。

白地黑花盆，T16③∶14，底部残片，底径约 28、残高 5、底厚 1～1.7 厘米。黄白胎，胎质较粗，坚致厚重。内壁施白色化妆土，以黑彩绘花草纹，内壁满釉，釉色洁白，有细碎开片，黑白对比强烈，外壁下腹部有护胎酱釉，十分粗糙。弧腹，平底内凹。

粗白瓷碗，T16③∶9，可复原，口径 11.8、足径 4.3、高 3.3～3.5 厘米。灰褐色胎，胎质较粗，

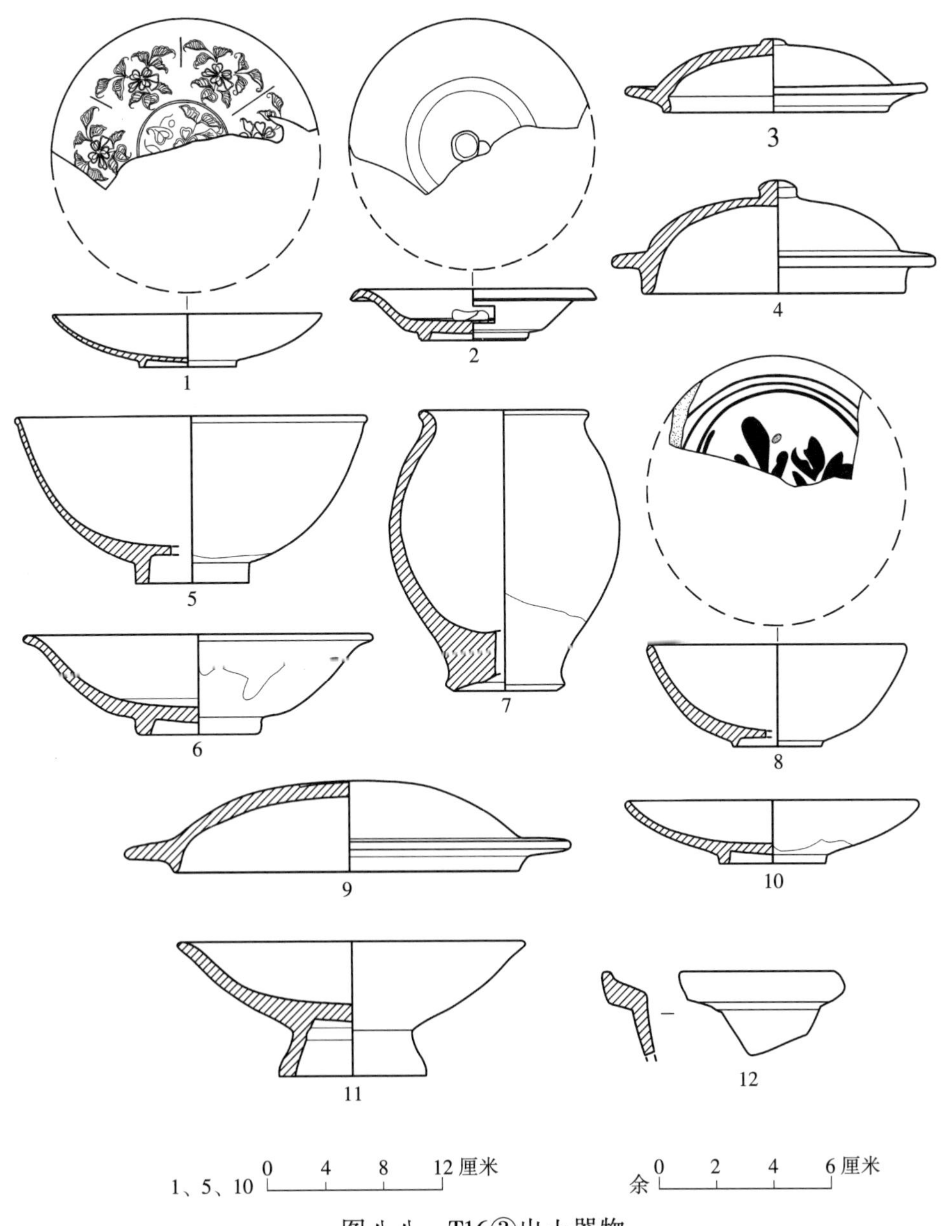

图八八　T16③出土器物

1. 白瓷印花盘（T16③∶1）　2. 白瓷器盖（T16③∶2）　3. 白瓷器盖（T16③∶4）　4. 青釉器盖（T16③∶18）　5. 粗白瓷碗（T16③∶7）　6. 粗白瓷碗（T16③∶9）　7. 黑釉罐（T16③∶20）　8. 红绿彩碗（T16③∶19）　9. 粗白瓷器盖（T16③∶10）　10. 粗白瓷盘（T16③∶8）　11. 粗白瓷高足盏（T16③∶11）　12. 石盆（T16③∶23）

坚硬。内壁及外壁唇部以下施白色化妆土，内壁满釉，底部有涩圈，涩圈上有砂粒，外壁半釉，圈足处亦有砂粒，釉色泛青灰。敞口，圆唇，弧腹较浅，圈足（图八八，6）。

青釉器盖，T16③:18，可复原，口径9、高3.8厘米。灰胎，胎质较粗，坚硬。外壁及内壁唇部施青釉。子母口，子口较直，圆唇，平沿，盖面拱起，顶部有圆钮（图八八，4）。

黑釉罐，T16③:20，残，底径约4.1、高9.3厘米。灰褐色胎，胎质较粗，坚硬。内施满釉，外壁釉不及底。侈口，圆唇，短束颈，圆肩，下腹近底处又外撇，隐圈足（图八八，7）。

红绿彩碗，T16③:19，残，口径约9、高3.4厘米。黄褐色胎，胎质较粗。器表施白色化妆土，内壁满釉，内底有椭圆形小支钉痕，外壁仅圈足处无釉。内壁以红、绿彩绘纹饰，壁上有三周红色弦纹，底部为红花绿叶。因土沁严重，釉色发黄，红、绿彩脱落严重。敞口，圆唇，弧腹，圈足，挖足过肩（图八八，8）。

耀州窑青瓷盏，T16③:22，口沿残片，口径约14、残高3.4厘米。灰胎，胎质较细，坚硬。内外满施青釉，釉面光润，有开片，釉色较深。侈口，窄折沿，圆唇，弧腹，内壁有印花纹饰。

绞胎瓷残片，T16③:21，残长3.4、残宽3.3、厚0.5～0.7厘米。胎质稍粗，坚致。胎体以黄白色泥与褐色泥绞在一起，外施黄褐色釉，釉面光润。

石盆，T16③:23，口沿残片，残宽5.8、残高2.8厘米。滑石质，盘口，折沿，方唇，弧腹（图八八，12）。

（16）T17③

白瓷碗，T17③:16，口沿残片，残宽6.3、残高3.9厘米。白胎，胎质细腻，坚硬，胎体轻薄。内外满釉，芒口，釉色白中泛灰。敞口，尖圆唇，斜直腹，上腹部有一钻透的小孔。

白瓷印花碟，T17③:1，残，口径约12、残高2厘米。白胎泛灰，胎质细腻，坚硬。内外满釉，芒口，釉面光润，釉色白中泛灰。敞口，尖圆唇，浅弧腹，圈足残。内壁印一周莲瓣纹，底部残留水波纹。

白瓷印花碟，T17③:12，残，底径约4、残高1.6厘米。白胎泛灰，胎质较细。内外满釉，应是芒口，釉色泛灰黄。敞口，浅弧腹，圈足。内壁印一周莲瓣纹，底部残留栏杆纹。

白瓷印花盘，T17③:3，残，足径约7、残高2.4厘米。白胎泛灰，细腻坚致。内外满釉，应是芒口，釉面光润，釉色白中泛灰。浅弧腹，圈足。内壁有印花纹饰，壁上及底部均有水禽荷花纹。

白瓷印花碗，T17③:4，残，残宽10.3、残高约5.5、厚0.2～0.3厘米。白胎泛灰，胎质细腻坚硬，胎体轻薄。内外满釉，釉面光润，釉色白中泛灰。器内壁有印花花卉纹饰，纹饰较突出。

白瓷印花盘，T17③:5，残，残宽5.7、残高约2厘米。白胎泛灰，胎质细腻坚硬。内外满釉，釉面光润，釉色白中泛灰。器内壁有印花花卉纹饰，纹饰突出。

白瓷印花残片，T17③:6，残长4.2、残宽3.8厘米。白胎泛灰，胎质细腻坚硬。内外满釉，釉面光润，釉色白中泛灰。内壁印凤鸟、花卉等，纹饰较突出。

白瓷印花盏，T17③:11，残，口径约10、残高3厘米。白胎泛灰，胎质较细，结合不紧密。内外满釉，芒口，釉面光润，釉色白中泛灰。敞口，尖圆唇，弧腹。内壁印莲瓣纹。

白瓷刻花碗，T17③:2，口沿残片，残宽6.7、残高6厘米。白胎，胎质细腻坚硬。内外满釉，芒口，釉面光润，釉色洁白。直口，尖圆唇，唇部加厚，深直腹微弧，外壁刻仰莲瓣，内壁亦有刻划花纹饰。

白瓷刻花碗，T17③:9，残，口径约20.5、足径约7、高6.2～6.3厘米。白胎泛灰，胎质细腻坚硬。内外满釉，芒口，口沿外刮釉一周，釉面光润，釉色白中泛灰。侈口，尖圆唇，弧腹，圈足，内壁有刻花萱草纹。

白瓷盘，T17③:10，残，口径约19.5、足径约6.2、高3.7～3.8厘米。白胎泛灰，胎质较细，胎体结合不紧密。内壁满釉，底部有涩圈，外壁施釉至圈足，釉面光润，有细碎开片，釉色白中泛灰。敞口，圆唇，折腹，圈足（图八九，1）。

粗白瓷器盖，T17③:13，可复原，口径9.8、边径13.8、高2.6厘米。黄褐色胎，胎质较粗。外壁施白色化妆土，然后施一层透明釉，内壁盖面下直接施透明釉，呈胎色。子母口，子口内敛，圆唇，平沿，盖面拱起（图八九，4）。

粗白瓷盏，T17③:14，可复原，口径约10.2、足径4.1、高3.1～3.3厘米。黄白胎，胎质较粗，坚硬。器表施白色化妆土，内壁满釉，外壁半釉，釉色乳白。直口微敛，厚唇，浅斜直腹，圈足（图八九，3）。

粗白瓷刻划花小碗，T17③:15，残，口径约9.4、高4厘米。灰胎，胎质较粗，坚硬。器表施白色化妆土，内壁满釉，外壁施釉至圈足，釉色泛灰。敞口，尖圆唇，弧腹，圈足，器内壁有篦划纹饰。

酱釉鸡腿瓶，T17③:18，残，口径5、残高14.8厘米。灰褐色胎，胎质较粗，坚硬，含有较多的颗粒杂质。器表颈部、肩上部不施釉，余施酱釉，釉面较粗糙。小敞口，方唇，短束颈，溜肩，瘦长腹，腹部有一周凸弦纹（图八九，2）。

青白瓷盏，T17③:19，口沿残片，口径约12、残高3、厚0.2厘米。胎质洁白细腻，胎体轻薄。内外施青白釉，釉面光润。侈口，方唇，斜直腹，内壁有印花纹饰，口沿下为一周回纹，其下为仰莲纹（图八九，5）。

龙泉窑青瓷壶，T17③:20，残，残宽5.5、残高约7.7厘米。灰胎，细腻坚致。外壁施青釉，釉面莹润，有开片，内壁不施釉。鼓腹，上壁有提梁。

钧窑残片，T17③:21，残长3.9、残宽2.5厘米。灰胎，胎质较细，坚硬。器表施天蓝釉，釉层较厚，含较多气孔。

耀州窑青瓷盏，T17③:22，残，残高2厘米。灰胎，胎质较细，坚硬。内外满施青釉，釉面光润，有开片，圈足处无釉。弧腹，圈足，内壁有印花纹饰。

绞釉枕残片，T17③:23，残长4.3、残宽3.8厘米。红色陶胎，胎质较粗，坚硬。残存部分为枕墙和枕面交界处，器表施红黄色釉，局部绞釉。

腰圆形绿釉瓷枕，T17③:29，残，残长24、残宽9.5、残高4.5厘米。红色陶胎，胎质极粗疏。外壁满施白色化妆土，再施绿釉，大部分已脱落。残存部分为枕的右下部分，平底，前枕墙内弧，转角为圆形。

陶质模具，T17③:25，残，残长4、残宽3.5厘米。泥质红陶，印纹为手执武器、身披铠甲的人物。

陶盆，T17③:26，腹部残片，残宽12.8、残高约8厘米。泥质灰陶，胎质较粗。器外壁有绳纹，内壁有网格纹。

陶滴水，T17③∶27，残，残宽18.8、高5.5厘米。泥质灰陶，瓦沿施戳印条带纹和凸棱组成的组合纹饰，三条凸棱夹两条戳印纹，边缘部分为压印的波浪纹。后接板瓦，残长6.3厘米，有布纹。

陶滴水，T17③∶28，残，残宽14.5、高6.5厘米。泥质灰陶，瓦沿施戳印条带纹和凸棱组成的组合纹饰，四条凸棱，内部三条凸棱夹两条戳印纹，外部两条凸棱并列，边缘部分为压印的波浪纹。后接板瓦，残长6.8厘米。

石盆，T17③∶24，口沿残片，残宽5.4、残高3.3厘米。滑石质，通体打磨，外壁较黑。浅盘口，尖圆唇，弧腹（图八九，6）。

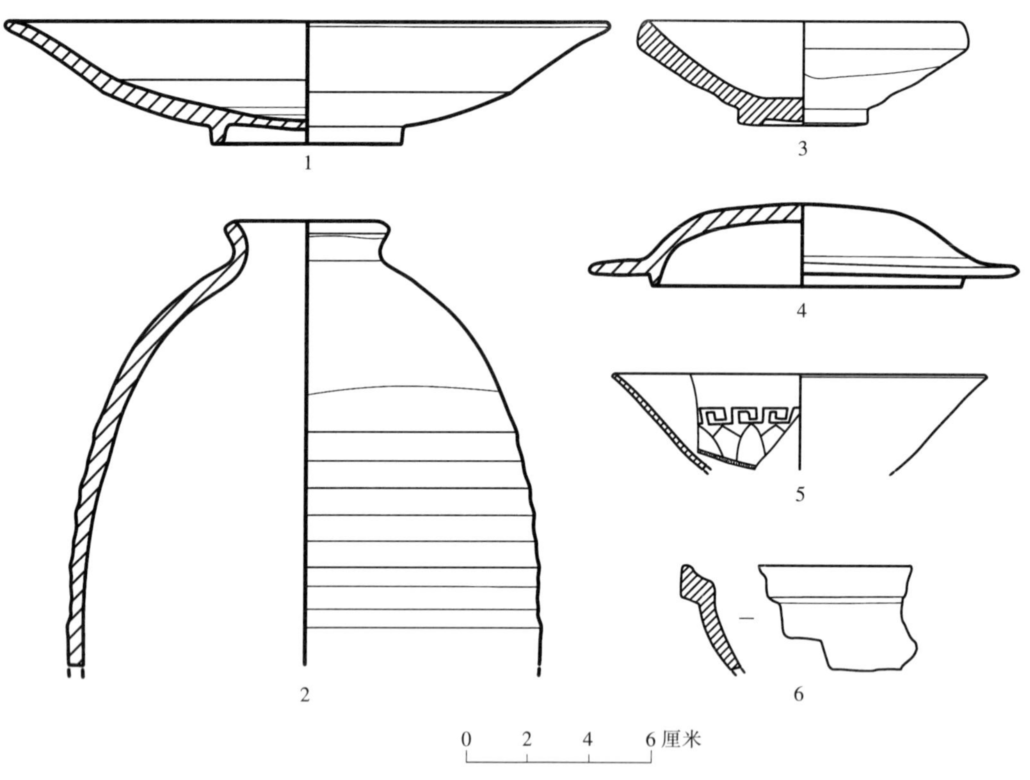

图八九 T17③出土器物

1. 白瓷盘（T17③∶10） 2. 酱釉鸡腿瓶（T17③∶18） 3. 粗白瓷盏（T17③∶14） 4. 粗白瓷器盖（T17③∶13） 5. 青白瓷盏（T17③∶19） 6. 石盆（T17③∶24）

（17）T18③

白瓷花口碗，T18③∶1，可复原，口径10.3、足径3.9、高4.8厘米。白胎，胎质细腻坚硬，胎体轻薄。内外满釉，芒口，釉面光润，釉色洁白。侈口，圆尖唇，弧腹，圈足，器内底有弦纹一周（图九〇，1）。

白瓷碗，T18③∶20，残，口径26、残高8.1厘米。白胎泛灰，胎质较细，坚硬。器内外均施釉，芒口，釉面较光亮，釉色泛灰黄。敞口，尖圆唇，弧腹较深，外壁有数道弦纹（图九〇，3）。

白瓷印花盘，T18③∶2，残，足径约6、残高1.2厘米。白胎，胎质较细，局部结合不紧密。内外满釉，应为芒口，白釉泛灰。弧腹，下腹急收，内底较宽，圈足。内壁模印一周莲瓣纹，底部印水波游鱼、荷花等。

白瓷印花盘，T18③:3，残，足径约6、残高1.3厘米。灰白胎，胎质较细，坚硬。内外满釉，应为芒口，白釉泛灰。弧腹，下腹急收，内底较宽，圈足。内壁模印一周莲瓣纹，底部残存栏杆纹，栏杆之间有栏板，栏杆顶端有莲花装饰，下部为云头状足。纹饰较突出。

白瓷印花盘，T18③:4，底部残片，足径约6、残高2.2、厚0.3厘米。白胎，胎质坚致。内外满釉，应为芒口，釉色洁白，釉面发涩。弧腹，圈足。内壁有印花纹饰，残留荷花、凤鸟翅膀、缠枝花卉纹等，内底印水波游鱼纹。纹饰较突出。

白瓷印花碗，T18③:6，底部残片，足径约6、残高2.2、壁厚0.4、底厚0.3厘米。白胎泛灰，胎体坚致。内外满釉，釉面较光润，釉色泛灰，圈足着地处较粗糙，有砂粒。斜直腹，圈足，内底较平。内壁印荷花纹，内底印盆花。

白瓷印花盘，T18③:7，器底残片，足径约6、残高2.2厘米。白胎，胎质细腻坚硬。内外满釉，釉色微泛黄。浅弧腹，圈足。器内壁印荷花纹，器底花纹残破严重。

白瓷印花盘，T18③:8，残长5、残宽4.5厘米。白胎，胎质细腻坚硬。外壁满釉，釉面较光润，釉色洁白。内壁模印荷花纹等，纹饰较突出。

白瓷印花盘，T18③:10，可复原，口径约13.3、足径6、高2.5厘米。白胎，胎质较细，胎体结合不紧密。内外满釉，芒口，釉面光润，釉色发黄。敞口，浅弧腹，下腹急收，内底较宽，大圈足。内壁印一周莲瓣纹，内底印荷花纹（图九〇，4）。

白瓷印花盘，T18③:11，器底残片，足径约7、残高1.2厘米。白胎，胎质细腻坚硬。内外满釉，应为芒口，釉色白中泛灰。弧腹，下腹急收，内底较宽，圈足较大。器壁印一周莲瓣纹，底部印花卉纹。

白瓷印花盘，T18③:12，残宽4.2、残高约3、厚0.2厘米。白胎，胎质细腻，胎体轻薄。内外满釉，芒口，釉色白中泛黄。敞口，方唇，浅弧腹。内壁口沿下印一周回纹，其下印有盛开的荷花。

白瓷印花盘，T18③:13，残长4.8、残宽4.5厘米。白胎，胎质细腻坚硬。内外满釉，釉面光润，釉色洁白。内壁有印花纹饰，以白色出筋相隔，残存部分内有竹鹤、花卉等。

白瓷刻花器盖，T18③:5，残，残直径约9.1、残高1.9厘米。白胎，胎质细腻坚硬。外壁满釉，釉面较光润，釉色泛黄，内壁施釉不均匀，且釉面发涩。边沿残断，盖面拱起，顶部较平。顶部中心下凹，其外有一周莲瓣纹，再外有一周凹凸相间的竖向凸棱。

白瓷刻花碗，T18③:21，器底残片，残高2.3厘米。白胎，胎质细腻坚硬。内外满釉，釉面光润，釉色洁白。弧腹，下腹内收，圈足。内底有刻花纹饰。

白瓷刻花碗，T18③:22，器底残片，残高1.8厘米。白胎，胎质细腻坚硬。内外满釉，釉面光润，釉色洁白。弧腹，下腹内收，大圈足，极矮。内底有刻花纹饰。

白瓷盘，T18③:14，可复原，器形不规整，口径约17.8、足径5.8、高3.3~3.9厘米。白胎泛灰，胎质较细，局部结合不紧密。内外施釉，器内底有涩圈，外壁釉不及底，釉面光亮，釉色泛灰黄。侈口，尖圆唇，折腹，圈足（图九〇，2）。

粗白瓷盘，T18③:16，残，口径18、足径约6.5、高3.7~3.9厘米。黄褐色胎，胎质较粗，坚硬。器表施白色化妆土，内壁满釉，底部有细长支钉痕，外壁施釉不均匀，釉不及底。釉面光亮，釉色直白，有细碎开片。敞口，圆唇，浅弧腹，圈足，挖足过肩（图九〇，6）。

白地黑花枕，T18③:17，两片，枕底残片宽8.5、高7厘米；另一片长8.5、宽4.5、厚0.8厘米。黄褐色胎，胎体坚致。外壁施白色化妆土，以黑彩绘纹饰，再罩一层透明釉，釉色发木，底部不施釉。枕墙上有内凹。

白瓷点彩碗，T18③:15，可复原，口径24、足径8.4、高8.5~8.8厘米。灰褐色胎，胎质较粗，坚硬。内壁及外壁口沿下施白色化妆土，内壁满釉，釉色发灰黄，壁上残留一褐色点彩花朵，底部有涩圈，上有大量垫砂，外壁釉不及底，无化妆土处釉色为灰褐色，有大量黑点，外壁下部及圈足处有大量砂粒，十分粗糙。敞口外撇，圆唇，弧腹，圈足（图九〇，5）。

黑釉炉，T18③:18，残，足径4.9、残高4.1厘米。黄白胎，胎质较细，坚硬。器表施黑釉，釉色乌黑光亮，有流釉，施釉不到底。腰部以上残断，腰部较细，喇叭状足。

酱釉碗，T18③:19，残，高4.6厘米。黄褐色胎，胎质较粗。器内外皆施酱釉，外壁半釉，釉色纯正。敞口外撇，圆唇，弧腹，圈足外撇。

耀州窑青瓷碗，T18③:28，可复原，口径13.2、足径3.9、高5.6厘米。灰胎，胎质细腻，坚硬。内外满釉，釉色淡青，圈足处不施釉，有垫砂痕。侈口，折沿，圆唇，腹弧，圈足。器内有印花纹饰，内壁上部有弦纹一周，其下为水波纹，底部为花卉纹，器外壁上部亦有弦纹一周（图九〇，8）。

耀州窑青瓷碗，T18③:29，口沿残片，残宽5.5、残高4.5厘米。灰胎，胎质细腻，坚硬。内外满釉，釉面光亮，釉色青灰，釉面有较大的开片。敞口，折沿，圆唇，腹弧。内壁上部印水波纹，外壁上部有弦纹一周。

耀州窑青瓷碗，T18③:30，器底残片，残高4.2厘米。灰胎，胎体坚致。内外满釉，釉面光润，釉色较深，有细碎开片，圈足着地处无釉，有垫砂痕。腹弧，圈足。器内有印花花卉纹饰。

钧瓷碗，T18③:32，残破严重，残高4.4厘米。灰胎，胎体坚致。内外均施天蓝釉，釉层较厚，釉薄处发褐，外壁有紫斑，釉面光润，有开片。敞口，尖圆唇，斜直腹，下腹急收。

钧瓷残片，T18③:33，残宽2.7、残高2.6厘米。灰胎，胎体坚致。内外均施蓝釉。直口微敛，圆唇。

黄釉盘，T18③:23，口沿残片，残宽5.8、残高2.4厘米。黄褐色陶胎，胎质较粗疏。器表施白色化妆土，再施黄釉，剥釉极为严重。敞口，厚唇，弧腹（图九〇，7）。

红绿彩碗，T18③:34，残，口径约9.5、残高2.9厘米。黄褐色胎，胎质较细，坚硬。器表施白色化妆土，内壁满釉，外壁釉不及底，釉色直白，釉上以红、绿彩进行装饰，壁上为三周红色弦纹，其下为红绿彩花卉。

红绿彩碗，T18③:35，残，口径约9.8、残高3.1厘米。灰色胎，胎质较粗，坚硬。器表施白色化妆土，釉色泛灰，釉上以红、绿彩进行装饰，壁上为三周红色弦纹，其下为红绿彩花卉。

陶滴水，T18③:25，残宽9.4、高5.5厘米。泥质灰陶，滴水为弧形，其上有三道突弦纹，弦纹之间有绳索状纹，后接板瓦。

陶滴水，T18③:26，上宽16.3、高5.5厘米。泥质灰陶，滴水为弧形，下部边缘用手指压出波状纹，其上有四道突弦纹，弦纹之间有两道绳索纹。后接板瓦，板瓦残长5厘米，上有布纹。

陶盆，T18③:27，残，残宽11.2、残高8.5厘米。泥质灰陶，弧腹。内壁口沿下满布细小的网格纹，外壁有绳纹数周。

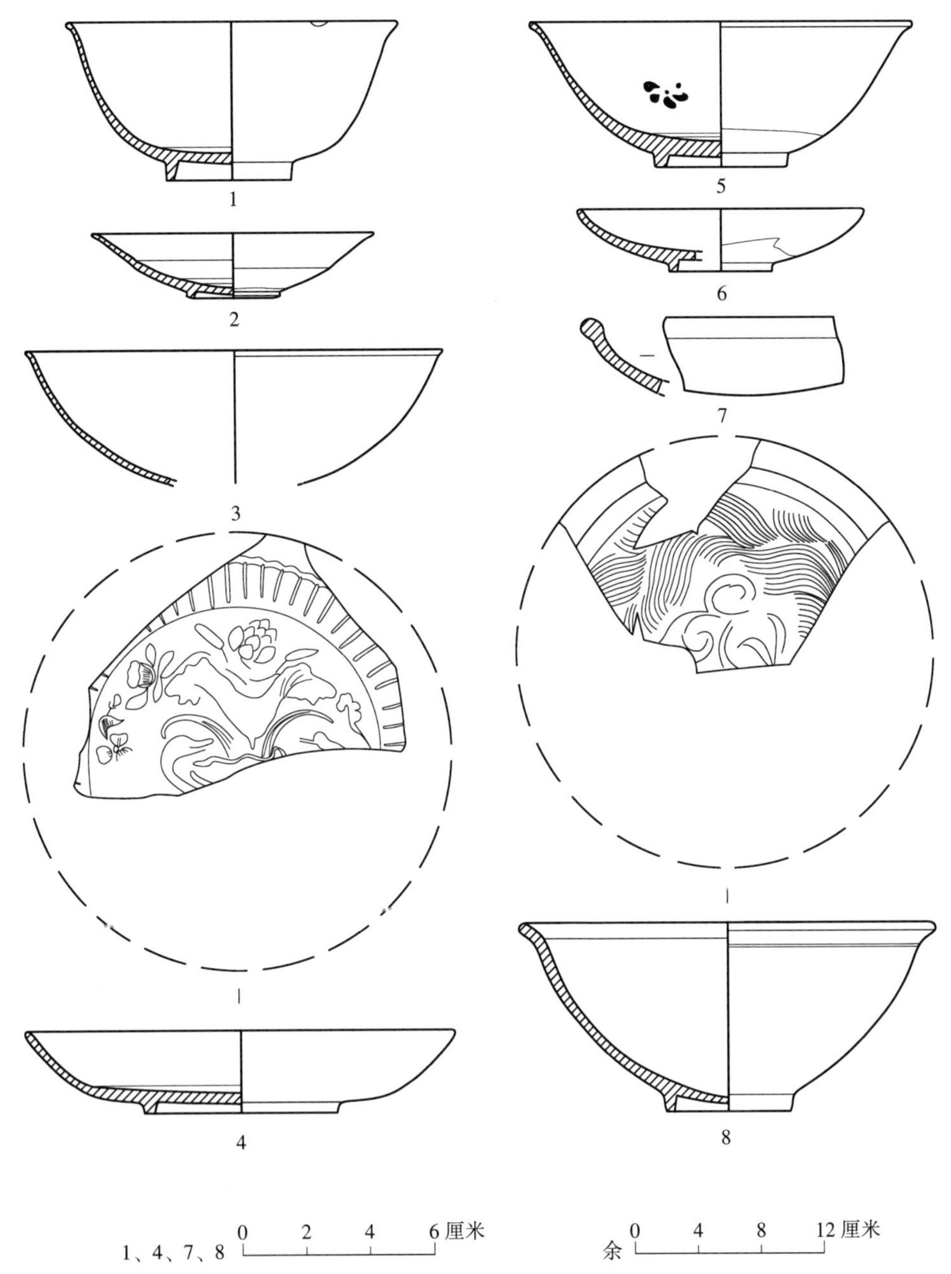

图九〇　T18③出土器物

1. 白瓷花口碗（T18③:1）　2. 白瓷盘（T18③:14）　3. 白瓷碗（T18③:20）　4. 白瓷印花盘（T18③:10）　5. 白瓷点彩碗（T18③:15）　6. 粗白瓷盘（T18③:16）　7. 黄釉盘（18③:23）　8. 耀州窑青瓷碗（T18③:28）

石匜，T18③:24，流部残片，残长 6.1、残宽 5.2 厘米。滑石质，石质较软。

骨簪，4 件，皆打磨光滑。T18③:36，微残，长 10.8、宽 0.5～1 厘米。一面平，一面鼓起。一端较尖，另一端翘起。T18③:37，与 T18③:36 形制相同，残长 8、宽 1 厘米。T18③:38，残长 10.7、宽 1 厘米。一面平，一面鼓起。T18③:39，残长 11.6、宽 0.9 厘米，与 T18③:38 形制相同。

铜镜，T18③:40，带柄，柄残，直径 11.6、厚 0.6、柄长 1、柄宽 2.2 厘米。圆形镜面，镜背有首尾相绕的双凤纹（图版五四，2）。

（18）T19③

白瓷双耳罐，T19③:23，残宽6、残高4.7厘米；T19③:24，残宽7.2、残高约4厘米。白胎，胎质细腻坚硬。内外满釉，釉面光润，釉色洁白，微泛黄。直口，方唇，鼓肩，肩部置双耳。

白瓷花口碗，T19③:18，可复原，口径约14、足径5.1、高5.6~5.8、厚0.2~0.3厘米。白胎，胎质细腻坚硬，胎体轻薄。内外满釉，芒口，釉色洁白。侈口，尖唇，弧腹，圈足，口部为花口，对应的内壁有较细的白色出筋。

白瓷碟，T19③:26，残，口径约12、底径约8、高2.1厘米。白胎泛灰，胎质细腻坚硬。内外满釉，芒口，釉面光润，釉色泛灰黄。敞口，尖圆唇，浅弧腹，平底外突。

白瓷刻花盘，T19③:1，残，足径约6.5、高4厘米。白胎，胎质细腻坚硬。内外满釉，芒口，釉面光润，釉色泛灰。敞口，圆唇，浅弧腹，圈足，内底有刻花纹饰，口部为花口，对应的内壁有白色出筋，内壁有红色摩擦痕，颜色很浅。

白瓷刻花罐，T19③:7，残宽7.5、残高7.1厘米。白胎泛灰，胎质细腻坚硬。内外满釉，芒口，釉面光润，釉色泛黄。子母口，子口微敛，方唇，深腹，器内壁有刻花莲瓣纹，上腹部贴有一圆形乳丁。

白瓷刻花盏，T19③:17，残，残高2.6厘米。白胎，胎质细腻坚硬。内外满釉，釉面光润，釉色洁白，积釉处泛黄，斜直腹，小圈足，内壁有刻花轮菊纹。

白瓷刻花碗，T19③:19，残，残宽9、残高约5厘米。白胎，胎质细腻坚硬。内外满釉，釉色洁白，积釉处泛灰。内壁有刻划纹饰。

白瓷刻花碟，T19③:22，残，口径约11、高2.2、厚0.2厘米。白胎，胎质细腻坚硬。内外满釉，芒口，釉面光润，釉色白中泛黄。敞口，尖圆唇，浅弧腹，卧足，内底有刻花纹饰。

白瓷印花碟，T19③:3，残，口径约9、足径约4.4、高1.7厘米。灰白胎，胎质细腻坚硬。内外满釉，芒口，釉面光润，釉色泛灰黄。敞口，圆唇，浅弧腹，矮圈足。内壁印一周莲瓣纹，底部印栏杆，栏杆内有湖石（图九一，1）。

白瓷印花盘，T19③:4，残，残高3.5厘米。白胎泛灰，胎质较细，局部结合不紧密。内外满釉，应是芒口，釉面光润，釉色泛灰黄。敞口，弧腹较浅，矮圈足。内壁有印花纹饰，口沿下印一周卷草纹，其下印凤鸟花卉等。

白瓷印花盘，T19③:5，残，口径约14、残高2厘米。白胎泛灰，胎质较细，局部结合不紧密。内外满釉，芒口，釉面光润，釉色泛灰。敞口，尖唇，浅弧腹。口部为花口，相应的内壁有白色出筋，底部有印花纹饰。

白瓷印花碗，T19③:10，残，足径6.9、残高3.5厘米。白胎泛灰，胎质细腻，坚致。内外满釉，应为芒口，釉面光润，釉色白中泛灰。斜直腹，大圈足，内壁有印花纹饰，壁上以六条很细的白色出筋分隔，三足炉和花瓶间隔分布，炉和花瓶上均有装饰，内底印荷花纹。

白瓷印花碗，T19③:11，残，残高3.1厘米。白胎，细腻坚硬。内外满釉，应为芒口，釉面光润，釉色白中微泛灰。斜直腹，圈足，内壁以白色出筋分隔，内分别有花卉、竹鹤、怪石等。

白瓷印花盘，T19③:13，残，残长7.3、残宽6厘米。白胎泛灰，胎质细腻坚硬。内外满釉，釉色白中微泛灰。敞口，浅弧腹。内壁有印花纹饰，口沿下印一周卷云纹，其下印芦雁、花草纹等。

白瓷印花盘，T19③:14，残，残宽5.7、残高3.9厘米。白胎泛灰，胎质较细。内外满釉，芒口，釉色泛灰。敞口，圆唇，浅弧腹。内壁有印花纹饰，口沿下印一周回纹，其下印凤鸟花、团菊等，纹饰较突出。

白瓷印花碗，T19③:20，残，残长6.7、残宽5厘米。白胎，细腻坚硬。内外满釉，釉面光润，釉色洁白。斜直腹，内壁以白色出筋分隔，内有凤鸟、花卉等，其下为多重仰莲纹。

白瓷刻花碗，T19③:15，可复原，口径约11、足径3.8、高4.5厘米。白胎泛黄，胎质较细，局部结合不紧密。内壁满釉，芒口，外壁施釉至圈足着地处，釉色白中泛灰。侈口，尖圆唇，弧腹，圈足，外壁有竖向凸棱。

白瓷盘，T19③:28，可复原，口径约18、足径5.9、高3.5~3.7厘米。白胎泛灰，胎质较细，坚硬。内壁满釉，底部有涩圈，外壁釉不及底，圈足外有砂粒，釉面光亮，釉色白中泛灰。敞口，尖圆唇，折腹，圈足。

白瓷盘，T19③:29，可复原，口径约18、足径6.2、高3.9~4.2厘米。白胎泛灰，胎质较细。内壁满釉，底部有涩圈，外壁釉不及底，釉面光亮，有细碎开片，釉色泛灰黄。敞口，方唇，折腹，圈足。

粗白瓷器盖，T19③:25，残，高2.5厘米。黄白胎，胎质较粗，坚致。内壁满釉，外壁施釉不均，釉不及底，釉面光亮，有开片，釉色白中泛灰。盖呈盘状，敞口，沿残，浅弧腹，小平底，器内底有伞盖形钮（图九一，2）。

粗白瓷器盖，T19③:35，残，口径约18、高3.5厘米。灰褐色胎，胎质较粗，坚硬。器外壁施白色化妆土，再罩以透明釉，内壁盖面下施薄釉。子母口，子口内敛，尖圆唇，平沿，盖面拱起，顶部为圈足形钮（图九一，7）。

粗白瓷碟，T19③:27，残，底径约11.4、残高1.7厘米。红褐色胎，胎质较粗。器表满施白色化妆土，内外满釉，釉面光润，局部有细碎开片，釉色白中泛黄。敞口，斜直腹，平底内凹。

粗白瓷瓜棱罐，T19③:31，口径约10、残高8.6厘米。黄褐色胎，胎质较粗。外壁及口沿内侧施白色化妆土，釉面有细小开片，釉色粉白。敞口外翻，圆唇，短束颈，溜肩，弧腹，底已残。腹部为瓜棱状。

粗白瓷碗，T19③:32，可复原，口径约10.3、足径3.2、高4.2厘米。灰褐色胎，胎质较粗，坚硬。器表施白色化妆土，内壁满釉，内底有五枚支钉痕，外壁釉不及底，釉面光亮，釉色泛灰。敞口，尖圆唇，弧腹，圈足较高，挖足过肩（图九一，4）。

粗白瓷碗，T19③:37，可复原，口径约22、足径6.7、高8.8~9.3厘米。黄褐色胎，胎质较粗。器表施白色化妆土，内壁满釉，内底有五枚支钉痕，外壁釉不及底，釉面光亮，有开片，釉色粉白。敞口，圆唇，弧腹，圈足，挖足过肩，外壁近底处有五个墨书文字，似均为“常”字（图九一，8）。

粗白瓷碗，T19③:39，残，口径约11.8、足径约4.6、高5厘米。棕褐色胎，胎质较粗，坚致厚重。器表施白色化妆土，内壁满釉，底部有支钉痕，外壁釉不及底，釉面有细碎开片，釉色白中闪黄。敞口，圆唇，弧腹，圈足，外底有鸡心突（图九一，5）。

粗白瓷盏，T19③:36，可复原，口径约9.5、足径3.6、高2.8~3厘米。灰胎，胎质较细，坚致。

器表施白色化妆土，内壁满釉，外壁唇部施釉，釉面光亮，有开片。直口，厚唇，浅弧腹，圈足，底部有鸡心突（图九一，3）。

粗白瓷刻划花碗，T19③：33，残，口径约30、残高9厘米。灰胎，胎质较粗。器表施白色化妆土，内外均施釉，釉面光亮，有开片，釉色泛灰。敞口，圆唇，弧腹，内壁有刻划花纹饰，以篦纹为地。

粗白瓷刻划花碗，T19③：41，可复原，足径3.5～3.6、高4厘米。灰胎，胎质较粗，坚硬。器表施白色化妆土，内壁满釉，底部有五枚支钉痕，外壁釉不及底，釉面较光润，釉色泛灰。敞口，圆唇，弧腹，圈足，内壁有篦划花纹饰。

粗白瓷点彩罐，T19③：30，口沿残片，口径约19、残高7.7厘米。黄白胎，胎质较粗，坚硬。器表施白色化妆土，釉面有细小开片，釉色白中闪黄。敞口外翻，尖圆唇，短束颈，溜肩，肩部有黑色点彩花朵纹饰（图九一，9）。

白地黑花罐，T19③：42，残，残宽5.8、残高约3厘米。黄褐色胎，胎质较粗，坚硬。外壁及内部口部以下施白色化妆土，外壁以黑彩绘花卉纹，再施透明釉，釉面光润，有细碎开片，釉色白中闪黄。广肩，可能是梅瓶之类的器物。

白地黑花如意头形枕，T19③：57，残，最大的一片长17.5厘米。灰褐色胎，胎质较粗，坚致。器

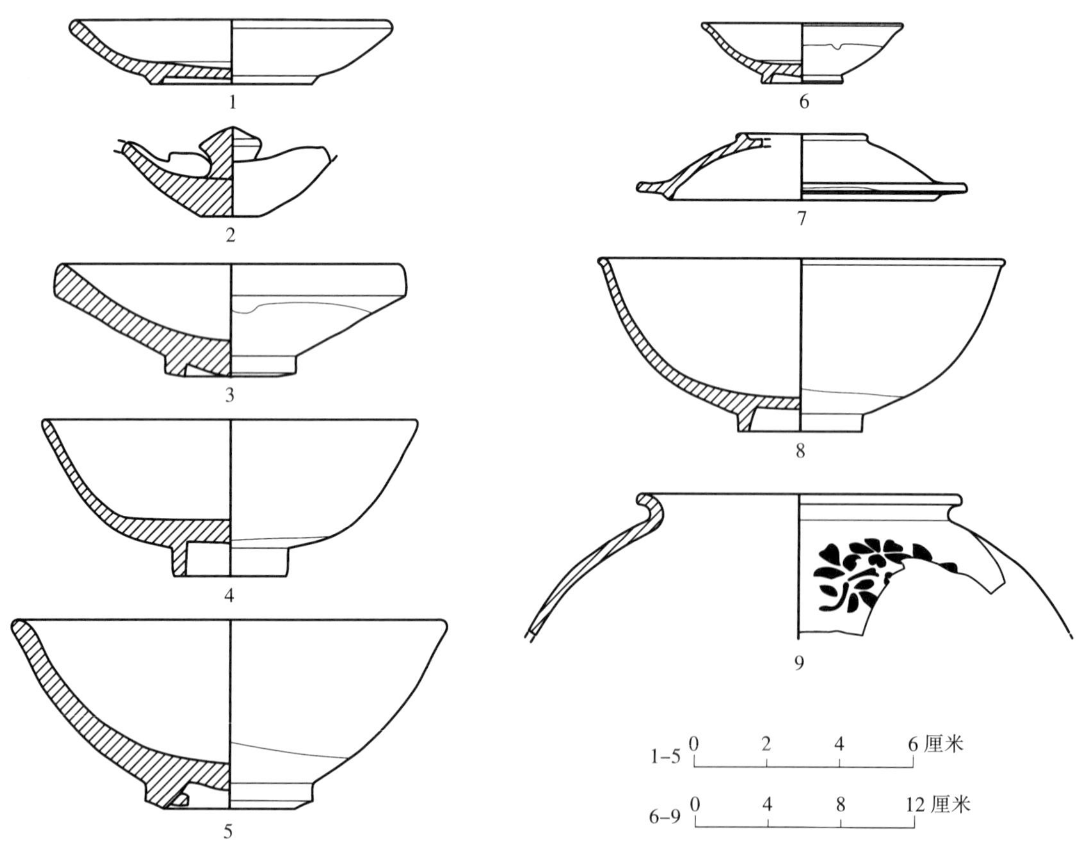

图九一　T19③出土器物

1. 白瓷印花碟（T19③：3）　2. 粗白瓷器盖（T19③：25）　3. 粗白瓷盏（T19③：36）　4. 粗白瓷碗（T19③：32）　5. 粗白瓷碗（T19③：39）　6. 白瓷碗（T19③：34）　7. 粗白瓷器盖（T19③：35）　8. 粗白瓷碗（T19③：37）　9. 粗白瓷点彩罐（T19③：30）

表施白色化妆土，以黑彩绘纹饰，釉色泛灰。枕面、枕墙内曲和外突，枕墙后面有圆孔。

白瓷碗，T19③:34，可复原，口径约11、足径4.5、高3.3厘米。灰褐色胎，胎质较粗，坚硬。内壁及外壁唇部施白色化妆土，内壁满釉，底部有涩圈，外壁半釉，釉色泛青灰。敞口，圆唇，弧腹较浅，圈足（图九一，6）。

黑釉盏，T19③:52，残，口径约11、足径3.9、残高4.6厘米。灰胎，胎质较粗，坚硬。内外均施黑釉，釉面有大量褐色斑点。敞口，尖圆唇，弧腹。

黑釉碗，T19③:53，可复原，口径约10、足径3.9、高2.8～2.9厘米。灰白胎，胎质较细，坚硬。内壁满釉，芒口，外壁仅唇部以下施釉，釉色乌黑发亮。敞口，圆唇，斜直腹较浅，圈足（图九二，1）。

黑釉盏，T19③:54，可复原，口径约10、足径4.7～4.8、高2.8～3.1厘米。黄褐色胎，胎质较粗，坚硬。内壁满釉，底部有涩圈，外壁半釉，釉面发木光，釉色发褐。敞口，圆唇，浅弧腹，圈足。

黑釉小罐，T19③:75，可复原，口径约4.7、底径2.6、高4.3厘米。灰褐色胎，胎质较粗。内壁满釉，外壁釉不及底，釉色乌黑光亮。直口外敞，圆突唇，高领，折肩，鼓腹，平底内凹（图九二，3）。

三彩花盆，T19③:46，残，主要残存两部分，但是已拼接不上，边长约21.4、高18厘米。红色陶胎，质地较粗。花盆为方形，直口，方唇，每边梯形，上宽下窄，模印相同的纹饰，周边为一周卷草纹，中间印芭蕉，左侧为一只鸟，右边似为一武士，均做奔跑状，下接三角形云状足。器表施白色化妆土，鸟和人物部分施黄釉，人物部分及花草施绿釉，背景施透明釉，为白色，足不施釉（图版二九）。

腰圆形三彩枕，T19③:55，残长18、残宽11.5、残高12.5厘米。红褐色陶胎，质地较粗。器表施白色化妆土，枕面刻划纹饰，施绿釉、黄釉及透明釉。

绿釉花盆，T19③:49，残，残高13.4厘米。黄白胎，质地较粗疏。器表施绿釉，脱釉严重，部分地方有返铅现象。花盆腹部呈梯形，上宽下窄，腹部印纹饰，最外为一层边框，边框内有纹饰，下接三角形云状足，内壁墙之间抹泥加固。

翠蓝釉枕，T19③:51，残长9、残宽8.5、厚0.7～0.8厘米。红褐色胎，胎质较粗，坚硬。器表施白色化妆土，然后施翠蓝釉，剥釉严重。表面有刻划纹饰。

黄釉残片，T19③:56，腹部残片，残宽3.5、残高2.2厘米。黄白胎，胎质较粗，坚致。内外施黄釉，釉面光润，有细碎开片。

黄釉小罐，T19③:62，可复原，口径约3.8、底径2.8、高4厘米。黄白胎，胎质较粗，坚致。内壁满釉，外壁釉不及底。直口，尖唇，高领，溜肩，鼓腹，平底微内凹（图九二，2）。

青釉碗，T19③:60，残，口沿残片长6.9、高5.3，腹部残片长5.8、宽5.3厘米。灰胎，细腻，坚致厚重。内外施青釉，釉层较厚，施釉均匀。直口微敛，圆唇，弧腹（图九二，4）。

青瓷碗，T19③:61，残足径5.9、残高4厘米。灰胎，细腻坚致。通体施青釉，圈足着地处及足墙内壁无釉，露胎处呈火石红。弧腹，圈足，挖足过肩（图九二，5）。

红绿彩人物，T19③:76，头部残缺，底径4.2、残高5.9厘米。模制，褐色胎，胎质较粗。器表施白色化妆土，底部无釉，釉上以红、绿、黄彩进行装饰。人物席地而坐，身着左衽绿色红缘上衣，衣服上有红色团花图案，下穿红色裤子，双手捧一黄色罐子，双脚盘坐（图版三〇，1）。

红绿彩碗，T19③:78，残，残高3厘米。黄白胎，胎质较粗。器表施白色化妆土，内壁满釉，外壁半釉，内壁以红、绿、黄三彩绘花卉纹。弧腹，圈足较高。

素胎花盆，T19③:47，残剩一足，残高5厘米。红褐色胎，质地较粗，坚致。足呈三角形云状，从断面看，足与花盆是分别制成后粘接在一起。

素胎炉，T19③:48，残剩一足，残高7厘米。红褐色胎，质地较粗，坚致。兽首形足。

陶器，T19③:70，残，高4.8厘米。泥质灰陶，边缘卷起，近边处突起一周，平底，内底刻鱼纹。

滴水，T19③:72，梯形，上宽18、下宽25.6、高6.3厘米，板瓦残长11厘米。泥质灰陶，表面饰绳索纹和凸棱，下缘为手指按压纹，后接板瓦，表面有布纹（图版三〇，2）。

滴水，T19③:73，残长19.6、高5.7厘米。泥质灰陶，表面饰绳索纹和凸棱，下缘为手指按压纹（图版三〇，3）。

瓦当，T19③:74，直径15.1厘米。泥质灰陶，圆形，似乎为猴面，背面与筒瓦的接痕明显，中间有手指按压的凹坑。

陶印模，T19③:80，残，残长5.7、残宽4.7厘米。细泥红陶，为女性头部，梳发髻（图版三〇，5）。

骰子，T19③:81，白胎，素烧。边长0.8厘米，其中一面内涂红色。

砂坩，T19③:79，可复原，口径4.3、高7.3厘米。灰黑色砂质，胎质粗疏。直口，方唇，深直腹，圜底（图版三〇，4）。

骨簪，T19③:83，残长11.7、宽0.4厘米。细长。

石碗，T19③:86，残，口径约20、残高8厘米。滑石质。直口，方唇，弧腹较深。

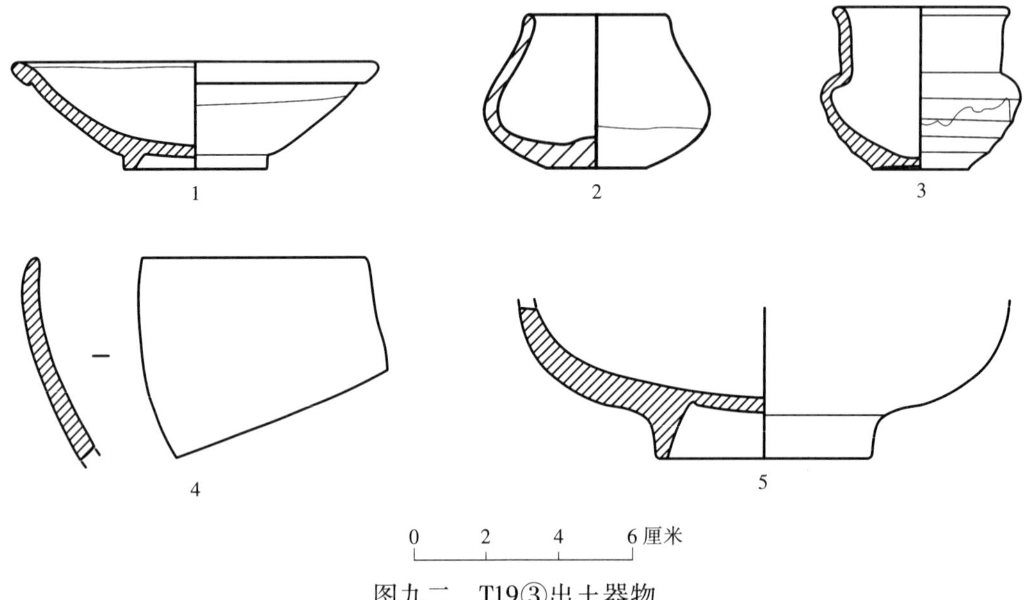

图九二 T19③出土器物

1. 黑釉碗（T19③:53） 2. 黄釉小罐（T19③:62） 3. 黑釉小罐（T19③:75） 4. 青釉碗（T19③:60） 5. 青瓷碗（T19③:61）

（19）T20③

白瓷器盖，T20③∶5，可复原，口径20、高4.7厘米。白胎泛灰，胎质较细，坚硬。外壁满釉，釉色泛黄。内壁盖面下中间部分涂一层很薄的釉。直口，尖圆唇，盖面隆起，顶部有一周突起。

白瓷出筋碗，T20③∶6，残，口径10.2、足径4、高3.8～4厘米。白胎泛黄，胎质较细，胎体轻薄。内壁满釉，芒口，外壁釉不及底，釉面光亮，釉色泛黄。侈口，尖圆唇，弧腹，圈足，内壁有白色出筋（图九三，9）。

白瓷出筋碗，T20③∶15，残，口径约13.4、足径4.8、高5.8厘米。白胎，胎质细腻坚硬。内外满釉，芒口，釉面光润，釉色洁白。侈口，尖圆唇，弧腹，圈足，内壁有较细的白色出筋（图九三，10）。

白瓷碗，T20③∶16，残，口径约11、高4.2厘米。细腻坚硬。内外满釉，芒口，釉面光润，釉色洁白，积釉处泛黄。敞口，尖圆唇，唇部加厚，弧腹较深，下腹急收，隐圈足。

白瓷印花盘，T20③∶12，残，口径约17、高3.2厘米。灰白胎，胎质较细，轻薄。内外满釉，芒口，釉面光亮，釉色泛灰黄。敞口，圆唇，浅弧腹，圈足。内壁有印花纹饰，口沿下为一周卷草纹，较模糊，其下为花卉纹，还残留凤鸟的翅膀（图九三，4）。

白瓷印花盘，T20③∶14，残，残宽7、高3、厚0.2～0.3厘米。灰白胎，胎质较细，轻薄。内外满釉，芒口，釉面光润，釉色泛灰黄。敞口，尖圆唇，浅弧腹，圈足。内壁有印花纹饰，口沿下为一周回纹，其下印禽鸟牡丹等。

白瓷印花碗，T20③∶17，残，残宽8、残高4.9厘米。白胎泛灰，胎质较细，轻薄。内外满釉，芒口，釉面光润，釉色泛灰黄。敞口，尖圆唇，弧腹较深。内壁有印花纹饰，口沿下为一周回纹，其下印花卉纹。

白瓷印花碗，T20③∶18，残，口径约21、残高4.2厘米。白胎泛灰，胎质较细，轻薄。内外满釉，芒口，釉面光润，釉色泛灰黄。敞口，圆唇，弧腹。内壁有印花纹饰，口沿下为一周回纹，其下印花卉纹。可以和T19③的一件拼合。

白瓷刻花器盖，T20③∶30，残，口径约17、残高3.5厘米。白胎泛灰，胎质较细，坚硬。外壁满釉，釉色泛灰，内壁盖面下施一层很薄的釉。直口，尖圆唇，顶部凸起，有刻花纹饰。

白瓷刻花器盖，T20③∶31，残，残宽5.2、残高2.4厘米。白胎，胎质细腻坚硬。内外满釉，芒口。直口，方唇，直壁，盖面拱起，壁中部贴塑一枚圆形乳丁，上部有两周凹弦纹，盖面刻莲瓣纹。

白瓷刻花瓶，T20③∶32，残，颈部直径约4、残高3.3厘米。白胎泛黄，胎质细腻，坚致。内外满釉，釉面光亮，有细碎开片，釉色泛黄。敞口，短直颈，广肩，肩部刻轮菊纹。

粗白瓷碗，T20③∶1，可复原，口径约22、足径7.4、高8.5～8.9厘米。黄褐色胎，胎质较粗。器表施白色化妆土，内壁满釉，内底有支钉痕，外壁釉不及底，釉面发涩，釉色乳白。敞口，圆唇，弧腹，圈足，挖足过肩，外底有墨书文字，残破难识（图九三，1）。

粗白瓷碗，T20③∶3，可复原，口径约22.5、足径6.5、高8.6～9厘米。灰胎，胎质较粗。器表施白色化妆土，内壁满釉，内底有支钉痕，外壁釉不及底，釉面发涩，釉色乳白。敞口，圆唇，弧腹，圈足，挖足过肩（图九三，2）。

粗白瓷盏，T20③∶8，可复原，口径约9、足径3.5～3.7、高2.9～3.1厘米。黄褐色胎，胎质较粗，坚硬。内壁及外壁唇部施白色化妆土，内壁满釉，外壁唇部施釉，釉色乳白。直口，厚唇，浅弧腹，圈足（图九三，6）。

粗白瓷盏，T20③:9，可复原，口径10、足径3.8、高3.1～3.2厘米。灰褐色胎，胎质较粗，坚硬。内壁及外壁唇部施白色化妆土，内壁满釉，壁上有支钉痕，外壁唇部施釉，釉色泛灰。直口，厚唇，浅弧腹，饼状圈足（图九三，7）。

粗白瓷盏，T20③:10，可复原，口径9.5、足径3.7、高2.9～3.3厘米。黄褐色胎，胎质较粗。内壁及外壁上部施白色化妆土，内壁满釉，外壁唇部施釉，釉色乳白。直口，厚唇，浅弧腹，圈足（图九三，8）。

粗白瓷器盖，T20③:11，可复原，口径约13、钮径6.6、高3.3厘米。黄褐色胎，胎质较粗，坚硬。器外壁施白色化妆土，再罩以透明釉，釉色较白，器内壁不施釉。子母口，子口微敛，尖圆唇，平沿，盖面拱起，顶部为圈足形钮（图九三，3）。

粗白瓷刻划花碗，T20③:2，残，足径7.5、高10.3～11.3厘米。黄胎，胎质较粗，钧窑。器表

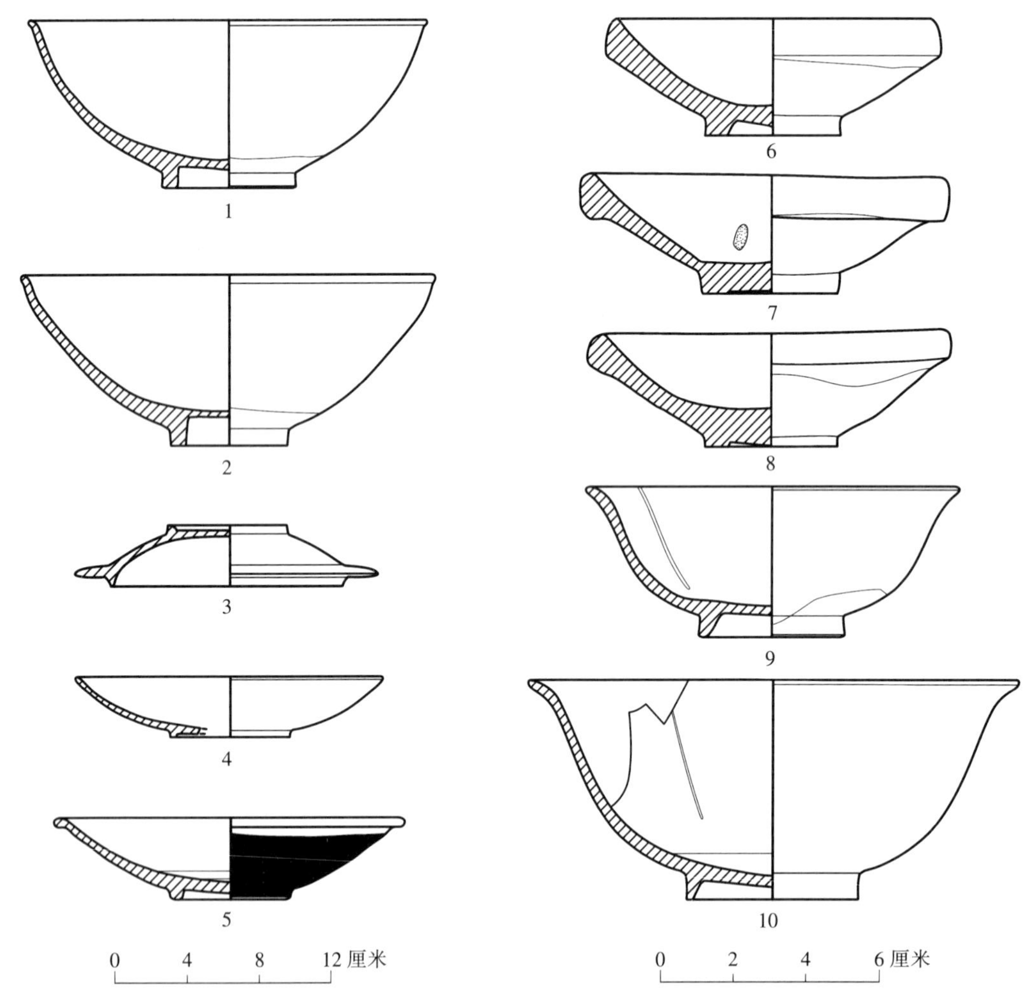

图九三　T20③出土器物

1. 粗白瓷碗（T20③:1）　2. 粗白瓷碗（T20③:3）　3. 粗白瓷器盖（T20③:11）　4. 白瓷印花盘（T20③:12）　5. 双色釉碗（T20③:4）　6. 粗白瓷盏（T20③:8）　7. 粗白瓷盏（T20③:9）　8. 粗白瓷盏（T20③:10）　9. 白瓷出筋碗（T20③:6）　10. 白瓷出筋碗（T20③:15）

施白色化妆土，内壁满釉，内底有长条支钉痕，外壁施釉至圈足，釉面光亮，釉色粉白。敞口，圆唇，弧腹，圈足，内壁有刻花纹饰，以篦纹为地，外壁有锔孔及锔钉形成的铁锈。

白地黑花器盖，T20③：34，残，残宽5.5、残高1.7厘米。黄白胎，胎质较粗，坚硬。器表施白色化妆土，外壁以黑彩绘花卉纹，再施透明釉，内壁无釉。子母口，子口较直，圆唇，盖面拱起。

如意头形白地黑花枕，T20③：35，残，残长8.4、残高4.1厘米。灰褐色胎，胎质较粗，坚致。器表施白色化妆土，以黑彩绘纹饰，釉色泛黄。枕面、枕墙残存部分可见内曲和外突，枕墙上粘有砂粒。

双色釉碗，T20③：4，可复原，器形不规整，口径约19.5、足径6.7、高4.2～4.7厘米。灰褐色胎，胎质较粗，坚硬。内壁及外壁唇部施白色化妆土，内壁满釉，底部有涩圈，釉色灰黄，外壁下部满施黑釉，仅圈足着地处无釉，圈足处有砂粒。敞口，圆唇，弧腹较浅，圈足（图九三，5）。

黑釉盏，T20③：7，可复原，器形不规整，口径9.6、足径4.9、高2.7～3.4厘米。褐色胎，胎质较粗。内壁满釉，底部有涩圈，外壁半釉。直口，尖圆唇，浅斜直腹，圈足（图九四，1）。

黑釉器盖，T20③：19，可复原，口径8、边径11.8、高3.4厘米。黄褐色胎，胎质较粗，坚硬。外壁施黑釉，内壁不施釉。子母口，子口内敛，尖唇，平沿，盖身上隆，顶部有圆钮（图九四，2）。

黑釉瓶，T20③：20，残，足径4.6、残高10.4厘米。灰胎，胎质较粗，坚硬。外壁釉不及底，内壁不施釉。溜肩，鼓腹，圈足（图九四，4）。

黑釉双耳罐，T20③：21，残，口径5.5～5.6、残高3.5厘米。灰黑色胎，胎质较粗，坚致。外壁和内壁口沿处施黑釉。敞口，尖圆唇，短束颈，溜肩，肩与口上附双耳（图九四，3）。

黑釉盏，T20③：39，残，足径4.1、残高3.7厘米。灰褐胎，胎质较粗，坚致厚重。内壁满釉，外壁釉不及底，釉面光亮，釉色乌黑发亮，有褐色斑点，底部有护胎酱釉，外底有垫砂。敞口，弧腹，

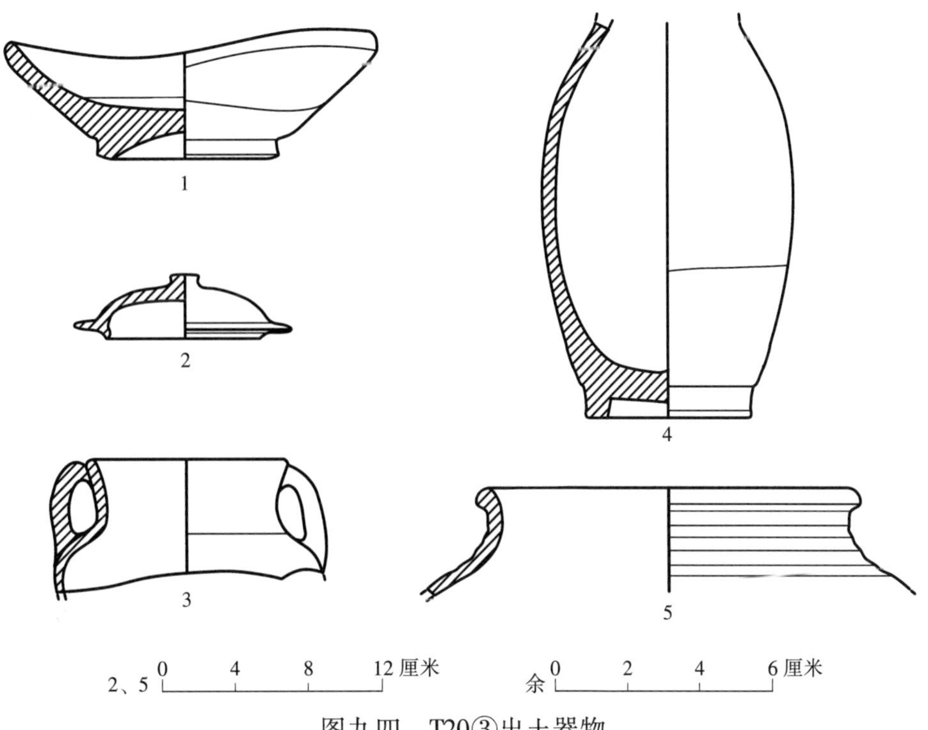

图九四　T20③出土器物

1. 黑釉盏（T20③：7）　2. 黑釉器盖（T20③：19）　3. 黑釉双耳罐（T20③：21）　4. 黑釉瓶（T20③：20）　5. 黑釉罐（T20③：40）

饼状圈足。

黑釉罐，T20③:40，口径约21、残高5.5厘米。红褐色缸胎，胎质粗疏，坚硬。内外均施釉，釉面较粗糙。敞口，圆唇，短束颈，颈部有多道弦纹，鼓肩（图九四，5）。

耀州窑青瓷碗，T20③:25，残宽5.4、残高5厘米。灰胎，胎质较细，坚硬。内外满施青釉，釉面光润，有开片。敞口，折沿，圆唇，弧腹，内壁有印花纹饰。

耀州窑青瓷碗，T20③:26，足径约4.4、残高2.1厘米。灰白胎，胎质较细，坚硬。内外满施青釉，圈足处无釉。釉面光润，有开片，釉色淡青。弧腹，圈足，内壁有印花纹饰。

黄釉残片，T20③:41，残长6、残宽3.3、厚0.5~0.6厘米。红褐色胎，胎质较粗，坚致，火候较高。内外均施黄釉，釉面光亮，有细碎开片。

红绿彩碗，T20③:24，残宽4.3、残高2.3厘米。黄褐胎，胎质较粗，坚硬。器表施白色化妆土，再罩以透明釉，釉上以红、绿彩绘花卉图案。

塔尖状陶器，T20③:22，残，高6厘米。泥质灰陶。顶部呈塔尖状，下部残。

陶纺轮（?），T20③:23，基本完整，直径3、厚1.1厘米。泥质红陶，中间厚周边薄，中间有钻孔，器表似有一层白色化妆土。

素胎围棋子，T20③:27，4枚，3枚白色，1枚黑色，直径1.7~1.9、厚0.3~0.5厘米。

陶建筑构件，T20③:44，残长13.2、残宽6.8厘米。泥质灰胎，可能是鸱尾的一部分。

铜钱“元丰通宝”，T20③:28，直径2.5、孔长0.6厘米。

6. A区遗迹出土遗物

A区内遗迹主要是灰坑，其他遗迹有房址、水井、灰沟等。出土遗物都不甚丰富，下面按单位分别进行介绍。

（1）H2（T3内③b层下开口）

白瓷盒，H2:10，残，口径约7.5、高2.6厘米。白胎，胎质细腻坚硬，胎体轻薄。子母口，子口内敛，方唇，上腹较直，下腹斜收，隐圈足。芒口，子口外壁及圈足着地处亦无釉，余满釉，釉面光润，釉色洁白。

白瓷器盖，H2:11，残，口径约9、高2.8厘米。白胎，胎质细腻坚硬。平沿内壁及子口唇部无釉，余满釉，釉面光润，釉色白中泛黄。子母口，子口较直，尖唇，平沿微上翘，盖面拱起，顶部有钮（图九五，3）。

白瓷刻花碟，H2:9，残，口径12、高2厘米。白胎，胎质细腻坚硬。内外满釉，芒口，釉面光润，釉色白中泛黄。敞口，圆唇，浅弧腹，平底卧足，内底有刻花纹饰，外底有红色摩擦痕。

白瓷刻花盘，H2:29，残，足径约7.5、高4.6厘米。白胎，胎质细腻坚硬。内外满釉，芒口，釉面光润，釉色洁白。侈口，圆唇，浅弧腹，圈足，内底有刻划花纹饰（图九五，6）。

白瓷印花盘，H2:4，残，残高1.7厘米。白胎泛灰，胎质细腻坚硬。内外满釉，应是芒口，釉面光润，釉色白中泛黄。浅弧腹，圈足。内壁印三足鼎，器身上有装饰，内底印纹模糊不清。

白瓷印花盘，H2:17，残，足径6.4、残高1.7厘米。白胎，胎质细腻坚硬。内外满釉，应是芒口，釉面光润，釉色白中泛黄。浅弧腹，圈足。内壁及底部均印水波游鱼纹。

白瓷印花盘，H2:18，残，足径6.4、残高1.5厘米。白胎泛灰，胎质细腻坚硬。内外满釉，应是芒口，釉面光润，釉色白中泛灰。浅弧腹，圈足。内壁及底部印凤鸟花卉纹，纹饰较突出。

白瓷人物，H2∶31，残，底座长2.8、宽2.2、残高6.1厘米。模制。白胎，胎质细腻坚硬。底部无釉，余满釉。残留人物后部，人物为坐姿，坐具上有龟背纹图案，腰有束带。

粗白瓷小碗，H2∶6，可复原，口径约10、足径4.1、高4.3厘米。黄褐色胎，胎质较粗。器表施白色化妆土，内壁满釉，内底有较小的支钉痕，外壁仅圈足无釉，釉面光亮，釉色白中泛灰。侈口，圆唇，弧腹，圈足，外底墨书“邢”字（图九五，2）。

粗白瓷器盖，H2∶12，可复原，口径约14.4、顶部钮径约8、高3.3厘米。灰胎，胎质较粗，坚硬。外壁施白色化妆土，然后罩一透明釉层，釉色白中泛黄，内壁仅盖面下刷一层薄釉，釉面粗糙。子母口，子口微敛，尖唇，平沿，盖面拱起，顶部有圈足形钮（图九五，1）。

粗白瓷盏，H2∶13，可复原，口径约10、足径4、高2.7～2.8厘米。黑褐色胎，胎质较粗，坚硬。内壁及外壁唇部施白色化妆土，然后罩一透明釉层，内壁有支钉痕。直口，厚唇，浅弧腹，玉壁状圈足（图九五，4）。

粗白瓷盏，H2∶14，可复原，口径约10、足径4.3、高2.8厘米。褐色胎，胎质较粗，坚硬。内壁及外壁唇部施白色化妆土，内壁满釉，外壁釉不及底，内壁釉色白中发褐。直口，厚唇，浅弧腹，圈

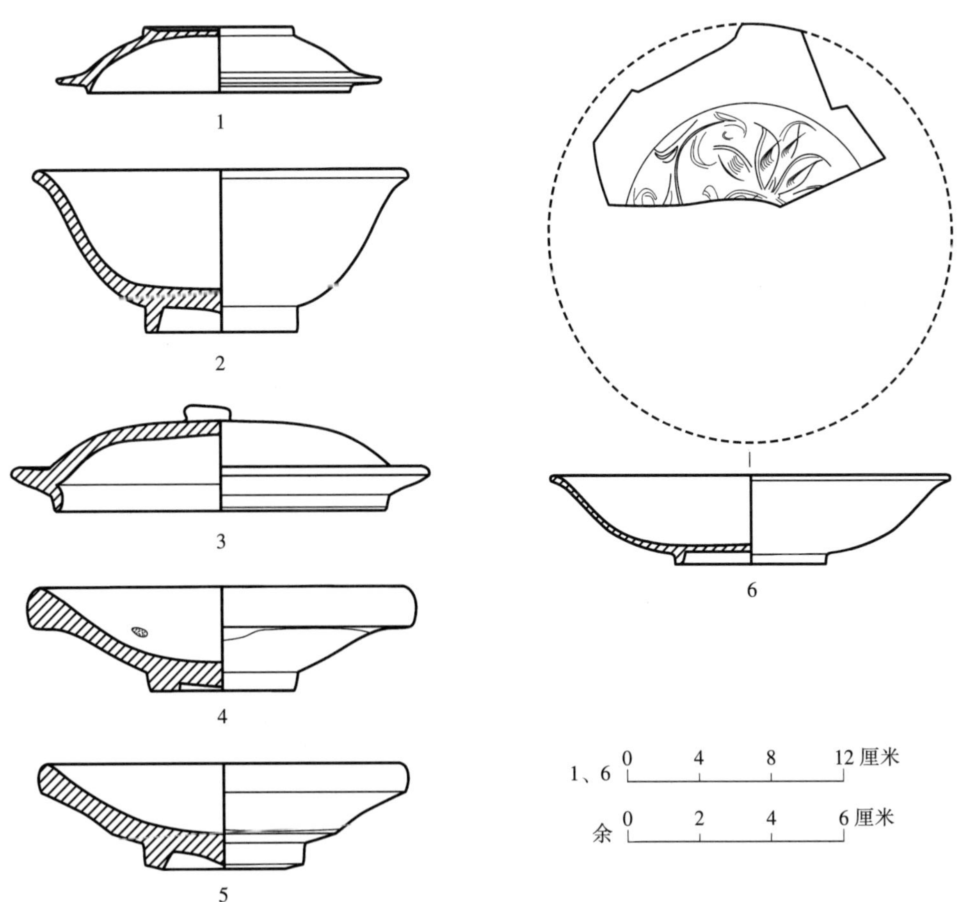

图九五　H2出土器物

1. 粗白瓷器盖（H2∶12）　2. 粗白瓷小碗（H2∶6）　3. 白瓷器盖（H2∶11）　4. 粗白瓷盏（H2∶13）　5. 粗白瓷盏（H2∶14）　6. 白瓷刻花盘（H2∶29）

足，外底有鸡心突（图九五，5）。

粗白瓷盆，H2:16，残，残宽12.5、残高7.2厘米。褐胎，胎质较粗，坚致。内壁及外壁上部施白色化妆土，然后罩一透明釉层，釉面光亮，有细碎开片，釉色粉白。敞口，平沿，圆唇，斜直腹。

粗白瓷刻划花碗，H2:3，残，足径约7、高7厘米。灰胎，胎质较粗，坚硬。器表施白色化妆土，内壁满釉，内底有支钉痕，外壁釉不及底，釉面光亮，釉色白中泛灰。敞口，圆唇，弧腹，圈足，挖足过肩，内底有刻划花纹饰。

粗白瓷刻花罐，H2:8，口径约18、残高7.2厘米。灰胎，胎质较粗，坚硬。外壁和口沿内壁施白色化妆土，然后施一层透明釉，施化妆土的部分呈白色，不施化妆土的部分呈灰色。直口微敛，圆唇，深直腹，外壁刻有莲瓣纹。

白地黑花罐，H2:28，腹部残片，残宽9.3、残高11.5厘米。黄褐色胎，胎质较粗。深直腹，下腹急收。器表施白色化妆土，外壁以黑彩绘草叶纹，再罩以透明釉，外壁釉不及底。

白瓷点彩碗，H2:1，残，口径23.2、高7.4厘米。灰褐色胎，胎质较粗，坚硬。内壁及外壁唇部施白色化妆土，内壁满釉，釉色泛青灰，壁上有褐色点彩花朵，底部有涩圈，外壁半釉。敞口，圆唇，弧腹，圈足。

双色釉碗，H2:2，可复原，口径18.2、足径6.7～7、高6.5～7厘米。黄褐色胎，胎质较粗疏。内壁及外壁上部施白色化妆土，内壁施透明釉，釉色发黄，外壁上部不施釉，下部施黑釉，釉不及底，内底及圈足着地处均有垫砂痕。敞口，圆唇，弧腹，圈足。

黑釉双耳瓶，H2:19，残，残高5厘米。灰胎，胎质较粗，坚硬。口残缺，束颈，溜肩，口与肩之间附双耳。外壁施黑釉，釉色乌黑光亮，颈部以下的内壁施酱釉，施釉不均。从残断部分来看，器物为两部分接合而成（图版三一，1）。

黄釉罐，H2:33，残，残高6.8厘米。褐色胎，胎质较粗。口残缺，圆鼓腹，圈足。外壁及内壁上部施黄釉，釉面光亮，有细碎开片，外壁釉不及底，内壁下部施褐釉。

红绿彩人物，H2:20，头部残缺，底径2.9～3.3、残高8.8厘米。模制，灰褐色胎，胎质较粗。器表施白色化妆土，在透明釉上以红、绿、黑彩进行装饰。人物为站姿。身着红色绿缘背子。双手捧一物于胸前（图版三一，2）。

红绿彩人物，H2:37，残，底座长3.7、残高5.4厘米。模制，黄褐色胎，胎质较粗，坚硬。器表施白色化妆土，釉上以红、绿、黑彩进行装饰。人物为坐姿，双手于胸前抱一物（图版三一，3）。

红绿彩人物，H2:38，残，残长3.3、残宽3厘米。模制，黄褐色胎，胎质较粗，坚硬。器表施白色化妆土，釉上以红、绿彩进行装饰（图版三一，4）。

红绿彩人物，H2:40，残，残宽3.7、残高4.3厘米。模制，黄褐色胎，胎质较粗，坚硬。器表施白色化妆土，釉上以红、绿彩进行装饰（图版三一，5）。

陶器残片，H2:22，器形不明。残宽10.7、残高4.5厘米。泥质灰陶，敛口，圆唇，广肩，口沿之上有内折长条形耳（图版三二，1）。

小陶罐，H2:32，残，口径约5.2、残高3.2厘米。泥质灰陶。敞口，方唇，短束颈，鼓腹，圜底（图版三二，4）。

骨刷，H2:25，残，残长8.8、柄直径0.5厘米。饼截面为圆形，另一端为扁圆形，上有至少9个圆孔，另一面刻出沟槽（图版三二，5）。

骨笛，H2∶26，残，残长9、宽1.2～1.6厘米。通体打磨，一端被折断，残留3个完整的孔，还有半个破坏，截面呈椭圆形，一面较平（图版三二，2）。

骨质筷子（?），H2∶27，一双，基本完整，长17.3、宽0.8～0.9厘米。截面略呈方形，一端宽，一端略窄。通体打磨，中空，一面中部有一条凹陷，近上端的另一面刻出凹痕（图版三二，3）。

（2）H3（T17内②层下开口）

白瓷碗，H3∶1，可复原，口径约19.5、足径6.5、高6.8厘米。白胎，胎质细腻坚硬。内外满釉，芒口，釉面光亮，釉色白中微泛灰。敞口，尖唇，弧腹，圈足，内底有两道交叉的红色摩擦痕（图九六，1）。

白瓷印花碟，H3∶2，残，口径约13、高2.7～2.9厘米。白胎泛灰，胎质较细，胎体结合不紧密。内外满釉，芒口，釉色泛灰。敞口，圆唇，浅弧腹，圈足。内壁印一周莲瓣纹，底部印水波游鱼纹，纹饰模糊不清。

白瓷印花碟，H3∶4，残，足径约9.4、高2.4～2.7厘米。胎质洁白细腻，胎体轻薄。内外满施透明釉，芒口，釉色洁白。敞口，尖唇，浅弧腹，卧足，内壁有印花纹饰，壁上为一周菊瓣纹，底部印龟、鹤、怪石、花卉等（图九六，2；图版三三，1）。

耀州窑青瓷碗，H3∶5，残，残高2.1厘米。灰胎，胎质较细，坚硬。内外满施青釉，圈足处无釉。弧腹，圈足，内壁有印花纹饰（图版三三，2）。

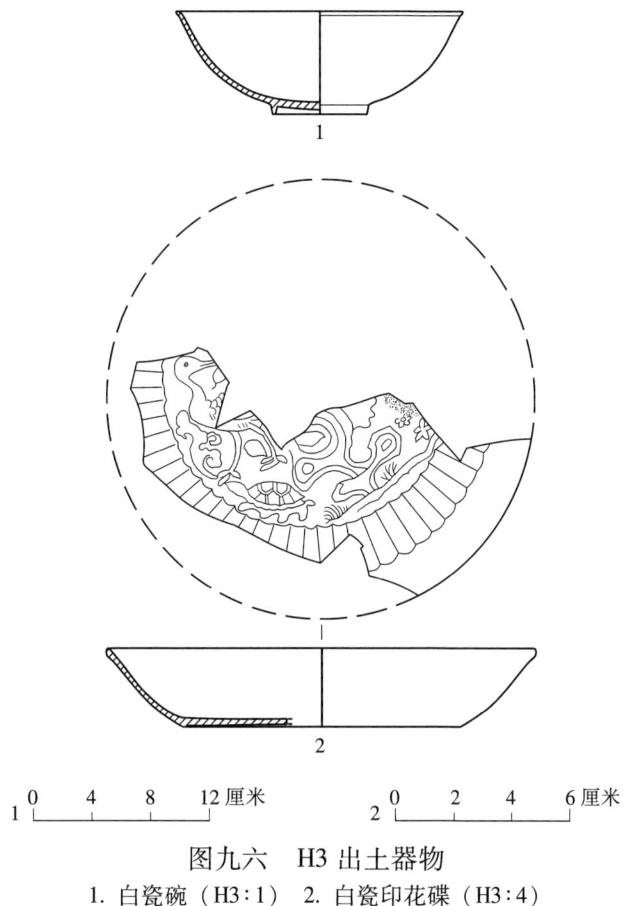

图九六　H3出土器物

1. 白瓷碗（H3∶1）　2. 白瓷印花碟（H3∶4）

素胎球，H3∶3，圆形，黄白胎，直径2.4厘米（图版三三，3）。

（3）H4（T17内③b下开口）

白瓷刻划花碗，H4∶1，口沿残片，残宽4.4、残高2.8厘米。白胎，胎质细腻坚硬。内外满釉，芒口，釉面光润，釉色白中泛黄。敞口，尖圆唇，浅弧腹，内、外壁均有刻划花纹饰。

（4）H5（T18内③a下开口）

白瓷印花碟，H5∶1，残，底径8.9、残高1.7厘米。白胎，胎质细腻坚硬。内外满釉，芒口，釉色白中泛黄。敞口，浅弧腹，平底内凹。内壁有一周白色出筋，底部印凤鸟花卉等。

粗白刻划花碗，H5∶2，可复原，口径约22.5、足径7、高7～7.2厘米。灰胎，胎质较粗，坚硬。器表施白色化妆土，内壁满釉，内底有五枚支钉痕，外壁釉不及底，釉面光亮，釉色泛黄。敞口，圆唇，弧腹，圈足，内壁有刻划花纹饰。

粗白瓷刻划花碗，H5∶5，可复原，口径约18、足径6.7、高6.4厘米。灰白胎，胎质较粗，坚致厚重。器表施白色化妆土，内壁满釉，内底有五枚支钉痕，外壁釉不及底，釉面光亮，有开片。敞口，圆唇，弧腹，圈足，挖足过肩，内壁刻荷花纹，以篦纹为地（图九七，1）。

白瓷大碗，H5∶3，残，口径约25、残高10.7厘米。灰胎，胎质较粗，坚硬。内壁及外壁上部施白色化妆土，内壁满釉，釉色泛青灰，芒口，外壁半釉，釉面粗糙。敞口，圆唇突出，弧腹，外壁刻莲瓣纹。

双色釉碗，H5∶8，残，足径7.8、残高2.8厘米。黄白胎，胎质较细，坚硬。内壁施白色化妆土，满釉，釉面有开片，釉色泛灰黄，壁上残留黑色点彩花朵纹，底部有涩圈，外壁下部施黑釉，仅圈足着地处无釉，釉面光亮。弧腹，圈足。

黑釉双耳罐，H5∶6，残，口径约8.2、残高8厘米。灰白胎，胎质较粗。外壁及内壁口沿施黑釉，釉层较厚，釉色乌黑发亮，外壁釉不及底，内壁下部刷一层褐色釉。直口，圆唇，短直颈，溜肩，鼓腹，肩颈部残存一耳。

黑釉罐，H5∶7，口径约18、残高4.5厘米。灰白胎，胎质较粗，坚硬。外壁及内壁口沿施

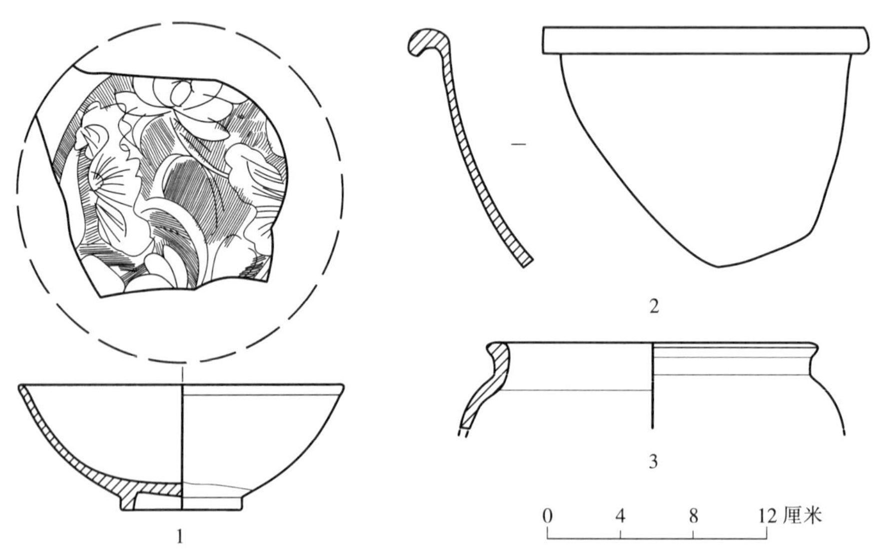

图九七　H5出土器物

1. 粗白瓷刻划花碗（H5∶5）　2. 灰陶盆（H5∶4）　3. 黑釉罐（H5∶7）

黑釉，釉层较厚，釉色乌黑发亮，内壁下部刷一层褐色釉。直口，方唇，短直颈，溜肩（图九七，3）。

灰陶盆，H5∶4，残，残宽17、残高12.7厘米。泥质灰胎。敞口，卷沿，方唇，弧腹，内壁口沿处有一周凹弦纹（图九七，2）。

（5）H6（T18内③a下开口）

黄釉盆，H6∶1，底部残片，残长11.2、残宽6.5、厚1厘米。褐色缸胎，胎质较粗。内底有刻花纹饰，然后施黄釉，釉面光亮，有细碎开片，底部无釉。

（6）H7（T19内③下开口）

定窑白瓷刻花盘，H7∶2，残，残高2.5厘米。白胎，胎质细腻坚硬。内外满釉，应是芒口，釉面光润，釉色洁白。浅弧腹，圈足，内底有刻花纹饰。

粗白瓷小碗，H7∶3，可复原，口径约10.4、足径4.2、高3.5～3.6厘米。灰黑色胎，胎质较粗，坚硬。器表施白色化妆土，内壁满釉，内底有涩圈，外壁釉不及底，釉色泛灰黄。敞口，圆唇，弧腹，圈足（图九八，1）。

白瓷碗，H7∶4，可复原，口径约11.5、足径4、高3.6厘米。褐胎，胎质较粗。内壁施白色化妆土，满釉，内底有涩圈，外壁半釉，显胎色。敞口，圆唇加厚，弧腹，圈足（图九八，2）。

白瓷罐，H7∶7，残，足径约14、残高6.8厘米。黄白胎，胎质较细，坚致厚重。外壁满釉，底部无釉，釉色发灰，内壁亦无釉。直腹，隐圈足。

黑釉盏，H7∶5，可复原，口径约12.3、足径3.6～3.7、高5.2～5.4厘米。灰白胎，胎质较细，局部结合不紧密。内壁满釉，外壁釉不及底，釉面乌黑光亮。直口微敛，尖唇，弧腹，饼状圈足（图九八，4）。

陶盆，H7∶6，残，残宽17.2、残高5厘米。泥质灰陶，内壁有黑陶衣。敞口，卷沿，方唇，弧腹（图九八，3）。

陶建筑构件，H7∶8，残，残长14.3、残宽4.3厘米。泥质灰陶，侧面呈“S”形，器表涂有红色，可能是建筑构件上的一部分。

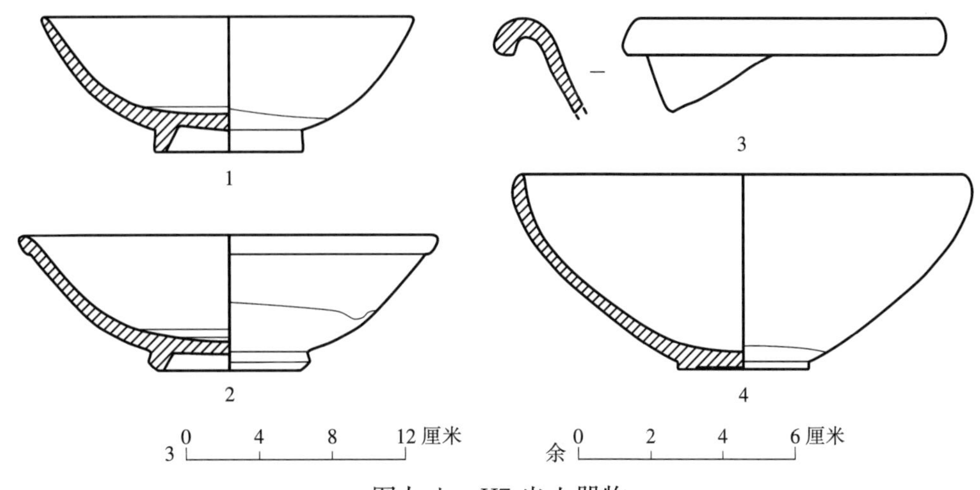

图九八　H7出土器物

1. 粗白瓷小碗（H7∶3）　2. 白瓷碗（H7∶4）　3. 陶盆（H7∶6）　4. 黑釉盏（H7∶5）

（7）H8（T7内③层下开口）

白瓷碗，H8:1，可复原，口径约10、足径3.9、高4.3～4.4厘米。白胎，胎质细腻坚硬。内外满釉，芒口，釉面光润，釉色泛黄。侈口，尖唇，弧腹，圈足。

白瓷印花盘，H8:2，可复原，口径约13、足径6、高2.7厘米。白胎泛灰，胎质细腻坚硬。内外满釉，芒口，釉面光润，釉色白中泛灰黄。敞口，圆唇，浅弧腹，内底较宽，圈足。内壁有印花纹饰，口沿下为一周回纹，其下为一周莲瓣纹，底部最外围印一周回纹，内底从外到内分别印一周回纹、双重莲瓣纹、菱形开光，开光外四角各有一朵花，开光内印花朵。

白瓷刻花器盖，H8:3，可复原，口径8.2、高2.5厘米。灰白胎，胎质细腻坚硬。外壁满釉，内壁无釉，釉色发灰。子母口，子口内敛，尖唇，沿上翘，盖面拱起，上刻轮菊纹，顶部有小圆钮。

（8）H10（T12内③层下开口）

红绿彩人物，H10:1，残，底座长7.8、宽6.9、残高15.3厘米。模制，黄白胎，胎质较粗。内壁前后连接处有泥条加固，底座中部有一小孔。器表施白色化妆土，在釉上以红、绿、黄、黑彩进行装饰。人物站在底座上，腰束带，衣袍上有花纹装饰（图版三四，1）。

（9）H11（T12内③层下开口）

白瓷盘，H11:1，残，口径约20、足径约7、高约4厘米。白胎，胎质细腻坚硬。内外满釉，芒口，釉面光亮，釉色洁白，积釉处泛黄。侈口，方唇，浅弧腹，圈足。

白瓷小钵，H11:3，残，口径约7、足径约4、高4.7厘米。白胎泛灰，胎质细腻坚硬。内壁满釉，芒口，外壁施釉至圈足，釉面光润，釉色泛黄。直口，尖唇，深直腹，下腹内收，圈足（图九九，2）。

白瓷器盖，H11:4，残，口径约12.5、高约4厘米。白胎，胎质细腻坚硬。外壁及内壁盖面下施釉，釉面光润，釉色白中泛灰黄。子母口，子口内敛，圆唇，沿上翘，盖面拱起，顶部有钮（图版三四，2）。

白瓷盒，H11:10，残，口径约11、残高2.7厘米。白胎，细腻坚致。内外满釉，芒口，子口外壁无釉，釉面光润，釉色洁白。子母口，尖圆唇，直壁稍斜，下腹内收（图九九，4）。

白瓷刻花罐，H11:2，残，口径约16、残高4.1、厚0.2厘米。白胎，胎质细腻坚硬，胎体轻薄。子母口，方唇，深直腹，外壁刻莲瓣纹。内外满釉，芒口，釉面光润，釉色洁白（图九九，1）。

白瓷印花盘，H11:7，腹部残片，残长6.6、残宽4.2厘米。白胎，胎质细腻坚硬。内外满釉，釉面光润，釉色洁白。内壁印禽鸟花卉等，纹饰较突出。

白瓷印花盘，H11:8，底部残片，残高1.7厘米。白胎泛灰，胎质细腻坚硬，局部结合不紧密。内外满釉，应是芒口，釉色泛灰黄。浅弧腹，圈足，内壁印仙鹤等。

白瓷印花盘，H11:9，口沿残片，残宽4.3、残高2.3厘米。白胎泛灰，胎质细腻坚硬。内外满釉，芒口，釉色泛灰黄。敞口，尖唇，内壁口沿下印一周回纹，其下印禽鸟花卉等。

粗白瓷器盖，H11:5，可复原，口径约10、高约2.9厘米。灰褐色胎，胎质较粗，坚硬。外壁施白色化妆土，满釉，釉面光亮，有细碎开片，釉色粉白，内壁盖面下施釉，呈胎色。子母口，子口内敛，尖唇，平沿，盖面拱起（图九九，5；图版三四，3）。

粗白瓷瓶，H11:14，口部残片，口径3.1、残高2.5厘米。灰褐色胎，胎质较粗。器表施白色化妆土，内壁满釉，内壁仅颈部施釉。直口，折沿，短直颈。

粗白瓷篦划花碗，H11∶11，残，足径约6.8、残高4.6厘米。灰褐色胎，胎质较粗，坚硬。器表施白色化妆土，内壁满釉，底部有支钉痕，外壁釉不及底。弧腹，圈足，挖足过肩，内壁有篦划花纹饰。

腰圆形白瓷枕，H11∶15，残，残长12.5、残高4.3厘米。褐色胎，胎体坚致。枕墙上施白色化妆土，剔划出纹饰，再施透明釉，底部无釉。釉面光润，釉色泛灰。平底，枕墙外弧，内壁枕墙与枕底之间有泥条加固，枕墙中部加厚。

白地褐彩碗，H11∶12，口沿残片，残宽5.2、残高4厘米。黄褐色胎，胎质较粗，坚硬。器表施白色化妆土，内壁满釉，外壁仅上部施釉。敞口，圆唇，弧腹，内壁以褐彩绘两周弦纹。

白地褐彩碗，H11∶13，底部残片，足径约7.5、残高3厘米。黄褐色胎，胎质较粗，坚致厚重。器表施白色化妆土，内壁满釉，底部以褐彩书写图案，周围有垫砂痕，外壁釉不及底。弧腹，圈足，内底向上突起，外底有鸡心突。

双色釉点彩碗，H11∶6，可复原，口径约22.5、足径7.5、高7.2厘米。白胎泛灰，胎质较细，局部结合不紧密。内壁及外壁唇部施白色化妆土，内壁满釉，壁上有褐色点彩花朵，釉色光润，有细碎开片，釉色泛灰黄，底部有涩圈，外壁口沿下施透明釉，下部施黑釉，圈足着地处无釉，圈足处有较多砂粒。敞口，圆唇，弧腹，圈足，挖足过肩（图九九，3；图版三四，4）。

红绿彩人物，H11∶16，残，残宽7.5、残高4.5厘米。模制，黄白胎，胎质较粗，坚硬。器表施白色黄化妆土，釉上以红、黄、绿彩装饰。

红绿彩人物，H11∶17，头部残片，残宽3.3、残高4厘米。模制，黄白胎，胎质较粗，坚硬。器表施白色黄化妆土，以黑、绿彩装饰。

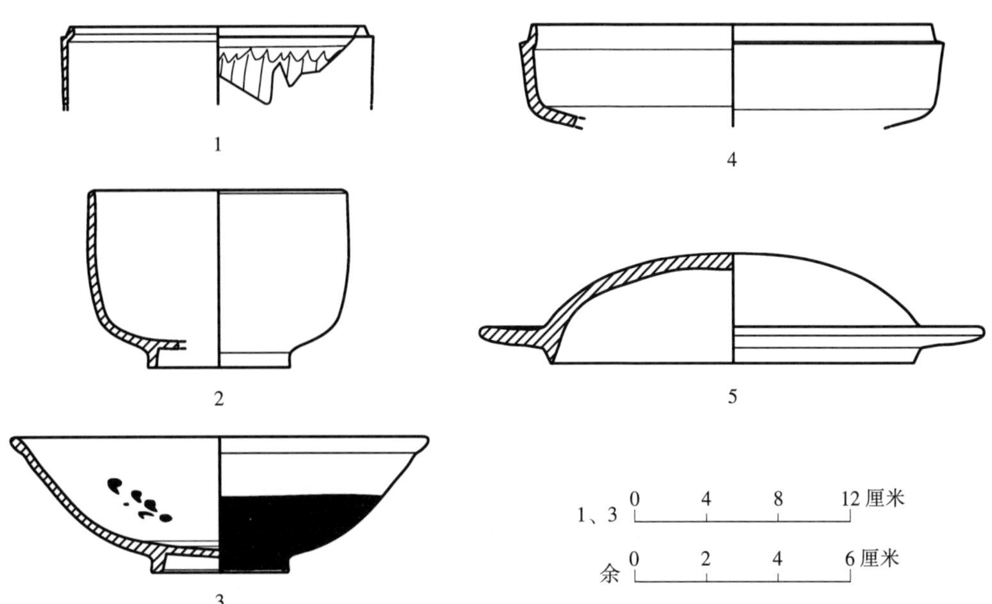

图九九　H11出土器物

1. 白瓷刻花罐（H11∶2）　2. 白瓷小钵（H11∶3）　3. 双色釉点彩碗（H11∶6）　4. 白瓷盒（H11∶10）　5. 粗白瓷器盖（H11∶5）

红绿彩人物，H11∶18，残，残长5、残宽3.5厘米。模制，灰褐色胎，胎质较粗，坚硬。器表施白色黄化妆土，釉上以红、黄、绿彩装饰。

（10）H12（T19内⑤层下开口）

粗白瓷钵，H12∶11，残，直径约11.5、残高6.1厘米。灰胎，胎质较粗，坚硬。外壁施白色化妆土，内外壁遍施透明釉，釉色白中泛灰。敛口，尖圆唇，弧腹（图一〇〇，2）。

白瓷点彩碗，H12∶7，可复原，口径25、足径8.9、高9.3～10.1厘米。灰褐色胎，胎质较粗，坚硬。内壁及外壁唇部施白色化妆土，然后罩一层透明釉，釉色泛青灰，内底有涩圈，外壁半釉，内壁有黑色点彩花朵。敞口，圆唇，弧腹，圈足（图一〇〇，1）。

灰陶盆，H12∶1，可复原，口径32、足径15、高12.2～12.4厘米。敞口，卷沿，方唇，弧腹，平底内凹（图一〇〇，3）。

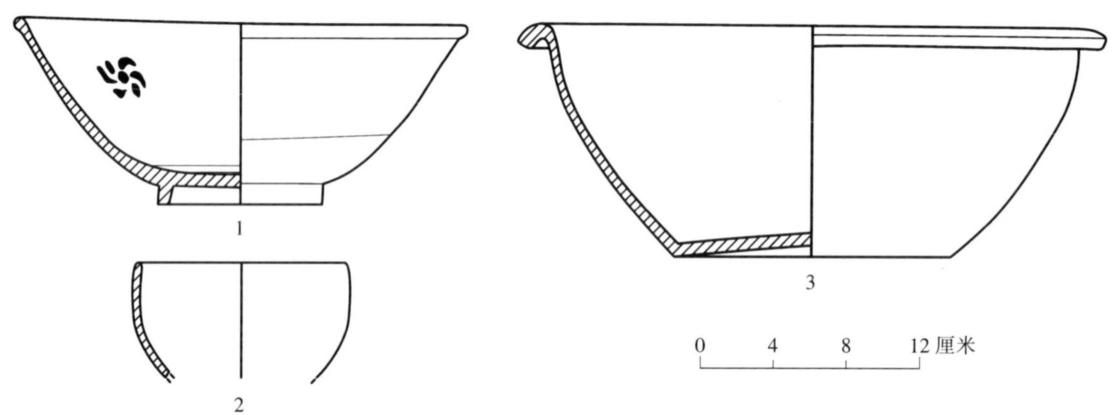

图一〇〇 H12出土器物
1. 白瓷点彩碗（H12∶7） 2. 粗白瓷钵（H12∶11） 3. 灰陶盆（H12∶1）

（11）H13（T14内③b层下开口）

白瓷刻花碟，H13∶12，残，高2厘米。白胎，胎质细腻坚硬。内外满釉，芒口，釉面光亮，釉色白中泛灰。敞口，尖圆唇，浅弧腹，下腹急收，卧足，内底有刻花纹饰。

粗白瓷器盖，H13∶2，残，口径约10、高3.2厘米。灰胎，胎质较粗，坚硬。外壁施白色化妆土，满釉，釉色白中泛灰，内壁盖面下直接施釉，显出胎色。子母口，子口内敛，圆唇，平沿，盖面拱起（图一〇一，1）。

白地黑花罐，H13∶13，残，残宽10.2、残高8厘米。黄褐色胎，胎质较粗。外壁及内底上部施白色化妆土，外壁以黑彩装饰，从上往下依次为宽带纹、卷草纹、宽带纹和花草纹，内外均施釉。直口，圆唇，内壁伸出一周平沿，深直腹（图一〇一，3）。

黑釉盏，H13∶7，残，口径约9.6、残高2.2厘米。黄白胎，胎质较粗。内外施黑釉，芒口，釉色乌黑发亮。直口，尖圆唇，折肩，腹内收（图一〇一，2）。

耀州窑青瓷盏，H13∶8，底部残片，残高2.2厘米。灰胎，胎质较细，坚硬。内外满施青釉，釉面光润，有开片。圈足处无釉。弧腹，圈足，内壁有印花纹饰。

钧窑碗，H13∶9，口沿残片，残长4.1、残高2.4厘米。黑灰胎，胎质较粗，坚硬。内外施天蓝釉。敞口，圆唇。

绿釉残片，H13∶10，残长4.5、残宽4厘米。黄白胎，胎质较粗，坚硬。内外施绿釉。

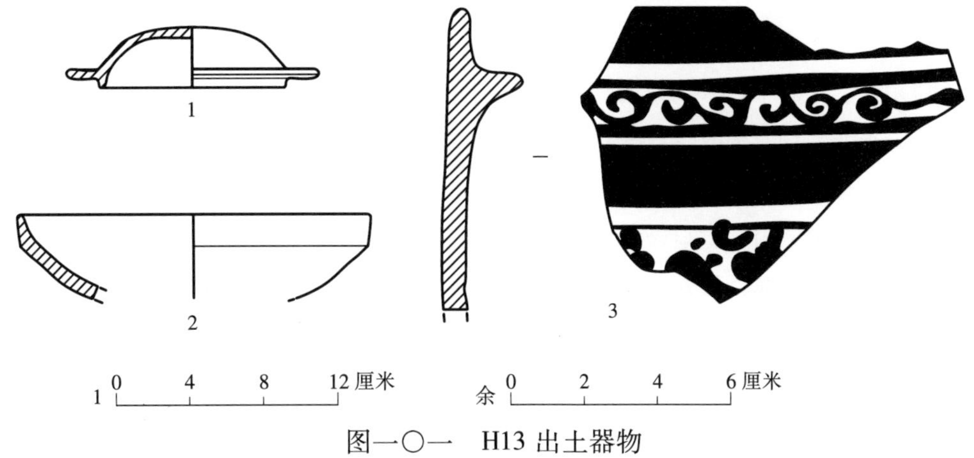

图一〇一　H13出土器物

1. 粗白瓷器盖（H13∶2）　2. 黑釉盏（H13∶7）　3. 白地黑花罐（H13∶13）

（12）H14（T9内③下的路面土之下开口）

白瓷刻花器盖，H14∶1，可复原，口径约12、高3.2厘米。白胎，胎质细腻坚硬。平沿内壁及子口唇部无釉，余满釉，釉面光润，釉色发暗，白中泛灰，积釉处发蓝。子母口，矮子口，方唇，平沿微上翘，盖面拱起，上刻轮菊纹，顶部有钮。

白瓷碗，H14∶2，可复原，口径约10.5、足径3.8、高4.5厘米。白胎泛灰，胎质较细，坚硬。内壁满釉，芒口，外壁釉不及底，釉面光润，釉色泛灰。敞口，尖唇，弧腹，圈足，内壁有白色出筋，外壁下部和外底有涂红（图一〇二，1）。

白瓷盘，H14∶3，可复原，口径约18、足径6、高3.6～3.8厘米。灰白胎，胎质较细。内壁满釉，底部有涩圈，外壁圈足处不施釉，圈足外有砂粒，釉面光润，釉色白中泛灰。敞口，圆唇，折腹，圈足（图一〇二，2）。

粗白瓷碗，H14∶4，可复原，口径18.5、足径6.6、高7厘米。灰胎，胎质较粗，坚硬。器表施白色化妆土，内壁满釉，底部有五枚支钉痕，外壁釉不及底，釉面光润，釉色白中泛灰。敞口，圆唇，弧腹，圈足（图一〇二，3）。

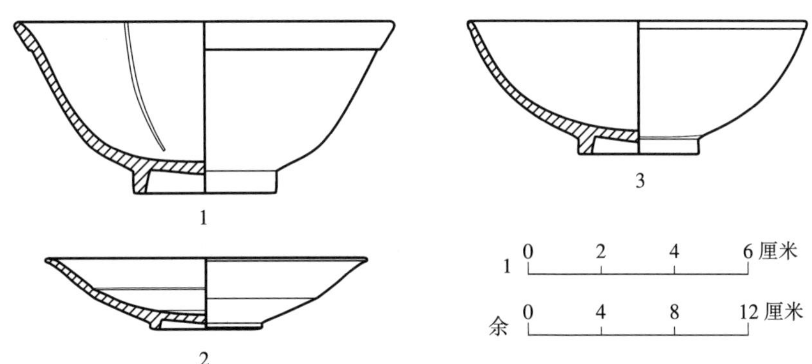

图一〇二　H14出土器物

1. 白瓷碗（H14∶2）　2. 白瓷盘（H14∶3）　3. 粗白瓷碗（H14∶4）

腰圆形三彩枕，H14∶5，残长11、残宽6.8厘米。红褐色陶胎，胎质较粗，器表施白色化妆土，枕面及枕墙剔刻出纹饰，然后施绿釉、黄釉及透明釉，釉面有细小开片。

（13）H15（T5内④层下开口）

白瓷刻划器盖，H15∶1，可复原，口径10.8、边径13.7、高3.8厘米。白胎，胎质细腻坚硬。沿内壁及子口唇部无釉，余满釉，釉面光润，釉色白中泛灰。子母口，子口内敛，方唇，沿上翘，盖面拱起，顶部有钮，盖面上刻轮菊纹（图一〇三，2）。

白瓷鸟食罐，H15∶3，残，残宽1.5、残高2.2、厚0.1～0.3厘米。白胎，胎质细腻坚硬。内壁满釉，外壁釉不及底，釉色洁白。直口微敛，圆唇，直腹，下腹内收，肩部附一耳。

粗白瓷刻划花盘，H15∶4，残，口径约20、高4.4厘米。灰胎，胎质较粗，坚致。器表施白色化妆土，内壁满釉，外壁釉不及底，釉面光润，釉色白中泛灰。侈口，尖圆唇，浅弧腹，圈足，挖足过肩，内壁有刻划花纹饰（图一〇三，1）。

粗白瓷刻划花碗，H15∶6，残，口径约21、足径约7、高7.5厘米。灰胎，胎质较粗，坚硬。器表施白色化妆土，内壁满釉，底部有支钉痕，外壁釉不及底，釉面光亮。敞口，圆唇，弧腹，圈足，挖足过肩，内壁有刻划花纹饰。

粗白瓷刻花碗，H15∶7，残，高5.3厘米。褐色胎，胎质较粗。器表施白色化妆土，内壁满釉，底部有支钉痕，外壁釉不及底，釉面光亮，釉色乳白。敞口，圆唇，弧腹，圈足，内壁有刻花纹饰。

腰圆形三彩枕，H15∶9，残，枕面残长5.7、残宽4.7厘米，枕墙残高3厘米。红褐色胎，胎质较粗，坚硬。器表施化妆土，枕面剔刻出纹饰，然后施黄、绿釉等。残存部分为枕面及后枕墙，枕墙

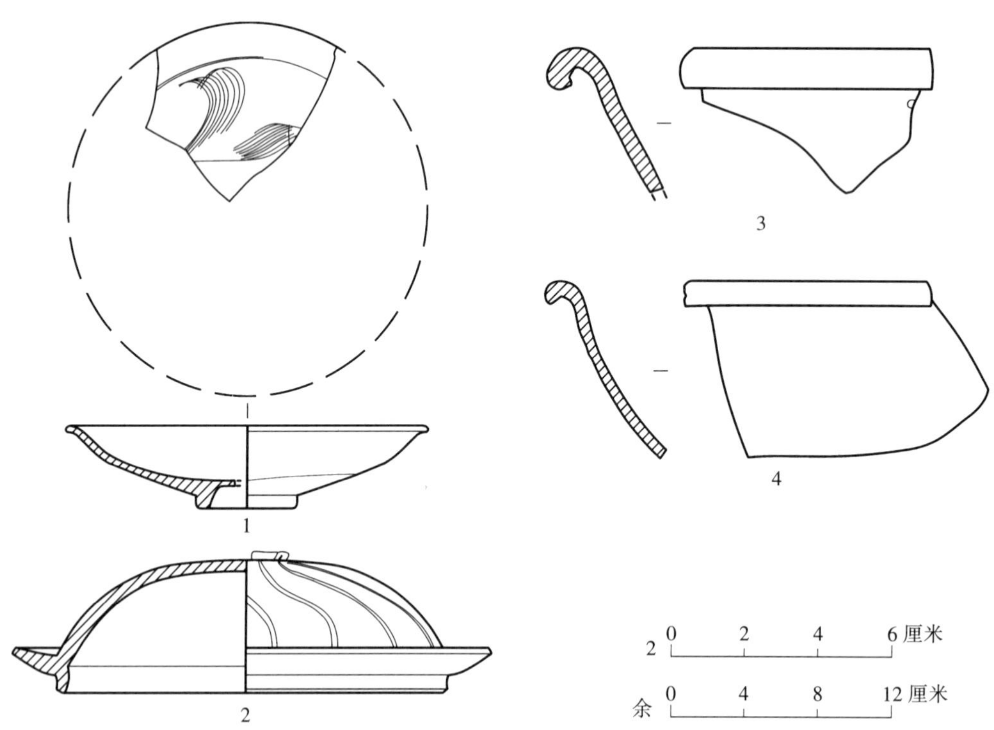

图一〇三　H15出土器物

1. 粗白瓷刻划花盘（H15∶4）　2. 白瓷刻划器盖（H15∶1）　3. 陶盆（H15∶12）　4. 陶盆（H15∶11）

外弧。

绿釉残片，H15∶10，底部残片，残长6.8、残宽5.5、厚0.7～1.2厘米。白胎泛黄，胎质较粗，坚硬，内外均施绿釉，内底颜色较深。平底内凹。

陶盆，H15∶11，残，残宽15.6、残高9.4厘米。泥质灰陶，敞口，卷沿，尖圆唇，弧腹（图一〇三，4）。

陶盆，H15∶12，残，残宽13、残高7.6厘米。泥质红褐陶，敞口，卷沿，圆唇，弧腹，腹壁上残留一小圆孔（图一〇三，3）。

陶纺轮，H15∶13，略残，直径4.8、孔径1.1、厚1.5厘米。泥质灰陶，不规则圆形，孔不在正中间。

（14）H17（T5内④层下开口）

白瓷碗，H17∶4，残，足径约7、残高3.3厘米。白胎，胎质细腻坚硬。内外满釉，圈足着地处无釉，釉面光润，釉色洁白。弧腹，圈足，外壁有红色摩擦痕。

粗白瓷双腹碗，H17∶1，可复原，口径约19.5、足径9.7、高10.5～10.8厘米。褐色胎，胎质较粗，坚硬。器表施白色化妆土，内壁满釉，底部有支钉痕，外壁半釉，釉面光亮，釉色粉白。敞口，圆唇，弧腹，腹鼓起，形成双腹，圈足。釉上局部有大块褐斑（图一〇四，3）。

粗白瓷碗，H17∶2，可复原，口径约18.6、足径6.3、高8.2～8.8厘米。灰褐色胎，胎质较粗，坚硬。器表施白色化妆土，内壁满釉，内底有支钉痕，外壁半釉，釉面光亮，有开片，釉色粉白。敞口，圆唇，斜直腹，圈足（图一〇四，1）。

白瓷枕，H17∶6，残存部分枕面及枕墙，残长12.7、残高3.5厘米。灰褐色胎，胎质较粗，坚硬。外壁施白色化妆土，刻出纹饰后，再施透明釉，釉色白中泛灰黄。枕面外弧，枕面与枕墙之间有泥条加固。

黄釉印花盘，H17∶3，残，口径约16、足径约6、高5厘米。上部胎为灰黑色，下部为褐色，胎质较粗。内外施黄釉，釉色较深，内壁满釉，底部有涩圈，外壁釉不及底。敞口，尖圆唇，弧腹，圈足，内壁有折腹。内底印一周莲瓣纹，内壁印纹模糊不清（图一〇四，2）。

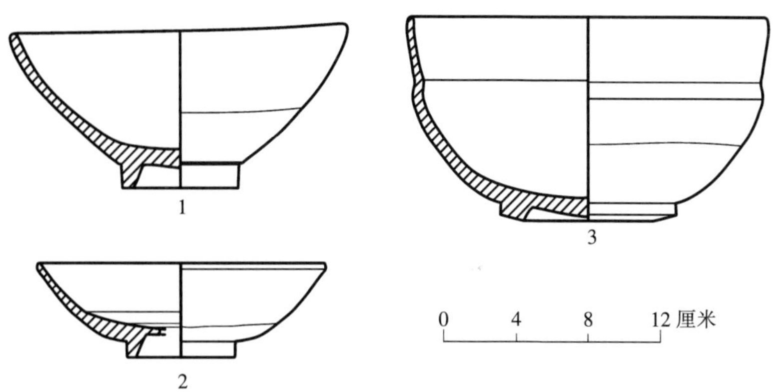

图一〇四　H17出土器物

1. 粗白瓷碗（H17∶2）　2. 黄釉印花盘（H17∶3）　3. 粗白瓷双腹碗（H17∶1）

（15）H18（T16内③b层下开口）

白瓷印花盘，H18∶13，腹部残片，残宽5.4、残高3.5、厚0.3厘米。白胎，细腻坚致。内外满釉，釉面光润，釉色洁白。内壁有印花纹饰，以白色出筋分隔，有凤鸟荷花等纹饰。

白瓷刻划花碗，H18:15，残，口径约21、残高6.5厘米。白胎，胎质细腻坚硬。内外满釉，芒口，釉面光润，釉色洁白，积釉处泛黄。敞口，尖唇，弧腹，口部为花口，内壁有刻花纹饰。

白瓷折腹盘，H18:12，可复原，口径18.9、足径5.8、高4厘米。灰白胎，胎质较细。内壁满釉，底部有涩圈，外壁圈足处不施釉，釉面光润，有开片，釉色白中泛灰。敞口，圆唇，折腹，圈足（图一〇五，4）。

粗白瓷碗，H18:4，可复原，口径约16.5、足径6.5、高6.7厘米。黄白胎，胎质较粗，坚硬。器表施白色化妆土，内壁满釉，内底有支钉痕，外壁半釉，釉面光亮，有细碎开片，釉色粉白。敞口，圆唇，弧腹，圈足（图一〇五，2）。

粗白瓷盏，H18:5，可复原，口径约10、足径4.4、高3厘米。黄褐色胎，胎质较粗，坚致。器表施白色化妆土，内壁满釉，内壁有支钉痕，外壁唇部施釉，釉面光亮，釉色泛黄。直口，厚唇，浅弧腹，饼足（图一〇五，6）。

粗白瓷碗，H18:6，残，足径8.5、高4厘米。黄褐色胎，胎质较粗，坚硬，厚重。器表施白色化妆土，内壁满釉，底部有五枚支钉痕，釉面有开片，釉色泛黄，底部中心有褐色点彩花朵纹，外壁半釉。弧腹，圈足，挖足过肩。

粗白瓷大碗，H18:7，可复原，口径29.4、足径8、高9.7～10厘米。黄白胎，胎质较粗，坚硬。器表施白色化妆土，内壁满釉，近底部有六枚支钉痕，外壁施釉至圈足，釉面光亮，有细碎开片，釉色粉白。敞口，圆唇，弧腹，圈足，外壁有墨书文字，第一字为“李”，第二字为花押（图一〇五，3）。

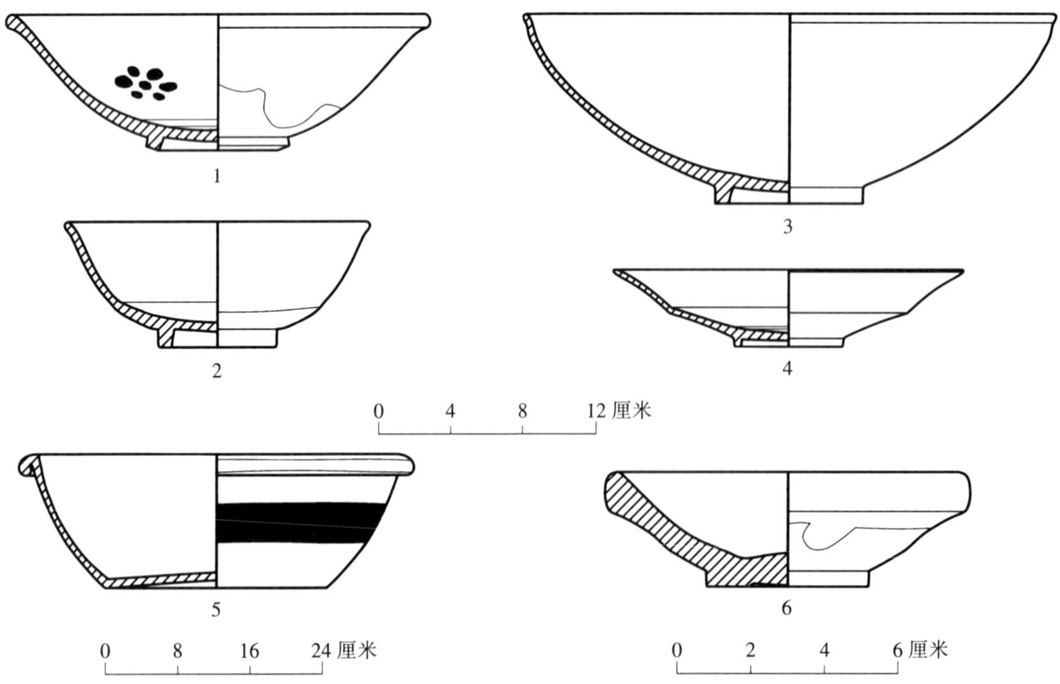

图一〇五　H18出土器物

1. 白瓷点彩碗（H18:3）　2. 粗白瓷碗（H18:4）　3. 粗白瓷大碗（H18:7）　4. 白瓷折腹盘（H18:12）　5. 粗白瓷盆（H18:9）　6. 粗白瓷盏（H18:5）

粗白瓷盆，H18∶9，可复原，口径约43.5、足径25、高13.6～14厘米。褐色胎，胎质较粗。内壁及外壁唇部施白色化妆土，然后罩透明釉，沿上将釉刮掉，釉面光亮，有细碎开片，釉色泛黄，外壁中部施一圈很薄的酱釉。敞口，卷沿，圆唇，弧腹，平底内凹（图一〇五，5）。

白瓷点彩碗，H18∶3，可复原，口径约23、足径8.1、高6.7～7厘米。灰褐色胎，胎质较粗，坚硬。内壁及外壁唇部施白色化妆土，内壁满釉，釉色泛青灰，壁上有点彩花朵纹，底部有涩圈，外壁半釉，釉色青褐，有大量黑点。敞口，圆唇，弧腹，圈足，挖足过肩（图一〇五，1）。

绿釉残片，H18∶16，腹部残片，残宽5.8、残高5、厚0.8～1厘米。黄白胎，胎质较粗，坚硬。外壁施一层绿釉，内壁有红色残留物。

陶建筑构件，H18∶14，残长12.4、残宽8.8厘米。泥质灰陶。T字形，一面平，一面鼓起，上面有白色石灰。

石钵，H18∶17，可复原，口径22.4、底径13、高9厘米。滑石质，敞口，圆唇，弧腹，平底。

（16）H19（T7内④层下开口）

粗白瓷刻划花碗，H19∶1，残，足径6.5、残高5.5厘米。灰白胎，胎质较粗，坚硬。器表施白色化妆土，内壁满釉，内底等距离分布五枚支钉痕，外壁釉不及底，釉面光亮，釉色白中泛黄。弧腹，圈足，内壁有刻划花纹饰，外底的墨书文字模糊难识。

粗白瓷碗，H19∶2，可复原，口径约20、足径6.5、高6.5～6.8厘米。灰胎，胎质较粗，坚硬。器表施白色化妆土，内壁满釉，内底有多枚较窄细的支钉痕，外壁半釉，釉面光亮，釉色粉白。敞口，圆唇，弧腹，圈足，挖足过肩（图一〇六，2）。

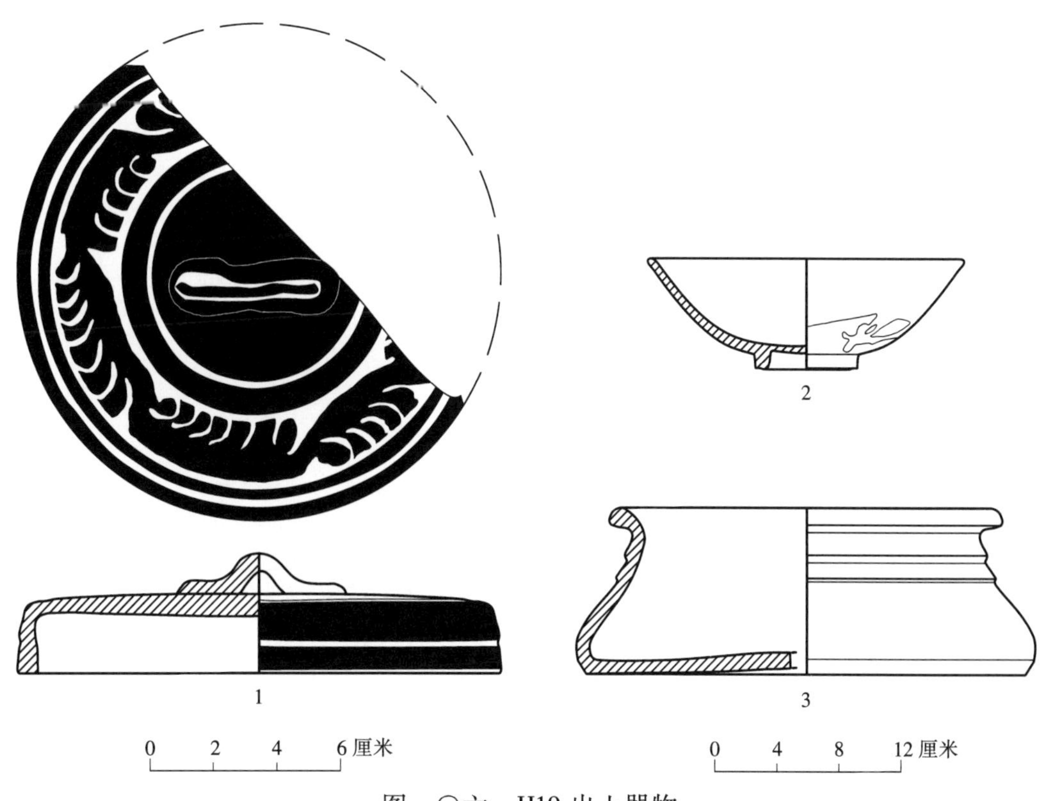

图一〇六　H19出土器物

1. 黑釉器盖（H19∶3）　2. 粗白瓷碗（H19∶2）　3. 陶罐（H19∶6）

黑釉器盖，H19∶3，可复原，口径15.3、高3.8厘米。灰胎，胎质较粗，坚硬。外壁施黑釉，然后剔刻出纹饰。直口，方唇，直壁，平顶，耳状钮（图一〇六，1）。

黑釉缸，H19∶5，底部残片，底径约28、残高23.3厘米。褐色缸胎，内含大量颗粒杂质。内外均施黑釉，外底不施釉，釉色乌黑光亮。斜直腹，腹部有密集的弦纹，平底内凹。

陶罐，H19∶6，残，底径约28、高10.2厘米。泥质灰陶。敞口外翻，圆唇，短束颈，鼓腹，平底，肩部有两周凸棱（图一〇六，3）。

（17）H21（T11内③层下开口）

白瓷印花盏，H21∶1，残，足径2.7、残高1.7厘米。白胎泛灰，胎质较细，局部结合不紧密。内外满釉，应是芒口，釉面光润，釉色泛灰黄。弧腹，小圈足较矮，内壁印花卉纹饰。

白瓷碗，H21∶7，残，足径约7、高7.7厘米。灰白胎，胎质较细。内外满釉，芒口，釉面光亮，釉色泛灰黄。敞口，圆唇，弧腹，圈足，内壁有红色摩擦痕。

白瓷鸟食罐，H21∶10，残，残宽2.2、残高2.1、厚0.2厘米。白胎，胎质细腻坚硬。内壁满釉，外壁釉不及底，釉色洁白。敛口，圆唇，斜直腹，下腹内收，肩部附一耳（图一〇七，4）。

粗白瓷盏，H21∶2，可复原，口径约10、足径3.8、高3.2厘米。黄褐色胎，胎质较粗，坚致。器表施白色化妆土，内壁满釉，内壁有支钉痕，外壁只唇部施釉，釉色粉白。直口，厚唇，浅斜直腹，圈足（图一〇七，2）。

粗白瓷碗，H21∶3，残，口径约22、足径约7、高8～8.4厘米。黄褐色胎，胎质较粗，坚硬。器表施白色化妆土，内壁满釉，内底有支钉痕，外壁釉不及底，釉面光润，有细碎开片，釉色粉白。敞口，圆唇，弧腹，圈足，挖足过肩（图一〇七，1）。

白地黑花瓶，H21∶8，残，残宽7、残高6.3厘米。黄褐色胎，胎质较粗，坚硬。器表施白色化妆土，外壁以黑彩绘纹饰，再施透明釉，釉面光亮，釉色泛黄。

黑釉双耳罐，H21∶5，残，口径约15、残高7.5厘米。灰褐色胎，胎质较粗，坚硬。外壁及内壁

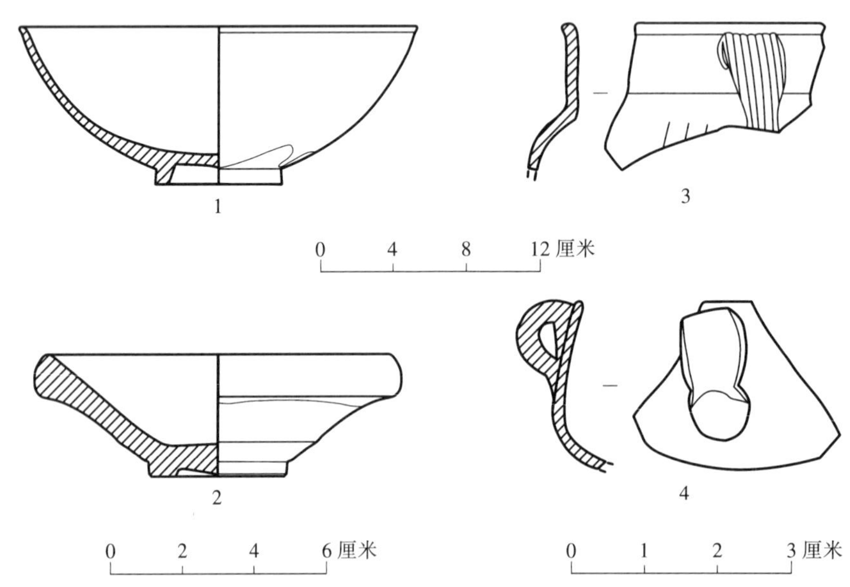

图一〇七 H21出土器物

1. 粗白瓷碗（H21∶3） 2. 粗白瓷盏（H21∶2） 3. 黑釉双耳罐（H21∶5） 4. 白瓷鸟食罐（H21∶10）

颈部施黑釉，釉层较厚，釉色乌黑发亮，内壁下部刷一层很薄的褐釉。直口，圆唇，直颈，溜肩，肩、颈间残留一耳，器物腹部有褐色突线纹（图一〇七，3）。

三彩枕，H21∶11，残，枕面残长6、残宽6.3厘米，枕墙残高3.6厘米。红褐色胎，胎质较粗，坚硬。器表施化妆土，枕面剔刻出纹饰，然后施黄、绿釉及透明釉。前枕墙内弧。

封泥，H21∶12，残，顶面直径约6、残高1.4厘米。白色石灰质，胎质粗疏。内底较平，壁残断，顶部有红色方框，内残存两个红色文字，第二字似为“香”，壁上左右亦各有一处红色戳印文字。

（18）H22（T7内④层下开口）

白瓷刻花碗，H22∶1，残，口径约21、残高4.9厘米。白胎泛灰，胎质细腻坚硬。内外满釉，芒口，外壁口沿下刮釉一周，釉面光润，釉色泛灰黄。侈口，尖圆唇，弧腹较浅，圈足，挖足过肩，内壁有较细的刻花纹饰。

绿釉枕，H22∶8，残，残长15.5、残高8.5厘米。红色陶胎，胎质较粗。器表满施白色化妆土，枕墙上有刻花纹饰，再施一层绿釉，釉不及底。外底残留两行半墨书文字，右侧一行为“□西□催（?）”，第二行为“欄穿腸”。

（19）H23（T14内④b层下开口）

白瓷小碗，H23∶1，可复原，口径约12.2、足径3.6、高3.8厘米。灰白胎，胎质较细，坚硬。内壁满釉，底部有涩圈，外壁上部施釉，釉面光润，釉色泛青灰。侈口，尖唇，弧腹较浅，圈足（图一〇八，1）。

白瓷盘，H23∶2，残，口径约18、足径约5.8、高4厘米。白胎泛灰，胎质细腻坚硬。内壁满釉，底部有涩圈，外壁仅圈足着地处不施釉，釉面光润，釉色白中泛青灰。敞口，方唇，折腹，圈足，口部为花口（图一〇八，2）。

白瓷钵，H23∶4，残，口径约15.5、足径10.4、高11.9厘米。白胎，胎质细腻坚硬。内壁满釉，底部有涩圈，芒口，外壁仅圈足着地处及外底中部不施釉，釉面光润，釉色白中泛青灰，下部积釉处泛蓝色。直口，方唇，深弧腹，隐圈足，外壁上下各有一周突出的条带纹，上面一条还附加一枚圆形乳丁（图一〇八，3）。

粗白瓷篦划花碗，H23∶3，可复原，口径约20、足径6.7、高7厘米。灰褐色胎，胎质较粗，坚硬。器表施白色化妆土，内壁满釉，内底可见3枚支钉痕，外壁釉不及底，釉面光润，釉色泛灰。敞口，圆唇，弧腹，圈足，挖足过肩，内壁有篦划花纹饰，外底有墨书符号，较为模糊（图一〇八，5）。

白瓷刻划花碗，H23∶5，残，足径7.8、残高2.5厘米。白胎微泛灰，胎质稍粗，坚硬。无化妆土，内壁满釉，底部残存三枚较小的支钉痕，外壁仅圈足不施釉。釉面光亮，有开片，釉色白中泛灰。弧腹，圈足，挖足过肩，内壁有刻划花纹饰。

耀州窑青瓷盏，H23∶6，残，残宽5.3、残高3厘米。灰胎，胎质较粗，坚硬。内外满施青釉，釉面光润，有开片。敞口，圆唇，弧腹，内壁有印花装饰。

黑釉盏，H23∶7，残，口径约10、残高2.4厘米。黄白色胎，胎质较粗疏，坚硬。内壁满釉，底部有涩圈，外壁半釉。敞口，尖圆唇，斜直壁，下腹急收（图一〇八，4）。

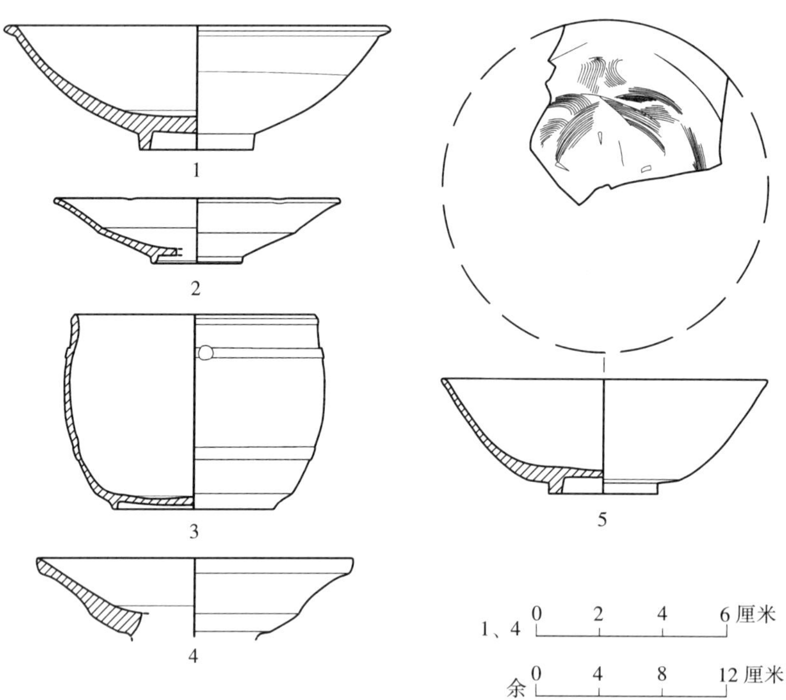

图一〇八　H23出土器物

1. 白瓷小碗（H23∶1）　2. 白瓷盘（H23∶2）　3. 白瓷钵（H23∶4）　4. 黑釉盏（H23∶7）　5. 粗白瓷篦划花碗（H23∶3）

（20）H24（T15内③b层下开口）

粗白瓷盘，H24∶1，残，口径约20.6、足径约8、高3.8厘米。灰褐色胎，胎质较粗，坚硬。内壁及外壁唇部施白色化妆土，内壁满釉，釉色泛青灰，底部有涩圈，外壁釉不及底，釉色呈灰褐色，有大量黑点。敞口，圆唇，弧腹较浅，圈足（图一〇九，2）。

黑釉器盖，H24∶2，口径13.8、底径5.8、高1.8厘米。褐色缸胎，胎质较粗疏，坚硬。外壁及内壁唇部施黑釉。盖呈盘状，敞口，平沿，圆唇，浅弧腹，下腹急收，平底内凹，盖中间有钮（图一〇九，3）。

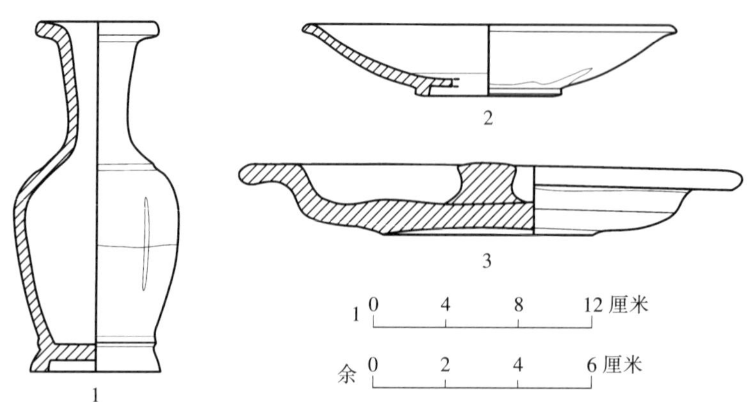

图一〇九　H24出土器物

1. 绿釉瓶（H24∶5）　2. 粗白瓷盘（H24∶1）　3. 黑釉器盖（H24∶2）

绿釉瓶，H24∶5，可复原，口径3.5、足径3.6、高9.3厘米。红色陶胎，胎质较粗。器表满施白色化妆土，外壁上部及内壁颈部施绿釉。侈口，方唇，长颈，圆肩，鼓腹，圈足，腹部有对称分布的六个瓜棱（图一〇九，1）。

（21）H25（T10内④层下开口）

白瓷碗，H25∶1，残，口径约18.5、残高6.5厘米。白胎，胎质细腻坚硬。内外满釉，芒口，釉面光润，釉色洁白。敞口，圆唇，弧腹（图一一〇，2）。

白瓷器盖，H25∶7，残，口径约16、残高3厘米。白胎泛灰，胎质细腻坚硬。内外满釉，芒口，釉面光润，釉色泛灰。直口，方唇，斜直壁，盖面拱起（图一一〇，4）。

白瓷刻花盏，H25∶6，可复原，口径约13.6、足径3.6、高4.2厘米。黄白胎，胎质较粗，坚硬。内外满釉，芒口，圈足无釉。釉面光亮，釉色泛灰黄。敞口，尖唇，斜直腹微曲，小圈足，内壁有刻花纹饰（图一一〇，1）。

白瓷盘，H25∶3，可复原，口径约20.5、足径7、高4.1厘米。灰褐色胎，胎质较粗，坚硬。内壁及外壁唇部施白色化妆土，内壁满釉，底部有涩圈，釉面光润，釉色泛青灰，外壁半釉，呈胎色。敞口，圆唇，折腹不甚明显，圈足（图一一〇，3）。

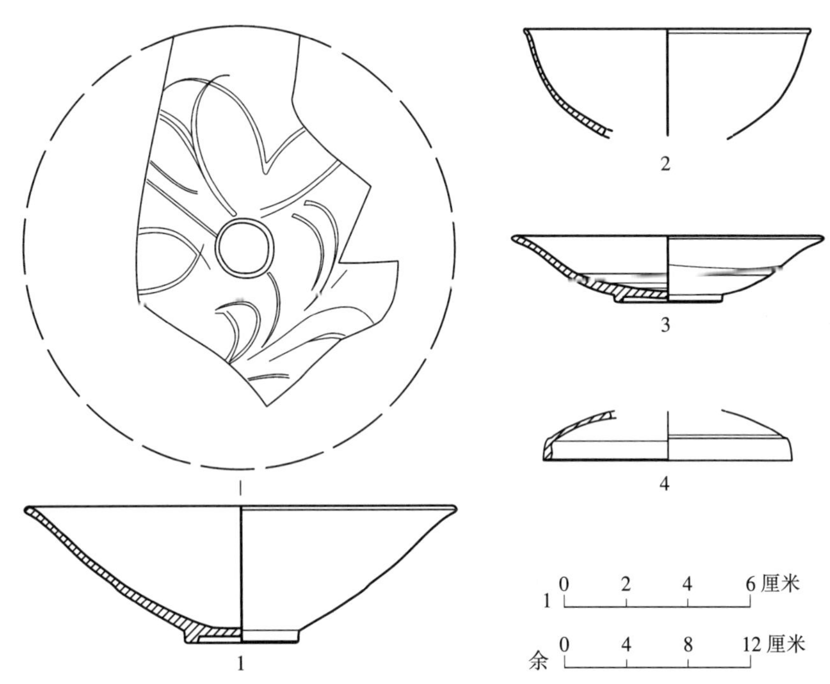

图一一〇　H25出土器物

1. 白瓷刻花盏（H25∶6）　2. 白瓷碗（H25∶1）　3. 白瓷盘（H25∶3）　4. 白瓷器盖（H25∶7）

（22）F2（T3内③b层下开口）

粗白瓷刻划花碗，T3 F2∶1，残，足径7.4、残高4.2厘米。黄褐色胎，胎质较粗，坚硬。器表施白色化妆土，内壁满釉，内底有支钉痕，外壁半釉，釉面较粗糙，釉色泛黄。弧腹，圈足，挖足过肩，内壁有刻划花纹饰，外壁下部及外底均有红色摩擦痕。

粗白瓷碗，T3 F2∶3，残，口径约22、高7厘米。黄褐色胎，胎质较粗疏。器表施白色化妆土，内壁满釉，底部有支钉痕，外壁釉不及底，釉面较粗糙，有细碎开片，釉色泛灰。敞口，圆唇，弧腹，圈足，内壁有白色出筋（图一一一，1）。

粗白瓷碗，T3 F2:4，残，口径约22、足径约6.5、高8~8.2厘米。灰褐色胎，胎质较粗，坚硬。器表施白色化妆土，内壁满釉，底部有支钉痕，外壁釉不及底，釉面光亮。敞口，圆唇，弧腹，圈足，挖足过肩（图一一一，2）。

石匜，T3 F2:5，残存流部，残长9.3、残宽6厘米。滑石质，打磨光滑。敞口，弧腹。外壁有火烧过的烟炱。

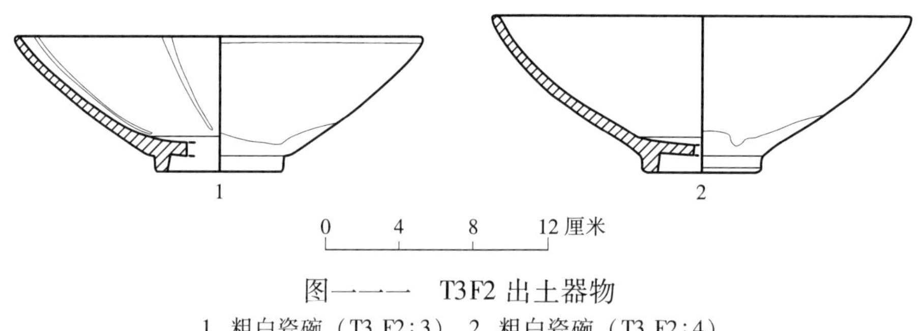

图一一一　T3F2出土器物

1. 粗白瓷碗（T3 F2:3）　2. 粗白瓷碗（T3 F2:4）

（23）F3（T18内③b层下开口）

白瓷钵，T18 F3:6，口径8.7、足径4.2、高6.2厘米。白胎，胎质细腻坚硬，胎体轻薄。内外满釉，底部有涩圈，芒口，圈足着地处无釉，有砂粒，釉面光亮、洁白。直口，尖圆唇，深弧腹，圈足。外壁刻莲瓣纹。

白瓷刻花器盖，T18 F3:7，可复原，口径约7、高2.3厘米。白胎，胎质细腻坚硬，胎体轻薄。内壁口沿及平沿下无釉，外壁满釉，盖面刻轮菊纹。子母口，子口较直，方唇，平沿，弧形盖面，圆钮。

粗白瓷篦划花碗，T18 F3:2，口径18、足径6.2、高6.1厘米。浅灰色胎，胎质较粗，坚硬。敞口，圆唇，弧腹，圈足。釉色白中泛青，有黑色斑点。内壁满釉，有篦划花装饰，内底可见4个支钉痕，外壁半釉。

粗白瓷刻划花碗，T18 F3:9，残，足径6.8、残高6.3厘米。灰胎，胎质较粗，坚硬。弧腹，圈足，挖足过肩。器表施白色化妆土，内施满釉，有刻划花装饰，内底有支钉痕，外壁釉不及底。

粗白瓷器盖，T18 F3:4，可复原，口径约11.5、钮径5.6、高3.2厘米。黄褐色胎，质地粗疏。器表施白色化妆土，釉色洁白。子母口，平沿，顶部有圈足状钮（图一一二）。

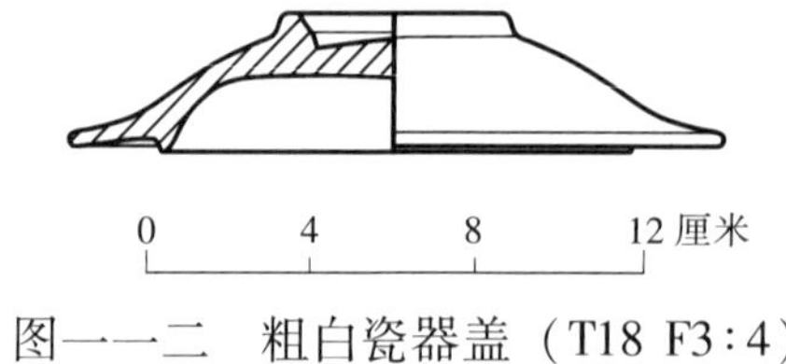

图一一二　粗白瓷器盖（T18 F3:4）

白地黑花枕，T18 F3:10，枕面残片，残长7.9、残宽5.7厘米。黄褐色胎，胎质较粗，坚硬。外表施白色化妆土，以黑彩装饰，残存一“事”字，釉面光亮，有开片。

黑釉罐，T18 F3∶5，口径14.5、残高9厘米。灰胎，胎质较粗坚硬。敞口，突唇，矮直领，弧腹，残留一耳。内外施黑釉，釉面乌黑光亮。

绿釉残片，T18 F3∶14，残长4、残宽3厘米。黄褐色胎，胎质较粗，稍硬。内外施绿釉，釉面光亮，有细碎开片。

虎形瓷枕残片，2片，T18 F3∶15，眼睛部分残片，残长4.4、残宽3.2厘米。灰胎，胎质较粗，坚致。器表施白色化妆土，局部再施黄色化妆土，以黑彩绘出纹饰，再罩一层透明釉，内壁有布纹。T18 F3∶16，残长5.4、残宽2.9厘米。

（24）G1（T6内③b层下开口）

白瓷印花盘，T6 G1∶1，口沿残片，残宽5.5、残高2.8厘米。白胎泛灰，胎质细腻坚硬。内外满釉，芒口，釉色泛黄。敞口，尖圆唇，浅弧腹，内壁口沿印一周回纹，其下印菊花纹等花卉。

白瓷刻花器盖，T6③下G1∶2，残，残高2.8厘米。白胎，胎质细腻坚致。内外满釉，芒口，釉面光润，釉色洁白。直口，方唇，斜直壁，盖面拱起，上刻莲瓣纹。

黑釉双系罐，T6∶G1∶3，残，口径约11、残高8.9厘米。灰褐色胎，胎质较粗，坚硬。外壁及内壁口沿下施黑釉，釉层较厚，釉色乌黑，内壁下部刷一层较薄的褐色釉，外壁施褐色突线纹。直口，圆突唇，直领，溜肩，颈、肩部残留一系，器壁上有褐色突线，每三条细线为一组。

（25）G2（T8内④、④b层下开口）

白瓷器盖，T8 G2∶1，可复原，口径9.6、边径12.3、高2.4厘米。白胎，胎质细腻坚硬。外壁满釉，内壁仅盖面下部分施很薄的一层釉，釉面光润，釉色白中泛灰。子母口，子口内敛，尖唇，平沿，盖面拱起（图一一三，1）。

白瓷器盖，T8 G2∶5，残，口径约6、残高2.3厘米。白胎，胎质细腻坚硬。直口，方唇，直壁，盖身上隆。外壁釉不及底，内壁不施釉。釉面光亮，釉色白中泛黄（图一一三，3）。

白瓷刻花罐，T8 G2∶3，残，残宽7.5、残高4.3厘米。白胎，胎质细腻坚硬。子母口，子口内敛，直壁，外壁有刻花纹饰。内外满釉，芒口，釉面光亮，釉色白中泛灰（图一一三，2）。

白瓷小瓶，T8 G2∶12，残，足径2.7、残高4.8厘米。灰褐色胎，胎质较粗。外壁上部施白色化妆土，外壁釉不及底，内壁无釉，釉色泛灰。口部残，折肩，深腹，隐圈足（图一一三，5）。

白地黑花罐，T8 G2∶10，残，口径约13.4、足径约9、高12.5厘米。灰胎，胎质较粗，坚硬。直口，圆唇，深直腹，下腹折收，隐圈足。器表施白色化妆土，外壁以黑彩绘花叶纹，再罩一层透明釉，外壁釉不及底，内壁仅唇部施釉（图一一三，4）。

白地褐花瓶，T8 G2∶21，可复原，口径3.8、足径3.5、高9.3厘米。灰胎，胎质较粗，器表施白色化妆土，外壁以褐彩绘三组纹饰，再罩透明釉，外壁釉不及底，釉色洁白。敞口，圆唇，长颈，瓜棱腹，圈足（图一一三，7）。

双色釉碗，T8 G2∶14，可复原，口径约24、足径8.7、高6.5～6.9厘米。灰褐色胎，胎质较粗，坚硬。内壁及外壁唇部施白色化妆土，再罩以透明釉，釉色泛青灰，底部有涩圈，外壁下部施黑釉，圈足着地处无釉，圈足处有砂粒。敞口，圆唇，弧腹，圈足（图一一三，6）。

黑釉盘，T8 G2∶22，完整，口径19.5、足径6.8、高4.1厘米。灰白胎，胎质较细，坚硬。敞口，圆唇，弧腹，圈足。器内外皆施黑釉，外壁釉不及底，唇部呈褐色。

素胎白瓷球，3件，黄白胎，胎质较细，坚硬。器表不施釉。T8 G2∶18，完整，直径4.7厘米。T8 G2∶19，完整，直径4.2厘米。T8 G2∶20，可复原，直径4.4厘米。

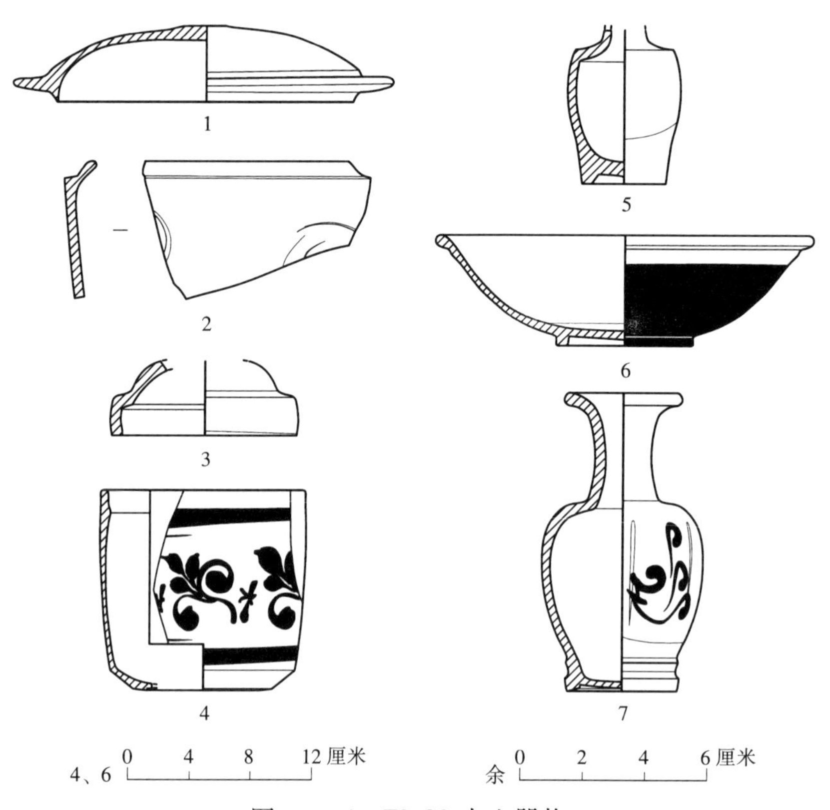

图一一三 T8 G2出土器物

1. 白瓷器盖（T8 G2∶1） 2. 白瓷刻花罐（T8 G2∶3） 3. 白瓷器盖（T8 G2∶5） 4. 白地黑花罐（T8 G2∶10） 5. 白瓷小瓶（T8 G2∶12） 6. 双色釉碗（T8 G2∶14） 7. 白地褐花瓶（T8 G2∶21）

（26）G3（T10内③层下开口）

白瓷碗，T10 G3∶3，残，口径13、足径6.2、高5.4～5.6厘米。白胎泛灰，胎质较细。内壁满釉，芒口，外壁釉不及底，釉面光亮，釉色白中泛灰。敞口，尖唇，弧腹，圈足，内底有一周凹弦纹（图一一四，3）。

白瓷碗，T10 G3∶5，可复原，口径约20、足径6.5、高7.2～7.6厘米。白胎，胎质较细。内外满釉，芒口，釉面光亮，釉色白中泛灰。敞口，尖唇，弧腹，圈足，口部为花口，对应的内壁有六条白色出筋（图一一四，4）。

白瓷印花碗，T10 G3∶4，残，足径6.2、残高2.2厘米。白胎泛灰，胎质细腻坚硬。内外满釉，釉面光润，釉色白中微泛灰。斜直腹，圈足，内壁印花卉纹，底部印水波游鱼纹。

白瓷折沿大盆，T10 G3∶1，残，口径约45、足径约30、高12～12.4厘米。黄褐色胎，胎质较粗，坚硬。器表施白色化妆土，釉面光亮，釉色乳白，外壁釉不及底。敞口，宽折沿，斜直腹，隐圈足。内底有印纹，模糊不清（图一一四，1）。可以和T11③b内残片相拼。

粗白瓷盏，T10 G3∶2，可复原，口径约11、足径4.2、高3～3.5厘米。灰胎，胎质较粗，坚硬。器表施白色化妆土，内壁满釉，内壁有支钉痕，外壁半釉，釉面光亮。直口，厚唇，浅弧腹，圈足

（图一一四，2）。

双色釉点彩碗，T10 G3∶10，可复原，口径约22、足径7.7、高7.1～7.3厘米。黄白胎，胎质较细。内壁及外壁上部施白色化妆土，内壁满釉，釉面有细碎开片，釉色泛灰黄，底部有涩圈，壁上有褐色点彩纹，外壁口沿下施透明釉，下部施黑釉，圈足着地处无釉，圈足处有砂粒。敞口，圆唇，弧腹，圈足（图一一四，5）。

钧瓷碗，T10 G3∶6，残，足径约6、残高4.7厘米。灰黑色胎，下部呈砖红色，胎质较粗，坚硬。内外施天蓝釉，内壁满釉，外壁釉不及底，釉层较厚，釉面较光润。弧腹，圈足。

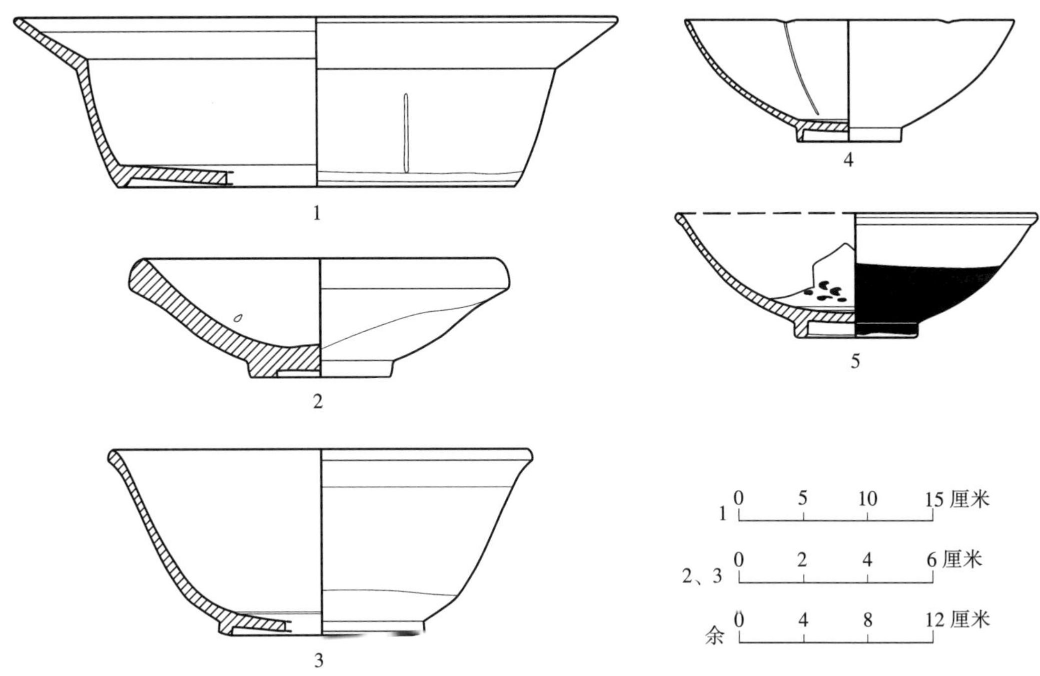

图一一四　T10 G3出土器物

1. 白瓷折沿大盆（T10 G3∶1）　2. 粗白瓷盏（T10 G3∶2）　3. 白瓷碗（T10 G3∶3）　4. 白瓷碗（T10 G3∶5）　5. 双色釉点彩碗（T10 G3∶10）

（27）J1（T12内④b层下开口）

白瓷点彩盂，T12 J1∶1，可复原，口径约3、足径约7、高3.3厘米。黄褐色胎，胎质较粗，坚硬。外壁及内壁唇部施白色化妆土，然后罩透明釉，肩部饰黑色点彩。敞口，圆唇，垂腹，平底（图一一五，1）。

（28）T7③下路土

酱釉盏，T7③下路土∶3，残，口径约10.4、残高3.4厘米。黄褐色胎，胎质较粗。敞口，厚圆唇，弧腹。器表施酱釉，外壁釉不及底，釉面光亮（图一一五，2）。

（29）T8③下路土

粗白瓷盏，T8③下路土∶1，可复原，口径约10.4、足径3.7、高3.2厘米。黄白胎，胎质较粗。内壁及外壁唇部施白色化妆土，再施透明釉，釉面光亮，釉色洁白。直口，圆唇，浅弧腹，圈足（图一一五，3）。

粗白瓷盘，T8③下路土∶2，可复原，口径约19.5、足径6.6、高3.9～4.2厘米。灰胎，胎质较粗，坚硬。器表施白色化妆土，内壁满釉，内底有支钉痕，外壁釉不及底，釉面光亮，釉色白中泛灰。

敞口，圆唇，浅弧腹，圈足，挖足过肩（图一一五，5）。

粗白瓷刻花钵，T8③下路土∶3，残，残宽7、残高7.5厘米。灰白胎，胎质较粗。外壁及内壁上部施白色化妆土，再施透明釉，芒口。直口，圆尖唇，深直腹，外壁刻莲瓣纹（图一一五，4）。

兽面瓦当，5件，均为圆形，纹饰各不相同，背面都有连接筒瓦的痕迹。T8③下路土∶9，残，直径14.5、边厚1.2厘米。T8③下路土∶10，残，直径13.4、边厚1厘米。纹饰为兽面衔环，纹饰集中在中部。T8③下路土∶11，直径13.7、边厚1.5厘米，兽面外有一周连珠纹。T8③下路土∶12，直径13、边厚1.4厘米，背面有手指压出的凹坑。T8③下路土∶13，直径13.5、边厚1.5厘米，兽面突起较高，背面下凹。

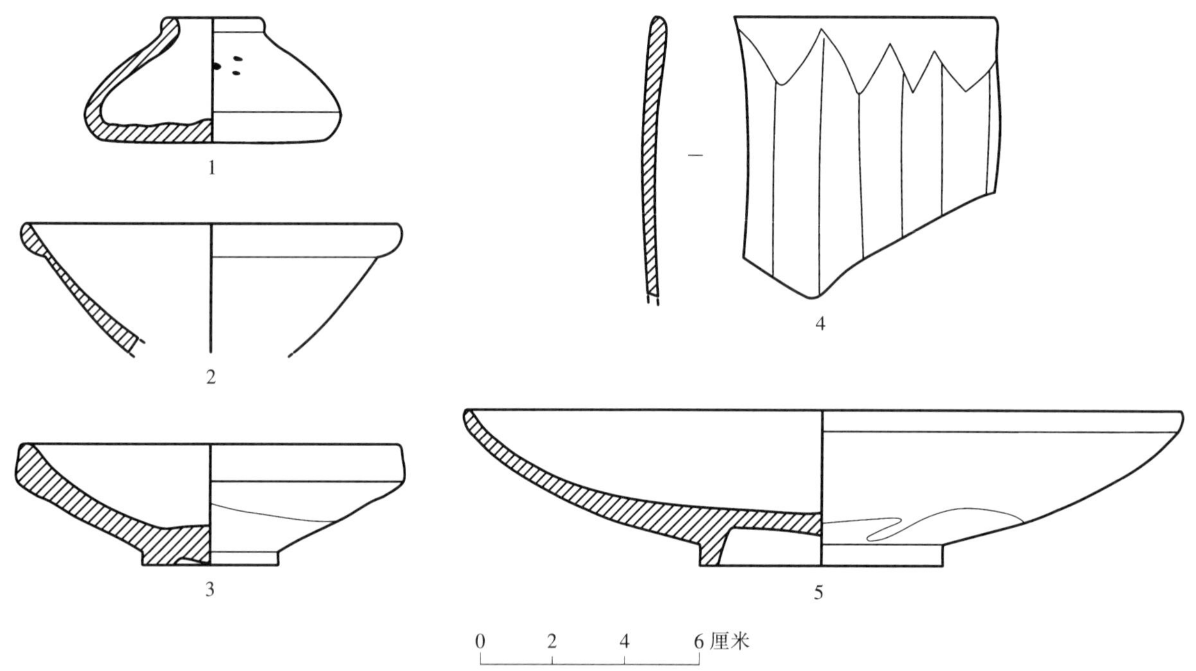

图一一五　T12 J1、T7③下路土、T8③下路土出土器物

1. 白瓷点彩盂（T12 J1∶1） 2. 酱釉盏（T7③下路土∶3） 3. 粗白瓷盏（T8③下路土∶1） 4. 粗白瓷刻花钵（T8③下路土∶3） 5. 粗白瓷盘（T8③下路土∶2）

（30）T10③下路土

白地黑花八边形枕，T10③下路土∶4，枕面残片，残长22.7、残宽11.5厘米。黄色胎，稍粗，坚硬。器表施白色化妆土，以黑彩绘出边框，内绘荷花纹，再施透明釉。枕面下凹，前低后高。

（31）Z2（T2内③b层下开口）

白瓷碟，T2 Z2∶2，可复原，口径8.2、足径3.9、高1.7厘米。白胎，胎质细腻坚硬。敞口，尖圆唇，浅弧腹，圈足。内外满釉，芒口，釉色白中泛黄（图一一六，1）。

白瓷器盖，T2 Z2∶3，基本完整，口径10.3、边径12.3厘米。白胎微泛灰，胎质较细。外壁满釉，釉面光亮，釉色泛灰黄，内壁仅盖面下施一层薄釉，釉面略发涩。子母口，子口较直，尖唇，沿上翘，盖面拱起，顶部有钮（图一一六，2）。

白瓷杯，T2 Z2∶9，残，足径3.4、残高1.4厘米。灰白胎，胎质较细。内壁满釉，外壁施釉至圈足。喇叭状圈足。

粗白瓷篦划花碗，T2 Z2:4，可复原，口径20.6、足径6.6、高6.1~6.6厘米。灰褐胎，胎质较粗。敞口，圆唇，弧腹，圈足，挖足过肩。器表施白色化妆土，内壁满釉，底部有五个支钉痕，外壁半釉，釉色白中泛灰。内壁有篦划花纹饰（图一一六，4）。

粗白瓷刻划花碗，T2 Z2:5，残，口径约22.8、足径约6.5、高7.8~8.1厘米。灰胎，胎质较粗。敞口，圆唇，弧腹，圈足，挖足过肩。器表施白色化妆土，内壁满釉，外壁釉不及底。内壁有刻划花纹饰。因被火烧过，局部呈蓝黑色。

粗白瓷小碗，T2 Z2:7，残，口径约12.6、足径约4.8、高3.9~4.2厘米。灰褐色胎，胎质较粗，坚硬。敞口，弧腹，圈足，挖足过肩。内壁及外壁上部施白色化妆土，内壁满釉，底部有支钉痕，外壁仅圈足着地处不施釉，釉面光亮。因被火烧过，局部呈蓝黑色（图一一六，3）。

白瓷篦划花碗，T2 Z2:8，底部残片，足径3、残高1.4厘米。胎色洁白，胎质较细。内外满釉，圈足着地处无釉，内底有小支钉痕。弧腹，圈足，底部饰篦划花。

黑釉四系瓶，T2 Z2:10，残，最大腹径约17、残高28.5厘米。褐色胎，胎质较粗。内壁及外壁颈部施黑釉，釉色乌黑光亮。口部残，溜肩，瘦长腹，肩部有四个系。

骨簪，T2 Z2:11，残，残长12.3、最宽1厘米。细长条，一面较平，另一面较鼓，一端略翘起，因过火而成黑色。

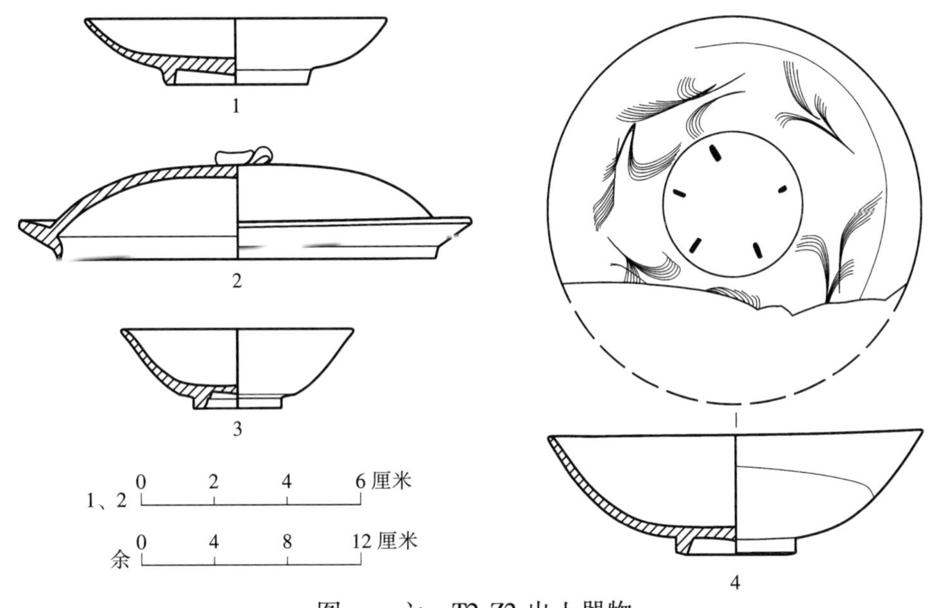

图一一六　T2 Z2出土器物

1. 白瓷碟（T2 Z2:2）　2. 白瓷器盖（T2 Z2:3）　3. 粗白瓷小碗（T2 Z2:7）　4. 粗白瓷篦划花碗（T2 Z2:4）

（32）T5③b下黄土

白瓷刻花碗，T5③b下黄土:1，残，口径约17、残高5.4、厚0.2~0.4厘米。白胎，胎质细腻坚硬。内外满釉，芒口，釉面光润，釉色洁白。敞口，尖圆唇，弧腹，器外壁有刻花纹饰（图一一七，1）。

白瓷器盖，T5③b下黄土:3，残，口径约7.7、残高2厘米。白胎，胎质细腻坚硬。沿内壁及子口唇部无釉，余满釉，釉面光润，釉色白中泛灰。子母口，子口内敛，圆唇，平沿，盖面拱起（图一一七，3）。

粗白瓷刻划花碗，T5③b下黄土:4，残，口径约22、残高6.2厘米。黄褐色胎，胎质较粗，坚硬。

器表施白色化妆土，内壁满釉，外壁半釉，釉色泛灰。敞口，圆唇，弧腹内壁有篦划花纹饰。

黑釉瓶，T5③b下黄土:5，残，足径9、残高8.9厘米。灰褐色胎，胎质较粗。内外均施黑釉，仅圈足着地处无釉，釉色乌黑。长腹，隐圈足（图一一七，2）。

酱釉鸡腿瓶，T5③b下黄土:6，残，底径7.5~8、残高12.3厘米。黑褐色缸胎，胎质较粗，坚硬。内外施酱釉，底部有砂粒。长腹，平底（图一一七，4）。

耀州窑青瓷碗，T5③b下黄土:9，残，残宽6、残高3.8厘米。灰白胎，胎质稍粗。器表施青釉，釉面光亮，有开片。侈口，方唇，弧腹，内壁印牡丹纹。

坩埚，T5③b下黄土:7，残，残宽2.5、残高4.2厘米。黑色砂质，器壁呈多边形，圜底，内壁有金黄色冶炼物遗留。

砂锅，T5③b下黄土:8，残剩部分器壁及柄，器身残宽9、残高9.5厘米。黑色砂质。直口，方唇，弧腹，柄上翘。

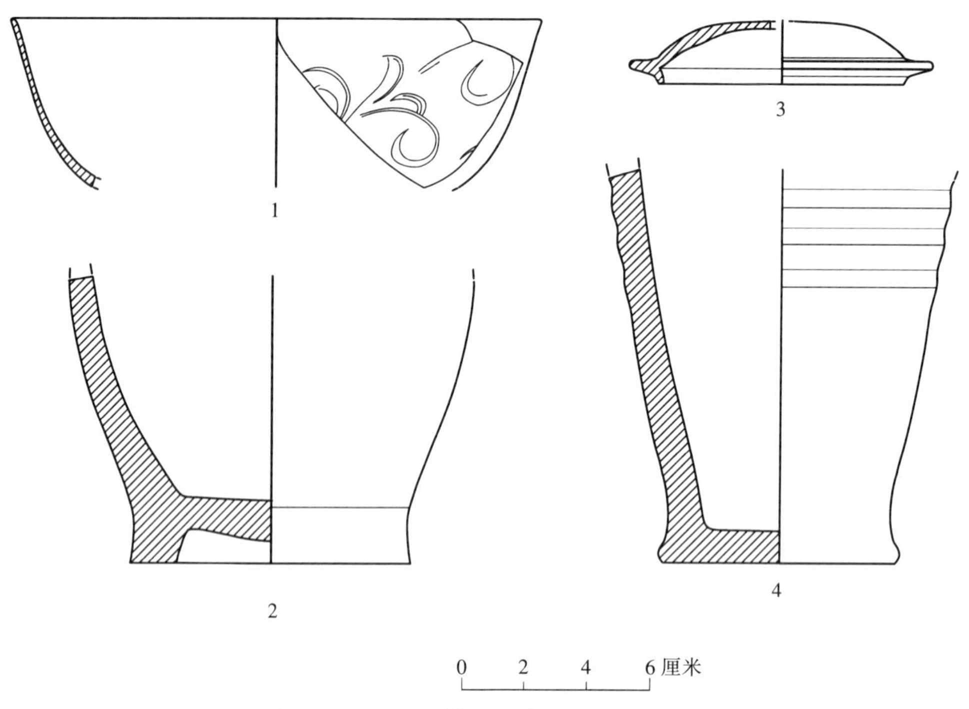

图一一七　T5③b下黄土出土器物

1. 白瓷刻花碗（T5③b下黄土:1）　2. 黑釉瓶（T5③b下黄土:5）　3. 白瓷器盖（T5③b下黄土:3）　4. 酱釉鸡腿瓶（T5③b下黄土:6）

二　B区出土遗物

B区（T37~T56）内各方地层不太统一，所以将以探方为单位来进行介绍，每个探方内则按地层顺序，从早到晚、从下到上介绍。B区的遗迹单位放在地层出土遗物后介绍。

1. T37

（1）T37⑤

酱釉鸡腿瓶，T37⑤:1，可复原，口径5.8~6.1、底径7.5~8.2、高34.5~35厘米。黄褐色胎，胎质粗疏。内外施酱釉，肩部无釉，釉面粗糙。底部有垫烧痕，肩部有隔烧痕。小口微侈，束颈，溜肩，瘦长腹，平底，外壁密布弦纹（图一一八，1）。

酱釉鸡腿瓶，T37⑤:2，残，底径7.5～8、残高28厘米。灰褐色胎，胎质粗疏。内外施酱釉，釉面粗糙，底部无釉。瘦长腹，平底，外壁密布弦纹。

黑釉双耳罐，T37⑤:3，可复原，口径约8.8、足径6、高11.5厘米。灰胎，胎质较粗。内外施黑釉，内底有较宽的涩圈，外壁釉不及底，釉色乌黑发亮，内壁口沿下釉层薄，釉呈酱色，表面较涩。直口，圆唇，短颈，溜肩，鼓腹，圈足，肩部有双耳（图一一八，2）。

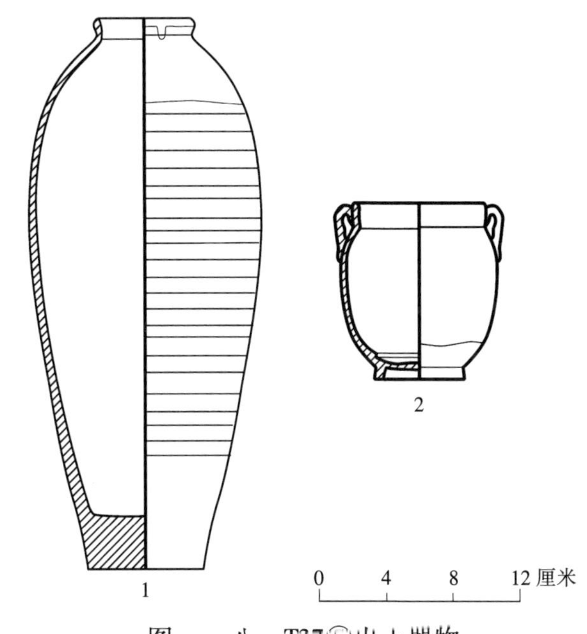

图一一八　T37⑤出土器物

1. 酱釉鸡腿瓶（T37⑤:1）　2. 黑釉双耳罐（T37⑤:3）

（2）T37④

定窑白瓷碗，T37④:1，可复原，口径21.6、足径6.6、高8.7厘米（图一一九，1）。

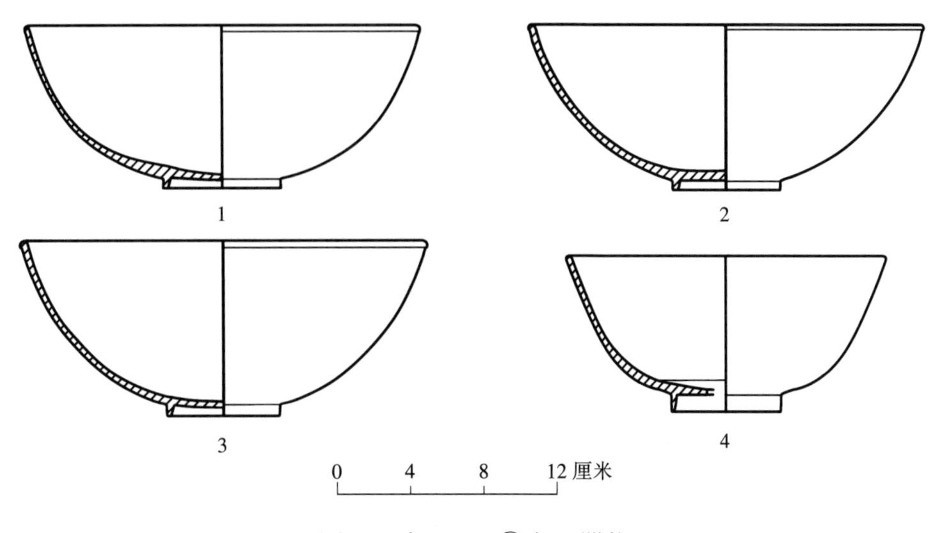

图一一九　T37④出土器物

1. 定窑白瓷碗（T37④:1）　2. 定窑白瓷碗（T37④:2）　3. 定窑白瓷碗（T37④:3）　4. 定窑白瓷碗（T37④:5）

定窑白瓷碗，T37④:2，可复原，口径约21.6、足径5.9、高8.8厘米（图一一九，2）。

定窑白瓷碗，T37④:3，可复原，口径约22、足径6.2、高9.3厘米（图一一九，3）。

定窑白瓷碗，T37④:5，残，口径约17.6、足径约6.4、高8.3厘米。敞口，圆唇，斜直壁，下腹急收，圈足，底壁很薄（图一一九，4）。

（3）T37③

黑釉小罐，T37③:1，可复原，口径4、足径2.4、高4厘米。黄白胎，胎质坚硬。内外施黑釉，外壁釉不及底，釉色乌黑发亮。直口，尖圆唇，直腹，下腹收敛，平底（图一二〇）。

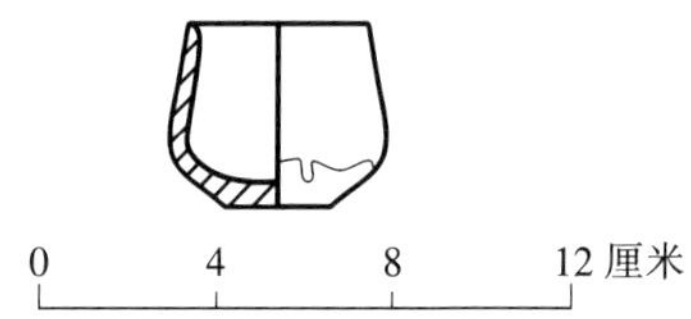

图一二〇　黑釉小罐（T37③:1）

红绿彩人物残片，T37③:2，残长4、残高3厘米。模制，黄白胎，胎质稍粗。外壁施白色化妆土，釉色较白，以绿、黑等色彩绘纹饰，残存一手。

红绿彩人物残片，T37③:4，残长5.5、残高5.4厘米。黄白胎，胎质较粗。外壁施白色化妆土，以红、绿、黄、黑等彩装饰。为一人手抱一物，似乎为扎口的袋子。内有指纹。

素胎人物，T37③:5，残宽1.9、残高2.5。泥质红陶，只残剩腿部，模糊不清。

石砚，T37③:6，残，残长11、残宽5.5、高3厘米。侧壁及外底有三个锔孔。

2. T39

（1）T39⑥

青白瓷盏，T39⑥:2，残，足径3.1、残高2.4厘米。白胎，胎质细腻坚硬。内外满施青白釉，足底无釉，釉面光润。斜直腹，圈足（图一二一，1）。

黑釉盏，T39⑥:4，可复原，口径约11、足径3.9、高5.4~5.6厘米。灰白胎，胎质较粗，坚硬。内壁满釉，外壁釉不及底，釉色乌黑发亮，口部呈酱色。敞口，圆唇，弧腹，圈足，底部有鸡心突

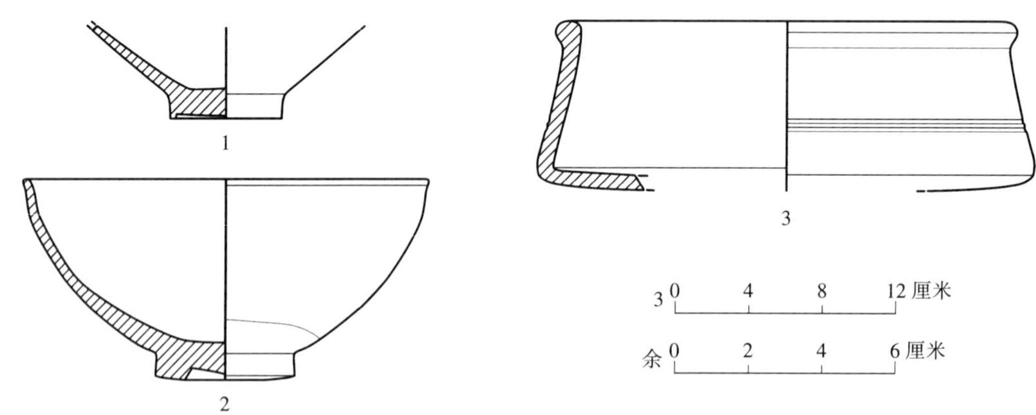

图一二一　T39⑥出土器物

1. 青白瓷盏（T39⑥:2）　2. 黑釉盏（T39⑥:4）　3. 陶罐（T39⑥:7）

(图一二一，2)。

黑釉腰鼓，T39⑥:12，口沿残片，较大一片残宽5、残高2.8厘米。直口，圆唇，口沿内壁突出，直腹。外壁施黑釉，内壁仅上部施釉，芒口，外壁施两道弦纹。

耀州窑青瓷盏，T39⑥:5，残，残宽5厘米。灰胎，胎质较粗，坚硬。内外满施青釉，釉面光润，有开片。弧腹，内壁印牡丹纹。

绿釉瓶，T39⑥:11，颈部残片，残高3.7厘米。粉红色陶胎，胎质较粗疏，器表施绿釉，釉面较粗糙。

陶罐，T39⑥:7，残，口径约25、残高9厘米。泥质灰陶。敞口，圆唇，斜直腹，下腹急折，外壁有两道弦纹（图一二一，3）。

（2）T39⑤

砂质把手，T39⑤:3，残长8.5、端径2.6厘米。灰色砂质，胎质粗疏，器表施茶叶末釉。柄部保存完整，呈束腰状，中空。残存部分器身，直口微敛，圆唇，弧腹，柄上翘。

铜钹，T39⑤:5，略残，直径10.2、高2.6厘米。宽沿上翘，顶部有一小圆孔。器身上还粘连着另一件钹的一部分。

（3）T39④

白瓷刻花盘，T39④:1，可复原，口径15.7、足径5.4、高2.7~2.9厘米。白胎，胎质细腻坚硬。内外满釉，芒口，釉面光润，釉色泛青黄。侈口，圆唇，浅弧腹，圈足，挖足过肩，内底有刻花萱草纹（图一二二，1）。

双色釉碗，T39④:2，可复原，口径约22.5、足径约8、高6.2~6.4厘米。灰胎，胎质较细，坚硬。内壁及唇部施白色化妆土，内壁满釉，釉色泛青灰，底部有涩圈，外壁施黑釉，圈足着地处无釉，

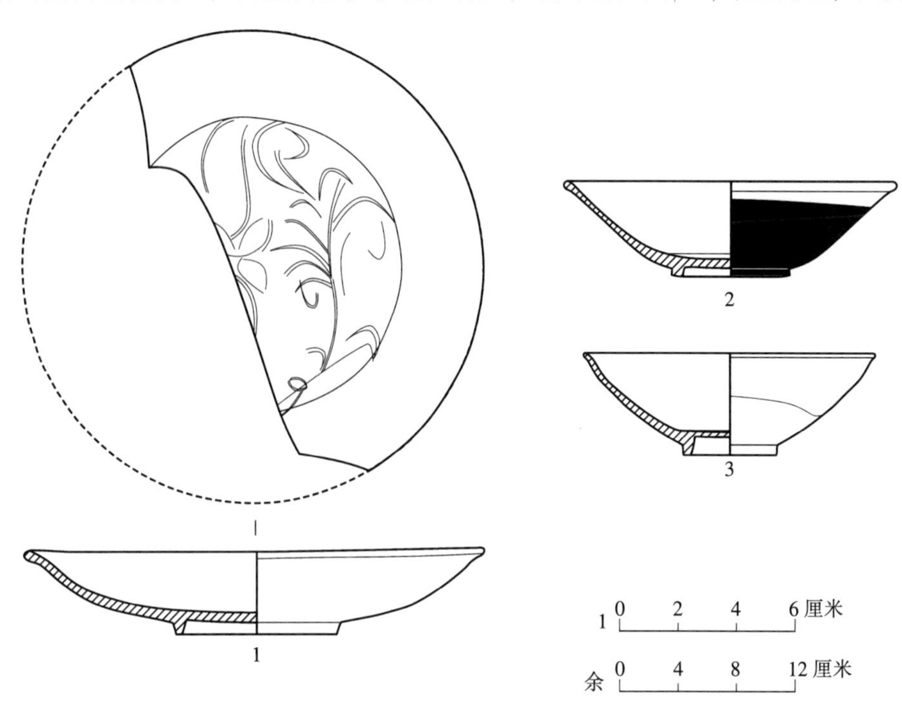

图一二二　T39④出土器物

1. 白瓷刻花盘（T39④:1）　2. 双色釉碗（T39④:2）　3. 粗白瓷碗（T39④:3）

圈足内施釉一半。敞口，圆唇，弧腹，圈足（图一二二，2）。

粗白瓷碗，T39④:3，可复原，口径20.5、足径6.4、高6.6~6.9厘米。黄褐色胎，胎质较粗，坚硬。内壁满釉，外壁半釉，釉色泛灰，器内底残留四个支钉痕。敞口，圆唇，弧腹，圈足，挖足过肩（图一二二，3）。

（4）T39③

白瓷印花盘，T39③:2，底部残片，足径约6、残高1.5厘米。白胎泛灰，胎体坚致。内外满釉，应为芒口。釉面光亮，釉色白中泛黄。下腹急收，内底较宽，圈足，挖足过肩。内壁有印花纹饰，壁上残留一瓶，瓶腹部有回纹，内底印方形花盆，内有花朵。

白瓷印花碗，T39③:3，腹部残片，残宽8.3、残高约2厘米。白胎，胎质较细，坚硬。内外满釉，釉色白中泛黄。内壁印花草纹，纹饰突出。

白瓷钵，T39③:1，已残，口径约9、高5厘米。灰胎，胎质较粗，坚硬。内壁满釉，底部有涩圈，芒口，外壁釉不及底，釉色白中泛灰。直口，圆唇，直腹，圈足（图一二三）。

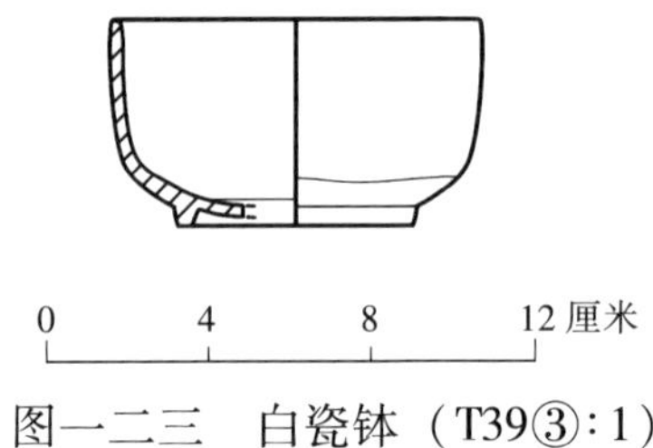

图一二三 白瓷钵（T39③:1）

素烧小罐，T39③:4，残，残高2.7厘米。白胎泛黄，胎质较粗。敛口，鼓腹，腹中部压印网格纹。

骨雕动物残片，T39③:5，尾部残，残长2、残高1.2厘米。

3. T40

（1）T40⑥

粗白瓷花口碗，T40⑥:1，可复原，口径21.2、底径6.4、高7.6~7.8厘米。口沿高低不平。白胎发黄，胎质较粗。器表施白色化妆土，乳白色釉，内满釉，外壁釉不及底。敞口，圆唇，弧腹，圈足。口沿上有六个花口，内壁有六条白色出筋，出筋位置和花口有错位。器内底部有九枚窄长的支钉痕，其中有八个两两一组。外壁有叠烧时叠压接触形成的缺釉现象（图一二四，1）。

粗白瓷炉，T40⑥:2，残，口径8.2、边径13.8、残高7.2厘米。黄白色胎，胎质较粗。器表施白色化妆土，再罩以透明釉，白釉泛黄，内壁釉不及底。直口，圆唇，宽出沿，深直腹（图一二四，2）。

粗白瓷盏，T40⑥:4，可复原，口径9.8、底径3.5、高2.9厘米。黄白胎，胎质较粗，坚硬。施白色化妆土，内壁满釉，外壁釉不及底。敞口，尖圆唇，唇很厚，浅弧腹，中部稍折，圈足极矮（图一二四，3）。

粗白瓷刻划花碗，T40⑥:3，残，残宽6.7~8、残高7.5厘米。灰胎，胎质较粗。器表施白色化妆土，再施透明釉，外壁釉不及底。敞口，圆唇，弧腹。器内壁有刻划花牡丹纹。

白地黑花筒状罐，T40⑥:6，残，口沿宽7、残高6.4厘米。黄白胎，胎质较粗。器表施白色化妆土，釉层较薄，没有润泽感，内壁施釉不及底。直口，方唇，直腹。上腹有一道凸棱，其下有黑彩绘花纹（图一二四，5）。

白地黑花盆，T40⑥:7（盆底）、T40⑥:8（口沿），应是同一件器物，但是无法拼对。残，口沿残长10、残高5厘米，盆底残长15、残高7.3厘米。黄白胎，胎质较粗。器内壁和口沿施白色化妆土，口部刮釉，内壁及底部绘黑彩，罩以透明釉。直口，圆唇，卷沿，斜直腹，平底。

粗白瓷盏，T40⑥:5，残，可复原，口径9.8、底径4.2、高3.3厘米。灰白胎，胎质较粗。器表施白色化妆土，内壁满釉，釉色泛灰，器底有涩圈，外壁施釉仅及口部，局部有流釉，釉层鼓起，十分粗糙，发黄。敞口，尖圆唇，浅弧腹，矮圈足，底部较厚（图一二四，4）。

双色釉点彩碗，T40⑥:9，可复原，口径23.2、底径7.4、高6.7厘米。白胎泛灰，器内壁和外壁的上半部分施透明釉，其余部分施黑釉，圈足着地处不施釉，内底有涩圈。敞口微外撇，圆唇，弧腹较浅，圈足，器内壁残留黑褐色点彩花朵纹（图一二四，6）。

耀州窑青瓷碗，T40⑥:12，残，残长3.5、残高3.8厘米。灰胎，器表施青釉，有开片。敞口微外撇，圆唇，弧腹。器内壁有印花纹饰。

钧瓷碗，T40⑥:13，残，底径约6、残高5厘米。香灰胎，胎质细腻坚硬。器表施浅蓝色釉，釉厚而均匀，十分光洁，有开片，圈足底部无釉。深弧腹，下腹急收，圈足（图一二四，7）。

三彩枕残片，T40⑥:14，枕面残片，残长7、残宽6.8、厚0.7厘米。红褐色胎，胎质较粗疏。器

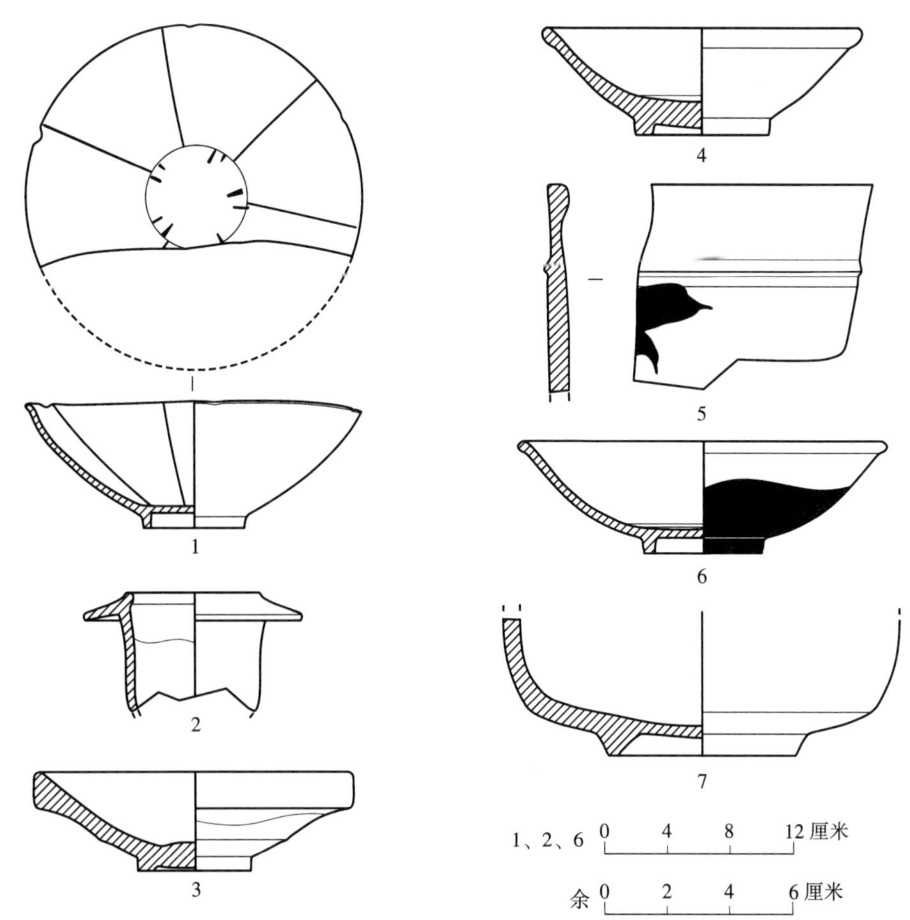

图一二四　T40⑥出土器物

1. 粗白瓷花口碗（T40⑥:1）　2. 粗白瓷炉（T40⑥:2）　3. 粗白瓷盏（T40⑥:4）　4. 粗白瓷盏（T40⑥:5）　5. 白地黑花筒状罐（T40⑥:6）　6. 双色釉点彩碗（T40⑥:9）　7. 钧瓷碗（T40⑥:13）

外壁施白色化妆土，有刻花花卉纹饰，施绿釉、黄釉及透明釉。

（2）T40③

白瓷印花盘，T40③:1，口沿残片，残宽6.5、残高3.3、壁厚0.2厘米。白胎，胎质较细，胎体轻薄。内外满釉，芒口，釉色泛黄。敞口，方唇，浅弧腹。内壁有印花纹饰，口沿下为一周回纹，下有花卉。

白瓷印花盘，T40③:2，口沿残片，口径约18、残高2.1、壁厚0.2~0.3厘米。白胎泛灰，胎质较细，胎体轻薄，局部集合不紧密。内外满釉，芒口，釉面光亮，釉色发灰。敞口，圆尖唇，浅弧腹。内壁有印花纹饰，口沿下为一周流云纹，其下有水波纹。

白瓷印花盘，T40③:3，残，口径约13.5、残高2.2、壁厚0.2厘米。白胎泛黄，胎质较粗，局部结合不紧密，胎体较轻。内外满釉，芒口，釉面光亮，釉色发灰黄。敞口，尖圆唇，浅弧腹。内壁印一周菊瓣纹，内底亦有印花纹饰（图一二五，1）。

白瓷碗，T40③:4，残，足径3.7、残高2厘米。白胎泛灰，胎质较细，坚硬。弧腹，圈足。内壁满釉，底部有涩圈，涩圈上涂红色，内底有红色摩擦痕，外壁釉不及底，釉色白中泛青灰。

粗白瓷刻花盘，T40③:5，残，口径27、残高5.6厘米。灰白胎，胎质较粗，坚硬。器表施白色化妆土，内壁剔刻出花纹，露出胎色，内外均施釉，釉色较白。敞口微外撇，圆唇，弧腹（图一二五，2）。

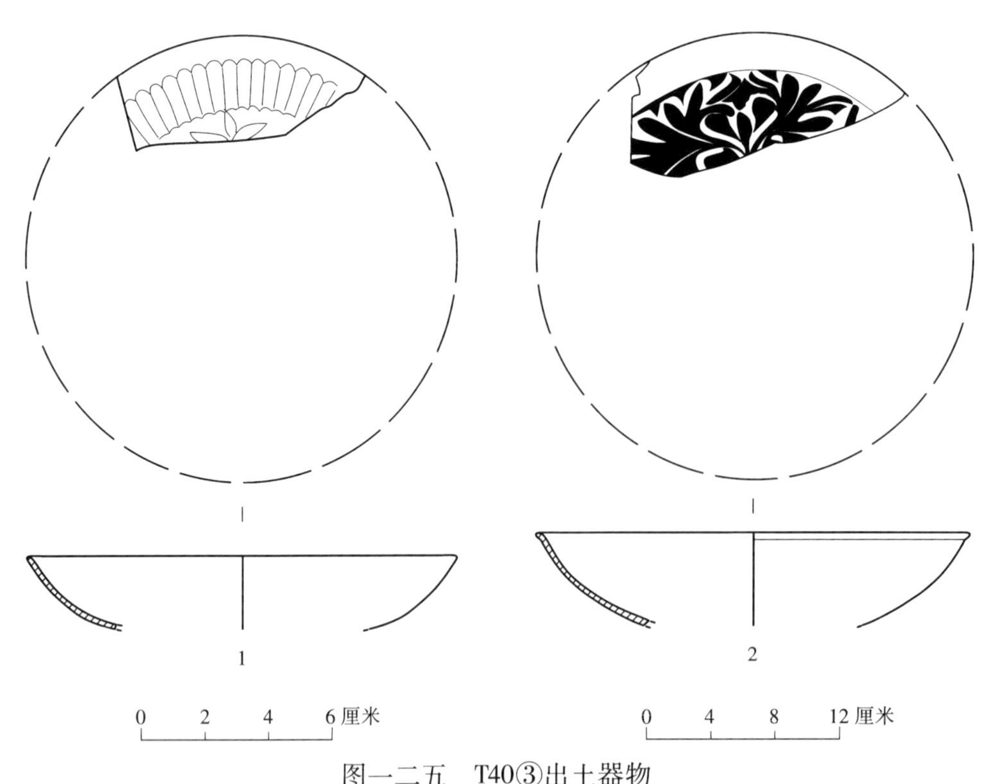

图一二五　T40③出土器物

1. 白瓷印花盘（T40③:3）　2. 粗白瓷刻花盘（T40③:5）

粗白瓷盆，T40③:6，口沿残片，残宽14、残高9.2厘米。黄白胎，胎质稍粗，坚硬。器表施白色化妆土，内满釉，外壁釉不及底，釉色白中泛黄，釉面有细碎开片。直口，折沿，圆唇，直腹（图一二六，1）。

白地黑花罐，T40③:13，残，残宽7、残高3、厚0.4厘米。黄白胎，胎质稍粗。内外壁均施白色化妆土，内壁不施釉，外壁以黑彩绘纹饰，再罩一层透明釉，釉色粉白。

红绿彩人物，T40③:7，残宽5.3、残高4.3厘米。模制，为人物的后背部分。黄白胎，胎质较粗。器表施白色化妆土，在透明釉上以红、绿等彩装饰，釉色很淡，模糊不清。

绿釉炉，T40③:14，沿残片，残长4、残宽2.5厘米。红褐色胎，胎质较粗。器表施白色化妆土，然后刻出纹饰，再罩一层绿釉。纹饰部分因为剔掉了化妆土，釉直接施在胎上，所以呈黑色，釉色较光亮。背面因没有施化妆土，釉色也呈黑色。

陶器盖，T40③:9，残，口径10、残高5厘米。泥质灰陶，直口，方唇，平沿微上翘，弧面，顶部残。

陶盆，T40③:10，残长16.2、残高4.8厘米。泥质灰陶，敞口，卷沿，方唇（图一二六，2）。

陶罐，T40③:11，残，残长11、残高3.6厘米。泥质灰陶，敛口，圆唇较厚。外壁及唇部施黑陶衣（图一二六，3）。

陶缸，T40③:12，残长18、残高7.5厘米。泥质红陶，器形很大，胎体厚重。敞口，卷沿，圆唇。

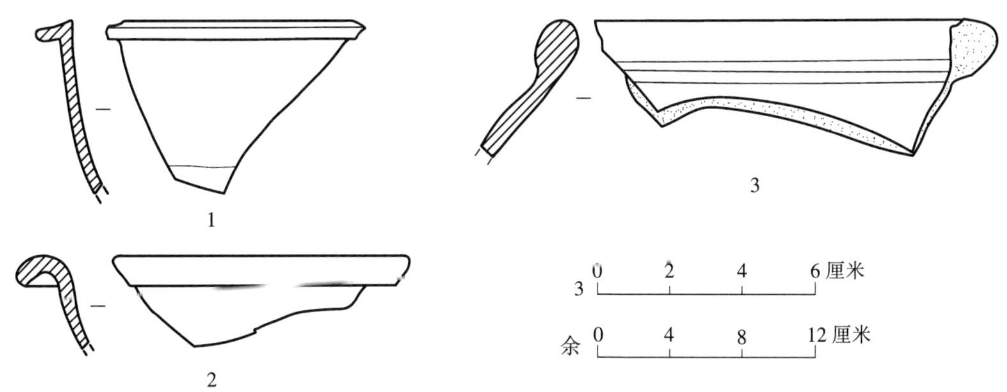

图一二六　T40③出土器物
1. 粗白瓷盆（T40③:6）　2. 陶盆（T40③:10）　3. 陶罐（T40③:11）

4. T41

（1）T41⑥

白瓷刻花碟，T41⑥:4，底部残片，残长6、残宽5.3厘米。白胎，胎质细腻坚硬，胎体轻薄。内外满釉，釉色白中泛灰。平底，内底刻萱草纹。

白瓷花口碗，T41⑥:5，残，口径约14、残高5.4厘米。白胎，胎质细腻坚硬。内外满釉，芒口，釉面光润，釉色白中泛黄。敞口，尖圆唇，弧腹，口部为花口，对应的内壁有白色出筋（图一二七，2）。

粗白瓷盘，T41⑥:1，可复原，口径约21.5、足径8、高4.3～4.7厘米。黄褐色胎，胎质较粗。内壁施白色化妆土，内壁满釉，底部有涩圈，釉色泛青灰，外壁釉不及底，涩圈及圈足着地处有砂粒。敞口，方唇，折腹，圈足（图一二七，1）。

黑釉罐，T41⑥:6，残，口径约11、残高6.6厘米。白胎泛黄，胎质较粗，坚硬。外壁及内壁颈部施黑釉，釉层较厚，釉色乌黑光亮，内壁颈部以下施釉较薄，釉面发褐。直口外敞，圆唇，直颈，折肩（图一二七，3）。

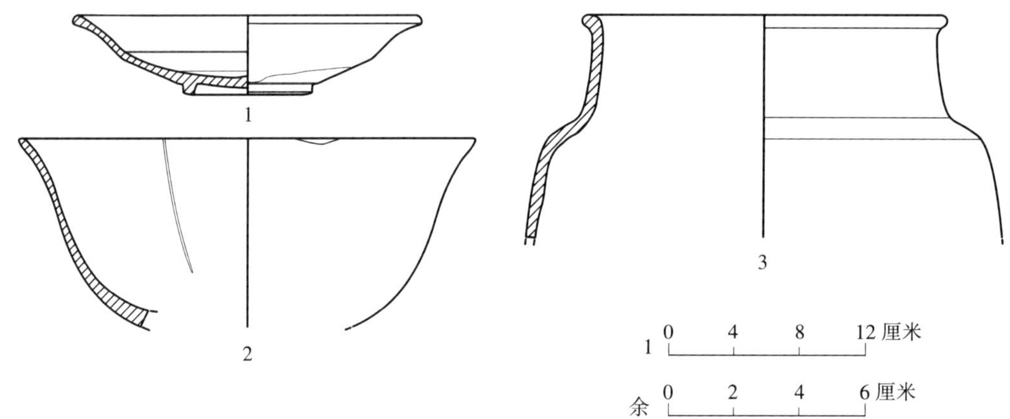

图一二七　T41⑥出土器物

1. 粗白瓷盘（T41⑥:1）　2. 白瓷花口碗（T41⑥:5）　3. 黑釉罐（T41⑥:6）

绿釉枕，T41⑥:3，枕面残片，残长7.2、残宽4.4厘米。红褐色陶胎，胎质较粗，器表施白色化妆土，刻出纹饰后再施一层绿釉。

（2）T41⑤

白瓷玉壶春瓶，T41⑤:1，残，口径7、残高11、壁厚0.2～0.3厘米。白胎，胎质细腻坚硬。内外施釉，釉色洁白，釉面莹润。侈口，圆唇，细长颈，溜肩。内壁有轮制痕迹（图一二八，1）。

白瓷小盏，T41⑤:3，残，口径10.8、足径约4、高4、壁厚0.1～0.2厘米。白胎，胎质细腻坚硬。内外皆满釉，芒口，釉面光润。侈口，尖唇，弧腹，圈足（图一二八，2）。

白瓷小碗，T41⑤:4，可复原，口径约12.6、足径4.2、高3.5、壁厚0.3～0.6厘米。白胎泛黄，胎质较细，局部结合不紧密。内施满釉，内底有涩圈，外壁釉不及底，釉色泛青，釉面有细碎开片。敞口，尖唇，弧腹较浅，圈足，挖足过肩（图一二八，3）。

粗白瓷盆，T41⑤:5，残，口径约25、足径约13、高9厘米。黄白胎，胎质较粗。内壁及口沿施

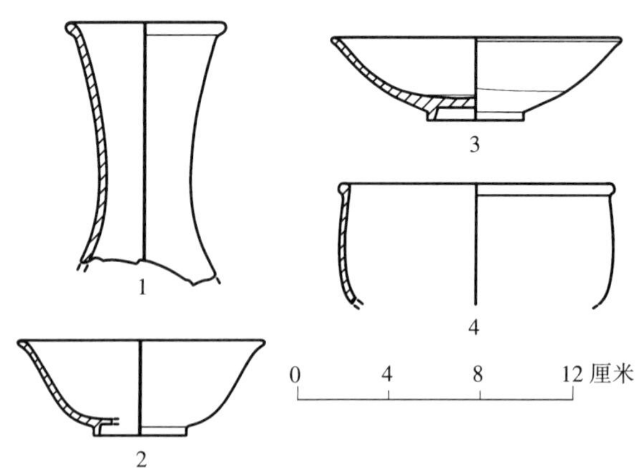

图一二八　T41⑤出土器物

1. 白瓷玉壶春瓶（T41⑤:1）　2. 白瓷小盏（T41⑤:3）　3. 白瓷小碗（T41⑤:4）　4. 黑瓷碗（T41⑤:7）

白色化妆土，然后罩一层透明釉，沿顶部无釉，外壁施褐色护胎釉。敞口，卷沿，方唇，斜直腹，平底。

粗白瓷注壶，T41⑤:6，只剩下流，口径1.2、残长4.6厘米。灰褐色胎，胎质较细，坚硬。器表施白色化妆土，釉色发灰。

黑瓷碗，T41⑤:7，口沿残片，口径12、残高4.9厘米。灰白胎，胎质较细，坚硬。内外施黑釉，釉色光亮。直口微敛，圆唇突出，深直腹（图一二八，4）。

（3）T41③

定窑白瓷印花盘，T41③:1，残，足径约6、高3.7、厚0.2～0.3厘米。白胎，胎质较细，局部结合不紧密。内外施釉，芒口，釉色泛黄。敞口，尖圆唇，浅弧腹，圈足。内壁口沿下印一周卷云纹，其下印花鸟纹，底部印荷花纹。

粗白瓷小罐，T41③:2，可复原，口径、底径2.7、高3.5厘米。黄褐色胎，胎质较粗。器表施白色化妆土，外壁釉不及底，内壁仅及口沿下。直口，圆唇，折腹，平底，底部较厚（图一二九，1）。

白瓷点彩碗，T41③:3，残，口径约23、残高7.6厘米。白胎泛灰，胎质细腻坚硬。内壁满釉，釉色发黄，有细小开片，有黑色点彩纹饰，外壁施釉不及底，十分粗糙，口沿无釉。敞口，圆唇较厚，深弧腹，外壁有较短的瓜棱。

耀州窑青瓷残片，T41③:7，残长4.5、残宽4、厚0.3～0.6厘米。灰胎，胎质较细，坚硬。内外均施青釉，釉面莹润，有大量开片，内壁有印花纹饰，积釉处泛绿。

黄釉盆，T41③:8，可复原，口径44.5、底径30、高13厘米。褐胎，胎质粗疏。外施茶叶末釉，内施黄釉，口沿施白色化妆土，无釉。侈口，圆唇，斜直腹，平底内凹。内壁刻划简单花草纹饰，底部刻划牡丹纹（图一二九，2；图版三五，1）。

酱褐釉虎形枕，T41③:10，残，残长22.5、残宽15、残高11.8厘米。灰褐色胎，胎体较细，坚硬，器表施酱褐釉。器形作虎形，枕面前低后高，上有刻划纹饰，内壁枕墙与枕面、枕底之间均有泥条加固。大致呈腰圆形（图版三五，2）。

瓷塑人物，T41③:4，由前后两部分拼接起来，底部为椭圆形，上凹。底径2.3～2.9、残高4.3厘米。灰白胎，胎质较粗，坚硬。器表施白色化妆土，以黑彩绘纹饰。

瓷塑人物，T41③:5，残留底座和足部，底座为圆形，上凹，中间有一孔。其上为人物。底径5.8、残高4.4厘米。黄白胎，胎质较粗。器表施白色化妆土，底座下部用黑彩绘一周，人物的鞋也用黑彩绘出。

红绿彩残片，T41③:6，残长5、残宽2.5厘米。黄白胎，胎质较粗。外施白色化妆土，以红、绿、黑彩绘纹饰。

绿釉建筑构件，T41③:11，残长21、残宽8.5、厚5.5厘米。红胎，胎质粗疏，厚重。局部残留绿釉。上面有一孔。

素烧球，T41③:12，直径4.5厘米。灰白胎，胎质较粗，厚重。

白色素烧围棋子，T41③:13，7件，直径1.7～2.2、厚0.4～0.5厘米。胎色较白，细腻，坚硬（图版三五，3）。

黑色素烧围棋子，T41③:14，2件，直径1.9、厚0.4厘米。黑胎，胎质较细，坚硬（图版三五，3）。

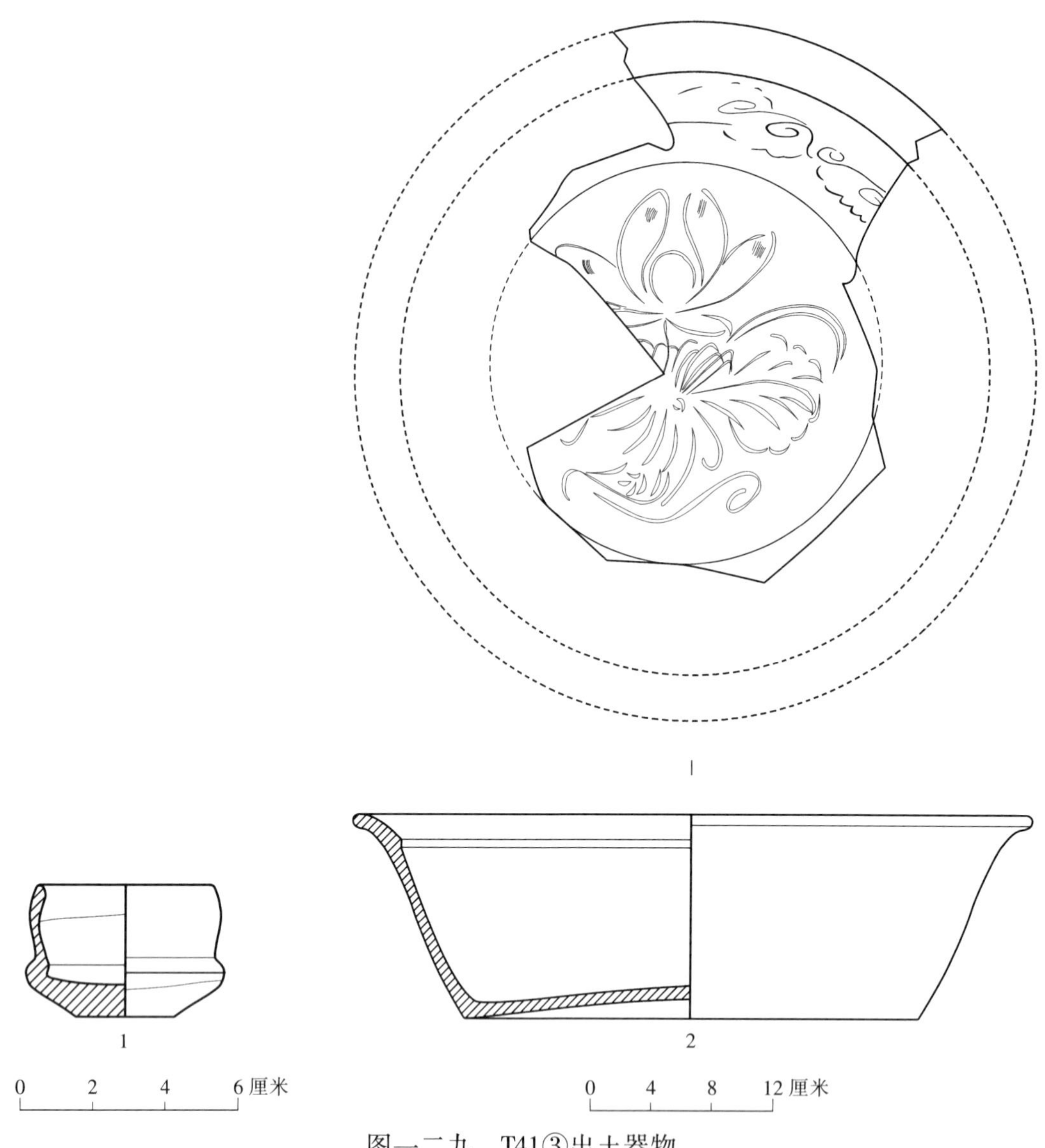

图一二九　T41③出土器物

1. 粗白瓷小罐（T41③:2）　2. 黄釉盆（T41③:8）

5. T42

（1）T42③

粗白瓷碗，T42③:1，可复原，口径约21.2、足径6.9、高7.8厘米。黄褐色胎，胎质较粗。器表施白色化妆土，内满釉，内底有五个均匀分布的长条支钉痕，外壁釉不及底，釉色粉白，釉面有细碎开片。敞口，尖圆唇，弧腹，圈足（图一三〇，1；图版三五，5）。

灰陶盆，T42③:2，残，口径约48、底径24.6、高12.5厘米。泥质灰陶，胎质较粗。内壁有黑陶衣。敞口，平沿稍卷，方唇，斜直腹，平底微内凹（图一三〇，3）。

灰陶盆，T42③:3，可复原，口径约31.5、底径14.4、高11.7厘米。泥质灰陶，胎质较粗，内壁有黑陶衣。敞口，卷沿，圆唇，弧腹，平底内凹。外壁三道凸弦纹（图一三〇，2）。

骨簪，T42③:5，完整，长9.8、宽0.9、厚0.2厘米。磨制光滑，一端下凹后翘起，另一端为三角形（图版三五，4）。

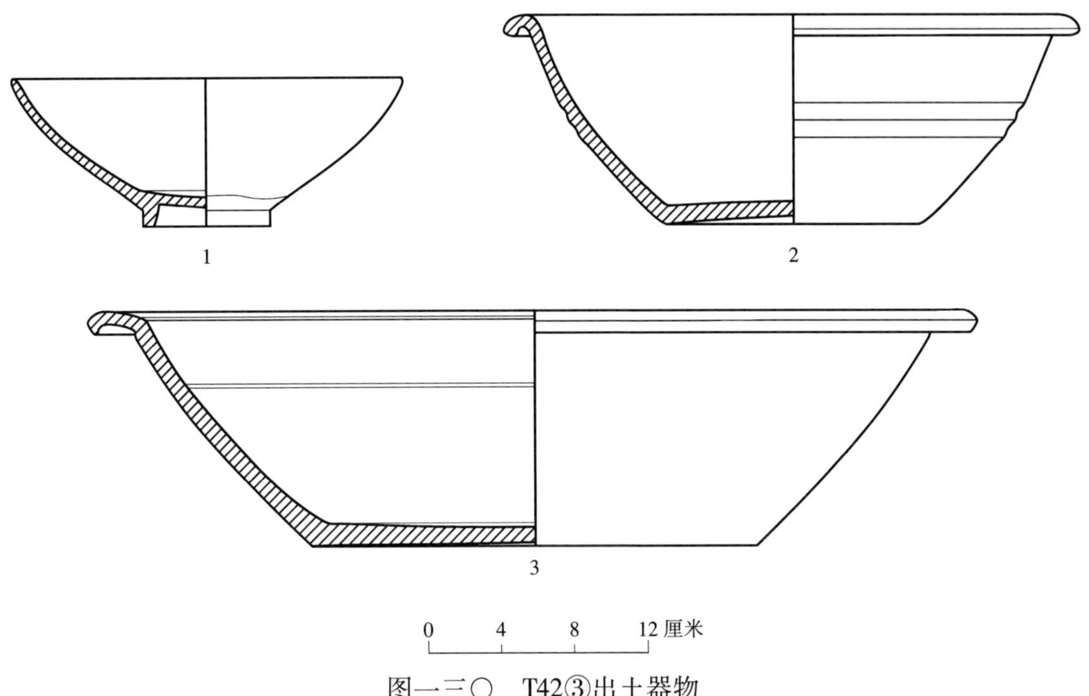

图一三〇　T42③出土器物
1. 粗白瓷碗（T42③:1） 2. 灰陶盆（T42③:3） 3. 灰陶盆（T42③:2）

6. T43

（1）T43⑥

白瓷刻花盘，T43⑥:1，可复原，口径20、足径6.6、高4.8厘米。白胎，质地细腻坚硬。内外皆施满釉，芒口。侈口，圆尖唇，折腹，矮圈足。内壁有刻花纹饰。

白瓷刻花盘，T43⑥:2，可复原，口径18.8、足径5.8、高3.3厘米。白胎，质地细腻坚硬。内外皆施满釉，积釉处泛黄，芒口。侈口，圆唇，浅弧腹，矮圈足。内底刻有荷花纹（图一三一，1）。

白瓷刻花盘，T43⑥:3，可复原，口径15.8、足径5.6、高3.2厘米。白胎，质地细腻坚硬。内外皆施满釉，釉面光润细腻，积釉处泛黄，芒口。侈口，尖唇，浅弧腹，矮圈足。内壁刻有荷花纹饰（图一三一，2）。

白瓷刻花小钵，T43⑥:8，可复原，口径8、足径4、高5.7厘米。灰白胎，胎质较细。内外皆施满釉，芒口。直口，尖圆唇，深腹，圈足。外壁刻有菊瓣纹。

白瓷刻花碗，T43⑥:30，残，足径约8、残高4.5厘米。白胎，质地细腻坚硬。内外皆施满釉，光润洁白，应为芒口。弧腹，圈足较矮。内壁刻有萱草纹。

白瓷刻花碟，T43⑥:31，残，足径约8、残高1.2厘米。白胎，质地细腻坚硬。内外皆施满釉，光润洁白，应为芒口。浅弧腹，卧足。内底刻萱草纹。

白瓷刻花小钵，T43⑥:32，残，残高4.3厘米。白胎，质地细腻坚硬。内外皆施满釉，光润洁白，芒口。敛口，圆唇，深腹略鼓。外壁刻有花卉纹饰。

白瓷刻花盏，T43⑥:33、34，残，两件可能是一件器物，但是残缺过多，无法拼上。口沿直径约

15、残高2.4厘米，底部足径约2.6、残高4厘米。白胎，质地细腻坚硬。内外皆施满釉，光润洁白，芒口。敞口，圆唇，斜直腹，矮圈足。内壁刻有轮菊纹。

白瓷刻花钵，T43⑥:35、36，残，可能是同一件器物。T43⑥:35，口沿直径约17.7、残高7厘米（图版一九〇，5）。T43⑥:36，底径8.8、残高11.7厘米。白胎泛灰，坚硬细腻。内部满釉，底部有较宽的涩圈，圈足已残，圈足无釉。釉色灰黄。直口，圆唇突出，深直腹，宽圈足。内底塌陷很深。外壁有刻花纹饰。圈足底部有两个墨书文字，已经模糊不清。

白瓷盘，T43⑥:4，可复原，口径22、足径6.8、高4.2厘米。白胎，胎质较细。内外皆施满釉，积釉处泛黄，釉色发暗，芒口。侈口，尖圆唇，浅弧腹，矮圈足（图一三一，4）。

白瓷碗，T43⑥:42，残，口径约20、残高4.3厘米。白胎，内外满釉，芒口，外壁口沿下一周无釉，釉色发灰。侈口，尖圆唇，弧腹（图一三一，10）。

白瓷罐，T43⑥:28，残，口径8、残高6.8厘米。白胎，质地细腻坚硬。内外皆施满釉，光润洁白。圆唇较厚，矮领，鼓肩。肩部有两道弦纹。似有锔补痕（图一三一，8）。

白瓷盘，T43⑥:7，可复原，口径约18、足径约5.5、高3.8厘米。白胎泛灰，胎质较细。内施满釉，底部有涩圈，外壁釉不及底。侈口，尖圆唇，折腹，圈足。内底有红色摩擦痕（图一三一，6）。

白瓷钵，T43⑥:5，可复原，口径15.2、足径8、高10.8厘米。白胎泛灰，胎质较细。内施满釉，底部有涩圈，芒口，外壁釉不及底，釉色发灰。直口，圆尖唇，深直腹，下腹急收，圈足较高（图一三一，3）。

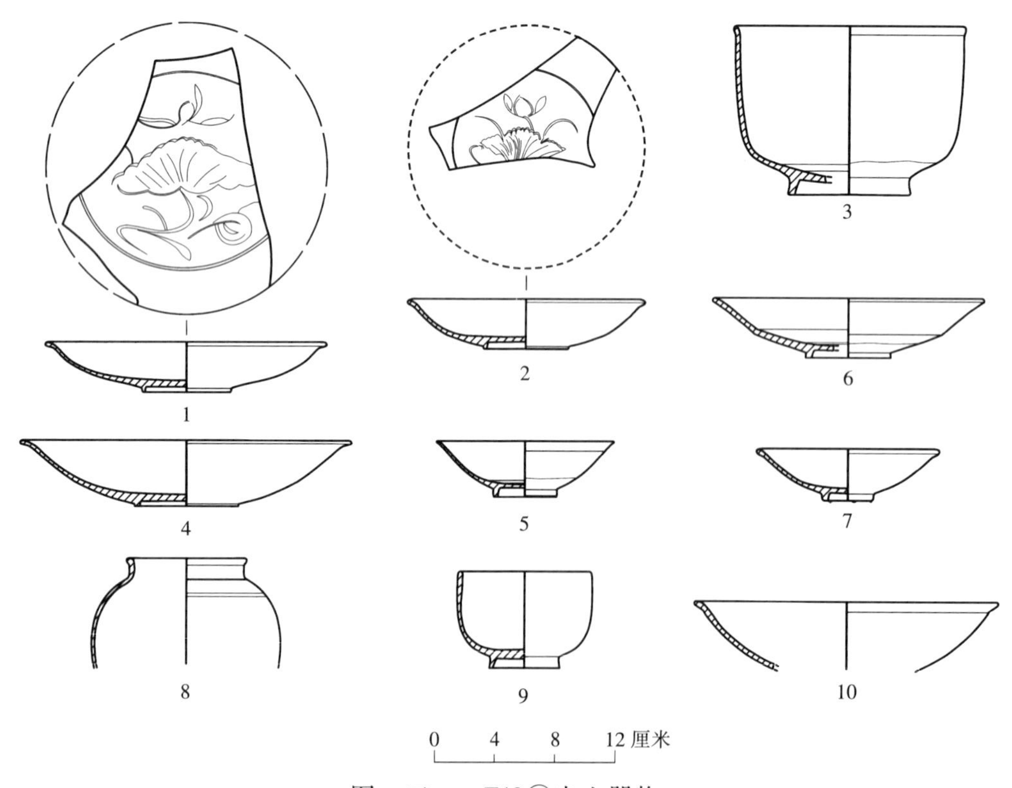

图一三一 T43⑥出土器物

1. 白瓷刻花盘（T43⑥:2） 2. 白瓷刻花盘（T43⑥:3） 3. 白瓷钵（T43⑥:5） 4. 白瓷盘（T43⑥:4） 5. 白瓷小碗（T43⑥:6） 6. 白瓷盘（T43⑥:7） 7. 白瓷小碗（T43⑥:10） 8. 白瓷罐（T43⑥:28） 9. 白瓷钵（T43⑥:29） 10. 白瓷碗（T43⑥:42）

白瓷钵，T43⑥:29，可复原，口径8.6、底径4.4、高6.2厘米。白胎，质地细腻坚硬。内外皆施满釉，圈足着地处无釉，釉色发暗。直口，圆唇，深直腹，圈足较高（图一三一，9）。

白瓷小碗，T43⑥:6，可复原，口径12、足径4.4、高3.6厘米。白胎，胎质较细。内施满釉，底部有涩圈，外壁釉不及底。敞口，尖圆唇，弧腹，圈足（图一三一，5）。

白瓷小碗，T43⑥:10，可复原，口径约12、足径3.4、高3.4厘米。灰白胎。内施满釉，外壁圈足无釉，圈足底残剩两枚白色支钉。敞口微外撇，圆唇，弧腹，圈足，挖足过肩（图一三一，7）。

白瓷刻划花碗，T43⑥:9，残，足径6.3、残高4.2厘米。黄白胎，胎质较粗。内施满釉，外壁釉不及底，釉色泛黄。弧腹，圈足。内壁有刻划花纹装饰，底部分布五个较小的窄长支钉痕，圈足底部有一墨书文字，似为“侯”，外壁近底露胎处亦有两个墨书文字，模糊难识。

粗白瓷刻划花盘，T43⑥:13，残，口径21、足径7、高4.2、壁厚0.3~0.8厘米。上半部胎为灰色，下半部为黄褐色，胎质较粗。内外皆施满釉，内底有支钉痕，圈足着地处有垫砂痕，釉色乳白。敞口，圆唇，折腹，圈足。花口，相对应的内壁有白色出筋，内底有刻划花纹饰（图一三二，3）。

粗白瓷刻划花碗，T43⑥:48，残，口径约23、残高8.7厘米。灰白胎，胎质较粗。施化妆土，外壁釉不及底，釉色乳白。敞口，尖圆唇，弧腹。内壁有刻划花纹饰。

粗白瓷小碗，T43⑥:14，可复原，口径12、足径5.3、高4、壁厚0.3~0.6厘米。灰白胎，胎质较粗。内施满釉，底部残留两个支钉痕，外壁施釉仅至上腹部，因为破碎后被火烧过，器物呈黑色。敞口，圆突唇，浅弧腹，圈足较高，底部有鸡心突（图一三二，4）。

粗白瓷盏，T43⑥:15，可复原，口径约11、足径4、高3.7、壁厚0.4~0.8厘米。灰白胎，胎质较粗。内施满釉，底部残留一枚支钉痕，外壁化妆土及透明釉均施至口沿下。敞口，圆唇较厚，斜直腹，圈足极矮（图一三二，5）。

粗白瓷罐，T43⑥:44，残，口径14、残高12.2厘米。灰胎，胎质坚硬。外壁及内壁口沿施化妆土，釉色白中泛黄，有细小的开片，内壁口沿下不施化妆土，釉色灰黄，外壁施釉不及底。直口，圆唇，溜肩（图一三二，8）。

粗白瓷双腹碗，T43⑥:45，残，口径25、残高8.1厘米。灰胎，胎质较粗。器表施白色化妆土，釉色白中闪黄，有细碎的开片，唇部剥釉严重。直口，圆唇，腹部向外折，形成双腹。

粗白瓷双耳罐，T43⑥:46，残，口径约18、残高8.8厘米。黄褐色胎，胎质较粗。外壁及内壁口沿施白色化妆土，釉色较白。直口，圆唇，鼓肩，肩部残剩一耳。

粗白瓷盆，T43⑥:47，残，口径约38、残高6.8厘米。白胎泛黄，胎质较粗。施化妆土，外壁釉不及底，釉色较白。窄平沿，圆唇，直腹。

粗白瓷小罐，T43⑥:50，可复原，口径约6、足径4、高5.4厘米。黄白胎，胎质较粗。口沿及外壁上部施化妆土，外壁釉不及底。敛口，矮领，圆唇，鼓腹，圈足（图一三二，7）。

白地黑花瓷瓶，T43⑥:19，肩部残片。残宽7、残高8.5厘米。白胎泛黄，胎质较粗。施化妆土，外壁有黑彩花卉纹饰。折肩，鼓腹。

白地黑花瓶残片，T43⑥:49，腹部残片，残长7.5、残高6.5厘米。灰胎，胎质坚硬。外壁施化妆土，绘黑彩菊瓣形纹饰，应是花瓶的腹部近底处。

白地黑花瓷塑妇女，T43⑥:17，残，残宽4.1、残高4.8厘米。黄白色胎，较粗。器表施白色化妆土，以黑彩画出衣服。

青瓷碗，T43⑥∶16，可复原，口径11.6、足径4.5、高3.4厘米。灰白胎，胎质较粗。内施满釉，底部有涩圈，外壁釉仅施至口沿下，因为没有施化妆土，釉色泛青黄。敞口，尖圆唇，饼足内凹（图一三二，6）。

白瓷点彩小碗，T43⑥∶11，可复原，口径12、足径4.7、高3.2厘米。灰胎，胎质较粗，中间夹杂细小颗粒。内施化妆土，满釉，底部有涩圈。外壁无化妆土，釉色为灰色，圈足无釉。圈足及腹部近底处有大量砂粒。敞口微侈，尖圆唇，浅弧腹，矮圈足。内底有点彩花朵（图一三二，1）。

白瓷盘，T43⑥∶12，可复原，口径约18.4、足径约6、高4.2厘米。黄白胎，胎质较粗。内施满釉，底部有涩圈，外壁釉不及底，釉色发灰。侈口，圆唇较突，浅弧腹，圈足（图一三二，2）。

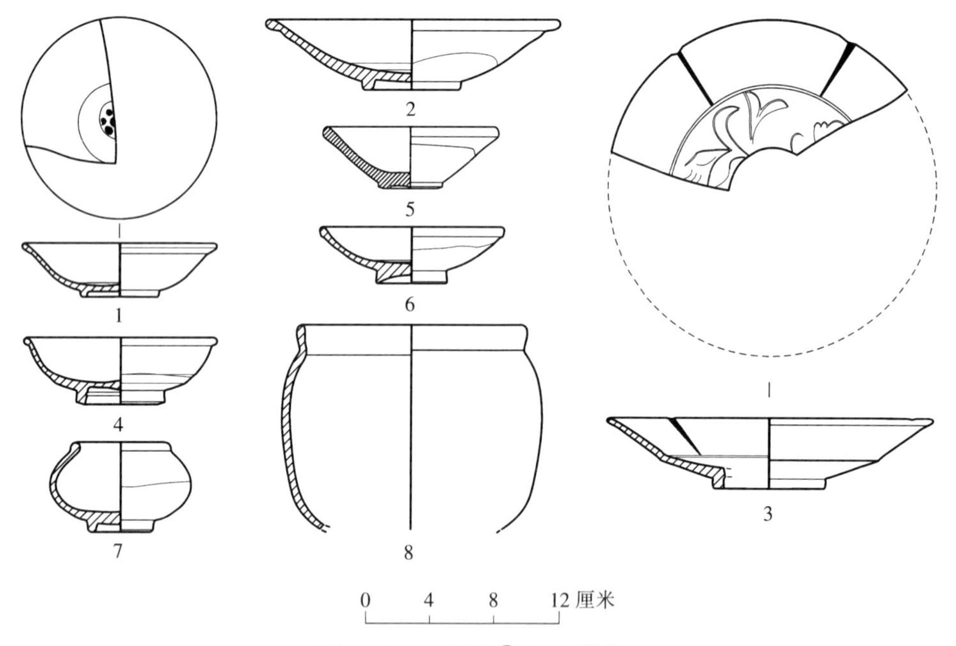

图一三二　T43⑥出土器物

1. 白瓷点彩小碗（T43⑥∶11）　2. 白瓷盘（T43⑥∶12）　3. 粗白瓷刻划花盘（T43⑥∶13）　4. 粗白瓷小碗（T43⑥∶14）　5. 粗白瓷盏（T43⑥∶15）　6. 青瓷碗（T43⑥∶16）　7. 粗白瓷小罐（T43⑥∶50）　8. 粗白瓷罐（T43⑥∶44）

黑釉碗，T43⑥∶51，残，口径10、残高4厘米。黄白胎，胎质较粗。内外皆施黑釉，外壁施釉不及底，釉色乌黑发亮。折沿，圆尖唇，弧腹（图一三三，2）。

黑釉盏，T43⑥∶52，残，口径16、残高4.2厘米。白胎，胎质较细坚硬。内外皆施黑釉，外壁施釉不及底，釉色乌黑发亮。圆唇，斜直腹（图一三三，3）。

黑釉小罐，T43⑥∶53，残，足径5.3、残高4.4厘米。灰白胎，胎质较粗。内外皆施黑釉，外壁施釉不及底，釉色乌黑发亮。直腹，圈足（图一三三，4）。

酱釉带系瓶，T43⑥∶54，残，残高10.5厘米。褐胎，胎质较粗坚硬。内外皆施酱釉，外壁施釉不及底。折肩，肩部残留一系。

钧瓷碗，T43⑥∶20，口沿残片，残宽5.8、残高4.8厘米。灰胎，釉较厚，呈浅蓝色。敛口，圆唇（图一三三，1）。

钧瓷碗，T43⑥:21，口沿残片，残宽8、残高3.6厘米。灰胎，釉较厚，呈浅蓝色。直口微敛，圆唇，弧腹（图一三三，7）。

三彩枕残片，T43⑥:23，枕面残片，残长6.5、残宽4.3厘米。红褐色陶胎，胎质较粗疏。枕面有刻花纹饰，施绿釉及透明釉等。

绿釉陶建筑构件，T43⑥:24，残长7.8、残宽5.4、厚1.5厘米。黄褐色胎，施一层绿釉。可能是鸱吻上的一部分。

石盒，T43⑥:25，可复原，口径3.5、底径3.8、高1.2厘米。滑石打磨而成。子母口，方唇，直壁，平底，底部有刻划痕迹（图一三三，5）。

滑石残件，T43⑥:61，残，残长6.5、残宽3、最厚1.7厘米。器表打磨光滑，残破严重，不知原来器形。

陶质模具，T43⑥:26，完整，外径9.2、内径8.3、外高1.4、内高0.5厘米。泥质红褐色陶，呈圆饼状，内有复杂的折线。

陶铺满，T43⑥:56，残，底径4.7、残高6.5厘米。泥质红褐色胎。鼓腹，下腹内收，有四个小孔，从外向内扎透。平底微内凹。

陶杯，T43⑥:57，可复原，口径7、底径3.2、高4.4厘米，泥质红褐胎，平沿，圆唇，鼓腹，下腹急收，饼足（图一三三，8）。

陶盆，T43⑥:58，可复原，口径约35、高11.8厘米。泥质灰陶，内壁有黑陶衣。卷沿，圆唇，弧腹，平底（图一三三，9）。

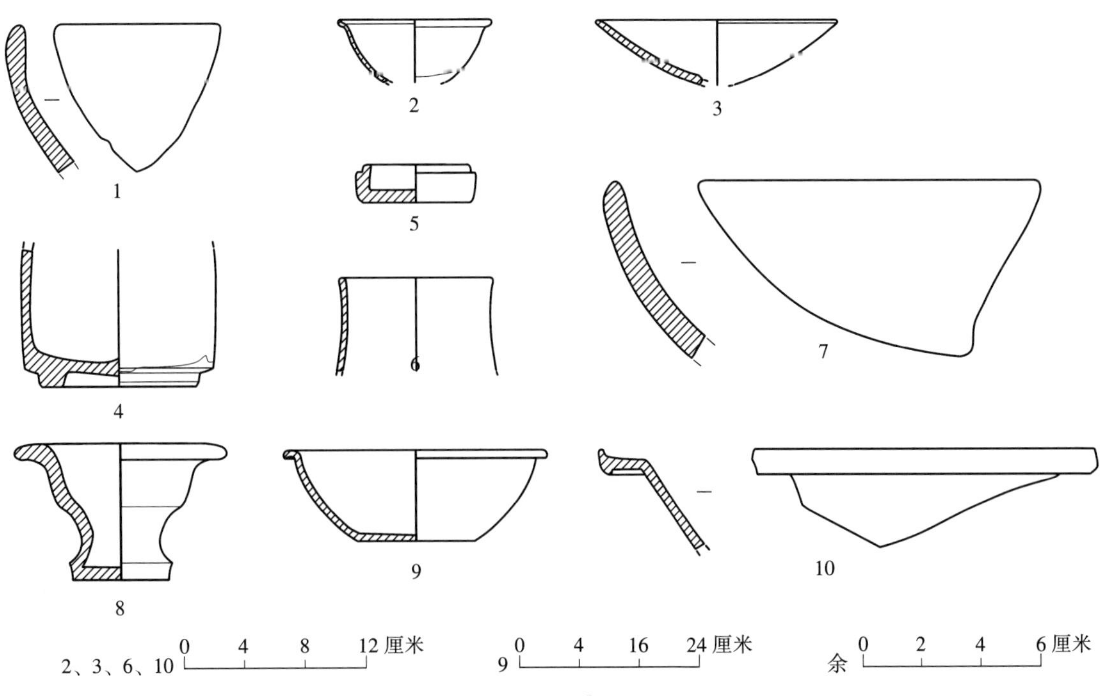

图一三三　T43⑥出土器物

1. 钧瓷碗（T43⑥:20）　2. 黑釉碗（T43⑥:51）　3. 黑釉盏（T43⑥:52）　4. 黑釉小罐（T43⑥:53）　5. 石盒（T43⑥:25）　6. 砂质罐（T43⑥:62）　7. 钧瓷碗（T43⑥:21）　8. 陶杯（T43⑥:57）　9. 陶盆（T43⑥:58）　10. 陶盆（T43⑥:59）

陶盆，T43⑥:59，残，残宽22、残高6.4厘米。泥质灰陶，内壁有黑陶衣。折沿，方唇，斜腹（图一三三，10）。

砂质罐，T43⑥:62，残，口径10、残高6厘米。砂质较粗，直口，圆唇，直腹，器表有数周弦纹（图一三三，6）。

骨牌，T43⑥:27，完整，长3.6、宽1.7、厚0.3～0.4厘米。呈长方形，表面打磨光滑。一侧较薄、一侧较厚。正面有四个圈。

祥符元宝，T43⑥:66，直径2.6、孔边长0.5厘米。

（2）T43⑤

白瓷碗，T43⑤:2，残，口径22、残高7.8厘米。白胎，质地细腻坚硬。内外皆满釉，光润洁白，芒口。敞口，圆唇，弧腹（图一三四，2）。

白瓷刻花钵，T43⑤:1，残，直径约18、残高11.8、厚0.5～0.8厘米。白胎泛灰，坚硬细腻。内外满釉，芒口，釉色发灰黄。直口，圆唇突出，深直腹微鼓。外壁有刻花纹饰（图一三四，1）。

白瓷刻花钵，T43⑤:5，残，足径5.8、残高5.9厘米。白胎，质地细腻坚硬。内壁满釉，底部有很宽的涩圈，外壁满釉，圈足着地处无釉，有不少砂粒。深腹，圈足，外壁刻莲瓣纹。

白瓷刻花钵，T43⑤:6，残，口径约13、残高5.4厘米。白胎，质地细腻坚硬。内外皆施釉，芒口，内壁光润，外壁较粗。直口，圆唇，深直腹，外壁刻花卉纹饰。

白瓷盘，T43⑤:7，可复原，口径18.2、底径6.1、高3.6厘米。白胎泛灰，胎质较粗。器内外皆施釉，外壁釉不及底，内底有涩圈。敞口，尖圆唇，折腹，圈足（图一三四，3）。

白地黑花瓷盆，T43⑤:9，残长5、残宽3厘米。黄白色胎，较粗。外壁施黑釉，釉不及底，内壁有白色化妆土，以黑彩装饰。

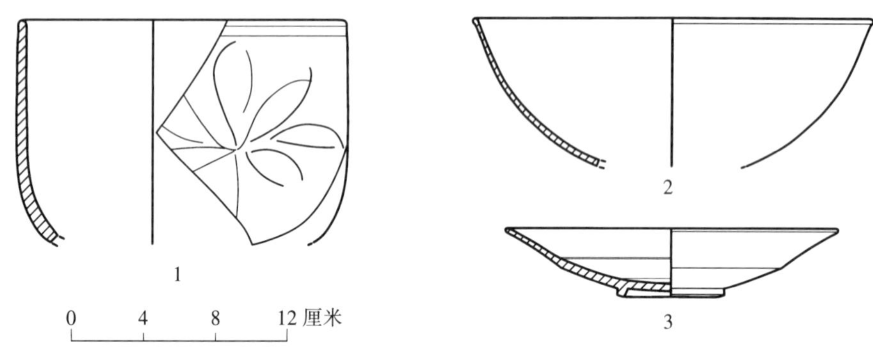

图一三四　T43⑤出土器物

1. 白瓷刻花钵（T43⑤:1）　2. 白瓷碗（T43⑤:2）　3. 白瓷盘（T43⑤:7）

（3）T43③

白瓷印花盘，T43③:2，残，足径约9、残高1.5厘米。灰白胎，胎质较细，坚硬，胎体结合不紧密。内外满釉，圈足着地处无釉，釉色泛灰黄。浅腹，圈足较大。内底印水波游鱼纹。

7. T44

（1）T44⑥

白瓷刻花盘，T44⑥:1，可复原，口径约21、足径6.9、高4厘米。白胎，胎质细腻，坚硬。内外满釉，芒口，釉面光润，釉色白中微泛灰。敞口，圆唇，浅弧腹，矮圈足。口部为六瓣花口，对应的内壁有白色出筋，内底刻萱草纹（图一三五，1）。

白瓷碗，T44⑥:2，残，口径约11.2、足径约4、高3.4～3.5厘米。灰白胎，胎质较细，坚硬。内壁满釉，底部有涩圈，外壁半釉，釉色泛青灰。敞口，圆唇，弧腹较浅，圈足，挖足过肩，底部极薄（图一三五，2）。

粗白瓷碗，T44⑥:3，残，口径约19、足径约6、高8厘米。灰褐色胎，胎质较粗，坚硬。器表施白色化妆土，内壁满釉，底部有支钉痕，外壁施釉至圈足，釉面光润，釉色乳白。敞口，圆唇，弧腹，圈足（图一三五，3）。

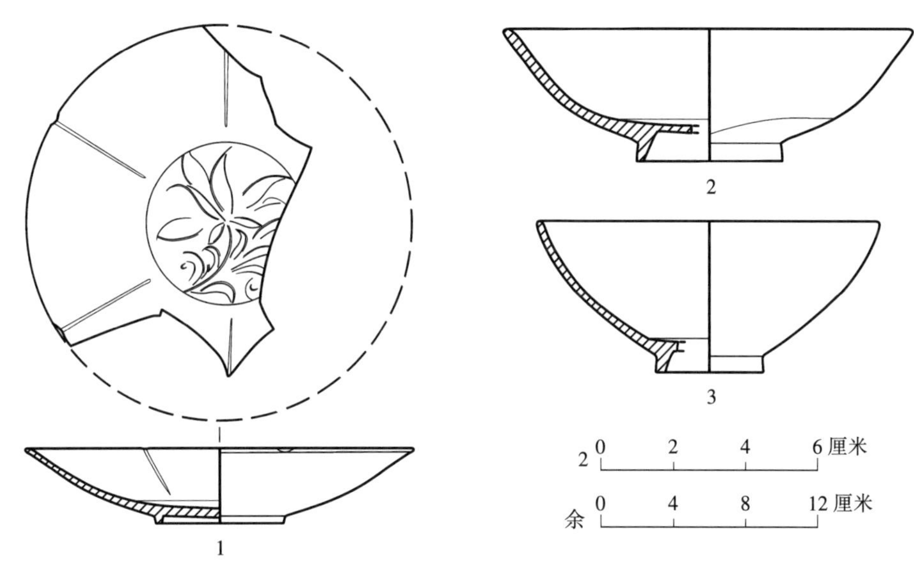

图一三五　T44⑥出土器物

1. 白瓷刻花盘（T44⑥:1）　2. 白瓷碗（T44⑥:2）　3. 粗白瓷碗（T44⑥:3）

粗白瓷划花碗，T44⑥:5，底部残片，足径7.2、残高3.3厘米。黄褐色胎，胎体坚致。器表施白色化妆土，内壁满釉，底部有支钉痕，外壁釉不及底，釉层较薄，釉色白中泛黄褐。弧腹，圈足，挖足过肩，内壁有划花纹饰。

粗白瓷篦划花碗，T44⑥:6，口沿残片，口径约21、残高6.7厘米。黄褐色胎，胎体较粗，坚硬。器表施白色化妆土，釉面光亮，有细碎开片。敞口，圆唇，弧腹，内壁有篦划花纹饰，纹饰部分露出胎体。

耀州窑青瓷残片，T44⑥:7，残宽2.1、残高约2.2厘米。灰胎，胎质细腻，坚硬。内外施青釉，釉面光润，釉色青绿，釉层内有白色斑点。敞口，尖圆唇，弧腹，内壁有印花纹饰。

腰圆形绿釉枕，T44⑥:4，枕面后部残片，残长9、残宽5、残高5厘米。红褐色陶胎，胎质较粗，坚硬。器表施白色化妆土，枕面有刻花纹饰，然后施一层绿釉。枕面前低后高，后壁枕墙上有一圆孔。

（2）T44④b

黄绿釉残片，T44④b:2，残长3.5、残高3.5厘米。黄褐色胎，胎质较粗。器表施黄绿釉。器身有镂空，上饰绳索纹及弦纹。

（3）T44④

白瓷盏托，T44④:1，残，足径约10、残高4.4厘米。白胎泛灰，胎体坚致。口残，托台腹壁斜直，圈足足墙外撇。托台及足墙内壁无釉，托盘、足墙外壁施釉，釉色灰白，釉面光亮（图一三六，1）。

白地黑花器盖，T44④:2，残，残高2.2厘米。黄褐色胎，胎质较粗。子母口，子口较直，尖唇，平沿，盖面拱起。外表施白色化妆土，以黑彩绘花草纹，釉色较白。

白地褐花盆，T44④:3，口沿残片，残宽10.3、残高5.8厘米。红褐色胎，胎质较粗，坚硬。窄平沿，沿内伸，斜直壁。外壁施焦褐色护胎釉，内壁施白色化妆土，以褐彩绘纹饰，釉色泛黄。

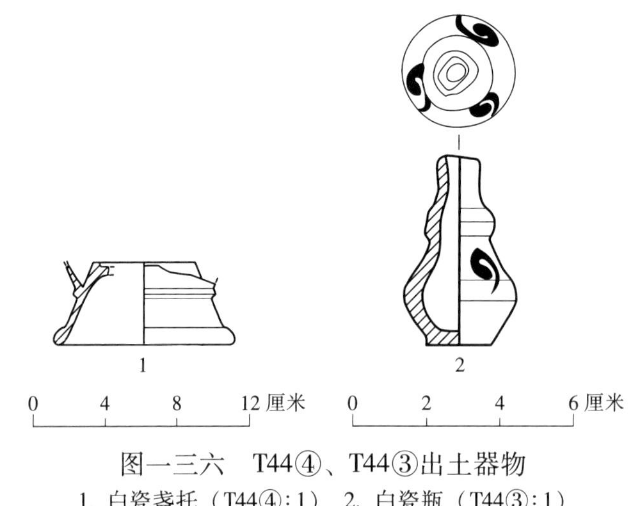

图一三六 T44④、T44③出土器物
1. 白瓷盏托（T44④:1） 2. 白瓷瓶（T44③:1）

钧瓷碟，T44④:4，口沿残片，残宽3.7、残高3厘米。灰胎，胎体坚致。外壁及内壁口沿施天蓝色釉，外壁有玫瑰紫斑。敞口，圆唇，下腹急收。

（4）T44③

白瓷瓶，T44③:1，口径0.9～1.1、底径1.5、高5厘米。黄褐色胎，胎质较粗。葫芦形，直口，方唇，直颈，平底。器表施白色化妆土，下腹部有三个钩形点彩纹饰，釉不及底（图一三六，2）。

白瓷刻划花枕，枕面残片，2片，灰褐色胎，胎质较粗，坚致。枕面施白色化妆土，剔刻去部分化妆土，局部以篦划花装饰，形成花卉纹饰，再罩透明釉。T44③:2，残长7.5、残宽7.8厘米。T44③:3，残长8.5、残宽7.5厘米。

8. T45

（1）T45⑥

耀州窑青瓷盏，T45⑥:1，可复原，口径约14.2、足径3.6、高4厘米。灰胎，胎体较细，坚硬。内外施青釉，釉面光润，有开片，釉色淡青，圈足着地处无釉，有垫砂。侈口，圆唇，弧腹，圈足较小，内壁印牡丹纹（图一三七）。

黑釉双耳罐，T45⑥:2，残，残宽8、残高9.5厘米。灰白胎，胎质较粗，坚硬。内外施黑釉，外壁及内壁上部釉层较厚，釉色乌黑发亮，内壁下部釉层薄，釉色发褐。肩部残留一耳。

（2）T45④b

白瓷刻花盘，T45④b:1，可复原，口径约17、足径5.5、高3.3厘米。胎色洁白，胎质细腻。内外满釉，芒口，釉色洁白。敞口，尖圆唇，浅弧腹，圈足，内底刻荷花纹（图一二八，1）。

粗白瓷篦划花碗，T45④b:3，残，残宽9、残高7.6厘米。黄褐色胎，胎质较粗。敞口，唇口，弧腹。内外施化妆土盖透明釉，外壁半釉，釉面光亮，有细碎开片。内壁有弦纹及篦划花，底部有涩圈。外壁下腹有墨书文字，模糊不清。

白瓷盘，T45④b:2，口径约21、足径约7、高4.5厘米。黄褐色胎，胎质较粗。敞口，圆唇，浅弧腹，圈足。内壁及外壁唇部施白色化妆土，罩透明釉，釉色泛青灰，外壁釉不及底，釉色发灰。内底有涩圈（图一三八，2）。

黄釉壶，T45④b:5，口径9.5、底径8.2～8.5、高9厘米。黄褐色胎，胎质较粗。盘口，圆唇，短束颈，圆肩，鼓腹，平底内凹。把手与流之间还有四系。外施黄褐釉，釉不及底。腹部饰回纹及竖

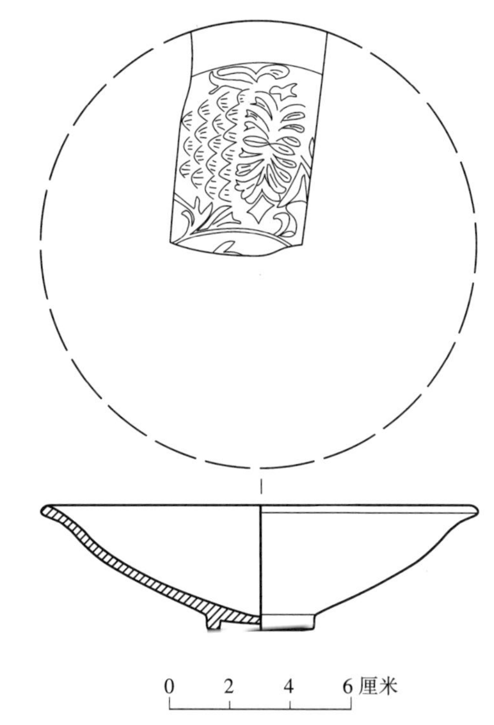

图一三七　耀州窑青瓷盏（T45⑥:1）

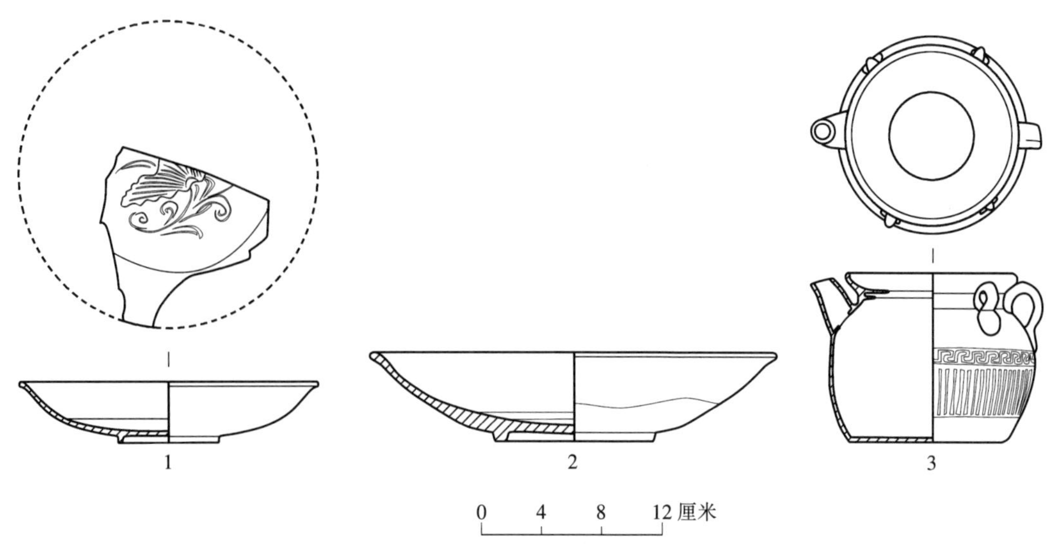

图一三八　T45④b出土器物

1. 白瓷刻花盘（T45④b:1）　2. 白瓷盘（T45④b:2）　3. 黄釉壶（T45④b:5）

线纹。器内有附着的贝壳残留（图一三八，3）。

陶缸，T45④b∶6，残，残长 46、残高 13.8 厘米。砖红色胎。敞口，卷沿，尖唇，鼓肩，内壁及唇部施红色陶衣。

（3）T45③

白瓷刻花盘，T45③∶1，残，足径约 5.6、残高 2.4 厘米。白胎，胎质细腻，坚硬。内壁满釉，芒口，釉面莹润，釉色洁白，积釉处泛黄。折腹，圈足，内壁刻萱草纹。

长方形黄绿釉枕，T45③∶4，残长 10.1、残宽 2.1、残高 8.3 厘米。黄褐色胎，胎质较粗，坚硬。模制，枕墙上压印缠枝花卉纹，纹饰突出，花纹上施黄釉，其余部分施绿釉。直壁，枕墙和枕面之间有泥条加固（图一三九）。

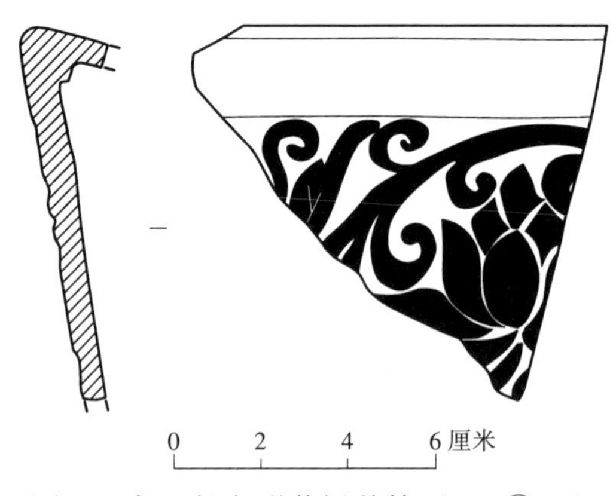

图一三九　长方形黄绿釉枕（T45③∶4）

9. T46

（1）T46③

白瓷印花盘，T46③∶1，可复原，口径 18、足径 5.7、高 3.5、壁厚 0.3 厘米。白胎泛灰，胎质较细，胎体较轻。内外皆施满釉，芒口，釉色发灰黄。敞口，圆唇，浅弧腹，矮圈足。内壁有印花花卉纹饰（图一四〇，1）。

白瓷提梁壶，T46③∶2，只剩提梁，残高约 6 厘米。白胎，胎质细腻坚硬。釉色洁白。提梁分前后两部分，前部为三股，以泥条束住，后部分施菱形网格状纹饰。

白地黑花如意头形枕，T46③∶3，3 片，灰褐色胎，胎体坚致。器表施白色化妆土，以黑彩绘纹饰，底部不施釉。高 12.5 厘米。

钧瓷盘，T46③∶4，口沿残片，残高 2.7 厘米。灰胎，胎体坚致。施浅蓝色釉，釉层较均匀，有大

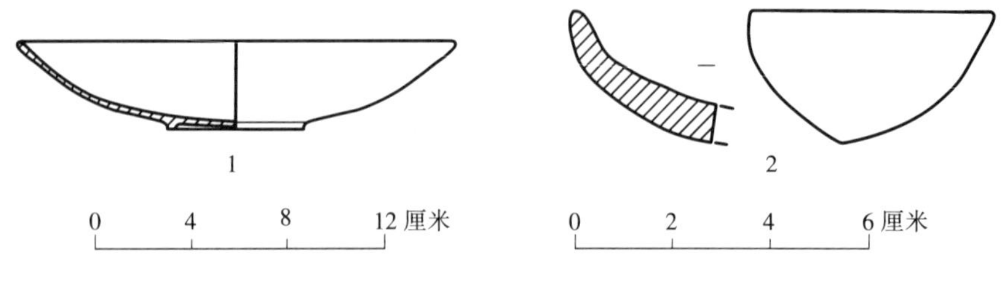

图一四〇　T46③出土器物

1. 白瓷印花盘（T46③∶1）　2. 钧瓷盘（T46③∶4）

量气泡。直口，尖圆唇，浅弧腹（图一四〇，2）。

10. T50

（1）T50⑤

白瓷碗，T50⑤:9，可复原，口径约8.8、底径约4.5、高3.1厘米。白胎，胎体细腻坚硬。内外满釉，芒口，外底施釉不均，局部无釉，釉面略发涩，釉色白中泛灰。敞口，尖唇，弧腹较浅，平底（图一四一，1）。

白瓷盘，T50⑤:14，残，口径约19、足径约7、高3.8厘米。白胎，胎质细腻，坚硬。内外满釉，芒口，釉面莹润，釉色白中微泛黄。敞口，尖圆唇，折腹，圈足（图一四一，3）。

白瓷小杯，T50⑤:21，残，高4.4厘米。白胎，胎质细腻坚硬。内外满釉，芒口，釉面光润，釉色洁白，积釉处泛黄。敞口，圆唇，瓜棱状弧腹，高圈足。

白瓷花瓣形器盖，T50⑤:35，残，直径约4厘米。白胎泛灰，胎质坚硬细腻。内外满釉，釉色白中泛黄。直口，方唇，盖面呈花瓣状。

白瓷划花盘，T50⑤:10，可复原，口径约17、足径6、高3.8~4厘米。白胎，胎体坚致。内外满釉，芒口，釉面光亮，釉色泛灰黄。敞口，口部为花口，尖唇，折腹，圈足，挖足过肩，内底刻荷花纹（图一四一，2）。

白瓷刻花器盖，T50⑤:11，残，高4.3厘米。白胎泛灰，胎体坚致。外壁及内壁盖面下施釉，釉面较粗糙，釉色泛灰黄。子母口，大圈足形钮，顶部划莲瓣纹，肩部刻卷云纹。

白瓷刻花罐，T50⑤:15，残，口径约20、残高6.2厘米。白胎，胎质细腻，坚硬。内外满釉，口部不施釉，釉面光润，釉色白中泛黄。子母口，直口，深直腹，外壁刻莲瓣纹，腹壁上部贴塑乳丁纹。

白瓷划花盏，T50⑤:17，可复原，口径约12.4、足径2.9、高3.3厘米。白胎，胎质细腻坚硬。内外满釉，芒口，釉面光润，釉色泛黄。敞口，尖唇，斜直腹，小圈足，内壁有刻花纹饰（图一四一，4）。

白瓷刻花盘，T50⑤:22，口沿残片，口径约14、残高3.2厘米。白胎，胎体坚致。内外满釉，芒口，釉面光亮，釉色洁白。敞口，方唇，弧腹，内壁刻水波纹。

白瓷划花盘，T50⑤:23，残，口径约16.2、残高2.8厘米。白胎，胎质细腻，坚硬。内外满釉，芒口，釉面光润，釉色白中泛黄。敞口，尖圆唇，弧腹，内壁有刻花纹饰。

白瓷刻花大碗，T50⑤:24，残，残高8厘米。白胎，胎质较细坚硬。内外满釉，应为芒口，釉面光润，釉色白中泛黄。深腹，下腹内收，卧足较大，内外均有刻花纹饰。

白瓷刻花碟，T50⑤:38，残，足径约9、高1.9厘米。白胎，胎质细腻坚硬。内外满釉，芒口，釉面光润，釉色洁白，微泛黄。敞口，圆唇，浅弧腹，卧足，内底刻荷花纹，外底有红色摩擦痕（图一四一，5）。

白瓷碗，T50⑤:45，可复原，口径约12、足径4、高4厘米。灰白胎，胎质较细，坚硬。内壁满釉，底部有涩圈，外壁半釉，釉色泛青灰。敞口外撇，尖圆唇，弧腹较浅，圈足，挖足过肩，外底有墨书，似为“任”（图一四一，7）。

白瓷碗，T50⑤:49，可复原，口径约12、足径3.6、高3.4厘米。浅灰色胎，胎质较细，坚硬。内壁满釉，底部有涩圈，外壁半釉，釉面光润，釉色泛灰黄。敞口，圆唇，弧腹较浅，圈足，挖足过肩（图一四一，8）。

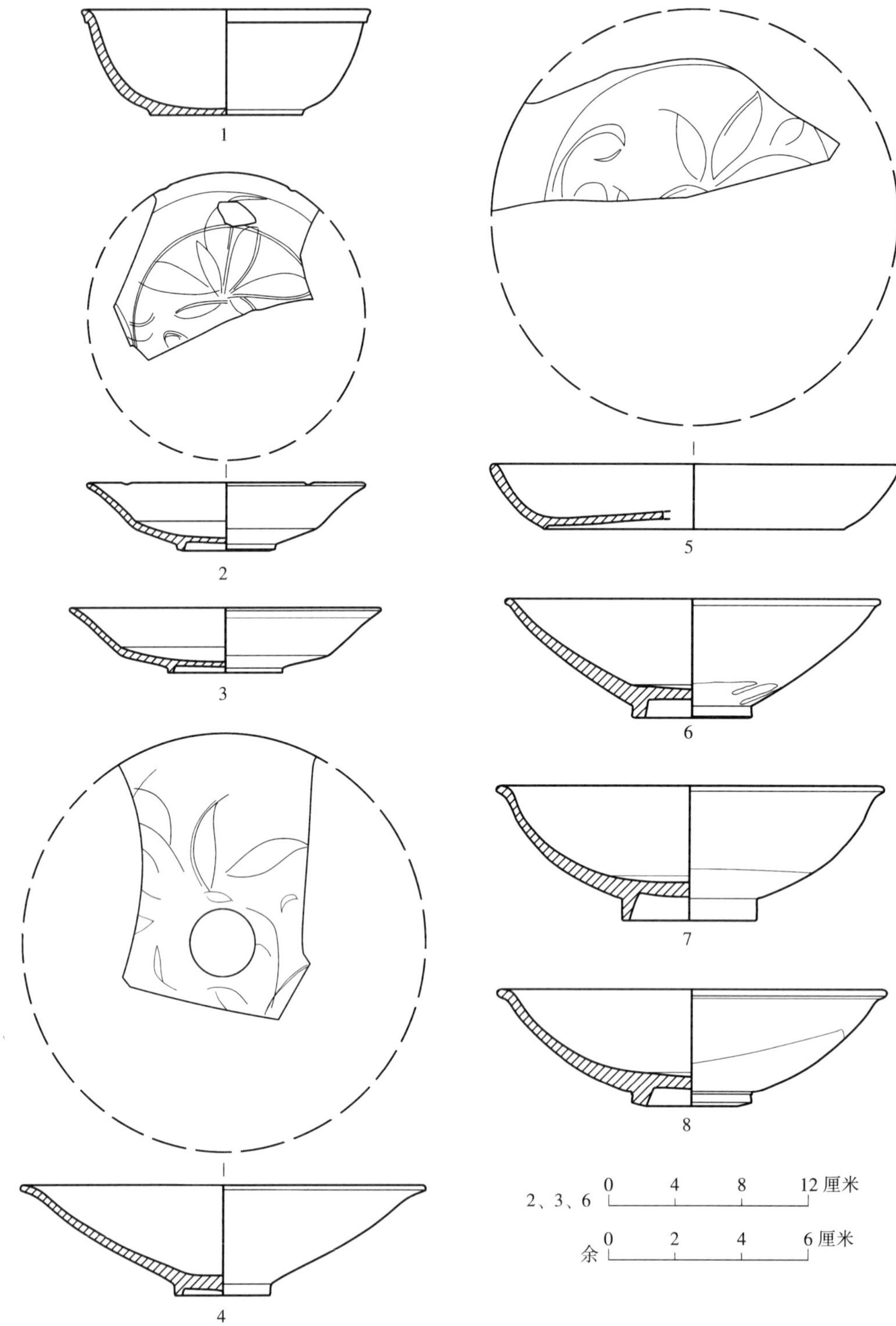

图一四一　T50⑤出土器物

1. 白瓷碗（T50⑤:9）　2. 白瓷划花盘（T50⑤:10）　3. 白瓷盘（T50⑤:14）　4. 白瓷划花盏（T50⑤:17）　5. 白瓷刻花碟（T50⑤:38）　6. 粗白瓷碗（T50⑤:41）　7. 白瓷碗（T50⑤:45）　8. 白瓷碗（T50⑤:49）

白瓷碗，T50⑤:52，可复原，口径约12、足径4.4、高3.6厘米。灰白胎，胎质较细，局部结合不紧密。内壁满釉，底部有涩圈，外壁半釉，釉色泛灰。敞口外撇，尖圆唇，弧腹较浅，圈足，挖足过肩，外底涂红（图一四四，1）。

白瓷钵，T50⑤:53，残，口径约10.8、足径约6.8、高7.6厘米。灰白胎，胎质较细，坚硬。内壁满釉，底部有涩圈，芒口，外壁仅圈足着地处无釉。釉面光亮，有开片，釉色泛灰。直口，方唇，直腹微鼓，圈足（图一四四，2）。

白瓷鸟食罐，T50⑤:96，残，残高1.5、厚0.1～0.2厘米。白胎，胎质细腻，胎体轻薄。内外均施釉，敛口，尖圆唇，鼓腹，腹壁上有一耳。

白地褐花瓶，T50⑤:133，肩部残片，残宽9.5、残高约4.6厘米。灰白胎，胎体坚致。外施淡褐色化妆土，剔刻掉部分化妆土，露出胎体，形成纹饰的轮廓，细部以篦划花进行装饰，再施透明釉，釉色泛灰，造成白地褐花的装饰效果（图版三六，1）。

粗白瓷碗，T50⑤:41，可复原，口径约22.5、足径7.2、高6.8厘米。黄白胎，胎质较粗，坚硬。内壁满釉，内底有支钉痕，外壁釉不及底，釉面光亮，有开片，釉色暗黄。敞口，圆唇，弧腹，圈足，挖足过肩，外底有墨书文字，第一字为“孫”（图一四一，6）。

粗白瓷枕，T50⑤:43，残，为枕的左上角部分，前后残宽12、左右残长6、残高8.1～10.3厘米。灰褐色胎，胎体坚致。枕面有刻花纹饰，除枕底外均施釉，施釉不均，侧墙上下两处无釉，釉色泛灰。内壁各面之间均有泥条加固。前低后高，平底，后墙较直，侧墙内凹，枕面伸出枕墙。

白地褐花碟，T50⑤:93，可复原，口径约12.2、足径6、高3.2厘米。黄褐色胎，胎质较粗疏，内壁及外壁口沿下施白色化妆土，内壁以褐彩绘两周细线，底部书写一草书文字，不识，然后施透明釉，釉面较粗糙，内底及圈足着地处均有砂粒垫烧痕，釉色白中泛黄。敞口，圆唇，浅弧腹，圈足，外底有鸡心凸（图一四二，1）。

粗白瓷盘，T50⑤:103，可复原，口径16.7、足径6.7、高3.7～3.8厘米。灰褐色胎，胎质较粗疏。器表施白色化妆土，内壁满釉，内底有五枚长方形支钉痕，外壁半釉，釉面光亮，有细碎开片，釉色粉白。敞口，圆唇，折腹，圈足，外底有鸡心突（图一四二，4）。

粗白瓷盘，T50⑤:106，可复原，口径约16.5、足径6.2、高3.9厘米。灰褐色胎，胎质较粗疏。器表施白色化妆土，内壁满釉，底部有支钉痕，外壁施釉仅及口沿下，釉面光亮，有开片，釉色白中泛灰。敞口，圆唇，折腹，圈足（图一四二，5）。

粗白瓷盏，T50⑤:107，可复原，口径约9.8、足径3.9、高2.9～3.1厘米。黄褐色胎，胎质较粗疏。内壁及外壁口沿下施白色化妆土，然后罩一层釉，内底有三枚支钉痕，釉色泛灰。敞口，厚唇，浅弧腹，饼状圈足（图一四二，6）。

粗白瓷盏，T50⑤:117，可复原，口径约11.3、足径5、高2.9～3.3厘米。浅黄褐色胎，胎质较粗，坚硬。内壁及外壁唇部施白色化妆土，然后罩一层釉，内底局部无釉。敞口，厚唇，浅弧腹，圈足，外底有红色痕迹（图一四三，2）。

粗白瓷碗，T50⑤:108，可复原，口径23.5、足径8.2、高8.5～8.9厘米。灰褐色胎，胎质较粗，坚硬。器表施白色化妆土，内壁满釉，内底有支钉痕，外壁釉不及底，釉面光亮，釉色直白。敞口，圆唇，弧腹，圈足，挖足过肩（图一四二，7）。

粗白瓷碗，T50⑤：111，残，口径约23.5、足径约9、高6.8厘米。灰褐色胎，胎体坚致。内壁及外壁口沿下施白色化妆土，内壁满釉，釉面光润，釉色泛青灰，底部有涩圈，涩圈上有砂粒。外壁釉不及底。敞口，圆唇，弧腹，圈足，挖足过肩。外壁有竖向红色摩擦痕（图一四二，8）。

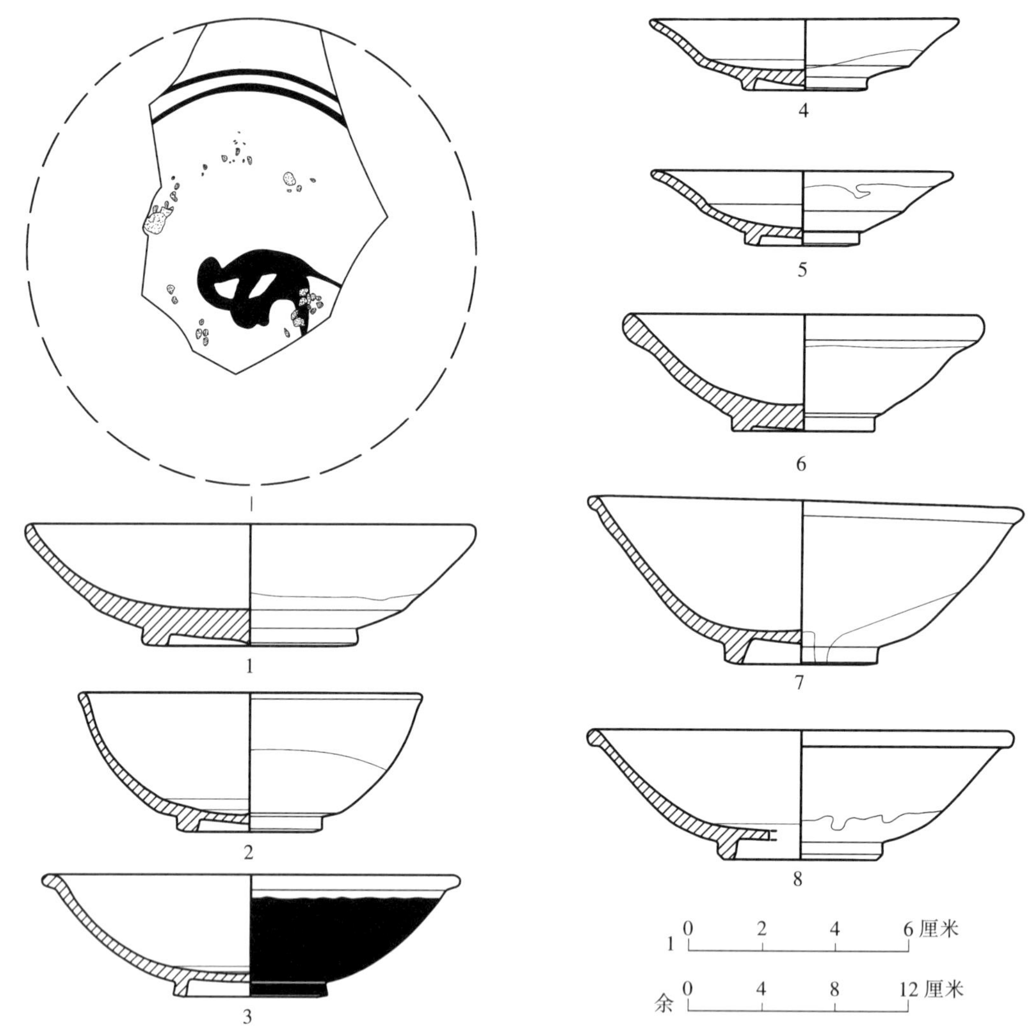

图一四二　T50⑤出土器物

1. 白地褐花碟（T50⑤：93）　2. 粗白瓷碗（T50⑤：101）　3. 双色釉碗（T50⑤：102）　4. 粗白瓷盘（T50⑤：103）　5. 粗白瓷盘（T50⑤：106）　6. 粗白瓷盏（T50⑤：107）　7. 粗白瓷碗（T50⑤：108）　8. 粗白瓷碗（T50⑤：111）

粗白瓷瓜棱罐，T50⑤：109，残高7.5厘米，。黄褐色胎，胎质较粗。外壁施白色化妆土，内外均施釉，釉面光亮，有细小开片，外壁釉色白中泛黄，内壁露出胎色。腹部瓜棱较深。

粗白瓷炉，T50⑤：112，残，口径4.8、残高6.6厘米。灰褐色胎，胎体坚致。外壁及内壁唇部下施白色化妆土，釉面光润，釉色白中泛黄。直口，平沿。

粗白瓷炉，T50⑤：113，底部残件，喇叭形圈足，足径7.1、残高4.2厘米。灰褐色胎，胎质较粗。足上部有白色化妆土及釉。

粗白瓷钵，T50⑤：118，残，口径约13、高5.5厘米。灰胎，胎质较粗，坚硬。内壁及外壁肩部施白色化妆土，然后施透明釉，芒口，釉面光亮，有细碎开片，釉色白中泛灰，腹上部有焦褐色护胎釉。敛口，圆唇，鼓肩，弧腹，圈足。

粗白瓷器盖，T50⑤:123，残，高3.5厘米。灰褐色胎，胎质较粗。外壁施白色化妆土，满釉，内壁无釉，釉色乳白，泛黄。子母口，子口较直，尖圆唇，平顶上翘，盖面拱起，顶部有圈足形钮。

粗白瓷瓜棱罐，T50⑤:124，口径约11.8、残高6.4厘米。黄褐色胎，胎质较粗。外壁及口沿内侧施白色化妆土，再罩一层透明釉，釉面光亮，有细小开片，釉色白中泛灰。敞口外翻，圆唇，束颈，鼓肩。腹部为瓜棱状。

粗白瓷双腹碗，T50⑤:130，残，口径约21、残高8.8厘米。黄褐色胎，胎质较粗疏。器表施白色化妆土，内壁满釉，外壁半釉，釉面光润，有细碎开片，釉色白中闪黄。敞口，圆唇，弧腹，下腹鼓起，形成双腹。

粗白瓷盆，T50⑤:131，残，高11.5厘米。灰褐色胎，胎体坚致。内壁满釉，外壁半釉，有开片，釉面光亮，釉色白中泛灰。敞口，平沿，深腹，隐圈足。

粗白瓷耳，T50⑤:132，残，残长6.5厘米。黄白胎，胎质较粗。器表施白色化妆土，釉色白中闪黄，有细碎开片。

粗白瓷刻划花碗，T50⑤:135，可复原，口径23.7～24.4、足径8.5、高10.3～10.6厘米。灰胎，胎质较粗，坚硬。器表施白色化妆土，内壁满釉，底部有等距离分布的六枚长条支钉痕，外壁施釉至圈足，釉面光润，釉色白中泛灰。敞口，圆唇，弧腹，圈足，挖足过肩。内壁刻划出三组折枝花卉（图一四三，1；图版三六，3）。

白瓷点彩盆，T50⑤:114，盆底残片，残长8.6、残宽7.3、厚1.1～1.5厘米。黄白胎，胎质较粗。内壁施白色化妆土，底部有酱色点彩花朵，再施透明釉，釉面有细碎开片。

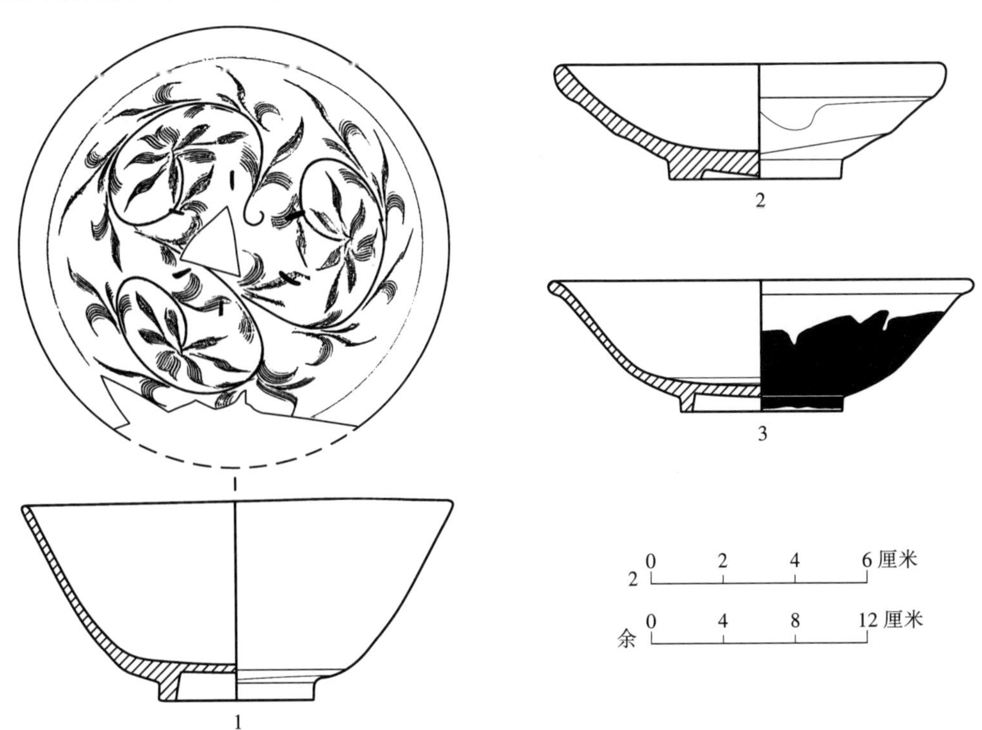

图一四三　T50⑤出土器物

1. 粗白瓷刻划花碗（T50⑤:135）　2. 粗白瓷盏（T50⑤:117）　3. 双色釉碗（T50⑤:134）

白地黑花小瓶，T50⑤:94，残高5.4厘米。白胎，胎质细腻坚硬。外壁遍施透明釉，芒口，釉面光亮，有细碎开片，釉色洁白。敞口，平沿，尖唇，长颈，溜肩，腹部有三组黑彩所绘花纹。

白底黑花敛口罐，T50⑤:95，残，口径2.5、残高3厘米。红褐色胎，胎质较粗疏。外壁及内壁口下施白色化妆土，然后施透明釉，釉面光润，釉色洁白，腹壁以黑彩绘纹饰。敛口，尖唇，平沿，斜腹。

白地黑花罐，T50⑤:99，肩部残片，残宽8、残高约7厘米。黄白胎，胎质较粗。器表施白色化妆土，肩部以黑彩绘花叶纹，内外壁均施釉，釉面光润，有细碎开片，釉色白中泛黄。肩部较鼓。

白地黑花小杯，T50⑤:100，残，底径2.1、残高1.1厘米。白胎泛黄，胎质较细，坚硬。内壁有点彩纹饰，施透明釉，釉色光亮。浅弧腹，平底。

白地黑花瓶，T50⑤:104，残，残宽6、残高7.5厘米。黄白胎，胎质较粗，坚硬。器表施白色化妆土，以黑彩绘纹饰，釉面较粗糙。

白瓷点彩碗，T50⑤:105，底部残片，足径约8.1、残高2.5厘米。黄白胎，胎质较粗，坚硬。内壁满釉，底部有涩圈，釉面光润，釉色泛灰。弧腹，圈足。内底有点彩五瓣花，涩圈及外底均有红色痕迹。

粗白瓷碗，T50⑤:101，可复原，口径约19、足径8、高7.4厘米。灰褐色胎，胎质较粗，坚硬。内壁及外壁口沿下施白色化妆土，内壁满釉，釉面粗糙，釉色泛灰黄，底部有涩圈，外壁半釉。敞口，圆唇，弧腹，圈足（图一四二，2）。

双色釉碗，T50⑤:102，可复原，口径约23.5、足径8.5、高6.4厘米。灰褐色胎，胎质较粗，坚硬。内壁及外壁唇部施白色化妆土，内壁满釉，釉色泛灰黄，底部有涩圈，涩圈上有红色摩擦痕，外壁口沿下施透明釉，下部施黑釉，釉面光亮，圈足着地处无釉，圈足着地处有砂粒，外底上粘一层砂粒。敞口，圆唇，弧腹，圈足，挖足过肩（图一四二，3）。

双色釉碗，T50⑤:134，可复原，口径约23.5、足径9、高7厘米。灰褐色胎，胎质较粗，坚硬。内壁及外壁唇部施白色化妆土，内壁满釉，釉色泛青灰，底部有涩圈，外壁口沿下施透明釉，下部施黑釉，釉面光亮，圈足着地处无釉。敞口，圆唇，弧腹，圈足，挖足过肩（图一四三，3）。

黑釉双耳罐，T50⑤:57，残，残高7.5厘米。灰白胎，胎体坚致。内外施黑釉，釉色乌黑光亮。直口，圆唇，短颈，溜肩，鼓腹，肩部残留一耳。

黑釉器盖，T50⑤:58，残，口径约11、残高3.3厘米。黄白胎，胎质较粗，坚硬。外壁满釉，釉色光亮，有酱斑，内壁盖面下略施酱釉。子母口，子口内敛，圆唇，窄平沿，盖面隆起（图一四四，3）。

黑釉盏，T50⑤:59，残，口径约10.5、足径约4、高4.1厘米。黄白胎，胎质较粗疏。内壁满釉，外壁釉不及底。敞口，厚唇，弧腹较浅，圈足（图一四四，4）。

黑釉盏，T50⑤:60，残，口径约12、足径4.6、高5厘米。灰白胎，胎质较粗，局部结合不紧密。内壁满釉，外壁半釉，釉面乌黑光亮，外壁下部施护胎褐釉。敞口，圆唇，弧腹，饼状圈足（图一四四，5）。

黑釉盏，T50⑤:61，可复原，口径约12、足径3.6、高4.6厘米。灰白胎，胎质较粗，坚硬。内壁满釉，釉色乌黑发亮。外壁釉不及底，下部施护胎酱釉。侈口，圆唇，弧腹，圈足，圈足不规整

（图一四四，6）。

黑釉盏，T50⑤：62，残，口径约12、足径4.3、高4.5厘米。灰胎，胎质较粗，坚硬。内壁满釉，釉面光亮，有褐色斑点。外壁釉不及底，下部施护胎酱釉。侈口，圆唇，斜直腹，饼状圈足（图一四四，7）。

黑釉瓶，T50⑤：65，口部残片，口径4.1、残高2.2厘米。黄白胎，胎体坚致。内外均施釉，釉面光亮，有酱斑。敞口，圆唇。

黑釉小盆，T50⑤：67，残，底径约8.6、高5.5厘米。灰褐色胎，胎质较粗，坚硬。内壁满釉，芒口，外壁釉不及底，釉色漆黑。直口，圆唇外翻，深弧腹，平底内凹，中间有凹圈（图一四四，8）。

黑釉钵，T50⑤：68，残，口径约12、残高5.7厘米。灰白胎，胎质较粗，坚硬。内壁满釉，底部有涩圈，外壁釉不及底，釉色乌黑发亮。直口，圆唇，直腹略鼓。

黑釉突线纹罐，T50⑤：71，残，残宽9.4、残高11.5厘米。灰白胎，胎体坚致。外壁施密集的白色突线，再罩一层黑釉，釉色乌黑，突线处釉呈褐色。

黑釉罐，T50⑤：73，残，口径约11、残高6.5厘米。灰白胎，胎体坚致。内外施黑釉，釉色光亮，内壁口沿下施釉较薄，釉面发黄褐。直口外敞，圆唇，高领，鼓肩。

黑釉盆，T50⑤：74，残，口径约32、残高10厘米。浅灰褐色胎，胎体坚致。内外均施釉，口沿与内壁交接处无釉，釉面较光亮。敞口、折沿、圆唇、弧腹。

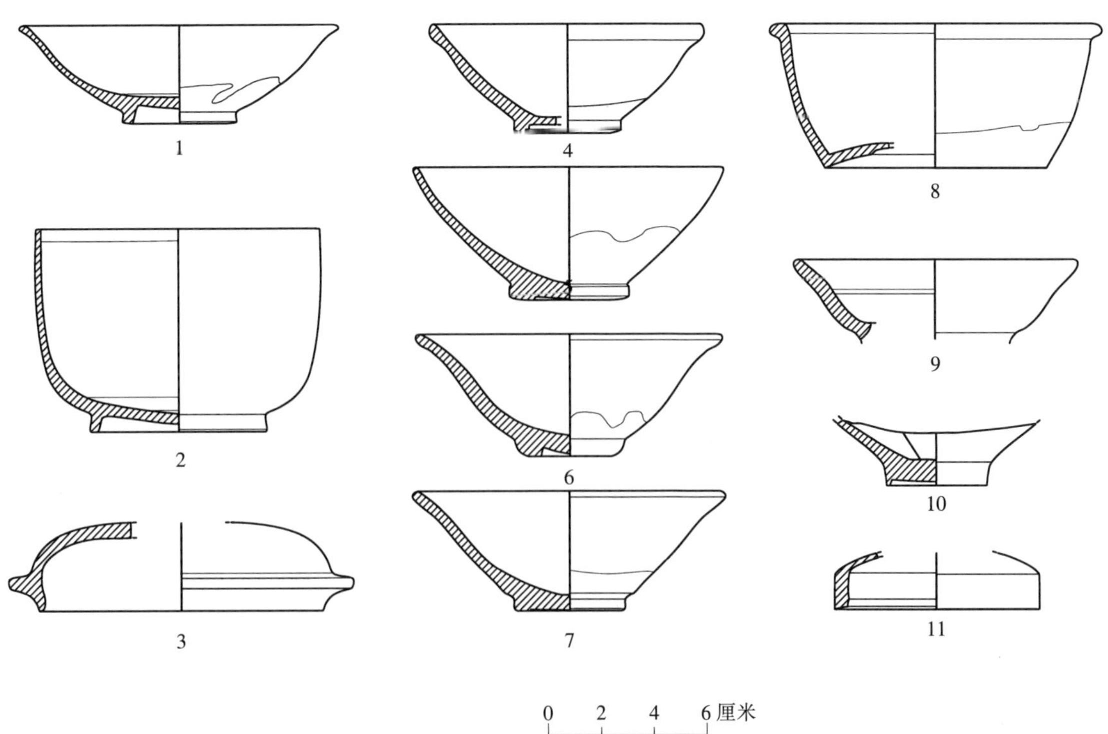

图一四四　T50⑤出土器物

1. 白瓷碗（T50⑤：52）　2. 白瓷钵（T50⑤：53）　3. 黑釉器盖（T50⑤：58）　4. 黑釉盏（T50⑤：59）　5. 黑釉盏（T50⑤：60）　6. 黑釉盏（T50⑤：61）　7. 黑釉盏（T50⑤：62）　8. 黑釉小盆（T50⑤：67）　9. 青瓷盘（T50⑤：84）　10. 青白瓷盏（T50⑤：88）　11. 绞胎器盖（T50⑤：90）

黑釉碗，T50⑤∶75，残，足径5.6、残高5.6厘米。黄褐色胎，胎质较粗疏。内壁满釉，底部有涩圈，外壁半釉。弧腹，圈足。

黑釉钵，T50⑤∶77，残，足径3.5、残高2.8厘米。灰白胎，胎质较粗，坚硬。内壁满釉，外壁釉不及底，釉色乌黑发亮。直腹，圈足，圈足内有四个墨书文字，右上角为“趙”。

耀州窑青瓷碗，T50⑤∶78，残，足径7、残高5.2厘米。灰胎，胎体坚致。内外满施青釉，圈足处无釉。斜直腹，圈足，内壁有印花花卉纹，外壁有刻花纹饰。

耀州窑青瓷盏，T50⑤∶79，残，足径3.2、残高1.9厘米。灰白胎，胎质较细，坚硬。内外满施青釉，釉面光润，有开片。圈足着地处无釉，底部有垫砂。斜直腹，饼状圈足，内壁有印花纹饰。

耀州窑青瓷盏，T50⑤∶83，口沿残片，残宽4.7、残高2.9、厚0.3厘米。灰胎，胎质较细，坚硬，胎体轻薄。内外满施青釉，釉面光润，有开片，釉色较深。内壁有印花纹饰。

耀州窑青瓷盏，T50⑤∶85，口沿残片，残宽6.2、残高2.6厘米。灰白胎，胎质较细，坚硬。内外满施青釉，釉面莹润，有开片，釉色淡青。侈口，圆唇，弧腹，内壁有印花纹饰。

青瓷盘，T50⑤∶84，口沿残片，口径约11、残高3厘米。灰白胎，胎体坚致。内外满施青釉，釉面莹润。侈口，圆唇，浅弧腹（图一四四，9）。

黄釉炉，T50⑤∶87，残长3、残高0.7厘米。黄褐色胎，胎质较粗，外壁施黄釉，敞口，平沿，尖唇。

青白瓷盏，T50⑤∶88，底部残片，足径3.9、残高2.4厘米。白胎，胎体坚致。内外满施青白釉，足底无釉，釉面光润。斜直腹，饼状圈足，内壁有很细的白色出筋，外底墨书“吴婕（?)”二字（图一四四，10）。

青白瓷，T50⑤∶89，器底残片，残高2.6厘米。白胎，胎质细腻坚硬，内外遍施青白瓷，外底有垫烧痕迹。弧腹，圈足模印莲瓣纹饰。

绞胎器盖，T50⑤∶90，残，口径约8、残高2.1厘米。棕、白两色绞胎，唯口沿处用白胎，外壁遍施透明釉。直口（图一四四，11）。

腰圆形绿釉枕，T50⑤∶1，残，残长30、残宽18、残高7.5厘米。红褐色陶胎，胎质较粗。器表施白色化妆土，枕面最外围刻卷草纹，次为弦纹，最内为兔子，然后施绿釉。

腰圆形三彩枕，T50⑤∶2，残，残长32、残宽13、高11厘米。红褐色陶胎，胎质较粗。器表施白色化妆土，枕面刻出纹饰，施绿釉、黄釉及透明釉。

腰圆形三彩枕，T50⑤∶7，枕面残片，残长11、残宽8厘米。红褐色陶胎，胎质粗疏。枕面刻出纹饰，施绿釉、黄釉及透明釉。

绿釉炉，T50⑤∶3，仅剩喇叭形足，残高3.8厘米。红褐色陶胎，胎质粗疏。器表施白色化妆土，上施绿釉，脱釉严重，柄部有孔。

枕底残片，T50⑤∶5，残长10、残宽9.8厘米。红褐色陶胎，胎质粗疏。外底有白色化妆土，上面有墨书文字，模糊不清。

绿釉罐，T50⑤∶6，口径约6、残高4.5厘米。红褐色陶胎，胎质粗疏。器表施白色化妆土，上施绿釉。子母口，敞口，圆唇，深腹。

绿釉人物，T50⑤∶151，残，仅剩下部，残长4.5、残高1.6厘米。模制，淡红色胎，胎质较粗。

绿釉大部分剥落，底座上残留一些。可见一人物盘腿而坐，底部有孔。

红绿彩人物，T50⑤:152，残，残高6.3厘米。模制，黄褐色胎，胎质较粗。器表施白色化妆土，在釉上施红绿彩。残存部分为人物背面，以红绿彩绘出衣服。

翠蓝釉花盆，T50⑤:153，残，残高9厘米。砖红胎，胎质较粗，坚硬，胎体厚重。器表施白色化妆土，器身以黑彩绘纹饰，然后内外均罩一层翠蓝釉，云脚状足。

陶釜，T50⑤:136，残，口径约4、残高3.4厘米。泥质灰陶，敛口，鼓腹，口沿处有一圈乳丁纹，腹部饰“S”形纹、变形云雷纹，再施一圈乳丁纹，腹中部残留两个梯形鋬耳，上施乳丁线条纹，鋬耳之间用锯齿纹间隔。

灰陶小罐，T50⑤:137，残，口径约4、残高3.6厘米。泥质灰陶，直口，方唇，鼓腹。

陶盏，T50⑤:138，可复原，口径约11、高4.5厘米。泥质灰陶，直口，尖唇，斜腹，平底。

灰陶盏托，T50⑤:139，可复原，底径7.5、高5厘米。泥质灰陶，直口，圆唇，平沿，平底，内底有乳突。

兽面纹瓦当，T50⑤:141，直径14~14.8、边厚1.2厘米。泥质灰陶，圆形，主体纹饰为兽面纹，背面上部接筒瓦，中间内凹。

鸱吻，T50⑤:142，残，残长11、残宽12、残高9厘米。泥质灰陶，火候较高。高鼻梁，大鼻孔，露出两颗獠牙。

鸱吻，T50⑤:144，残，残长6、残宽4厘米。泥质灰陶。

封泥，T50⑤:145，残，顶面残长5、残高1.6厘米。白色石灰质，胎质粗疏。内底突出，壁残断，顶部有红色圆圈，内有文字，模糊不清（图版三七，1）。

封泥，T50⑤:146，残，顶面直径5.5、残高1.9厘米。白色石灰质，胎质粗疏。内底突出，壁残断，顶部有两纵两横红色线条，内戳印文字，模糊不清。壁上亦残留红色（图版三七，2）。

封泥，T50⑤:147，残，顶面残宽4、残高5厘米。白色石灰质，胎质粗疏。呈器盖状，内壁因套接在器物口部，而形成与器物类似的形状，顶部有红色残迹，外壁可见用红色戳印“官”（?）字（图版三七，3）。

封泥，T50⑤:148，残，顶面直径5.2、残高2.2厘米。夹砂红褐陶，胎质粗疏。内底圆突，壁残断，顶部有两纵两横黑色线条，内戳印文字，外壁亦有文字（图版三七，4）。

封泥，T50⑤:149，残，顶面直径4.6、残高2厘米。夹砂红褐陶，胎质粗疏。内底突出，壁残断，顶部有两纵两横黑色线条，内戳印文字，外壁亦有文字（图版三七，5）。与T50⑤:148文字相同。

红陶印模，T50⑤:150，残，残长7.6、残宽3.7厘米。泥质红陶，背面素面，内里为持长柄兵器的武士形象（图版三六，2）。

红陶印模，T50⑤:161，完整，长7.6、宽7.5厘米。泥质红陶，背面素面，内里为戴冠、长髯的武士形象（图版三六，4）。

支钉（?），T50⑤:154，底径2.6、高1.5厘米。乳丁形，缸胎，胎质粗疏，顶部残留酱釉痕迹。

玻璃环，T50⑤:155，残，半环状，直径2.2厘米，蓝色，外包一层黄釉（?）。

铜片，T50⑤:156，呈扇形，长13.3、宽8.4、厚0.2厘米。上有编织物痕迹。

白色围棋子，17枚。素烧，白胎，胎质坚硬。直径1.7～2.1、厚0.3～0.5厘米。

黑色围棋子，3枚。素烧，黑胎，胎质坚硬。直径1.8～1.9、厚0.3～0.5厘米。

（2）T50④

白瓷刻花盏，T50④:1，可复原，口径约14、足径3.2、高4.3、壁厚0.2～0.3厘米。白胎，胎质细腻。内外满釉，芒口，釉面光润，釉色白中泛黄。敞口，尖唇，斜直腹，小圈足。内壁刻轮菊纹（图一四五，1）。

白瓷刻花盘，T50④:2，残，足径约8、残高3.2、壁厚0.4～0.5厘米。白胎，胎体坚致。内外满釉，应为芒口。釉面光润，釉色洁白，积釉处泛黄。浅弧腹，圈足，内底刻水波游鱼纹（图一四五，2）。

白瓷刻花大碗，T50④:3，残，残高3.1厘米。白胎，胎质细腻坚硬。内外满釉，应为芒口，釉面光润，釉色白中泛黄。下腹内收，腹部有瓜棱，大圈足，较矮，内壁有刻花纹饰。

白瓷刻花器盖，T50④:25，残，口径约12、残高3.6厘米。白胎，胎体坚致。外壁及内壁盖面下施釉，余无釉。釉面光润，釉色洁白，积釉处泛浅蓝色。子母口，子口内敛，圆唇，平沿，盖面拱起，顶部钮残，盖面上刻轮菊纹及数周弦纹（图一四七，1）。

白瓷印花碟，T50④:8，残，口径约9.5、底径5、高1.9厘米。白胎，胎质细腻坚硬。内外满釉，

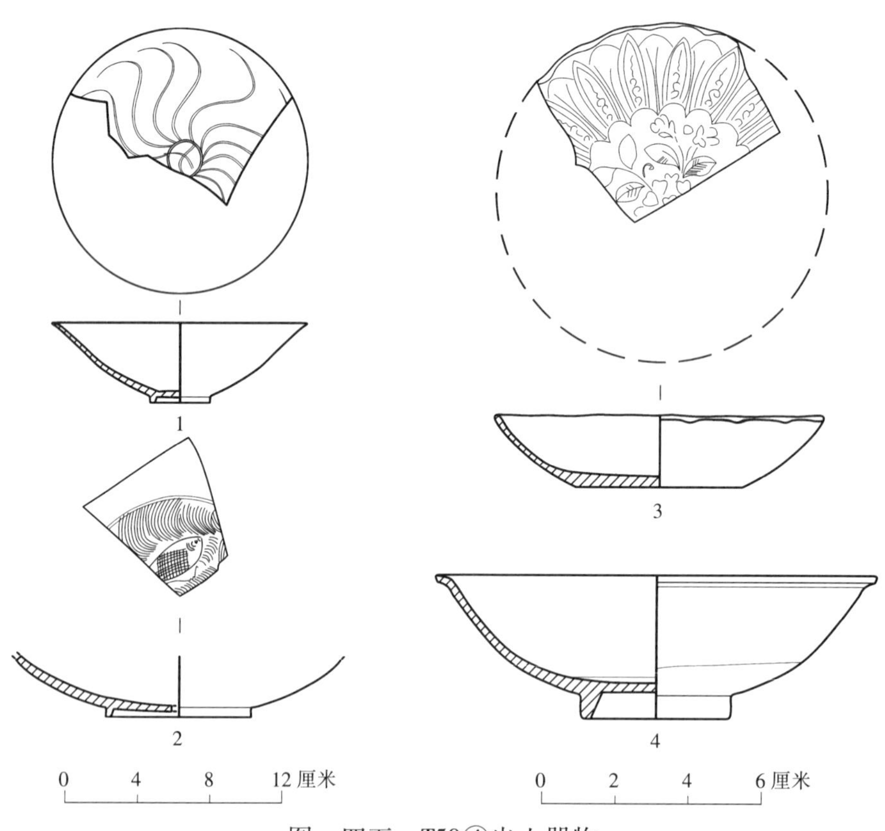

图一四五　T50④出土器物

1. 白瓷刻花盏（T50④:1）　2. 白瓷刻花盘（T50④:2）　3. 白瓷印花碟（T50④:8）
4. 白瓷碗（T50④:7）

芒口，釉面较光亮，釉色白中泛灰。敞口，尖唇，浅弧腹，平底。花口，内壁印有莲瓣纹，内底印花卉纹，纹饰较突出（图一四五，3）。

白瓷人物，T50④:6，残高3.7厘米。模制，白胎，胎质细腻坚硬。器表施釉，釉色白中泛黄。为人物的后部。

白瓷人物，T50④:44，残，底座长4.2、残高5.2厘米。模制，白胎，胎质细腻坚硬。器表施釉，釉色白中泛黄。人物站立，右手上举，左手抱一很大的圆形物，置于身后。

白瓷碗，T50④:7，残，口径约12、足径4.1、高3.8厘米。白胎，胎质较细，坚硬。内壁满釉，底部有涩圈，外壁半釉，釉面较光亮，釉色泛灰青。敞口，尖圆唇，弧腹，圈足，挖足过肩（图一四五，4）。

白瓷小碗，T50④:11，可复原，口径约10.2、足径3.9、高3.2~3.4厘米。白胎，胎质较细，坚硬。内壁满釉，底部有涩圈，外壁釉不及底，釉面较粗糙，釉色泛灰。敞口，尖唇，弧腹较浅，圈足，挖足过肩（图一四六，4）。

粗白瓷篦划花碗，T50④:12，可复原，口径约9.7、足径3.3~3.4、高3.9~4.1厘米。灰褐色胎，胎质较粗，局部结合不紧密。器表施白色化妆土，内壁满釉，底部有支钉痕，外壁釉不及底，釉面较光亮。敞口，圆唇，弧腹，圈足，内壁有篦划花纹饰（图一四六，2）。

粗白瓷刻花碗，T50④:13，残，口径约14、足径约6.5、高6厘米。黄白胎，胎质较粗。器表施白色化妆土，内壁满釉，底部有小支钉痕，外壁釉不及底，釉面光亮，有细碎开片，釉色白中闪黄。敞口，圆唇，弧腹较深，圈足，挖足过肩，内底有刻花纹饰。

粗白瓷器盖，T50④:14，残，高3.3厘米。褐胎，胎体坚致。器表施白色化妆土，外壁及内壁盖面下施釉，余无釉，釉面光润，釉色洁白。子母口，子口内敛，尖唇，平沿，盖面拱起，圈足形钮。

粗白瓷器盖，T50④:15，残，口径约14、残高3.2厘米。黄褐胎，胎质较粗，坚硬。外壁施白色化妆土，釉面光亮，有细碎开片，釉色泛黄。直口，圆唇，斜直壁，盖面拱起。器内壁全部涂成红色（图一四六，5）。

白瓷枕，T50④:17，残破严重，残宽9.2、残高6.5厘米。黄褐色胎，胎质较粗，坚硬。器表施白色化妆土，釉色泛灰。枕墙残存部分可见内曲和外突，墙上还粘有大量砂粒。

白地黑花如意头形枕，T50④:18，残，残长20、残高7.3厘米。灰褐色胎，胎质较粗，坚硬。器表施白色化妆土，以黑彩绘纹饰，釉色泛黄。枕面、枕墙残存部分可见内曲和外突，枕墙上粘有砂粒（图版三八，1）。

八边形白地黑花瓷枕，T50④:19，灰白胎，残长13、残高7.5~7.9厘米。黄褐色胎，胎质较粗，坚硬。器表施白色化妆土，以黑彩绘纹饰，釉色乳白，底部不施釉。从残存部分看，枕面为八边形，前低后高，枕面超出枕墙部分。枕墙与枕面及枕底之间均有泥条加固（图版三八，2）。

白地黑花瓶，T50④:21，腹部残片，残宽5.2、残高5厘米。灰褐色胎，胎质较粗，坚硬。外壁施白色化妆土，以黑彩绘纹饰，再施透明釉（图版三八，4）。

白地黑花大罐，T50④:45，残，残高21.4厘米。黄褐色胎，胎质较粗，坚硬。器表施白色化妆土，以黑彩绘折枝残叶纹。直口，窄平沿，圆唇，直颈，溜肩，圆鼓腹，肩部附双耳（图版三八，3）。

白瓷点彩碗，T50④:9，可复原，口径23.8、足径8.2、高8.7~9厘米。灰褐色胎，胎质较粗，坚硬。内壁及外壁唇部以下施白色化妆土，内壁满釉，壁上有三组点彩花朵，釉色泛青灰，底部有涩圈。外壁釉不及底，无化妆土处釉色泛灰，有较多黑点。敞口，圆唇，弧腹，圈足（图一四六，1）。

白瓷点彩碗，T50④:10，可复原，口径约12.5、足径4.6、高3.6~3.9厘米。灰褐色胎，胎质较粗，坚硬。内壁及外壁唇部以下施白色化妆土，内壁满釉，底部有点彩花朵纹，釉色白中泛灰，底部有涩圈。外壁半釉，无化妆土处釉色泛灰褐，有较多黑点。敞口，圆唇，弧腹，圈足，挖足过肩（图一四六，3）。

双色釉碗，T50④:16，底部残片，足径7.8、残高4.1厘米。灰白胎，胎质较粗，坚硬。内壁满施透明釉，底部有涩圈，釉色泛青灰，外壁下部施黑釉，釉色乌黑光亮，圈足处无釉。弧腹，圈足，

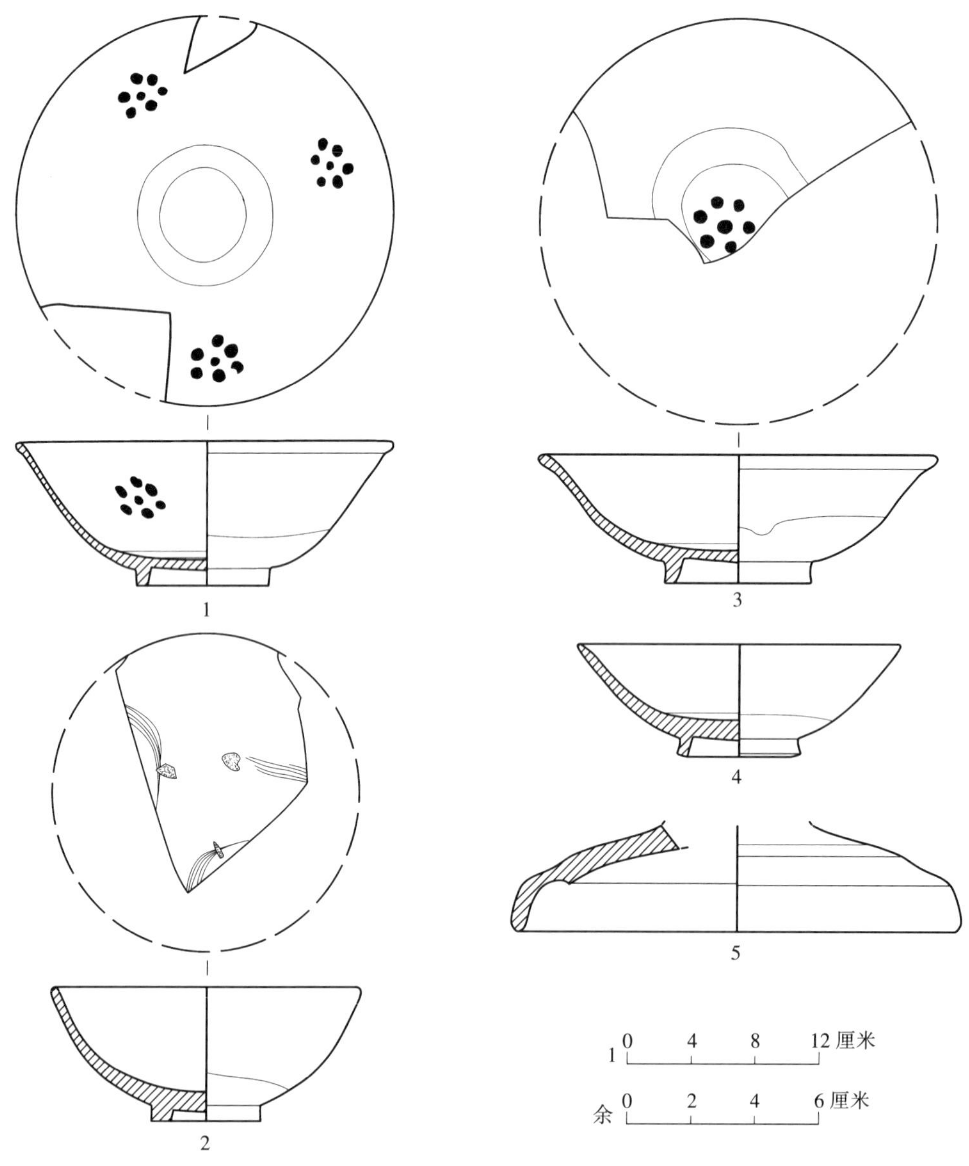

图一四六　T50④出土器物

1. 白瓷点彩碗（T50④:9）　2. 粗白瓷篦划花碗（T50④:12）　3. 白瓷点彩碗（T50④:10）　4. 白瓷小碗（T50④:11）　5. 粗白瓷器盖（T50④:15）

挖足过肩，外底有墨书文字，前两字为“五十”，第三字不识。

黑釉碗，T50④:22，可复原，口径约13、足径4、高5.5厘米。白胎，胎质较细，坚硬。唇部施透明釉，余施黑釉，内壁满釉，外壁釉不及底，釉层较厚，釉色乌黑发亮。敞口，圆唇，弧腹，圈足，底部有墨书文字，残缺模糊（图一四七，2；图版三八，5）。

黑釉盏，T50④:23，残，口径约10.5、足径3.6、高6厘米。白胎，胎质较粗。器表施黑釉，内壁满釉，外壁施釉至圈足，釉层较厚，釉色乌黑发亮。直口微敞，圆唇，弧腹，圈足，外底有鸡心突（图一四七，3）。

黑釉罐，T50④:24，残，残宽7.8、残高7.5厘米。灰褐色胎，胎体坚致。内外施黑釉，釉色乌黑光亮，内壁颈部以下施釉较薄，釉色黄褐。直口外翻，圆唇，高领，溜肩（图版三八，6）。

钧瓷碟，T50④:26，口沿残片，残宽5.4、残高2.5厘米。黄白色胎，胎质较粗。器表施青釉，釉色泛黄，外壁釉不及底，内壁有窑变，呈蓝色。直口微敛，圆唇，鼓腹。

龙泉窑青瓷盘，T50④:27，口沿残片，残宽4.5、残高1.8厘米。白胎，细腻坚致。内外施青釉，釉面光润，有开片。敞口，平沿，圆唇，斜腹。

龙泉窑青瓷蔗断洗，T50④:28，残，高3.7厘米。灰胎，细腻坚致。内外施青釉，圈足无釉，釉面莹润。敞口，圆唇，斜直腹，圈足。

耀州窑青瓷盏，T50④:29，残，口径约15、高4.2厘米。灰胎，胎质较细，坚硬。内外满施青釉，釉面光润，有开片，釉色较深。圈足着地处无釉，圈足内有垫砂。撇口，圆唇，斜直腹，圈足，内壁印牡丹纹。

耀州窑青瓷盏，T50④:30，腹部残片，残宽6.2、残高约2.8厘米。灰胎，胎质较细，坚硬。内

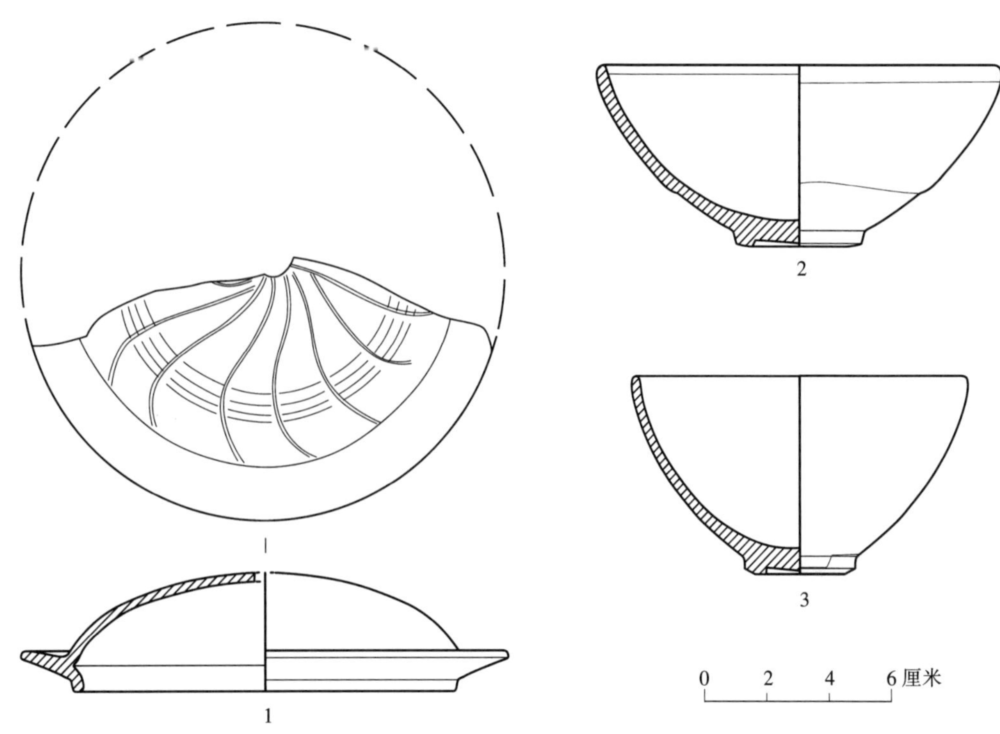

图一四七　T50④出土器物

1. 白瓷刻花器盖（T50④:25）　2. 黑釉碗（T50④:22）　3. 黑釉盏（T50④:23）

外满施青釉，釉面光润，有开片。内壁有印花牡丹纹。

耀州窑青瓷盏，T50④∶31，口沿残片，残宽5、残高约3厘米。灰胎，胎质较细。内外满施青釉，釉面光润，有开片，釉色青绿。敞口，圆唇，斜直腹，内壁有印花纹饰。

黄釉盆，T50④∶33，器底残片，残长10.4、残宽8.2、厚0.9～1厘米。褐色缸胎，胎质较粗。底部有刻划花纹饰，施一层黄色釉。平底内凹。

黄釉盆，T50④∶34，底部残片，残高4.8厘米。红褐色缸胎，胎质较粗。内壁施黄釉，底部有篦划花装饰，壁上有刻花纹饰，外壁施酱黑釉，底部无釉。平底。

红绿彩人物，T50④∶35，头部残片，残高5厘米。模制，黄白胎，胎质较粗。器表施白色化妆土，釉上以红、绿、黑彩装饰。

绿釉枕，T50④∶36，残，残长12、残高9厘米。红色陶胎，胎质较粗。器表施白色化妆土，然后施绿釉，枕墙上釉不及底。

三彩枕，T50④∶37，枕面残片，残长4.9、残宽3、厚0.6厘米。红色陶胎，胎质较粗。器表施白色化妆土，剔刻出纹饰，再施黄、绿釉及透明釉。

枕底残片，T50④∶38，底部残片，残长11.2、残宽6厘米。红色陶胎，胎质较粗。器表满施白色化妆土，底部有墨书文字，残破不识。

绿釉残片，T50④∶39，残片，残高4.3厘米。黄白胎，胎质较粗，坚硬。内外皆施绿釉，釉面光亮。

老虎枕，T50④∶46，残，残长38、残宽15、高8～11厘米。棕褐色胎，胎质较粗，坚硬。器表先施白色化妆土，虎身上局部涂黄色，再用黑彩绘纹饰，顶部在化妆土上以黑彩绘竹子。再罩透明釉。卷尾。内壁有布纹，枕墙与枕底之间有泥条加固（图版三九）。

老虎枕，T50④∶47，残，虎头残长17、残宽10.3、残高10.5，枕面残片长14、残宽6.8，枕墙长21、高10.5厘米。深棕褐色胎，胎质较粗，坚硬。内壁有布纹。外壁施白色化妆土，再涂棕褐色化妆土，以黑彩绘出身体各部位，枕面绘花叶纹，细部刻出，枕墙与枕底之间有泥条加固。

陶拍，T50④∶40，长10.4、宽8.2、高4厘米。泥质灰陶，近似椭圆形，一面较平，刻出网格纹；另一面鼓起，在边缘有五个小凹坑，一大四小。

陶扑满，T50④∶41，顶部残片，直径11.3、残高3.8厘米。泥质红陶，顶部有一长方形孔。

建筑构件（?），T50④∶42，残，残长18、残宽9厘米。泥质灰陶，正面为龙吞物状，背面较平，两面均有白灰痕。

砂器，T50④∶43，残，口径17.4、高12.5厘米。砂质，胎质较粗。直口，方唇，直腹，腹中部有一道凸棱，上腹部有间隔的长方形孔，下腹急收，隐圈足，下附三矮足。

（3）T50③b

白瓷小碗，T50③b∶3，残，口径9、足径5.2、高3.1厘米。白胎，胎质细腻。内外满釉，芒口，釉面不甚光润。敞口，尖唇，弧腹，下腹急收，饼状足。口沿下有一周突弦纹，外壁有红色摩擦痕（图一四八，2）。

白瓷碗，T50③b∶34，残，足径8.1、残高4厘米。白胎泛灰，胎质较粗，坚硬。内壁满釉，外壁施釉不及底，釉色发灰，釉面不甚光洁。弧腹，圈足，圈足内有墨书文字，似为“五十□”，最后一字不识。

白瓷刻花盘，T50③b∶2，可复原，口径16、足径5.3、高3.1、厚0.2～0.3厘米。白胎，胎质细腻，局部结合不紧密，胎体轻薄。内外满釉，芒口，釉面光润，釉色泛黄。敞口，尖唇，浅弧腹，圈足。内壁刻有荷花纹，外壁有红色摩擦痕（图一四八，1）。

白瓷刻花小钵，T50③b∶8，残，口径约7.2、残高4.1、厚0.2厘米。白胎，胎质细腻坚硬，胎体轻薄。内外满釉，芒口，釉色泛黄，釉面光润。直口，尖唇，深直腹，下腹内收。

白瓷刻花小盏，T50③b∶57，器底残片，足径3、残高1.5厘米。白胎，胎质细腻坚硬，胎体轻薄。内外满釉，应为芒口，釉面光润，釉色白中泛黄。弧腹，圈足较小，内壁有刻花纹饰。

白瓷印花碗，T50③b∶4，底部残片，足径7.5、残高2.3厘米。白胎泛灰，胎质细腻坚硬。内外满釉，应为芒口。内壁印花卉纹，内底印芦雁、牡丹、荷叶等纹饰。弧腹，宽圈足。

白瓷印花盘，T50③b∶5，器底残片，足径5.6、残高1.6厘米。白胎泛灰，胎质稍粗，坚硬，局部胎体结合不紧密。内外满釉，应为芒口。釉色白中泛灰，釉面不甚光润。浅弧腹，圈足。内壁印有花卉纹，纹饰突出。

白瓷印花盘，T50③b∶6，口沿残片，残宽6、残高约4厘米。白胎，胎质细腻坚硬。内外满釉，芒口，釉面光润。敞口，圆唇，浅弧腹，内壁印花卉纹。

白瓷印花盘，T50③b∶9，口沿残片，残长5.5、残高约2厘米。白胎，胎质细腻坚硬。内外满釉，芒口，釉色洁白，光润。敞口，尖唇，口部为花口，内壁口沿下印一周卷草纹，其下印游鱼、荷花及水波纹，纹饰较突出。

白瓷印花碟，T50③b∶10，残，高1.7、厚0.2厘米。白胎，胎质细腻坚硬。内外满釉，芒口，釉色较白。敞口，尖唇，浅弧腹，平底。内壁印很宽的一周回纹及卷草纹，底部残破严重，但亦有纹饰。纹饰较突出。

白瓷印花盘，T50③b∶15，口沿残片，残长5.5、残高2.1厘米。白胎，胎质较细，胎体轻薄。内外满釉，芒口，釉色泛黄。敞口，尖唇，内壁口沿下印一周回纹，其下印水波和游鱼纹。

白瓷印花小盏，T50③b∶16，残，残高2.7厘米。黄白胎，胎质较细，局部结合不紧密。内外满釉，应为芒口，釉色发黄。弧腹，矮圈足。内壁有印花纹饰，以出筋分隔，每一部分皆印相同的荷叶纹，内底印团菊纹。

白瓷印花残片，T50③b∶17，残长4.5、残宽2.5、厚0.2～0.3厘米。白胎发黄，胎质较细，结合不紧密。内外满釉，釉色泛灰黄。内壁有印花纹饰，以白色出筋间隔，可见一双耳瓶，瓶身有多层纹饰，上下为仰莲瓣，中间为流云，耳为龙形，下有环。瓶周围有花卉。

白瓷盘，T50③b∶18，可复原，口径17.8、足径6、高3.6厘米。灰白色胎，胎质较细，局部结合不紧密。内壁满釉，底部有涩圈，外壁施釉不及底，釉色发青灰。敞口，圆唇，折腹，圈足（图一四八，3）。

霍州窑白瓷印花碗，T50③b∶7，器底残片，足径3.2、残高2.1、壁厚0.2～0.4厘米。白胎，胎质细腻坚硬。外壁施釉至圈足外壁，内壁满釉，底部有涩圈，釉色洁白。弧腹，内壁与内底之间有明显的折棱，圈足较高。内壁有印花纹饰，内底有轮菊纹。

粗白瓷碗，T50③b∶19，可复原，口径12.2、足径4.9、高3.8厘米。黄白胎，质地较粗，坚硬。

器表施白色化妆土，内壁满釉，内底有五个长条支钉痕，外壁半釉。敞口，圆唇，斜直壁，下腹急收，圈足，挖足过肩。内壁有红色摩擦痕，画成一个“十”字（图一四八，4）。

粗白瓷小罐，T50③b∶23，可复原，口径5、底径2.4、高4.9厘米。黄白色胎，胎质较粗，坚硬。外壁上部及口沿内外施白色化妆土，再在化妆土上施透明釉，釉色粉白。敞口，圆唇，短束颈，鼓腹，平底，下腹有轮旋痕迹（图一四八，5）。

白地黑花器盖，T50③b∶22，残，口径7、残高2厘米。白胎发黄，胎质较粗，坚硬。子母口，直口，尖唇，盖面微隆。器表施白色化妆土，外壁满釉，以黑彩绘纹饰，釉面光亮，内壁无釉。

白地黑花罐，T50③b∶24，器底残片，底径7、残高5.6厘米。黄白色胎，胎质较粗疏。器表施白色化妆土，内壁满釉。外壁施釉不及底，外壁以黑彩绘草叶纹。斜直壁，隐圈足，圈足内又内凹，形成一圆形，墨书“任”字（图一四八，6）。

白地黑花如意头形枕，T50③b∶25，残，枕墙残宽7.2、残高7厘米。黄褐色胎，胎体坚致。器表施白色化妆土，釉色较白，以黑彩绘纹饰。残留部分枕面，枕墙中部内曲，器内壁上部加厚，下部较薄，中部有泥条加固。

白地黑花残片，T50③b∶26，宽4.6、高7厘米。黄白胎，胎质较粗疏。外壁施白色化妆土，外壁以黑彩绘花叶纹，内外均施釉，外壁釉白中闪黄，内壁釉为胎色，有大量的细碎开片。直腹，内壁有一道道弦纹。

白地黑花残片，T50③b∶27，宽6、高5.4厘米。黄褐色胎，胎体坚致。外壁施白色化妆土，以黑彩装饰，内壁不施釉。

双色釉碗，T50③b∶32，可复原，口径约17、足径6.6、高4.6厘米。灰褐色胎，质地较粗疏。内壁施白色化妆土，釉面斑驳，内底有涩圈，外壁施酱黑釉，仅圈足着地处无釉，涩圈及圈足处有大量砂粒。敞口外翻，圆唇，弧腹，圈足（图一四八，8）。

黑釉碗，T50③b∶29，可复原，口径约12.5、足径3.4、高5.3厘米。白胎泛灰，细腻坚致。口沿施透明釉，口沿下施黑釉，内壁满釉，外壁施釉不及底，釉色乌黑光亮。直口，圆唇，弧腹，矮圈足。圈足内似有墨书文字（图一四八，7）。

黑釉瓶，T50③b∶30，瓶底残片，残高5.5厘米。黄白胎，胎质坚致，厚重。器表施黑釉，圈足内不施釉。喇叭状足，边沿卷起，足身之间有一道凸棱。

黑釉炉，T50③b∶58，边沿残片，边径约13厘米。灰白胎，胎质较细，坚硬。器表施黑釉，釉色乌黑光亮。沿下收。

龙泉窑青瓷盘，T50③b∶36，口沿残片，口径12、残高2.4厘米。灰白胎，胎体细腻，坚致。满施青釉，施釉均匀，釉色较深，釉面莹润。直口微敛，圆尖唇，浅弧腹（图一四八，9）。

耀州窑青瓷盏，T50③b∶37，残，高3.7厘米。灰胎，胎质细腻坚硬。内外满釉，圈足处无釉。釉面光润，釉色较深，有较大的开片。圈足底有垫烧痕。撇口，圆唇，斜直壁，圈足。内壁有印花装饰。

耀州窑青瓷残片，T50③b∶38，残长5.3、残高2.7厘米。灰胎，胎质细腻坚硬。内外满釉，釉面光润，釉色青绿，有较多开片。折腹，可能是盘，内壁有印花纹饰。

青白瓷盏，T50③b∶39，器底残片，足径3.2、残高1.5厘米。白胎，胎质细腻，坚硬。内外满釉，足底部无釉。釉面光润，釉色白中泛青。足部为实心，内壁有刻划纹饰。

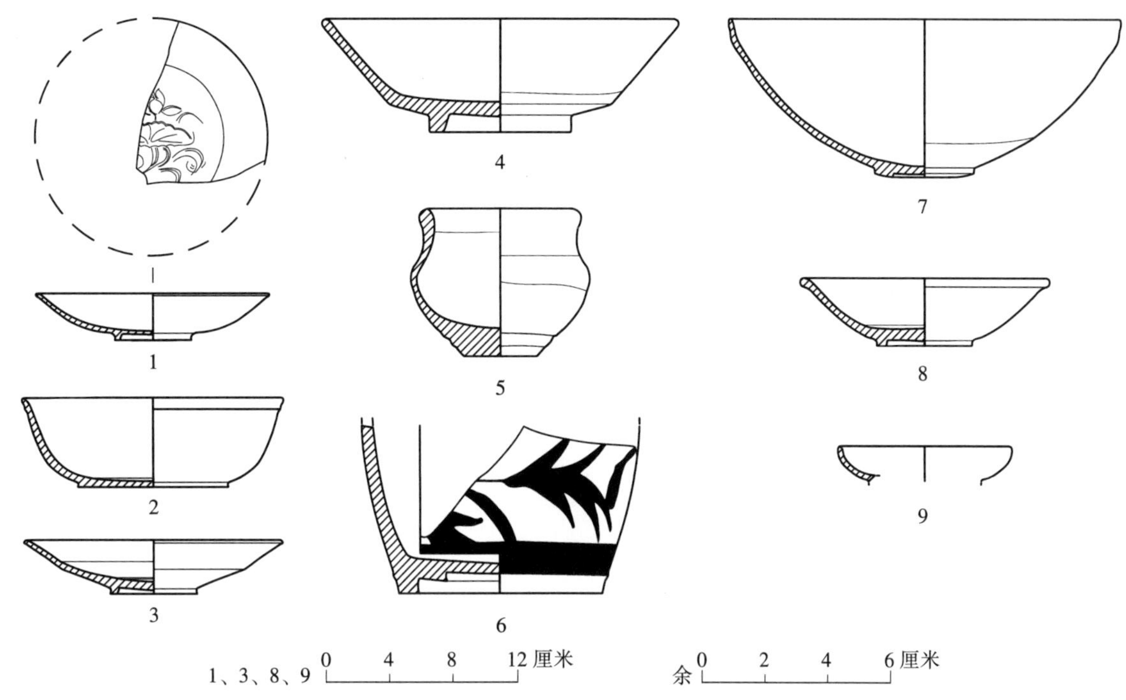

图一四八 T50③b 出土器物

1. 白瓷刻花盘（T50③b:2） 2. 白瓷小碗（T50③b:3） 3. 白瓷盘（T50③b:18） 4. 粗白瓷碗（T50③b:19） 5. 粗白瓷小罐（T50③b:23） 6. 白地黑花罐（T50③b:24） 7. 黑釉碗（T50③b:29） 8. 双色釉碗（T50③b:32） 9. 龙泉窑青瓷盘（T50③b:36）

红绿彩瓷器，T50③b:40，器底残片，足径2、残高0.9厘米。胎色洁白，胎质细腻坚致，烧成温度高。内壁有以红、绿彩绘纹饰。高圈足。

白瓷红彩小盏托，T50③b:59，残，足径约3、残高1.7厘米。白胎，胎质细腻坚硬，瓷化程度很高。中空，外壁釉不及底，托沿及上腹部涂红彩。

绿釉炉，T50③b:42，残，口径10、高6厘米。红褐色陶胎，胎质较粗疏。器表满施白色化妆土，内壁无釉，外壁中部施绿釉，足跟粘连少量绿釉，釉色淡绿。子母口，直口，圆唇，斜直壁，平底，残留一个完整的三角形云状足，另有一足只保留极少，从而可知原有等距离分布的四足。和T50③:56很可能是一套器物。

绿釉如意头形枕，T50③b:46，残，高11.5~12.6、残长17厘米。白胎，胎质稍粗，坚硬。外壁施绿釉，高温一次烧成，胎釉结合较好，底部不施釉，内壁枕墙与枕面及枕底之间均有泥条加固。

素胎球，T50③b:47，直径3.7厘米。灰褐色胎，胎质坚硬。

陶盆，T50③b:49，口沿残片，残宽16.2、残高11.7厘米。泥质灰陶，内壁有黑陶衣。敞口，卷沿，圆唇，唇部有绳纹，斜直腹，腹上部有弦纹及波纹。

陶枕，T50③b:50，残，残长21.7、残宽9.3、残高11.2厘米。泥质灰陶。腰圆形，平底，后枕墙外弧。

陶器，T50③b:51，残，残长20.5厘米。器形不明。

带足陶器，T50③b:53，残，盘径约10、高5.5厘米。泥质褐陶，上部为浅盘，敞口，方唇，浅弧腹，平底，下附足。

陶罐，T50③b∶54，残，口径约12、残高4厘米。泥质红褐陶，外壁涂一层黑陶衣。直口，圆唇，腹上部有一周附加堆纹，用手指按压，形成花瓣状。

陶砖，T50③b∶56，稍残。泥质灰陶，器形为层叠的两个三角体。下层截头，一边长约18、另外两边长17、短边长4厘米，上层为等腰三角形，一边长13、另外两边长14.5厘米。高6.2厘米，下层高3厘米。

（4）T50③

白瓷印花盘，T50③∶1，残，足径约7、残高3厘米。灰白胎，胎质细腻。内外满釉，应为芒口，釉面光润，釉色白中泛灰。浅弧腹，圈足。内壁有印花纹饰，壁上印竹石禽鸟，底部残破，纹饰似乎与壁上相同。

白瓷印花盘，T50③∶2，残，足径5.5、残高1.9厘米。灰白胎，胎质细腻坚硬。内外满釉，应为芒口，釉面光润，釉色白中泛灰。浅弧腹，圈足。内壁有印花纹饰，壁上以白色出筋分隔，内有花卉纹，底部印水波游鱼纹。

白瓷印花盘，T50③∶3，残，残高2.1厘米。灰白胎，胎质细腻坚硬。内外满釉，应为芒口，釉面光润，釉色白中泛黄。浅弧腹，圈足。内壁有印花纹饰，壁上以白色出筋分隔，内有花卉纹，底部亦为花卉纹。内底有红色摩擦痕。

白瓷刻花器盖，T50③∶4，残，高3.2厘米。白胎，胎质细腻坚硬。平沿内壁及子口唇部无釉，余满釉。釉面光润，白中泛灰。子母口，子口内敛，尖唇，平沿上翘，盖面拱起，顶部有钮，盖面上刻轮菊纹。

白瓷刻花大碗，T50③∶5，腹部残片，残宽7.3、残高约7厘米。白胎，胎质细腻坚硬。内外满釉，釉面光润，釉色白中泛黄。深弧腹，内外均有刻花纹饰。

白瓷罐，T50③∶6，口沿残片，残宽6.5、残高3.4、厚0.1~0.3厘米。白胎，胎质细腻坚硬。子口处无釉，余满釉，釉面光润，釉色洁白。子母口，方唇，直壁，壁上有一个锔孔。

白瓷碗，T50③∶10，残，口径约11、足径约5.5、高4.1厘米。白胎泛灰，胎质较细，坚硬。内外满釉，芒口，釉色白中泛灰。敞口，尖圆唇，弧腹，饼足（图一四九，1；图版四〇，4）。

白瓷支架，T50③∶7，只剩一足，残高4.1厘米。白胎，胎体坚致。内外满釉，足底无釉，釉面光润，釉色洁白，微泛灰。足耸肩内曲，至底部外翻成靴形，足间有镂空装饰，足下部以一道牙板相连，已残（图版四〇，1）。

白瓷提梁壶残片，T50③∶8，仅存花叶形提梁底部和部分腹片，残宽2.5、残高4.3厘米。白胎，胎体细腻坚硬。釉面光润，釉色洁白，积釉处泛黄（图版四〇，2）。

白瓷人物，T50③∶9，残，残宽2、残高2.8厘米。模制，白胎，胎体细腻坚硬。釉面光润，釉色洁白，微泛灰。人物为坐姿，右手持物（图版四〇，3）。

白地褐花罐，T50③∶12，残长5.7、残宽4.9厘米。白胎泛灰，胎体坚致。外施淡褐色化妆土，部分剔刻掉，露出胎体，再施透明釉，造成白地褐花的装饰效果，釉色泛灰（图版四〇，5）。

白瓷盏，T50③∶11，可复原，口径约10.4、足径3.9、高4厘米。灰白色胎，胎质较细，坚硬。内壁满釉，底部有涩圈，外壁仅圈足着地处无釉，圈足内墙上有砂粒，釉色泛灰。花瓣形敞口，尖圆唇，弧腹，圈足，挖足过肩（图一四九，2）。

白瓷盏，T50③：20，可复原，口径约 10.5、足径 3.9、高 2.8 厘米。胎上部为灰色，下部为黄白色，胎体坚致。器表施白色化妆土，内壁满釉，底部有涩圈，外壁半釉，有明显流釉，釉色泛灰。敞口，圆唇加厚，浅弧腹，圈足，挖足过肩，外底有鸡心突（图一四九，4）。

白地黑花碗，T50③：13，可复原，口径约 18、足径 7、高 7.6～7.9 厘米。浅红褐色胎，胎质较粗。器表施白色化妆土，内壁以黑彩绘两周弦纹，底部有黑彩“王”字，内壁满釉，外壁半釉，釉面发涩，釉色泛灰黄，内底有垫砂痕。敞口，圆唇，弧腹，圈足，底部有鸡心突（图一五〇，4；图版四〇，6）。

白地褐花盘，T50③：14，可复原，口径约 15.5、足径约 6.8、高 3.7～4 厘米。褐色胎，胎质较粗。器表施白色化妆土，内壁用褐彩绘两周弦纹，内底亦有褐彩绘的纹饰，然后施透明釉，内壁满釉，底部有垫砂痕，外壁半釉，圈足着地处也有垫砂痕。敞口，圆唇，浅弧腹，圈足，底部有鸡心突（图一五〇，1；图版四〇，7）。

白地褐花器盖，T50③：15，可复原，口径 6.6、边径 8.5、高 2.1 厘米。黄白胎，胎质较粗，坚硬。器表施白色化妆土，外壁以褐彩绘花卉纹，纹饰为焦褐色，然后罩透明釉，内壁无釉，墨书“任”字。子母口，圆唇，盖顶微弧，边壁下折，圆钮下凹（图一四九，3；图版四一，1）。

白地黑花大罐，T50③：16，口部残片，残高 7.8、厚 0.7～1.2 厘米。灰白胎，胎体坚致，厚重。外壁先施白色化妆土，口沿下用黑彩绘三周窄条纹，肩腹部以黑彩绘出凤鸟纹轮廓，细部以刻划方式

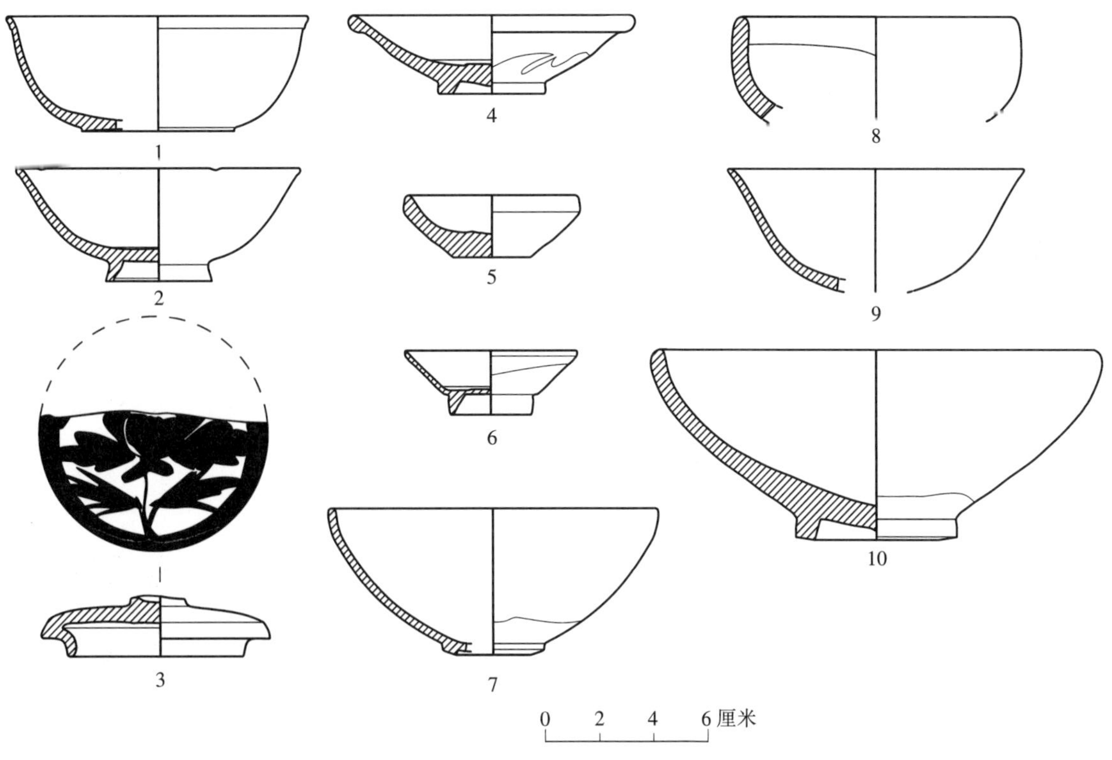

图一四九　T50③出土器物

1. 白瓷碗（T50③：10）　2. 白瓷盏（T50③：11）　3. 白地褐花器盖（T50③：15）　4. 白瓷盏（T50③：20）　5. 素胎小盏（T50③：25）　6. 黑釉盏（T50③：28）　7. 黑釉盏（T50③：30）　8. 钧瓷碗（T50③：37）　9. 钧瓷钵（T50③：43）　10. 青白瓷高足杯（T50③：46）

表现，露出了胎体，然后罩一层透明釉，内壁及唇部施黑褐釉。直口，圆唇，短直颈，鼓肩（图版四一，2）。

白地黑花炉，T50③:17，残，口径约5、残高3.6厘米。灰褐色胎，体质较粗，坚硬。器表施白色化妆土，宽沿上以黑彩绘纹饰，然后罩一层透明釉。直口，尖圆唇，宽沿下斜，短直腹（图版四一，5）。

白地褐花碗，T50③:18，口沿残片，口径约11、残高3.3厘米。褐胎，胎质较粗。器表施白色化妆土，内壁以褐彩绘纹饰，内壁满釉，外壁半釉，釉面发涩。敞口，圆唇，弧腹，圈足（图版四一，6）。

白地黑花枕，T50③:19，如意头形枕，枕面残片，残长12.4、残宽6.6厘米。黑褐色胎，胎体坚致。器表施白色化妆土，然后以黑彩绘纹饰，再施透明釉，釉面发暗，釉色白中泛灰（图版四一，3）。

白地褐花盆，T50③:21，口沿残片，残宽14.2、残高5.2厘米。敞口外翻，圆尖唇，弧腹。黄褐色胎，质地粗疏。内壁施白色化妆土，以褐彩绘纹饰，釉色发黄。外壁有酱色护胎釉，十分粗糙（图版四一，4）。

白地黑花大碗，T50③:22，2片，无法拼合，底部残片足径13、残高3.4厘米。腹部残片残宽6.7、残高约5.5厘米。敞口，弧腹，上腹内折，大圈足。红褐色胎，质地较粗疏。内壁施白色化妆土，以黑彩绘纹饰，底部双圈内有草书文字，内壁满釉，底部有支钉痕，釉面有细碎开片，釉色米黄。外壁施黑釉，釉不及底，釉色乌黑光亮。

白瓷刻划花枕，T50③:23，枕面残片，残长10.8、残宽5.4厘米。深灰褐色胎，胎质较粗，坚硬。器表施白色化妆土，然后刻出纹饰，残留三周弦纹和波浪纹，再施透明釉，釉色发灰。

白瓷刻划花枕，T50③:24，枕面残片，残长5.6、残宽6.5厘米。黄褐色胎，胎体坚致。器表施白色化妆土，然后刻出纹饰，残留两周弦纹和波浪纹，再施透明釉，釉色泛黄。

素胎小盏，T50③:25，可复原，口径约6.5、底径2.8、高2.2厘米。黄褐色胎，胎质较粗，坚硬。内壁及外壁唇部施白色化妆土。直口，圆尖唇，折肩，斜直腹，平底较厚（图一四九，5；图版四〇，8）。

双色釉点彩碗，T50③:26，可复原，口径约23、足径7.2、高6.6~6.7厘米。灰白胎，胎质较细，坚硬。内壁及外壁唇部施白色化妆土，内壁满釉，釉色泛灰黄，底部有涩圈，外壁口沿下施透明釉，下部施黑釉，圈足着地处无釉。敞口，圆唇，弧腹，圈足，内壁有三组黑色点彩花朵纹，外底有鸡心突（图一五〇，6）。

双色釉盘，T50③:27，残，口径约15.2、足径约5.4、高3.2厘米。褐胎，胎体坚致。内壁及外壁唇部施白色化妆土，内壁满釉，釉面光亮，有细碎开片，釉色泛灰，外壁满施黑釉，圈足着地处刮釉，釉色乌黑光亮。敞口，圆唇，浅弧腹，圈足极矮（图一五〇，5）。

黑釉盏，T50③:28，残，口径约6.3、足径2.9、高2.3厘米。黄白胎，胎质较粗。内壁满釉，底部有涩圈，芒口，外壁仅口部下施釉，有流釉。敞口，圆尖唇，弧腹较浅，圈足较高（图一四九，6）。

黑釉炉，T50③:29，残，残高4.1厘米。灰白色胎，胎体坚致。外壁釉不及底，内壁仅口沿施釉，有流釉，釉色乌黑光亮。直口，尖唇，宽沿下卷，直腹，下腹折收。

黑釉盏，T50③:30，残，口径约12、高5.2厘米。灰白胎，胎质较细，坚硬。唇部施透明釉，其余施黑釉，内壁满釉，外壁釉不及底，釉面光亮。敞口，厚唇，弧腹，圈足（图一四九，7）。

龙泉窑青瓷碗，T50③:31，残，口径约18、足径约8、高7.8~7.9厘米。白胎泛灰，胎质细腻坚硬。内外满釉，仅外底无釉，釉面有细碎开片，釉色青翠。敞口外翻，圆唇，弧腹，圈足，内壁有刻划花纹饰（图一五〇，2）。

龙泉窑青瓷碗，T50③:32，口沿残片，残宽3.6、残高3.5厘米。白胎泛灰，胎体坚致。内外满施青釉。敞口外撇，圆唇，腹斜直，外壁刻划数周弦纹。

龙泉窑青瓷盘，T50③:33，口沿残片，残宽4.1、残高2.4厘米。白胎，胎质细腻坚硬。内外满施青釉，釉色青翠。折沿，圆唇，弧腹。

龙泉窑青瓷蔗段洗，T50③:34，器底残片，足径约7、残高1.5厘米。白胎泛灰，胎体坚致。内外满施青釉，器底部露胎，呈火石红。弧腹，隐圈足。

龙泉窑青瓷蔗段洗，T50③:35，器底残片，足径约7、残高2.7厘米。灰胎，胎体坚致。内外满施青釉，釉色较深，器底部中间无釉。弧腹，隐圈足。

钧瓷碗，T50③:37，可复原，口径约16.2、足径6、高6.8厘米。灰黑色胎，胎质较粗，坚硬。内外均施月白釉，外壁釉不及底，有缩釉现象。敞口，圆唇，弧腹，圈足，外底有鸡心突（图一四九，8）。

钧瓷双耳罐，T50③:38，残，口径约15、残高11厘米。灰黑色胎，胎质较粗，坚硬。内外均满施月白釉，口沿和系边呈酱黑色，有大量棕眼。直口，圆唇，短直颈，溜肩，肩颈间残留一耳（图一五〇，3）。

钧瓷钵，T50⑤·43，残，口径约10、残高3.6厘米。黄褐色胎，胎质较粗。施天青釉，内壁仅口沿施釉，外壁满釉，有大量棕眼，外壁有紫斑。直口微敛，圆唇，浅直腹，下腹内收（图一四九，9）。

青白瓷残片，T50③:45，口沿残片，残宽3.4、残高3.5厘米。白胎，胎体坚致。施青白釉，釉面光亮，有开片。侈口，尖圆唇，深弧腹，外壁有篦划花纹饰。

青白瓷高足杯，T50③:46，残，口径约11、残宽4.5、残高4.4厘米。白胎，胎体坚致，胎体轻薄。内外满施青白釉，釉面光亮，有黑色小点。敞口，尖圆唇，弧腹，内壁印花卉纹，较为模糊（图一四九，10）。

青白瓷高足杯，T50③:47，口沿残片，口径约9、残高3.7厘米。白胎，胎体坚致。内外满施青白釉。敞口，尖圆唇，弧腹，足残。

青白瓷高足杯，T50③:48，只剩器足，足径约3.5、残高3.6厘米。白胎，胎体坚致。器表施青白釉。高圈足。

青白瓷残片，T50③:49，器底残片，残长4.3、残高1.9厘米。白胎，胎体坚致。釉面莹润光亮。弧腹，内底有乳丁状突起，外底残留一矮足。

红绿彩残片，T50③:50，残长8.1、残高4.8厘米。模制，黄白胎，胎质较粗。多边形，器表施白色化妆土，釉上以黑、红等彩绘纹饰，釉色泛黄。

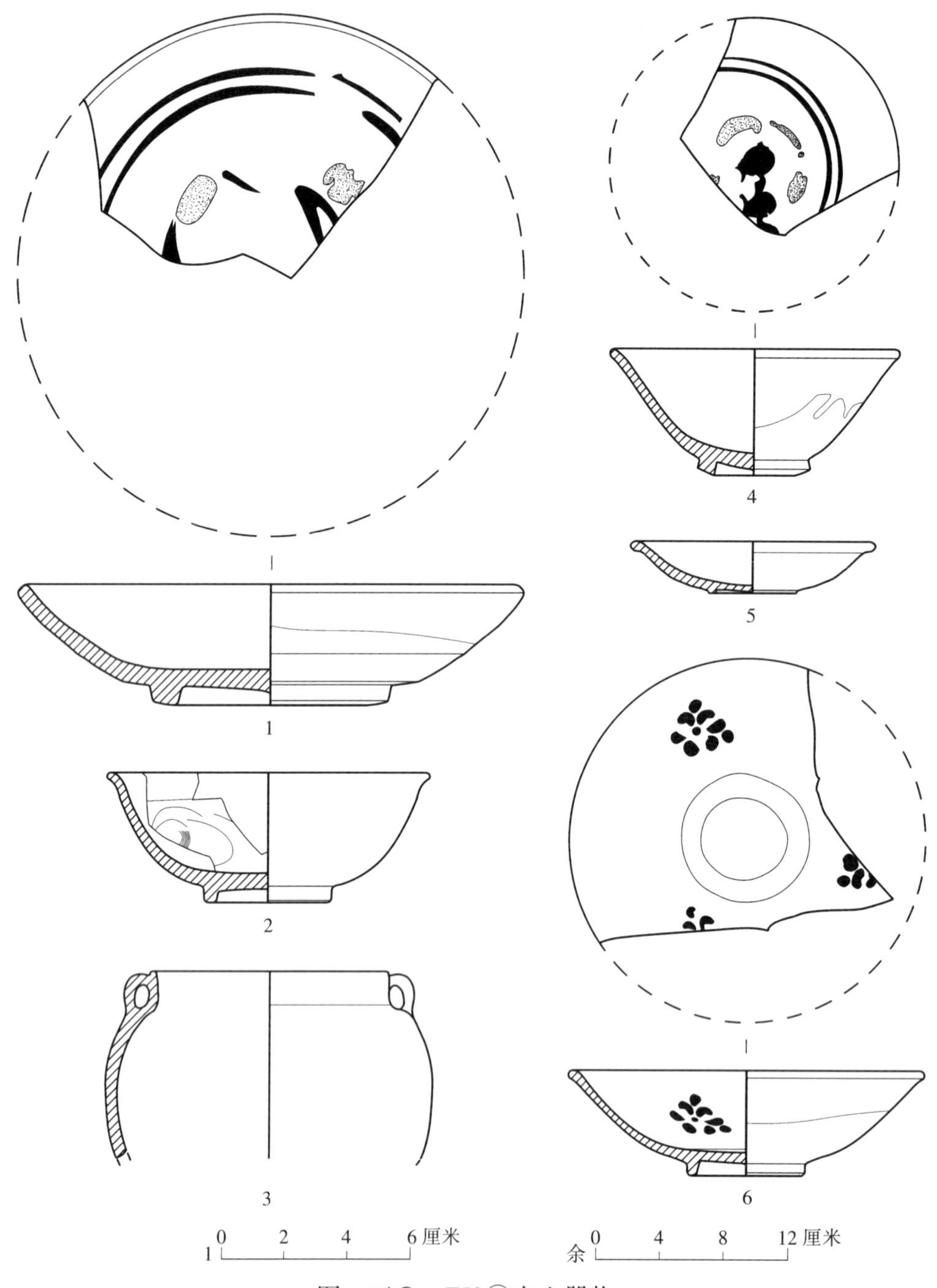

图一五〇　T50③出土器物

1. 白地褐花盘（T50③:14）　2. 龙泉窑青瓷碗（T50③:31）　3. 钧瓷双耳罐（T50③:38）
4. 白地黑花碗（T50③:13）　5. 双色釉盘（T50③:27）　6. 双色釉点彩碗（T50③:26）

红绿彩残片，T50③:51，底部残片，底座直径4.9～5.9、残高4厘米。模制，黄白胎，胎质较粗。器表施白色化妆土，外壁满釉，釉上以黑、红、绿等彩绘纹饰。椭圆形底座，底座呈圈足状，底部有圆孔。

红绿彩人物，T50③:52，残留后背部分，残宽3.6、残高4.4厘米。模制，黄白胎，胎质较粗。器表施白色化妆土，釉上以红、绿、黄、黑彩绘纹饰。

红绿彩人物，T50③:53，残留后背部分，残宽3.2、残高3.3厘米。模制，黄褐胎，胎质较粗。器表施白色化妆土，釉上以红、绿彩绘纹饰。

红绿彩人物，T50③:54，残，残宽3、残高5.1厘米。模制，黄白胎，胎质较粗。器表施白色化妆土，釉上以红、绿、黄、黑彩绘纹饰。人物左手持物。

翠蓝釉炉，T50③:55，残，残高3.5厘米。红褐色胎，胎质粗疏。外壁施白色化妆土，再施翠蓝釉，剥釉严重。

黄绿釉熏炉盖，T50③:56，残，口径约12、残高3厘米。红褐色陶胎，胎质较粗。直口，方唇，斜壁，平顶微鼓。通体施白色化妆土，直壁上施绿釉，斜壁上有竖向凸棱，施黄釉，顶部有镂空，配合刻划，施绿釉。内壁无釉。和T50③b:42应是同一套器物。

腰圆形绿釉枕，T50③:57，残，残长8.7、残宽3.8、残高3.4厘米。红褐色陶胎，陶质较粗。器表施白色化妆土，枕面及枕墙均有刻花纹饰，然后施绿釉，釉面光亮。

长方形绿釉枕，T50③:58，残，残长6.4、残宽5.3、残高3.1厘米。红褐色陶胎，陶质较粗。器表施白色化妆土，枕面及枕墙均有刻花纹饰，然后施绿釉。

陶建筑构件，T50③:59，残长15.2、残高5.4厘米。泥质灰陶。

陶建筑构件，T50③:60，残长13.2、残高3.8厘米。泥质灰陶。

陶建筑构件，T50③:61，残长10.8、残高5.1厘米。泥质灰陶。

黑曜石器盖，T50③:62，残，口径约7、残高2.9厘米。黑曜石质，通体打磨光滑。直壁，盖面拱起。

铜钱，4枚，“淳化元宝”，T50③:63，直径2.5、孔长0.5厘米。“嘉祐通宝”，T50③:64，直径2.3、孔长0.7厘米。“天圣元宝”，T50③:65，直径2.5、孔长0.7厘米。“元祐通宝”，T50③·66，直径3.1、孔长0.7厘米。

11. T51

(1) T51⑥b

白瓷印花盘，T51⑥b:1，残，残宽7.4、残高约3.5厘米。灰白色胎，胎质较细腻，坚硬。敞口，尖圆唇，斜直腹，折腹，口部花口，外壁有瓜棱，内壁下方及底部有印花纹饰，较模糊。釉色白中泛灰。

红绿彩瓷，T51⑥b:2，残，底座残长4.6、残宽4.6、残高2.4厘米。黄白胎。内含较多颗粒杂质，坚硬。外壁施白色化妆土，釉上以黑、绿、红彩装饰。底部有孔。

(2) T51⑤c

粗白瓷罐，T51⑤c:2，残，残宽7.6厘米。黄白胎，胎质较粗。直口，圆唇，鼓肩。器外壁施化妆土，器表再施透明釉，釉面光润，泛黄。

粗白瓷罐，T51⑤c:3，口沿残片，残宽6.3、残高4.2厘米。黄褐色胎，胎质较粗疏。子母口，子口较直，圆唇，折肩，直壁。外壁施白色化妆土，再罩透明釉，釉面光亮，有碎开片，子母口及内壁无釉。

粗白瓷碗，T51⑤c:4，可复原，口径13、足径5.3、高5厘米。黄褐色胎，胎质较粗。器表施白色化妆土，内壁满釉，外壁施釉不及底，釉面光润，有细碎开片，釉色白中闪黄。敞口，圆突唇，弧腹较浅，圈足较高（图一五一，1）。

黑釉钵，T51⑤c:5，可复原，口径约11.7、足径约6.5、高6.5厘米。灰白色胎，胎质稍粗。直口，圆突唇，直壁，下腹急收，圈足。内壁满釉，底部有涩圈，外壁釉不及底，釉色乌黑光亮（图一五一，2）。

红陶扑满，T51⑤c:7，顶部残片，残长13、残高约8.5厘米。泥质红陶，整体形状近球形，顶部有圆锥状凸起，存有长方形投钱孔的一边。

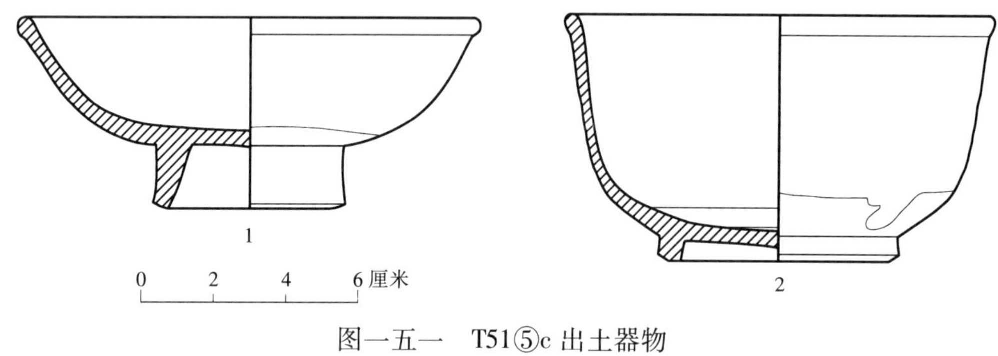

图一五一 T51⑤c出土器物

1. 粗白瓷碗（T51⑤c:4） 2. 黑釉钵（T51⑤c:5）

（3）T51⑤a

白瓷刻花器盖，T51⑤a:5，残，口径约11、残高1.6厘米。白胎，胎质细腻坚硬。平沿内壁及子口唇部无釉，余满釉，釉面光润，釉色白中泛黄。子母口，子口内敛，圆唇，平沿，盖面拱起，盖面上刻轮菊纹。

白瓷刻花碗，T51⑤a:6，残，残宽4、残高6.4厘米。白胎，胎质细腻坚硬。内外满釉，芒口，釉面光润，釉色白中泛黄。直口，圆唇，深直腹，外壁有刻花纹饰。

白瓷碗，T51⑤a:1，可复原，口径约11.2、足径4.9、高3.8厘米。黄白胎，胎质较粗。内壁满釉，内底有支钉痕，外壁半釉，釉面光润，有开片，釉色泛黄。敞口，圆唇，弧腹，圈足，挖足过肩（图一五二，1）。

粗白瓷盘，T51⑤a:2，可复原，口径约17、足径6.4、高3.7～4厘米。黄白胎，胎质较粗，坚硬。器表施白色化妆土，内壁满釉，内底有支钉痕，外壁釉不及底，釉面光亮，有细碎开片，釉色粉白。敞口，尖圆唇，折腹，圈足，口部为花口，内壁有白色出筋（图一五二，2）。

粗白瓷小罐，T51⑤a:3，残，口径约3.8、残高3.1厘米。灰胎，胎质较粗。器表施白色化妆土，内壁满釉，外壁半釉，釉面光亮，有细碎开片，釉色泛灰黄。直口，圆唇，溜肩，鼓腹，底部已残（图一五二，3）。

砂锅，T51⑤a:7，残，残长8.5、残高6厘米。灰黑色砂胎，胎质较粗。残留部分器壁和柄，敛口，圆唇，弧腹，柄上翘，其上有凸棱。

三角形砖，T51⑤a:10，残长12、残宽10、厚7、突起部分高3.5厘米。砖面上的突起部分有一圆孔。

三角形砖，T51⑤a:11，残长14.5、残宽14、厚6.5、突起部分高3.5厘米。一端为截头状。砖面上有一层三角的突起。

建筑构件，T51⑤a∶12，残。残长17.5、残宽9厘米。

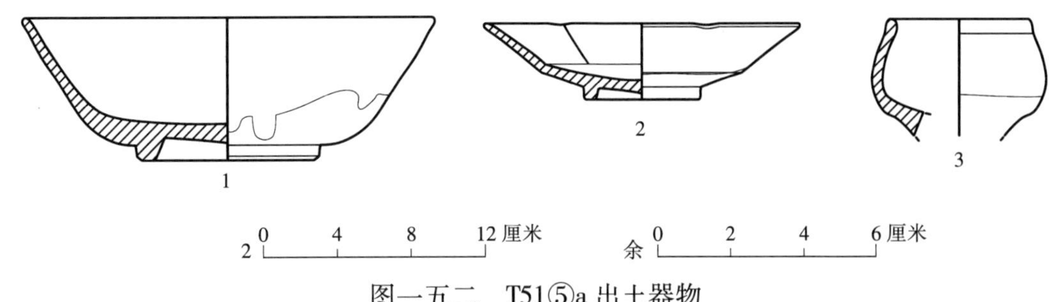

图一五二　T51⑤a出土器物
1. 白瓷碗（T51⑤a∶1）　2. 粗白瓷盘（T51⑤a∶2）　3. 粗白瓷小罐（T51⑤a∶3）

（4）T51⑤

白瓷印花盘，T51⑤∶1，口沿残片，残长8、残高3.7厘米。白胎，胎质细腻坚硬。内外皆施釉，芒口。花口，敞口，尖圆唇，弧腹。器内壁有印花纹饰，口沿下为一周较宽的回纹，其下为花卉纹。

粗白瓷瓜棱罐，T51⑤∶2，残，口径11.7、高9.6厘米。黄白胎，胎质较粗，外壁及口沿内侧施白色化妆土，釉色光亮莹润，有细小开片，外壁釉不及底，内壁口沿下因为没有化妆土，釉色为青灰色。敞口外翻，圆唇，短束颈，鼓肩，弧腹，底已残。腹部为瓜棱状，有等距离分布的八条瓜棱，瓜棱较深（图一五三，1）。

粗白瓷碗，T51⑤∶3，残，口径约18.5、足径约7.2、高6.6厘米。白胎泛黄，胎质较粗。器表施白色化妆土，再施透明釉，外壁釉仅及上半部。敞口，圆唇，弧腹，圈足，内底残留一枚支钉痕（图一五三，2）。

粗白瓷器盖，T51⑤∶4，残，口径14、残高3.4厘米。褐胎，胎质较粗。器外壁施白色化妆土，再施透明釉，外壁釉不及底，内壁不施釉。直口，方唇，盖面拱起（图一五三，3）。

粗白瓷盆，T51⑤∶6，残，外径约36、内径约32、高10.8厘米。褐色胎，胎质较粗。器内壁和口沿施白色化妆土，再施透明釉，芒口，外壁中部刷一周酱釉。卷沿，圆唇，鼓腹，平底（图一五三，4）。

白瓷枕残片，T51⑤∶7，长7.2、宽6.8、厚0.6厘米。灰白胎，胎质较粗坚硬。器表施白色化妆土，用黑彩书写文字，残剩“遇朝”二字。

白瓷点彩葫芦瓶，T51⑤∶9，残，口径0.8、高3.6厘米。白胎，胎质较细腻。釉色洁白，肩部有三个钩形点彩纹饰。直口，平唇，长颈，鼓腹，下部残缺（图一五三，5）。

双色釉碗，T51⑤∶11，残，口径22.8、足径8.6、高7厘米。白胎泛黄，胎质较粗。器内壁和外壁口沿施白色化妆土，再罩以透明釉，外壁下部施黑釉，器内底有涩圈，圈足处不施釉，圈足内外有砂粒。敞口，圆唇较厚，弧腹，圈足，挖足过肩（图一五三，6）。

酱釉瓶底，T51⑤∶15，底径7.5、残高4.5厘米。褐胎，胎质较粗，沉重。厚实足，底部内凹，器内底部施酱釉。

红绿彩碗，T51⑤∶12，残宽5、残高5.2厘米。灰白胎，胎质较粗。器表施化妆土，内壁以红、黄、绿三种颜色绘制纹饰。敞口，尖圆唇，弧腹。

长条石块，3件，石质较差，很软。T51⑤∶17，长11、宽7.6、厚1.8厘米。T51⑤∶18，长22、

宽7.5、厚3厘米。T51⑤:19，长16.5、宽8.2、厚1.5～2厘米。

炭块，T51⑤:20。长3.7、宽3.4、高3.5厘米。

陶盆，T51⑤:21，口沿残片，残长14.2、残高7厘米。夹砂红陶，胎质较粗疏。口微敛，圆唇，斜直腹，内壁密布方格纹，间有六边形纹。

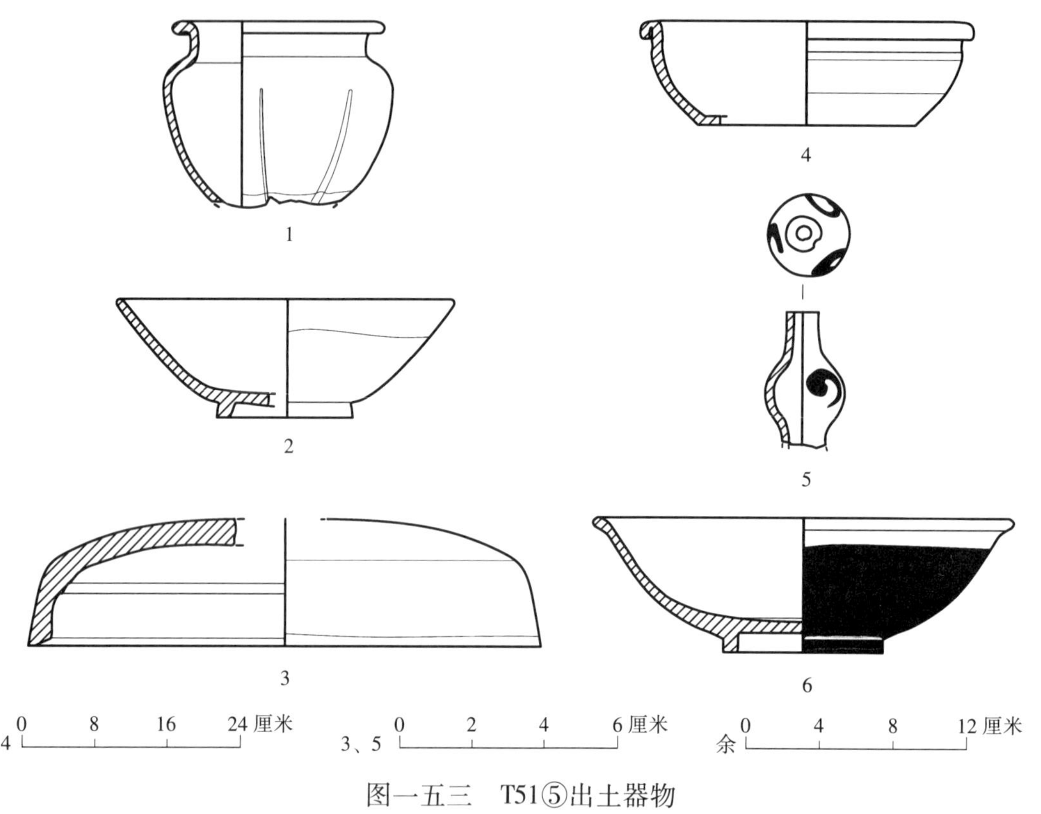

图一五三　T51⑤出土器物

1. 粗白瓷瓜棱罐（T51⑤:2） 2. 粗白瓷碗（T51⑤:3） 3. 粗白瓷器盖（T51⑤:4） 4. 粗白瓷盆（T51⑤:6） 5. 白瓷点彩葫芦瓶（T51⑤:9） 6. 双色釉碗（T51⑤:11）

（5）T51④

白瓷刻花钵，T51④:1，可复原，口径11.1、底径5.8、高9.5、厚0.1～0.2厘米。白胎，胎质细腻坚硬，胎体轻薄。内外满釉，芒口，内底有涩圈。直口，尖圆唇，深直腹，圈足，外壁刻莲瓣纹（图一五四，1）。

白瓷印花盏，T51④:2，可复原，口径9.3、底径2.5、高4.4厘米。白胎，胎质细腻坚硬。内外满釉，芒口，釉面润泽，白中微泛黄。敞口，尖唇，弧腹，矮圈足。器内壁有印花纹饰，口沿下为一周回纹，内壁有花卉纹，底部为一朵团花（图一五四，2）。

白瓷残片，T51④:3，残，残高2.5厘米。白胎泛灰，胎质较细。器表施釉，釉色发青灰。器表有印花纹饰。

白瓷花口碗，T51④:20，残，高5.1厘米。白胎，胎质细腻坚硬。内外满釉，芒口，釉面光润。敞口外撇，尖圆唇，弧腹，圈足。口沿为花口，对应的内壁有白色出筋。

白瓷碗，T51④:21，残，足径3.6、残高4.1、厚0.1～0.3厘米。白胎，胎质细腻坚硬。内外满釉，应为芒口，釉面光润。弧腹较深，圈足，足墙较窄（图一五五，3）。

白瓷器盖，T51④:22，可复原，口径约8、高2.2、厚0.1～0.2厘米。白胎，胎质细腻坚硬，胎体轻薄。内外满釉，仅口沿无釉，釉面光润，釉色微泛黄。子母口，直口，尖唇，平沿，盖面隆起，顶部有钮。

白瓷小杯，T51④:4，可复原，口径3、底径1.4、高1.5厘米。胎质洁白细腻。内壁满釉，外壁不及底，内壁釉较光滑，外壁稍粗。敛口，圆唇，弧腹，下腹内收，平底微内凹（图一五四，4）。

白瓷盘，T51④:23，可复原，口径19、底径6.1、高3.8～4.1厘米。白胎泛灰，胎质细腻坚硬。内壁满釉，底部有涩圈，外壁釉不及底，圈足内外有大量砂粒。釉色青灰。敞口，尖圆唇，折腹，圈足（图一五五，4）。

粗白瓷小罐，T51④:5，可复原，口径5.5、底径3.9、高5.4厘米。黄白胎，胎质较粗。外壁上半部分和内壁口沿施白色化妆土，器表再罩以透明釉，内壁施满釉，外壁釉不及底。敛口，口沿外翻，圆唇，鼓腹，圈足（图一五四，3；图版四二，3）。

粗白瓷盆，T51④:6，器底残片，底径约21.6、残高3.1厘米。灰白胎，胎质较粗，坚硬。器内壁施白色化妆土，釉色白中泛灰，光润，有大量开片，外壁下部不施釉，器内底有三角形支钉痕。腹壁斜直，下腹部内折，形成一台棱，隐圈足。外底有墨书文字（图版四二，9）。

白地黑花罐，T51④:7，口沿残片，残高5厘米。黄白胎，胎质较粗疏。器表施白色化妆土，以黑彩绘纹饰，再罩以透明釉，内壁口沿部分不施釉。直口，方唇，溜肩（图一五四，5；图版四二，6）。

白地黑花器盖，T51④:8，残，残高3厘米。黄白胎，胎质较粗，坚硬。外壁施白色化妆土，以黑

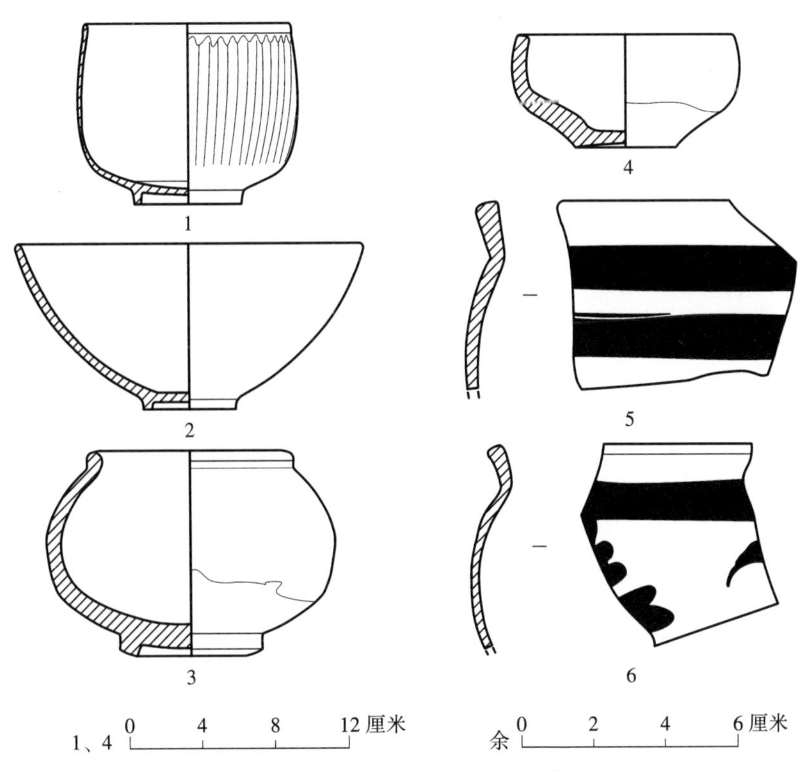

图一五四　T51④出土器物

1. 白瓷刻花钵（T51④:1）　2. 白瓷印花盏（T51④:2）　3. 粗白瓷小罐（T51④:5）
4. 白瓷小杯（T51④:4）　5. 白地黑花罐（T51④:7）　6. 白地黑花罐（T51④:9）

彩绘纹饰，釉色较白，明亮，有细碎开片，内壁不施釉。子母口，直口内敛，尖圆唇，平沿，盖面隆起（图版四二，1）。

白地黑花罐，T51④:9，口沿残片，残高5.3厘米。黄白胎，胎质较粗。器表施白色化妆土，外壁以黑彩绘纹饰，再罩以透明釉，釉面有细碎开片。直口，圆唇，溜肩，鼓腹（图一五四，6；图版四二，2）。

白地黑花炉，T51④:10，残高约4.9厘米。灰胎，胎质较粗，坚硬。器表施白色化妆土，以黑彩绘花纹，再罩以透明釉，釉色泛黄，有细碎开片。残留部分为器身和器足，器身较直（图版四二，7）。

白地褐花罐，T51④:24，残。灰胎，胎质较粗，坚硬。器表施白色化妆土，外壁以褐彩绘纹饰，口沿顶部无釉。外壁有红色摩擦痕。直口微敛，圆唇，直壁（图版四二，4）[①]。

白地黑花罐，T51④:25，底部残片，残高4.4厘米。黄白胎，胎质较粗，坚硬。器表施白色化妆土，外壁以黑彩绘纹饰，内壁满釉，釉面光亮，有细碎的开片。圈足无釉。直腹，内底下凹，隐圈足（图版四二，5）。

酱釉盆，T51④:11，残，口径约20、底径10.2、高8.6厘米。灰黄白胎，胎质粗糙，含有较多的颗粒杂质。器外壁中间部分刷酱釉，其他不施釉。敞口，窄平沿，弧腹，隐圈足（图一五五，1；图版四二，8）。

红陶印模，T51④:26，残，残长5.1、宽4.7厘米。泥质红陶。椭圆形，内印站立的公鸡及祥云图案（图版四二，10）。

黑釉炉，T51④:12，残，残高4.4厘米。灰白胎，胎质较细，坚硬。外壁施黑釉，内壁不施釉，釉面乌黑光亮。弧腹。

黑釉盏，T51④:26，可复原，口径约9.7、足径4、高2.8厘米。褐胎，胎质较粗。内外皆施黑釉，内底有涩圈，外壁釉不及底。敞口，圆唇加厚，浅弧腹，圈足（图一五五，5）。

青瓷碗，T51④:13，底部残片，足径9、残高6.3、厚0.5～0.8厘米。灰胎，胎质较粗，坚硬，胎体厚重。器表施青釉，釉色发暗，外壁近底处施酱釉，圈足着地处无釉，有砂粒。斜直腹，圈足。外壁刻折扇纹，内壁有印花纹饰。

耀州窑青瓷碗，T51④:14，口沿残片，残高约3.5厘米。灰胎，胎质较细，坚硬。器表施青釉，釉面光润，有较大的开片。侈口，口沿外翻，圆唇，弧腹。器内壁有印花纹饰。

绿釉红陶小罐，T51④:16，可复原，口径3.5、底径1.9、高2.4厘米。红胎，胎质粗疏。器表施白色化妆土，器内壁和外壁上半部施绿釉，积釉处为黑色。敛口，折肩，弧腹，平底。底部有红色文字（图一五五，2）。

绿釉瓶，T51④:17，口沿残片，残高2.7厘米。红胎，胎质较粗。器表施白色化妆土，内外皆施绿釉，釉面光亮。卷沿，圆唇，斜直腹。

石盆，T51④:18，底部残片，残高2.4、底厚1.1厘米。滑石质，通体打磨光滑。内底有一圈一

---

① 和T54④:57应是同一件器物，但无法拼合。T51④:24及T54④:57本身分别就是好几个单位内残片拼起来的，应是在存放过程中发生了混乱，原始单位已不明。

圈的打磨痕迹，外底微突。

陶箅，T51④:19，泥质灰陶，厚1.2厘米。可能是陶甑的底部。

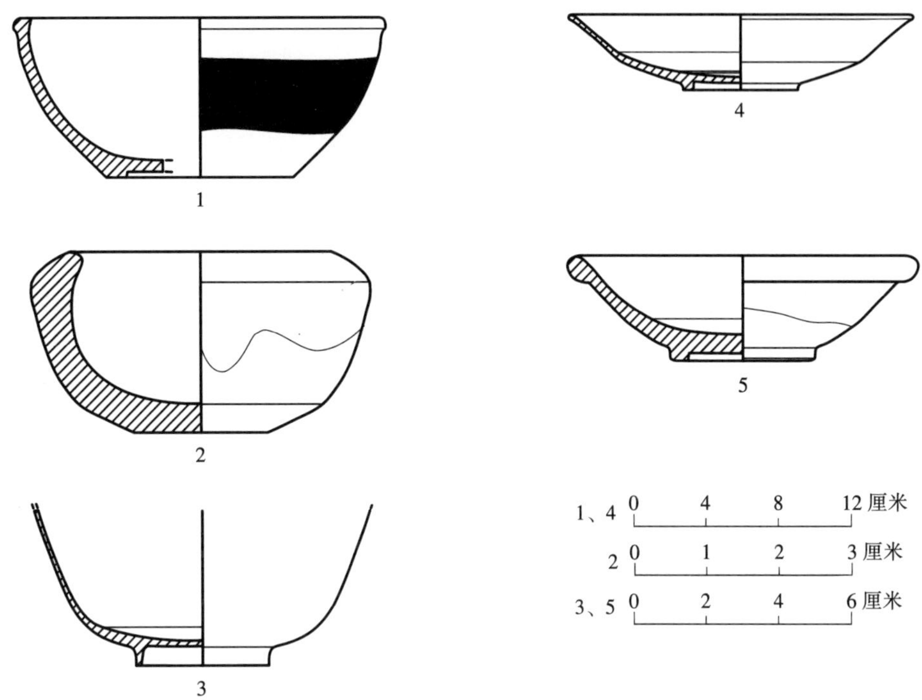

图一五五　T51④出土器物

1. 酱釉盆（T51④:11）　2. 绿釉红陶小罐（T51④:16）　3. 白瓷碗（T51④:21）　4. 白瓷盘（T51④:23）　5. 黑釉盏（T51④:26）

（6）T51③b

白瓷小碗，T51③b:1，可复原，口径10、足径2.8、高4.1厘米。白胎，胎质细腻坚硬，胎体轻薄。内外满釉，芒口，釉面光润，釉色洁白。敞口，尖圆唇，弧腹，小圈足（图一五六，1）。

白瓷出筋碗，T51③b:2，残，口径12.2、足径约4.8、高4.9～5厘米。白胎，胎质细腻坚硬。内壁满釉，芒口，外底无釉，釉面光亮，釉色白中泛灰。侈口，圆唇，弧腹，圈足，内壁有白色出筋（图一五六，3）。

白瓷碗，T51③b:3，可复原，口径21.6、足径6.7、高7.3～7.6厘米。白胎，胎质细腻。内外满釉，芒口，釉面光润，釉色白中泛黄。敞口，尖圆唇，弧腹，圈足（图一五六，2）。

白瓷器盖，T51③b:4，可复原，口径约8、高2厘米。白胎泛灰，胎质较细。盖面施釉，釉面光润，釉色白中泛灰。子母口，子口较直，尖唇，平沿上翘，盖面拱起，顶部有圆钮（图一五六，4）。

白瓷刻花器盖，T51③b:6，残，口径约15、高3.3厘米。白胎，胎质较细，坚硬。外壁满釉，内壁仅盖面下一部分刷薄釉。釉面光润，釉色白中泛黄。子母口，子口极短，圆唇，沿上翘，盖面拱起，顶部有圈足状钮，盖面及钮内均刻简单的纹饰（图一五七，3）。

白瓷刻花大碗，T51③b:7，口径约31、残高6厘米。白胎，胎质细腻坚硬。内外施釉，芒口，釉色洁白。直口，圆唇，唇口，直腹。内壁有篦划纹，外壁刻莲瓣纹（图一五七，2）。

白瓷刻划花大碗，T51③b:10，残，残高7.2厘米。白胎，胎质细腻坚硬。内外满釉，应是芒口，釉面光润，釉色白中泛黄。弧腹，圈足，内外壁皆有刻划花纹饰。

白瓷刻花大罐，T51③b∶18，残，口径16.8、残高14.2厘米。白胎，胎质细腻坚硬。口部不施釉，釉色白中泛灰。子母口，尖圆唇，直腹，外壁刻莲瓣纹（图一五六，5）。

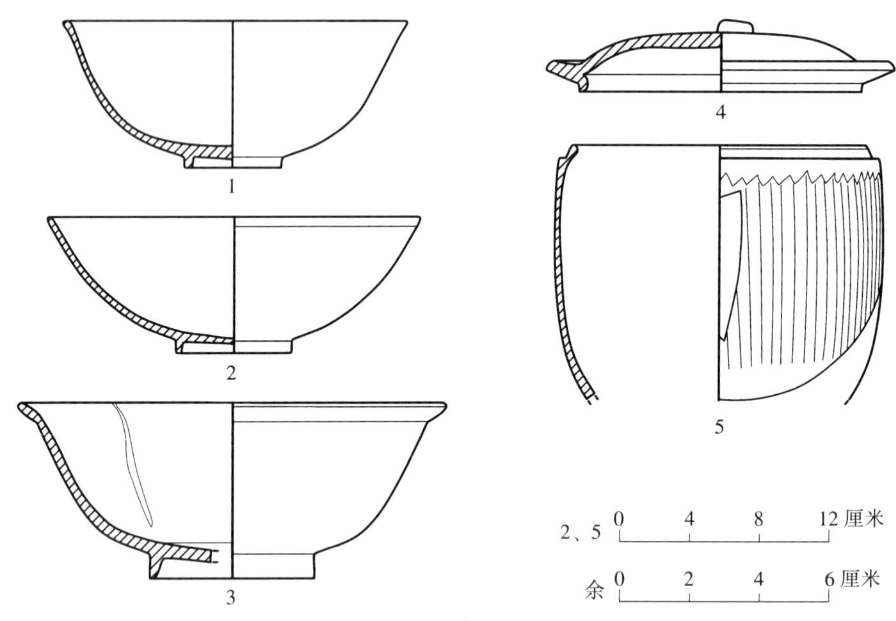

图一五六　T51③b出土器物

1. 白瓷小碗（T51③b∶1）　2. 白瓷碗（T51③b∶3）　3. 白瓷出筋碗（T51③b∶2）
4. 白瓷器盖（T51③b∶4）　5. 白瓷刻花大罐（T51③b∶18）

白瓷印花碟，T51③b∶5，可复原，口径约10、底径5.7、高1.6～1.7厘米。白胎，胎质细腻。内壁满釉，芒口，外壁局部无釉，釉色洁白。敞口，圆唇，浅弧腹，平底内凹。口部为花口，内壁以白色出筋分隔，每一部分内有一朵花或祥云间隔分布，内底印奔狮绣球纹，局部较为模糊（图一五七，1）。

白瓷印花盘，T51③b∶8，残，口径约21、足径约16、高2.2～2.5厘米。白胎，胎质细腻坚硬。内外满釉，芒口，釉色洁白。敞口，折沿，方唇，浅弧腹，卧足。内壁印卷云纹，底部亦有印纹（图一五七，4）。

白瓷印花碗，T51③b∶9，残，口径约16.5、残高2.7厘米。白胎，胎质细腻坚硬。内外满釉，芒口。釉面光亮，釉色洁白。敞口，圆唇，弧腹，花口，器内壁印牡丹纹等。

白瓷印花碗，T51③b∶12，残，足径约6、残高3.2厘米。白胎，胎质细腻坚硬。内外满釉，釉面光亮，釉色白中泛灰。斜直腹，圈足，器内壁印鹤、竹石纹，内底印花卉。

白瓷印花盘，T51③b∶14，残，足径约5.4、高2.2厘米。灰白胎，胎质较细，坚硬。内外满釉，芒口，釉面光润，釉色白中泛灰，有开片。敞口，尖圆唇，浅弧腹，圈足。内壁印莲瓣，内底有开光，开光内有花叶纹。

白瓷印花盘，T51③b∶15，残，足径7.1、残高3.2厘米。白胎，胎质细腻坚硬。内外满釉，应是芒口，釉面光润，釉色洁白，微泛灰。敞口，浅弧腹，圈足。内壁有印花纹饰，壁上以出筋分隔，内有荷花纹，内底印花卉纹。

白瓷印花盘，T51③b∶16，残，足径约7、高3.4厘米。白胎泛黄，胎质较细，结合不紧密。内外满釉，芒口，釉面光润，釉色泛黄，有细碎开片。敞口，圆唇，浅弧腹，圈足。内壁有印花纹饰，外壁有红色摩擦痕。

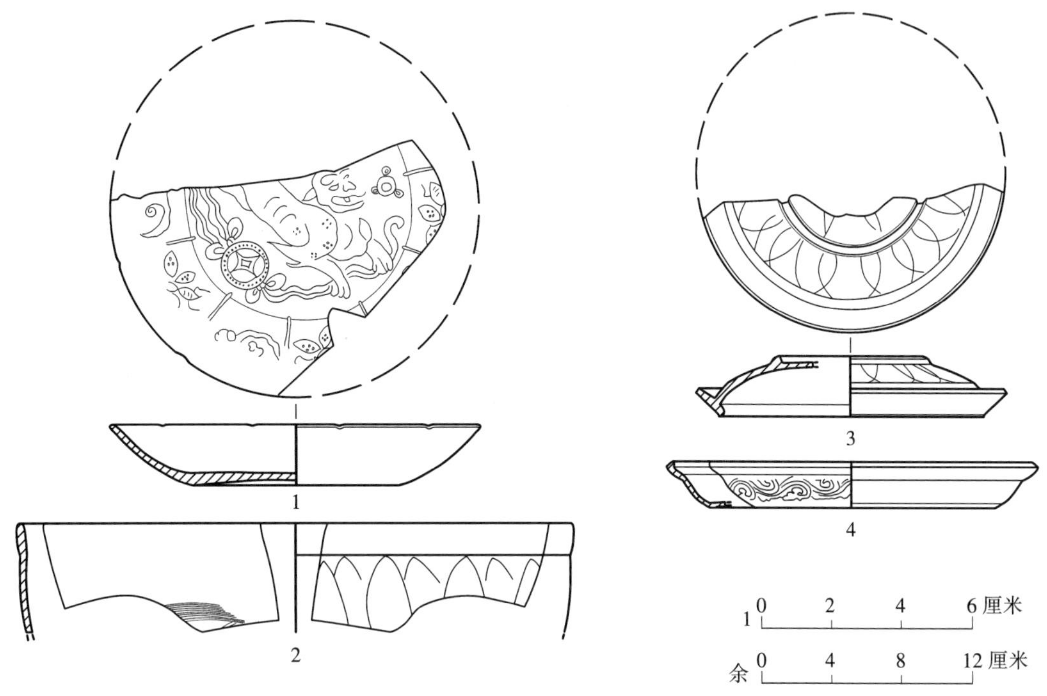

图一五七 T51③b 出土器物

1. 白瓷印花碟（T51③b∶5） 2. 白瓷刻花大碗（T51③b∶7） 3. 白瓷刻花器盖（T51③b∶6） 4. 白瓷印花盘（T51③b∶8）

白瓷印花盘，T51③b∶17，残，口径约 18、足径约 6、高 3.1 ~3.3 厘米。白胎泛灰，胎质较细。内外满釉，芒口，釉面光润，釉色白中泛灰。敞口，圆唇，浅弧腹，圈足。内壁有印花纹饰，口沿下为一周回纹，其下印花卉纹。

粗白瓷花口瓶，T51③b∶19，残，残宽 5、残高 5.4 厘米。灰褐色胎，胎质较粗，坚硬。器表施白色化妆土，釉面光亮，有细小开片。

粗白瓷小罐，T51③b∶20，残，口径约 4.5、残高 6 厘米。黄褐色胎，胎质较粗。外壁施白色化妆土，釉面光亮，釉色洁白，有细碎开片，内壁不施化妆土，釉色灰褐，唇部无釉。直口，圆唇，鼓腹（图一五八，2）。

粗白瓷刻花碗，T51③b∶21，口径约 28、残高 4.7 厘米。敞口，圆唇，浅弧腹。浅灰色胎，胎质较粗，坚硬。器表施白色化妆土，剔刻出花纹，再罩透明釉，釉面光亮，釉色乳白。

粗白瓷划花碗，T51③b∶22，口径约 29、残高 6.6 厘米。敞口，厚圆唇，弧腹。黄褐色，胎质较粗。器表施白色化妆土，内壁有简单的划花纹饰，釉面光亮，釉色白中闪黄（图一五八，4）。

白瓷刻划花大碗，T51③b∶29，残，口径约 30、残高 10.3 厘米。敞口，圆唇，弧腹。灰褐色胎，胎质较粗，坚硬。器表施白色化妆土，内壁刻荷花纹，以篦纹为地，芒口，外壁釉不及底，釉面光亮，釉色粉白。外壁有锔孔（图一五八，5）。

白地黑花器盖，T51③b∶31，可复原，钮径 4.3、高 6.2、口径约 17 厘米。黄褐色胎，胎质较粗，坚硬。器表施白色化妆土，以黑彩绘草叶纹，钮上也涂黑，外壁施透明釉，釉面光亮，内壁无釉。子母口，盖面隆起，顶部有圈足状钮（图一五八，1）。

白地黑花瓶，T51③b∶23，残，残高7.5厘米。颈部残片，溜肩。黄褐胎，胎质较粗，坚硬。外壁施白色化妆土，以黑彩绘草叶纹，纹饰细部再划出，釉面光亮。

白地黑花虎枕T51③b∶24，残长4.1、残高2.8厘米。灰褐色胎，胎质坚硬。器表施白色化妆土，以黑彩绘虎纹，釉色白中泛灰。器表有凹凸，残存虎尾。

八边形白地黑花枕，T51③b∶25，一边长7.7、残高3.5厘米。枕面长出枕墙，黄褐色胎，坚硬，器表施白色化妆土，枕面和枕墙上均有黑彩纹饰。

八边形白地黑花枕，T51③b∶26，一边长7.7、残高3.8厘米。和T51③b∶25应是同一件器物。

白地黑花枕，T51③b∶27，残长8.6、残宽5.8厘米。枕面下凹，黄褐色胎，胎质较粗，坚硬。器表施白色化妆土，以黑彩绘纹饰。

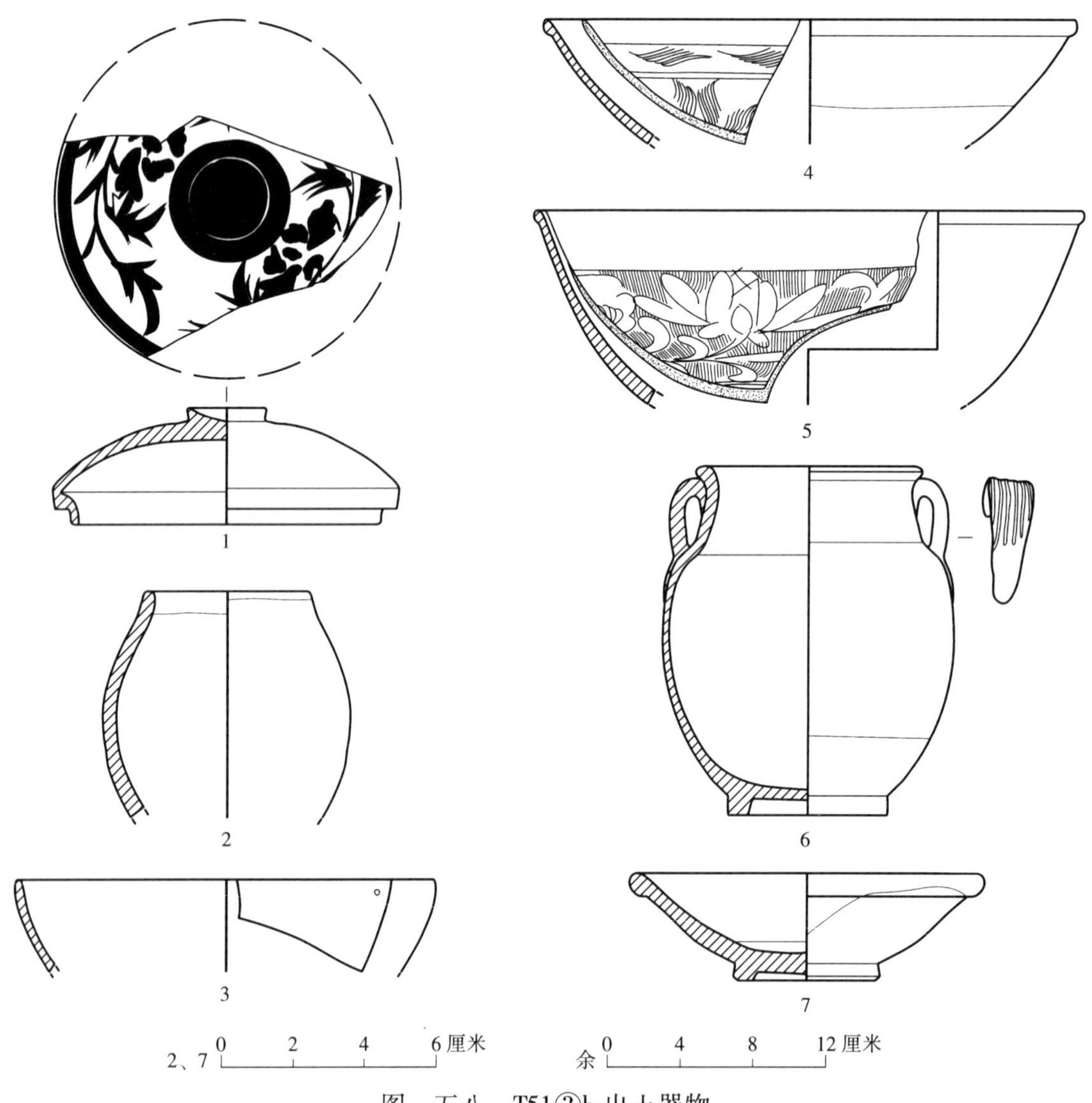

图一五八　T51③b出土器物

1. 白地黑花器盖（T51③b∶31）　2. 粗白瓷小罐（T51③b∶20）　3. 钧瓷碗（T51③b∶34）　4. 粗白瓷划花碗（T51③b∶22）　5. 白瓷刻划花大碗（T51③b∶29）　6. 黑釉双耳罐（T51③b∶30）　7. 黑釉盏（T51③b∶33）

黑釉双耳罐，T51③b∶30，可复原，口径约12.5、足径8.7、高18.5厘米。灰褐色胎，胎质较粗，坚硬。外壁及内壁颈部施黑釉，乌黑光亮，外壁釉不及底。内壁颈部以下施较薄的褐釉。圈足着地处有较多砂粒，敞口，圆唇，直颈，弧腹，圈足，肩颈部附双耳（图一五八，6）。

黑釉腰鼓，T51③b∶32，残，竹节状腰部长10、直径约7厘米，有明显的接痕，接痕处用釉相接。口沿残片最大一片残宽5.7、残高7.5厘米，敛口。

黑釉盏，T51③b∶33，可复原，口径约9.8、足径约4、高2.8～3厘米。红褐胎，胎质较粗，坚硬。黑釉略发涩。敞口，圆唇，浅弧腹，圈足（图一五八，7）。

钧瓷碗，T51③b∶34，残，口径约23、残高4.9厘米。灰胎，胎质较细，坚硬。内外施蓝釉，釉面光润。直口微敞，圆唇，弧腹。外壁有锔孔（图一五八，3）。

耀州窑青瓷盏，T51③b∶38，残宽6.6、残高3.1厘米。灰胎，胎质较细。敞口，圆唇，弧腹，内壁印花卉纹。

翠蓝釉炉，T51③b∶35，口沿残片，残宽5、残高2.3厘米。黄褐色胎，胎质较粗，坚硬。器表施白色化妆土，罩翠蓝釉。盘口，方唇，短颈，鼓腹。

红绿彩盘，T51③b∶39，残宽4.5、残高1.7厘米。敞口，折沿，圆唇，弧腹。黄褐色胎，胎质较粗，坚硬。器表施白色化妆土，内壁以红绿彩装饰。

红绿彩盏，T51③b∶40，残高1.6厘米。弧腹，圈足。黄褐色胎，胎质较粗，外壁釉不及底，内壁釉上施红、黄、绿彩。

陶网坠，T51③b∶36，长12.5、宽6.8、厚4.5厘米。束腰形。

骨簪，T51③b∶37，长11、宽0.7厘米。一端较尖，另一端翘起。

（7）T51③

白瓷印花盘，T51③∶1，口沿残片，残长5.7、残高约2.7厘米。白胎，胎质坚硬，内外施釉，芒口，釉色洁白。敞口，尖圆唇，浅弧腹。口沿为花口，花口处有釉，内壁有印花纹饰，上部印一周回纹，其下以出筋相分隔，一侧印花卉，一侧印竹子。

白瓷印花盘，T51③∶4，残，残高4.6厘米。白胎，胎质细腻坚硬，内外满釉，釉色泛黄。弧腹，圈足，底部很薄，仅0.2厘米，内壁有印花纹，以白色出筋相隔，其中有仙鹤、怪石。

白瓷印花片，T51③∶6，残长5.3、残高3.1厘米。白胎，胎质细腻坚硬，局部结合不紧密。内外满釉，釉色洁白。内壁有印花纹饰，残留一荷花纹，十分精美。

白瓷印花盘，T51③∶47，足径6.5、残高2、厚0.3～0.4厘米。白胎，胎质坚硬，局部结合不紧密。内外施釉，应是芒口，釉色白中泛黄。浅弧腹，圈足。内壁有印花纹饰，为花鸟纹。

白瓷印花碗，T51③∶48，足径7、残高2厘米。白胎，胎质细腻坚硬。内外施釉，应是芒口，釉色泛灰黄。弧腹，圈足较高。内壁有印花花卉纹饰。

白瓷刻花碗，T51③∶2，口沿残片，残长6.7、残高5.1厘米。白胎，胎质坚硬，内外施釉，芒口，釉色泛黄。直口，圆尖唇，唇部加厚，直壁。外壁刻莲瓣纹，内壁有篦划花纹。

白瓷刻花碟，T51③∶5，残，残长5.5、残高1.1厘米。白胎，胎质细腻坚硬，内外满釉，釉色莹润，应为芒口。斜直壁，平底。内底刻莲花纹，外底有红色摩擦痕。

白瓷双耳罐，T51③∶3，残，残长5.8、残高2.7厘米。白胎，胎质细腻坚硬，内外施釉，外壁釉面光润，积釉处泛黄。直口，方唇，短直颈，鼓肩，肩部残留一竖耳。

粗白瓷器盖，T51③:12，残，口径约15、钮径约8、高3.4厘米。灰白胎，胎质较细，坚硬。外壁施白色化妆土，内外满釉，口沿内部不施釉。子母口，直口，方唇，沿略上翘，盖面隆起，顶部为圈足状钮（图一五九，2）。

粗白瓷刻划花碗，T51③:9，口沿残片，残长7.7、残高3.8厘米。灰白色胎，质地坚硬致密。敞口，圆唇，弧腹较浅，内壁有刻花和篦划花纹饰。

白地黑花小碗，T51③:11，残，足径4.3、残高2.4厘米。黄褐色胎，胎质较粗。内施白色化妆土，底部以黑彩书写一“花”字，釉面粗糙。

白地褐彩碗，T51③:24，可复原，口径19、足径7.7、高8、厚0.5～0.7厘米。黄褐色胎，胎质较粗，厚重。器表施白色化妆土，内满釉，口沿下有流釉，外半釉，釉色泛灰黄，釉面较粗糙，内底有五个垫砂痕。敞口，圆唇，斜弧腹，圈足，外底有鸡心突。内壁有两周褐彩弦纹，内底有褐彩绘的简单纹饰（图一五九，1）。

白地褐花盆，T51③:14，可复原，口径40、底径18.4、高19厘米。红褐色胎，质地较粗。内壁及口沿施白色化妆土，内壁以黑彩绘简单纹饰，外壁无釉。直口，平沿，厚唇，斜直壁较深，平底卧足（图一五九，5）。

白地黑花盆，T51③:16，器底残片，残长9.3、残宽7.2、残高1.7厘米。黄褐色胎，质地较粗。平底，内底有白地黑花纹饰，釉色光亮，外壁有酱色护胎釉。

白地黑花盆，T51③:18，器底残片，残高3.7厘米。黄褐色胎，质地较粗。平底，内底有白地黑花纹饰，釉色光亮，外壁有酱色护胎釉。

白地黑花四系瓶，T51③:17，腹部残片，残宽9.5、残高13.2厘米。黄白色胎，质地较粗。外壁上部施白色化妆土，以黑彩绘简单花纹，下部施黑釉，内壁有一圈一圈的凸棱。

白地黑花四系瓶，T51③:22，肩部残片，残长7.5、残高3.5厘米。黄白胎，质地较粗。外壁施白色化妆土，以黑彩绘纹饰，内壁施黑釉。鼓肩，肩部残留两个系。

白地黑花盘，T51③:19，口径超过12、残高4厘米。褐色胎，质地较粗。内壁施白色化妆土，器壁上用黑彩绘两周弦纹，内底亦有黑彩绘的纹饰，有垫砂痕迹。外壁残存部分无釉。浅弧腹，实心足。

白地黑花瓷枕，T51③:21，枕面残片，残长9.2、残宽3.2、厚0.5厘米。黄褐色胎，质地较粗，坚硬。外壁施白色化妆土，以黑彩绘纹饰。

白地黑花瓷片，T51③:23，残长5.3、残宽3.8、厚0.5厘米。黄白色胎，质地较粗。外壁先施白色化妆土，以黑彩绘出纹饰轮廓，细部以刻划方式表现，露出了胎体，然后罩一层透明釉，釉面粗糙，内壁不施釉。

白地黑花大罐残片，T51③:27，应是大罐的肩部，残长7.5、残宽7、厚0.8厘米。灰白胎，细密坚硬，厚重。外壁先施白色化妆土，以黑彩绘出纹饰轮廓，细部以刻划方式表现，然后罩一层透明釉，内壁施黑褐釉。与T50③:16应是同一件器物。

白地黑花大罐，T51③:54，肩部残片，残长6.5、残宽4.6、厚1厘米。灰白胎，胎质坚硬，厚重。外壁施白色化妆土，以黑彩绘纹饰，内壁施酱釉。鼓肩。

黑釉碗，T51③:25，可复原，口径14、足径4.8、高5.6厘米。白胎泛灰，胎质细腻坚硬。内外均施黑釉，内满釉，外半釉，釉色光亮，局部有酱釉斑。直口，圆唇，弧腹，圈足，底部有鸡心突（图一五九，3）。

黑釉瓶，T51③：26，残，足径9.8、残高6.7厘米。黄白色胎，质地较粗，坚硬。外壁施黑釉，釉不及底，釉色乌黑光亮，内壁无釉。斜直壁，圈足外撇，圈足与壁之间有一周凸棱，圈足底有鸡心突，内底有圆形泥块粘连（图一六〇，3）。

黑釉盆，T51③：28，口沿残片，残长10.8、残高6.1厘米。灰白胎，胎质坚硬。内外施黑釉，口沿顶部、唇与壁之间无釉，釉色漆黑光亮。直口，方唇，平沿下翻（图一六〇，2）。

黑釉小盏，T51③：30，可复原，口径6.4、底径4、高1.6厘米。黄褐色胎，较粗。内壁施黑釉过口沿，外壁半釉。敞口，尖圆唇，浅斜直腹，平底微突（图一五九，4）。

酱釉瓶，T51③：29，口沿残片，口径5.5、残高3.5厘米。灰黑色胎，胎质较粗，坚硬。内外均施酱釉，较粗糙。杯形口，方唇，直口，短颈，颈中部有一周凸棱，下残。

青白瓷高足杯，T51③：31，残，残高约2.2厘米。胎质洁白细腻，内外均施青白釉，釉较厚。

青白瓷高足杯，T51③：33，圈足残片，足径3.6、残高3.3厘米。胎质洁白细腻，施青白釉，外

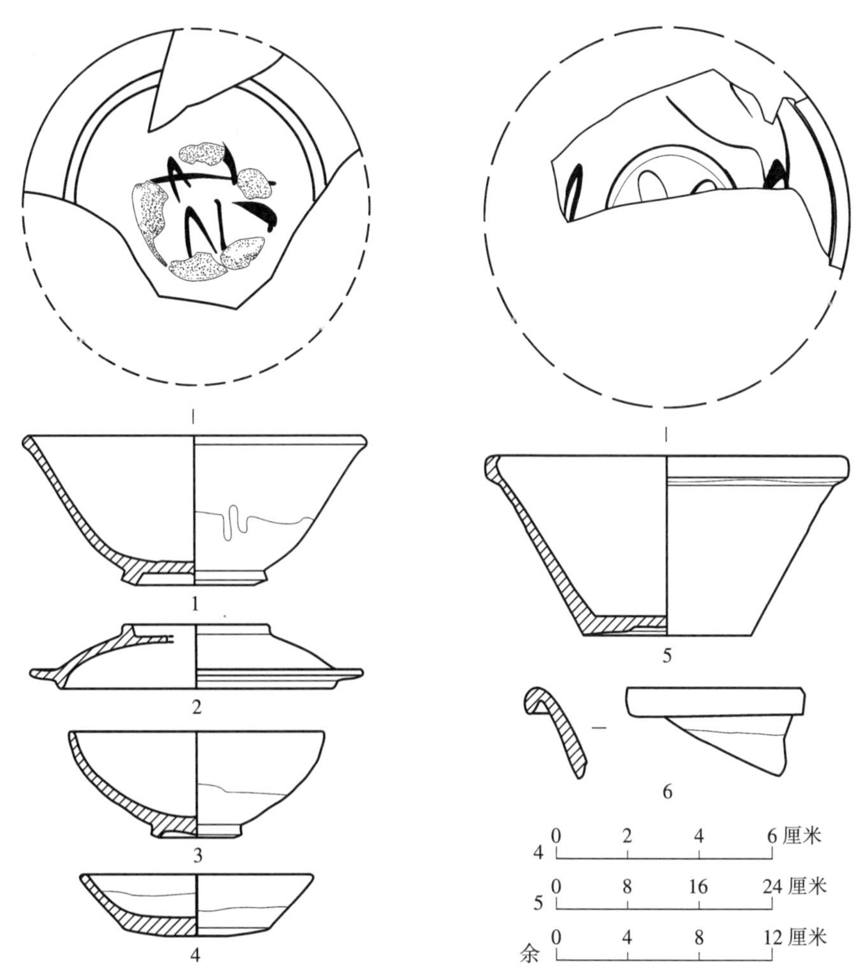

图一五九　T51③出土器物

1. 白地褐彩碗（T51③：24）　2. 粗白瓷器盖（T51③：12）　3. 黑釉碗（T51③：25）　4. 黑釉小盏（T51③：30）　5. 白地褐花盆（T51③：14）　6. 绿釉盆（T51③：42）

壁施釉不及底，露胎处呈火石红，圈足内部仅粘连少量釉。

青白瓷残片，T51③:32，残，器形不明，残长5.3、残宽2.2厘米。胎质洁白细腻，施青白釉。

钧瓷碗，T51③:34，残，足径6.5~6.8、残高4.5厘米。灰黑色胎，质地较粗，坚硬。施天蓝釉，有缩釉现象，内壁满釉，外壁施釉不及底。弧腹，圈足，圈足内有旋削痕迹。

钧瓷碗，T51③:35，口沿残片，口径约18、残高5.8厘米。黄白胎，质地较粗。内外均施青釉，较为均匀，光亮润泽，有较多开片，内壁满釉，外壁施釉不及底。直口微敞，圆唇，弧腹（图一六〇，1）。

钧瓷碗，T51③:36，器底残片，足径5.5、残高4.7厘米。灰黑色胎，质地较粗，坚硬，底部胎呈砖红色。施月白釉，内壁满釉，外壁釉不及底，釉层均匀，釉面有大量鬃眼，有流釉现象。弧腹，圈足，底部有鸡心突。

钧瓷碗，T51③:37，口沿残片，残宽5.8、残高5.1厘米。红褐色胎，质地较粗。内外均施青釉，釉色发灰，有缩釉现象。直口微敛，圆唇，弧腹。

钧瓷碗，T51③:39，口沿残片，残长7.5、残高3.5厘米。深灰色胎，较粗，坚硬。施天蓝釉。直口微敛，圆唇。

钧瓷碗，T51③:40，口沿残片，残长6.1、残高2.8厘米。灰白胎，较粗。施浅蓝釉，发白。直口微敛，圆唇。

龙泉青瓷碗，T51③:49，残，足径约7、残高2.5厘米。胎色较白，胎质细腻坚硬。弧腹，圈足。内外施青釉，釉层较厚，莹润光滑。圈足内有火石红，内壁有刻划花卉纹饰。

青瓷碗，T51③:50，残，残长7.3、残宽3.8厘米。灰胎，胎质较细，坚硬。内外施青釉。内壁有印花纹饰，外壁刻折扇纹。

翠蓝釉器座，T51③:41，残，残长8.5、残宽5.2、残高7.4厘米。黄褐色胎，质地较粗。器表先施白色化妆土，再施翠蓝釉，剥釉严重，底部不施釉。方形或长方形，中部有平台，下部为云状足。

绿釉盆，T51③:42，口沿残片，残长10、残高4.8、厚0.5~0.9厘米。黄白色胎，质地较粗，坚

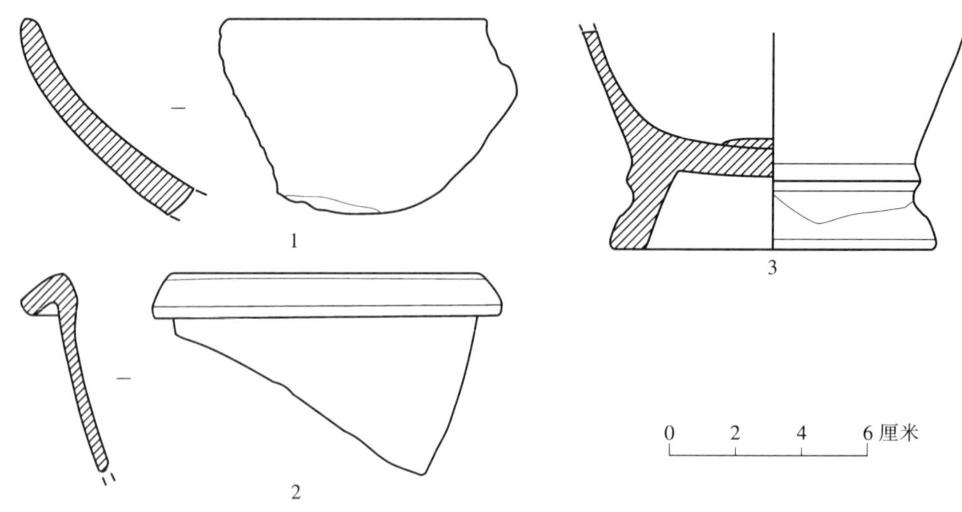

图一六〇　T51③出土器物

1. 钧瓷碗（T51③:35）　2. 黑釉盆（T51③:28）　3. 黑釉瓶（T51③:26）

硬。器表施绿釉，内壁满釉，外壁施釉仅及上部。口沿上有一支钉痕。敞口，卷沿，尖圆唇。斜直腹（图一五九，6）。

绿釉枕，T51③:43，枕面残片，残长7.6、残宽7.5、厚0.8厘米。红褐色胎，质地较粗，坚硬。器表施白色化妆土，以剔花方式作出纹饰，再罩一层绿釉。

白色素胎骰子，T51③:51，完整，边长0.9厘米。白胎，质地坚硬。六面分别有1～6个圆圈。

陶砚，T51③:45，残，残长11.6、残宽10.3、高3.1厘米。泥质灰陶，长方形，平底。

石器，T51③:46，残。残长6、残宽8.2、厚2.6厘米，通体磨光，一面较平，另一面中间鼓起。

陶器底，T51③:53，残长14.5、残宽13、厚1.2厘米。泥质灰陶。平底，内底密布方格纹，呈同心圆状分布。

12. T52

（1）T52⑤

白瓷刻花盏，T52⑤:1，残，口径约8.5、足径约2.8、高4厘米。白胎，胎质细腻坚硬。内外满釉，芒口，釉面光润，釉色洁白，微泛黄。敞口，尖唇，弧腹，小圈足，内壁有刻花纹饰（图一六一，1）。

白瓷刻花碗，T52⑤:2，可复原，口径约16、足径5.8、高8厘米。白胎，胎质细腻坚硬。内外满釉，芒口，釉面光润，釉色洁白。敞口，圆唇，深弧腹，圈足，外壁有刻花萱草纹（图一六一，3）。

白瓷刻花盘，T52⑤:3，残，口径约21.5、残高3.9厘米。白胎，胎质细腻坚硬。内外满釉，芒口，釉面光润，釉色白中泛黄。敞口，尖唇，折腹，口部为花口，内壁有刻花纹。

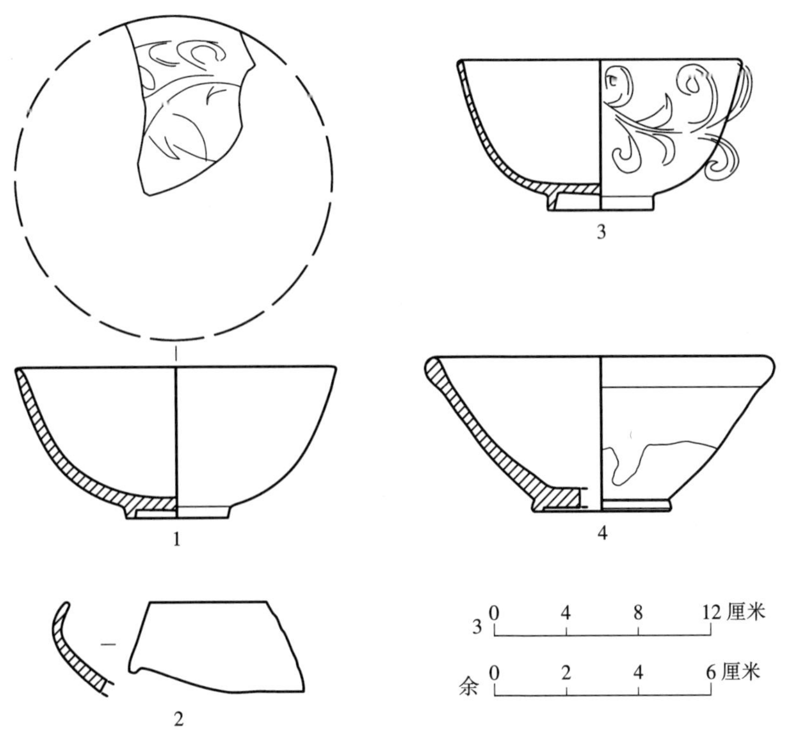

图一六一　T52⑤出土器物

1. 白瓷刻花盏（T52⑤:1）　2. 黑釉碟（T52⑤:6）　3. 白瓷刻花碗（T52⑤:2）　4. 黑釉盏（T52⑤:4）

双色釉碗，T52⑤:7，残，口径23.5、残高6.2厘米。灰胎，胎质较粗。内壁及外壁唇部施白色化妆土，内壁满釉，釉色泛青灰，外壁口沿下施透明釉，下部施黑釉。敞口，圆唇，弧腹。

黑釉盏，T52⑤:4，残，口径约9.6、足径约3.8、高4.3厘米。黄褐色胎，胎质较粗。内壁满釉，外壁半釉，釉面较粗糙，釉色乌黑。敞口，厚唇，斜直腹，圈足（图一六一，4）。

黑釉盏，T52⑤:5，口沿残片，残宽4.5、残高3.6、厚0.3～0.4厘米。白胎，胎质细腻，坚硬。内外均施黑釉，釉层均匀，釉色紫黑。侈口，圆唇，斜直腹。

黑釉碟，T52⑤:6，残，残宽5.2、残高2.4厘米。灰白胎，胎质较粗。内外均施釉，釉面光润，黑釉夹杂着酱斑。敛口，圆唇，鼓肩，浅弧腹（图一六一，2）。

黄釉印花残片，T52⑤:9，残，残宽4.8、残高2.6厘米。灰黑色胎，胎质较粗。内外施黄釉，内底有涩圈，外壁釉不及底，内壁有印花纹饰。

黑色围棋子，T52⑤:8，直径1.4、厚0.5厘米。素烧，黑胎，胎质坚硬。

白色素烧象棋子，T52⑤:11，残，直径2.8、厚0.5厘米。白胎，胎质较细。圆形，上印“象”字。

灰陶盏托，T52⑤:12，残，边径约14、底径7.5、残高4.5厘米。泥质灰陶，胎质粗疏。口部残，宽沿上翘，假圈足。

（2）T52④

白瓷盒，T52④:6，残，口径约9、残高3.1厘米。白胎，胎质细腻坚硬。内外满釉，芒口。子母口，尖圆唇，直壁，下腹内收（图一六二，5）。

白瓷玉壶春瓶，T52④:8，残，口径6、残高3.7厘米。白胎，胎质细腻坚硬。内外均施釉，釉面光润，釉色洁白。圆唇突出，直颈（图一六二，3）。

白瓷器盖，T52④:81，残，口径约16、残高2.8厘米。白胎，胎体细腻坚硬。内外满釉，芒口。釉面光润，釉色白中泛灰。直口，方唇，直壁，盖面拱起。

白瓷器底，T52④:14，足径9.2、残高2.5厘米。白胎，胎质细腻坚硬。器内外均施釉，外壁釉面光润，釉色洁白，足底有砂粒。喇叭状圈足，上部残破严重。

白瓷刻花碟，T52④:1，可复原，口径12、底径8.7、高2厘米。白胎，胎质细腻坚硬。内外皆施满釉，芒口。敞口，尖圆唇，浅弧腹，平底，卧足。内底有刻划花卉纹饰（图一六二，1）。

白瓷刻花钵，T52④:3，残，口径13、残高7.3厘米。白胎，胎质细腻坚硬。内外施满釉，芒口，釉面光润，釉色洁白。直口微敛，尖圆唇，直腹微鼓。外壁刻花卉纹（图一六三，1）。

白瓷刻花器盖，T52④:4，残，残高2.3厘米。白胎，胎体坚致。平沿内壁及子口唇部无釉，余满釉。釉面光润，白中泛黄。子母口，子口内敛，方唇，平沿，盖面拱起，有轮菊纹。

白瓷刻花钵，T52④:5，可复原，口径约10、足径5.4、高7.9、壁厚0.2厘米。白胎，胎质细腻坚硬。内外施满釉，芒口，内底有涩圈，圈足着地处无釉，圈足内外有大量的砂粒。直口微敛，尖圆唇，直腹微鼓。外壁刻莲瓣纹（图一六二，4）。

白瓷刻花盘，T52④:73，残，残宽9、残高3.7厘米。白胎，胎质细腻坚硬。内外满釉，芒口，釉面光润，釉色白中泛灰。敞口，尖圆唇，浅弧腹。口部为花口，对应的内壁有出筋，内底有刻花纹饰，底部有红色摩擦痕。

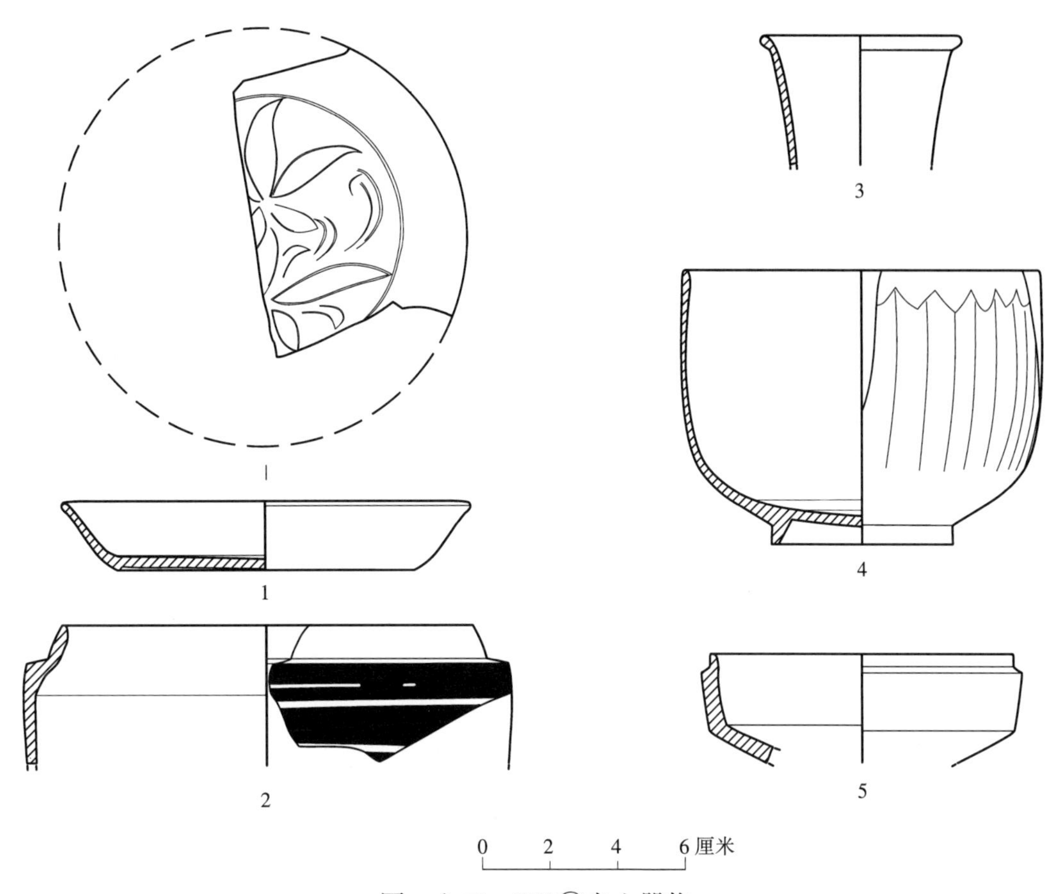

图一六二　T52④出土器物

1. 白瓷刻化碟（T52④：1）　2. 黑釉罐（T52④：43）　3. 白瓷玉壶春瓶（T52④：8）　4. 白瓷刻花钵（T52④：5）　5. 白瓷盒（T52④：6）

白瓷刻花大碗，T52④：74，残，足径约11.2、残高1.9、厚0.5～0.7厘米。白胎，胎体坚致、厚重。内外满釉，应是芒口，釉面光润，釉色白中泛黄。大圈足。内底有刻花纹饰。

白瓷刻花盘，T52④：76，残，足径5.3、残高2.2厘米。白胎，胎质细腻坚硬。内外满釉，应为芒口，釉面光润，釉色白中泛黄。浅弧腹，圈足，内壁有刻花萱草纹，内底有红色摩擦痕。

白瓷刻花盏，T52④：79，残，足径2.9、残高2.6厘米。白胎，胎质细腻，局部结合不紧密。内外满釉，应为芒口，釉面光润，釉色白中泛黄。斜直腹，小圈足，内壁刻萱草纹。

白瓷刻花器盖，T52④：80，残，残高2.6厘米。白胎，胎体坚致。平沿内壁及子口唇部无釉，余满釉。釉面光润，白中泛黄。子母口，子口内敛，尖圆唇，平沿上翘，盖面拱起，刻萱草纹。

白瓷印花盘，T52④：9，残破较甚，高3.2厘米。白胎，胎质细腻坚硬。内外施满釉，芒口。敞口，尖圆唇，浅弧腹，圈足较高，圈足壁极窄。器内壁有印花纹饰，口沿下为一周回纹，其下为花卉纹饰，有荷花等，底部为水波游鱼。

白瓷印花碗，T52④：10，残，足径约6.8、残高2厘米。白胎，胎质细腻坚硬。内外施满釉，应是芒口。弧腹，圈足。器内壁有印花纹饰，为缠枝牡丹纹。

白瓷印花碗，T52④：11，残，足径约8、残高4厘米。白胎，胎质细腻坚硬。内外施满釉，应是芒口，内壁釉较光润，外壁釉面粗糙。弧腹，圈足较高。内壁印凤鸟穿花纹。

白瓷印花残片，T52④:12，残，残长5、残宽4.8厘米。白胎，胎质细腻坚硬。内外施满釉，洁白光润。内壁印禽鸟及荷花纹。

白瓷印花盘，T52④:13，残，足径约7、残高2.2厘米。白胎，胎质细腻坚硬。内外施满釉，应是芒口。斜直腹，平底，圈足。器内壁有印花纹饰，以竖条相隔，残留部分可见一怪石，底部有花卉纹饰。

白瓷印花片，T52④:19，长7、宽6厘米。白胎，结合不紧密。器内外皆施釉，釉色泛黄。内壁有印花牡丹纹，纹饰较突出。

白瓷印花片，T52④:20，长4.8、宽4.5厘米。白胎，胎质细腻坚硬。器内外皆施釉，釉色泛黄。内壁有印花纹饰。

白瓷碗，T52④:16，可复原，口径12、足径5.8、高5厘米。白胎泛灰，胎质较粗，从断面看为两层泥加在一起，结合不紧密。内外施满釉，釉色灰黄，不很光洁，有的地方鼓起。芒口，外壁釉不及底。敞口外撇，尖圆唇，弧腹较深，平底，圈足（图一六三，2）。

白瓷碗，T52④:17，可复原，口径15、足径7、高6.3厘米。白胎，胎质稍粗，结合不紧密。内外施满釉，釉色灰黄，芒口。敞口，圆唇，弧腹，平底，圈足（图一六三，3）。

白瓷碗，T52④:18，可复原，口径约12.5、足径3.8、高3.7厘米。白胎泛灰，胎质细腻坚硬。内壁满釉，底部有涩圈，外壁釉不及底，釉色发灰。侈口，方唇，弧腹，圈足，挖足过肩（图一六三，4）。

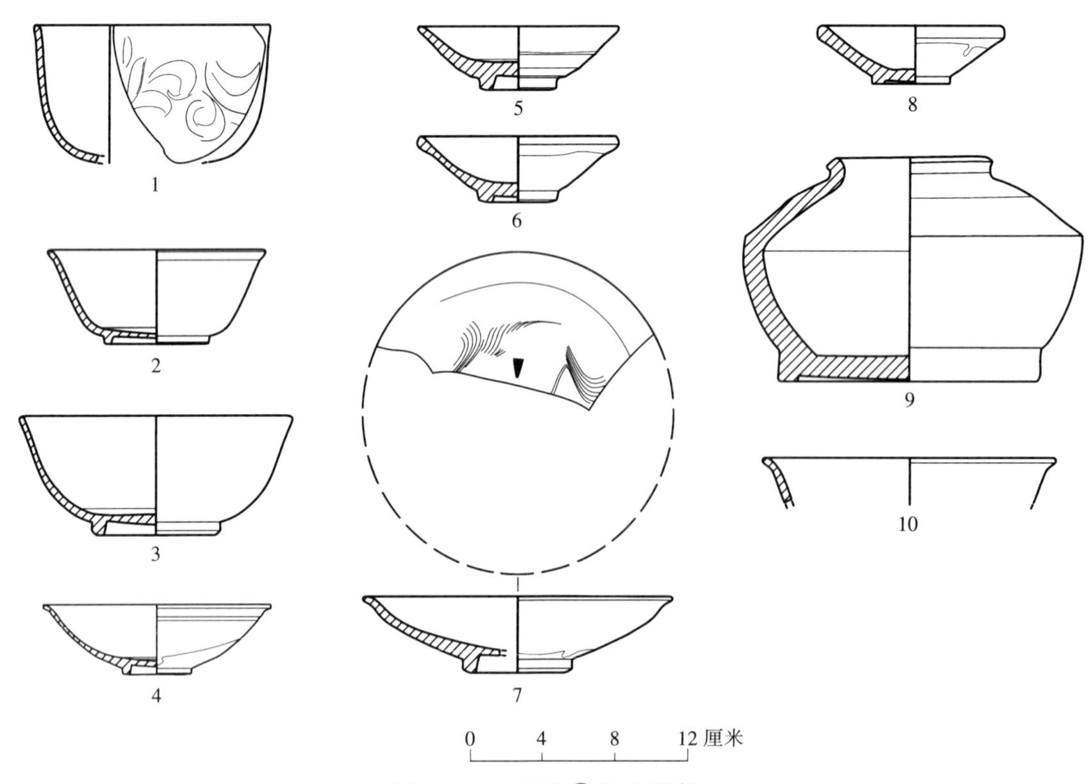

图一六三　T52④出土器物

1. 白瓷刻花钵（T52④:3）　2. 白瓷碗（T52④:16）　3. 白瓷碗（T52④:17）　4. 白瓷碗（T52④:18）　5. 粗白瓷小碗（T52④:25）　6. 粗白瓷盏（T52④:26）　7. 粗白瓷篦划花盘（T52④:24）　8. 粗白瓷盏（T52④:27）　9. 酱釉罐（T52④:41）　10. 龙泉窑青瓷碗（T52④:44）

白瓷小瓶，T52④:22，残，足径 2.1、残高 3.4 厘米。白胎较细腻，内壁无釉，外壁釉不及底，釉色泛黄。斜直腹，饼状卧足。

白瓷点彩小碟，T52④:23，可复原，口径 6、高 1.5 厘米。胎色纯白细腻，内底有焦褐色点彩纹饰，中间的五个小点突出于器表，内满釉，外壁釉仅及口沿。直口，圆唇，浅腹，平底微内凹。

粗白瓷篦划花盘，T52④:24，可复原，口径约 17、足径约 6、高 3.8 ~4.2 厘米。灰白胎，胎质坚硬。器表施白色化妆土，内壁满釉，底部有支钉痕，外壁釉不及底，釉色泛青灰。敞口，圆唇，浅弧腹，圈足，挖足过肩。内壁有篦划花纹饰（图一六三，7）。

粗白瓷刻花残片，T52④:82，残宽 2.7、残高 6.3 厘米。灰胎，胎体坚致。器表施白色化妆土，外壁有刻花纹饰，釉面光亮，釉色泛灰。

粗白瓷小碗，T52④:25，可复原，口径约 11、足径 4.2、高 3.3 ~3.6 厘米。黄褐色胎，胎质较粗疏。器表施白色化妆土，内壁满釉，底部有涩圈，外壁半釉，釉色发黄。敞口，圆唇，浅弧腹，圈足（图一六三，5）。

粗白瓷盏，T52④:26，可复原，口径 10.8、底径 4.2、高 3.5 厘米。灰白胎，胎质较粗，坚硬。器表施白色化妆土，内壁满釉，底部有三枚支钉痕，外壁釉仅及口沿。敞口，圆唇，唇较厚，浅弧腹，圈足（图一六三，6）。

粗白瓷盏，T52④:27，可复原，口径约 10、底径 4.1、高 3 ~3.4 厘米。黄白胎，胎质较粗。口沿及内壁施白色化妆土，内壁满釉，外壁釉仅及上部。敞口，圆唇，唇较厚，浅弧腹，矮圈足（图一六三，8）。

粗白瓷砚（?），T52④:28，残，残宽 6.2、高 6.5 厘米。黄白色胎，内含较多颗粒杂质。器表施白色化妆土，足底为酱釉护胎。直口，圆唇，出沿为花口形，直腹，上有竖向凸棱，内接浅盘。

白地黑花瓶，T52④:29，残，残高 4.6 厘米。黄白色胎，内含较多颗粒杂质。外壁施白色化妆土，釉色洁白，以黑彩绘纹饰。束颈，溜肩。

白地黑花罐，T52④:30，残，残长 10、残高 6.5 厘米。褐色胎，内含较多颗粒杂质。内外皆施白色化妆土，釉色较白，外壁釉不及底，以黑彩绘纹饰。

白地黑花瓶，T52④:31，残，残长 7.7、残高 9.5 厘米。灰褐色胎，胎质坚硬，内含较多杂质。外壁施白色化妆土，釉色较白，以黑彩绘纹饰。内壁有轮制痕迹。

白地黑花罐，T52④:32，残，残宽 8、残高 5.4 厘米。黄白色胎，内含较多杂质。内外皆施白色化妆土，釉色较白，外壁以黑彩绘纹饰，直口，圆唇。

白地黑花枕，T52④:33，灰白胎，胎体坚致。器表施白色化妆土，以黑彩绘纹饰，再施透明釉，釉面光亮。枕墙外弧，后壁有圆孔，枕墙上有垫砂痕迹。

白地黑花枕，T52④:34，枕底残长 8、残宽 2.8、枕墙残高 6.7 厘米。黄褐色胎，胎质较粗，坚硬。器表施白色化妆土，以黑彩绘纹饰，再施透明釉，釉不及底，釉面较涩。直壁，平底，内壁枕墙和枕底之间有泥条加固。

多边形白地黑花枕残片，T52④:35，残长 7.1、残宽 2.4、残高 3.6 厘米。黄褐色胎，胎质较粗，坚硬。器表施白色化妆土，以黑彩绘纹饰，再施透明釉，釉面光亮。多边形，直壁，枕面超出枕墙平底，内壁枕墙和枕面之间有泥条加固。

白地黑花枕，T52④:36，枕面残片，残长5.3、残宽3.8厘米。灰褐色胎，胎体坚致。器表施白色化妆土，以黑彩绘纹饰，再施透明釉。

腰圆形白瓷剔花枕，T52④:38，枕面残片，残长6.2、残宽6.4、残高1.6厘米。深灰褐色胎，胎体坚致。器表施白色化妆土，然后剔去部分化妆土，露出胎体，纹饰较突出，再施透明釉，形成褐地白花的效果，釉色泛青灰。

腰圆形白瓷枕，T52④:39，残，残长7.8、残高7.2厘米。灰褐色胎，胎体坚致。器表施白色化妆土，枕面刻纹饰，再施透明釉，釉色泛灰。枕面前低后高，超出枕墙，枕面与枕墙间有泥条加固，枕墙中部加厚。

酱釉四系瓶，T52④:40，口径6、残高13.4厘米。黄褐色胎，胎质较粗。内壁及外壁上部施酱釉，芒口，釉面光亮。直口，圆唇较厚，溜肩，颈部与肩部交接处残留两个完整的系。

酱釉罐，T52④:41，基本完整，口径9、足径14.3、高12厘米。黄褐色胎，胎质较粗疏。内壁及唇部、肩部上方、腹中部施酱釉。直口，方唇外斜，广肩，折腹，大圈足（图一六三，9）。

黑釉罐，T52④:43，口沿残片，口径约12、残高4厘米。子母口，尖唇，直腹。灰白胎，胎质较细，坚硬。内壁及腹壁施黑釉，壁上剔刻掉部分釉，露出胎体（图一六二，2）。

酱釉双耳瓶，T52④:42，残，口径5.4~5.8、残高7.5厘米。灰黑色胎，胎质较粗，坚硬。内外均施酱釉，较粗糙。直口，方唇，直颈，颈中部有一周凸棱，溜肩，肩部有双耳。

龙泉窑青瓷碗，T52④:44，口沿残片，口径约16、残高2.5厘米。白胎泛灰，胎体坚致。内外皆施青釉，釉层较厚，釉面光润，釉色青绿，有较大的开片。侈口，圆唇，弧腹（图一六三，10）。

龙泉窑青瓷碗，T52④:45，口沿残片，残高约3厘米。白胎泛灰，胎质细腻，胎体坚致。内外皆施青釉，釉色淡青。敞口，圆唇，弧腹。

青瓷碗，T52④:46，口沿残片，残高约5、厚0.4~0.6厘米。深灰色胎，胎体坚致。敞口，圆唇，斜直腹。内外皆施青釉，釉色发暗，内壁有印花纹饰，外壁刻折扇纹。

耀州窑青瓷碗，T52④:47，器底残片，足径4.5、残高2.3厘米。灰白胎，胎体坚致。内外施青釉，釉层较厚，釉色青绿，釉面光润，有大量开片，圈足着地处不施釉，圈足内有褐色护胎釉。足墙内壁有垫砂。弧腹，圈足，内壁有印花纹饰。

耀州窑青瓷盏，T52④:48，器底残片，足径3.3、残高2.7厘米。灰胎，胎体坚致。内外施青釉，釉色发暗，有大量开片，圈足不施釉。圈足内有垫砂。弧腹，圈足，内壁印牡丹纹。

三彩枕，T52④:54，枕面残片，残长8、残宽4.2、厚0.6~0.8厘米。黄褐色陶胎，胎质较粗。器表施白色化妆土，然后刻出纹饰，花朵部分施黄釉，草叶施绿釉，其余部位施透明釉。

腰圆形绿釉枕，T52④:55，枕面残片，残长10、残宽7、残高2.3厘米。红褐色胎，胎质较粗，坚硬。器表施白色化妆土，枕面刻纹饰，然后施透明釉。枕墙外弧，枕面与枕墙间有泥条加固。

绿釉枕，T52④:56，残长14.5、残宽5.4、残高4.5厘米。红褐色陶胎，胎质较粗。器表满施白色化妆土，枕墙上刻纹饰，然后施绿釉，釉不及底。前枕墙内弧。

绿釉陶熏炉，T52④:57，残，口径约7、残高2.5厘米。泥质红陶胎，胎质较粗。器表施白色化妆土，再施绿釉，釉面较光亮。直口，尖圆唇，浅腹，束腰，外壁贴塑两层莲瓣。束腰处中空。

绿釉炉，T52④:58，边沿残片，残长3、残宽2.8厘米。红褐色胎，胎质较粗。器表施白色化妆土，刻纹饰，然后施绿釉，釉面光亮。

红绿彩残片，T52④:59，残长6.3、残宽5.3厘米。黄褐色胎，胎体坚致。器表施白色化妆土，釉上以红、绿、黄三彩进行装饰。器表高低起伏，器形不明。

红绿彩盏，T52④:61，残，高2.2厘米。黄褐色胎，胎质较粗。器表施白色化妆土，釉色直白，底部不施釉，内壁以红、绿彩进行装饰，壁上有三周红色弦纹，其下以红、绿彩绘花卉纹。敞口，圆唇，弧腹较浅，平底。

翠蓝釉罐，T52④:63、T52④:64，淡红褐色陶胎，胎质较粗疏。器表满施白色化妆土，内壁施绿釉，外壁施翠蓝釉，脱釉严重，几无保留。口径约8、底径约6.5厘米。直口，圆唇，短直颈，鼓肩，圆腹，圈足。

翠蓝釉壶，T52④:65，残，残宽4.4、残高4.3厘米。黄褐色胎，胎质较粗。外壁施白色化妆土，然后施翠蓝釉，脱釉严重。瓜棱腹，提梁一端贴在腹上。

白色围棋子，三枚，素烧，白胎，胎质坚硬。T52④:66，直径1.7、厚0.3~0.5厘米。T52④:67，直径1.8、厚0.4~0.5厘米。T52④:68，直径1.8、厚0.5厘米。

陶釜，T52④:69，残，口径约8.4、残高3.8厘米。泥质红陶，平沿，直腹微鼓，腹部残留一梯形耳，上有压印纹饰。

兽面瓦当，T52④:70，残，瓦当直径约14、筒瓦残长14厘米。泥质灰陶。后接筒瓦，筒瓦背面有布纹。

滴水，T52④:71，残，残宽15、残高7厘米。泥质灰陶，连续的曲边，纹饰为狮子滚绣球。

砂质流，T52④:72，残长7厘米。砂质，胎质粗疏，器表施一层薄釉，流上翘。

(3) T52③b

白瓷印花碗，T52③b:1，残片，口径20、残高4.7、厚0.2~0.3厘米。胎色较白，胎质较细。内外施白釉，微泛黄，芒口，釉面光洁。敞口，圆唇，弧腹。内壁有印花纹饰。口沿下为一周流云纹，不甚清晰。下残存有团菊、牡丹，其间为缠枝花草。印花较为突出，阳文效果明显。

白釉剔花枕，T52③b:3，可以和T52④:38相拼。

粗白瓷刻划花碗，T52③b:4，腹部残片，残长13、残宽7.5厘米。灰白胎，较粗。内外皆施化妆土，外壁施釉不及底，内壁刻划花草纹饰。

白瓷点彩碗，T52③b:2，稍残，口径22、底径7.2、高7.2厘米。白胎泛黄，内壁施釉较厚，釉色发黄，外壁施釉仅及上部一点，较薄，白釉泛青灰，有流釉。外壁可见明显的轮旋痕。敞口圆唇，弧腹，圈足较高，内底有涩圈，涩圈内有黑色点彩花朵，黑彩突出于器表（图一六四，1）。

酱釉罐，T52③b:8，残片，残长8.8、残高6.5厘米。胎色较白，胎质坚硬。子母口。内外施酱釉，口部不施釉。外壁施酱釉，部分地方剔刻掉纹饰，露出胎体，形成纹饰（图一六四，4）。

黑釉小碗，T52③b:9，可复原，口径9.8、足径4.2、高2.8厘米。黑灰色胎，胎质较粗。唇口，浅弧腹，矮圈足。内施黑釉，外壁上部挂半釉，外底、足墙无釉，内底有涩圈。较为粗糙。口沿不太规整，高低不平（图一六四，5）。

龙泉窑青瓷盘，T52③b:5，可复原，口径约11、足径4.8、高2.9~3厘米。胎色洁白，胎质细腻坚致。折沿，圆唇，浅弧腹，圈足。内底稍凸，内外施青釉，釉不厚。外底、足底无釉，釉面莹润有开片。内底印折枝花纹，较为模糊（图一六四，2）。

钧瓷碗，T52③b∶6，可复原，口径约15.5、足径5.6、高6.6厘米。灰黑色胎，胎质较粗坚硬。直口，圆唇，弧腹，圈足。内外施深蓝色釉，釉质乳浊浑厚，足、外底无釉，口沿釉层较薄，外壁有流釉现象。圈足底部斜削，圈足无釉。口沿内外釉层较薄，釉色为灰黄色，越往下釉层越厚，尤以内底最厚，达0.5厘米。釉内有大量气泡（图一六四，3）。

钧瓷碗，T52③b∶7，残剩底部。足径7.7、残高3.5厘米。灰黑色胎，内外均施青灰色釉，釉层较厚，施釉均匀。釉不及底。底部发砖红色。

红绿彩碟，T52③b∶10，可复原。口径约10、底径5.5、高2厘米。黄白胎，胎质较粗。敞口，圆唇，浅腹，平底。内壁全部及外壁大部分施白色化妆土，外壁釉不及底，内壁有三周红色圆圈，圆圈内为红绿彩花卉纹。内底有四枚较小的支钉痕（图一六四，6；图版四三，1）。

耀州窑青瓷碗，T52③b∶11，残片，残长5.5、残高3.6厘米。灰胎，内外施青釉。敞口微外撇，圆唇，弧腹。内壁有印花花草纹饰，外壁口沿下有一周弦纹（图版四三，2）。

绿釉残片，T52③b∶12，残，残长9、残宽6.8厘米。白胎泛黄，火候较高。外壁施绿釉，内壁不施釉。可能是盆架一类的器物（图版四三，3）。

瓦当，T52③b∶13，残，直径约18、厚1.6厘米（图版四三，4）。

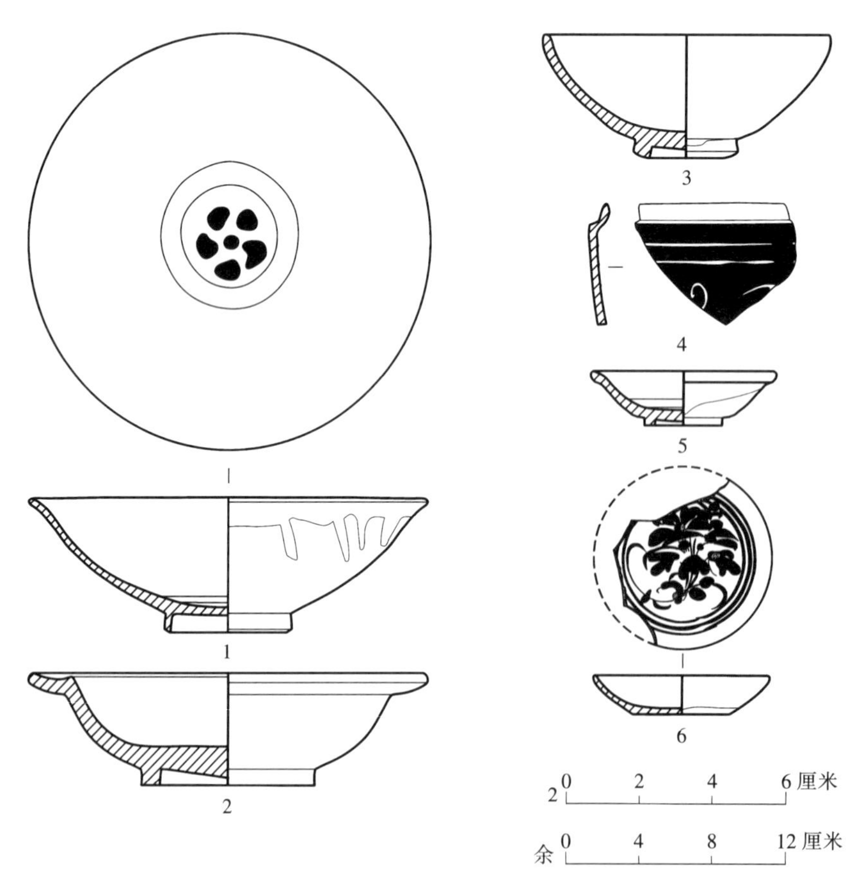

图一六四　T52③b出土器物

1. 白瓷点彩碗（T52③b∶2）　2. 龙泉窑青瓷盘（T52③b∶5）　3. 钧瓷碗（T52③b∶6）　4. 酱釉罐（T52③b∶8）　5. 黑釉小碗（T52③b∶9）　6. 红绿彩碟（T52③b∶10）

滴水，T52③b∶14，后部残断，残长7.8厘米。滴水上宽9、下宽11.5、高5.3厘米，板瓦较窄，宽9、厚1.7厘米。泥质灰陶，有布纹痕迹。滴水描述，两侧有切割及掰开痕（图版四三，5）。

鸱吻，T52③b∶15，下颌残件，残长14、宽5～10、高6.5厘米，泥质灰陶（图版四三，6）。

（4）T52③

白瓷碗，T52③∶1，可复原，口径约12、足径4.1、高4厘米。白胎，胎质较细，坚硬。内壁满釉，底部有涩圈，外壁釉不及底，釉面光亮，釉色泛灰。撇口，方唇，弧腹较浅，圈足，挖足过肩（图一六五，1）。

粗白瓷刻划花碗，T52③∶2，可复原，口径22.2、足径6.4、高6.9～7.3厘米。灰褐色胎，胎质较粗，坚硬。器表施白色化妆土，内壁满釉，内底有支钉痕，外壁釉不及底。敞口，圆唇，弧腹，圈足，挖足过肩，内壁有刻划花纹饰。

粗白瓷碗，T52③∶3，残，足径约10、残高6.7厘米。灰褐色胎，胎体坚致，厚重。器表施白色化妆土，内壁满釉，内底有支钉痕，外壁施釉至圈足，有流釉。弧腹，圈足很高，挖足过肩，底部极薄。

黑釉瓶，T52③∶4，残，口径约6、残高8.4厘米。黄褐色胎，胎质较粗。内壁及外壁上部施黑釉，内壁釉色较深，外壁较浅。杯形口，方唇，束颈，溜肩，鼓腹（图一六五，3）。

黑釉胡人，T52③∶5，残，残高4.6厘米。黄褐色胎，胎质较粗，坚硬。器表施黑釉，釉面光亮。呈胡人形象，高鼻深目，头上戴帽，双臂及足部以下残。

绿釉花瓶，T52③∶7，残高5.5厘米。黄褐色胎，胎质较粗，坚硬。外壁施绿釉，釉面光亮。颈部残片，压印回纹。

绿釉枕，T52③∶8，枕面残长4.8、残宽6.2、厚0.8厘米。红色陶胎，胎质较粗。器表施白色化妆土，枕面剔刻出纹饰，然后罩一层绿釉，剔去化妆土处颜色较深，发黑。

小陶罐，T52③∶9，完整，口径5.1、足径3、高4.5厘米。泥质褐陶，胎质较粗，器表部分胎体脱落。敞口，圆唇，短束颈，鼓肩，下腹内收，平底（图一六五，2）。

骨梳，T52③∶11，残，长7.2、宽3.1厘米。骨质，磨光。一面较平，另一面鼓起，梳齿密集，已断。

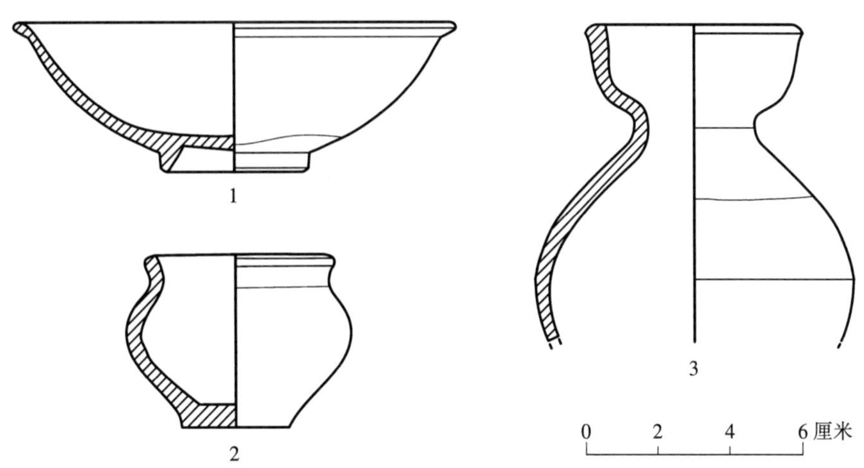

图一六五　T52③出土器物

1. 白瓷碗（T52③∶1）　2. 小陶罐（T52③∶9）　3. 黑釉瓶（T52③∶4）

13. T53

（1）T53⑤

白瓷刻花盏，T53⑤:1，残，残高4.2、器壁厚0.2～0.3厘米。白胎，胎质细腻坚硬。内外满釉，芒口，釉面光润，釉色洁白。侈口，尖圆唇，弧腹，小圈足，内壁有白色出筋。

白瓷刻花钵，T53⑤:2，残，残宽7.2、残高8.6厘米。白胎微泛灰，胎质较细，坚硬。内壁满釉，芒口，釉面光润，有开片，釉色白中泛灰黄。直口，圆唇较厚，深直腹，外壁有刻花纹饰（图一六六，1）。

粗白瓷双耳罐，T53⑤:5，残，残宽7.8、残高5.8厘米。黄白胎，胎质较粗。外壁及内壁口沿下施白色化妆土，外壁釉面光润，釉色白中泛黄，有细碎开片，芒口，内壁不施化妆土处釉色呈黄褐色。直口，圆唇，溜肩，肩部有耳（图一六六，2）。

青瓷器盖，T53⑤:3，残，口径约9、残高2.1厘米。灰白胎，胎体坚致。内外满施青釉，釉面光润，釉色青灰。平沿，弧腹。

黄釉盘，T53⑤:4，残，口径约17、口沿残片残高2.3、底部残片残高1.8厘米。红褐色胎，胎质较粗。器表施黄釉，内壁满釉，底部有涩圈，外壁釉不及底。敞口，圆尖唇，浅弧腹，圈足，挖足过肩，器内壁有印花纹饰，较模糊。

绞胎瓷器，T53⑤:6，残，残高1.6厘米。下部为白胎，胎质细腻坚硬，上部为绞胎，由白、褐两种胎绞成，釉面光洁。

酱釉双耳瓶，T53⑤:7，口径4.7、残高5.2厘米，灰黑色胎，胎质较粗，坚硬。器表施酱釉，较粗糙。直口，方唇，短直颈，颈中部有一周凸棱，溜肩，肩部附双耳。

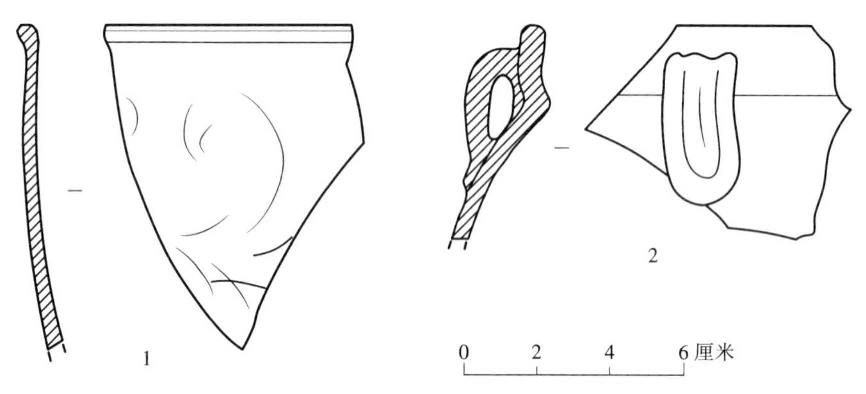

图一六六　T53⑤出土器物

1. 白瓷刻花钵（T53⑤:2）　2. 粗白瓷双耳罐（T53⑤:5）

（2）T53④

粗白瓷刻划花碗，T53④:3，可复原，口径约17.6、足径5.7、高6.3厘米。灰白胎，胎质较粗，坚硬。器表施白色化妆土，再罩以透明釉。外壁釉不及底，内底有支钉痕。釉色发灰。敞口，圆唇，弧腹，圈足，挖足过肩，内底很薄。内壁有刻划和篦划纹饰（图一六七，1）。

白地黑花器盖，T53④:4，残，口径约15、残高3.5厘米。黄白胎，胎质较粗疏。盖身上施白色化妆土，以黑彩绘纹饰，盖面满釉，盖身下面不施釉，釉面较白，不甚光洁。子母口，直口，圆唇，平沿上翘，盖身隆起较高（图一六七，2）。

白地褐花枕，T53④:5，枕面残片，残长8.8、厚0.3~0.5厘米。灰褐色胎，胎质较粗，坚硬。外壁施白色化妆土，以褐彩绘纹饰，再施透明釉。

黑釉碗，T53④:6，可复原，口径约12.4、足径4、高5.6厘米。白胎，胎质细腻坚硬。器表施黑釉，外壁釉不及底，施釉均匀，釉面光洁。撇口，尖圆唇，弧腹较深，圈足（图一六七，3）。

素胎俑残片，T53④:7，长8.5、宽2、残高4.1厘米。泥质红陶。底座为长方形，底部有卷云纹和一周凹槽。底座上中间有一人物下部，衣带下垂，左侧有一动物，残留两兽蹄，人物另一侧可能也有类似的形象。底座后部、底部有指纹，后部一侧还有墨书文字，模糊不清。

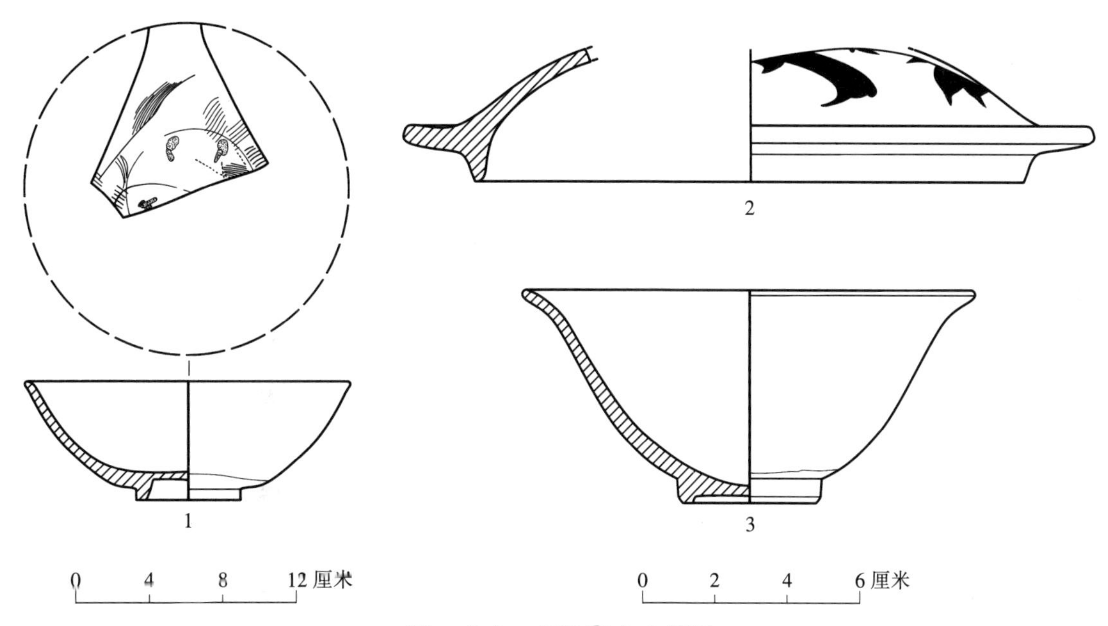

图一六七　T53④出土器物

1. 粗白瓷刻划花碗（T53④:3）　2. 白地黑花器盖（T53④:4）　3. 黑釉碗（T53④:6）

（3）T53③b

白瓷小碗，T53③b:2，残，口径约9、足径4.2、高4.5、厚0.2~0.4厘米。白胎，胎质细腻坚硬，胎体轻薄。内外满釉，芒口，釉面光润，釉色泛黄。敞口外撇，尖圆唇，弧腹，圈足（图一六八，2）。

白瓷小碗，T53③b:5，残，口径约9.5、足径约3、高4厘米。黄白胎，胎质较细。内外满釉，芒口，圈足内无釉，釉面光亮，有细碎开片，釉色泛灰黄。敞口外撇，方唇，弧腹，圈足，挖足过肩（图一六八，3）。

白瓷刻花大碗，T53③b:1，残，口径约23.5、足径约10.5、高8.6厘米。白胎，胎质细腻坚硬。内外满釉，芒口，釉面光润，釉色洁白。敞口，圆唇，弧腹，圈足较大，内底有刻花纹饰。内壁使用痕迹明显，摩擦严重，局部釉已经被磨掉（图一六八，1）。

白瓷刻花盘，T53③b:3，口部残片，口径约23、残高4.1厘米。白胎，胎质细腻坚硬。内外满釉，芒口，釉面光润，釉色泛黄。敞口，圆唇，折腹，内壁有刻花纹饰。花口，外壁上腹部花口下有竖向凹线。

粗白瓷刻划花碗，T53③b∶4，残，口径约22、足径约8、高7.8厘米。黄褐胎，胎质较粗，坚硬。器表施白色化妆土，内壁满釉，内底有长条支钉痕，外壁施釉至圈足，釉光润，釉色粉白。敞口，圆唇，弧腹，圈足，挖足过肩，内壁有篦划花纹饰。

酱釉盘，T53③b∶6，可复原，口径约13、足径5.8、高2.7~3厘米。褐色胎，胎质较粗，坚硬。器表施酱釉，内外均半釉。敞口，尖圆唇，浅弧壁，圈足（图一六八，4）。

翠蓝釉炉，T53③b∶7，腹部残片，残宽5.2、残高4.2厘米。模制，红褐色陶胎，胎质较粗疏。器表施白色化妆土，然后施翠蓝釉，剥釉严重。鼓腹，腹部有回纹和突出的兽首衔环纹饰。

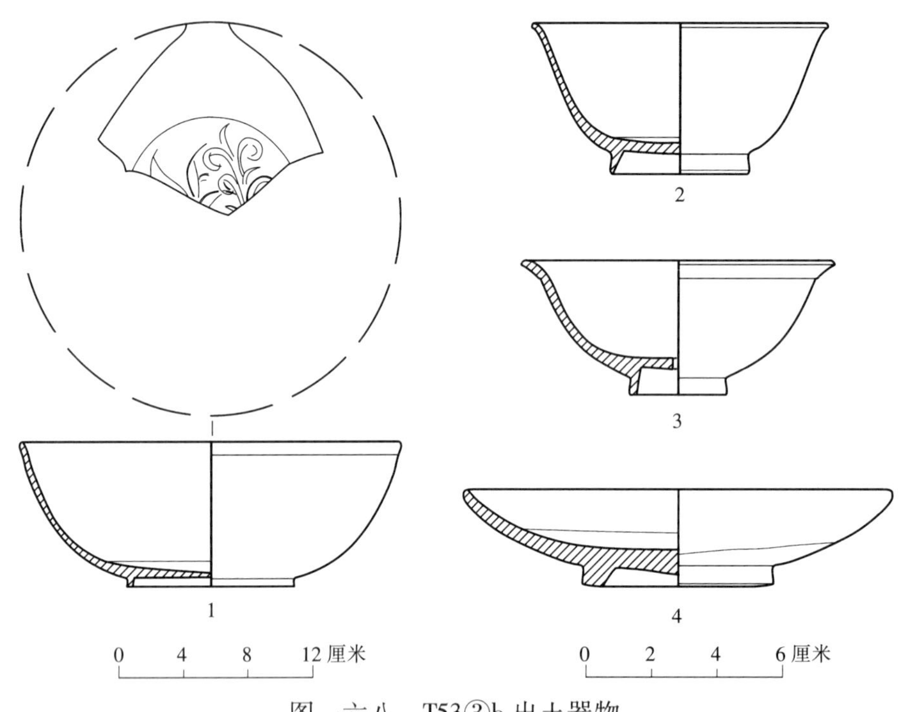

图一六八 T53③b出土器物

1. 白瓷刻花大碗（T53③b∶1） 2. 白瓷小碗（T53③b∶2） 3. 白瓷小碗（T53③b∶5） 4. 酱釉盘（T53③b∶6）

（4）T53③

白瓷双耳罐，T53③∶3，只剩下一耳。残宽2.5、残高3.5厘米。白胎，胎质细腻坚硬。内外皆施釉，釉色洁白。

白瓷大碗，T53③∶35，残，口径约26、残高5、厚0.2~0.3厘米。白胎泛灰，胎质较粗，有结合不紧密的地方。内外皆施釉，釉色泛黄灰，不莹润，芒口。敞口，圆唇较厚，弧腹，器上残留一锔孔（图一六九，8）。

白瓷印花片，T53③∶1，长4.8、宽4.1、厚0.2厘米。白胎，胎质细腻坚硬。内外皆施釉，釉色洁白。器内有印花纹饰，上部为一周流云纹，下面为花卉纹。

白瓷刻花碗，T53③∶2，底部残片，足径约7、残高2厘米。白胎，胎质细腻坚硬。内外皆施釉，釉色泛黄，釉面不光润。内底有刻花纹饰，主体为上下两条游鱼，方向相反，周围饰水波纹。

白瓷点彩小瓶，T53③∶5，残，足径2、残高3.9厘米。胎色洁白，胎质细腻。内壁不施釉，外壁釉不及底。口部残，溜肩，鼓腹，圈足。肩部有黑彩绘的简单纹饰（图一六九，1）。

白地褐花瓶，T53③:6，残宽6.2、残高约4厘米。白胎，胎质细腻坚硬。白胎上加一层浅褐色化妆土，然后剔去化妆土，形成纹饰，再罩上一层透明釉，可见明显的剔刻痕迹，褐色部分明显高出周围。应是瓶类器物的肩部。

白瓷刻花碗，T53③:4，残，足径6.5、残高4.6厘米。黄白色胎，胎质较粗坚硬。内满釉，外壁釉不及底，釉色灰黄，内底残留三个支钉痕。弧腹，圈足，挖足过肩，内壁有粗率的刻花纹饰。

粗白瓷砚（?），T53③:7，残，口径约20、足径约19、高7厘米。灰胎较粗，坚硬。外壁及盘部施白色化妆土，再罩一层透明釉。口沿上局部无釉，外壁近底为酱釉。圈足着地处及器底部粘有砂粒。直口，方唇，直壁，圈足，中部盘状，器壁中部和近底部有竖向凸棱，近底有一圆孔（图一六九，2）。

白瓷盏，T53③:8，可复原，口径10、足径3.8、高2.4厘米。白胎泛灰，胎质较细，局部结合不紧密。口沿及内壁施釉，外壁不施釉，内底有涩圈。敞口，圆唇加厚，宽窄不一，浅斜直腹，圈足（图一六九，3）。

粗白瓷小碗，T53③:9，可复原，口径11、底径5、高3.3厘米。黄白色胎，胎质较粗坚硬。器表施白色化妆土，器内外施釉，外壁釉不及底，釉色发黄光润，有细小的开片，内底有较大的支钉痕。敞口，圆唇，浅弧腹，圈足，挖足过肩（图一六九，4）。

粗白瓷杯，T53③:10，残，足径2.3、高3.5厘米。黄白胎，胎质较粗。器内外皆施化妆土，足底部不施釉，其余满釉，釉色较白。敞口，圆唇外撇，鼓腹，假圈足。

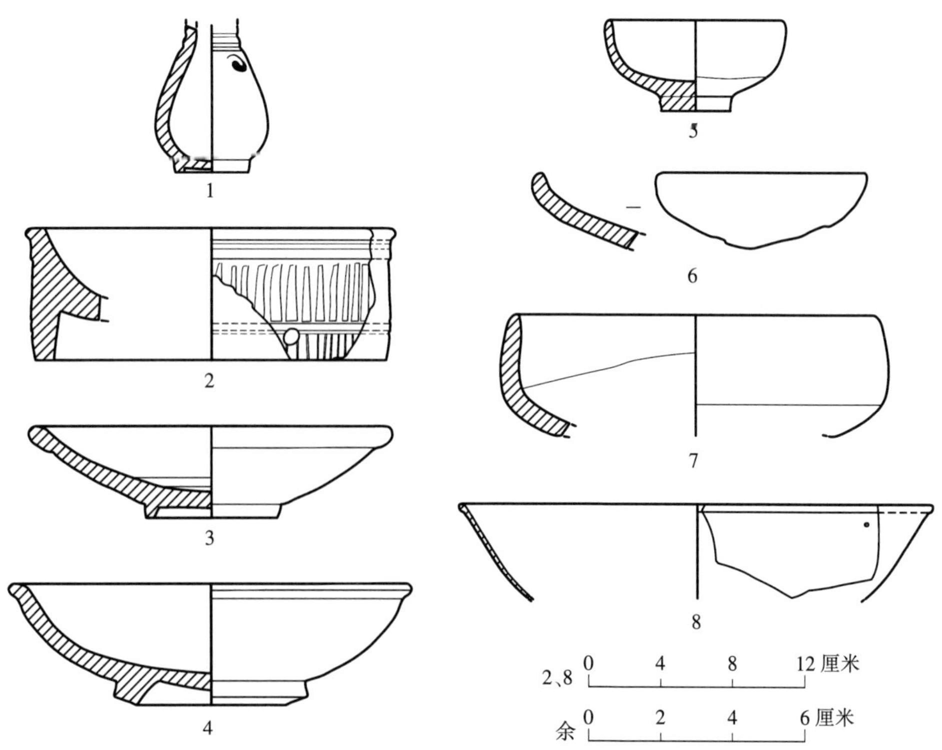

图一六九 T53③出土器物

1. 白瓷点彩小瓶（T53③:5） 2. 粗白瓷砚（?）（T53③:7） 3. 白瓷盏（T53③:8） 4. 粗白瓷小碗（T53③:9） 5. 粗白瓷杯（T53③:11） 6. 钧瓷碟（T53③:21） 7. 钧瓷钵（T53③:23） 8. 白瓷大碗（T53③:35）

粗白瓷杯，T53③:11，可复原，口径5、足径1.9、高2.4厘米。黄白胎，胎质稍粗。器内外皆施化妆土，外壁施釉不到底，釉色较白。直口，圆唇，直腹内收，假圈足（图一六九，5）。

粗白瓷注壶，T53③:12，残，口径3.2、残高3.9厘米。黑褐色胎，胎质坚硬。外壁及口沿内外施白色化妆土，釉色较白，泛黄。喇叭口，圆唇，颈较短，鼓肩，短流，把手已残。

白地黑花瓷枕残片，T53③:13，属于八边形枕的枕面一角，残宽6、残宽4、残高1.7厘米。褐色胎，坚硬，内含较多颗粒杂质。内壁枕面与枕墙之间有泥条加固。器表施白色化妆土，枕面和枕墙上均用黑彩绘纹饰。

白地黑花罐残片，T53③:14，残长10.2、残高6.7、厚0.4~0.7厘米。黄白色胎，胎质坚硬，内含较多杂质。器内外皆施白色化妆土，内外皆施釉，外壁用黑彩绘纹饰。

酱釉瓶，T53③:15，残，口径5.5、残高3.6厘米。紫褐色胎，胎质较粗，坚硬。釉同胎色，十分粗糙。杯形口，圆唇，直口，口下有一周凸棱，下残。

酱釉碗，T53③:37，残，长4.5、残高3.8厘米。黄白胎，胎质坚硬。内外皆施酱釉，内壁有酱红色竖条斑。直口微敞，圆唇。

龙泉窑青瓷蔗段洗，T53③:16，残长5、残高3.8厘米。灰白胎，细腻坚硬。敞口，圆唇，斜直壁。

龙泉窑青瓷碗，T53③:17，残长4、残高2.3厘米。白胎，胎质细腻坚硬。器内外皆施青釉，釉色莹润。敞口，圆唇，折沿，内壁沿上有一周刻花卷草纹。

龙泉窑青釉盏残片，T53③:18，残长3.7、残高3.6厘米。白胎，胎质细腻坚硬。器内外皆施青釉，釉色莹润。上腹有刻花纹饰。和T53③:17可能是同一件器物。

耀州窑青釉盏，T53③:19，残，残高约3厘米。灰胎，胎质坚硬。内外皆施青釉。斜直腹，圈足，内壁有印花花卉纹饰。

钧瓷碟，T53③:21，残长5.9、残高2厘米。黄白胎，胎质较粗。器内外皆施釉，釉色为青灰色。敛口，圆唇，浅斜直腹（图一六九，6）。

钧瓷碗，T53③:22，残长5.7、残高约5厘米。黄褐色胎，胎质较粗，坚硬。器内外皆施天青色釉，釉层较厚。直口，圆唇，斜腹。

钧瓷钵，T53③:23，口径约10、残高3.2厘米。黄白胎，胎质较粗，坚硬。器内外皆施天青色釉，内壁仅及上部。敛口，圆唇，直腹，下腹内收较甚（图一六九，7）。

绿釉枕残片，T53③:24，枕面残片，残长6.5、残宽5.2、厚0.7厘米。红胎稍粗，较为坚硬。器表先施白色化妆土，刻出连毬纹及方格纹，再罩一层绿釉。

绿釉花瓶，T53③:25，仅剩腹部的龙形器耳，残高约5.5厘米。黄白胎，胎质较粗，厚重。器表施绿釉。

红绿彩人物，T53③:26，残破严重，应为俑的下半部分，残宽2.6、残高3.7厘米。胎色白中泛黄，胎质较坚硬。外壁先施白色化妆土，在透明釉上以红、绿二色绘彩。

柳斗纹小陶罐，T53③:27，残，残高4.3厘米。泥质灰陶。直口微敞，方唇，鼓腹，外壁装饰柳叶纹。

陶滴水，T53③:28，残，残长9.5、残高8.3、厚1.5~2厘米。泥质灰陶。整体呈三角形，花边，中部有花卉纹。滴水后部接板瓦，残破严重。

白色素烧围棋子，T53③:29、30、31，圆饼状，白胎，坚硬。直径1.6~1.7、厚0.5厘米。

铜钗，T53③:32，残，残长7厘米。双股钗。一端翘起。

14. T54

（1）T54⑤

白瓷碟，T54⑤:1，残，口径约13、高1.8厘米。白胎泛灰，胎质细腻，坚硬。内外满釉，芒口，釉面光润，釉色泛灰。敞口，浅弧腹，平底内凹。内壁及外底均有红色摩擦痕（图一七〇，1）。

白瓷刻花钵，T54⑤:2，可复原，口径约17.2、底径8.6、高13.8、壁厚0.2~0.4厘米。白胎泛灰，胎质较细，坚硬。内壁满釉，釉面发涩，底部有涩圈，芒口，外壁釉不及底，釉面光润，釉色白中泛灰黄。直口，圆唇较厚，深直腹，下腹斜收，圈足较高，外壁有刻花莲瓣纹（图一七〇，2）。

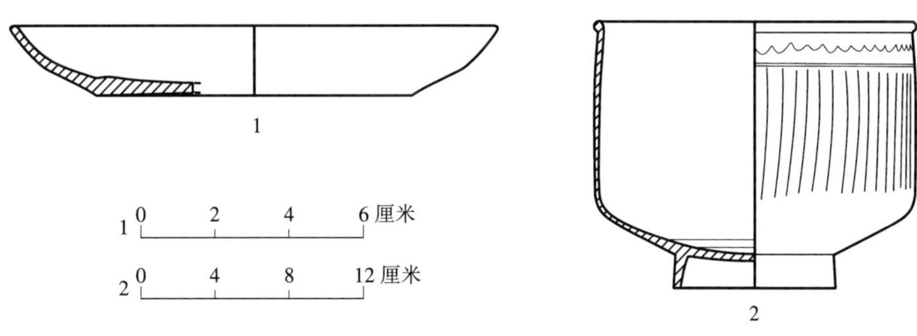

图一七〇　T54⑤出土器物

1. 白瓷碟（T54⑤:1）　2. 白瓷刻花钵（T54⑤:2）

腰圆形绿釉枕，T54⑤:3，可复原，枕面长38、宽26，枕底长约36、宽约24，枕墙前高10.5、后高14厘米。红色陶胎，胎质较粗。器表施白色化妆土，枕墙上刻连续的菱形花纹，枕面外围刻一周卷草纹，内刻诗文，基本完整，有两个字残破难识，词曲内容有九行，最后一行为曲牌名。“沉吟坐久思尘世，韶光如/电，玉兔金乌东出还西坠。/一向争名利高官禄。假使封/侯，百子将何济。无常独自/归。争名竞利，漫萦/牵系。朝朝大院家缘/往往催逼。把□□退休愚/痴只此一身，有似南柯梦/及休由太迟。/ 仙吕调六幺实催。”（图版四四）。

（2）T54④

白瓷碗，T54④:1，可复原，口径18、足径5.8、高7.2厘米。白胎，胎质细腻坚硬。内外满釉，芒口，釉面莹润，釉色洁白。敞口，尖圆唇，弧腹，圈足（图一七一，1）。

白瓷小碗，T54④:2，可复原，口径9.4、足径2.7、高3.5~3.6、厚0.2厘米。胎色纯白，胎质细腻坚硬，胎体轻薄。内外满釉，圈足着地处不施釉，内底残留两枚极小的支钉痕，釉面光润，有细小开片，釉色白中泛黄。敞口，尖圆唇，弧腹，小圈足（图一七一，2）。

白瓷小碗，T54④:3，可复原，口径7.1、足径1.9、高3.2厘米。白胎，胎质细腻坚硬。内外满釉，芒口，釉面光润，釉色白中泛黄。敞口，尖圆唇，弧腹，小圈足（图一七一，3）。

白瓷碗，T54④:6，可复原，口径约20.4、足径6.9、高8.3厘米。白胎泛灰，胎质较细。内外满釉，芒口，釉面光亮，釉色泛黄。敞口，尖圆唇，弧腹，圈足（图一七一，6）。

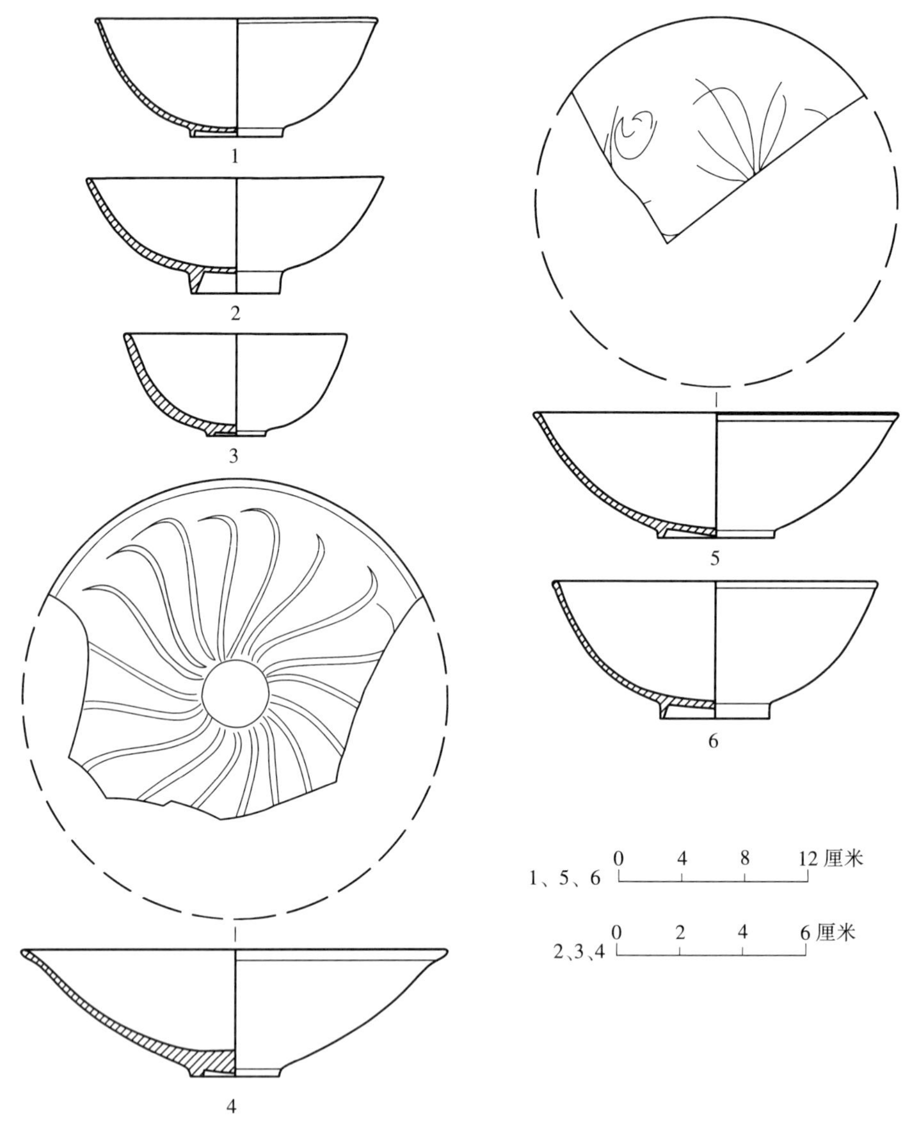

图一七一　T54④出土器物

1. 白瓷碗（T54④:1）　2. 白瓷小碗（T54④:2）　3. 白瓷小碗（T54④:3）　4. 白瓷刻花盏（T54④:4）　5. 白瓷刻花碗（T54④:5）　6. 白瓷碗（T54④:6）

白瓷盘，T54④:10，可复原，口径约21、足径6、高3.9～4.1厘米。白胎，胎质细腻坚硬。内外满釉，芒口，釉色洁白，微泛黄。敞口，圆唇，浅弧腹，圈足，挖足过肩。

白瓷钵，T54④:21，残，口径约8、残高5.1厘米。白胎，胎质细腻坚硬。内外满釉，芒口，釉面光润，釉色洁白。直口，尖圆唇，深腹，下腹急收（图一七二，5）。

白瓷钵，T54④:22，残，口径约10、残高5.6厘米。白胎泛灰，胎质细腻坚硬。内外满釉，芒口，釉面较光润，釉色白中泛灰。直口，尖圆唇，深腹，下腹急收（图一七二，6）。

白瓷小钵，T54④:23，残，口径约7、残高3.2、厚0.2厘米。白胎，胎质细腻坚硬，胎体轻薄。内外满釉，釉面光润，釉色白中泛黄。直口，圆唇，深腹。

白瓷碗，T54④:25，残，口径约13.5、足径约6、高5.3～5.4厘米。白胎泛灰，胎质较细，局部结合不紧密。内壁满釉，芒口，外壁釉不及底。釉面光润，釉色泛灰。侈口，尖圆唇，弧腹较深，圈足，内底有一周凹弦纹及红色摩擦痕（图一七三，1）。

白瓷瓶，T54④:27，口沿残片，口径5.8、边径8.2、残高4厘米。白胎，胎质细腻坚硬。外壁满釉，内壁仅及口沿下部分，釉面光润，釉色白中泛黄。直口，折沿，圆唇，直颈（图一七三，2）。

白瓷瓶残片，T54④:28，残宽11、残高9.3厘米。灰胎，胎体坚致。外壁施釉，内壁无釉，釉面光亮，釉色洁白，微泛灰。

白瓷杯，T54④:29，残，足径3.9、残高2.6厘米。白胎，胎质细腻坚硬。内外满釉，釉色洁白，微泛黄。瓜棱腹，圈足较高，圈足下部有折棱。

白瓷壶，T54④:30，残留部分器壁及流，残宽7.3、残高约7、壁厚0.2～0.3厘米。白胎，胎质细腻坚硬，胎体轻薄。外壁施釉，釉色洁白，内壁无釉。

白瓷瓶残片，T54④:31，残宽3.5、残高7厘米。白胎，胎质细腻坚硬。外壁满釉，内壁仅口部以下施釉，釉面光润，釉色洁白。颈部较长，溜肩，颈、肩交接处贴塑兽面。

白瓷器盖，T54④:32，残，口径约6.4、残高1.6厘米。白胎泛灰，胎质细腻坚硬。外壁满釉，内壁施釉仅及口部，釉色发黄。浅盘状器盖，平沿，圆唇，浅腹。

白瓷器盖，T54④:102，残，口径约7.6、高2.2厘米。白胎，胎质细腻坚硬。平沿内壁及子口无釉，余满釉。釉面光润，有开片，釉色白中泛黄。子母口，子口内敛，尖唇，平沿，盖面拱起，顶部有钮（图一七三，3）。

白瓷器盖，T54④:103，可复原，口径8.8、底径5.1、高1.6厘米。白胎泛黄，胎质较细，坚硬。正面满釉，背面无釉，釉面光润，釉色泛黄。盆状器盖，平沿下折，方唇，浅弧腹，平底内凹，外地有轮旋痕，内底有宝珠形小钮（图一七三，4）。

白瓷刻花盏，T54④:4，可复原，口径约13.6、足径2.8、高4厘米。白胎，胎质较细。内外满釉，芒口，釉色泛黄。敞口，尖唇，斜直腹，小圈足，内壁有刻花轮菊纹（图一七一，4）。

白瓷刻花碗，T54④:5，可复原，口径约23、足径7.2、高7.9厘米。白胎泛灰，胎质较细。内外满釉，芒口，圈足着地处无釉，釉面光亮，釉色泛灰。敞口，尖圆唇，弧腹，圈足，内壁有刻花纹，圈足底部有红色摩擦痕（图一七一，5）。

白瓷刻花大碗，T54④:7，可复原，口径约21、足径12.4、高8.2厘米。白胎泛灰，胎质较细，坚硬。内外满釉，芒口，釉面光润，釉色发黄。直口，凸唇，弧腹较深，下腹内收，卧足较大，外底突出，内底有刻花纹饰（图一七二，1）。

白瓷刻花碗，T54④:8，可复原，口径10.5、足径4.9、高3.6厘米。白胎泛灰，胎质较细。内外满釉，芒口，釉面较光润，釉色泛灰黄。敞口，圆唇，弧腹，圈足，内底有凹弦纹一周，内有刻花纹饰（图一七二，4）。

白瓷刻花盘，T54④:12，残，口径约16、高3厘米。白胎泛灰，胎质较细。内外满釉，芒口，釉面较粗糙，釉色泛灰。敞口，尖唇，浅弧腹，圈足，挖足过肩，内底有刻花纹饰。

白瓷刻花盘，T54④:13，残，口径约20、残高4厘米。白胎，胎质细腻。内外满釉，芒口，釉面光润，釉色洁白，微泛黄。敞口，尖圆唇，折腹，内壁有刻花纹饰及红色摩擦痕。

白瓷刻花器盖，T54④:16，残，口径约7、残高1.9、厚0.2厘米。白胎，胎质细腻坚硬，胎体轻薄。平沿内壁及子口唇部无釉，余满釉。釉面光润，白中泛黄。子母口，子口微敛，圆唇，平沿，盖面拱起，顶部钮残，盖面上有轮菊纹，较为模糊。

白瓷器盖，T54④:17，残，口径约12、残高3.2厘米。白胎，胎质细腻坚硬。平沿内壁及子口唇部无釉，余满釉。釉面光润，白中泛黄。子母口，子口微敛，尖圆唇，平沿，盖面拱起。

白瓷刻花器盖，T54④:18，残，口径约19、残高3.2厘米。白胎泛灰，胎体坚致。外壁及内壁盖面以下施釉，釉色灰白，盖面有轮菊纹。

白瓷刻花钵，T54④:19，可复原，口径约17.5、足径9.1、高15厘米。白胎，胎质细腻，结合程度不好，器表有大量鼓起。内外满釉，内底有涩圈，芒口，圈足无釉，釉色泛黄。直口，圆唇外翻，

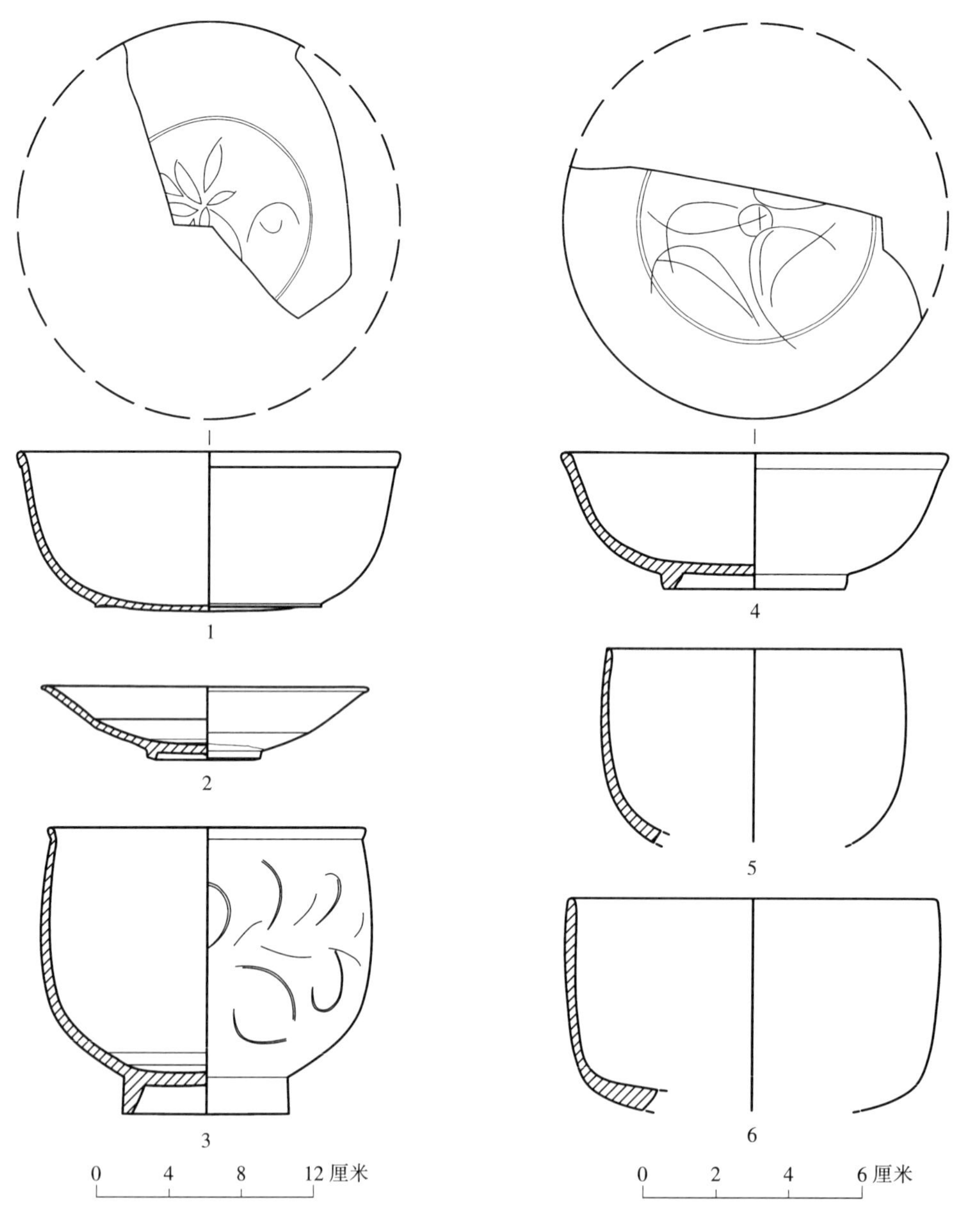

图一七二　T54④出土器物

1. 白瓷刻花大碗（T54④:7）　2. 白瓷盘（T54④:9）　3. 白瓷刻花钵（T54④:19）　4. 白瓷刻花碗（T54④:8）　5. 白瓷钵（T54④:21）　6. 白瓷钵（T54④:22）

深直腹，高圈足，外壁有刻花纹饰（图一七二，3）。

白瓷刻花钵，T54④:24，残，残高6.5、厚0.1～0.2厘米。白胎，胎质细腻坚硬，胎体轻薄。内外满釉，芒口，釉面光润，釉色白中泛黄。直口，方唇，深腹，下腹急收。外壁刻莲瓣纹。

白瓷刻花碗，T54④:34，口部残片，口径约22、残高8.7厘米。灰白胎，胎质细腻坚硬。内外满釉，芒口，釉色泛灰黄。敞口，圆唇，弧腹，外壁刻莲瓣纹。

白瓷刻花盏，T54④:101，可复原，口径约14、足径2.8、高4.3厘米。白胎泛灰，胎质较细。内外满釉，芒口，釉面光润，釉色泛灰。敞口，尖唇，斜直腹，小圈足，内壁有刻花萱草纹（图一七三，7）。

白瓷印花碗，T54④:35，残，足径6.5、残高7.3厘米。白胎泛灰，胎质细腻坚硬。内外满釉，应为芒口，釉面光润，釉色泛灰黄。敞口，弧腹，圈足，内壁有印花纹饰，口沿下为一周卷云纹，内壁下部印一周莲瓣纹，上部以出筋分隔，内为折枝花，内底亦印花卉纹。内外底均有一道红色摩擦痕（图版四五，1）。

白瓷印花碗，T54④:36，残，残高6厘米。白胎，胎质较细，局部结合不紧密。内外满釉，应为芒口，釉色发黄。弧腹，圈足，内壁有印花纹饰，内饰印花花鸟纹，纹饰较突出（图版四六，2）。

白瓷印花碗，T54④:37，残，残高约5.5厘米。白胎，胎质细腻。内外满釉，芒口，釉色白中泛黄。敞口，圆唇，弧腹。内壁有印花纹饰，口沿下为一周回纹，其下为花卉等（图版四五，3）。

白瓷印花盘，T54④:38，残，残宽5.6、残高4.1、厚0.2～0.3厘米。白胎，胎质较细。内外满釉，芒口，釉色白中泛灰。敞口，圆唇，浅弧腹。内壁有印花纹饰，口沿下为一周回纹，下面印花卉及禽鸟（图版四五，2）。

定窑白瓷印花盘，T54④:39，残，口径约19、高5.6厘米。白胎，胎质细腻。内外满釉，芒口，釉色洁白。敞口，尖唇，浅弧腹，圈足。内壁口沿下印一周回纹，内壁以出筋平均分隔，内有竹子、怪石及鹤等，内底亦有纹饰（图版四六，1）。

白瓷印花盘，T54④:40，残，口径约18、残高4.5、厚0.2～0.4厘米。白胎，胎质细腻坚硬。内外满釉，芒口，釉面光润，釉色洁白。敞口微外撇，尖圆唇，弧腹。内壁有印花纹饰，口沿下为一周回纹，下印牡丹禽鸟等。

白瓷印花盘，T54④:41，残，底部残片，残高2厘米。白胎，胎质细腻。内外满釉，应为芒口，釉面光润，釉色泛黄。浅弧腹，圈足。内壁有白色出筋分隔，内印花果，底部印水波纹等，外壁及外底有数道红色摩擦痕。

白瓷印花碗，T54④:42，残，残高5.1厘米。白胎，胎质细腻坚硬。内外满釉，釉色白中泛黄。弧腹，圈足，挖足过肩。内壁印花卉纹，以白色出筋分隔。

白瓷印花碗，T54④:43，两片，无法拼上，足径6.3、残高4.7厘米。白胎，胎质细腻坚硬。内外满釉，芒口，釉面光润，釉色发黄。敞口，尖圆唇，弧腹，圈足。内壁口沿下印一周回纹，其下印禽鸟穿花，内底印模糊的花卉纹。内底及外底皆有一道红色摩擦痕。

白地褐花罐，T54④:44，残宽8、残高9.2厘米。白胎泛灰，胎质较细，坚硬。外施淡褐色化妆土，剔刻掉部分化妆土，露出胎体，形成纹饰的轮廓，细部以篦划花进行装饰，再施透明釉，造成白地褐花的装饰效果，釉色泛灰。内壁无釉。

白地褐彩瓶，T54④∶104，残，口径约3.5、残高2.7厘米。白胎微泛灰，胎体坚致。外施淡褐色化妆土，剔刻掉部分化妆土，露出胎体，造成白地褐花的装饰效果，再施透明釉，釉色泛灰。小口，广肩。

白瓷盘，T54④∶9，可复原，口径18、足径6.3、高3.8厘米。白胎，胎质较细。内壁满釉，底部有涩圈，外壁釉不及底，釉面光润，釉色白中微泛灰。敞口，尖圆唇，折腹，圈足，外壁、外底有红色摩擦痕（图一七二，2）。

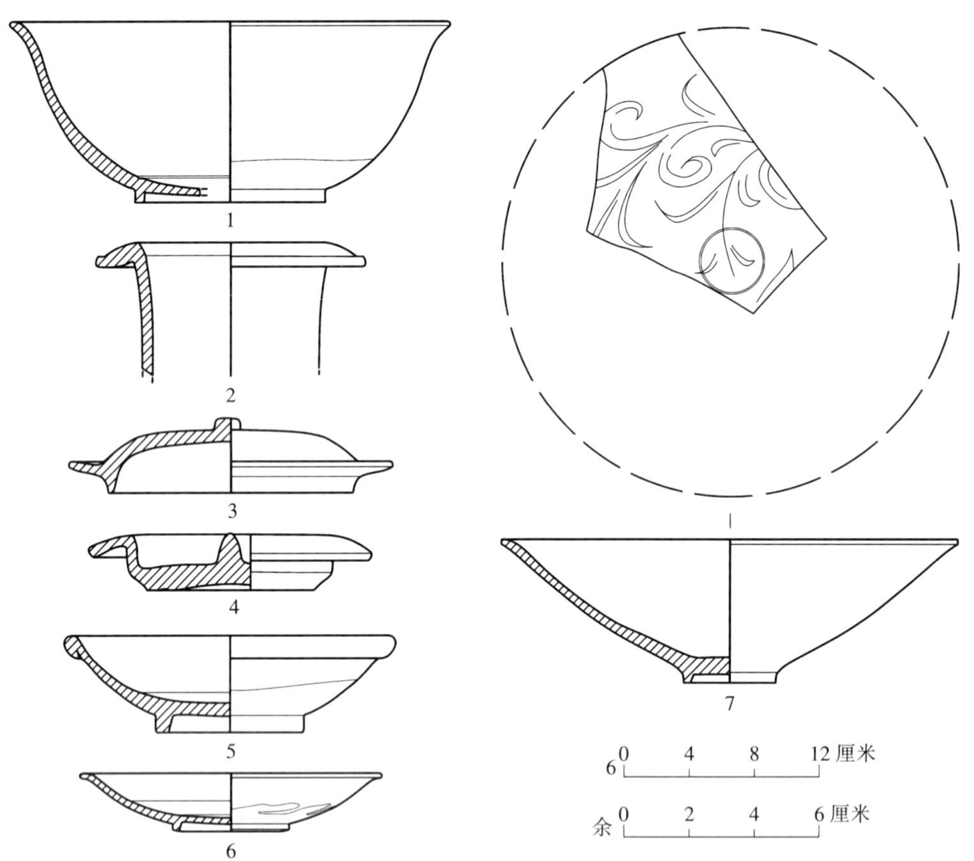

图一七三　T54④出土器物

1. 白瓷碗（T54④∶25）　2. 白瓷瓶（T54④∶27）　3. 白瓷器盖（T54④∶102）　4. 白瓷器盖（T54④∶103）　5. 白瓷小碗（T54④∶111）　6. 白瓷盘（T54④∶112）　7. 白瓷刻花盏（T54④∶101）

白瓷壶，T54④∶33，残，口径1.4、残高2.3厘米。白胎，胎质细腻坚硬，釉色洁白。小直口，方唇，直颈，颈部有一绳索状系、有一红点。

粗白瓷碗，T54④∶45，可复原，口径约22、足径6.8、高8.5厘米。红褐色胎，胎质较粗，坚硬。器表满施白色化妆土，内壁满釉，底部有支钉痕，外壁釉不及底，釉面光洁莹润，有细碎开片，釉色白中闪黄。敞口，圆唇，弧腹斜直，圈足，挖足过肩，内壁有红色摩擦痕，一横三竖交叉（图一七四，1）。

粗白瓷碗，T54④∶46，残，口径约23、足径约7、高9厘米。黄褐色胎，胎质较粗。器表施白色化妆土，内壁满釉，底部有支钉痕，外壁施釉至圈足，釉面光亮，釉色较白。敞口，圆唇，弧腹斜直，圈足，挖足过肩，内壁有白色出筋（图一七四，2）。

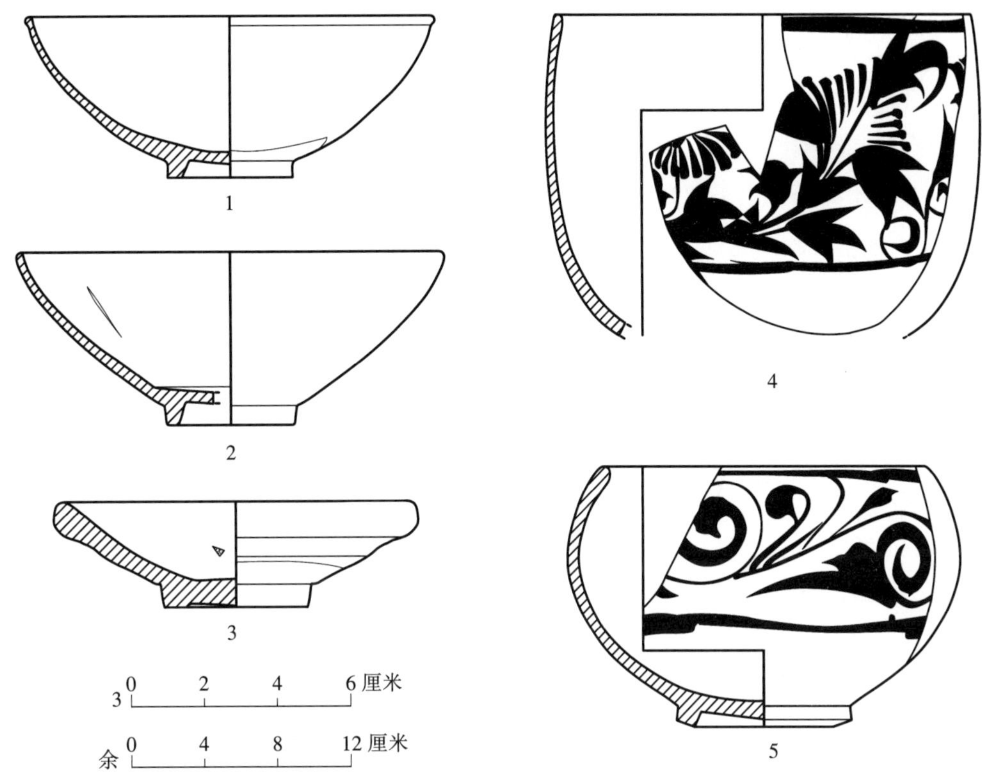

图一七四　T54④出土器物

1. 粗白瓷碗（T54④:45）　2. 粗白瓷碗（T54④:46）　3. 粗白瓷盏（T54④:49）　4. 白地黑花罐（T54④:57）　5. 白地黑花钵（T54④:51）

粗白瓷碗，T54④:108，可复原，口径约11.8、足径4.5、高4.3厘米。灰白胎，胎质较粗。器表施白色化妆土，内壁满釉，底部有支钉痕，外壁半釉。因器物被火烧过，器表被烧成黑色，釉面出现开片。敞口，圆唇，弧腹，圈足（图一七五，4）。

粗白瓷碗，T54④:109，残，口径约20.2、足径约7.6、高6.2~6.5厘米。黄褐色胎，胎质较粗。器表施白色化妆土，内壁满釉，底部有支钉痕，外壁半釉，釉色泛黄。敞口，圆唇，弧腹，下腹急收，圈足，挖足过肩（图一七五，5）。

粗白瓷盘，T54④:105，可复原，口径约17.5、足径6.2、高4~4.2厘米。黄褐色胎，胎质较粗。器表施白色化妆土，内壁满釉，底部有支钉痕，外壁半釉，釉面有开片。敞口，圆唇，折腹，圈足（图一七五，3）。

粗白瓷盏，T54④:49，可复原，口径约10、足径4、高2.8厘米。灰胎，胎质较粗，坚硬。器表施白色化妆土，内壁满釉，内壁有支钉痕，外壁半釉，釉面光亮，釉色白中泛黄。敞口，厚唇，浅弧腹，圈足（图一七四，3）。

粗白瓷双耳壶，T54④:50，残，口径4.2~4.5、残高4.9厘米。黄褐色胎，胎质较粗。外壁及口沿内壁施白色化妆土，再施透明釉，釉色粉白。直口，方唇，短束颈，溜肩，颈部与肩部贴附双耳（图版四七，4）。

粗白瓷炉，T54④:61，底部残片，足径约7、残高3.6厘米。灰褐胎，胎质较粗，坚硬。喇叭形足，上部还残留部分釉。

粗白瓷炉，T54④:107，残高8.3厘米。黄褐色胎，胎体坚致。外壁及内壁口沿下施白色化妆土，外壁釉面光亮，有开片，釉色白中泛黄。

粗白瓷盆，T54④:110，残，口径约50、残高13.5厘米。黄白胎，胎体坚致、厚重。内壁满釉，外壁釉不及底。直口，平沿，圆唇，弧腹。

粗白瓷罐，T54④:114，口沿残片，口径约10、残高4.4厘米。黄褐色胎，胎质较粗。器表施白色化妆土，内外均施釉，釉面光润，有细碎开片，釉色泛黄。敞口，圆唇外翻，短直颈，鼓肩。

粗白瓷刻划花碗，T54④:48，残，残高5.4厘米。黄褐色胎，胎质较粗。器表施白色化妆土，再施透明釉，釉色乳白，积釉处发黄。敞口，圆唇，弧腹，内壁有刻划花纹饰。

粗白瓷刻花盘，T54④:106，残，底径约7、高5厘米。灰胎，胎体坚致。器表施白色化妆土，内壁满釉，底部残留一个支钉痕，外壁施釉至圈足，釉色乳白。敞口外撇，圆唇，浅弧腹，圈足，内壁有刻花纹饰，模糊不清。

白地黑花钵，T54④:51，可复原，口径约18、足径9.7、高13.8厘米。黄褐色胎，胎质较粗疏。器表施白色化妆土，外壁以黑彩绘卷草纹，内壁满釉，外壁釉不及底，釉面有细碎开片。敛口，圆唇，鼓腹，圈足（图一七四，5；图版四七，1）①。

白地黑花器盖，T54④:52，残，残高2.3厘米。黑褐色胎，胎质较粗，坚硬。外壁施白色化妆土，以黑彩绘纹饰，再施透明釉，釉面光亮，釉色洁白，内壁无釉。弧形盖面，顶部有圈足形钮（图版四七，3）。

白地黑花器盖，T54④:53，残，残高4厘米。黄褐色胎，胎质较粗，坚硬。外壁施白色化妆土，以黑彩绘宽带、卷草纹等，再施透明釉，釉面光亮，釉色直白，内壁无釉。子母口，子口微敛，圆唇，平沿下斜，盖面拱起（图版四七，5）。

白地黑花罐，T54④:55，残，残宽5.7、残高8厘米。黄褐色胎，胎质较粗，坚硬。器表施白色化妆土，外壁以黑彩绘纹饰，再施透明釉。直腹（图版四七，6左）。

白地黑花罐，T54④:56，残，残宽7.8、残高8.5厘米（图版四七，6右）。和T54④:55应是同一件器物。

白地黑花罐，T54④:57，残，口径约19、残高17厘米。灰胎，胎质较粗。器表施白色化妆土，外壁以黑彩绘花卉纹，再施透明釉，芒口，釉面较粗糙，有较多黑点。直口，方唇，直腹微鼓（图一七四，4；图版四七，2）②。和T51④:24应是同一件器物。

白地黑花罐，T54④:58，残，口径约20、残高7.3厘米。黄褐色胎，胎质较粗疏。器表施白色化妆土，外壁以黑彩绘纹饰，内外均施釉。直口，厚圆唇，直腹（图一七五，1；图版四七，7）。

白瓷黑彩小罐，T54④:59，残，底径3.1、残高3.2厘米。黄白胎，胎质较粗。器表施白色化妆土，腹部以黑彩绘花卉纹饰，外壁釉不及底，内壁无釉。鼓腹，腹部有一圆孔，平底内凹。

---

① 在整理过程中，发现T54④的残片可以和T56⑤、T43⑥及T8 G2内残片相拼，可见已经出现了混乱，难以得知其原来所在的单位。暂将这件器物置于此。

② 可以和T50③下H、T50⑤内残片相拼，也应是存放过程中混乱所致。原始单位已不可知。

白瓷点彩盆，T54④:60，盆底残片，残长13.8、残宽8.4、厚0.7～1.1厘米。黄褐色胎，胎质较粗。内壁施白色化妆土，底部有黑色点彩花朵，纹饰突出于器表，再施透明釉，釉面有细碎开片（图版四七，8）。

白瓷小碗，T54④:62，可复原，口径约10.5、足径4.3、高2.7～2.9厘米。灰黑色胎，胎质较粗，坚硬。内壁及外壁唇部施白色化妆土，内壁满釉，底部有涩圈，外壁半釉，釉面较粗糙，釉色泛青灰。敞口，圆唇，弧腹较浅，圈足（图一七五，2）。

白瓷小碗，T54④:111，可复原，口径约10.4、足径4.6、高2.9厘米。灰胎，胎质较粗，坚硬。内壁施白色化妆土，满釉，底部有涩圈，釉色青灰，外壁半釉，唇部有砂粒。敞口，圆唇加厚，浅弧腹，圈足较高（图一七三，5）。

白瓷盘，T54④:112，可复原，口径约19、足径7.2、高3.5厘米。灰褐色胎，胎质较粗，坚硬。内壁施白色化妆土，内壁满釉，底部有涩圈，釉色泛青灰，外壁半釉，釉色灰褐，有黑色斑点。侈口，圆唇，浅弧腹，圈足，挖足过肩，外底有墨书文字，模糊难识（图一七三，6）。

白瓷碗，T54④:113，残，口径约22.5、足径8.8、高6.5厘米。黄褐色胎，胎质较粗，坚硬。内壁及外壁唇部施白色化妆土，内壁满釉，釉色灰黄，底部有涩圈，外壁半釉，釉色显胎色。敞口，圆唇，弧腹，圈足较大，挖足过肩，内底有三道互相交叉的红色划痕（图一七五，6）。

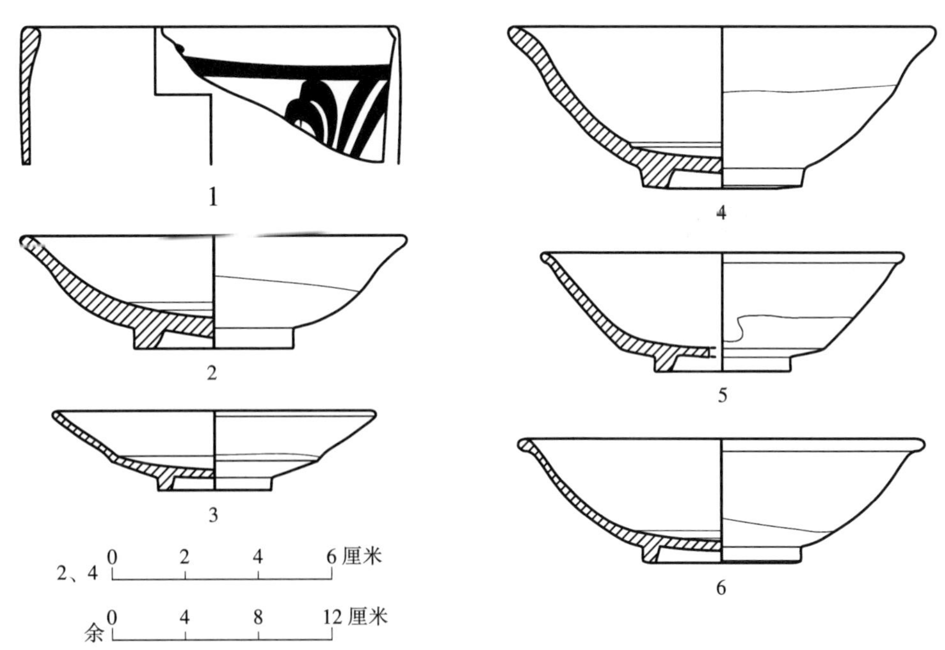

图一七五　T54④出土器物

1. 白地黑花罐（T54④:58）　2. 白瓷小碗（T54④:62）　3. 粗白瓷盘（T54④:105）　4. 粗白瓷碗（T54④:108）　5. 粗白瓷碗（T54④:109）　6. 白瓷碗（T54④:113）

双色釉碗，T54④:63，残，口径约22.5、足径约8.5、高7.4厘米。黄褐色胎，胎质较粗疏。内壁及外壁唇部施白色化妆土，内壁满釉，釉色灰黄，底部有涩圈，涩圈上有砂粒，外壁口沿下施透明釉，下部施黑釉，圈足着地处无釉，外壁底部及圈足处有大量砂粒。敞口，圆唇，弧腹，圈足，挖足过肩（图一七六，1）。

酱釉碗，T54④:64，可复原，口径约11.6、足径3.9、高5.6厘米。灰白胎，胎质较粗，坚硬，口部结合不紧密。内壁满釉，外壁釉不及底，釉面光亮，底部有护胎酱釉。敞口，圆唇，短束颈，弧腹，圈足，底部有鸡心突（图一七六，2）。

黑釉碗，T54④:65，可复原，口径约12.3、足径3.8、高5.8厘米。灰白胎，胎质较粗，坚硬，胎体结合不紧密，胎体厚重。内外满釉，圈足足墙内外无釉，釉面光亮，上部呈褐色，下部显黑色，有大量的斑点。敞口，圆唇，短束颈，弧腹，圈足，底部有鸡心突（图一七六，3）。

黑釉瓶，T54④:66，口部残片，口径5.2、残高5.8厘米。白胎，胎质较细，局部结合不紧密。内外施黑釉，釉面光润，釉色乌黑发亮，内壁颈下部施透明釉。侈口，圆唇，长颈（图一七六，4）。

黑釉器盖，T54④:70，残，残宽7.2、残高2.1厘米。胎色灰白，胎质较粗。外壁施黑釉，釉色光亮。子母口，子口微敛，方唇，平沿，盖面拱起（图版四八，1）。

黑釉瓶，T54④:71，残，口径2.4、残高2.9厘米。灰白胎，胎质较粗。内外均施黑釉。侈口，圆唇，直颈，折肩（图版四八，2）。

黑釉壶，T54④:116，口部残片，口径3.7、残高3.1厘米。灰胎，胎质较粗。外壁及内壁口沿下施黑釉，釉面光亮。敞口，卷沿，圆唇，短直颈，鼓肩，颈、肩上有一耳。

黑釉器盖，T54④:117，残，口径4.6、残高2.1厘米。灰胎，胎质较粗，坚硬。外壁施白色化妆土，再施黑釉，盖面上刻出四周跳刀纹，平沿上刻出白色圆点，再施一层透明釉，釉面光亮。子母口，平沿，盖面拱起，顶部钮残。

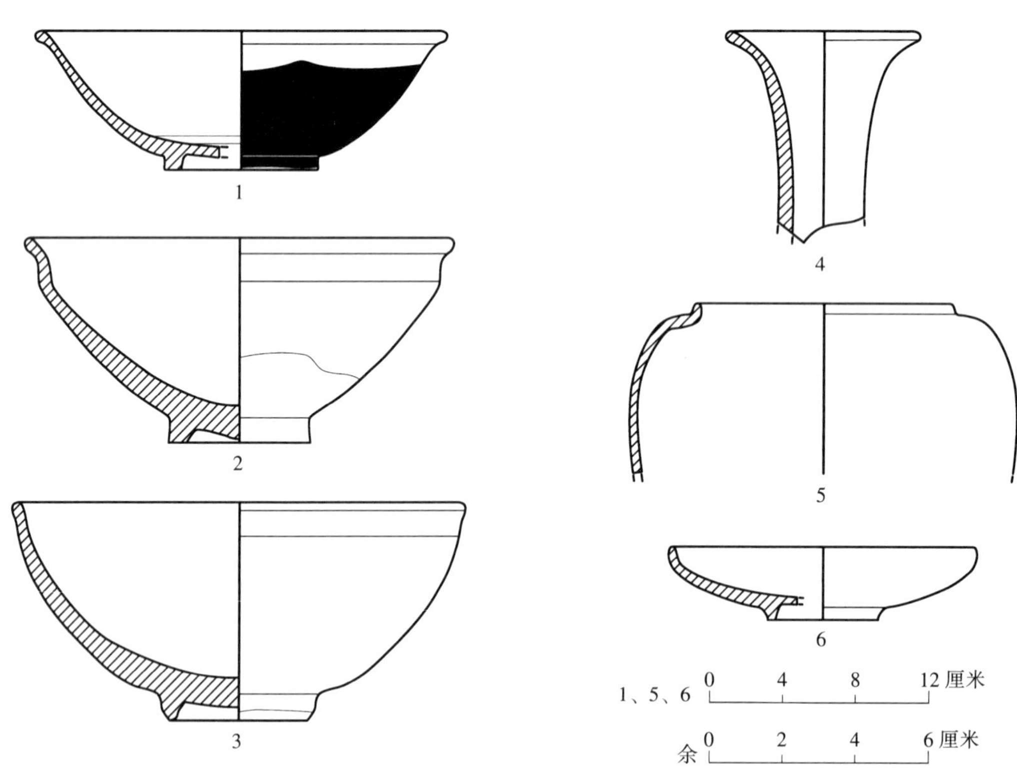

图一七六　T54④出土器物

1. 双色釉碗（T54④:63）　2. 酱釉碗（T54④:64）　3. 黑釉碗（T54④:65）　4. 黑釉瓶（T54④:66）　5. 砂罐（T54④:67）　6. 钧瓷盘（T54④:72）

钧瓷盘，T54④:72，残，足径约6、高3.9厘米。灰胎，胎体坚致。内外满施深蓝色釉，圈足着地处无釉，釉层较厚，施釉均匀，口沿釉薄发褐。直口，圆唇，浅腹，圈足，挖足过肩（图一七六，6；图版四八，3）。

耀州窑青瓷盏，T54④:76，残高3.6厘米。灰胎，胎体坚致。内外施青釉，釉面光润，圈足着地处无釉，有垫砂。斜直腹，小圈足，内壁有印花花卉纹饰。

耀州窑青瓷盏，T54④:77，口径约15、残高2.8厘米。灰胎，胎体坚致。内外施青釉，釉面光润，有开片，釉色较深。侈口，弧腹，内壁有印花花卉纹饰。

耀州窑青瓷残片，T54④:78，残长5、残宽3.8厘米。灰胎，胎体坚致。内外施青釉，釉面光润，有开片，釉色淡青。内壁有印花花卉纹饰。

耀州窑青瓷盏，T54④:118，残，残宽5.5、残高3.8厘米。灰白胎，胎质较细，坚硬。内外皆施青釉，釉面光润，有开片，釉色较深。侈口，圆唇，斜直腹，内壁有印花花卉纹。

耀州窑青瓷盏，T54④:119，残，残宽6、残高3.5厘米。灰胎，胎质较细，坚硬。内外皆施青釉，釉面光润。侈口，圆唇，斜直腹，内壁有印花花卉纹。

青瓷碗，T54④:120，口沿残片，残宽5.8、残高3.5、厚0.4～0.6厘米。灰胎，胎体坚致、厚重。内外皆施青釉，釉面光润，有开片，釉色淡青，泛白。敞口，圆唇（图版四六，3）。

翠蓝釉黑彩罐，T54④:73，残，残高8.5厘米。白胎泛灰，胎质较粗。内外施白色化妆土，外壁以黑彩绘莲瓣纹等，然后内外均罩一层翠蓝釉，脱釉严重。弧腹，圈足（图版四八，4）。

翠蓝釉残片，T54④:74，口沿残片，盘口，残宽3.3，残高2.2厘米。黄褐色胎，胎质较粗。内外施白色化妆土，然后施翠蓝釉，脱釉严重（图版四八，6）。

绿釉花瓶，T54④:75，3片，口部为六边形，直口，方唇，束颈，颈部压印回纹。器身也应是六边形，斜直壁，腹下部亦印回纹，上部有开光，开光内分别有“供”、“养”及花卉纹。模制，黄白胎，胎质较粗，坚硬。外壁及内壁口沿下施绿釉。口部残片残高12.3、口部边长4.6厘米（图版四八，5）①。

绿釉炉，T54④:89，残，残高4.2厘米。红褐色胎，胎质较粗。器表施白色化妆土，再罩一层绿釉，釉色深浅不均（图版四九，2）。

绿釉瓶残片，T54④:122，残高6、残宽3.8厘米。黄褐色胎，胎质粗疏。内外皆施绿釉，釉面光润，釉色深绿。

红绿彩人物，T54④:79，残宽6.3、残高5.6厘米。模制，黄白胎，胎质较粗。器表施白色化妆土，釉上以红、绿、黑彩绘纹饰，底座和壁之间的粘接痕迹明显，内有指纹。

红绿彩人物，T54④:80，底座直径3.6～3.9、残高4.1厘米。模制，黄白胎，胎质较粗。器表施白色化妆土，釉上以红、绿、黑彩绘纹饰。人物上部残，下部似为坐姿，底部有圆孔。

红绿彩人物，T54④:81，底座直径2.5～3.2、残高4.4厘米。模制，黄白胎，胎质较粗。器表施白色化妆土，釉上以红、绿彩绘衣纹。人物上部残，下部为站姿，底部有圆孔。

---

① 瓶口在T54④袋子里，“供”字残片在H8袋子里，“养”字残片在T8 G2袋子里。三片明显是一件器物，且瓶口和“供”字残片可以拼对，可见也已经出现了混乱。查各种文字记录，也找不到任何线索。

红绿彩妇女，T54④:125，头部残断，残高9.7厘米。模制，黄白胎，胎质较粗。面相丰满，着花冠，柳眉凤目，高鼻樱唇。器表施白色化妆土，在釉上以黑线勾勒眉、眼、发、头饰轮廓等，以红、绿、黄、黑彩装饰（图版五〇，1）。

红绿彩人物，T54④:126，残高6.5厘米。模制，黄白胎，胎质较粗。器表施白色化妆土，以红、绿、黄、黑彩装饰，人物为袖手，服饰华丽，有团花装饰（图版五〇，2）。

红绿彩马，T54④:121，只残留身体后部，残高6.4厘米。模制，黄白胎，胎质较粗。器表上部施白色化妆土，釉上以红、绿、黄等彩绘纹饰，下部无釉。

白釉红彩小盏托，T54④:83，残，足径约3、残高4.4厘米。胎色纯白，胎质细腻，坚硬。外壁施透明釉，釉上施红彩。

三彩腰圆形枕，T54④:84，残，枕面残长36、残宽26厘米，红褐色胎，胎质较粗。器表施白色化妆土，枕面外围刻一周瓜纹，内刻栏杆、怪石等，然后施黄釉、绿釉及透明釉，枕墙上刻卷草纹，施绿釉（图版四九，1）。

三彩腰圆形枕，T54④:85，残，枕面残长25、残宽10.5、枕墙残高4.6厘米。红色陶胎，胎质较粗。器表施白色化妆土，枕面外围刻一周卷草纹，内刻花卉纹，然后施黄釉、绿釉及透明釉，以绿釉为主。枕墙上刻简单纹饰，施绿釉（图版四九，4）。

绿釉腰圆形枕，T54④:86，枕面残长18、残宽5、枕墙残高8.6厘米。红色陶胎，胎质较粗。器表施白色化妆土，枕面剔刻出纹饰，然后罩一层绿釉，剔去化妆土处颜色较深。枕墙刻简单纹饰（图版四九，5）。

黄绿釉枕残片，T54④:87，枕墙残片，残长9厘米。黄白胎，胎质较粗疏。模制，外壁印奔狮、花草等，施黄、绿釉（图版四九，3）。

砂罐，T54④:67，残，口径约14、残高9.2厘米。灰黑色砂胎，胎质粗疏。外壁施黑釉，内壁为茶叶末釉。釉面粗糙，釉色光亮。直口，短颈，鼓肩（图一七六，5）。

陶制模具残片，T54④:95，泥质红陶，残长4、残宽2.5厘米。残破严重，纹饰不清。

陶砚，T54④:96，残，残长10、宽12.9厘米。

带孔陶器，T54④:94，泥质红陶，圆锥形，腹中部一侧有两个圆孔。残高4.5、孔径0.4厘米。

灰陶盆，T54④:97，残，底径约32、高15.6厘米。泥质灰陶，内壁有黑陶衣。敞口，卷沿，方唇，弧腹，平底内凹。

灰陶双耳罐，T54④:98，口部残片，残高7.4厘米。泥质灰陶。直口，圆唇，鼓肩，肩部有耳，腹部有密集的弦纹。

（3）T54墙西④

白瓷刻花碗，T54墙西④:1，残，足径6、残高4.2厘米。灰白胎，胎质细腻坚硬。内外满釉，应是芒口，釉面光润，釉色白中泛灰。弧腹，圈足，器内壁有刻花萱草纹（图版五〇，3）。

粗白瓷碗，T54墙西④:2，可复原，口径约19、足径约7、高7～7.2厘米。黄褐色胎，胎质较粗，坚硬。器表施白色化妆土，内壁满釉，内底有支钉痕，外壁釉不及底，釉面光亮，有细碎开片。敞口，圆唇，弧腹，圈足，挖足过肩（图一七七，1）。

黑釉白口盏，T54墙西④:4，残，口径约13、残高3.8厘米。黄白胎，胎质较粗。敞口，圆唇，斜直腹。唇部施白色化妆土，罩以透明釉，唇部以下内外均施黑釉（图一七七，2；图版五〇，4）。

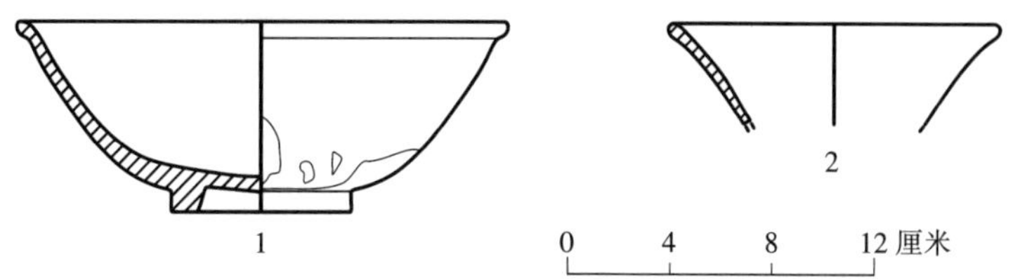

图一七七　T54 墙西④出土器物

1. 粗白瓷碗（T54 墙西④:2）　2. 黑釉白口盏（T54 墙西④:4）

（4）T54③b

白瓷盘，T54③b:4，口径 17、足径 7、高 3.2、壁厚 0.3～0.6 厘米。白胎，胎质较细。内外施满釉，芒口，釉色白中泛灰。敞口，尖圆唇，浅弧腹，圈足，底部较薄（图一七八，4）。

白瓷刻花碟，T54③b:2，可复原，口径 12、底径 8.5、高 1.9、壁最薄处厚 0.2 厘米。白胎，胎质细腻坚硬。内外皆施满釉，芒口。敞口，尖圆唇，浅弧腹，平底，卧足。内底有刻花纹饰，积釉处泛黄（图一七八，1）。

白瓷刻花碟，T54③b:3，可复原，口径 12、底径 8.6、高 1.8、壁厚 0.2～0.3 厘米。白胎，胎质细腻坚硬。内外皆施满釉，芒口。敞口，尖圆唇，浅弧腹，平底，卧足。内底刻萱草纹（图一七八，2）。

白瓷刻划花器盖，T54③b:5，残，口径 18、残高 4、壁厚 0.3 厘米。白胎，胎质细腻坚硬。芒口，内壁口沿下一周无釉。其余部位满釉，釉面光洁细润，微泛黄，应为定窑产品。直口，方唇，斜直壁，弧形盖面，顶残。外壁有凹弦纹两周，盖面刻划牡丹纹（图一七八，3）。

白瓷刻花器盖，T54③b:6，可复原，口径 7.5、边径 10、高 2.3、壁厚 0.2 厘米。白胎，胎质细腻坚硬。外壁施满釉，内壁口沿及折沿处无釉。内壁有明显的红色摩擦痕迹。子母口，子口内敛，方唇，折沿微上翘，弧形盖面，圆钮。盖面上有不甚清晰的轮菊纹，剔刻出，剔的深的地方明显下凹，积釉多，颜色深，呈现出深浅相间的变化。

白瓷刻花小钵，T54③b:7，残，口径 8、残高 4.2、壁厚 0.2 厘米。白胎，胎质细腻坚硬。内外施满釉，芒口，釉色洁白。直口微敛，尖圆唇，直腹微鼓。外壁刻莲瓣纹。

白瓷印花盘，T54③b:8，残，口径 12、高 2.5、壁厚 0.2～0.5 厘米。白胎，胎质较细。内外施满釉，芒口，釉色白中泛灰。敞口，尖圆唇，弧腹，下腹内收明显，圈足。内壁下部印一周菊瓣纹，底部残破较甚，可见两条鱼尾及周边的水波纹。

白瓷折腹盘，T54③b:9，可复原，口径 18、足径 6、高 3.8、壁厚 0.3～0.5 厘米。灰白胎，胎质较细。内施满釉，内底有涩圈，外壁圈足着地处无釉，釉色发青。侈口，圆唇，折腹，圈足（图一七八，5）。

白瓷篦划花碟，T54③b:1，可复原，口径约 12.2、底径 8.5、高 1.7 厘米。白胎，胎质较粗。内施满釉，外壁施满釉，釉不均匀，内底有很小的支钉痕。敞口，尖圆唇，浅弧腹，平底。内底有篦划装饰，模糊不清（图一七八，7）。

粗白瓷小碗，T54③b:10，可复原，口径 10、足径 3.6、高 4.3、壁厚 0.2～0.8 厘米。灰胎，胎质粗疏。器表施白色化妆土，内壁满釉，底部有三枚较小的支钉痕，外壁圈足处无釉。敞口，尖圆唇，弧腹，高圈足，挖足过肩（图一七八，8）。

粗白釉刻划花碗，T54③b:11，可复原，口径13.2、足径4.2、高5.8、壁厚0.3～0.8厘米。灰白胎，胎质较粗。施白色化妆土，内施满釉，外壁圈足及圈足底部无釉。直口微敞，圆唇，弧腹，圈足较高，挖足过肩。内底有刻划花纹饰，有四枚较小的支钉痕（图一七八，6）。

粗白釉刻划花碗，T54③b:12，残，口径23、残高7.4、壁厚0.3～1厘米。灰褐色胎，胎质粗疏坚硬。器表施化妆土，内施满釉，外壁釉不及底。敞口，圆唇，弧腹，圈足。内壁有刻划花装饰，外壁口沿下有凹弦纹一周。

钧瓷碗，T54③b:13，残，口径20、残高4.4、壁厚0.6厘米。黄褐色胎，胎质较粗。施蓝釉，釉较厚，有0.1厘米。口沿部位釉薄，发黄。直口，圆唇，弧腹（图一七八，9）。

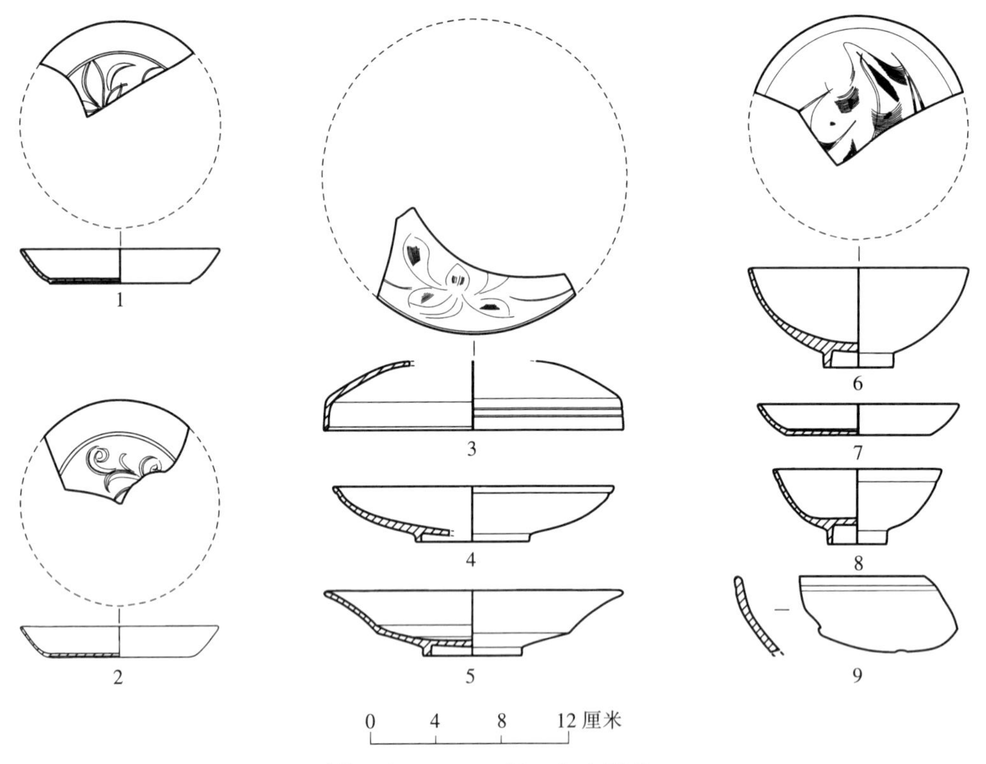

图一七八　T54③b出土器物

1. 白瓷刻花碟（T54③b:2）　2. 白瓷刻花碟（T54③b:3）　3. 白瓷刻划花器盖（T54③b:5）　4. 白瓷盘（T54③b:4）　5. 白瓷折腹盘（T54③b:9）　6. 粗白釉刻划花碗（T54③b:11）　7. 白瓷篦划花碟（T54③b:1）　8. 粗白瓷小碗（T54③b:10）　9. 钧瓷碗（T54③b:13）

（5）T54③

白瓷器盖，T54③:12，可复原，口径7.5、边径10、高2.5厘米。白胎泛灰，胎质细腻坚硬。平沿内壁及子口无釉，余满釉。釉面光亮，釉色白中泛灰黄。子母口，平沿，盖面拱起，顶部有钮（图一七九，1）。

白瓷注壶，T54③:16，残，残宽5.5、残高约5厘米。白胎，胎体坚致。外壁施釉，釉面光润，釉色白中泛黄，内壁无釉。器残仅剩细长流。

白瓷刻花盏，T54③:14，残，口径约13、足径2.5、高3.8厘米。灰白胎，胎质较细。内外满釉，芒口，釉色白中泛灰。侈口，尖唇，斜直腹，小圈足，内壁刻轮菊纹（图一七九，4）。

白瓷刻花大碗，T54③:26，残，高9厘米。灰白胎，胎质较细，坚硬。内外满釉，芒口，釉色泛灰黄。直口微敛，尖唇，弧腹较深，腹部有瓜棱，圈足较大，内壁有刻花纹饰。

白瓷印花盘，T54③:17，底部残片，足径6、残高1.3厘米。白胎，胎质细腻坚硬。内外满釉，应为芒口，釉面光润，釉色洁白。下腹部较平，圈足。内壁有印花纹饰，壁上以白色出筋分隔，纹饰残破不全，底部为凤鸟穿花纹。

白瓷印花碗，T54③:18，底部残片，足径约6、残高3.4厘米。白胎泛灰，胎体坚致。内外满釉，应为芒口，釉色发黄。斜直腹，圈足。内壁有印花纹饰，壁上以白色出筋分隔，有荷花纹，底部亦有花卉纹，纹饰较突出（图一七九，5）。

白瓷印花碗，T54③:19，底部残片，残高约3.5厘米。白胎泛灰，胎质较细，坚硬。内外满釉，釉面光润，釉色泛灰。斜直腹，圈足。内壁有印花纹饰，可见一禽类的双腿，似在飞翔，其间有花卉纹，外壁有红色摩擦痕。

白瓷印花碟，T54③:20，底部残片，残高1厘米。灰白胎，胎质较细。内外满釉，应为芒口，釉

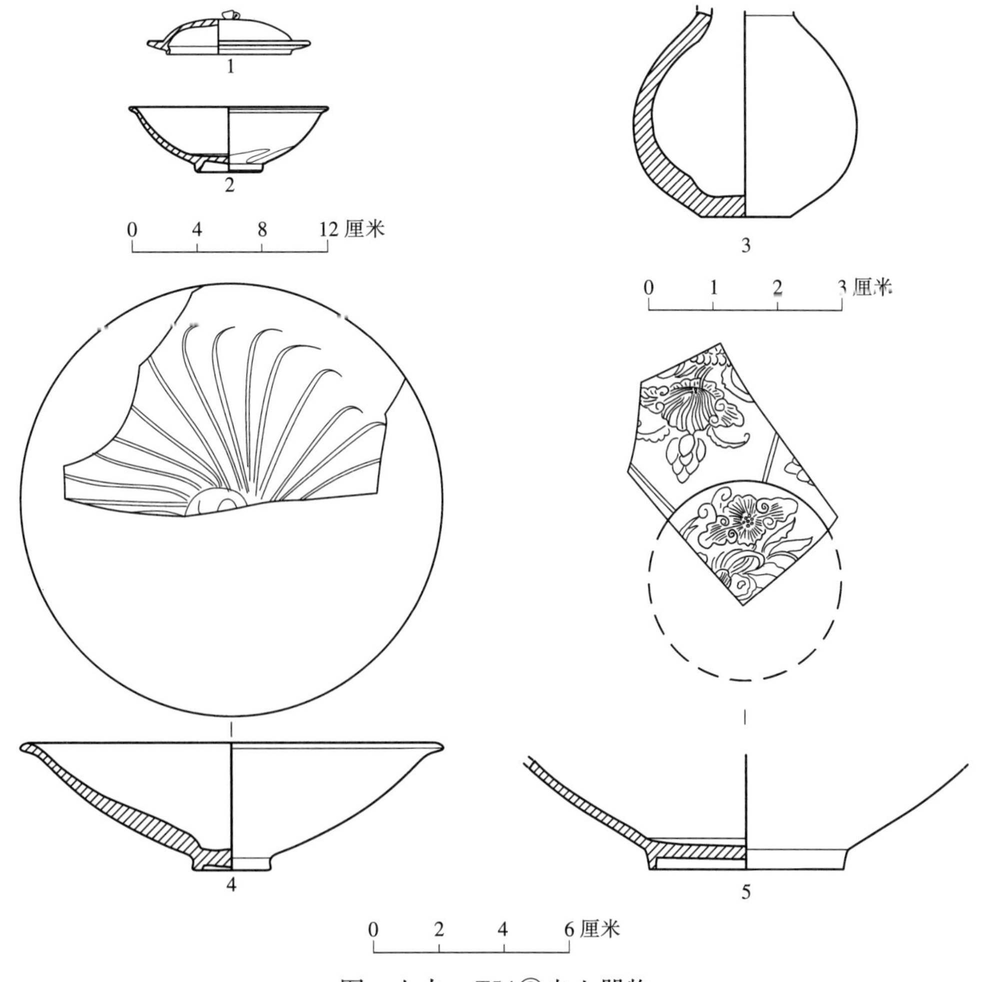

图一七九　T54③出土器物

1. 白瓷器盖（T54③:12）　2. 白瓷碗（T54③:13）　3. 白瓷小罐（T54③:25）　4. 白瓷刻花盏（T54③:14）　5. 白瓷印花碗（T54③:18）

色泛灰。浅弧腹，下腹急收，内底较宽，圈足，内壁印莲瓣纹，莲瓣内有卷云纹，底部印水波游鱼纹。

白瓷印花盘，T54③:23，残宽5.4厘米。白胎，胎质细腻坚硬。内外满釉，釉面光润，釉色洁白，微泛黄，内壁印有竹石禽鸟纹。

白瓷印花盘，T54③:24，残宽5.4厘米。白胎，胎体坚致。内外满釉，釉面光润，釉色洁白。口沿下印一周回纹，壁上有白色出筋，残存禽鸟菊花纹。

白瓷碗，T54③:13，可复原，口径约12.2、足径4.1、高3.7～3.9厘米。白胎微泛灰，胎质细腻，坚硬。内壁满釉，底部有涩圈，外壁釉不及底，釉面光润，釉色泛青灰。侈口，尖唇，弧腹较浅，圈足，挖足过肩（图一七九，2）。

白瓷小罐，T54③:25，残，足径约1.5、残高3.1厘米。白胎，胎质细腻，坚硬。外壁上部施釉，釉色白中泛黄。口部残，球腹，平底（图一七九，3）。

粗白瓷碗，T54③:1，可复原，口径约22.4、足径约7、高7.8～8.3厘米。黄白胎，胎质较粗。内壁满釉，内底有垫砂痕，外壁釉不及底，施釉不均，釉面有开片，釉色显胎色。敞口，圆唇，弧腹，圈足，挖足过肩（图一八〇，1）。

粗白瓷盏，T54③:4，可复原，口径约9.6、足径3.2、高3.5～3.7厘米。褐胎，胎质较粗。器表施白色化妆土，内壁满釉，内壁有支钉痕，外壁釉不及底，釉面发涩，釉色发黄。敞口，尖圆唇，弧腹，圈足（图一八〇，4）。

粗白瓷盏，T54③:5，可复原，口径约9.6、足径3.5、高3厘米。黄褐色胎，胎质较粗，胎体厚重。器表施白色化妆土，内壁满釉，外壁半釉，施釉不均。敞口，厚唇，浅弧腹，饼状圈足（图一八〇，5）。

粗白瓷盘，T54③:6，残，口径约17、足径约5、高4.3～4.7厘米。灰白胎，胎质较粗，坚硬。内壁满釉，内底有支钉痕，外壁半釉，釉色泛灰。敞口，圆唇，弧腹较浅，圈足，挖足过肩（图一八〇，6）。

粗白瓷器盖，T54③:7，可复原，口径10、边径13.2、高3厘米。黄褐色胎，胎质较粗。外壁施白色化妆土，只盖面顶部施釉，釉面有黑色斑点，釉色泛灰。子母口，子口为圆唇，平沿，盖面拱起，顶部略平（图一八〇，7）。

粗白瓷双腹碗，T54③:8，残，口径约18、残高7.4厘米。黄褐色胎，胎质较粗。器表施白色化妆土，内壁满釉，外壁釉不及底，釉面光亮，有细碎开片，釉色白中闪黄。直口，圆唇，弧腹，下腹鼓起，形成双腹（图一八〇，8）。

粗白瓷篦划花碗，T54③:2，可复原，口径约22.4、足径约7、高7～7.3厘米。灰褐色胎，胎质较粗，坚硬。内壁施白色化妆土，内壁满釉，釉色泛灰黄，内底有长条支钉痕，外壁半釉，有流釉现象。敞口，圆唇，弧腹，圈足，挖足过肩，内壁有篦划花纹饰（图一八〇，2）。

粗白瓷篦划花碗，T54③:3，残，口径约20.4、足径约6.5、高5～5.4厘米。黄褐色胎，胎质较粗，坚硬。内壁满釉，内底有支钉痕，外壁半釉，釉面光亮，釉色泛灰黄。敞口，圆唇，弧腹较浅，圈足，挖足过肩，内壁有篦划花纹饰（图一八〇，3）。

粗白瓷刻划花碗，T54③:66，残，口径约24、残高6.7厘米。灰胎，胎质较粗，坚硬。器表施白色化妆土，内壁满釉，外壁釉不及底，釉面光亮，釉色泛灰黄。敞口，圆唇，弧腹，内壁有刻划花纹饰。

白地黑花四系瓶，T54③:9，残，残高16.8厘米。黄白胎，胎质较粗。外壁及内壁肩部施白色化妆土，外壁肩部用黑彩绘草叶纹和弦纹五周，腹部绘龙纹。龙纹身体细部在黑彩上刻出，露出胎体，然后施透明釉，釉面有细碎开片，釉色泛黄。内壁肩部以下施酱釉。口部残，溜肩，瘦长腹，颈肩之间残留两个系（图版五一，1）。

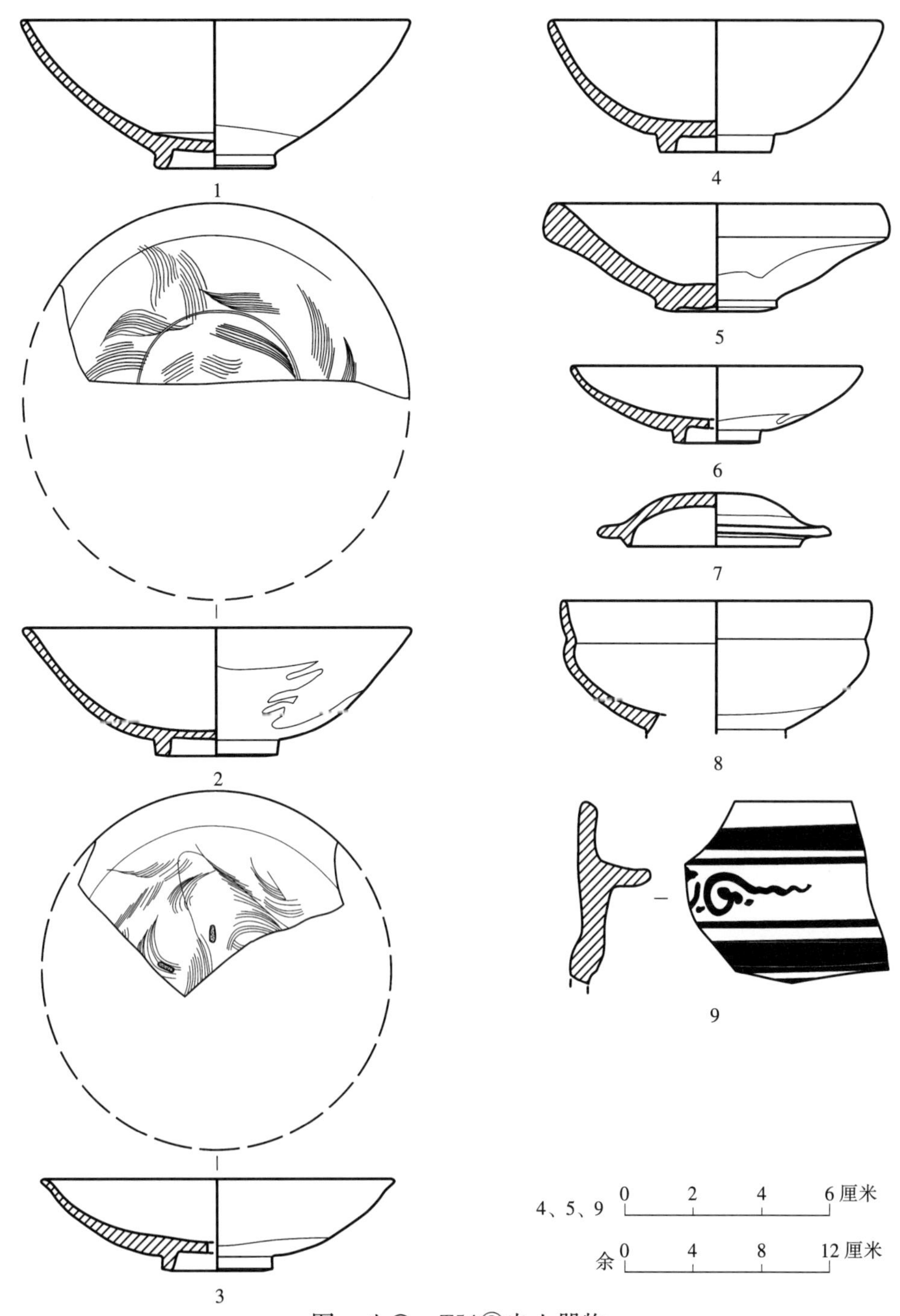

图一八〇 T54③出土器物

1. 粗白瓷碗（T54③:1） 2. 粗白瓷篦划花碗（T54③:2） 3. 粗白瓷篦划花碗（T54③:3） 4. 粗白瓷盏（T54③:4） 5. 粗白瓷盏（T54③:5） 6. 粗白瓷盘（T54③:6） 7. 粗白瓷器盖（T54③:7） 8. 粗白瓷双腹碗（T54③:8） 9. 白地黑花罐（T54③:65）

白地黑花盆，T54③:10，底部残片，底径约25、残高6、底最厚达2.3厘米。黄褐色胎，胎体坚致、厚重。内壁施白色化妆土，以黑彩绘纹饰，底部为鱼纹，釉面发滞。外壁施黑釉，釉不及底。弧腹，平底卧足（图版五一，3）。

白地黑花罐，T54③:11，残，口径约17、残高17厘米。黄褐色胎，胎质较粗。外壁及内壁口部施白色化妆土，外壁以黑彩绘缠枝花草纹，再施透明釉，釉不及底，釉色发黄，内壁口部以下施黑釉。直口，圆唇，短直颈，溜肩，鼓腹（图一八一；图版五一，2）。

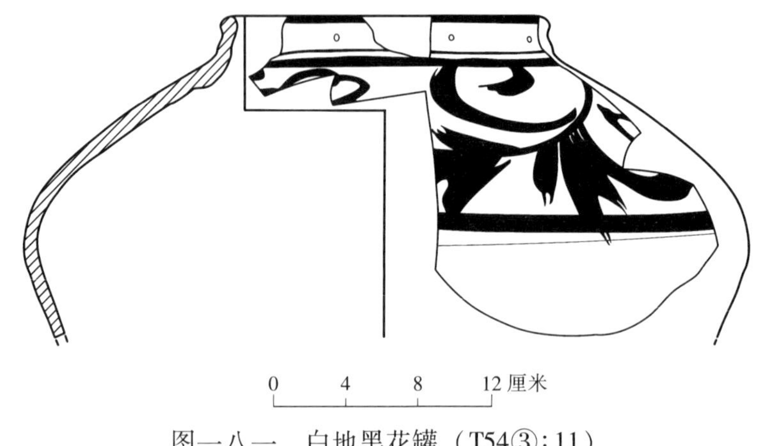

图一八一　白地黑花罐（T54③:11）

白地黑花碗，T54③:62，残，高6.7厘米。褐色胎，胎质较粗。器表施白色化妆土，内壁以黑彩绘纹饰，内壁满釉，底部有垫砂痕，外壁半釉，釉面较粗糙，釉色发黄。敞口，圆唇，弧腹，圈足（图版五一，6）。

白地黑花枕，T54③:63，枕面残片，残长8.3、残宽7、厚0.4～0.6厘米。黄褐色胎，胎体坚致。器表施白色化妆土，以黑彩绘竹叶纹，然后施透明釉。枕面下凹（图版五一，5）。

白地黑花枕，T54③:64，残，残长14.5、残高11.6厘米。灰胎，胎体坚致。器表施白色化妆土，以黑彩绘纹饰，枕墙上为卷草纹，然后施透明釉。枕墙中部内凹，内壁枕墙中部有泥条加固（图版五一，7）。

白地黑花罐，T54③:65，口部残片，残宽6、残高5.3厘米。深灰褐色胎，胎质较粗，坚硬。器表施白色化妆土，以黑彩绘横向条带纹，条带之间有卷云纹，然后施透明釉，芒口，釉面光亮，外壁釉色洁白。子母口，直口，圆唇，直腹，下腹外折（图一八〇，9；图版五一，4）。

粗白瓷点彩盆，T54③:68，盆底残片，残长15、残宽8.2厘米。黄褐色胎，胎质较粗。内底施白色化妆土，中心有黑色点彩花朵，纹饰突出于器表，再施透明釉，釉面粗糙，脱釉严重，外底有墨书文字，模糊不清，最后一字为“王”。

青瓷碗，T54③:67，残，足径6.3、残高5.1厘米。浅红褐色胎，胎质较粗疏。器表施青釉，内壁满釉，外壁釉不及底，釉面粗糙，釉色发白。弧腹，圈足，外底有鸡心突（图一八二，7）。

黑釉盏，T54③:46，可复原，口径约9.2、足径4.5、高3厘米。黄褐色胎，胎质较粗。内壁满釉，底部有涩圈，外壁半釉，釉色乌黑。敞口，尖唇，弧腹较浅，圈足（图一八二，2）。

黑釉小罐，T54③:47，可复原，口径约3.8、底径2.7、高3.8厘米。黄褐色胎，胎质较粗。内壁满釉，外壁釉不及底，釉面光亮。敞口，尖唇，矮领，鼓腹，平底（图一八二，3）。

黑釉瓶，T54③:69，颈肩部残片，颈部直径2.2、残高7.2厘米。灰褐色胎，胎体坚致。内壁施黑釉，釉面光润，釉色乌黑发亮。颈部较窄，溜肩。

钧瓷碗，T54③:34，底部残片，残高3.3厘米。黑褐色胎，胎质较粗，坚硬。器表施蓝釉，釉层发白。内壁满釉，外壁釉不及底，釉层较厚。弧腹，圈足。

钧瓷碗，T54③:36，口沿残片，残宽4.3、残高约4厘米。灰褐色胎，胎质较粗，坚硬。器表施蓝紫色釉，釉细碎开片。敞口，圆唇，弧腹。

钧瓷碗，T54③:37，口沿残片，残宽6、残高3.2厘米。灰胎，胎质较细，坚硬。器表施浅蓝色釉，釉面光润。直口，尖圆唇，直腹。

钧瓷盘，T54③:51，残，口径约13、残高2.3厘米。黄白胎，胎质较粗疏。器表施青釉，内壁满釉，外壁釉不及底。短直口微敛，圆唇，腹部斜直，浅腹（图一八二，6）。

龙泉窑青瓷盘，T54③:39，口沿残片，残宽6、残高2.7厘米。白胎，胎体坚致。内外均施粉青釉。敞口，圆唇，浅弧腹（图一八二，5）。

龙泉窑青瓷蔗段洗，T54③:70，底部残片，残高1.5厘米。白胎泛灰，胎体坚致。内外均施青釉，釉面莹润，足底有火石红。弧腹，隐圈足。

青白瓷高足杯，T54③:40，仅剩高圈足，足径3.5~3.7、残高3.6厘米。白胎，胎体坚致。器表施青白釉，釉层较厚，青中泛白，有浑浊感。

青瓷碗，T54③:41，口沿残片，口径约20、残高3.8厘米。灰黑色胎，胎体坚致、厚重。器表施

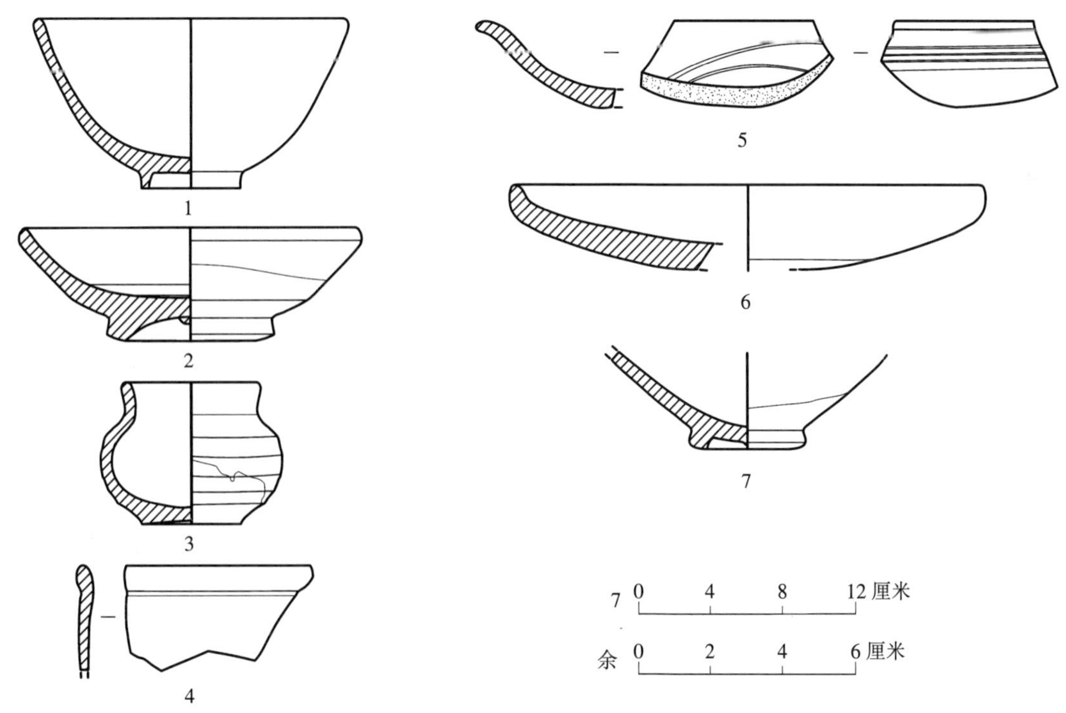

图一八二　T54③出土器物

1. 红绿彩盏（T54③:27）　2. 黑釉盏（T54③:46）　3. 黑釉小罐（T54③:47）　4. 黄釉碗（T54③:48）　5. 龙泉窑青瓷盘（T54③:39）　6. 钧瓷盘（T54③:51）　7. 青瓷碗（T54③:67）

青釉，釉面较涩，釉色较深。敞口，圆唇较厚，弧腹。内壁印花卉纹，外壁刻折扇纹。

黄釉碗，T54③:48，口沿残片，残宽5.4、残高2.8、壁厚0.2～0.3厘米。红褐色陶胎，胎质较粗，器表施黄釉，釉面光亮（图一八二，4）。

红绿彩盏，T54③:27，可复原，口径约8.5、足径2.7、高4.5厘米。黄白胎，胎质较粗。器表施白色化妆土，内外满釉，圈足处无釉，釉色直白，釉上以红、绿彩绘纹饰，红、绿彩脱落严重。敞口，圆唇，弧腹，圈足（图一八二，1）。

红绿彩碗，T54③:71，口沿残片，残宽3.2、残高2厘米。灰黄色胎，胎质较粗。器表施白色化妆土，内外均施釉，釉上以红、绿彩绘纹饰。敞口，圆唇，弧腹。

红绿彩人物，T54③:28，残，底座残长4.3、残高4.2厘米。模制，黄白胎，胎质较粗。器表施白色化妆土，釉上以红彩绘纹饰。应为人物的后面部分。

红绿彩人物，T54③:29，残高3厘米。模制，灰褐色胎，胎质较粗。器表施白色化妆土，釉上以红、绿彩装饰。

红绿彩人物，T54③:30，头部残片，残高2.8厘米。黄白色胎，胎质较粗。器表施白色化妆土，釉上以红、绿、黄、黑彩进行装饰。

红绿彩人物，T54③:31，残高3.3厘米。黄白色胎，胎质较粗。器表施白色化妆土，釉上以红、绿、黄、黑彩进行装饰。

红绿彩人物，T54③:32，头部残片，残高3.8厘米。模制，灰胎，胎质较粗。器表施白色化妆土，釉上以红、黑彩装饰。

红绿彩人物，T54③:33，背部残片，残高5厘米。模制，黄白胎，胎质较粗。器表施白色化妆土，釉上以红、绿、黑彩装饰。

三彩枕，T54③:43，枕面残片，残长8、残宽8.1厘米。红色陶胎，胎质较粗。器表施白色化妆土，刻划出边饰及中心花草纹，然后施黄釉、绿釉及透明釉。

绿釉枕，T54③:44，枕面残片，残长8.2、残宽6.3厘米。红色陶胎，胎质较粗。器表施白色化妆土，然后刻出菱格纹，再施绿釉。

绿釉枕，T54③:72，枕底残片，残长13、残宽7.8、残高1.6厘米。红色陶胎，胎质较粗。器表满施白色化妆土，施绿釉至枕墙下部，底部无釉。应为腰圆形枕，底部有墨书文字，只有“張”字保存完整。

绿釉花盆（?），T54③:42，残，残长9.3、残高3.2厘米。黄褐色胎，胎质较粗。器表施绿釉。直口，方唇。

绿釉陶瓶，T54③:45，口沿残片，口径3.4、残高2.1厘米。红褐色陶胎，质地粗疏。器表施白色化妆土，绿釉剥落严重。菊瓣形口，颈部似有一耳。

兽面瓦当，T54③:49，直径14、边厚1.3、高3厘米。泥质灰陶，圆形，主体纹饰为兽面纹，后接筒瓦，已残。

陶饼，T54③:50，直径7.5、高2厘米。泥质灰陶，正面鼓起，中心有小圆孔，但不钻透，背面内凹，有布纹。

陶扑满，T54③:73，残，底径4、残高5.4厘米。泥质红陶，胎质较粗。深弧腹，平底，腹部残留三个圆孔。

石器器底，T54③∶58，底径约17、厚0.3厘米。滑石质，平底内凹。

15. T55

（1）T55⑤

白瓷刻花盘，T55⑤∶2，底部残片，足径5.7、残高1.5厘米。白胎泛灰，胎质较细，坚硬。内外满釉，应是芒口，釉色白中泛黄。浅弧腹，圈足，挖足过肩，内底有刻花纹饰。

白瓷刻花碗，T55⑤∶3，残，口径约11、残高3.8厘米。白胎泛灰，胎质较细，坚硬。内外满釉，芒口，釉面光亮，釉色白中泛灰。侈口，尖唇，弧腹，外壁刻莲瓣纹（图一八三，1）。

白瓷花口碗，T55⑤∶4，可复原，口径约10.8、足径4.8、高5.7厘米。白胎泛灰，胎质较细。内外满釉，芒口，釉面光润，釉色泛灰黄。侈口，尖圆唇，弧腹，圈足较高，口部为花口，对应的内壁有白色出筋，内底有一周弦纹（图一八三，2）。

粗白瓷褐花碗，T55⑤∶5，残，足径4.6、残高3.7厘米。黑灰色胎，局部呈砖红色，胎质较粗，坚硬。器表施白色化妆土，内壁满釉，内底有支钉痕，外壁釉不及底。弧腹，圈足，内壁有褐花装饰（图一八三，3）。

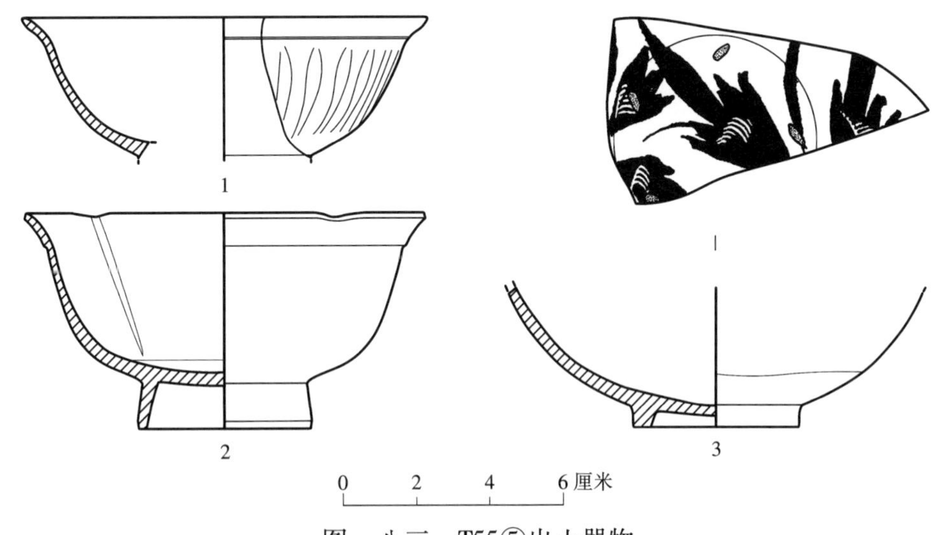

图一八三　T55⑤出土器物

1. 白瓷刻花碗（T55⑤∶3）　2. 白瓷花口碗（T55⑤∶4）　3. 粗白瓷褐花碗（T55⑤∶5）

耀州窑青瓷盏，T55⑤∶6，残，残长6、残宽4.2厘米。灰胎，胎质较细，坚硬。内外满施青釉，釉面光润，有开片。侈口，圆唇，弧腹，内壁有印花纹饰。

翠蓝釉残片，T55⑤∶7，残长5.5、残宽2.6厘米。红褐色胎，胎质较粗。器表施白色化妆土，再罩一层翠蓝釉，剥釉严重。

（2）T55④

白瓷器盖，T55④∶1，可复原，口径10.3、边径13.2、钮径5.6、高3厘米。白胎，胎质细腻坚硬。内外满釉，内壁口沿上无釉，釉色泛黄。子母口，子口内敛，圆唇，沿微上翘，弧形盖面，圈足状钮（图一八四，1）。

白瓷花口碗，T55④∶3，足部残缺，口径13、残高5、厚0.2～0.3厘米。白胎，胎质细腻坚硬。

芒口，内外满釉，釉面光润，釉色洁白。敞口微外撇，尖圆唇，弧腹较深，平底。口沿上有六个等距离分布的花口，在相应的内壁有白色出筋，出筋较窄。

白瓷盘，T55④:7，可复原，口径21.5、足径6.1、高4.2厘米。胎质较白，内外满釉，芒口。敞口外翻，尖圆唇，浅弧腹，圈足（图一八四，3）。

白瓷小碗，T55④:8，可复原，口径10、底径3.8、高4.2厘米。胎质较白，满釉，芒口，釉色泛灰。敞口微外撇，圆唇，弧腹较深，圈足，花口。外壁有红色摩擦痕。

白瓷刻划花碟，T55④:2，可复原，口径11、足径8、高1.7厘米。白胎，胎质细腻坚硬，芒口，内外满釉，釉色泛黄。敞口，尖圆唇，斜直壁，平底，卧足。内底有刻划花装饰，外底有红色摩擦痕（图一八四，2）。

白瓷刻花碟，T55④:4，残破较甚，高1.8、壁厚0.3～0.4厘米，白胎，胎质细腻坚硬，芒口，内外满釉。敞口，尖圆唇，浅弧腹，平底。内底有刻划花装饰。

白瓷刻花碟，T55④:5，残，高1.8厘米，白胎，胎质细腻坚硬，芒口，内外满釉。敞口，尖圆唇，浅弧腹，平底，卧足。内底有刻划花装饰，外底有红色的摩擦痕。

白瓷把手，T55④:20，残长3.1、宽1.2～1.6厘米。胎质较白，满釉，釉色发黄。外印竖向菱形花纹。应是注壶的把手。

粗白瓷碗，T55④:11，可复原，口径21、足径6.8、高7.9厘米。灰褐色胎，较粗疏。施白色化妆土，内壁满釉，内底有涩圈，外壁半釉，釉面有细小的开片。敞口，圆唇，弧腹，圈足内有鸡心突，内底较平。内壁有等距离分布的六条白色出筋，微微突出于器表。外壁有一墨书文字，模糊不清（图一八四，4）。

粗白瓷盏，T55④:14，可复原，口径10.5、足径3.8、高2.8厘米。灰白胎，胎质坚硬。施白色化妆土，内满釉，外不及底。直口，圆唇，斜弧腹，矮圈足，内底较突（图一八四，5）。

粗白瓷篦划花碗，T55④:12，可复原，口径20.5、足径6.8、高7.9厘米。灰胎，较粗，质地坚硬，含大量黑斑。施白色化妆土，内壁满釉，外壁施釉不及底。敞口，圆唇，弧腹，下腹急收，圈足，挖足过肩。内壁有一周凹弦纹，底部饰篦划花装饰，其间有八枚细长的小支钉痕。

粗白瓷刻划花盘，T55④:13，可复原，口径21.4、足径7.4、高3.7厘米。黄褐色胎，含大量杂质。施白色化妆土，满釉，釉色为乳白色，圈足着地处有的地方无釉，应是仰烧，内底残留三枚支钉痕。敞口，圆唇，折腹，圈足。口沿上有六个花口，在相应的内壁有白色出筋，内底有刻划花牡丹纹，较为模糊。外壁有红色摩擦痕（图一八四，6）。

粗白瓷枕，T55④:17，枕面残片，枕面残长9.5、残宽3.8、枕墙残高3厘米。灰胎，胎质较粗，坚硬。釉色发灰黄。内部枕墙和枕面相接处有泥条加固。

粗白瓷枕，T55④:18，底部残片，枕底残长12.7、残宽3.5、枕墙残高6.4厘米。灰白胎，胎质坚硬。白釉泛灰，底部不施釉。内部枕墙和枕底相接处也有泥条加固，枕墙上有一部分极厚。

白地黑花罐，T55④:16，残，残长6.9、残高7.2厘米。灰褐色胎，较粗。施白色化妆土，乳白色釉，较为光润，口唇顶部刮釉。直口微敛，圆唇较厚，直腹。外壁绘黑彩纹饰（图版一八四，7）。

黑釉碗，T55④:19，可复原，口径12、底径3.6、高5.6厘米。白胎，内满釉，外施釉不及底。口部施透明釉，其下为黑釉，黑釉光亮，较厚。直口，尖圆唇，弧腹较深，矮圈足。

红绿彩碗，T55④：23，口沿残片，残长3.2、残高2.7厘米。黄褐色胎，较粗疏，火候不高。敞口微直，圆唇，内壁绘红绿彩。

红绿彩碗，T55④：24，口沿残片，残长4.2、残高1.3厘米。黄褐色胎，较粗疏，火候不高。敞口，圆唇，内壁绘红绿彩。

绿釉陶枕，T55④：22，枕面残片，残长9.1、残宽5.4厘米。红褐色胎，较粗疏，先施白色化妆土，后施绿釉，积釉处发黑。枕面绿釉下刻文字，残留“由自（白?）”两字 。

陶盘，T55④：25，可复原，口径21、足径19、高2.3厘米。泥质灰陶。敞口，圆唇，浅弧腹，平底内凹（图一八四，8）。

带足陶器，T55④：26，高5.7厘米。泥质灰陶。足部弯曲，上部分似有口沿。器形不明。

玻璃残件，T55④：27，深蓝色，残长2.7、残宽0.8厘米。由大小两股组成，中间有凹槽，一端上翘成尖状。

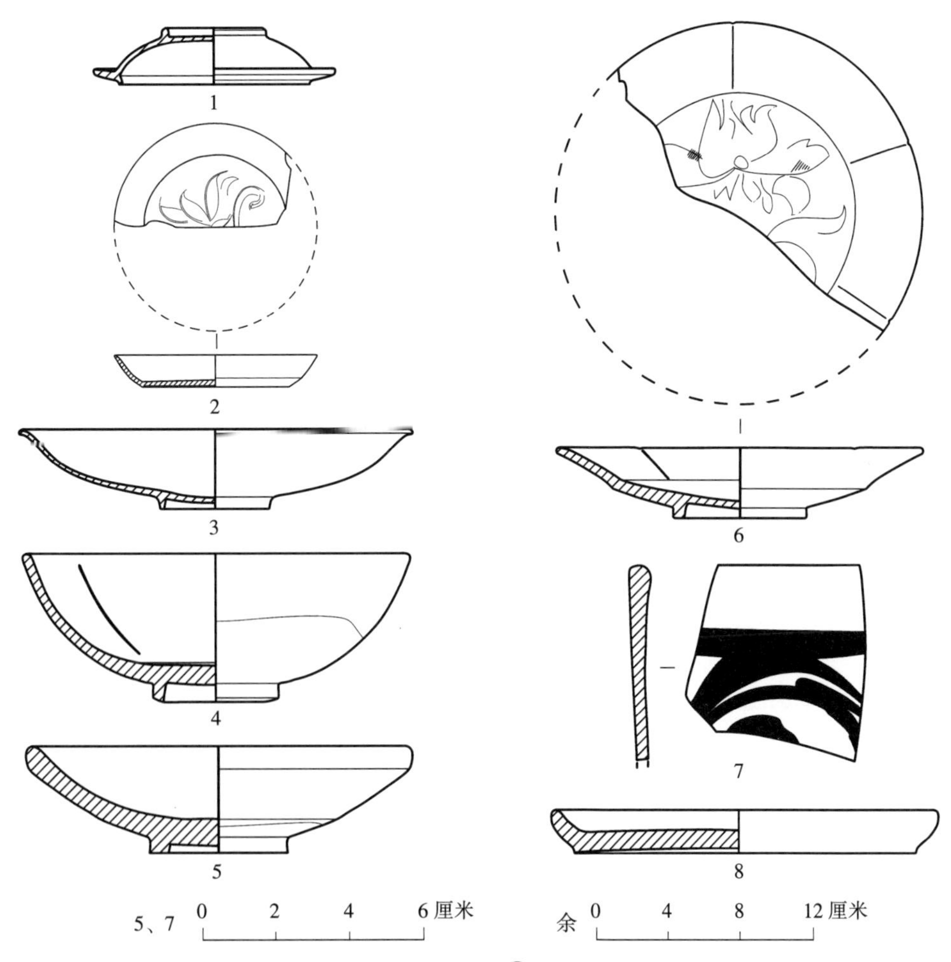

图一八四　T55④出土器物

1. 白瓷器盖（T55④：1）　2. 白瓷刻划花碟（T55④：2）　3. 白瓷盘（T55④：7）　4. 粗白瓷碗（T55④：11）　5. 粗白瓷盏（T55④：14）　6. 粗白瓷刻划花盘（T55④：13）　7. 白地黑花罐（T55④：16）　8. 陶盘（T55④：25）

（3）T55③b

白瓷器盖，T55③b：3，残，高3.8厘米。白胎，胎质细腻坚硬。外壁施透明釉，釉面光亮，釉色白中泛黄。器盖呈宝塔状，下有插（图一八五，2）。

白瓷刻花器盖，T55③b:1，残，口径约18、残高4.4厘米。白胎，胎质细腻坚硬。外壁满釉，釉面光亮，釉色白中泛灰，内壁仅盖面中部刷一层薄釉。直口，圆唇，折了两道，盖面隆起，顶部有一周突弦纹，顶部较平（图一八五，1）。

白瓷刻花器盖，T55③b:5，残，残长5.5、残宽3.9、残高1厘米。白胎，胎质细腻坚硬。内外均施透明釉，内壁盖面下刮釉一周，釉面光润，釉色洁白。盖面拱起，顶部有钮，盖面上有刻花纹饰。

白瓷印花盏，T55③b:2，残，口径约9、高3.3厘米。白胎泛灰，胎质较细。内外满釉，芒口，釉面光亮，釉色白中泛灰。敞口，圆唇，弧腹，小圈足。内壁口沿下印一周卷云纹，其下印牡丹纹等。

白瓷印花碗，T55③b:7，口沿残片，残宽4.8、残高3.2厘米。白胎泛灰，胎质较细。内外满釉，芒口，釉色白中泛灰。敞口，圆唇，弧腹，器内壁有印花纹饰，口沿下为一周回纹，其下为一周卷云纹，其下印花卉纹。

白瓷印花残片，T55③b:8，腹部残片，残长3.6、残宽3.8厘米。白胎泛黄，胎质较细。内外满釉，釉色白中泛黄。内壁口沿印一周回纹，其下为凤鸟花卉。

白瓷人物，T55③b:9，底部残片，底座长3.8、宽2、残高2.3厘米。白胎，胎质细腻坚硬。器表施透明釉，底部无釉，釉面光亮，釉色白中泛灰。模制，人物为坐姿，手中似抱一犬。

白瓷人物，T55③b:10，残，残宽2.1、残高3厘米。白胎，胎质细腻坚硬。器表施透明釉，釉面光亮，釉色白中泛灰。模制，人物双手捧一物。

白瓷小罐，T55③b:4，残，口径约3、残高2.3厘米。白胎，胎质较细。内外施透明釉，釉面发涩。直口，圆唇，直颈，鼓腹。

白釉枕，T55③b:12，残，残长9.7、残高7厘米。灰褐色胎，胎质较粗，坚硬。外壁施白色化妆土，再施透明釉，釉面光亮，釉色白中泛黄。枕墙与枕底之间有泥条加固。

粗白瓷刻划花小碗，T55③b:15，残，口径约10、残高3.8厘米。黄褐色胎，胎质较粗。器表施

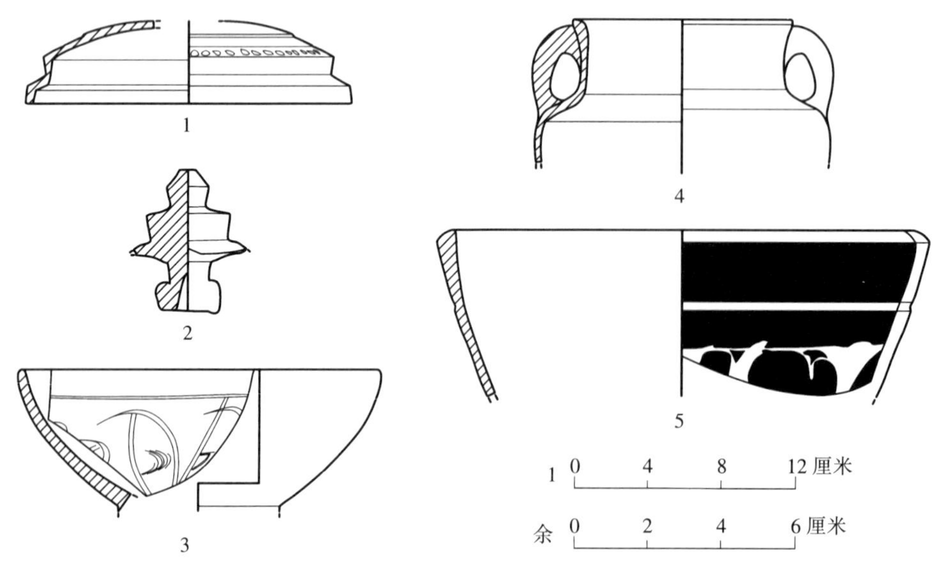

图一八五 T55③b出土器物

1. 白瓷刻花器盖（T55③b:1） 2. 白瓷器盖（T55③b:3） 3. 粗白瓷刻划花小碗（T55③b:15） 4. 黑釉双耳小罐（T55③b:17） 5. 黑釉腰鼓（T55③b:18）

白色化妆土，内壁满釉，外壁半釉，釉面光亮，釉色白中泛灰。敞口，圆唇，弧腹，圈足，内壁有刻划花纹饰（图一八五，3）。

白瓷刻划花枕，T55③b∶11，残，残宽9、残高12.6厘米。灰褐色胎，胎体坚致。外壁施白色化妆土，刻划出纹饰后，再施透明釉，釉面光亮，釉色白中泛灰。枕墙内壁垂直抹泥。

白地黑花器盖，T55③b∶13，残，残长7、残高2厘米。器形不甚规整，灰褐色胎，胎质较粗，坚硬。内外均施白色化妆土，外壁以黑彩绘纹饰，再罩透明釉，内壁无釉，釉面光亮，有细碎开片。子母口，子口内敛，尖唇，平沿，盖面拱起。

白地黑花罐，T55③b∶14，腹部残片，残长7、残高2厘米。灰胎，胎质较粗，坚硬。外壁施白色化妆土，以黑彩绘纹饰，再罩透明釉，釉面光亮。

黑釉双耳小罐，T55③b∶17，残，口径约6、残高4.1厘米。灰褐色胎，胎质较粗。外壁及内壁唇部施黑釉，釉层较厚，釉面乌黑光亮，内壁唇部以下施较薄的褐色护胎釉。直口外敞，圆唇，直颈，鼓肩，肩部残存一耳（图一八五，4）。

黑釉腰鼓，T55③b∶18，残，口径约13.4、残高4.4厘米。深灰褐色胎，胎质较粗。外壁施黑釉，剔刻出纹饰，露出胎体。直口微敛，方唇（图一八五，5）。

钧瓷碗，T55③b∶19，口沿残片，残长5.4、残高3.7厘米。砖红色胎，局部呈灰黑色，胎质较粗，坚硬。内外施青釉。敛口，圆唇，弧腹。

钧窑残片，T55③b∶20，残长6.8、残宽4.3厘米。黄褐色胎，胎质较粗，坚硬。内外皆施蓝釉，釉层较厚，釉色泛紫，局部有大块紫红色斑，釉面光亮，有开片及较多气泡。

腰圆形绿釉枕，T55③b∶21，残剩部分枕面及后枕墙，残长14.4、残高5.6厘米。红褐色陶胎，胎质较粗，坚硬。器表施白色化妆土，刻出纹饰后再施绿釉。枕面外弧，后枕墙上部有一圆孔。

素胎人物，T55③b∶22，头部残片，宽1.5、残高2.2厘米。模制，红褐色胎，为妇女形象，头梳双髻。

（4）T55③

白瓷碗，T55③∶1，可复原，口径约11、足径5、高4.7厘米。白胎泛灰，胎质细腻，局部结合不紧密。内外满釉，芒口，足底无釉，釉面光润，釉色泛灰。侈口，尖唇，弧腹，圈足（图一八六，1）。

白瓷盒，T55③∶2，残，口径约3.8、底径3、高1.5厘米。白胎，胎质细腻，坚硬。内壁满釉，外壁仅口部施釉，内底有点彩纹饰。敛口，尖唇，沿外翻至肩，鼓腹，平底（图一八六，2）。

白地褐花枕，T55③∶3，枕面残片，残长6、残宽3.5、厚0.4厘米。白胎泛灰，胎体坚致。外施淡褐色化妆土，剔刻掉部分化妆土，露出胎体，形成纹饰的轮廓，再施透明釉，造成白地褐花的装饰效果，釉色泛灰。

粗白瓷炉，T55③∶5，边沿残片，沿径约11、残高1厘米。黄褐色胎，胎质较粗。器表施白色化妆土，釉面光润，有细碎开片，釉色白中泛黄。平沿下翻。

粗白瓷刻划花碗，T55③∶4，残，高6.8厘米。灰胎，胎质较粗，局部结合不紧密。器表施白色化妆土，内壁满釉，底部有支钉痕，外壁釉不及底，釉色泛灰黄。敞口，圆唇，弧腹，圈足，挖足过肩，内壁有刻划花卉纹及红色摩擦痕。

粗白瓷刻花碗，T55③:6，残，残宽6.2、残高5.5厘米。黄褐色胎，胎质较粗。器表施白色化妆土，内外均施釉，釉面光亮，釉色白中闪黄。敞口，圆唇，弧腹，内壁有刻划纹饰，外壁有红色摩擦痕。

双色釉碗，T55③:7，残，口径约15.5、足径约6、高3.2厘米。黄褐色胎，胎质较粗。内壁施白色化妆土，施透明釉，釉面有细碎开片，釉色泛黄，芒口，外壁施酱釉，圈足着地处刮釉。敞口，圆唇，浅弧腹，圈足（图一八六，3）。

黑釉小罐，T55③:8，残，口径约8、足径约5.2、高4.7厘米。浅灰褐色胎，胎质较粗，坚硬。外壁上部及内壁口部施黑釉，釉色光亮，内壁下部施釉较薄，釉色发褐。敞口，圆唇，矮领，鼓腹，卧足（图一八六，4）。

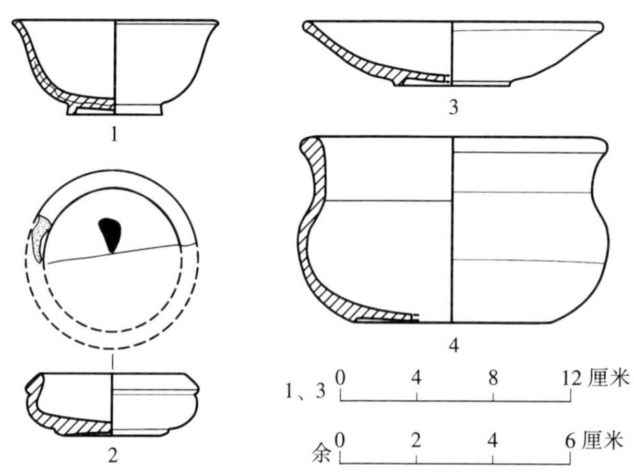

图一八六 T55③出土器物

1. 白瓷碗（T55③:1） 2. 白瓷盒（T55③:2） 3. 双色釉碗（T55③:7） 4. 黑釉小罐（T55③:8）

红绿彩残片，T55③:10，残长3.5、残高3.9厘米。模制，黄白胎，胎质较粗。器表施白色化妆土，釉上以红、绿、黄、黑等彩绘纹饰。

石器残片，T55③:11，残，残长4、残宽2.8厘米。滑石质，外壁打磨光滑。

素烧瓷球，T55③:12，残，直径6.5厘米。黄褐色胎，胎质较粗，坚硬。

16. T56

（1）T56⑦

粗白瓷碗，T56⑦:1，残，足径6.3、残高4.3厘米。黄白胎，胎质较粗，坚硬。器表满施白色化妆土，内壁满釉，内底有五个支钉痕，外壁釉不及底，釉面光亮，有细碎开片，釉色乳白。斜直腹，圈足，挖足过肩，内壁近底处有折。

粗白瓷碗，T56⑦:2，残，足径7.3、残高3.3厘米。黄白胎，胎质较粗，坚硬。器表满施白色化妆土，内壁满釉，内底有支钉痕，外壁满釉，圈足着地处无釉，有细碎开片，米白色釉。弧腹，下腹急收，圈足，内壁近底处有折。

粗白瓷碗，T56⑦:3，残，足径6.7、残高2厘米。灰胎，胎质较粗，坚硬。器表施白色化妆土，内壁满釉，内底有四个近圆形支钉痕，外壁釉不及底，釉面光润，有开片。圈足，内壁近底处有折。

粗白瓷碗，T56⑦:4，残，足径约8、残高3.2厘米。黄白胎，胎质较粗。器表施白色化妆土，内壁满釉，内底有支钉痕，外壁圈足无釉，釉面光亮，有细碎开片，釉色白中闪黄。弧腹，圈足，挖足过肩，内壁近底处有折。

（2）T56⑥

粗白瓷碗，T56⑥:1，可复原，口径15.3、足径5.3、高7.9～8.1厘米。黄褐色胎，胎质较粗。器表施白色化妆土，内壁满釉，外壁釉不及底，釉面光亮有细碎开片，釉色粉白。敞口，圆唇，弧腹，圈足较高（图一八七，1）。

黄釉印花碗，T56⑥:2，底部残片，足径5.9、残高2.5厘米。黄褐色胎，胎质较粗。器表施黄釉，内壁满釉，底部有涩圈，外壁釉不及底。浅折腹，圈足，挖足过肩，内壁有印花纹饰。外壁及外底有红色摩擦痕。

黄釉印花碗，T56⑥:3，腹部残片，残宽7、残高2.2厘米。黄褐色胎，胎质较粗疏。器表施黄釉，内壁满釉，底部有涩圈，外壁釉不及底。弧腹，内壁有印花纹饰。

黄釉印花碗，T56⑥:4，口沿残片，残宽6、残高1.9厘米。褐色胎，胎质较粗疏。器表施黄釉。敞口，圆唇，弧腹，内壁有印花纹饰。

黄釉绞胎瓷片，T56⑥:5，残长2.4、残宽1.7厘米。褐、白色绞胎，胎质较细。器表施黄釉。

黑釉砚（?），T56⑥:7，残，口径约14.5、足径约14、高3.9厘米。灰白胎，胎质较粗，坚致厚重。器表施黑釉，芒口，外底亦无釉。直口，方唇，中有浅盘，外壁有数周弦纹，隐圈足（图一八七，3）。

黑釉砚（?），T56⑥:8，残，残宽6.8、高3.8厘米。灰白胎，胎质较粗，坚致厚重。器表施黑釉，芒口，外底亦无釉。直口，方唇，中有浅盘，外壁有数周弦纹，隐圈足。

青瓷碗，T56⑥:9，口沿残片，残宽7.5、残高4.1、厚0.4厘米。灰黑色胎，胎质较细，坚致。内外施青釉，釉面光润。敞口，圆唇，弧腹（图一八七，2）。

绿釉枕，T56⑥:6，残长3.2、残宽3厘米。红褐色陶胎，胎质较粗，器表施白色化妆土，刻出文字，再罩一层绿釉，文字残破。

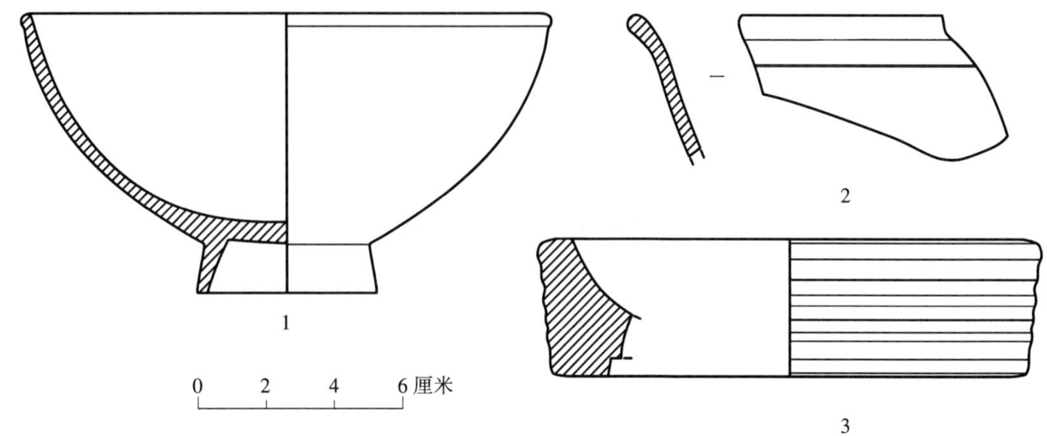

图一八七　T56⑥出土器物

1. 粗白瓷碗（T56⑥:1）　2. 青瓷碗（T56⑥:9）　3. 黑釉砚（?）（T56⑥:7）

围棋子，T56⑥:10，三枚白色素胎，直径1.8~1.9、厚0.3~0.5厘米，一枚两面均有印花纹饰，模糊不清。三枚破瓷片改成的，灰白胎，两面均有釉，直径1.3~1.6、厚0.5~0.6厘米。一枚黑釉围棋子，馒头状，底径1.8、高0.5厘米。白胎，顶部施黑釉。

“元符通宝”，T56⑥:11，直径2.4、方孔边长0.6厘米。

(3) T56⑤

白瓷印花碟，T56⑤:1，残，口径约14、高1.6厘米。白胎，胎质细腻坚硬。内外满釉，芒口，釉面光润，釉色白中泛黄。花瓣式敞口，尖唇，浅弧腹，平底内凹。内壁印一周莲瓣纹，底部也有印花纹饰。

白瓷点彩器盖，T56⑤:2，可复原，口径约4.4、高1.2厘米。白胎，胎质较细，坚硬。外壁施透明釉，顶部有褐彩纹饰。直口，方唇，直壁，盖面微隆（图一八八，1）。

粗白瓷钵，T56⑤:3，残，口径约14、足径约7.2、高8~8.6厘米。灰褐色胎，胎质较粗，坚硬。外壁大部及内壁上部施白色化妆土，内壁满釉，底部有涩圈，外壁釉不及底，釉面光亮，施化妆土处釉色泛青灰。直口，圆突唇，深直腹，下腹内收，圈足，挖足过肩（图一八八，2）。

白瓷碗，T56⑤:4，可复原，口径约16.5、足径6.8、高6.2~6.3厘米。褐色胎，胎质较粗。内壁满釉，内底有支钉痕，外壁釉不及底，釉面光亮，有开片，釉色发黄。敞口，圆唇，弧腹，圈足，挖足过肩，外底涂红（图一八八，3）。

粗白瓷炉，T56⑤:5，可复原，口径4.6、足径5.9、高10.7厘米。黄褐色胎，胎质较粗。器表施白色化妆土，外壁釉不及底，内壁仅唇部施釉，釉面光亮，有细碎开片，釉色白中闪黄。直口，圆唇，宽沿，直腹呈圆柱状，束腰中部有一周凸棱，喇叭形台式高足，平底内凹（图一八八，4）。

粗白瓷壶，T56⑤:6，流部残片，残长14.7厘米。黄褐色胎，胎质较粗，坚硬。器表施白色化妆土，釉面光润，釉色洁白。流上翘弯曲，有竹节状凹凸，从断面看流与器身接痕明显。

粗白瓷器盖，T56⑤:7，可复原，口径14.1、高3.8厘米。褐色胎，胎质较粗。外壁施白色化妆土，外壁满釉，釉面光亮，有细碎开片，釉色粉白，内壁无釉。直口，方唇，斜直壁，盖面微隆（图一八八，5）。

粗白瓷盏，T56⑤:8，可复原，口径约10.2、足径4、高2.6~2.8厘米。灰胎，胎质较粗，坚硬。器表施白色化妆土，内壁满釉，底部有涩圈，外壁半釉，釉面略发涩，釉色白中泛灰。敞口，厚圆唇，浅弧腹，圈足（图一八八，6）。

双色釉碗，T56⑤:13，可复原，口径23.3、足径8.5、高6.4~6.6厘米。灰胎，胎质较粗，坚硬。内壁及外壁唇部施白色化妆土，内壁满釉，釉色泛青灰，底部有涩圈，外壁唇部施透明釉，下部施黑釉，仅圈足着地处无釉，涩圈及圈足处有砂粒。敞口，圆唇，弧腹，圈足，挖足过肩（图一八八，9）。

黑釉瓶，T56⑤:11，残，口径2.9、残高5.2厘米。灰黑色胎，胎质较粗。内外皆施黑釉。喇叭形敞口，圆唇，直颈，折肩，直腹（图一八八，8）。

红绿彩碗，T56⑤:10，残，口径约15.6、残高4.8厘米。灰胎，胎质较粗，坚硬。器表施白色化妆土，釉色白中泛灰，内壁釉上以红、绿、黄彩绘花卉纹。敞口，圆唇，弧腹（图一八八，7）。

绿釉瓶，T56⑤:12，残，底径2.2、残高5.5厘米。黄褐色胎，胎质较粗疏。外壁上部及内壁颈部施绿釉，釉面较粗糙。直颈，折肩，长腹，平底，肩部的流和把手均残。

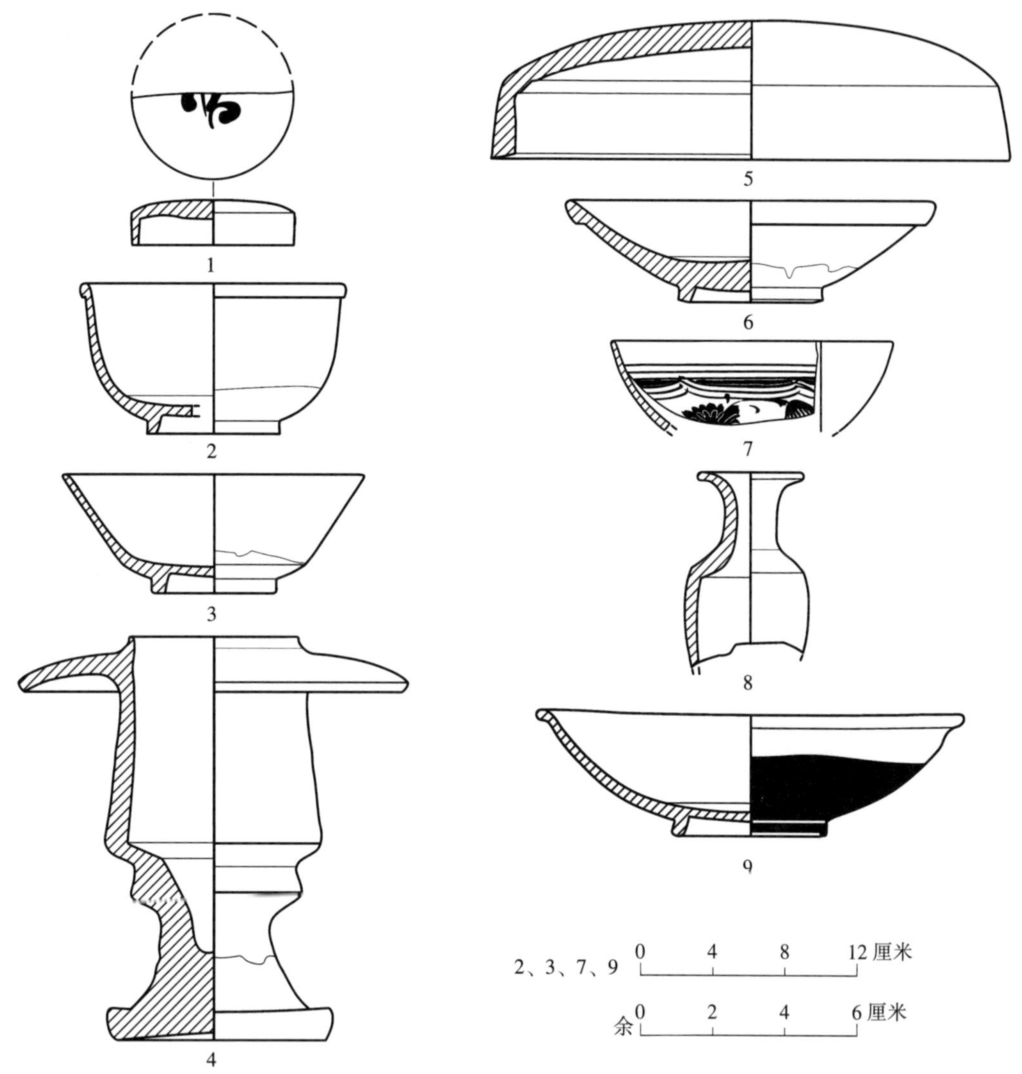

图一八八　T56⑤出土器物

1. 白瓷点彩器盖（T56⑤:2）　2. 粗白瓷钵（T56⑤:3）　3. 白瓷碗（T56⑤:4）　4. 粗白瓷炉（T56⑤:5）　5. 粗白瓷器盖（T56⑤:7）　6. 粗白瓷盏（T56⑤:8）　7. 红绿彩碗（T56⑤:10）　8. 黑釉瓶（T56⑤:11）　9. 双色釉碗（T56⑤:13）

（4）T56④

青白瓷器，T56④:1，残高3.5厘米。白胎，胎质细腻坚致。器内外皆施青白釉，圈足内有一周垫烧痕。腹部呈瓜棱状，圈足呈花瓣状。

青白瓷碗，T56④:2，器底残片，残高2厘米。白胎，胎质细腻坚致。器内外皆施青白釉，足底无釉，底近实心。

青瓷炉，T56④:3，残，足径约4、残高4.5米。灰黑色胎，胎质较粗，坚硬。器表施白色化妆土，再施透明釉，釉面光亮，釉色泛青灰，外壁釉不及底。

白釉围棋子，T56④:5，直径1.6、厚0.5厘米。白胎，胎质细腻坚硬，顶部施透明釉。

素胎围棋子，T56④:6，直径1.5、厚0.6厘米。白色素胎，胎质较粗。

铜钱，T56④:7，2枚。景德元宝，直径2.4、孔长0.7厘米。皇祐通宝，直径2.4、孔长0.7厘米。

（5）T56③

粗白釉砚（?），T56③:2，残，口径18.8、足径19、高5.8厘米。黄白胎，胎质坚硬，内施满釉，外壁釉不及底。直口，圆尖唇，直腹，花边口，腹部有竖向凸棱，内接浅盘（图一八九，4）。

粗白瓷盏，T56③:3，可复原，口径9、足径4.3、高3.4、壁厚0.5～0.9厘米。灰胎，胎质较粗坚硬。器表施白色化妆土，内施满釉，外施半釉。敞口，突唇，斜直腹，圈足（图一八九，3）。

白地褐花碗，T56③:1，可复原，口径21、足径8、高7.6、壁厚0.5～0.9厘米。黄白胎，胎质较粗，坚硬。内外施白色化妆土，内施满釉，底部有垫砂痕，外壁施半釉。侈口，圆唇，弧腹，圈足，足跟斜削，挖足过肩，内壁有用褐彩绘两道弦纹，内底亦用褐彩绘简单的纹饰，残破较多（图一八九，1）。

白地黑花瓶残片，T56③:4，残，残宽8、残高7、厚0.6厘米。黄褐色胎，胎质较粗疏。鼓肩。外壁施白色化妆土，肩部用黑彩绘一周宽带，其下有以黑彩横向书写的文字。

白地黑花大罐残片，T56③:5，残长8.2、残宽6.8、厚1.7厘米。灰褐色胎，胎质极为粗糙，含大量较大的颗粒杂质。外壁施白色化妆土，用黑彩绘弦纹，其间绘盛开的花朵，内壁施黑釉。应为磁州窑白地黑花大罐的肩部残片。

黑釉碗，T56③:7，残，残长5.8、残高5.3厘米。灰白胎，胎质坚硬。内外皆施黑釉，内壁有褐色竖条斑纹。敞口，方唇，斜直腹。

酱釉瓶，T56③:8，口沿残片，残高2.2厘米。黑灰胎，胎质坚硬。内外均施酱釉。直口，平折沿微内凹，鼓肩。

钧瓷盘，T56③:15，残，口径15、足径5.8、高3.4厘米。黑灰色胎，胎质坚硬。内壁满施浅蓝色釉，釉层较厚，釉色光润，外壁釉不及底。直口，圆唇，浅弧腹，圈足。器形规整（图一八九，2）。

钧瓷碗，T56③:16，残，口径20、残高5厘米。黑灰色胎，胎质坚硬。内外均施蓝灰色釉，外壁

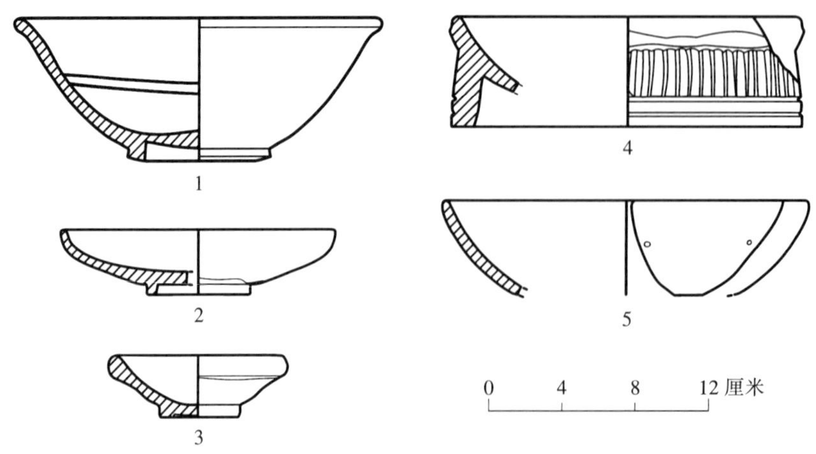

图一八九　T56③出土器物

1. 白地褐花碗（T56③:1）　2. 钧瓷盘（T56③:15）　3. 粗白瓷盏（T56③:3）　4. 粗白釉砚（?）（T56③:2）　5. 钧瓷碗（T56③:16）

釉不及底，有较多的气泡，表面不甚光洁。直口，圆唇，弧腹。外壁有两个锔孔（图一八九，5）。

青瓷碗，T56③∶14，残，口径13、残高4.3、厚0.3厘米。灰胎，胎质较细，坚硬。内外均施青釉，釉内有大量白色小点。敞口外撇，圆唇，弧腹。内壁有印花纹饰，已经模糊不清。

红绿彩人物，T56③∶9，剩底座部分，残高2.2厘米。黄白色胎，胎质较粗。底座中间鼓起，中间有一孔。外壁施白色化妆土，可见红、绿、黑三种颜色。

陶器，T56③∶10，边径8.5、内径6、高4.2厘米。泥质灰陶。平面为八边形筒状，平底，中部内凹。

骨器，T56③∶11，圆柱体，直径0.7、高3.4厘米。上下均有凹弦纹一周，表面打磨不甚光滑。

铜钱，2枚，T56③∶12，“皇宋通宝”，直径2.5、孔长0.8厘米。T56③∶13，“元祐通宝”，圆形方孔。直径2.9、孔长0.7厘米。

17. B区遗迹出土遗物

B区有遗物出土的遗迹主要是灰坑，还有少量灰沟。灰坑及灰沟编号都从第41号开始。T56内灰坑编号从第101号开始。大部分出土遗物较少。下面按单位分别介绍。

（1）H42（T43内③层下开口）

黄釉盆，H42∶1，残，残高4.8厘米。粉褐色胎，胎质较粗。外壁施茶叶末釉，内壁满施黄釉，外底无釉。斜直腹，平底内凹。内壁及底部有刻花、篦划花纹饰。

绿釉枕，H42∶2，枕面残片，残长8.2、残宽5.8厘米。红褐色陶胎，胎质较粗。器表施白色化妆土，剔刻出纹饰后，罩一层绿釉，脱釉严重。枕面外弧，应是腰圆形枕。

（2）H47（T40内④b层下开口）

白瓷碗，H47∶4，可复原，口径约12、足径6、高4.3厘米。灰白胎，胎质较细，局部结合不紧密。内外满釉，芒口，圈足处无釉，釉面光亮，釉色泛灰黄。敞口，尖圆唇，弧腹，圈足，外底墨书“孫宅”二字（图一九〇）。

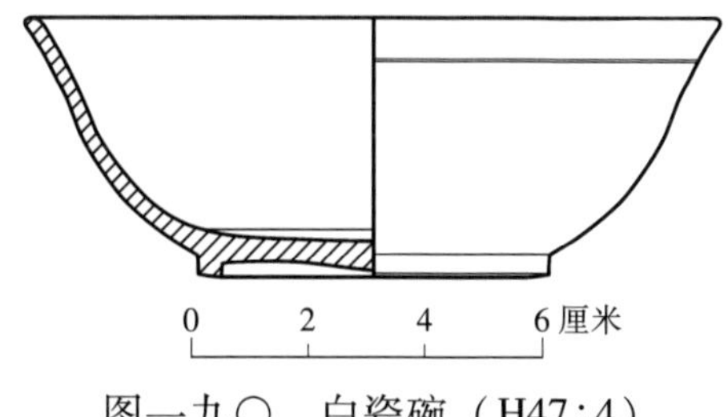

图一九〇　白瓷碗（H47∶4）

白瓷刻花盏，H47∶1，可复原，口径约14、足径3、高4厘米。白胎，胎质细腻坚硬，胎体轻薄。内外满釉，芒口，釉色洁白。敞口，圆唇，斜直腹微曲，小圈足，内壁有刻花轮菊纹。

白瓷刻花碗，H47∶2，残，足径7、高6.6、厚0.2~0.3厘米。白胎，胎质细腻坚硬，胎体轻薄。内外满釉，芒口，釉面光润，釉色洁白，积釉处泛黄。敞口，尖圆唇，弧腹，矮圈足，口部为花口，器内壁刻萱草纹。

白瓷刻花钵，H47∶6，口沿残片，残宽8.8、残高6.8厘米。灰白胎，胎质较细，坚硬。内外均施釉，芒口，釉面光亮，有开片，釉色泛灰。直口，圆突唇，深直腹微鼓，外壁有刻花纹饰。

白瓷刻花钵，H47∶7，腹部残片，残宽10、残高约6厘米。灰白胎，胎质较细，坚硬。内外均施釉，内底有涩圈，釉面光亮，有开片，釉色泛灰。深腹，下腹急收，外壁有刻花纹饰。和H47∶6应是同一件器物。

粗白瓷篦划花小碗，H47∶5，可复原，口径10.7、足径3.8、高4.1～4.3厘米。灰胎，胎质较粗，坚硬。器表施白色化妆土，内壁满釉，内底有四枚小支钉痕，外壁釉不及底，釉色白中泛灰。敞口，圆唇，弧腹，圈足，内壁有篦划花纹饰。

（3）H51（T42内④层下开口）

白瓷刻花小盏，H51∶1，残，口径约9、高3.8厘米。白胎，胎质细腻坚硬。内外满釉，芒口，釉面光润，釉色白中泛黄。敞口，尖圆唇，弧腹，小圈足，内壁有刻花纹饰（图一九一，1）。

白瓷盘，H51∶3，残，口径约18、足径约6、高4厘米。灰白胎，胎质较细，坚硬。内壁满釉，底部有涩圈，外壁釉不及底，釉面光润，釉色白中泛灰。敞口，圆唇，折腹，圈足（图一九一，2）。

粗白瓷盏，H51∶5，残，口径约8.5、足径3.5、高2.6～3厘米。黄褐色胎，胎质较粗，坚硬。器表施白色化妆土，内壁满釉，外壁仅唇部施釉，釉面有细碎开片，釉色发黄。直口，厚唇，浅弧腹，圈足（图一九一，3）。

粗白瓷盏，H51∶6，残，口径约9.8、足径3.8、高2.9～3厘米。黄褐色胎，胎质较粗，坚硬。内壁及外壁唇部施白色化妆土，然后罩透明釉，釉面有细碎开片，釉色发黄。直口，厚唇，浅弧腹，饼状圈足（图一九一，4）。

粗白瓷碗，H51∶7，残，口径约21、足径约6.5、高6厘米。白胎泛黄，胎质较细，坚硬。内壁满

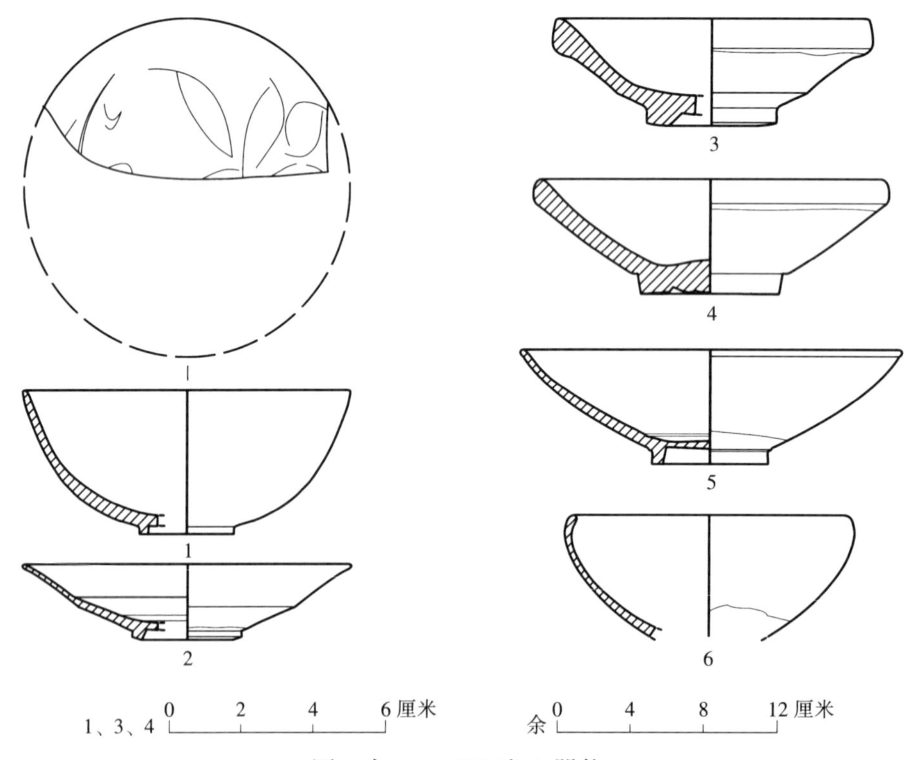

图一九一　H51出土器物

1. 白瓷刻花小盏（H51∶1）　2. 白瓷盘（H51∶3）　3. 粗白瓷盏（H51∶5）　4. 粗白瓷盏（H51∶6）　5. 粗白瓷碗（H51∶7）　6. 黑釉钵（H51∶9）

釉，底部有支钉痕，外壁釉不及底，釉面光亮，釉色泛灰。敞口，圆唇，弧腹，圈足，挖足过肩（图一九一，5）。

粗白瓷篦划花碗，H51∶4，残，足径约7、残高6.4厘米。灰白胎，胎质较粗，坚硬。器表施白色化妆土，内壁满釉，底部有长条支钉痕，外壁釉不及底，釉面光亮。弧腹，圈足，挖足过肩，内壁有篦划花纹饰，外底有墨书文字，已残破不清。

黑釉钵，H51∶9，残，口径约15、残高6.4厘米。黄褐色胎，胎质较粗，坚硬。内壁满釉，外壁釉不及底，釉色漆黑发亮。敛口，圆唇，弧腹（图一九一，6）。

青瓷碗，H51∶8，口沿残片，残宽8.2、残高4厘米。灰胎，胎质较细，坚硬。内外满施青釉，釉面光润，釉色较深。侈口，圆唇，弧腹，内壁有印花花卉纹，外壁刻折扇纹。

（4）H52（T37内③层下开口）

白瓷盘，H52∶1，残，口径约18、足径约5.6、高3.6厘米。白胎泛灰，胎质较细，局部结合不紧密。内外满釉，内底有涩圈，圈足着地处刮釉，釉面光亮，釉色泛灰黄。敞口，尖圆唇，浅弧腹，圈足，挖足过肩（图一九二，1）。

白瓷碗，H52∶2，残，口径约18、足径约7、高8～8.2、厚0.15～0.4厘米。灰白胎，胎质较细，坚硬，胎体轻薄。内外满釉，芒口，釉面光亮，釉色泛灰。敞口，尖圆唇，弧腹较深，圈足（图一九二，2）。

白瓷器盖，H52∶3，可复原，口径6、高1.4厘米。白胎泛灰，胎质细腻坚硬。外壁满釉，内壁无釉，釉面光亮，釉色白中微泛灰。直口，方唇，直壁，盖面拱起（图一九二，3）。

白瓷碗，H52∶4，残，足径约9、高6.3厘米。灰褐色胎，胎质较粗，坚硬。内壁及外壁唇部以下施白色化妆土，内壁满釉，底部有涩圈，外壁釉不及底，施化妆土处釉面光亮，釉色泛青灰。无化妆土处釉色呈现出胎色。敞口，圆唇，弧腹，圈足，挖足过肩，内壁有红色摩擦痕（图一九二，4）。

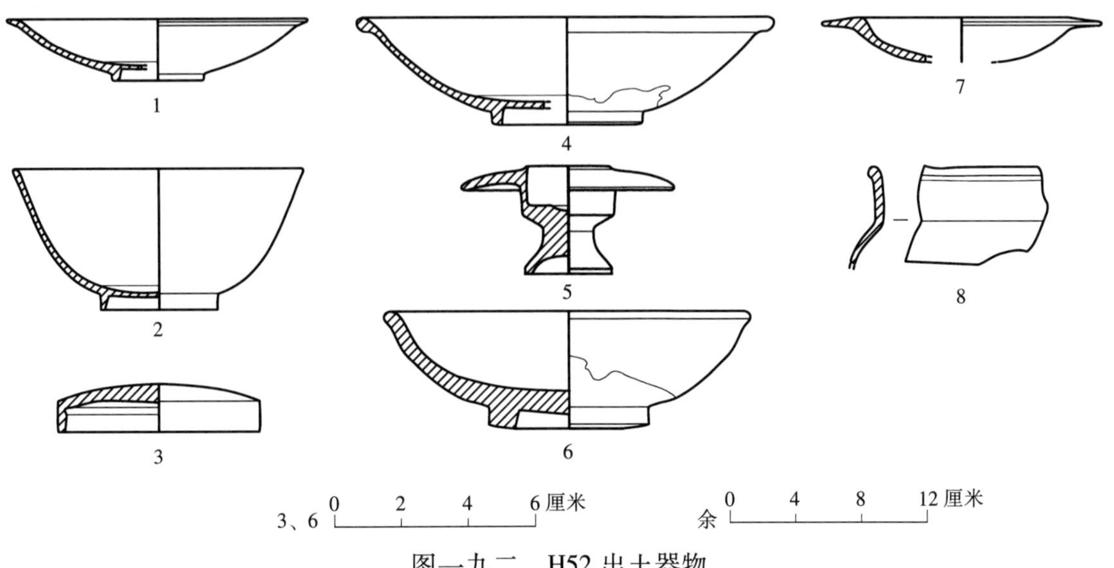

图一九二　H52出土器物

1. 白瓷盘（H52∶1）　2. 白瓷碗（H52∶2）　3. 白瓷器盖（H52∶3）　4. 白瓷碗（H52∶4）　5. 粗白瓷炉（H52∶5）　6. 粗白瓷碗（H52∶6）　7. 黑釉器盖（H52∶7）　8. 黑釉罐（H52∶9）

粗白瓷炉，H52∶5，可复原，口径4.8、足径5、高6～6.2厘米。灰白胎，胎质较粗，坚致。器表施白色化妆土，外壁施釉至柄部，内壁釉不及底，釉面有细碎开片，釉色白中泛黄。直口，圆唇，宽沿稍下卷，直腹，喇叭形足（图一九二，5）。

粗白瓷碗，H52∶6，可复原，口径10.8、足径4.9、高3.4厘米。黄白胎，胎质较粗。内壁及外壁唇部以下施白色化妆土，内壁满釉，底部有三枚长支钉痕，外壁半釉，釉面光亮，有细碎开片，釉色泛黄。外底有砂粒，圈足着地处亦有三处支钉痕。敞口，圆唇，浅弧腹，圈足（图一九二，6）。

黑釉器盖，H52∶7，残，边径约17、残高2.6厘米。灰褐色胎，胎质较粗，坚硬。外壁满施黑釉，釉面乌黑光亮，内壁无釉。整体呈盘形，敞口，宽平沿，方唇，浅弧腹（图一九二，7）。

黑釉罐，H52∶9，残，残宽9、残高5.7厘米。灰白胎，胎体坚致。内外施黑釉，釉色乌黑光亮。直口外敞，圆唇，高领，溜肩（图一九二，8）。

兽面瓦当，H52∶8，残，直径15、高3厘米。泥质灰陶，圆形，正面为兽面纹，背面上部接筒瓦，接痕明显，中部有一手指按压出的凹坑。

（5）H55（T50内③b层下开口）

白瓷刻花碗，H55∶1，残，口径约18、残高5.7、厚0.3～0.4厘米。白胎，胎质细腻坚硬。内外满釉，芒口，釉面莹润，釉色洁白，积釉处泛黄。敞口，圆唇加厚，深腹，器壁有瓜棱，内壁有刻花纹饰（图一九三，1）。

白瓷刻花盘，H55∶2，器底残片，足径5.3、残高2.2厘米。白胎泛灰，胎质细腻坚硬。内外满釉，应为芒口，釉面较光润，釉色泛灰黄。浅弧腹，圈足，内壁有刻花纹饰。

白瓷花口碗，H55∶3，残，残宽4.5、残高4.1厘米。白胎，胎质细腻坚硬。内外满釉，芒口，釉面光润，釉色洁白，积釉处泛黄。敞口，圆唇，弧腹较深，内壁有白色出筋，口部为花口，对应的内壁有白色出筋，外壁为瓜棱状。

白瓷钵，H55∶4，残，口径约13、残高6.7厘米。白胎泛灰，胎质细腻坚硬。内外满釉，芒口，釉色白中泛灰黄。直口，尖唇，深直腹微外鼓（图一九三，2）。

白地黑花罐，H55∶6，腹部残片，残宽8.8、残高5.5厘米。黄褐色胎，胎质较粗，坚硬。外壁施白色化妆土，以黑彩绘纹饰，再罩以透明釉，化妆土和釉均不及底。内壁不施化妆土，釉色泛黄褐色。

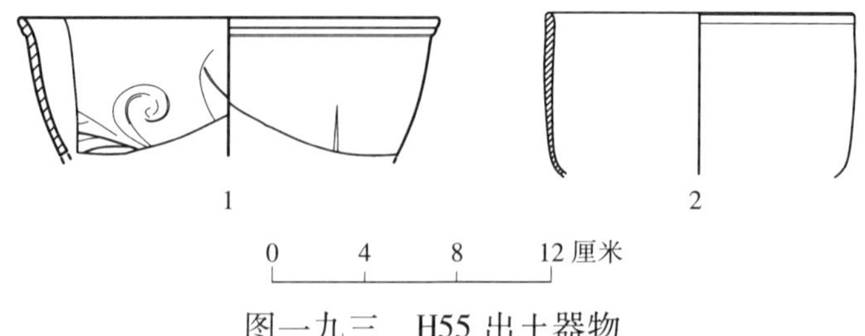

图一九三　H55出土器物

1. 白瓷刻花碗（H55∶1）　2. 白瓷钵（H55∶4）

（6）H65（T51内⑤a层下开口）

白瓷刻花盘，H65∶7，底部残片，足径6、残高1.9厘米。白胎，胎质细腻坚硬。内外满釉，应为芒口，釉面光润，釉色洁白，积釉处泛黄。浅弧腹，圈足。内底刻萱草纹，外底有红色摩擦痕。

白瓷刻花小钵，H65∶8，残，口径约8、残高4.5厘米。白胎，胎质较细。内外满釉，芒口，釉面光亮，釉色泛灰黄。直口，尖唇，直腹，下腹急收，外壁刻花卉纹（图一九四，3）。

粗白瓷碗，H65∶1，可复原，口径约19、足径7、高6.2～6.4厘米。黄褐色胎，胎质较粗，坚硬。器表施白色化妆土，内壁满釉，内底有支钉痕，外壁施釉三分之一，釉面光润，釉色泛灰。敞口，圆唇，弧腹，圈足，挖足过肩，外壁有墨书文字，模糊不识（图一九四，1）。

白地黑花罐，H65∶9，口沿残片，残宽6、残高5.7厘米。黄褐色胎，胎质较粗，坚硬。器表施白色化妆土，以黑彩绘纹饰，内外均施釉，芒口，釉面光亮，有开片，釉色粉白。敛口，圆唇，弧腹外鼓。

白地黑花罐，H65∶10，腹部残片，残宽10、残高4.5厘米。黄褐色胎，胎质较粗，坚硬。器表施白色化妆土，以黑彩绘纹饰，内外均施釉，外壁釉不及底，釉面光亮，有开片，釉色粉白。可能是H65∶9的下部。

双色釉碗，H65∶15，残，足径8.3、残高5.6厘米。灰褐色胎，胎质较粗，坚硬。内壁施透明釉，釉色青黄，底部有涩圈，外壁下部施黑釉，圈足着地处无釉，圈足处有较多砂粒。弧腹，圈足，挖足过肩，内壁有红色摩擦痕。

黑釉盏，H65∶2，残，残宽4.5、高4.5厘米。灰白胎，胎质较粗，坚硬。内壁满釉，外壁半釉，釉面光亮，有酱色斑，外壁下部施护胎褐釉。敞口，圆唇，斜直腹，圈足。

黑釉盏，H65∶3，残，口径约7、足径约3、高2.4厘米。灰褐胎，胎质较粗。内壁满釉，底部有涩圈，外壁半釉，釉面光亮。敞口，方唇，弧腹，圈足较高（图一九四，2）。

黑釉盆，H65∶4，残，口径约22.0、高10.3厘米。灰褐色胎，胎质较粗。内壁满釉，外壁釉不及底，釉面乌黑光亮。口沿上部无釉。敛口，卷沿，尖圆唇，弧腹，平底。

黑釉罐，H65∶11，残，残宽6.8、残高4.3厘米。灰褐色胎，胎质较粗，坚致。外壁施黑釉，釉色乌黑光亮。小口，鼓肩，圆腹。

茶叶末釉鸡腿瓶，H65∶5，口径约6、残高14.8厘米。灰褐色缸胎，胎质粗糙。内外施茶叶末釉，平沿上无釉，有砂粒。器形不规整，器身上残留一支钉痕。直口，平沿，方唇，短束颈，溜肩。

青瓷碗，H65∶12，口沿残片，残宽8、残高5、厚0.6～0.7厘米。灰胎，胎质稍粗，坚致厚重。内外施青釉，釉色较深。敞口，圆唇，弧腹。内壁印花卉纹，外壁刻折扇纹。

红绿彩碟，H65∶13，底部残片，残长2.8、残宽2.5、残高0.6厘米。黄白胎，胎质较粗，坚硬，

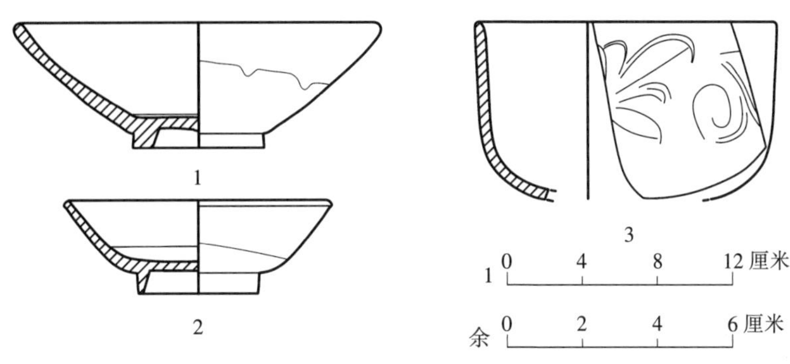

图一九四　H65出土器物
1. 粗白瓷碗（H65∶1）　2. 黑釉盏（H65∶3）　3. 白瓷刻花小钵（H65∶8）

火候较高。内外施白色化妆土，内底以红、绿彩绘纹饰，外壁亦满釉，釉面光润，有开片，釉色洁白。

（7）H66（T51内④层下开口）

白瓷花口碗，H66∶2，残，口径约10、足径约4、高4.2厘米。白胎，胎质细腻坚硬，胎体轻薄。内外满釉，芒口，釉面光润，釉色泛黄。敞口，尖唇，弧腹，圈足，口部为花口，内底有红色摩擦痕（图一九五，2）。

白瓷器盖，H66∶3，残，口径约7.6、高1.2厘米。白胎，胎质细腻坚硬。内外满釉，芒口，釉色较白。直口，方唇，直壁，盖面隆起（图一九五，3）。

粗白瓷大钵，H66∶1，残，口径约21、足径约10、高17厘米。灰胎，胎质较粗，坚硬。外壁大部及内壁口沿下施白色化妆土，然后施透明釉，内壁满釉，底部有支钉痕，外壁釉不及底，釉面光亮，施化妆土处釉色乳白，内壁无化妆土处釉色呈胎色。直口微敛，圆唇，深弧腹，圈足（图一九五，1）。

粗白瓷瓜棱罐，H66∶4，残，口径约13、残高8厘米。黄白胎，胎质较粗，器表施白色化妆土，内壁满釉，外壁釉不及底，釉面有开片，釉色白中泛黄。敞口外翻，圆唇，短束颈，鼓肩，圆腹，底已残。腹部为瓜棱状，瓜棱较深（图一九五，4）。

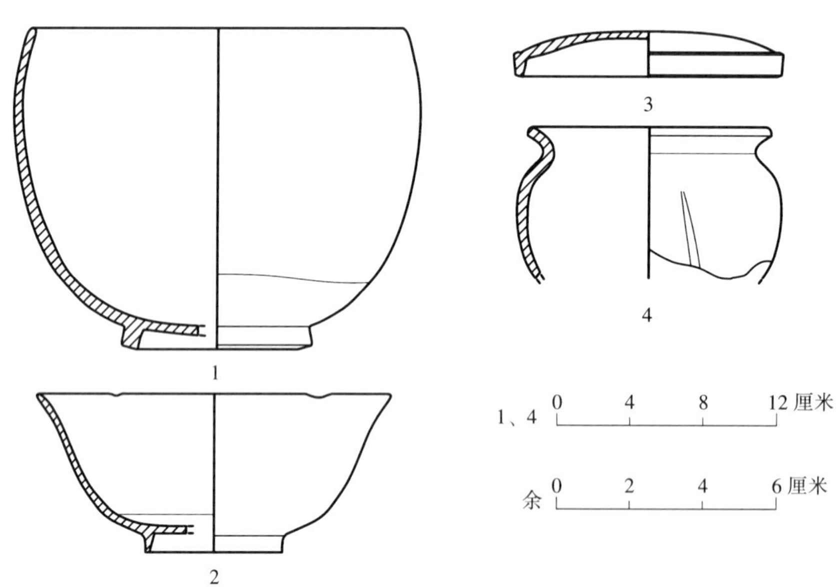

图一九五　H66出土器物

1. 粗白瓷大钵（H66∶1）　2. 白瓷花口碗（H66∶2）　3. 白瓷器盖（H66∶3）　4. 粗白瓷瓜棱罐（H66∶4）

（8）H67（T51内⑤c层下开口）

白瓷碗，H67∶1，可复原，口径约11、足径4、高3.6厘米。灰褐色胎，胎质较粗，坚硬。内壁及外壁唇部以下施白色化妆土，内壁满釉，底部有涩圈，外壁半釉，釉色泛青灰。敞口，尖圆唇，弧腹，圈足，挖足过肩（图一九六，1）。

粗白瓷罐，H67∶3，口沿残片，口径约16.8、残高2.8厘米。黄白胎，胎质较粗。器表施白色化妆土，内壁仅口沿下施釉，釉色泛黄。直口，窄平沿，圆唇，直腹。

青釉碗，H67∶4，足径约6、残高3.8厘米。灰胎，胎质较细，坚硬。内外满施青釉，仅圈足着地处无釉，釉色淡青。弧腹，圈足。内壁有印花纹饰，外壁刻折扇纹。

（9）H68（T51内⑤c层下开口）

陶盆，H68∶1，可复原，口径33.2、底径15.2、高14.2厘米。泥质灰陶，轮制。敞口，卷沿，方唇，弧腹，平底，内底微鼓，腹部有凹弦纹数道（图一九六，2）。

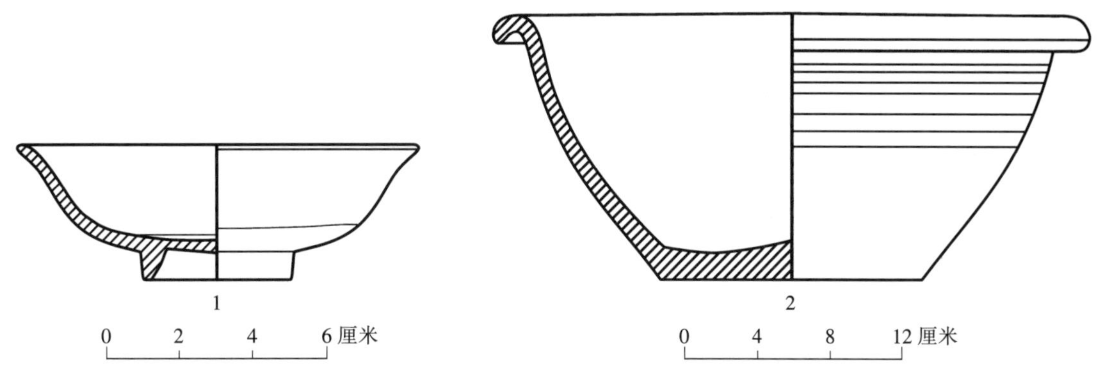

图一九六　H67、H68出土器物

1. 白瓷碗（H67∶1）　2. 陶盆（H68∶1）

（10）H69（T52内③b层下开口）

白瓷刻花盘，H69∶1，残，足径约6、残高2.3厘米。白胎，胎质细腻，坚致。内外满釉，应为芒口，釉面光润，釉色白中泛黄。弧腹，圈足。内壁有白色出筋，内底有刻花纹饰。

褐釉罐，H69∶2，口沿残片，残宽4.4、残高1.9厘米。黄褐色胎，胎质较粗。内外施褐色釉。敛口，圆唇，弧腹。

（11）H70（T51内④层下开口）

白地黑花罐，H70∶1，残，口径约14、残高7.7厘米。黄褐色胎，胎质较粗，坚硬。器表施白色化妆土，以黑彩绘纹饰，内外均施釉，芒口，釉面光亮，有开片，釉色粉白。敛口，圆唇，弧腹外鼓（图一九七）。

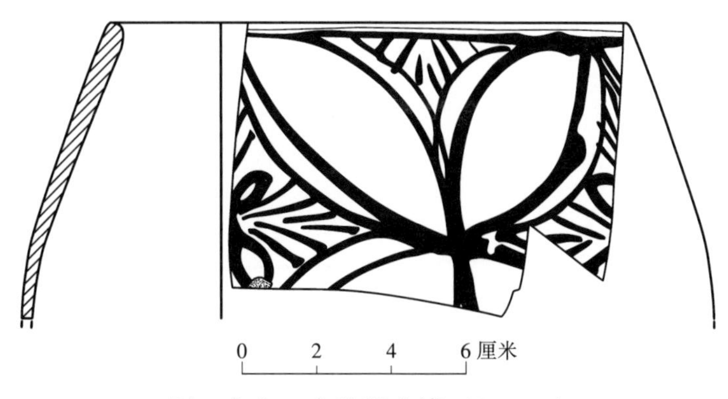

图一九七　白地黑花罐（H70∶1）

（12）H71（T52内）

白瓷印花盘，H71∶3，残，残宽6、残高1.8厘米。白胎泛灰，胎质较粗，结合不紧密。内外满釉，芒口，釉面发涩，釉色白中泛灰。敞口，尖圆唇，浅弧腹，圈足残缺。内壁有印花纹饰，壁上为一周莲瓣纹，底部亦有莲瓣纹。

粗白瓷刻划花碗，H71∶2，残，口径约21、足径约7、高6.8～7.1厘米。灰褐色胎，胎质较粗，坚硬。器表施白色化妆土，内壁满釉，内底有支钉痕，外壁仅口部以下施釉，釉色泛灰。敞口，圆唇，弧腹，圈足，挖足过肩，内壁有篦划花纹饰。

粗白瓷刻划花碗，H71∶4，腹部残片，残宽9.5、残高6.5厘米。灰褐色胎，胎质较粗，坚硬。器表施白色化妆土，内壁满釉，外壁施釉至底，釉色泛灰。弧腹，下腹内收，内壁有刻划花纹饰。

粗白瓷炉，H71∶6，残，残高2.9厘米。灰胎，胎质较粗，坚硬。器表施白色化妆土，内壁仅口部以下施釉，有流釉，釉色乳白。直口，圆尖唇，平沿，直腹。

白地黑花枕，H71∶14，枕面残片，残长6、残宽3.1、厚0.5厘米。褐胎，胎质较粗，坚致。器表施白色化妆土，以黑彩绘纹饰，局部刻划，再罩透明釉。

黑釉碗，H71∶8，口沿残片，残宽6、残高4.1厘米。红褐色胎，胎质较粗。内外均施黑釉，内壁有竖向的褐色条斑。敞口，圆唇较厚，斜直腹微弧。

耀州窑青瓷盏，H71∶11，口沿残片，残宽5.3、残高3.3、厚0.2～0.3厘米。灰胎，胎质较细，坚硬。内外满施青釉，釉面光亮，有开片，釉色青绿。敞口，尖圆唇，斜直腹，内壁有印花纹饰。

青瓷碗，H71∶12，残，口径约12.5、足径4.8、高5.2～5.3厘米。灰胎，胎体坚致。内外满施青釉，釉色较深，圈足着地处无釉，有垫砂。敞口，圆唇，弧腹，圈足，内壁有印花花卉纹，底部纹饰模糊不清（图一九八，1）。

陶盏托，H71∶10，残，口径约6、底径约7.5、高4.5厘米。泥质灰陶。直口，圆唇，直腹，平沿微上翘，平底稍内凹（图一九八，2）。

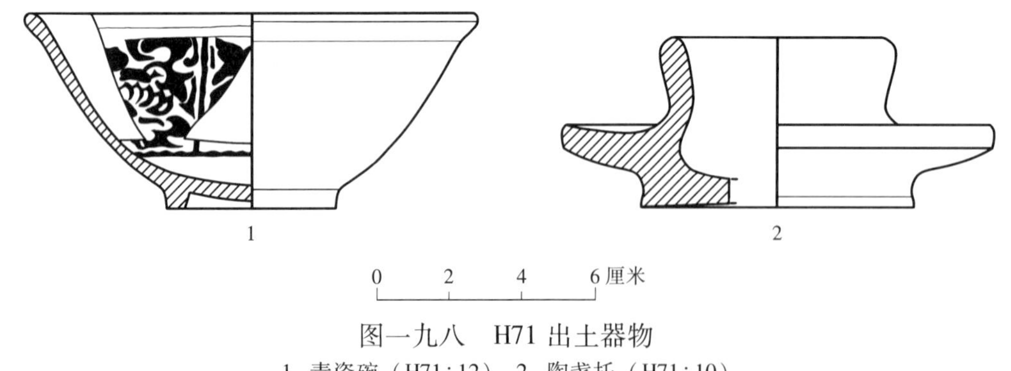

图一九八　H71出土器物

1. 青瓷碗（H71∶12）　2. 陶盏托（H71∶10）

（13）H74（T52内③b层下开口）

粗白瓷碗，H74∶3，器底残片，足径5、残高2.4厘米。褐色胎，胎质较粗，坚硬。器表施白色化妆土，内壁满釉，内底有四枚支钉痕，外壁釉不及底，釉面光亮，有细碎开片，釉色白中闪黄。弧腹，圈足，腹部近底处有一周墨书文字，模糊难识，外底亦有一字。

（14）H75（T53内④层下开口）

耀州窑青瓷碗，H75∶2，残，足径3.3、残高3.2厘米。灰胎，胎质稍粗，坚硬。内外满施青釉，釉面莹润，有开片，圈足着地处刮釉，圈足内有垫砂。斜弧腹，圈足，内壁印牡丹纹。

青瓷碗，H75∶3，可复原，口径约10、足径3.1～3.3、高4厘米。灰胎，胎质较细，坚硬。内外满施青釉，釉面莹润，有开片，釉色泛白，圈足着地处刮釉，圈足内有垫砂。敞口，圆唇，斜直腹微弧，矮圈足（图一九九，1）。

（15）H79（T52内③b层下开口）

青瓷碗，H79∶1，器底残片，足径5.7、残高3.2厘米。灰胎，胎质较粗，坚致厚重。内外施青釉，内底无釉，外壁施釉至圈足，釉面粗糙，有大量棕眼，釉色青灰。弧腹，圈足。

（16）H101（T56内③层下开口）

青白瓷碗，H101∶1，残，口径约11、残高4、壁最薄仅0.2厘米。白胎，胎质细腻坚硬，胎体轻薄。内外满施青白釉，釉面光润。敞口外撇，尖唇，弧腹，腹部有瓜棱（图一九九，2）。

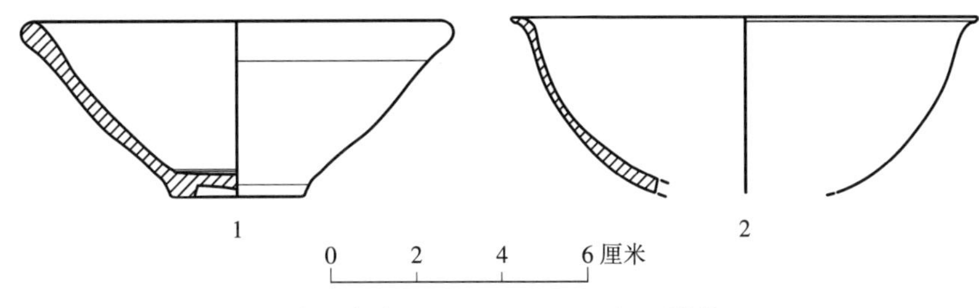

图一九九　H75、H101出土器物

1. 青瓷碗（H75∶3）　2. 青白瓷碗（H101∶1）

（17）T43③下H

白瓷小杯，T43③下H∶20，残，足径3.3、残高1.9厘米。白胎，胎质细腻坚硬。内外施釉，圈足内壁无釉，釉面白中泛灰，发木光。弧腹，圈足较高。

白瓷刻花碗，T43③下H∶13，底部残片，足径约16、残高2.3厘米。白胎，细腻坚致。内外满釉，应是芒口，釉面光润，釉色白中泛黄。弧腹，大圈足，内底有刻花纹饰。

白瓷印花盏，T43③下H∶2，残，足径2.8、残高2.4厘米。白胎泛灰，胎质细腻坚硬，胎体较轻。内壁满釉，外壁仅圈足无釉，釉面光润，釉色泛灰。弧腹，小圈足，内壁印花卉纹饰，底部亦印一朵六瓣花。

白瓷印花盘，T43③下H∶14，腹部残片，残宽9.8、残高约3.5、厚0.2～0.3厘米。白胎，胎质较细，胎体轻薄。内外满釉，釉色白中泛黄。浅弧腹。内壁有印花纹饰，口沿下为一周回纹，其下印菊花纹等。

粗白瓷碗，T43③下H∶3，可复原，口径约12.5、足径4.8、高3.5厘米。灰胎，胎质较粗，坚硬。器表施白色化妆土，内壁满釉，外壁半釉，釉面光润，釉色粉白。敞口，圆唇，浅弧腹，饼状圈足，外底有红色摩擦痕，呈“+”交叉（图二〇〇，1）。

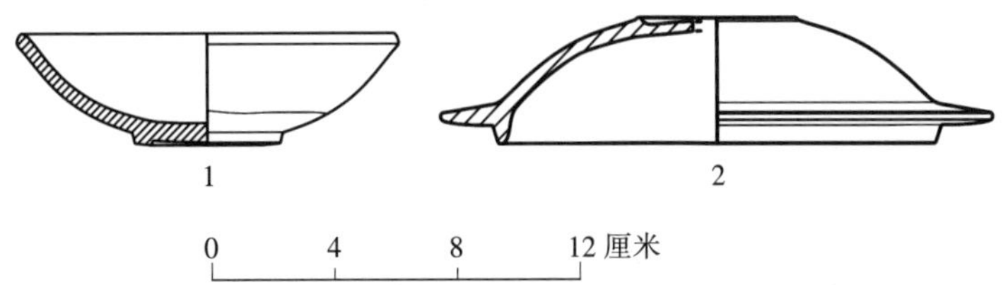

图二〇〇　T43③下灰坑出土器物

1. 粗白瓷碗（T43③下H∶3）　2. 粗白瓷器盖（T43③下H∶4）

粗白瓷器盖，T43③下H∶4，可复原，口径14.4、边径18.3、高4厘米。黄褐色胎，胎质较粗，坚硬。器表满施白色化妆土，除平沿内壁无釉，余满釉，釉面光亮，釉色白中泛黄。子母口，子口内敛，圆唇，宽平沿，盖面拱起，顶部内凹（图二〇〇，2）。

粗白瓷刻划花碗，T43③下H∶25、26，残，足径约8.5、残高3.5厘米。灰白胎，胎质较粗，坚致。器表施白色化妆土，内壁满釉，底部有支钉痕，外壁釉不及底，釉面有细碎开片。弧腹，下腹内收，圈足，挖足过肩，内壁有刻划花纹饰。

兽面瓦当，T43③下H∶5，残，直径14.1、边轮厚1.4厘米，兽面纹，背面有与筒瓦相接的痕迹，中部有手指按压的凹坑。

（18）T50③下H[①]

定窑白瓷刻花盘，T50③下H∶7，可复原，口径18、足径5.7、高3.5厘米。白胎，胎质细腻坚硬。内外满釉，芒口，釉面光润，釉色洁白。敞口，尖唇，浅弧腹，圈足，内底刻荷花纹，另有交叉的红色摩擦痕（图二〇一，1）。

白瓷印花盘，T50③下H∶13，残，残宽6.5、残高约5厘米。白胎，胎质细腻坚硬。内外满釉，芒口，釉面光润，釉色洁白。敞口，尖圆唇，浅弧腹，圈足，内壁口沿下印一周回纹，其下以出筋分隔，印禽鸟竹石等。

白瓷印花碗，T50③下H∶14，残，残宽6.3、残高3.8厘米。白胎，胎质细腻坚硬。内外满釉，芒口，釉面光润，釉色洁白。敞口，尖圆唇，弧腹，花口，内壁口沿下印一周回纹，其下为凤鸟花卉纹。

白瓷花口印花碗，T50③下H∶15，残，残宽7.8、残高3.8厘米。白胎，胎质细腻坚硬。内外满釉，芒口，釉面光润，釉色洁白。花口，瓜棱腹，敞口，尖圆唇，弧腹，器内壁有印花纹饰，口沿下为一周回纹，其下印荷花等。

白瓷印花花口盘，T50③下H∶16，残，高1.5厘米。白胎，胎质细腻坚硬。内外满釉，芒口，釉面光润，釉色白中泛黄。花口，敞口，折沿，圆唇，浅弧腹，卧足。沿上印流云纹，内壁压印出瓜棱、出筋进行分隔，每部分内均印一朵花，底部亦印花朵。

白瓷印花花口盘，T50③下H∶17，残，残宽6.3、残高2.8厘米。白胎，胎质细腻坚硬。内外满釉，芒口，釉面光润，釉色白中泛黄。花口，敞口，折沿，圆唇，浅弧腹，沿上及内壁均印有莲瓣纹。

白瓷印花碗，T50③下H∶20，残，残宽9.2、残高3.6厘米。白胎，胎质细腻坚硬。内外满釉，釉面光润，釉色洁白，微泛灰。较斜直微弧，器内壁有印花纹饰，以白色出筋分隔，内分别有三组鼎、多边形双耳花瓶，鼎和瓶身上皆有装饰，其内插花卉。

白瓷印花碗，T50③下H∶21，残，残宽9、残高约7厘米。白胎泛灰，胎质细腻坚硬。内外满釉，芒口，釉面光润，釉色泛黄。敞口，圆唇，弧腹，内壁口沿下印一周流云，其下印水波、游鱼、荷花灯。

白瓷印花碗，T50③下H∶22，残，足径约7.4、残高5.6厘米。白胎泛灰，胎质细腻坚硬。内外满釉，应是芒口，釉面光润，釉色白中泛黄。弧腹较深，圈足，内壁印禽鸟花卉，底部亦印花卉纹。

白瓷刻花罐，T50③下H∶23，残，内径17.8、外径19.4、残高13.3厘米。白胎，胎质细腻坚硬。

---

① 本单位内有些器物可以和T54④袋子内器物拼合，应是存放过程中造成的混乱。

内外满釉，芒口，釉面光润，釉色白中泛黄。子母口，子口微内敛，方唇，深直腹，器外壁刻莲瓣纹（图二〇一，2）。可以和T54④内的残片拼合。

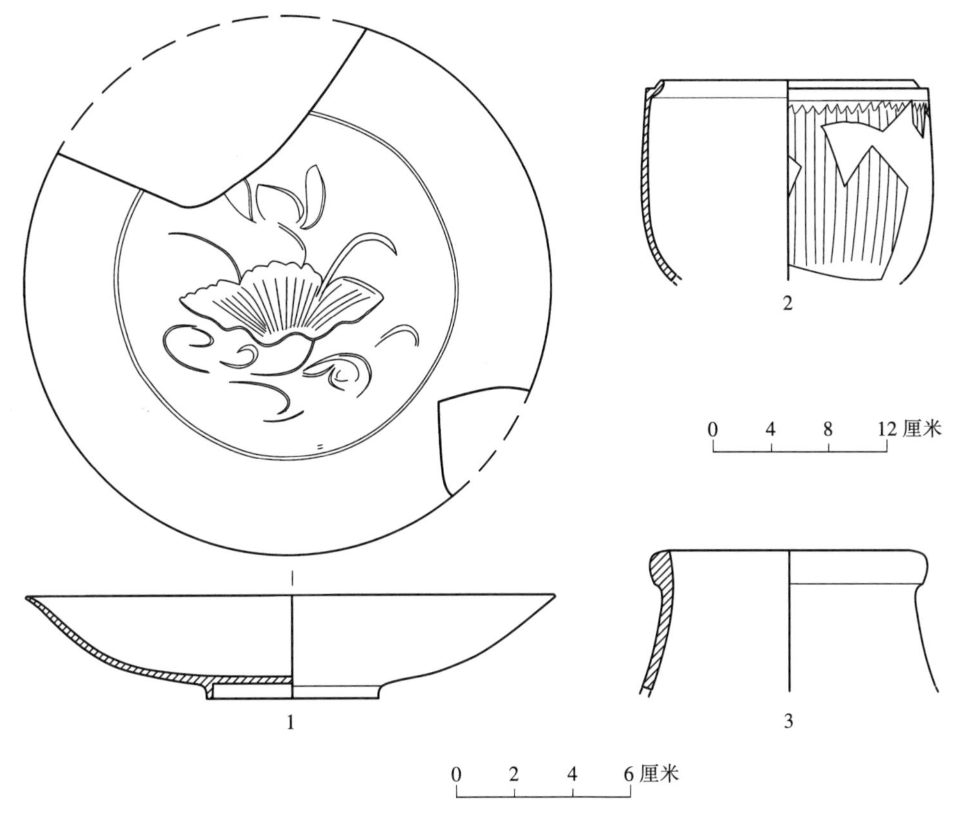

图二〇一　T50③下灰坑出土器物

1. 定窑白瓷刻花盘（T50③下H:7）　2. 白瓷刻花罐（T50③下H:23）　3. 黑釉瓶（T50③下H:33）

白地褐花瓶，T50③下H:24，肩部残片，残宽7、残高3.5厘米。灰白胎，胎体坚致。外施淡褐色化妆土，剔刻掉部分化妆土，露出胎体，再施透明釉，釉面光润，釉色白中泛灰。广肩。

粗白瓷盆，T50③下H:5，可复原，口径33.6、底径17、高13.7厘米。黄褐色胎，胎质较粗。内壁及口沿施白色化妆土，内壁满釉，底部有四枚圆形支钉痕，芒口，釉面光亮，有开片，釉色白中闪黄，外壁中部施一周褐色护胎釉。敞口，卷沿，圆唇，弧腹，平底（图二〇二，2）。

白底黑花瓶，T50③下H:26，腹部残片，残宽10、残高10.2厘米。黄褐色胎，胎质较粗。器表施白色化妆土，外壁以黑彩绘花卉纹，再施透明釉，釉面有细碎开片。

白地黑花罐，T50③下H:29，残，口径15、残高11.3厘米。黄褐色胎，胎质较粗，坚硬。内外皆施白色化妆土，外壁腹部以黑彩装饰，有连续的圆形开光，开光内有花叶纹，开光之间的角上有简单的草叶纹，外壁及内壁颈部施透明釉，釉面光亮，有细碎开片，釉色洁白，芒口。直口，方唇，直腹（图二〇二，1）。可以和T50④内残片相拼。

白地褐花器盖，T50③下H:30，边部残，直径残长12、残高2.4厘米。黄白色胎，胎质较粗。器表满施白色化妆土，外壁以褐彩绘花卉纹，再施透明釉，内壁无釉。沿残，弧形盖面，顶部有钮，内壁有墨书文字，第一字为“任”，第二字为花押（图二〇二，3）。可以和T54④内的残片拼合。

黑釉双系罐，T50③下H:32，残，口径11.9、残高6.1厘米。白胎，胎质较细，坚硬。外壁及内壁颈部施黑釉，釉层较厚，釉色乌黑发亮，外壁局部有酱斑，内壁肩部施褐釉。直口，圆唇，短颈，鼓肩，肩、颈部有双系。

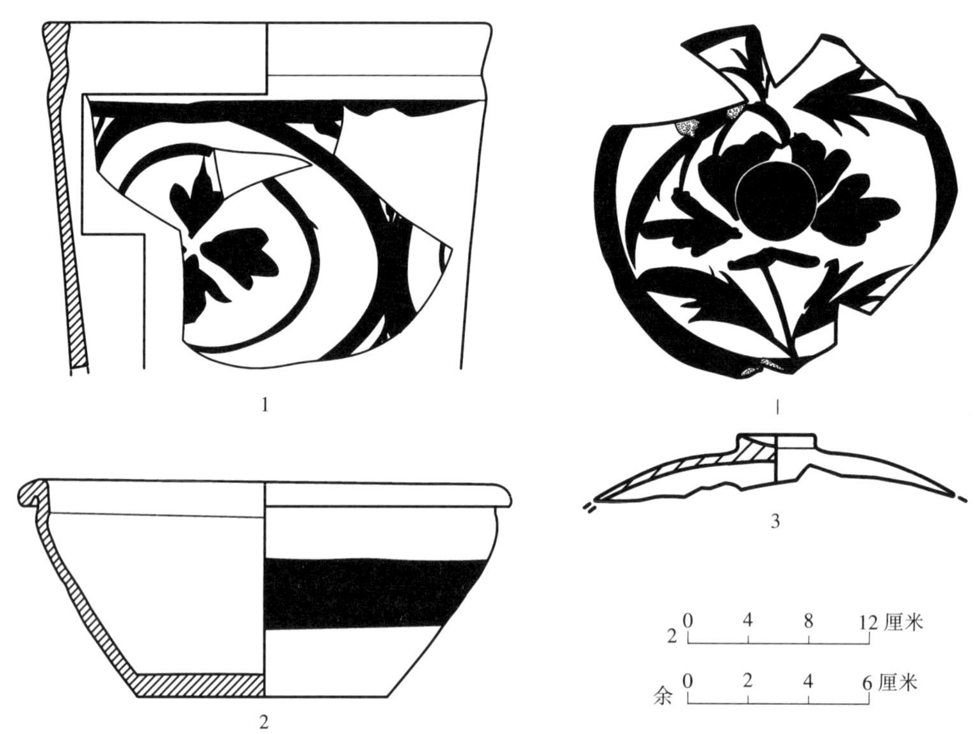

图二〇二 T50③下灰坑出土器物

1. 白地黑花罐（T50③下 H:29） 2. 粗白瓷盆（T50③下 H:5） 3. 白地褐花器盖（T50③下 H:30）

黑釉瓶，T50③下 H:33，残，口径约9.5、残高4.7厘米。黄褐色胎，胎质较粗。内外皆施黑釉，芒口。直口，方唇外突，溜肩（图二〇一，3）。

黑釉器盖，T50③下 H:34，残，残宽4.2、残高2.1厘米。灰褐色胎，胎质较粗，坚硬。盖面上有白色突线纹，外壁施黑釉，釉不及底，内壁无釉。直口，方唇，直壁，盖面拱起。

红绿彩人物，T50③下 H:35，残，残宽5.4、残高5.8厘米。模制，黄褐色胎，胎质较粗。器表施白色化妆土，釉上以红、绿、黄三彩装饰。

腰圆形绿釉枕，T50③下 H:36，残，残长16、残高10.5厘米。红色陶胎，胎质较粗。器表满施白色化妆土，枕墙上刻出纹饰，然后施绿釉，釉不及底。后枕墙外弧，平底，外底有墨书文字，几无存。

陶屋顶，T50③下 H:37，残，残长12.7、残宽11.5、残高7.2厘米。

（19）T51③下 H

白瓷刻花碟，T51③下 H:2，可复原，口径11.8、足径8.8、高1.4～1.6厘米。白胎泛灰，胎质细腻坚硬。内外满釉，芒口，釉面光润，釉色白中泛黄。敞口，尖唇，浅弧腹，卧足，内底有刻花纹饰，纹饰十分模糊（图二〇三，1）。

白瓷印花盏，T51③下 H:33，残，足径2.6、残高2.5厘米。白胎泛灰，胎质细腻坚硬。内外满釉，应是芒口，釉色白中泛灰。弧腹，小圈足。内壁印三重莲瓣纹，底部印团花。

白瓷人物，T51③下 H:5，残剩头部，残高2.5厘米。模制，白胎，细腻坚致。器表施透明釉，釉面光润，微泛灰。

粗白瓷碗，T51③下 H∶8，可复原，口径约 21.5、足径 6.5、高 7.2～7.8 厘米。黄白胎，胎质较粗，坚硬。器表施白色化妆土，内壁满釉，内底有细长条支钉痕，外壁釉不及底，釉面光亮，有细碎开片，釉色洁白。敞口，圆唇，弧腹，圈足，挖足过肩（图二〇三，5）。

粗白瓷器盖，T51③下 H∶9，可复原，口径 8.9、边径 12.5、高 2.6 厘米。灰胎，胎质较粗，坚硬。外壁施白色化妆土，然后罩透明釉，釉色白中泛灰，内壁无釉。子母口，子口内敛，圆唇，平沿，盖面拱起（图二〇三，2）。

粗白瓷盏，T51③下 H∶10，可复原，口径约 9.8、足径 3.8、高 2.9 厘米。黄褐色胎，胎质较粗，坚硬。内壁及外壁唇部施白色化妆土，再罩透明釉，釉面光亮，有开片，釉色粉白。直口，厚唇，浅弧腹，玉璧状圈足（图二〇三，3）。

粗白瓷碗，T51③下 H∶11，可复原，口径约 10.5、足径 4.2、高 3.8 厘米。黄褐色胎，胎质较粗，坚硬。器表施白色化妆土，内壁满釉，内底有涩圈，外壁半釉，釉面光亮，有细碎开片，釉色白中闪黄。敞口，圆唇，弧腹较浅，圈足（图二〇三，6）。

白地黑花盆，T51③下 H∶16，底部残片，底径约 22、残高 46、底最厚达 2.4 厘米。黄褐色胎，胎质较粗，坚致厚重。内壁施白色化妆土，以黑彩绘纹饰，内壁底部为一周竖向条纹，底部为水草游鱼，釉面发木光，内底残留两个支钉痕。外壁施酱釉，釉不及底。斜直壁，平底卧足。

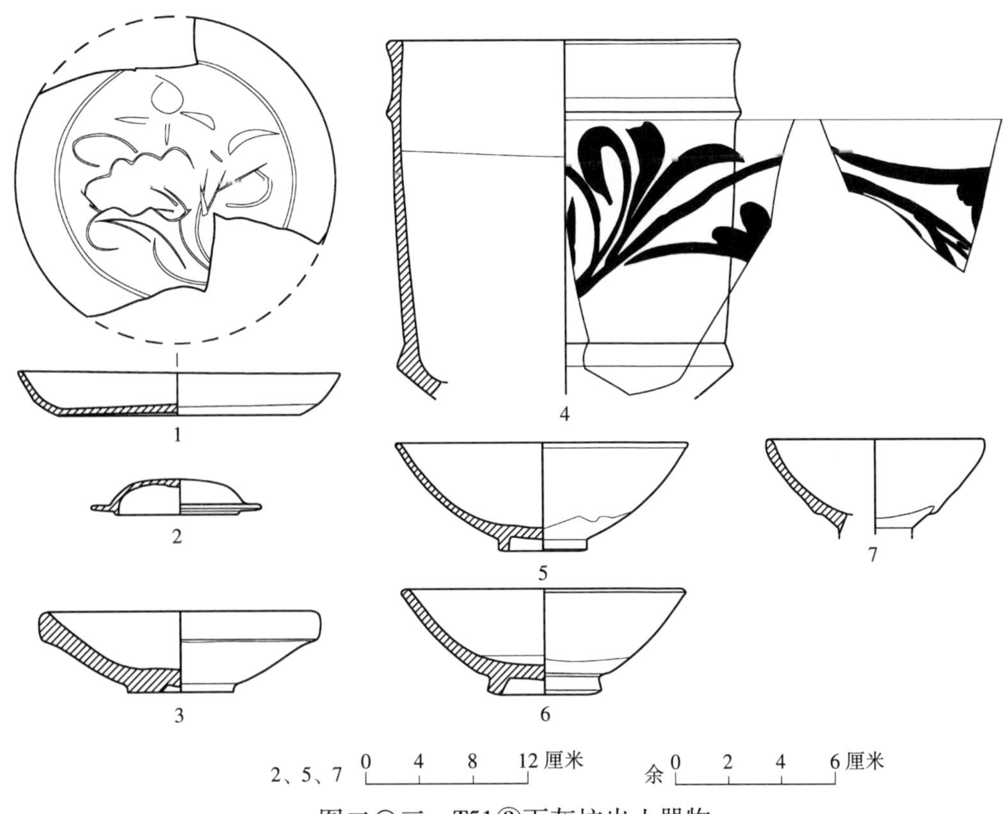

图二〇三　T51③下灰坑出土器物

1. 白瓷刻花碟（T51③下 H∶2）　2. 粗白瓷器盖（T51③下 H∶9）　3. 粗白瓷盏（T51③下 H∶10）　4. 白地黑花罐（T51③下 H∶40）　5. 粗白瓷碗（T51③下 H∶8）　6. 粗白瓷碗（T51③下 H∶11）　7. 钧瓷碗（T51③下 H∶13）

如意头形白地褐花枕，T51③下H∶21，残，较大的一片残长19、残高7厘米，较小的一片残长14、残高7厘米。灰褐色胎，胎质较粗，坚硬。器表施白色化妆土，以褐彩绘纹饰，釉面光润，釉色白中泛灰。枕面、枕墙残存部分可见内曲和外突，枕墙上粘有砂粒。

白地黑花大罐，T51③下H∶36，口部残片，残宽7.2、残高3.8、厚0.7～1.3厘米。灰白胎，细密坚致，厚重。外壁先施白色化妆土，以黑彩绘出纹饰轮廓，细部以刻划方式表现，露出胎体，然后罩一层透明釉，内壁及唇部施黑褐釉。直口，圆唇，矮领，广肩。

白地黑花小碗，T51③下H∶37，底部残片，足径6.5、残高3.9厘米。黄褐色胎，胎质较粗，坚致。器表施白色化妆土，内底以黑彩书写“王”字，内壁满釉，釉面较光亮，釉色粉白，底部有垫砂痕，外壁半釉。弧腹，圈足，底部有鸡心突。

白地黑花罐，T51③下H∶40，残，口径约13、残高12.7厘米。灰胎，胎质较粗，坚硬。器表施白色化妆土，外壁以黑彩绘花草纹，然后罩一层透明釉，釉面较粗糙，釉色泛灰。直口，方唇，口沿下有凸棱，深直腹，下腹内收，足残（图二〇三，4）。

黑釉碗，T51③下H∶41，残，足径约7、残高4.1厘米。砖红色胎，胎质较粗，坚硬。内壁满釉，釉面光亮，壁上有酱色竖条斑纹，外壁釉不及底。弧腹，圈足。

钧瓷碗，T51③下H∶13，残，口径约16、残高6.8厘米。黄白色胎，胎质较粗。内外施天蓝釉，内壁满釉，外壁釉不及底，下部有较厚的积釉。直口微敛，圆唇，弧腹，圈足残（图二〇三，7）。

钧瓷盘，T51③下H∶44，残，残宽6.5、残高4.4厘米。砖红色胎，胎质较粗，坚硬。内外施青灰色釉，釉面有细碎开片，外壁釉不及底。直口，圆唇，斜直腹较浅。

青白瓷高足杯，T51③下H∶20，残，足径3.7、残高4.8厘米。白胎，细腻坚致。内外满施青白釉，圈足着地处无釉，有砂粒，釉面光润。上部残，高圈足。

绿釉盆，T51③下H∶14，口沿残片，残宽9.8、残高4.8厘米。黄白色胎，胎质较粗，火候较高，胎体坚致。器表施绿釉，内壁满釉，外壁半釉。敞口，卷沿，尖圆唇，斜直腹。

红绿彩人物，T51③下H∶56，残存头部，残宽2.2、残高2.4厘米。模制，黄褐色胎，胎质较粗，坚硬。器表施白色化妆土，以黑、红、绿彩进行装饰。

陶瓮，T51③下H∶19，残，残宽31、残高18.1厘米。泥质灰陶，内壁及外壁唇部有黑陶衣。盘口，折沿，方唇，鼓腹，上腹部饰附加堆纹。

陶盆，T51③下H∶28，残，残长23.5、残高11.3厘米。泥质红陶，内壁有褐色陶衣。敞口，卷沿，方唇，斜直壁，口沿施一周绳纹，内、外壁腹部均印涡旋纹。

陶钱，T51③下H∶25，圆环形，中部有圆孔，直径2.1、孔径0.6、厚0.6厘米。泥质褐陶。

陶砖，T51③下H∶54，泥质灰陶，残，残长15.5、宽14.2、高4.8厘米。底面较粗糙，两直边，另一边为截头弧形。

砂锅，T51③下H∶24，残存部分器壁和把手，残宽10.8、残高约8厘米。灰黑色胎，胎质粗疏。敞口，方唇，弧腹，筒形把手上翘。

铜钱，T51③下H∶29，2枚，“祥符通宝”，直径2.4、孔长0.6厘米。“熙宁元宝”，直径2.4、孔长0.7厘米。

石盆，T51③下H∶55，口沿残片，残宽6、残高3.3厘米。滑石质，打磨光滑。直口，方唇，弧腹。

（20）T54③b 东南角 H

白瓷器盖，T54③b 东南角 H:2，残，高 3.3 厘米。白胎泛灰，胎质细腻坚硬。外壁施透明釉，釉面光亮，白中泛灰。子母口，直壁，盖面隆起，顶部有宝珠状钮。

白瓷器盖，T54③b 东南角 H:3，残，口径约 15、残高 3.1 厘米。白胎，胎质细腻。内外满釉，芒口，釉面光润，釉色白中微泛灰。直口，方唇，斜直壁，盖面拱起（图二〇四，1）。

白瓷碗，T54③b 东南角 H:9，可复原，口径约 22、足径 7、高 9 厘米。白胎泛灰，胎质较细。内外满釉，芒口，釉面光润，釉色白中泛灰。敞口，方唇，弧腹，圈足（图二〇四，3）。

白瓷刻花器盖，T54③b 东南角 H:6，残，口径约 13、残高 2.9 厘米。白胎，胎质细腻。内外满釉，芒口，外壁釉面略发涩。直口，方唇，斜直壁，盖面拱起，刻莲瓣纹（图二〇四，2）。

白瓷刻花罐，T54③b 东南角 H:7，腹部残片，残宽 5.5、残高 5.7 厘米。白胎，胎质细腻坚硬。外壁施釉，釉面光亮洁白，积釉处泛黄，内壁无釉。腹部较圆，外壁刻萱草纹。

白瓷刻花钵，T54③b 东南角 H:10，残，口径约 24、残高 5.9 厘米。白胎，胎质较细，坚硬。内外施透明釉，芒口，釉面光亮，釉色白中泛灰。直口，尖圆唇，唇部加厚，深弧腹，内壁有刻划纹饰（图二〇四，4）。

白瓷刻花大碗，T54③b 东南角 H:11，残，足径约 9.4、残高 4.3 厘米。灰白胎，胎质细腻坚硬。内外满釉，圈足着地处局部无釉，釉面光亮，釉色白中泛灰。弧腹，大圈足，外壁有瓜棱，内壁刻荷叶等。

白瓷印花碗，T54③b 东南角 H:13，残，残长 9.5、残高约 3.5 厘米。白胎泛灰，胎质细腻坚硬。器内满釉，釉面光亮，釉色白中泛黄。内壁下部印一周菊瓣纹，其上印出白色出筋及花卉纹饰。

白瓷印花盏，T54③b 东南角 H:14，残，足径 2.5、残高 1.8 厘米。白胎泛灰，胎质较细，胎体结合不紧密。内外满釉，釉色白中泛灰黄。弧腹，小圈足。内壁印多重蕉叶纹，底部印团花。

白瓷印花盏，T54③b 东南角 H:15，可复原，足径 3.2、高 3.7 厘米。白胎泛灰，胎质较细，局部

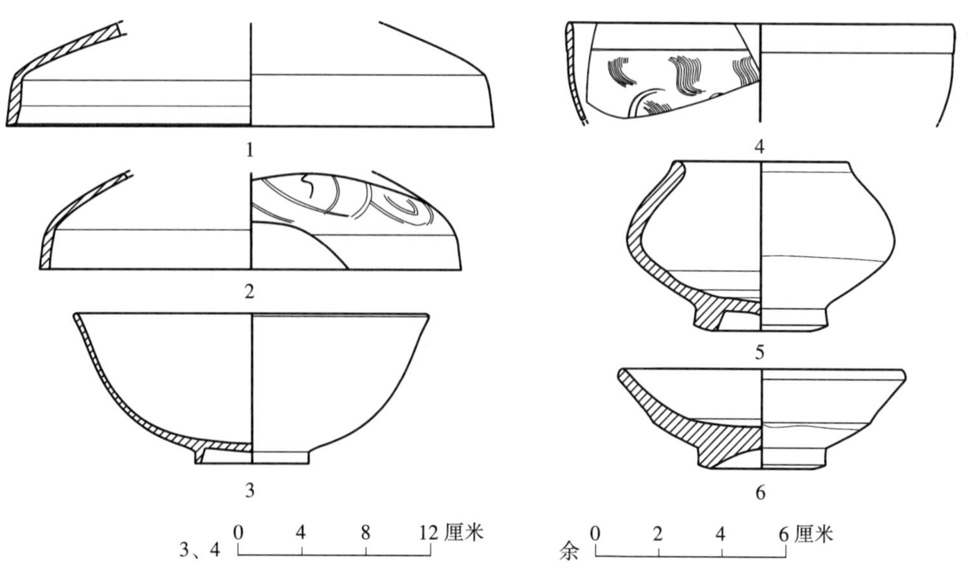

图二〇四　T54③b 东南角灰坑出土器物

1. 白瓷器盖（T54③b 东南角 H:3）　2. 白瓷刻花器盖（T54③b 东南角 H:6）　3. 白瓷碗（T54③b 东南角 H:9）　4. 白瓷刻花钵（T54③b 东南角 H:10）　5. 粗白瓷罐（T54③b 东南角 H:21）　6. 黑釉盏（T54③b 东南角 H:35）

胎体结合不紧密。内外满釉，芒口，釉面光亮，釉色泛灰黄。敞口，圆唇，弧腹，小圈足。内壁口沿下印一周回纹，其下印荷花纹等。

白瓷印花盘，T54③b东南角H:16，腹部残片，残长6.2、残宽5.2厘米。白胎微泛灰，胎质细腻坚硬。内外满釉，釉色白中泛黄。浅弧腹，内壁以白色出筋分隔，内印水禽荷花。外壁有红色摩擦痕。

粗白瓷罐，T54③b东南角H:21，可复原，口径约5.5、足径4.2、高5.2厘米。褐色胎，胎质较粗疏。直口，圆唇，鼓腹，圈足。外壁上部及内壁唇部施白色化妆土，内壁满釉，芒口，外壁半釉，下部施护胎酱釉（图二〇四，5）。

粗白瓷瓶，T54③b东南角H:22，颈部残片，直径约3.8~4、残高6.5厘米。白胎泛黄，胎质较粗，内含较多颗粒杂质。外壁及内壁上部施白色化妆土，再施透明釉。釉面光亮，有细碎开片，釉色粉白。敞口，细长颈。

粗白瓷器耳，T54③b东南角H:23，残长4.9厘米。器耳呈象鼻状，黄褐色胎，胎质较粗，器表施白色化妆土，再施透明釉，釉面光亮，釉色洁白。

白地黑花炉，T54③b东南角H:24，沿残片，残长4.7、残宽3厘米。黄褐色胎，胎质较粗。器表施白色化妆土，沿上以黑彩绘纹饰，再施透明釉。沿下弧。

白地黑花炉，T54③b东南角H:25，残，残长4.6、残宽4.9厘米。灰褐色胎，胎质较粗。器表施白色化妆土，沿上以黑彩绘纹饰，再施透明釉。沿下弧。

白地黑花枕，T54③b东南角H:26，残，残长10、残高5.8厘米。灰褐色胎，胎质较粗，坚硬。器表施白色化妆土，以黑彩绘纹饰，再施透明釉。枕面外弧。

白地黑花残片，T54③b东南角H:28，残长9.1、残宽7厘米。灰褐色胎，胎质较粗。内外皆施白色化妆土，外壁以黑彩绘纹饰，再施透明釉。

白瓷黑花残片，T54③b东南角H:30，残长5.4、残宽4厘米。黄褐色胎，胎质较粗。外壁施白色化妆土，以黑彩绘纹饰，内外皆施透明釉。

白瓷剔刻花枕，T54③b东南角H:32枕面残片，残长4.9、残宽3.2厘米。灰褐色胎，胎质较粗，坚致。器表白色化妆土，剔刻掉部分化妆土，形成纹饰，细部再划出。

黑釉盏，T54③b东南角H:35，残，口径约9、足径约4、高3厘米。黄褐色胎，胎质较粗，坚硬。内壁满釉，底部有涩圈，外壁半釉。敞口，尖圆唇，折腹，足内凹（图二〇四，6）。

黄釉炉，T54③b东南角H:36，底部残片，底径6、残高3.6厘米。黄褐色胎，胎质较粗疏。上部已残，喇叭状实心足，外壁有黄釉。

黄釉印花盘，T54③b东南角H:37，口沿残片，残宽3.7、残高2.4厘米。褐胎，胎质较粗。器表施黄釉，釉面光亮。敞口，圆唇，浅弧腹，内壁有印花纹饰。

绿釉枕，T54③b东南角H:38，残存一角，应为长方形枕，残长6、残高7.5厘米。枕墙较直，内倾，枕面前低后高。黄白胎，胎质较细，坚硬。器表罩一层绿釉，釉面光亮，有细碎开片。

绿釉枕（?），T54③b东南角H:39，残长6.5、残宽8厘米。黄白胎，胎质较粗疏。模制，器表压印出荷花纹，再罩一层绿釉。

（21）G41（T44内②层下开口）

白瓷盒，G41:2，可复原，口径约5.2、足径3.8、高3.3厘米。白胎，胎质细腻坚硬。子口内外及圈足着地处无釉，余满釉，圈足处有大量砂粒，釉面光润，釉色白中泛灰。子母口，子口较直，方唇，直腹，下腹斜收，圈足，内壁唇部粘有不少红色物质（图二〇五，1）。

腰圆形白瓷枕，G41∶9，枕面残片，残长8.8、残宽5.5厘米。白胎微泛灰，胎质较细，坚硬，枕面刻出纹饰，再施透明釉，釉色白中泛灰。枕面外弧，内壁枕面与枕墙相接处有泥条加固。

白地黑花罐，G41∶3，残，口径约16、残高7.2厘米。黄褐色胎，胎质较粗。器表施白色化妆土，外壁以黑彩绘纹饰，再施透明釉，釉面较粗糙。直口，厚唇，深直腹。

白地黑花残片，G41∶10，残宽3.9、残高5厘米。灰褐色胎，胎质较粗，坚硬。外壁施白色化妆土，以黑彩绘草叶纹，然后罩一层透明釉，釉色发灰，内壁刷一层褐釉。

双色釉碗，G41∶6，可复原，口径约17、足径7、高4.2~4.4厘米。灰褐色胎，胎质较粗，坚硬。内壁及外壁唇部施白色化妆土，内壁满釉，釉色泛青灰，底部有涩圈，外壁口沿下施透明釉，釉面粗糙，下部施黑褐色釉，圈足着地处及外底的一部分无釉，圈足处有砂粒。敞口，圆唇，弧腹，圈足，挖足过肩（图二〇五，2）。

黑釉盏，G41∶11，残，口径约11、残高3.9厘米。灰褐色胎，胎质较粗，坚硬。内壁满釉，釉面光亮。外壁半釉，下部施护胎酱釉。侈口，方唇，弧腹（图二〇五，4）。

黑釉盏，G41∶12，残，口径约11、残高3.3厘米。黄褐色胎，胎质较粗，坚硬。内壁及外壁唇部施酱釉，外壁下部为黑釉。敞口，尖圆唇，弧腹（图二〇五，5）。

黑釉罐，G41∶13，口部残片，口径约12、残高4、厚0.3厘米。灰褐色胎，胎质较粗，坚硬，胎体较薄。内外施黑釉，釉面漆黑。直口微敞，圆唇，直腹（图二〇五，3）。

绿釉建筑构件，G41∶15，残，残长9.5、残宽7.5厘米。红褐色胎，胎质较粗，坚硬。器表施黄、

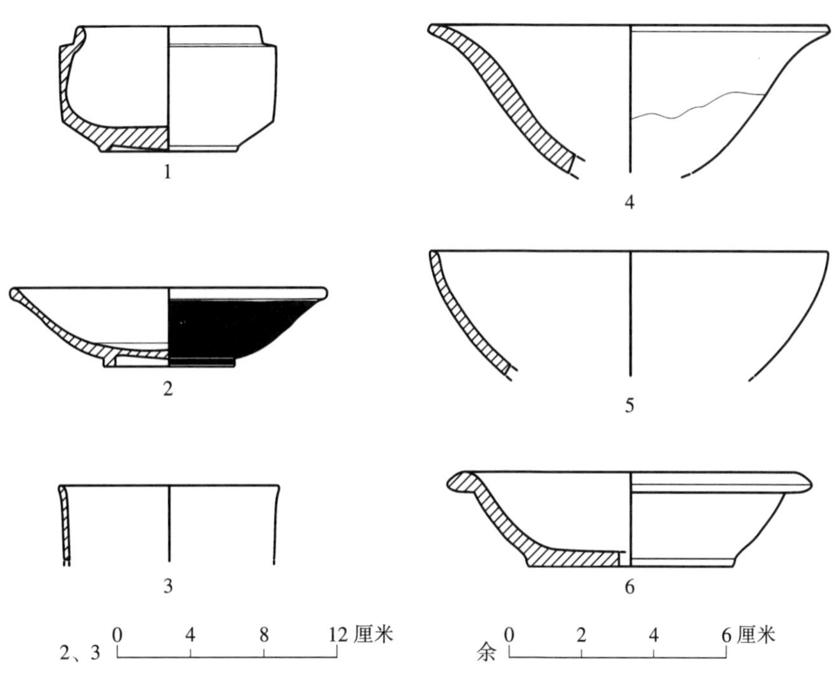

图二〇五　G41出土器物

1. 白瓷盒（G41∶2）　2. 双色釉碗（G41∶6）　3. 黑釉罐（G41∶13）　4. 黑釉盏（G41∶11）　5. 黑釉盏（G41∶12）　6. 陶碗（G41∶16）

绿釉。

陶碗，G41∶16，残，口径约10、底径约5.5、高2.5厘米。泥质红陶，敞口，窄平沿，圆唇，浅腹，平底（图二〇五，6）。

灰陶残片，G41∶17，残，底径10.3、残高3.2厘米。泥质灰陶，底部残留三个完整的小孔和两个不完整的圆孔。

铜钱，2枚，“治平元宝”，G41∶7，直径2.3、孔长0.5厘米。“熙宁元宝”，G41∶8，直径2.5、孔长0.6厘米。

（22）T54④下土墙东沟

白瓷刻花碗，T54④下土墙东沟∶1，可复原，口径22、足径6.9、高6.5厘米。白胎，胎质细腻。内外满釉，芒口，釉面光润，釉色白中泛黄。敞口，尖圆唇，弧腹，圈足，口部为花口，内壁刻萱草纹（图二〇六，1）。

图二〇六　T54④下土墙东沟出土器物

1. 白瓷刻花碗（T54④下土墙东沟∶1）　2. 白瓷刻花碗（T54④下土墙东沟∶2）　3. 白瓷刻花盘（T54④下土墙东沟∶3）　4. 白瓷刻花碗（T54④下土墙东沟∶4）

白瓷刻花碗，T54④下土墙东沟∶2，可复原，口径21.5、足径7、高6.8厘米。白胎泛灰，胎质较细，坚硬。内外满釉，芒口，釉面光润，釉色泛灰黄。敞口，圆唇，弧腹，圈足，内壁刻萱草纹（图二〇六，2）。

白瓷刻花盘，T54④下土墙东沟∶3，可复原，口径17.6、足径5.8、高3.6厘米。白胎，胎质细腻。内外满釉，芒口，釉面光润，釉色白中泛黄。敞口，尖圆唇，浅弧腹，圈足，内底刻荷花纹（图二〇六，3）。

白瓷刻花碗，T54④下土墙东沟∶4，残，足径9.3、残高7厘米。白胎，胎质细腻，坚硬。内外满釉，应为芒口，釉面光润，釉色白中泛黄。深腹，及矮的圈足，器内外壁均有刻花纹饰（图二〇六，4）。

白瓷刻花碟，T54④下土墙东沟∶5，可复原，口径12.2、足径8.2、高1.9厘米。白胎，胎质细腻，坚硬。内外满釉，芒口，釉面光润，釉色洁白。敞口，圆唇，浅弧腹，平底，卧足，内底刻荷花纹（图二〇七，1）。

白瓷刻花盏，T54④下土墙东沟∶6，可复原，口径14.3、足径2.6、高4.1厘米。白胎，胎质细腻。内外满釉，芒口，釉面光润，釉色洁白，微泛黄。敞口，尖圆唇，斜直腹，小圈足，内壁有刻划轮菊纹（图二〇七，4）。

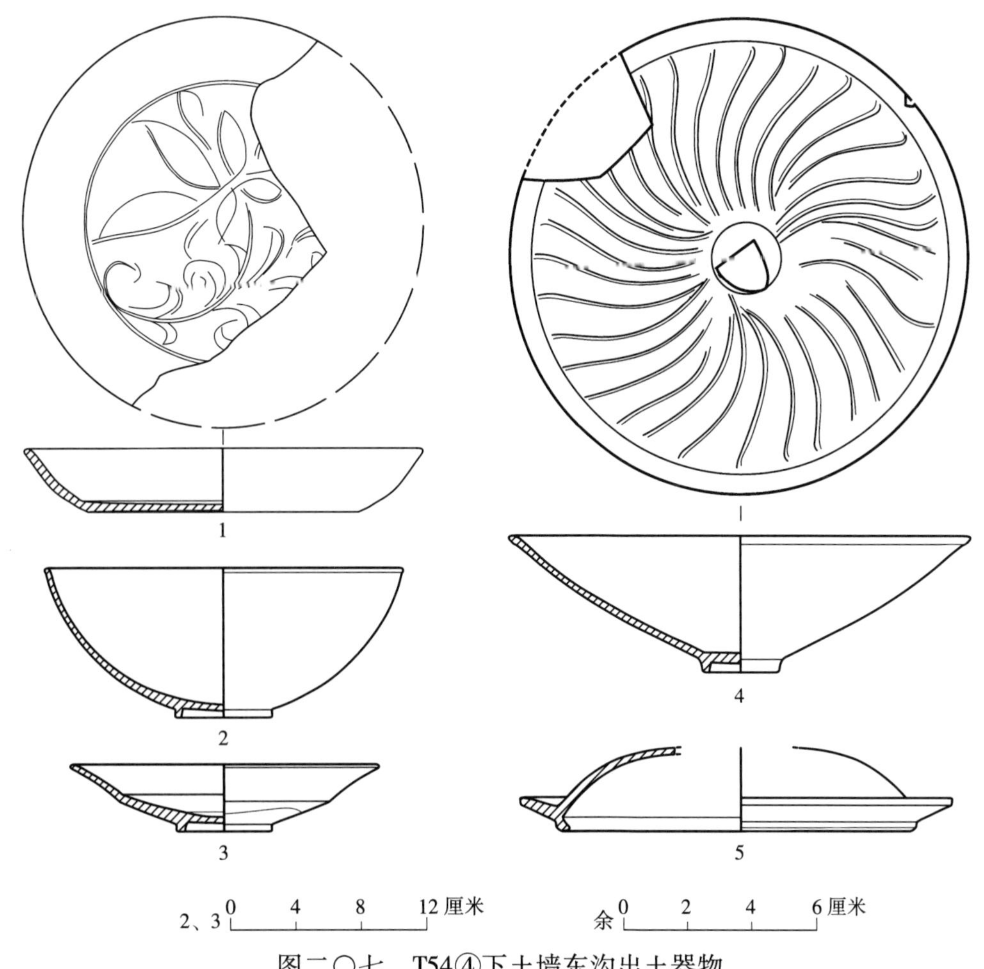

图二〇七　T54④下土墙东沟出土器物

1. 白瓷刻花碟（T54④下土墙东沟∶5）　2. 白瓷碗（T54④下土墙东沟∶7）　3. 白瓷盘（T54④下土墙东沟∶11）　4. 白瓷刻花盏（T54④下土墙东沟∶6）　5. 白瓷器盖（T54④下土墙东沟∶10）

白瓷碗，T54④下土墙东沟:7，可复原，口径约22、足径5.9、高8.9厘米。白胎，胎质细腻，坚硬。内外满釉，芒口，釉面光润，釉色洁白。敞口，圆唇，弧腹，圈足，挖足过肩（图二〇七，2）。

白瓷器盖，T54④下土墙东沟:10，残，口径10.7、边径13.5、残高2.4厘米。白胎，胎质细腻坚硬。平沿内壁及子口唇部无釉，余满釉。釉面光润，白中泛黄，积釉处发浅蓝色。子母口，子口内敛，圆唇，平沿，盖面拱起（图二〇七，5）。

白瓷盘，T54④下土墙东沟:11，可复原，口径18.7、足径5.8、高4厘米。白胎泛灰，胎质较细。内壁满釉，底部有涩圈，外壁釉不及底，釉面光亮，釉色白中泛灰，有较多黑点。敞口，圆唇，折腹，圈足（图二〇七，3）。

白地黑花罐，T54④下土墙东沟:12，残，口径约16、残高8.8厘米。黄白胎，胎体坚致。外壁直口，内壁形成子母口，直腹。器表施白色化妆土，外壁以黑彩绘花草纹，再施透明釉，釉色直白（图二〇八，1）。

白地黑花残片，T54④下土墙东沟:18，残长5.4、残宽5厘米。黄褐色胎，胎质较粗。器表施白色化妆土，外壁以黑彩绘纹饰，釉不及底，釉色白中泛黄。

粗白瓷瓶，T54④下土墙东沟:20，残，残高10.5厘米。黄白胎，胎质较粗。外壁施白色化妆土，釉面光润，有细碎开片，釉色白中闪黄。鼓肩，腹瘦长。

红绿彩碗，T54④下土墙东沟:13，可复原，口径约8.8、足径3.1、高3.9厘米。黄白胎，胎质较粗。敞口，尖圆唇，弧腹，矮圈足。胎上施白色化妆土，再施透明釉，内壁满釉，底部有小支钉痕，外壁釉不及底，釉色白中闪黄，有细碎开片，器内壁以红、绿彩绘花卉图案（图二〇八，3）。

红绿彩小壶，T54④下土墙东沟:22，残，残宽4、残高2.9厘米。白胎，胎质洁白，细腻。内外

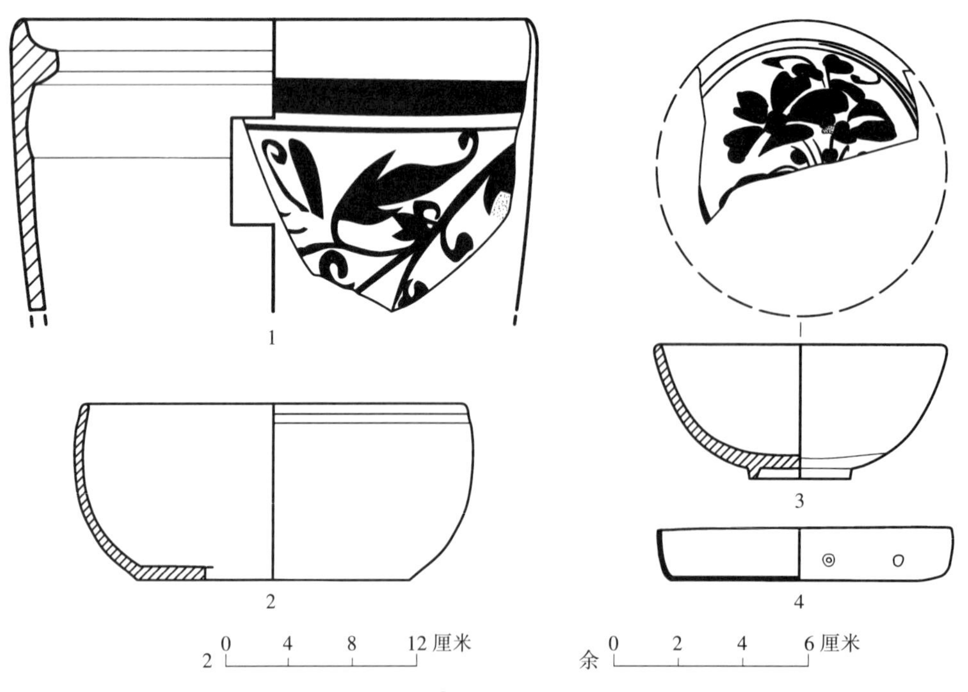

图二〇八　T54④下土墙东沟出土器物

1. 白地黑花罐（T54④下土墙东沟:12）　2. 绞胎瓷钵（T54④下土墙东沟:15）　3. 红绿彩碗（T54④下土墙东沟:13）　4. 铜盘（T54④下土墙东沟:17）

满釉，釉色洁白，外壁以红、绿彩绘纹饰，残破严重，只剩部分器身和流。

耀州窑青瓷盏，T54④下土墙东沟∶14，残，口径约 14.3、残高 4.3 厘米。灰胎，胎质较粗，胎体结合程度不好。敞口外撇，斜直腹。器表施青釉，釉面有开片，内壁有印花花卉纹饰。

绞胎瓷钵，T54④下土墙东沟∶15，口沿残片，口径约 22、底径约 17、高 10.6 厘米。壁上部为黄白色胎，之下为绞胎，黄白胎中夹褐色胎，胎质较细，以白胎为地，褐胎形成纹饰，再施一层透明釉。直口微敛，圆唇，直腹外鼓（图二〇八，2）。

陶盆，T54④下土墙东沟∶16，残，底径约 24.6、高 11.8 厘米。泥质灰陶，内壁施黑陶衣。宽沿外卷，方唇，斜直腹，平底内凹。

铜盘，T54④下土墙东沟∶17，完整，口径 9.4、底径 9、高 1.5 ~ 1.6、壁厚 0.1 厘米。直壁，平底，壁上靠下部有两个小孔（图二〇八，4）。

三　C 区出土遗物

C 区（T01 ~ T04）于发掘过程中在 T02、T03、T04 以南进行了扩方，将 T02、T03、T04 与扩方部分合并为 T02。但是仍按照原单位进行收集，所以 T02 内的遗物实际可能包括了原来的 T02 以及扩方部分。本区内按探方来进行介绍，遗迹出土物放在地层出土遗物后介绍。

1. T01

（1）T01③下灰土层

粗白瓷小碗，T01③下灰土层∶1，可复原，口径约 12、足径 4.8、高 4.7 厘米。灰褐色胎，胎质较粗。器表施白色化妆土，内壁满釉，内底有支钉痕，外壁釉不及底，釉面光亮，釉色泛灰。敞口，圆唇，弧腹，圈足，挖足过肩（图二〇九，2）。

酱釉盘，T01③下灰土层∶3，可复原，口径 17.2、足径 5.1，高 3.6 ~ 4.1 厘米。黄白胎，胎质稍粗。内壁满施酱釉，底部有涩圈，外壁釉不及底。敞口，圆尖唇，折腹，圈足（图二〇九，1）。

青白瓷碗，T01③下灰土层∶5，底部残片，残长 5.9、残高 1.9 厘米。胎质洁白细腻，胎体坚致。内外施青白釉，内壁满釉，圈足内底无釉。

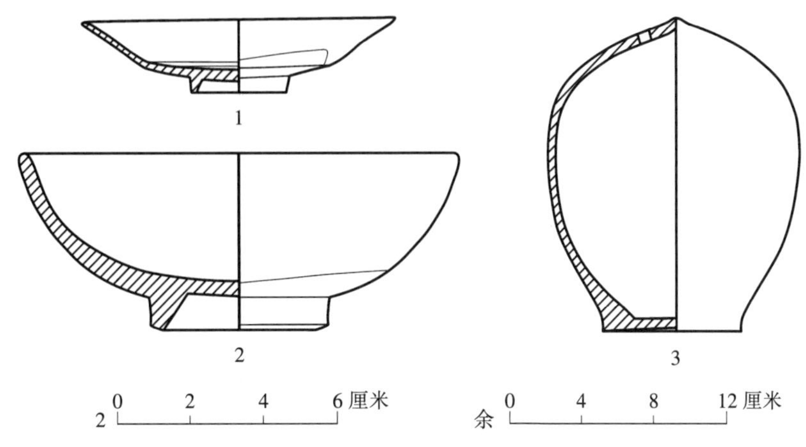

图二〇九　T01③下灰土层出土器物

1. 酱釉盘（T01③下灰土层∶3）　2. 粗白瓷小碗（T01③下灰土层∶1）　3. 陶扑满（T01③下灰土层∶4）

陶扑满，T01③下灰土层:2，残高9.6厘米。泥质灰陶。近球形，顶部有圆锥状凸起，突起旁边有一长方形孔，腹中部残留两个内凹的圆孔。

陶扑满，T01③下灰土层:4，可复原，底径7.3~7.7、高17厘米。泥质灰陶。整体形状近椭圆形，顶部有圆锥状凸起，突起旁边有一长方形孔，下腹部有两个内凹的圆孔，平底微内凹（图二〇九，3）。

（2）T01③

白瓷印花碗，T01③:1，残宽7.2、残高3.3厘米。白胎，胎质细腻坚硬。内外施釉，芒口。釉面光亮，釉色白中泛灰。敞口，圆唇，弧腹。内壁口沿下印一周流云纹，其下印花卉纹。

粗白瓷刻划花盆，T01③:5，残，残宽8.1、残高4.3厘米。灰褐色胎，胎质较粗，坚致。器表施白色化妆土，内壁有刻划花纹饰。直口，圆唇，平沿，弧腹。

黄釉罐，T01③:3，残，口径约16.5、残高8厘米。灰胎，胎质较粗。外壁及内壁颈部施白色化妆土，外壁腹部有跳刀纹，然后施一层黄釉，积釉处泛黑。敞口，圆唇，束颈，颈部有一周凸棱，溜肩。

2. T02

（1）T02③b

粗白瓷罐，T02③b:1，残，残宽12、残高11厘米。黄褐色胎，胎质较粗疏。内壁及外壁上部施白色化妆土，再罩一层透明釉，釉面略发涩。直口，方唇，腹上部有一周凸棱，弧腹（图二一〇，1）。

粗白瓷碗，T02③b:2，可复原，口径约20、足径7.8、高6.8~7.3厘米。深褐色胎，胎质较粗疏。器表施白色化妆土，内壁满釉，内底有支钉痕，外壁釉不及底，釉面有细碎开片，釉色白中泛灰。侈口，圆唇，弧腹，圈足，挖足过肩（图二一〇，2）。

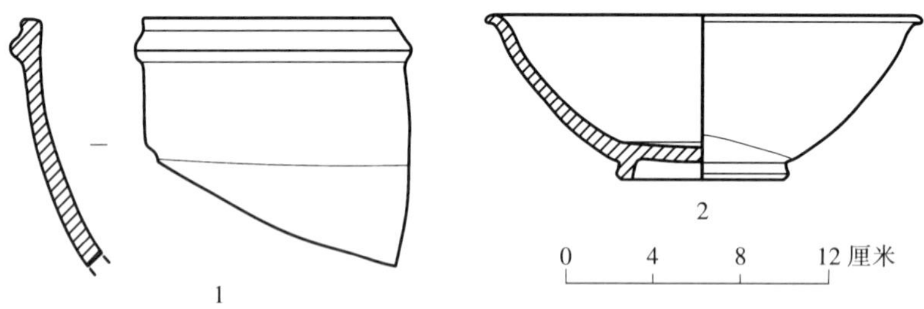

图二一〇　T02③b出土器物

1. 粗白瓷罐（T02③b:1）　2. 粗白瓷碗（T02③b:2）

（2）T02③

粗白瓷盆，T02③:3，残，口径约32、残高8.7厘米。灰白胎，胎质较粗，坚硬。器表施白色化妆土，内壁满釉，外壁釉不及底，釉面光亮，有细碎开片，釉色粉白。直口，折沿，圆唇，直腹微弧。

黑釉碗，T02③:4，足径3.8、残高3.3厘米。黄褐色胎，胎质较粗。内壁满釉，外壁釉不及底，釉面乌黑光亮。弧腹，圈足，外底有一墨书文字，模糊不清。

黑釉盏，T02③:5，足径3.9、残高1.2厘米。灰胎，胎质较粗。内壁满釉。圈足，外底墨书一“王”字。

青瓷碗，T02③:1，残，足径约6.5、高4.4厘米。红胎，胎质较粗。器表施青釉，内壁釉不及底，外壁底部无釉，釉面粗糙，有缩釉。侈口，折沿，圆唇，弧腹，圈足（图二一一，1）。

青瓷碗，T02③:6，残，残宽5、残高3.9厘米。灰胎，胎质较细，坚硬。内外满施青釉，釉面光润，有细碎开片。敞口，圆唇，腹弧。

陶盆，T02③:2，可复原，口径28、底径13.4、高13.5～14厘米。泥质灰陶。直口，卷沿，圆唇，束颈，曲腹，平底内凹（图二一一，2）。

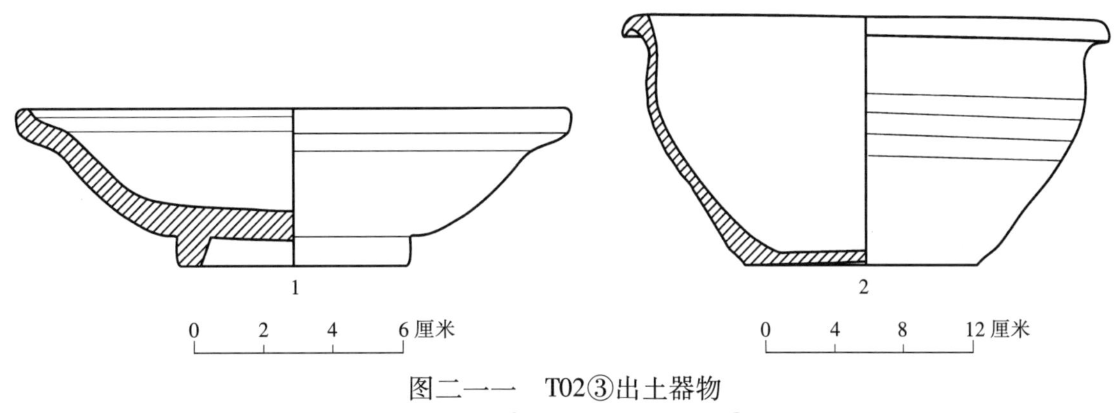

图二一一　T02③出土器物
1. 青瓷碗（T02③:1）　2. 陶盆（T02③:2）

（3）T02②

白地黑花碗，T02②:2，残，残宽5.6、残高5.2厘米。灰胎，胎质较粗，坚硬。器表施白色化妆土，内壁满釉，内壁以黑彩绘纹饰，外壁半釉，釉面较粗糙。敞口，圆唇，弧腹。

黑釉碗，T02②:3，残，足径约16、残高4.1厘米。灰褐色胎，胎质较粗，坚硬。内壁满釉，壁上有酱色竖条斑，外壁釉不及底。敛口，圆唇，弧腹。

3. T03

（1）T03③

白瓷盘，T03③:4，可复原，口径约17.5、足径5.8、高3.8厘米。白胎，胎质较细，坚硬。内壁满釉，底部有涩圈，外壁满釉，腹下部及圈足外有大量砂粒，釉色白中泛灰。敞口，尖圆唇，折腹，圈足（图二一二，4）。

粗白瓷双腹碗，T03③:1，可复原，口径约22.5、足径9.7、高11.2～11.3厘米。黄褐色胎，胎质较粗。器表施白色化妆土，内壁满釉，底部有四个支钉痕，外壁半釉，釉面光亮，有细碎开片，釉色白中闪黄。敞口，圆唇，弧腹，下腹鼓起，形成双腹，圈足（图二一二，1）。

粗白瓷盘，T03③:3，可复原，口径约16.6、底径5.9、高3.8～4厘米。深褐色胎，胎质较粗。器表满施白色化妆土，内壁满釉，内底有支钉痕，外壁半釉，釉面光亮，釉色乳白。敞口，圆唇，折腹，圈足，挖足过肩（图二一二，3）。

白地褐花碗，T03③:6，口沿残片，残宽7、残高3.6厘米。褐色胎，胎质较粗。器表施白色化妆土，外壁半釉。敞口，圆唇，弧腹，内壁以褐彩绘纹饰。

白瓷碗点彩，T03③:2，可复原，口径约22、足径7.8、高6.7～6.8厘米。黄白胎，胎质较粗。内壁及外壁唇部施白色化妆土，内壁满釉，釉色泛灰黄，底部有涩圈，内底有褐色点彩花朵，外壁仅口沿外施釉。敞口，圆唇，弧腹，圈足，挖足过肩，外底墨书“董”字（图二一二，2）。

双色釉碗，T03③:7，可复原，口径约23、足径8.2、高6.6～7厘米。灰褐色胎，胎质较粗，坚硬。内壁及外壁唇部施白色化妆土，内壁满釉，釉泛青灰色，底部有涩圈，外壁口沿下施透明釉，下部施黑釉，圈足着地处无釉，腹下部及涩圈、圈足处有砂粒。敞口，圆唇，弧腹，圈足（图二一二，5）。

腰圆形绿釉枕，T03③:9，残，枕面残宽9、枕墙残高5.2厘米。红色陶胎，胎质较粗。器表施白色化妆土，刻出纹饰后，再罩一层绿釉，釉面光润。枕面前低后高，枕墙外弧。

陶滴水，T03③:10，基本完整，滴水呈梯形，上宽15、下宽21、高5.4厘米，后接的板瓦长13.8、宽18.2厘米。泥质灰陶，滴水部分有三组凸棱和两组压印绳纹，外沿为压印波浪纹。后接的板瓦表面有布纹。

陶筒瓦，T03③:11，可复原，长29.5、宽17、高8.5、厚2.4厘米。泥质灰陶。后部有瓦唇，背面有布纹。

铜镦（?），T03③:12，直径3.3、高5.4厘米。圆筒状，一端开口，内有木头痕迹。

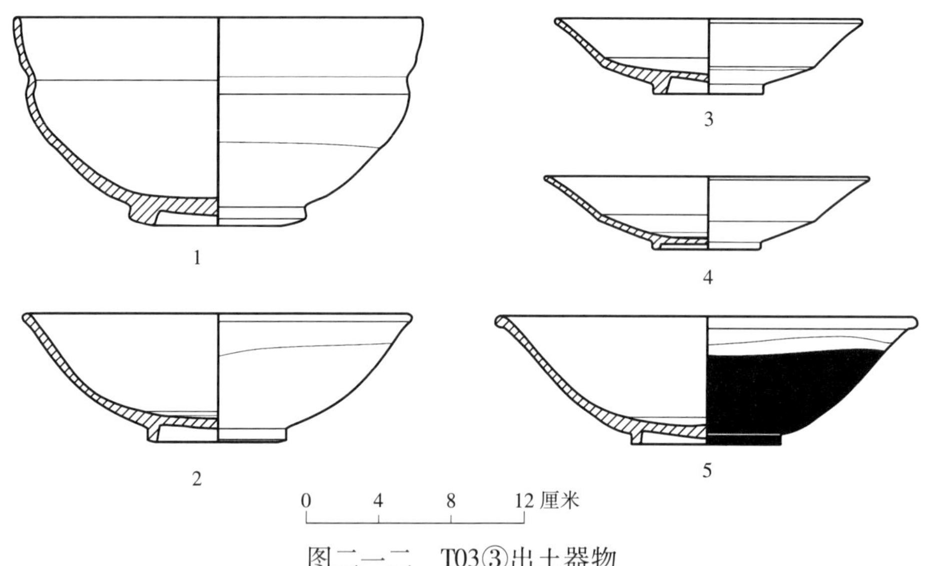

图二一二　T03③出土器物

1. 粗白瓷双腹碗（T03③:1）　2. 白瓷碗点彩（T03③:2）　3. 粗白瓷盘（T03③:3）
4. 白瓷盘（T03③:4）　5. 双色釉碗（T03③:7）

（2）T03②

白地褐花人物，T03②:1，头部残片，残高3厘米。模制，黄褐色胎，胎质较粗，器表施白色化妆土，透明釉上以褐彩绘出儿童的眉毛、眼睛和头发。

4. T04

（1）T04③

白瓷印花盏，T04③:2，残，口径约9、残高3.4厘米。白胎泛灰，胎质较细。内外满釉，芒口，釉色泛灰。敞口，方唇，弧腹，内壁口沿下印一周回纹，其下印多重蕉叶纹。

青瓷碗，T04③:3，可复原，口径10.3、足径2.8、高4.4~4.8厘米。灰胎，胎质较细，坚硬。敞口，圆唇，斜直腹，圈足。内外施青釉，圈足着地处无釉，有大量砂粒。釉色泛白（图二一三，1）。

青瓷碗，T04③:4，可复原，口径约10.5、足径3.6、高5厘米。灰胎，胎质较粗。敞口，圆唇，弧腹，圈足。内外施青釉，圈足处无釉，釉面光亮，有细碎开片（图二一三，2）。

黑釉碗，T04③:7，残，口径12、残高5.2厘米。灰白胎，胎质较粗，坚硬。内外施黑釉，有褐色斑，釉面光润。敞口，方唇，弧腹，圈足（图二一三，3）。

红绿彩碗，T04③:8，残，口径约9.8、高4.1厘米。褐色胎，胎质较粗。敞口，圆唇，弧腹，圈足。内外施白色化妆土，内壁釉上有以红、绿彩绘花卉纹，外壁釉不及底（图二一三，4）。

陶罐，T04③:10，可复原，口径约7.8、底径约8.5、高4厘米。泥质灰陶，敞口，方唇，束腰，平底内凹（图二一三，5）。

骨篦，T04③:11，残长7.1、残宽2.7厘米。

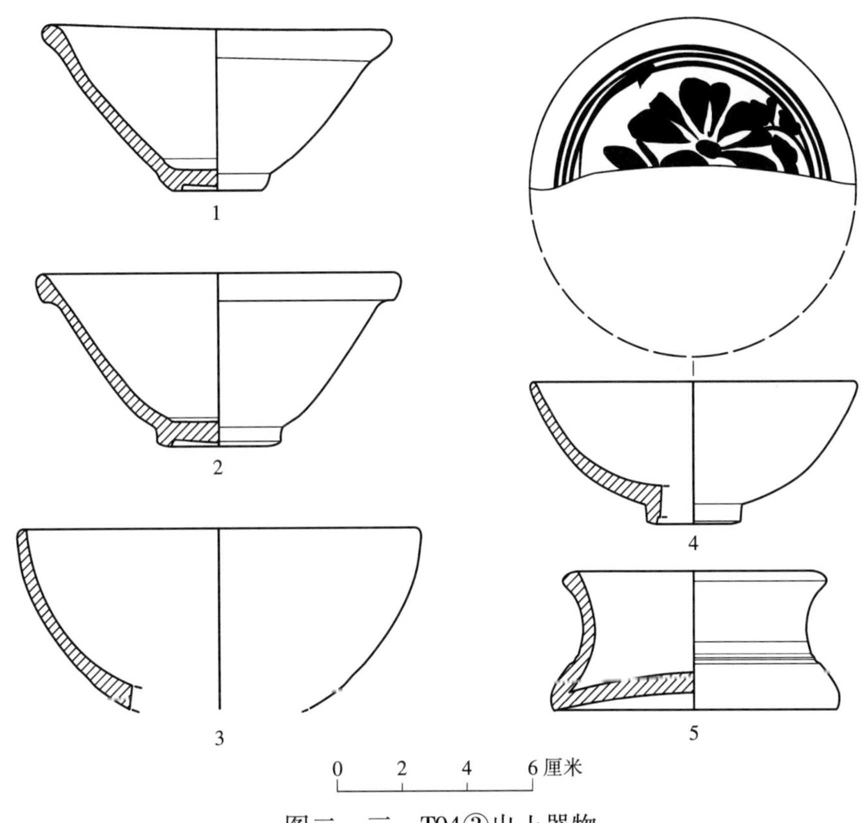

图二一三　T04③出土器物

1. 青瓷碗（T04③:3）　2. 青瓷碗（T04③:4）　3. 黑釉碗（T04③:7）　4. 红绿彩碗（T04③:8）　5. 陶罐（T04③:10）

（2）T04②

黑釉碗，T04②:2，残，足径约5.3、残高2.8厘米。灰褐色胎，胎质较粗，坚硬。内壁满施黑釉，点缀有酱斑，外壁下部无釉。弧腹，圈足。

酱釉瓶，T04②:3，口部残片，口径约5.4、残高3.5厘米。灰黑色胎，胎质较粗，坚硬。外壁及内壁唇部施酱釉，较粗糙。直口，圆唇，直颈，颈中部有一周凸棱，下残。

5. C区遗迹出土遗物

（1）H02（T02内②层下开口）

龙泉青瓷盘，H02:1，残，残宽4.6、残高2.5厘米。白胎，胎质细腻坚硬，内外满施青釉，釉面光润。敞口，圆唇，浅弧腹。

（2）H03（T02内②层下开口）

钧瓷碗，H03:1，可复原，口径约19.5、足径6.1～6.2、高8.2～8.5厘米。灰褐色胎，胎质较粗，器表施天蓝釉，内壁满釉，外壁釉不及底。敞口，圆唇，弧腹，上腹较直，圈足（图二一四）。

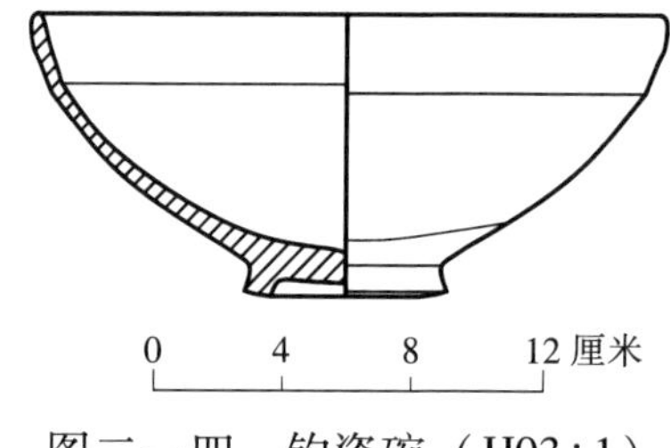

图二一四　钧瓷碗（H03∶1）

（3）T02③下 F

白釉剔黑花罐，T02 F∶1，残宽 7、残高 3.5 厘米。灰褐色胎，坚硬。化妆土，黑色，剔去黑色，再施透明釉。芒口、敛口，圆唇。

青瓷盏，T02 F∶3，口径约 10.8、残高 4.1 厘米。浅灰胎。胎质稍粗。敞口，圆唇，弧腹。内外施青釉，发白，发涩（图二一五，1）。

黄釉盆，T02 F∶5，残宽 15.6、残高 5.2 厘米。浅红褐色缸胎，粗疏。外壁茶叶末釉，内壁先施化妆土，刻出纹饰，再施黄釉，有开片，光亮。弧腹，平底内凹。

多边形黄绿釉枕，T02 F∶9，残长 7.6、宽 6 厘米。淡红色陶胎，较粗。压印纹饰，黄绿釉。枕面伸出枕墙外，内壁泥条加固。

（4）T03 F

青瓷大碗，T03 F∶1，残，口径约 26、足径 8、高 10.5 ~ 10.8 厘米。灰胎，胎质较细，坚硬。内外满施青釉，仅圈足着地处无釉，釉面光润，有细碎开片，釉色泛白。侈口，圆唇，腹弧，圈足，内壁有白色出筋（图二一五，3）。

（5）T04 北部 F

青瓷碗，T04 北部 F∶1，残，口径约 12、残高 5 厘米。灰胎，胎质较细，坚硬。敞口，圆唇，弧腹。内外施青釉，釉面光润，有细碎开片（图二一五，2）。

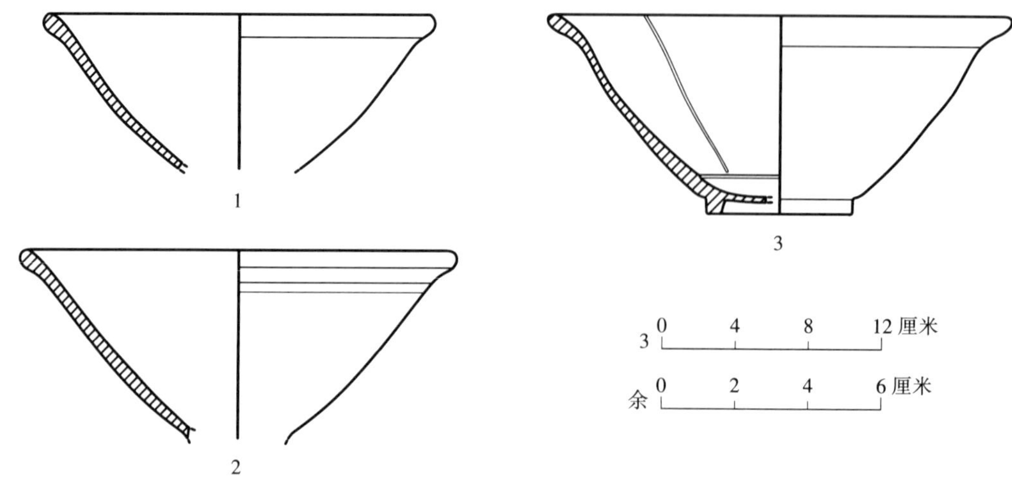

图二一五　T02F、T03F、T04 北部 F 出土器物

1. 青瓷盏（T02 F∶3）　2. 青瓷碗（T04 北部 F∶1）　3. 青瓷大碗（T03 F∶1）

双色釉刻划花碗，T04北部F:2，残，足径约8.5、残高6.3厘米。灰褐色胎，胎质较粗，坚致厚重。内壁施白色化妆土，有刻划花纹饰，内壁满釉，底部有支钉痕，釉面光亮，有细碎开片，釉色粉白，外壁满施黑釉，仅圈足着地处无釉。弧腹，圈足，挖足过肩。

陶扑满，T04北部F:3，残，底径6.7、残高4.5厘米。泥质灰陶，弧腹，平底微内凹。

（6）T04 F01

黄釉印花盘，T04 F01:1，残，口径约16、足径约5.5、高3.7～3.8厘米。深灰褐色胎，胎质较粗。内外施黄釉，颜色较深，内壁满釉，底部有涩圈，外壁釉不及底。敞口，圆唇，腹外弧，圈足，挖足过肩。内壁有印花纹饰，较模糊（图二一六，1）。

黑釉盏，T04 F01:2，残，口径10.5、足径3.8、高3.4～3.6厘米。灰黑色胎，胎质较粗。内外皆施黑釉，外壁半釉。敞口，圆唇，弧腹，圈足（图二一六，2）。

酱釉盏，T04 F01:3，残，口径约11、足径约4、高3.8～3.9厘米。白胎泛黄，胎质较粗。内外皆施酱釉，外壁釉不及底，釉面光亮。敞口，圆唇，弧腹，圈足（图二一六，3）。

黑釉盏，T04 F01:5，可复原，口径约10、足径4、高4.2厘米。黄褐色胎，胎质较粗。内外皆施黑釉，外壁釉不及底，釉面光亮。敞口，厚圆唇，弧腹，圈足（图二一六，4）。

青瓷大碗，T04 F01:4，可复原，口径约25、足径8、高10.4～10.9厘米。灰胎，胎质较细，坚

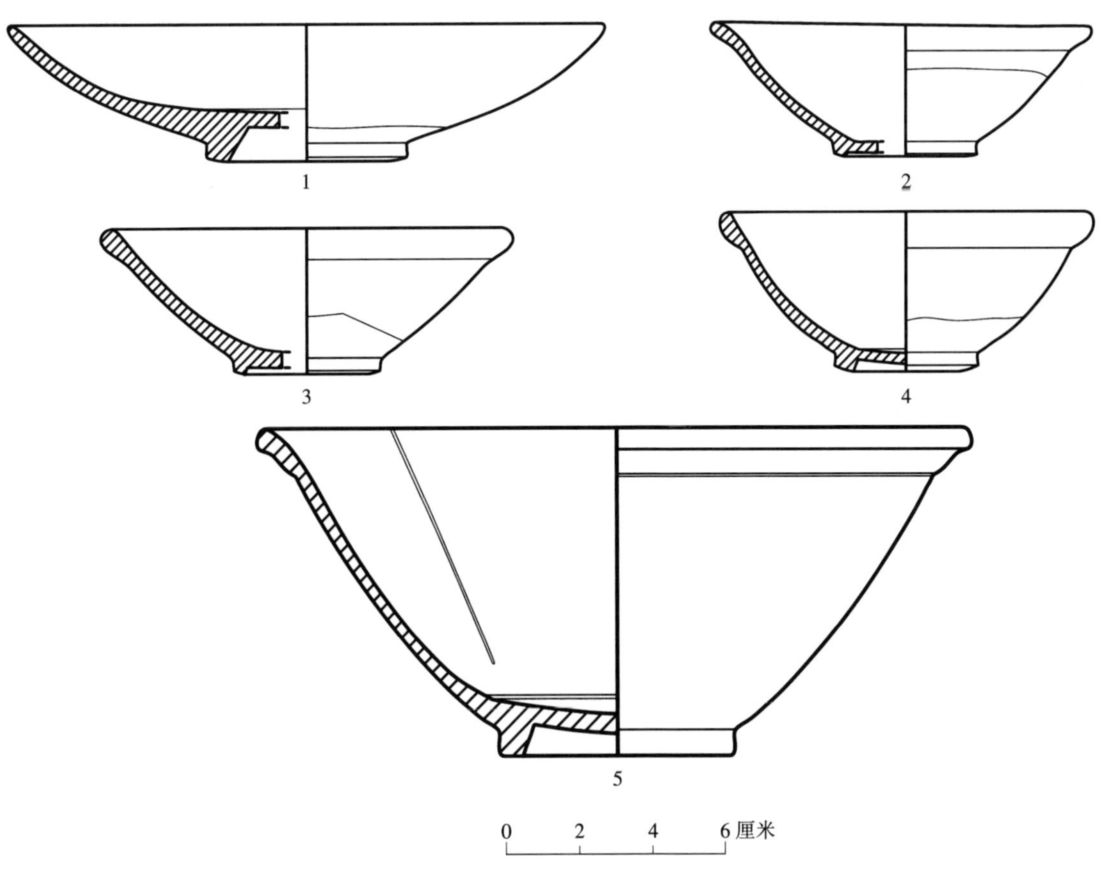

图二一六 T04 F01出土器物

1. 黄釉印花盘（T04 F01:1） 2. 黑釉盏（T04 F01:2） 3. 酱釉盏（T04 F01:3） 4. 黑釉盏（T04 F01:5） 5. 青瓷大碗（T04 F01:4）

硬。内外满施青釉，仅圈足着地处无釉，釉面光润，有细碎开片，内底有落砂。敞口，圆唇，腹弧，圈足，内壁有不明显的白色出筋，外壁腹上部有一周凹弦纹（图二一六，5）。

双色釉刻划花碗，T04 F01∶6，残，足径约9.5、残高5.1厘米。灰胎，胎质较粗，坚致厚重。内壁施白色化妆土，有刻划花纹饰，内壁满釉，底部有支钉痕，外壁满施黑釉，仅圈足着地处无釉。弧腹，圈足，挖足过肩。

腰圆形三彩枕，T04 F01∶7，残，残长12.8、残宽7.2、残高5厘米。红色胎体，胎质较粗疏。器表施白色化妆土，刻出纹饰后，施绿釉、黄釉及透明釉。枕面前低后高，枕墙外弧。

陶扑满，T04 F01∶8，残，底径6、残高4厘米。泥质灰陶，残剩底部，平底。

陶扑满，T04 F01∶9，残，底径约6、残高6.5厘米。泥质灰陶，弧腹，平底，壁上有圆孔。

四　D区出土遗物

D区（T001～T010）地层较为简单，也比较统一，所以按照地层进行介绍。遗迹编号从001开始，遗迹出土物放在地层出土遗物后介绍。

1. 第④层出土遗物

（1）T001④

粗白瓷篦划花碗，T001④∶1，残，口径约22、足径约7、高5.2厘米。灰白胎，胎质较粗，坚硬。器表施白色化妆土，内壁满釉，有篦划花纹饰，底部有支钉痕迹，外壁釉不及底，釉面光亮，釉色白中泛灰。侈口，圆尖唇，浅弧腹，圈足，挖足过肩。

粗白瓷盆，T001④∶2，残，口径约30、残高10.5厘米。黄褐色胎，胎质较粗。敞口，卷沿，圆唇，弧腹。内壁及唇部施白色化妆土，再罩一层透明釉，釉面光亮，有细碎开片，芒口，外壁上部施酱色护胎釉。

（2）T003④

箅子，T003④∶3，夹砂灰陶，胎质较粗，坚硬。长11.5、宽7.4厘米，底部有绳纹。

（3）T007④

黑釉钵，T007④∶1，残，口径10.3、足径约6、高6.2～6.6厘米。灰白胎，胎质较粗，坚硬。直口，尖圆唇，深直腹，下腹急收，圈足。器表施黑釉，芒口，外壁、内壁均釉不及底（图二一七）。

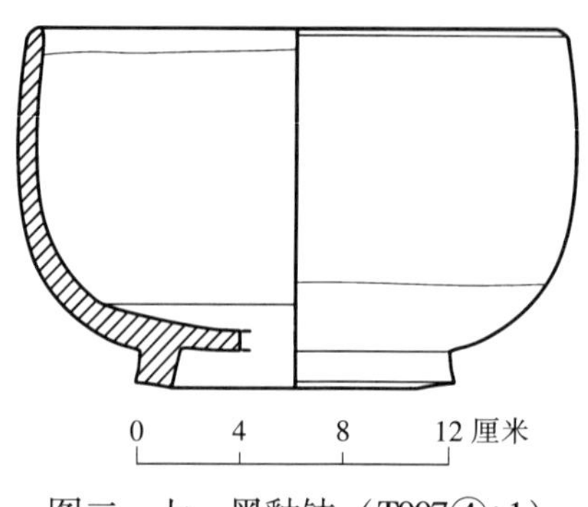

图二一七　黑釉钵（T007④∶1）

（4）T009④

粗白瓷刻花器盖，T009④:1，残，高3.8厘米。灰褐色胎，胎质较粗，坚硬。外壁施白色化妆土，然后罩一层透明釉，釉色白中泛黄，内壁盖面下施釉，釉色显胎色。子母口，子口较矮，圆唇，沿上翘，盖面拱起，顶部为圈足形钮，盖面上刻竖向条纹。

粗白瓷篦划花碗，T009④:2，残，口径约21.2、足径约7、高8厘米。黄褐色胎，胎质较粗。器表施白色化妆土，内壁满釉，底部有支钉痕，外壁釉不及底，釉面发涩，有细碎开片，釉色粉白。敞口，圆唇，弧腹，圈足，挖足过肩，内壁有篦划花纹饰。

粗白瓷炉，T009④:3，残，残宽4.7、残高4.4厘米。褐色胎，坚硬。施化妆土，敞口，窄平沿，方唇，弧腹，下腹折，上腹部贴塑一耳。

双色釉刻划花碗，T009④:4，残，足径约9、残高5.2厘米。灰陶，坚硬。内壁开片，外壁乌黑，圈足着地处无釉。弧腹，圈足较高，挖足过肩。

黄釉碗，T009④:5，残，口径约19、残高5厘米。黄白胎，胎质较粗。内外施黄釉，内壁满釉，底部有涩圈，外壁半釉，釉面光亮，有细碎开片，内壁印牡丹纹。敞口，圆唇，弧腹。

（5）T010④

灰陶瓶，T010④:1，残，口径约9、残高5.8厘米。敞口，圆唇，束颈，颈部有耳的残段。

2. 第③层出土遗物

（1）T004③

黄绿釉鸱吻，T004③:1，残长29、残宽22厘米。红色砖胎，胎质较粗，坚硬。表面施黄绿釉，背面较平（图版五二，1）。

黄绿釉鸱吻，T004③:2，与T004③:1类似，但方向相反，残长22、残宽24厘米（图版五二，2）。

黄绿釉鸱吻，T004③:3，残长28、残宽14厘米。砖红色胎，胎质较粗，坚硬。器表施黄绿釉（图版五二，3）。

（2）T005③

白瓷刻花器盖，T005③:1，可复原，边径14、口径12、高2.6厘米。胎呈白色，胎质细腻。圈足状钮，曲面，平沿，方唇，子母口，器盖表面饰“S”形纹饰。器表及器内底皆施白釉，芒口（图版五二，4）。

（3）T006③

白瓷印花盘，T006③:1，可复原，口径约18.4、足径5.1、高3.3厘米。白胎，胎质较细。内外满釉，芒口，釉色白中泛灰。敞口，尖圆唇，浅弧腹，圈足。内壁有印花纹饰，口沿下为一周回纹，壁上印凤鸟牡丹，底部印水波游鱼。内壁有三道红色摩擦痕互相交错（图二一八，1）。

白瓷印花盏，T006③:2，可复原，口径约9.5、足径3.3、高3.7厘米。白胎，胎质较细，胎体结合不紧密。内壁满釉，芒口，外底局部无釉，釉面有开片，釉色泛灰。敞口，圆唇，弧腹，矮圈足。内壁印四重蕉叶纹，底部印一朵团花（图二一八，4；图版五二，5）。

粗白瓷器盖，T006③:3，可复原，口径8.3、边径11.7、高2.1厘米。灰胎，胎质较粗。外壁施白色化妆土，再罩一层透明釉，釉面光亮，釉色白中泛灰。内壁无釉。子母口，子口内敛，尖圆唇，平沿，盖面拱起（图二一八，3）。

白地黑花瓶，T006③∶5，腹部残片，残长6.8、残宽5.2厘米。黄褐色胎，胎质较粗，外壁施白色化妆土后，局部施黑釉，在黑釉上刻划出纹饰，再罩一层透明釉，釉面有开片。

白瓷点彩碗，T006③∶4，可复原，口径约16、足径6.2、高5~5.4厘米。灰白胎，胎质较粗。敞口，尖圆唇，弧腹，圈足，挖足过肩。器表施白色化妆土，内壁满釉，底部有涩圈，壁上有点彩纹饰，外壁半釉，釉色白中泛青灰（图二一八，2；图版五二，6）。

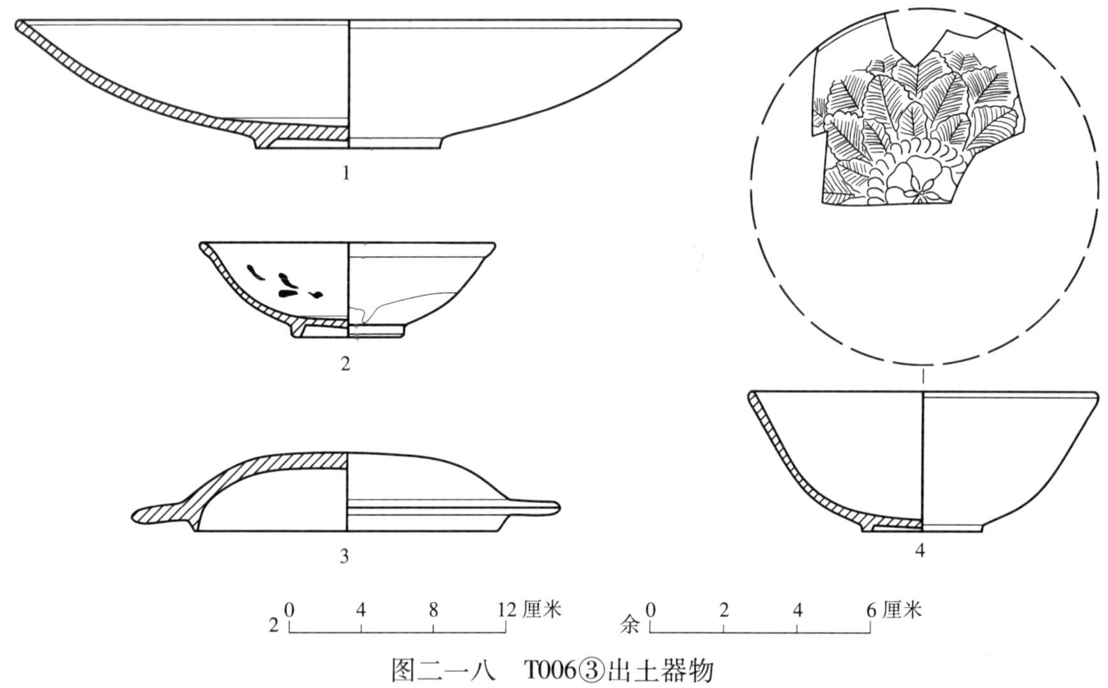

图二一八　T006③出土器物

1. 白瓷印花盘（T006③∶1）　2. 白瓷点彩碗（T006③∶4）　3. 粗白瓷器盖（T006③∶3）　4. 白瓷印花盏（T006③∶2）

黑釉狗，T006③∶6，残，残长6.3、残高6.2厘米。模制，灰褐色胎，胎质较粗。器内外均施黑釉，釉色光亮。狗颈部带铃铛，卷尾。

红绿彩人物，T006③∶7，残，残高6.3厘米。黄白胎，胎质较粗。模制，器表施白色化妆土，釉上以红、绿、黑彩装饰，人物为坐姿。

红绿彩人物，T006③∶8，残，残高3.8厘米。灰胎，胎质较粗，坚硬。模制，器表施白色化妆土，釉上以红、绿、黑彩装饰。

翠蓝釉罐，T006③∶9，腹部残片，残宽7.2、残高7厘米。黄色胎，胎质较粗，坚硬。器表施白色化妆土，剔刻掉部分化妆土，形成纹饰，剔刻处可能还施有黑彩，最后罩一层翠蓝釉。

建筑构件，T006③∶10，残。泥质灰胎，角形，通长14厘米。器表有白灰。一面较平。

（4）T009③

白瓷双耳罐，T009③∶1，残，口径约11、残高9.2厘米。白胎，胎质细腻坚硬。内外满釉，釉面光润，釉色洁白。直口，圆肩，鼓腹，肩上附耳（图二二〇，1）。

白瓷印花盘，T009③∶2，残，口径约22、高约4厘米。白胎，胎质细腻坚硬。敞口，方唇，浅弧腹，圈足。内外满釉，芒口，釉面光润，釉色洁白。内壁口沿下印一周卷草纹，其下以白色出筋分隔，内印水禽、荷花等。

白瓷印花盘，T009③:3，可复原，口径约19.6、足径6.7、高4厘米。白胎，胎质较细。敞口，圆唇，浅弧腹，圈足。内外满釉，芒口，釉面光润，釉色白中泛黄。内壁口沿下印一周卷云纹，其下印凤鸟、牡丹等，内底印牡丹纹（图二一九）。

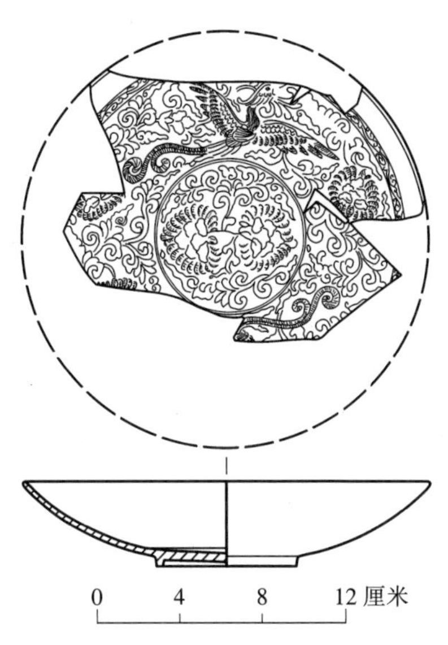

图二一九　白瓷印花盘（T009③:3）

白瓷印花盘，T009③:5，残，口径约12.5、足径约6.5、高2.4厘米。白胎，胎质较细，胎体结合不紧密。敞口，圆唇，浅弧腹，圈足。内外满釉，芒口，釉色泛黄。内壁印一周菊瓣纹，底部主体印栏杆，周围印荷叶，局部纹饰模糊不清（图二二〇，2）。

白瓷印花盘，T009③:17，残，足径约7、残高2.1厘米。白胎，胎质较细，坚硬。内外满釉，釉面光亮，釉色白中泛灰。浅弧腹，圈足，挖足过肩。内壁印禽鸟花卉，底部印水波游鱼纹。

白瓷印花碗，T009③:18，残，足径7.2、残高2.5厘米。白胎，胎质较细。内外满釉，釉面有开片，釉色泛灰黄。弧腹，圈足较大，内壁印花草纹，底部印水波游鱼纹，纹饰较模糊。

白瓷刻花盘，T009③:16，残，足径约5.3、残高1.9厘米。白胎，胎质细腻坚硬。内外满釉，应是芒口，釉面光润，釉色洁白。浅弧腹，圈足，内底刻水波游鱼纹，外壁刻莲瓣纹。

白瓷钵，T009③:19，可复原，口径约10、足径约5.4、高8.9厘米。白胎，胎质细腻坚硬。内壁满釉，底部有涩圈，芒口，外壁仅圈足着地处无釉，釉色洁白。直口，尖圆唇，深直腹微鼓，圈足（图二二一，1）。

粗白瓷碗，T009③:6，可复原，口径约19、足径5.6、高5.6～5.7厘米。灰褐色胎，胎质较粗。敞口，圆唇，弧腹，圈足，挖足过肩。器表施白色化妆土，再施透明釉，内壁满釉，底部有支钉痕，外壁釉不及底，釉及化妆土多有脱落（图二二〇，3）。

粗白瓷碗，T009③:7，可复原，口径约22、足径7.1、高9.8～10厘米。褐胎，胎质较粗。敞口，圆唇，弧腹，圈足，挖足过肩。器表施白色化妆土，再施透明釉，内壁满釉，底部有支钉痕，外壁釉不及底，釉面有细碎开片，釉色白中微泛灰（图二二〇，4）。

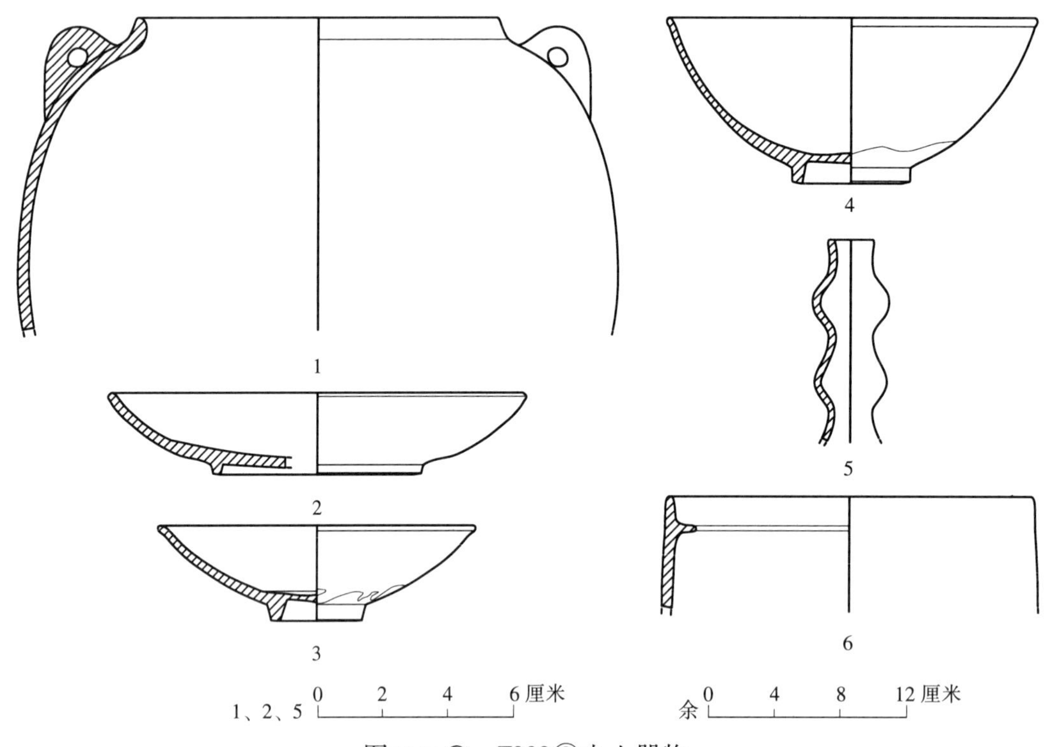

图二二〇　T009③出土器物

1. 白瓷双耳罐（T009③∶1）　2. 白瓷印花盘（T009③∶5）　3. 粗白瓷碗（T009③∶6）　4. 粗白瓷碗（T009③∶7）　5. 黑釉瓶（T009③∶10）　6. 翠蓝釉罐（T009③∶12）

粗白瓷盘，T009③∶22，可复原，口径18.8、足径6.6、高4.4～4.9厘米。灰白胎，胎质较粗。敞口，圆唇，浅弧腹，圈足，挖足过肩。器表施白色化妆土，内壁满釉，底部有支钉痕，外壁釉不及底，釉面有细碎开片，釉色粉白（图二二一，3）。

粗白瓷盏，T009③∶23，口径9.3～9.6、足径4.2～4.3、高3～3.4厘米。灰褐色胎，胎质较粗。敞口，厚唇，斜直腹，圈足。器表施白色化妆土，内壁满釉，外壁釉不及底，釉面有开片（图二二一，4）。

粗白瓷篦划花碗，T009③∶21，残，口径约22、足径约7.2、高8.1～8.3厘米。黄胎，胎质较粗。敞口，圆唇，弧腹，圈足，挖足过肩。器表施白色化妆土，再施透明釉，内壁满釉，底部有支钉痕，外壁釉不及底，釉面有细碎开片，釉色粉白，内壁有篦划花纹饰（图二二一，2）。

白瓷枕，T009③∶27，残留部分枕面及枕墙，应为腰圆形枕，枕面外弧，灰褐色胎，胎质较粗，坚硬。器表施白色化妆土，剔刻出纹饰，再罩透明釉，釉色白中泛青黄。内壁枕面与枕墙之间有泥条加固。枕面残长7.2、残宽5.7、残高1.3厘米。

白地黑花人物，T009③∶9，残，底径4～5、残高5.6厘米。模制，灰褐色胎，胎质较粗。器表施白色化妆土，以黑彩装饰，再施透明釉。底部无釉。

白地黑花枕，T009③∶28，枕面残片，残长4、残宽2.7厘米。黄褐色胎，胎质较粗，坚硬。器表施白色化妆土，以黑彩绘纹饰，再施透明釉。

黑釉瓶，T009③∶10，颈部残片，口径1.4、残高6厘米。黄褐色胎，胎质较粗。内外均施黑釉，釉面光亮。直口，方唇，颈部为葫芦形（图二二〇，5）。

黑釉器盖，T009③:29，可复原，口径约9、高3.7厘米。灰胎，胎质较粗。子母口，子口内敛，方唇，平沿，盖面隆起，顶部有圆钮。外施黑釉，乌黑光亮（图二二一，5）。

黑釉小罐，T009③:30，可复原，口径约2.8、底径约6、高2.9厘米。灰黄色胎，胎质较粗。直口，圆唇，短颈，溜肩，扁鼓腹，平底，底部有一周突起。外壁施黑釉（图二二一，6）。

黑釉罐，T009③:31，口沿残片，口径约17、残高3.6厘米。灰白胎，胎质较粗。子母口直口，子口微敛，方唇，折肩，直腹。内外施黑釉，芒口，腹部剔出纹饰（图二二一，7）。

三彩长方形枕，T009③:11，残，残长19.8、宽13~14、高10.3厘米。红色陶胎，胎质较粗。器表施白色化妆土，枕面刻出纹饰，施绿釉、黄釉及透明釉，枕墙半釉。圆角长方形（图版五三，1）。

翠蓝釉罐，T009③:12，残，口径约22、残高6.8厘米。灰黑色胎，胎质较粗。器表施白色化妆土，外壁以黑彩绘纹饰，再施翠蓝釉，脱釉较多。直口，圆唇，直壁，内壁上部伸出一圈窄沿（图二二〇，6）。

绿釉建筑构件，T009③:13，残，残长10、残宽9、厚3.3厘米。泥质红陶胎，胎质较粗，坚硬。背面较平，不施釉，正面有三道凸棱，施绿釉。

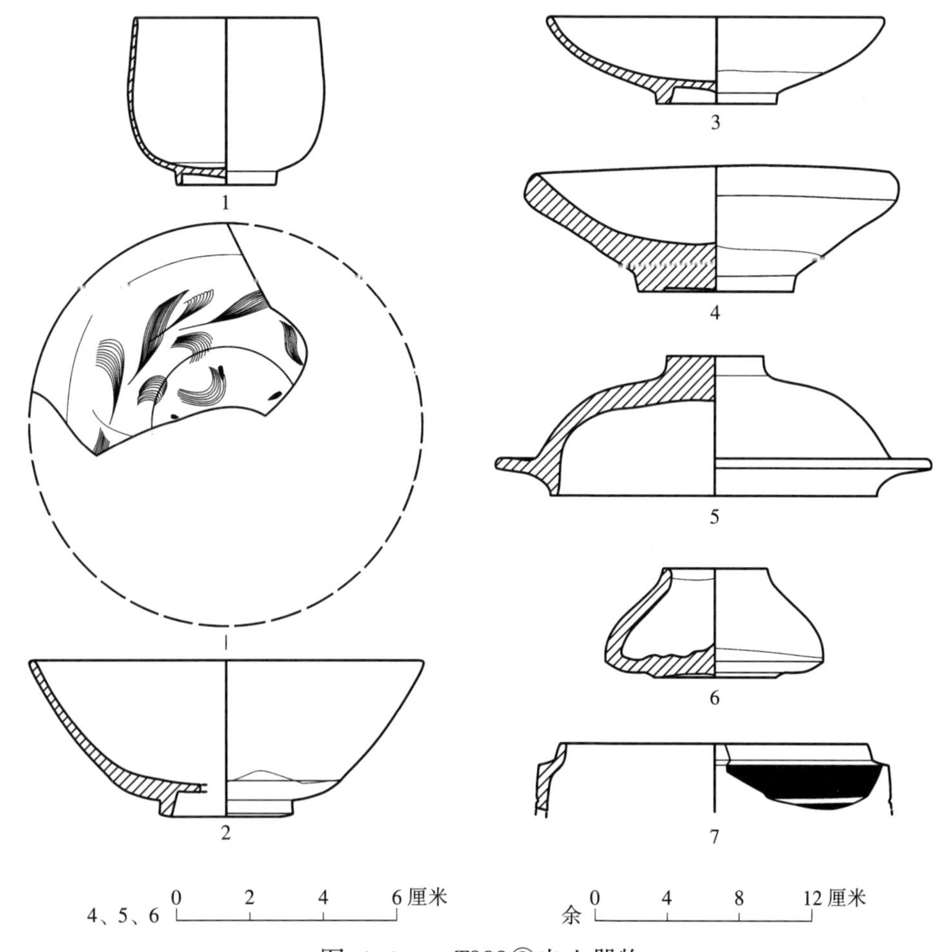

图二二一　T009③出土器物

1. 白瓷钵（T009③:19）　2. 粗白瓷篦划花碗（T009③:21）　3. 粗白瓷盘（T009③:22）　4. 粗白瓷盏（T009③:23）　5. 黑釉器盖（T009③:29）　6. 黑釉小罐（T009③:30）　7. 黑釉罐（T009③:31）

绿釉剔刻花枕，T009③：34，枕面残片，残长13、残宽15.8厘米。红色陶胎，胎质较粗。器表施白色化妆土，剔刻出花草纹后，施一层绿釉，剔刻处釉色呈黑色（图版五三，2）。

陶拍（？），T009③：14，直径6.5～7.5、厚1.9厘米。泥质灰陶，饼状，一面略凹，有布纹，另一面略鼓，中间有小眼。

素胎炉（？），T009③：33，残，残长6、残宽4厘米。红褐色胎，胎质较粗，坚硬。模制，器表有纹饰。

（5）T010③

粗白瓷碗，T010③：3，可复原，口径12.7、足径4.6、高4.3～4.5厘米。灰胎，胎质较粗。器表施白色化妆土，内壁满釉，底部有支钉痕，外壁釉不及底，釉面光亮，釉色白中微泛灰。敞口，圆唇，斜直腹，圈足（图二二二，1；图版五三，5）。

黑釉双耳罐，T010③：1，口径15.2、足径约9、高18.8～19.6厘米。灰褐色胎，胎质较粗，坚硬。直口，圆唇，直颈，圆肩，鼓腹，圈足。器表施黑釉，釉面乌黑光亮。肩腹部有双耳。两耳之间各有三组突线纹，每组突线由三条组成。突线处釉色呈褐色（图二二二，3；图版五三，3）。

黑釉碗，T010③：4，可复原，口径约12.7、足径4.9、高5.2厘米。白胎，胎质较粗。内壁满釉，外壁半釉，釉色乌黑发亮，外壁下部及外底有护胎酱釉。敞口，方唇，弧腹，圈足，底部有鸡心突（图二二二，2；图版五三，6）。

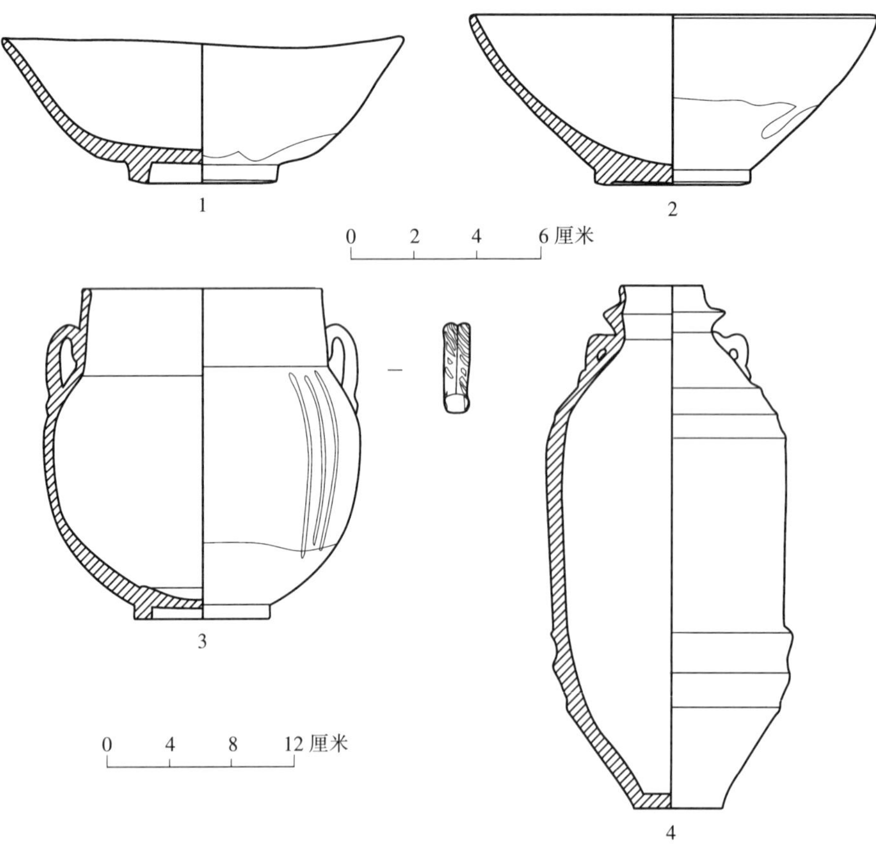

图二二二　T010③出土器物

1. 粗白瓷碗（T010③：3）　2. 黑釉碗（T010③：4）　3. 黑釉双耳罐（T010③：1）　4. 酱釉双系瓶（T010③：2）

酱釉双系瓶，T010③:2，可复原，口径5.2～5.7、底径5.9、高32.2～32.4厘米。红色陶胎，胎质较粗疏。直口，短颈，颈部有一周凸棱，溜肩，直腹，下腹收敛，平底，肩部附双耳。外施酱釉。肩部、外壁下腹有凸弦纹（图二二二，4；图版五三，4）。

3. D区遗迹出土遗物

（1）H003（T010内③层下开口）

白瓷盘，H003:1，残，口径约20、足径约6、高3.6厘米。白胎泛灰，胎质较细。内外满釉，芒口，釉面光润，釉色白中泛灰。敞口，方唇，浅弧腹，圈足。内壁有印花纹饰，口沿下为一周回纹，白色出筋，内有炉、花瓶等。内底纹饰模糊不清。

（2）H006（T010内③层下开口）

双耳陶罐，H006:1，可复原，口径19、底径14、高31厘米。直口，圆唇，鼓肩收腹，平底。器表有密集的弦纹。肩部有双耳。口部有两处锔痕，其中残留很多铁锈（图二二三）。

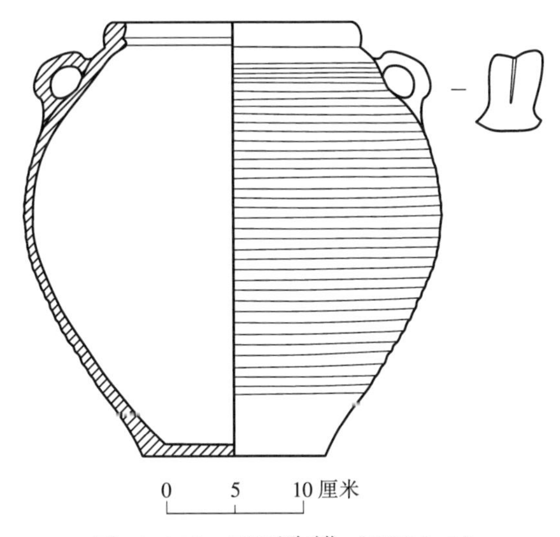

图二二三　双耳陶罐（H006:1）

（3）H009（T009内③层下开口）

白瓷刻花器盖，H009:2，残，口径约12、高2.6厘米。灰白胎，胎质细腻坚硬。外壁满釉，釉面光润，釉色白中泛灰黄，内壁仅盖面中部刷薄釉。子母口，子口内敛，尖唇，沿上翘，盖面拱起，上有刻花纹饰，顶部有圈足状钮。

粗白瓷刻划花碗，H009:3，残，足径6.8、残高3.3厘米。灰胎，胎质较粗，坚硬。器表施白色化妆土，内壁满釉，内底有支钉痕，外壁釉不及底，釉面光亮。圈足，挖足过肩，内底有刻划花纹饰及红色摩擦痕。

红绿彩人物，H009:4，残，底座长4.1、残宽2.4、残高3.6厘米。黄褐色胎，坚硬。内底有孔。所存为人物后背部分，似为坐姿。

（4）H010（T009内③层下开口）

白瓷盘，H010:1，器形不规整，可复原，口径18.2、足径5.7、高3～4厘米。白胎泛灰，胎质较细。内壁满釉，底部有涩圈，外壁釉不及底，圈足内有较多砂粒，釉面光亮，釉色白中泛灰。敞口，尖唇，折腹，圈足（图二二四，1）。

粗白瓷刻花碗，H010∶2，可复原，口径15.2、足径6.4、高6.2～6.6厘米。灰白胎，胎质较粗疏。器表施白色化妆土，内壁满釉，外壁釉不及底，釉色乳白。敞口，尖圆唇，弧腹，圈足，内底刻有纹饰，模糊不清。

粗白瓷盏，H010∶3，可复原，口径10.4、足径4.2、高2.9～3厘米。黄白胎，胎质较粗。器表施白色化妆土，内壁满釉，外壁釉不及底，釉面光亮。直口，圆唇，浅弧腹，圈足（图二二四，2）。

红绿彩人物，H010∶4，残，残宽2.8、残高3.2厘米。黄白胎，质地较粗。模制，器表施白色化妆土，釉上以红、绿、黑彩进行装饰。

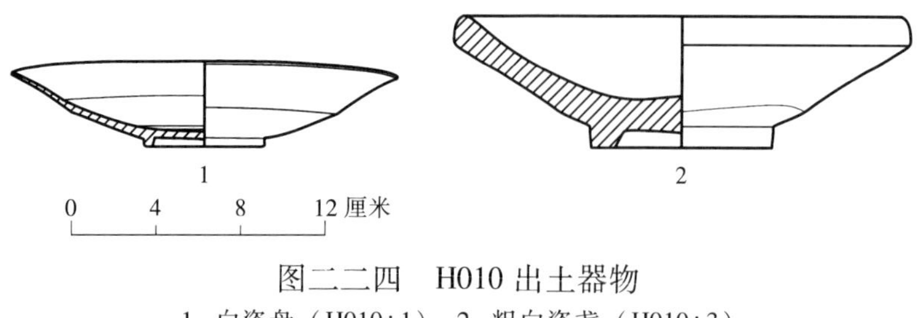

图二二四　H010出土器物
1. 白瓷盘（H010∶1）　2. 粗白瓷盏（H010∶3）

（5）H016（T006内③层下开口）

白瓷印花残片，H016∶1，残长7.6、残宽5.6厘米。灰白胎，胎质较细。内外施透明釉，釉色白中泛灰，内壁印花卉纹。

黑釉罐，H016∶2，口径约11、残高4.7厘米。白胎泛灰，胎质较粗，坚硬。直口，圆唇，鼓肩，肩部耳残。内施酱釉，芒口，外壁施黑釉，肩部有酱斑。

五　采集遗物

在黄骅市博物馆展厅内还有一些2000年发掘出土的器物，但是多数没有标签，查找探方记录及日记，也找不到其出土单位，只能作为采集品处理。

长方形三彩枕，采∶1，枕面残，红褐色陶胎，质地粗疏。长方形，枕面前长42、后长45、宽17.5～18.5、枕底宽17、前枕墙高9.5、后枕墙高11.5厘米。前枕墙微内凹，后枕墙中部有一个圆孔，枕墙竖直，平底。器表满施白色化妆土，枕面外周刻草叶纹填绿彩，内有弦纹带作为边框，边框内刻两朵牡丹花叶纹，中间以锦带纹相隔，然后施黄釉、绿釉及透明釉。枕墙四壁上下刻两组弦纹，中间夹卷草纹，然后施绿釉，釉不及底（图版五五，1）。

粗白瓷炉，采∶2，足部残，口径6.2、高13.3厘米。灰白胎，胎质较粗，坚硬。直口，尖唇，宽沿稍向下卷，直腹，束腰，喇叭形台式高足。釉色白中泛黄，有开片（图版五五，2）。

绞胎碗，采∶3，残，口径约9、足径约3、高4.7厘米。敞口，圆唇，弧腹，圈足。壁上部为黄白色胎，之下为绞胎，白胎中夹褐色胎，胎质较细，以白胎为地，褐胎形成纹饰，再施一层透明釉，釉面光亮。圈足着地处无釉，有砂粒（图版五五，3）。

陶砚，采∶4，可复原，长20、宽11.5、高3.2～3.7厘米。泥质灰陶，长方形，砚背内凹，中间有“這勾砚子”四字（图版五五，4）。

第四章 结语

海丰镇遗址2000年发掘出土遗物丰富，根据整理出土遗物和相关资料，可以得出以下粗浅认识。

一 遗址时代

本次发掘没有发现带纪年的器物，虽然有一些铜钱，但是都是开元通宝及北宋铜钱，断代意义不大，所以我们主要根据陶瓷器进行考察。

A区（T1～T20）地层堆积较厚，而且各方地层经过统一，有利于对其进行断代。

第①层为耕土层。第②层遗物采集很少，根据探方发掘记录，可知②层内既出土有早期的瓷器，也有明清时期的青花、粉彩，时代当为明清时期。

最早的第⑤层出土较多定窑及磁州窑白瓷。定窑瓷器中有较多的刻花瓷器，纹饰多为萱草纹，没有发现印花瓷器。磁州窑瓷器中虽然有一些白地黑花的器物，但是数量较少。第④b层与第⑤层类似。第④层内开始出现印花瓷器，越往上层数量越多。磁州窑白地黑花、低温釉器物数量也明显增加。根据对定窑及磁州观台窑瓷器的分期断代研究，可以确定这些地层全部属于金代。A区内的遗迹也属于金代。根据出土器物类型、数量的变化，或可以分为前后两段。

T2③、T10③内有一些元代遗物，如磁州窑白地黑花盆（T2③:8）、磁州窑白瓷褐花碗（T10③:9）、龙泉窑青瓷高足杯（T10③:12）、黑釉碗（T10③:14）等，但是T1～T20其他探方的第③层内却几乎没有明确的元代遗物，经过对原始探方发掘日记的查阅，发现很有可能在以往的整理过程中，误将T002、T010当成了T2、T10，因为在T010的探方日记里记录第③层出土有"黄釉陶器盖片"、"龙泉窑碗片"、"黑瓷瓶"等，似乎都可以在现在的T10③内找到对应器物，而且T010③内确实有元代器物，如T010:2酱釉双系瓶。

因此，在T1～T20大多数（尤其是不易与别的单位混淆的T11～T20）第③层内遗物属于金代的情况下，有理由认为T1～T20③层时代为金代后期，部分单位出现的元代遗物是从别的单位混入的。

B区（T37～T56）又可以分两部分，靠西的T37～T46出土遗物较少，和A区出土物情况基本相同，早期地层中基本不见定窑印花白瓷，第③层内才出现较多。而且第③层内不见元代器物，因此这几个探方时代也是金代。

靠东的T50～T56情况有所不同，第③层内出土很多元代遗物，特征较明显的主要是磁州窑白地黑花瓷器及龙泉窑青瓷。

磁州窑瓷器多带垫砂，釉面也变得发滞。

T50③内有白地黑花“王”字碗（T50③:13）、白地褐花盘（T50③:14）、白地黑花龙凤纹大罐残片（T50③:16）、白地黑花草书文字大碗（T50③:22）。

T51③内有白地黑花“花”字小碗（T51③:11）、白地黑花四系瓶（T51③:17）、白地黑花盘（T51③:19）、白地褐彩碗（T51③:24）、白地黑花大罐（T51③:54）等。

T54③内也较多，有白地黑花四系瓶（T54③:9）、白地黑花鱼纹大盆（T54③:10）等。

T56③内出土有白地褐花碗（T56③:1）、白地黑花瓶（T56③:4）、白地黑花大罐（T56③:5）。

这些器物都是典型的元代产品，多见于观台窑遗址元代地层①及磁县南开河元代沉船②、辽宁绥中三道岗元代沉船③、元大都④等遗址。

此外还多见有内壁带竖条酱斑的黑釉碗（T53③:37、T56③:7）以及烧制粗糙的酱釉瓶（T51③:29、T53③:15、T56③:8），应该是磁州窑产品，在观台窑遗址元代地层也有出土。

另外第③层内还出了较多的龙泉窑青瓷，多具元代特征。如蔗段洗（T50③:34、T50③:35、T53③:16、T54③:70）、刻花碗（T51③:49）等，在杭州临安城遗址元代地层中发现很多⑤。

其他典型的元代遗物有青白瓷高足杯（T50③:46、T50③:48、T51③:33、T54③:40）以及数量不少的钧瓷，如钧瓷碗（T50③:37）、钧瓷月白釉双耳罐（T50③:38）等。

在T52③b层中也发现一些元代遗物，如龙泉窑青瓷印花盘（T52③b:5）、钧瓷碗（T52③b:6），但其他方内③b层出土的基本是金代遗物。

③b层以下全部为金代地层，偶尔出现的元代遗物应是在存放过程中混入的，如T50⑤:93白地褐花碟，T52④:42酱釉双耳瓶，很明显是元代遗物。

B区遗迹大部分为金代，只有很少为元代，T51③下H出土元代遗物较多。

C区（T01～T04）地层堆积较薄，出土遗物很少。第②层为元代层，第②层下开口的T02、T03内也出元代遗物。第③层以下为金代层。

D区（T001～T010）地层堆积简单，出土遗物少，而且由于记录及整理的原因，很多可能已经被当成了T1～T10的第③层和第④层，导致很多单位没有遗物。第④层应为金代，第③层内也以金代遗物为主，但是也有一些元代遗物，如T010③:2酱釉双耳瓶，T10③袋子内的元代遗物很可能原是T010③内的。

综上，海丰镇遗址以金代地层为主，T50～T56③层、T01～T04②层属于元代地层，T50～T56③层内还出土很多金代瓷器，或许可以早到金末。T001～T010③层以金代遗物为主，或可晚到元代。大部分遗迹也属于金代。

二　瓷器窑口

海丰镇遗址出土遗物中以瓷器为大宗，而且种类丰富，有必要对其窑口进行分析。根据我们的判

① 北京大学考古学系、河北省文物研究所、邯郸地区文物保管所：《观台磁州窑址》，文物出版社，1997年3月。

② 磁县文化馆：《河北磁县南开河村元代木船发掘简报》，《考古》1978年第6期。

③ 张威主编《绥中三道岗元代沉船》，科学出版社，2001年2月。

④ 张宁：《记元大都出土文物》，《考古》1972年第6期。元大都考古队：《北京西绦胡同和后桃园的元代居住遗址》，《考古》1973年第5期。

⑤ 杭州市文物考古所：《南宋太庙遗址》，文物出版社，2007年12月。

断，主要有定窑系（含井陉窑）、磁州窑系、钧窑系、耀州窑、龙泉窑、景德镇窑、临汝窑系、霍州窑等，尤以河北地方窑厂的产品占绝大多数。

定窑器物主要是各类白瓷，比较精细，胎质洁白细腻，较为坚硬，釉色洁白或者白中泛黄，器形主要有碗、盘、钵、碟、盏、器盖等，还有瓶、壶、瓷塑等。纹饰有刻花、印花及贴塑等。早期地层中以刻花器物较多，晚期则印花大增。大部分器物有芒口，以覆烧为主。有少量精细的白胎黑釉瓷器可能也是定窑产品，如 T8 G2∶22 黑釉盘、T53④∶6 黑釉碗、T54④∶66 黑釉瓶等。

海丰镇出土的磁州窑产品极为丰富，几乎包含了观台窑遗址金代器物种类的绝大部分。主要是粗白瓷，一般胎为灰色，绝大部分都施白色化妆土，以碗、盏、盘类比例较高，还有器盖、钵、碟、壶、罐、枕等。碗、盏、盘等器皿内底一般都有多枚长条支钉痕。装饰手法有刻花、刻划花及划花，还有最具特色的白地黑花（褐花）。红绿彩、翠蓝釉、三彩、绿釉、黄釉等器类也应是磁州窑产品。黑釉器物虽然较难判断窑口，但是可以想见其中磁州窑产品应该占很大比重。内壁带竖条酱斑的黑釉碗以及粗糙的酱釉双耳瓶都是磁州窑产品。

海丰镇遗址还出土了另一类白瓷，以往被认为是井陉窑产品。这类器物质地也较粗，胎为黄褐或灰褐色，内壁及外壁唇部施化妆土，然后施透明釉，施化妆土的地方釉色白中泛青灰色，而外壁没有化妆土的部位则显露出胎色，而且有大量黑色斑点，器物内底均有一周涩圈。有的器物在内壁有简单的点彩花纹，或是在内底有一朵点彩花。有些器物在外壁唇部以下施黑釉，形成里白外黑的特点。但是，这类器物在定窑西燕川村遗址也有较多发现①，这里出土的器物种类极为丰富，除了有典型的定窑精细白瓷外，还有磁州窑风格的粗白瓷刻划花碗、白地黑花器等。而且也发现了白中泛青、泛黄的涩圈戳印点彩碗，和海丰镇这类白瓷看不出有什么区别。相似的器物也出现在定窑遗址涧磁岭窑区金代前期地层中②。

在已经发表的相关资料和研究论文里，还把海丰镇出土的细白瓷划花斗笠碗、划花深腹碗、化妆土装饰的竖条纹黑瓷罐、印花盘以及酱釉、兔毫、油滴等当做井陉窑产品，其实这些器物在定窑或磁州窑都有生产，在井陉窑发掘报告尚未面世，以及没有对相关器物进行理化分析的情况之下，很难判断其中的差别，所以我们可以暂时把所谓井陉窑的白瓷产品归入到“定窑系”中。

至于另一类被认为是井陉窑产品的涩圈折腹盘，目前在别的窑址尚未发现，或许是井陉窑产品。

钧窑类型的产品，因其特点鲜明，比较容易区分，但是这类器物在很多窑址均有烧造，要确定其具体的窑口十分困难。可能是河南、河北的窑厂所产。海丰镇遗址金代地层中出土的钧瓷较少，但产品质量较好，一般为灰胎，胎质较细，施釉均匀。元代地层中出土增加，但质量降低。

耀州窑瓷器种类单一，基本上都是印花碗（或盏），釉色青翠光亮，有开片。内壁印牡丹纹、水波纹等。

与耀州窑青瓷相似的临汝窑系瓷器以素面较多，釉色发暗泛白，足底粘有较多的砂粒。这类瓷器在河南

---

① 田宝玉：《定窑燕川古窑址调查》，《中国古陶瓷研究》第十六辑，2010 年 10 月，547 ~ 566 页。

② 秦大树、高美京、李鑫：《定窑涧磁岭窑区发展阶段初探》，《考古》2014 年第 3 期。

中部窑场多有生产，如汝州严和店①、宝丰清凉寺②、禹州钧台窑等窑址③。在C区（T01～T04）有较多发现。

南方地区的瓷器有龙泉窑青瓷及景德镇青白瓷。龙泉窑青瓷金代发现极少，元代较多，多为蔗段洗。青白瓷在金元时期都有少量发现，金代质量较高，元代多为高足杯，釉色浑浊。

在整理中，我们还发现了3件霍州窑瓷器，均为白瓷印花碗（T7③:5、T8③b:12、T50③b:7），特征比较一致，胎、釉均很白，但是不具有定窑白瓷釉色莹润、白中泛黄的特点。外壁施釉至圈足外壁，圈足着地处和圈足内均无釉。内壁满釉，底部有涩圈。外壁弧腹，但是内壁与内底之间有明显的折棱，内壁及内底有细密的印花纹饰。这和山西霍县陈村窑址出土器物特点完全相同④。

三 遗址性质

海丰镇遗址勘探确定其面积约超过228万平方米，遗物丰富区20万平方米，建筑密集，堆积层厚，遗物丰富。《金史·地理志》卷二十五记载沧州下辖五县，其中盐山县有海丰、海润、利丰、扑头四镇。遗址所在的村庄现在叫海丰镇村，从第一章历史沿革来看，海丰镇从宋金以来，一直沿用其名，位置没有变动过，因此认定遗址是古代的海丰镇是可信的。

遗址中发现的遗迹较多，其中以灰坑为主，其次是建筑、灶、水井和夯土墙。灰坑一般口径0.7～2.5、深0.9～2.6米，有圆形、长方形和不规则形几种，其中长方形坑较规整，可能是窖穴一类的遗存。房屋建筑遗迹为地上建筑，破坏严重，皆残破不全。部分房子（如F1、F3、F4）建筑在一层夯过的黄色垫土上，墙基宽0.5～0.85米，墙的砌法比较特殊，一般为整砖分里外两层单砖砌起，中间部分用碎砖及土填充并经夯打。室内铺地砖或平铺或立砌，在相对独立的空间内各自成片，平砖又有纵向、横向的铺法，这些建筑有可能是商铺。灶由烟道和灶膛组成。灶膛皆为圆形，用半头砖砌成，下大上小。烟道呈斜坡状，有砖砌和土壁两种。水井为圆形，其建筑方法是先挖井桶，再用砖砌井圈至井口，然后在井圈与土壁之间用原土填实。在遗址东部第四层发现夯土墙一段，横断面呈梯形，宽3～4、南北长10米，南北皆延伸出探方外，性质不明。黄绿釉鸱吻的存在表明海丰镇有高等级的建筑。可能与海丰盐使司的建筑有关，亦或是大型寺庙之物。

海丰镇遗址2000年发掘出土的遗物有4个特点：1. 出土遗物以瓷片占绝大多数，瓷片数以万计，远远超过一般村落、城镇遗址中瓷片所占遗物总数的比例。这个特点和胶州湾的板桥镇港口遗址相似⑤。2. 瓷器窑口多，产地复杂。这些瓷器按照窑口分有定窑系（含井陉窑）、磁州窑、耀州窑、钧窑、龙泉窑、景德镇等窑口的产品。其中定窑系（含井陉窑）的印花、双色釉点彩瓷，磁州窑的剔划瓷、红绿彩瓷，耀州窑的印

① 冯先铭：《河南省临汝县宋代汝窑遗址调查》，《文物》1964年第8期。

② 河南省文物研究所：《宝丰清凉寺汝窑址的调查与试掘》，《文物》1989年第11期。河南省文物研究所：《宝丰清凉寺汝窑址第二、三次发掘简报》，《华夏考古》1992年第3期。

③ 河南省文物考古研究所：《禹州钧台窑》，大象出版社，2008年5月。

④ 陶富海：《山西霍州市陈村瓷窑址的调查》，《考古》1992年第6期。还可参考晋中市文物局、介休市文物局、深圳望野博物馆编著《三晋窑火—中国古代山西陶瓷特展》，文物出版社，2013年6月，第256～259页。

⑤ 王磊、林玉海：《山东胶州古板桥镇考古发现宋代建筑基址》，《中国文物报》，2010年8月27日。王磊、周丽静、张晶：《山东胶州板桥镇遗址考古发现及相关问题》，载《齐鲁文化研究》第九辑，泰山出版社，2010年。

花青瓷等都十分精美。3. 多数瓷片没有磨损痕迹，釉面光洁度高。在放大镜下仍然看不到磨损的划痕，说明这些瓷器没有使用就被碰坏遭到抛弃。这是瓷器贸易中转站的特点，瓷器从窑址长途运输到此后，拆包发现有碰坏的瓷器就扔掉，把好的瓷器装船，开始海运旅行。4. 有些瓷盘或碗的表面被用红色砂岩片擦划的道道，断续的紫红麻点擦痕条带，宽粗而浅淡，这些不同的道道，涂抹不掉，望而能识，又不影响使用。我们分析是长途运输时，几家的货都装载在一辆车或一艘船上，装卸时为了便于区别所属货主，而临时打上的记号，以防拿错。结合遗迹呈现出来的商铺特点，推断是瓷器贸易集散地或中转站。海丰镇遗址位于渤海西岸边，具有磁州窑、定窑瓷器运输最近、最方便的优势，故推测是金元时期有瓷器贸易的港口遗址。

海丰镇东侧的渤海沿岸从春秋齐国开始煮海为盐，延续至今①。《旧唐书》卷四十九《食货志下》载，“永徽元年（650 年），薛大鼎为沧州刺史。界内有无棣河，隋末填废，大鼎奏开之，引鱼盐于海”。民国《盐山新志》考证海丰镇“后世繁盛，皆以行盐之故。元代开惠民河，柳境盐河淤塞，盐灶尽移杨二镇柳侯故城。遂废为墟”②。海丰镇遗址目前还没有发现早于金代的堆积，2005 年第三次发掘时，在其南的杨庄发现了金代墓地，杨庄墓葬位于海丰镇遗址南侧 200 米，属于海丰镇遗址南边缘。东邻齐庄遗址发现了宋代文化层，发掘了宋代的三个灶，灶内包含物主要是草木灰，根据大范围调查，在齐庄遗址周围还存在大量类似的灶，结合遗址周围有大量的盐场考虑分析，推测这些灶是用来煮盐，因此发掘者认为齐庄遗址在宋金时期是一处颇具规模的煮盐业场地③。金代海丰镇的兴盛与当地有长期发达的盐业生产与销售基础有直接关系。

《金史·食货志》卷四十九载：“益都，滨州旧置两盐司，大定十三年四月，并为山东盐司。二十一年，沧州及山东各务增羡，冒禁鬻盐，朝论虑其久或隳法，遂并为海丰盐使司。”沿海盐场很多，为什么金朝（1115～1234 年）在大定二十一年（1181 年）把盐使司设在海丰镇。唐代和北宋时期，蓬莱的登州港、青岛的板桥镇港是重要海外贸易的起点港口。北宋末因为金兵南下，关闭登州港，限制板桥镇港的船只出入，造成其衰落。因民间贸易需求强烈，北侧的原本盐业兴盛的海丰镇港则迅速崛起，取而代之，使得金代海丰镇在沿海盐场中的繁荣程度取得领先地位，或许这就是金代中期朝廷把盐使司设在海丰镇的原因。

北方的丝绸之路早从秦代徐福东渡日本就开始了，源远流长，延续了两千余年，对中外文化交流起到过重要作用。海丰镇因盐业发达而兴盛，因瓷器贸易而繁荣，成为金元时期北方最重要的瓷器贸易港口之一。再往北，当时没有对外的贸易港口，所以，海丰镇港是金元时期北方海上丝绸之路的北起点。如果撰写海上丝绸之路的历史，缺少海丰镇这个金元时期海上丝绸之路北起点，至少是不完整的。海丰镇遗址在海上丝绸之路研究中具有重要价值。

需要特别指出的是，因为 2000 年的发掘是配合修建铁路的发掘，是第一次发掘，由于种种原因遗存的信息采集工作存在不足，如动物骨骼等没有采集。由于库房搬家时部分小塑料包装袋散裂，瓷片存在部分混淆，整理时无法还原，望使用者慎之。本报告只是按照库房现有资料、单位进行介绍，对遗物和遗址的研究性认识将另文发表。因为编制海丰镇遗址保护规划的需要，急需尽快出版报告，标本检测等后续工作将在报告出版后进行，修复的器物将以图录的形式发表。

---

① 张宝刚：《黄骅海丰镇盐业兴衰史》，《盐业史研究》2007 年第 2 期。

② 孙毓琇修，贾恩绂撰《盐山新志》，民国五年，《中国方志丛书》第四九六号，台湾成文出版社影印本。

③ 河北省文物研究所：《石黄公路沧州（纸房头）至黄骅港段考古发掘报告》，待刊。

编后记

为配合朔黄铁路和石黄公路建设，河北省文物研究所和黄骅市博物馆于2000年、2003年、2005年三次对海丰镇遗址进行发掘，取得了重要收获，故海丰镇遗址2006年被国务院公布为第六批全国重点文物保护单位。2000年的发掘由王会民先生主持，取得丰硕成果，考古发掘记录和出土物一直都保存在黄骅市博物馆。2010年河北省文物研究所和黄骅市博物馆对2000年发掘资料进行了部分整理工作，后停止。

为了科学保护该遗址，2010年河北省文物局启动编制该遗址保护规划的工作，需要出版遗址发掘报告，为此，2014年，河北省文物局文物处邀请吉林大学边疆考古研究中心师生与黄骅市博物馆合作整理2000年发掘资料。基本资料的信息梳理与采集工作从2014年6月初到12月末结束，2015年1月开始编写报告，至3月下旬编辑完稿。编写的宗旨尽量把目前黄骅市博物馆所保存的发掘资料的基本信息呈现出来。但由于距离发掘时间相隔太长，受到发掘基础资料欠缺的限制，报告还存在很多不足，甚为遗憾。因为编制保护规划和遗址保护利用的需要，定于2015年7月出版报告，标本检测工作将在报告出版后进行，修复器物将以图录形式另行出版，对遗物的综合分析也将随后展开另文发表。河北省文物研究所在2015年还要对遗址进行发掘，这些工作和第二、三次发掘报告都能在一定程度上弥补本报告的不足。

2000年参加发掘工作的人员有王会民、樊书海、徐海峰、郑志利、王建伟、张德林、赵国华等人。参加2010年整理工作的有王会民、胡强、王会锋和黄骅市博物馆人员。参加2014年整理工作的人员有吉林大学边疆考古研究中心的教师冯恩学、吴敬，研究生郝军军、潘晓暾、王慧、石玉兵、张梦纳、滕雅竹、汤刁羽、赵里萌；黄骅市博物馆的张宝刚、戴军、晋福新、孙德昌、王树峰、王磊等人。本报告的初稿由郝军军编写，器物绘图由研究生和王磊完成，潘晓暾、石玉兵参加了编排工作，最后经冯恩学和张宝刚审定。

感谢河北省文化厅、文物局、省文研所、黄骅市博物馆领导的大力支持！感谢参与遗址发掘与整理工作的各位同仁，你们的汗水奠定了报告基础。

在此书的出版过程中，得到文物出版社的大力支持，在此，一并感谢。

冯恩学

2015年3月30日于吉林大学边疆考古研究中心

图版

1. T1–T20 全景

2. T8 东壁

图版一　T1~T20 探方与 T8 东壁

1. F1（北—南）

2. F3 南部（北—南）

图版二　F1 与 F3

1. F3 西北角

2. T17 内 F3 西墙中段及铺地砖（北—南）

3. T17 内 F3 西墙中段细部（西—东）

4. F3 东南角柱础石

图版三　F3 细部

1. T38、T40 内砖砌建筑遗迹（西—东）

2. T38、T40 内砖砌建筑遗迹（南—北）

图版四　T38、T40 内砖砌建筑遗迹

1. T45 内房址全景（东—西）

2. T45 内房址西南角部分

3. T45 内房址北部

图版五　T45 内房址

1. T50 内房址（西—东）

2. T50 内房址（南—北）

图版六　T50 内房址

1. 白瓷刻花碟（T9⑤：1）

2. 白瓷盘（T9⑤：5）

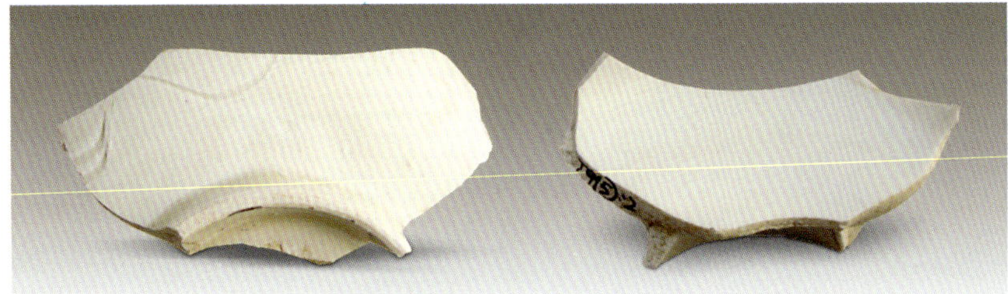

3. 白瓷小杯（T9⑤：2）

4. 白瓷碗（T9⑤：3）

5. 白瓷碗（T9⑤：4）

6. 黑釉盏（T9⑤：6）

7. 绿釉武士（T9⑤：7）

图版一五　T9⑤出土瓷器

1. 白瓷盘（T16⑤：6）

2. 粗白瓷刻花钵（T16⑤：7）

3. 白瓷盆（T16⑤：9）

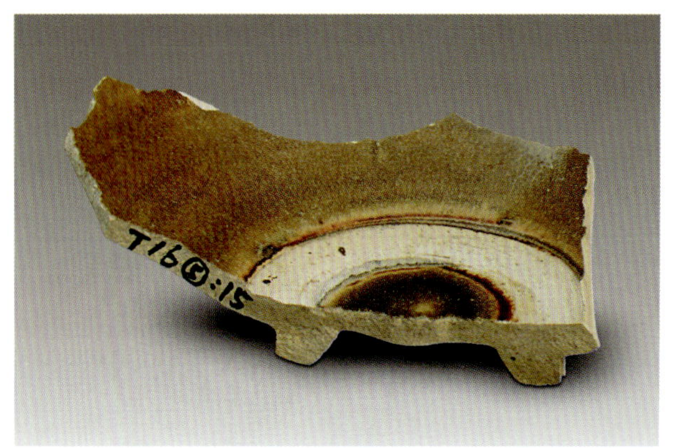

4. 黄釉碗（T16⑤：15）

图版一六　T16⑤出土瓷器

图版一七

1. 红绿彩人物（T4④b：1）

2. 红绿彩人物（T4④b：7）

3. 白瓷点彩碗（T4④b：5）、白瓷碗（T4④b：6）

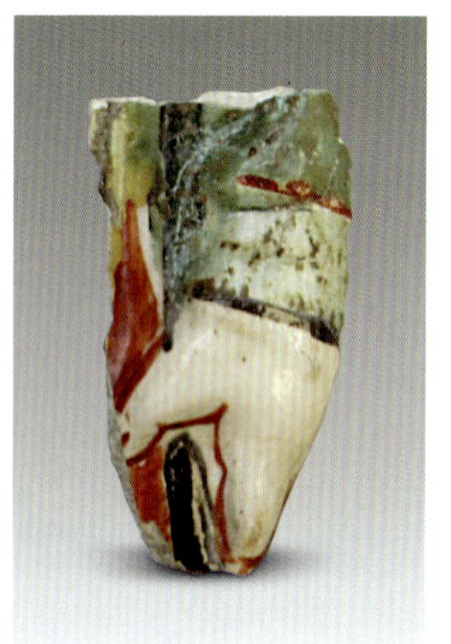

4. 红绿彩人物（T4④b：2）

5. 黄釉三足盏（T4④b：8）

6. 白瓷点彩小杯（T4④b：9）

图版一七　T4④b出土瓷器

1. 白地黑花瓶（T4④b：4）

2. 白瓷碗（T5④b：1）

3. 白地黑花碗（T5④b：2）

4. 红绿彩小碗（T5④b：3）

图版一八　T4④b、T5④b 出土瓷器

1. 白瓷瓜棱壶（T9 ④ b ： 1）

2. 白瓷执壶（T9 ④ b ： 2）

3. 白瓷器盖（T9 ④ b ： 3）

4. 白瓷刻花小碗（T9 ④ b ： 4）

5. 白瓷刻花盏（T9 ④ b ： 7）

6. 白瓷碗（T9 ④ b ： 6）

图版一九　T9 ④ b 出土瓷器

1. 粗白瓷器盖（T9 ④ b ： 8）

2. 绞胎碗（T9 ④ b ： 10）

3. 白瓷钵（T9 ④ b ： 9）

4. 耀州窑青瓷盏（T9 ④ b ： 12）

5. 黑釉花口瓶（T9 ④ b ： 11）

6. 青白瓷残片（T9 ④ b ： 13）

7. 骨簪（T9 ④ b ： 14）

图版二〇　T9 ④ b 出土器物

1. 黑釉双耳罐（T2④：15）

2. 黑釉突线纹罐（T2④：25）

3. 黑釉盏（T2④：16）

4. 石器盖（T2④：24）

图版二一　T2④出土器物

白瓷印花盘（T8④：47）

图版二二　T8④出土瓷盘

1. 兽面瓦当（T9 ④：1）

2. 素胎狮形熏盖（T9 ④：2）

3. 黑色围棋子（T9 ④：13）

4. 红绿彩片（T9 ④：14）

5. 白地褐花枕片（T9 ④：6、7）

6. 双色釉碗（T9 ④：15）

图版二三　T9 ④出土器物

1. 白瓷印花杯（T16 ③ b ： 16）

2. 白瓷瓶（T16 ③ b ： 19）

3. 黄釉罐（T16 ③ b ： 12）

4. 白瓷器盖（T16 ③ b ： 17）

5. 白瓷碗（T16 ③ b ： 20）

图版二四　T16 ③ b 出土器物

1. 黄绿釉器座（T16③b：27）

2. 铁器（T16③b：33）

3. 陶双耳罐（T16③b：35）

图版二五　T16③b出土器物

1. 红绿彩瓷片（T19③b：7）

2. 砂器（T19③b：9）

3. 绿釉器（T19③b：8）

4. 半环状玻璃器（T19③b：10）

5. 酱釉瓶（T19③b：11）

6. 莲子（T19③b：12）

图版二六　T19③b 出土器物

三彩花盆（T19③：46）

图版二九　T19③出土器物

1. 红绿彩人物（T19 ③：76）

2. 滴水（T19 ③：72）

4. 砂坩（T19 ③：79）

3. 滴水（T19 ③：73）

5. 陶印模（T19 ③：80）

图版三〇　T19 ③出土器物

1. 黑釉双耳瓶（H2 ： 19）

2. 红绿彩人物（H2 ： 20）

3. 红绿彩人物（H2 ： 37）

4. 红绿彩人物（H2 ： 38）

5. 红绿彩人物（H2 ： 40）

图版三一　H2 出土器物

1. 陶器残片（H2 ： 22）

2. 骨笛（H2 ： 26）

3. 骨质筷子（？）（H2 ： 27）

4. 小陶罐（H2 ： 32）

5. 骨刷（H2 ： 25）

图版三二　H2 出土器物

1. 白瓷印花碟（H3 ： 4）

2. 耀州窑青瓷碗（H3 ： 5）

3. 素胎球（H3 ： 3）

图版三三　H3 出土器物

1. 红绿彩人物（H10 ：1）

2. 白瓷器盖（H11 ：4）

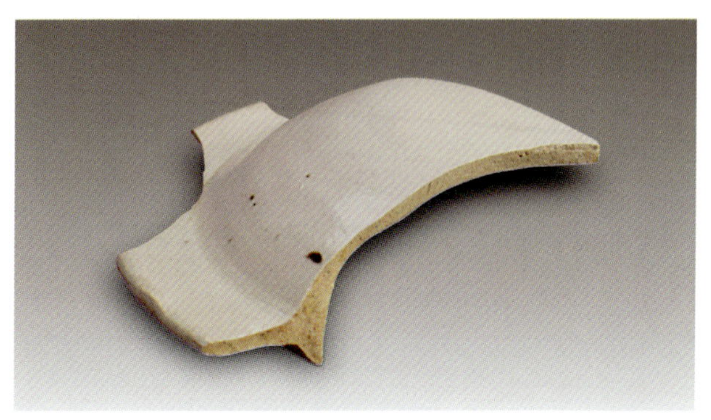

3. 粗白瓷器盖（H11 ：5）

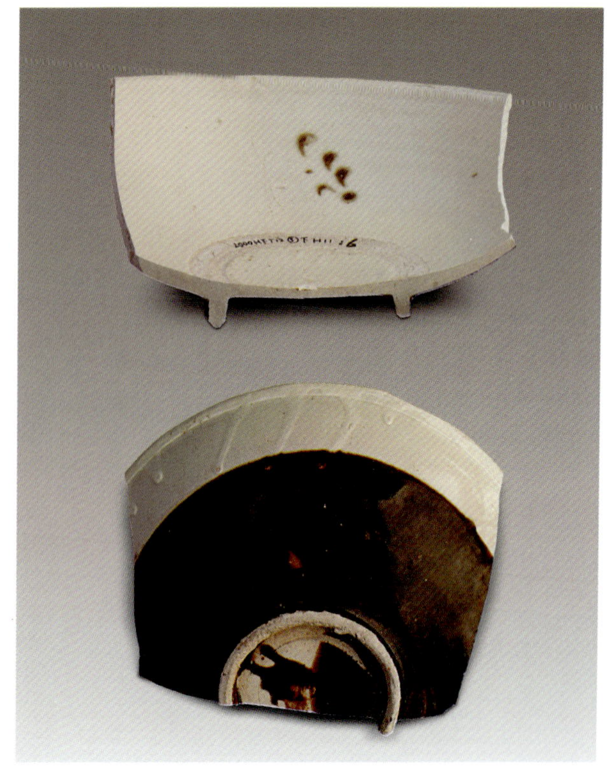

4. 双色釉点彩碗（H11 ：6）

图版三四　H10、H11 出土器物

1. 黄釉盆（T41③：8）

2. 酱褐釉虎形枕（T41③：10）

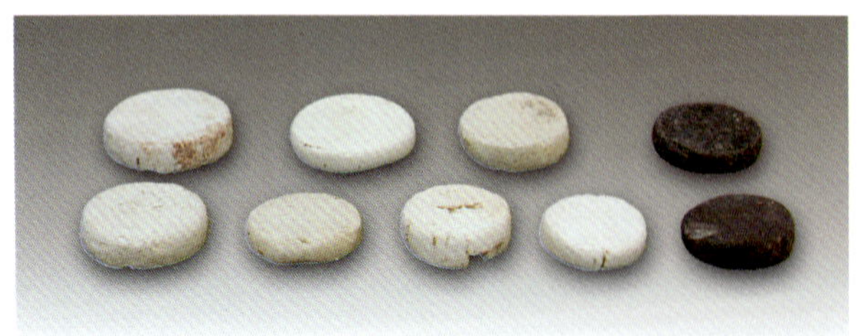

3. 素烧围棋子（T41③：13、14）

4. 骨簪（T42③：5）

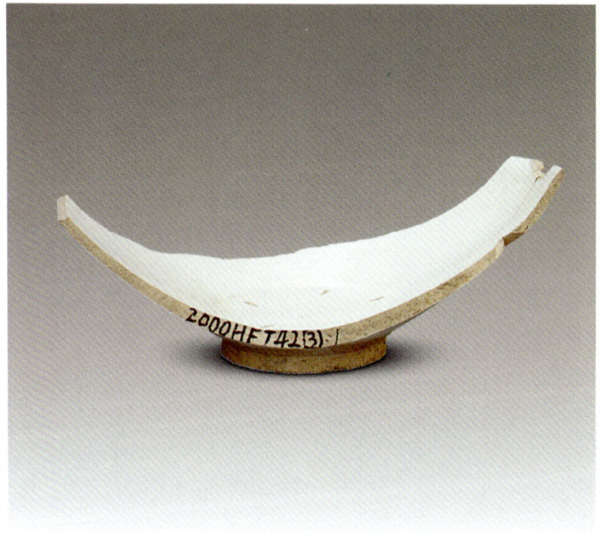

5. 粗白瓷碗（T42③：1）

图版三五　T41③、T42③出土器物

1. 白地褐花瓶（T50⑤：133）

2. 红陶印模（T50⑤：150）

3. 粗白瓷刻划花碗（T50⑤：135）

4. 红陶印模（T50⑤：161）

图版三六　T50⑤出土器物

1. T50⑤：145　　2. T50⑤：146　　3. T50⑤：147

4. T50⑤：148

5. T50⑤：149

图版三七　T50⑤出土封泥

1. 白地黑花如意头形枕（T50④：18）

2. 八边形白地黑花瓷枕（T50④：19）

3. 白地黑花大罐（T50④：45）

4. 白地黑花瓶（T50④：21）

5. 黑釉碗（T50④：22）

6. 黑釉罐（T50④：24）

图版三八　T50④出土瓷器

虎形枕（T50④：46）

图版三九　T50④：46 虎形枕

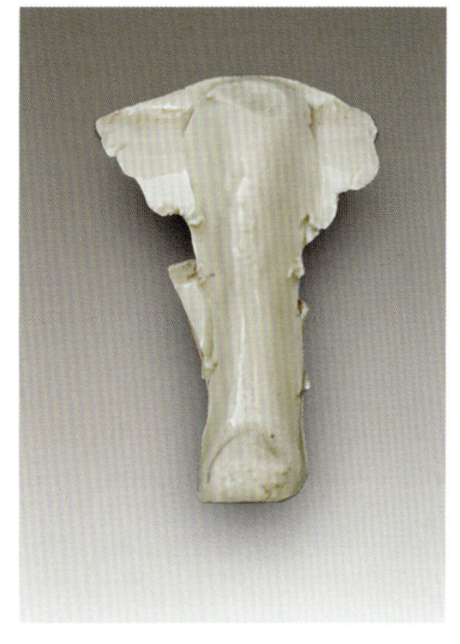

1. 白瓷支架（T50③：7）

2. 白瓷提梁壶残片（T50③：8）

3. 白瓷人物（T50③：9）

4. 白瓷碗（T50③：10）

5. 白地褐花罐（T50③：12）

6. 白地黑花碗（T50③：13）

7. 白地褐花盘（T50③：14）

8. 素胎小盏（T50③：25）

图版四〇　T50③出土器物

1. 白地褐花器盖（T50③：15）

2. 白地黑花大罐（T50③：16）

3. 白地黑花枕（T50③：19）

4. 白地褐花盆（T50③：21）

5. 白地黑花炉（T50③：17）

6. 白地褐花碗（T50③：18）

图版四一　T50③出土器物

1. 白地黑花器盖（T51④：8）

2. 白地黑花罐（T51④：9）

3. 粗白瓷小罐（T51④：5）

4. 白地褐花罐（T51④：24）

5. 白地黑花罐（T51④：25）

6. 白地黑花罐（T51④：7）

7. 白地黑花炉（T51④：10）

8. 酱釉盆（T51④：11）

9. 粗白瓷盆（T51④：6）

10. 红陶印模（T51④：26）

图版四二　T51④出土器物

1. 红绿彩碟（T52 ③ b ：10）

2. 耀州窑青瓷碗（T52 ③ b ：11）

3. 绿釉残片（T52 ③ b ：12）

4. 瓦当（T52 ③ b ：13）

5. 滴水（T52 ③ b ：14）

6. 鸱吻（T52 ③ b ：15）

图版四三　T52 ③ b 出土器物

腰圆形绿釉枕（T54⑤：3）

图版四四　T54⑤出土器物

1. 白地黑花钵（T54④：51）

2. 白地黑花罐（T54④：57）

3. 白地黑花器盖（T54④：52）

4. 粗白瓷双耳壶（T54④：50）

5. 白地黑花器盖（T54④：53）

6. 白地黑花罐（T54④：55、56）

7. 白地黑花罐（T54④：58）

8. 白瓷点彩盆（T54④：60）

图版四七　T54④出土器物

1. 黑釉器盖（T54 ④： 70）

2. 黑釉瓶（T54 ④： 71）

3. 钧瓷盘（T54 ④： 72）

4. 翠蓝釉黑彩罐（T54 ④： 73）

5. 绿釉花瓶（T54 ④： 75）

6. 翠蓝釉残片（T54 ④： 74）

图版四八　T54 ④出土器物

1. 三彩腰圆形枕（T54 ④：84）

2. 绿釉炉（T54 ④：89）

3. 黄绿釉枕残片（T54 ④：87）

4. 三彩腰圆形枕（T54 ④：85）

5. 绿釉腰圆形枕（T54 ④：86）

图版四九　T54 ④出土器物

1. 红绿彩人物（T54 ④：125）

2. 红绿彩人物（T54 ④：126）

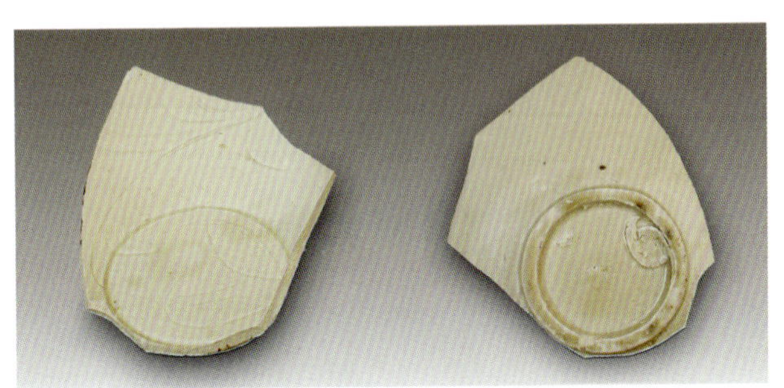

3. 白瓷刻花碗（T54 墙西④：1）

4. 黑釉白口盏（T54 墙西④：4）

图版五〇　T54 ④、墙西④出土器物

1. 三彩长方形枕（T009 ③：11）

2. 绿釉剔刻花枕（T009 ③：34）

3. 黑釉双耳罐（T010 ③：1）

4. 酱釉双系瓶（T010 ③：2）

5. 粗白瓷碗（T010 ③：3）

6. 黑釉碗（T010 ③：4）

图版五三　T009 ③、T010 ③出土器物

1. 黑釉大瓮（T9④：8）

2. 铜镜（T18③：40）

图版五四　T9④、T18③出土器物